Georg Dehio

Geschichte der Deutschen Kunst

Verlag
der
Wissenschaften

Georg Dehio

Geschichte der Deutschen Kunst

ISBN/EAN: 9783957006455

Auflage: 1

Erscheinungsjahr: 2015

Erscheinungsort: Norderstedt, Deutschland

Webseite: http://www.vdw-verlag.de

GESCHICHTE DER DEUTSCHEN KUNST

VON GEORG DEHIO

DES TEXTES
ERSTER BAND

DRITTE AUFLAGE

BERLIN UND LEIPZIG 1923

WALTER DE GRUYTER & CO.

VORMALS G. J. GÖSCHEN'SCHE VERLAGSHANDLUNG · J. GUTTENTAG, VERLAGSBUCHHANDLUNG · GEORG REIMER · KARL J. TRÜBNER · VEIT & COMP.

MEINEN SÖHNEN IN KRIEG UND GEFANGENSCHAFT

GOTTFRIED ERHARD DEHIO

LUDWIG WILHELM DEHIO

AUGUST FRICKENHAUS

WEIHNACHT 1916

Vorwort.

Dies Buch wendet sich nicht an die Fachgelehrten, es sucht seine Leser in dem weiteren Kreise, den man den der Gebildeten zu nennen pflegt. Man wird mir sagen, dies sei eine recht unbestimmte Adresse. Wie ich sie verstanden habe, muß das Buch durch sich selbst beantworten.

Aus der allgemeinen Kunstgeschichte diejenige eines einzelnen Volkes herauszuheben, ist ein Unternehmen, das sich aus dem Wesen der Kunst nicht begründen läßt. Es ist deshalb auch in sehr bestimmter Weise nicht meine Absicht, wenigstens nicht die unmittelbare, über dieses Wesen zu belehren; sie liegt an einem ganz andern Ende: mein wahrer Held ist das deutsche Volk. Ich gebe deutsche Geschichte im Spiegel der Kunst, in diesem Selbstbekenntnis des deutschen Innenlebens, das über bestimmte Seiten desselben mehr und deutlicher auszusagen hat als irgendeine andere »Quelle«. Die Wahl meines Gegenstandes und die Wahl meines Leserkreises hängen somit eng miteinander zusammen. Vielleicht ist aber nicht überflüssig, dies mit einigen Worten noch näher zu begründen.

Die Wissenschaft geht vom Objekt, die Bildung vom Subjekt aus. Die Wissenschaft strebt nach Erkenntnis der Sachen, die Bildung nach Entfaltung der Persönlichkeit. Nicht die Menge des Gewußten bestimmt den Wert der Bildung, sondern daß alle Stücke, ob viel oder wenig, sich in geordnetem Zusammenhang befinden. Die Wissenschaft ist nach ihrem Wesen übernational; Bildung entsteht nur auf dem Boden, in dem die Persönlichkeit ruht, dem Boden der Nation. Es gibt keine deutsche, französische oder englische Wissenschaft, wohl aber eine deutsche, französische oder englische Bildung. Die Bildung kann um ihr nationales Zentrum einen weiten, weltbürgerlichen Kreis beschreiben, aber ohne die Beziehung auf dies Zentrum verliert sie sich ins Leere. Die deutsche Wissenschaft darf nicht gescholten werden, weil sie von Winckelmann bis auf Burckhardt und Justi mehr mit fremder als mit deutscher Kunst sich beschäftigt hat: — die deutsche Bildung ging fehl, als sie denselben Weg ging. Sie soll vielmehr wissen, daß keine andere Kunst sie näher angehen kann als die deutsche. Dies zu sagen ist nicht Überhebung oder Engherzigkeit — am wenigsten die Meinung, daß in der deutschen Kunst in vorzüglicherem Maße als anderswo »Schönheit« zu finden sei — dies Ding, von dem Albrecht Dürer sagte: »Die Schönheit, was das ist, das weiß ich nicht« —; nein, ein anderes führt darauf hin, dies, daß wir in ihr etwas finden, was keine fremde, auch die vollkommenste nicht, uns bieten kann: uns selbst. Hinter den Kunstwerken stehen die Menschen: die, die sie schufen, und die, für die sie geschaffen wurden. Deutsche Kunst in uns aufzunehmen heißt: in Kontakt mit dem Seelenleben unserer Vorfahren treten. Deutsche Kunst verstehen heißt: uns selbst verstehen, unsere angeborenen Anlagen und was das Schicksal aus ihnen gemacht hat, unser Selbstgeschaffenes und unser Erworbenes, unser Erreichtes und unser Versäumtes, unser Glück und unsere Verluste — alles in allem: die Kunst als etwas mit der Ganzheit des geschichtlichen Lebensprozesses unseres Volkes unlöslich Verbundenes.

Es ist also durchaus ein historisches Buch, das zu schreiben war. Etwas anderes ist Kunstpsychologie und Kunsterziehung, man suche sie hier nicht. Freilich ist zuzugeben, daß Kunstgeschichte in rein historischem, d. h. epischem Stil nicht vorgetragen werden kann; die Ursachenforschung wie die Werturteile werden neben der Erzählung einen nicht unbeträchtlichen Raum erhalten müssen. Aber weder jene noch diese darf rein ästhetisch umgrenzt werden. Ein Kunstwerk, wie alt es auch sei, wirkt in dem Augenblick, in dem wir es in uns aufnehmen, als Gegenwart. Es ist aber eine große, gleichwohl sehr verbreitete Täuschung, daß es zur Zeit seiner Entstehung ebenso gewirkt habe, wie heute auf uns. Nicht nur das hat Wert, worin die Menschen zu allen Zeiten sich gleich bleiben, es gibt auch psychologische Voraussetzungen, die so nie wiederkehren, und auch diese hat, wie schwierig es sei, das historische Werturteil zu berücksichtigen. Unter den Forschungs- und Urteilsproblemen der deutschen Kunstgeschichte kehrt eines immer wieder und mag zu den schwierigsten gehören: das Verhältnis zur Überlieferung und zu den umwohnenden Völkern. Hier ist vor nichts dringender zu warnen als vor einer falschen Auffassung des Originalitätsbegriffes. Auf sie stützen sich gleichmäßig zwei entgegengesetzte Verirrungen: die Trugbilder der Deutschtümelei von einer urdeutschen Kunst und die sinnlosen Verlästerungen durch unsere Feinde, welche die Geschichte der deutschen Kunst als ein einziges Plagiat denunzieren. Ich habe nicht die Absicht, mich mit diesem boshaften Unsinn auseinanderzusetzen. Ich will nur an die Worte erinnern, die Goethe wenige Wochen vor seinem Tode zu Eckermann sprach: »Im Grunde sind wir alle kollektive Wesen, wir mögen uns stellen, wie wir wollen. Denn wie weniges haben und sind wir, was wir im reinsten Sinne unser Eigentum nennen! Selbst das größte Genie würde nicht weit kommen, wenn es alles seinem eigenen Inneren verdanken wollte. Und was ist denn überhaupt Gutes an uns, wenn es nicht die Kraft und Neigung ist, die Mittel der umgebenden Welt an uns heranzuziehen und unseren Zwecken dienstbar zu machen?« Und ähnlich Jakob Burckhardt: »Ein wahrhaft reiches Volk wird dadurch reich, daß es von andern vieles übernimmt und weiterbildet.« So habe auch ich immer gedacht und werde mich darin nicht stören lassen. Sind etwa die Rose und der Weinstock deshalb weniger unser, weil wir wissen, daß sie einmal aus fremden Zonen eingeführt wurden? Die historische Wissenschaft hat ein Interesse daran, Lehnformen und Urformen voneinander zu sondern. Eine Torheit ist es aber, zu glauben, daß nicht auch mit Lehnformen ein originelles Schaffen möglich sei. Unser Volk hat sich seinen Platz auf der Erde und die Stunden seiner Geschichte nicht selber zu wählen gehabt. Sein Schicksal war zu allen Zeiten, älteren und reiferen Kulturen gegenüberzustehen. Diese »aufzunehmen und weiterzubilden«, mit so viel Altem beladen doch jung zu bleiben, in so viel Bedingtheit doch Freiheit sich zu bewahren, in so viel Wandlungen dem Gebote treu zu bleiben »Werde, der du bist«, das war seine Aufgabe. Wieweit auf dem Gebiete der Kunst sie gelöst worden ist, darüber Rechenschaft zu geben, wird eine Hauptaufgabe dieses Buches sein.

Bis zu dieser Stelle war das Vorwort 1915 niedergeschrieben. Die Drucklegung des beim Ausbruch des Krieges fast vollendeten Bandes hat sich dann von Jahr zu Jahr verzögert. Wie hat seitdem das Antlitz der Welt und unseres Vaterlandes sich verändert. Finsternis liegt über dem Heute und Dunkelheit über dem Morgen. Aber niemals dürfen wir uns den geistigen Zusammenhang mit unserer Vergangenheit zerreißen lassen!

Heute noch darf ich diese letzten Zeilen des Buches an dem Ort schreiben, an dem es — nicht zufällig — entstanden ist, im Angesicht des Münsterbaues, dessen Steine in Ewigkeit deutsch reden werden, auch dann noch, wenn bei den Menschen um ihn her der letzte deutsche Laut verklungen sein wird, abgeschworen und vergessen.

Straßburg, den 31. Oktober 1918.

Der Verfasser.

Inhaltsverzeichnis.

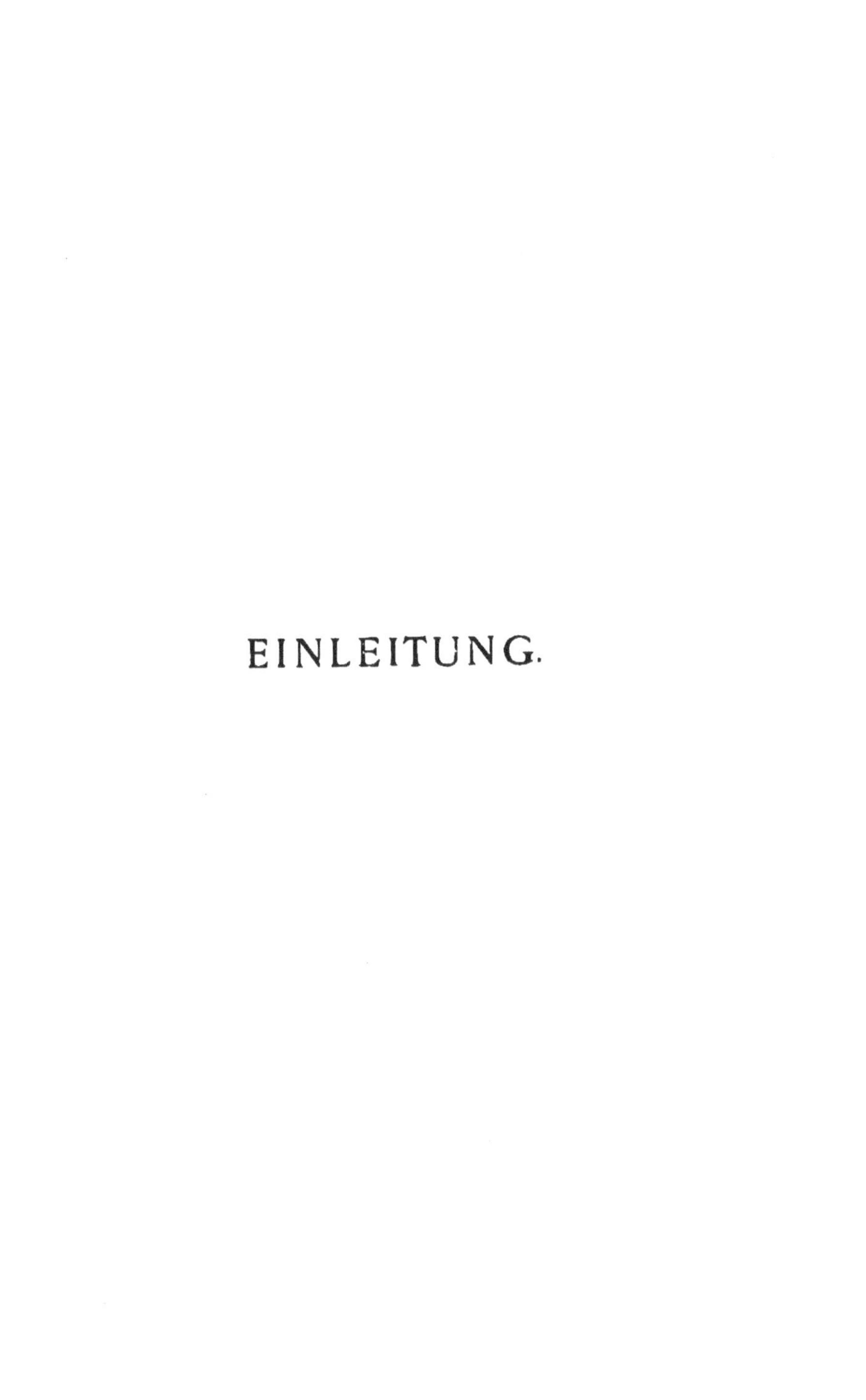

EINLEITUNG.

»Am farbigen Abglanz haben wir das Leben.« Es ist dem Menschen eingeboren, daß er neben die wirkliche Welt eine zweite, unwirkliche zu setzen trachtet, sein eigenes Werk: ein bloßer Schein, ein Symbol nur, dem Menschen ganz nutzlos und doch von höchstem Wert. Wir nennen diese Scheinwelt Kunst. In ihrer Schaffung wird der Mensch sich bewußt und nimmt sich heraus, zu sagen, was die Wirklichkeit ihm bedeutet, was in ihr und in seiner Stellung zu ihr ihm das Wesenhafte und Wertvolle ist. Kunst ist Abbreviatur und zugleich Vertiefung der Wirklichkeit. Kunst ist eine vor aller Verstandeserkenntnis liegende und über sie hoch hinausgreifende Gefühlserkenntnis, nach ihrem Gegenstande Welterkenntnis und Selbsterkenntnis in Einem. Ein Mensch, der an dieser Art der Erkenntnis keinen Teil hat, ist ein unvollständiger Mensch.

Die Geschichte zeigt nun aber, daß die Fähigkeit, das Innenleben in künstlerischem Schaffen nach außen zu projizieren, unter die Völker, auch die, die wir Kulturvölker nennen, sehr ungleich verteilt, außerdem bei jedem Volk nach Zeitabschnitten ungleich stark ist. Woher kommt das? Wenn es sich um Epochen handelt, in denen die geistige Energie eines Volkes noch unentwickelt oder nach Zeiten starker Anstrengung ermüdet und krank ist, so ist die Erklärung einfach. Wir kennen im Leben der Völker aber auch andere Epochen, in denen ihr Salz keineswegs dumm geworden ist, und in denen doch die Kunst im Schatten steht. Kunst ist niemals nur Kunst, sie wird immer auch durch sachliche Zwecke mitbedingt. Sie ist nicht reiner Geist, sie hat auch einen Körper; sie ist durch ihre Technik einerseits, ihre Zweckinhalte anderseits an die irdische Welt gekettet. Und durch Technik und Zweckinhalt gewinnen außerkünstlerische Instanzen fortwährend Gewalt über sie. Die Kunstgeschichte ist nicht einfach Geschichte des künstlerischen Wollens, sondern auch eine Geschichte des künstlerischen Könnens, wobei es von vornherein feststeht, daß dies Können durch natürliche Umgebung, historische Zufälle, Gesellschaft, Wirtschaft, Staat in den allermannigfaltigsten Kombinationen immerfort bald fördernd bald hemmend bedingt wird. Aber auch in diesen Ursachen ist die Erklärung, nach der wir suchen, noch nicht erschöpfend gegeben. Wir werden weiter suchen müssen. Und da zeigt sich, daß in den Bedürfnissen des inneren Menschen die Kunst auf Konkurrenzen stößt.

Es sei hier nur eine, die stärkste, genannt: die Religion. Kunst und Religion haben eine natürliche Tendenz, einander zu fördern; aber eben weil sie so nahe beieinander wohnen, kann es auch geschehen, daß die eine die der andern gehörenden Lebenssäfte zu sich herüberzieht, daß Kunst ganz zur Dienerin der Religion oder Religion bloßer Vorwand für Kunst wird.

Die meiste Konkurrenz aber macht die Kunst sich selbst. In der Tiefe zwar hat sie nur eine einzige Wurzel, über der Erde aber verästelt sie sich zu einer Vielheit. Ästhetisch fühlen ist noch nicht Kunst; sie beginnt erst mit der Übertragung der Gefühle von Mensch auf Mensch. Sie muß sprechen können. Die aufnehmenden Organe des Menschen sind aber so beschaffen, daß ihr eine einzige Sprache nicht genug sein kann. Mit der bildenden Kunst konkurrieren Dichtkunst, Tonkunst, mimische Kunst, und die bildende Kunst selbst wieder muß sich spalten. Dasselbe Grundgefühl kann in jeder dieser Sprachen ausgedrückt werden, aber in keiner vollständig; immer bleibt ein Rest, der bei einer andern nach Ausdruck sucht. Die Dichtkunst kann, wenn sie es will, in unserer Phantasie Erinnerungen aus der Welt des Auges wachrufen, aber sie ersetzt damit die Bildkunst noch nicht. Und die Bildkunst kann, wenn sie es will, Charakter, Seelenstimmungen, Handlungsmotive, lauter Unsichtbares, uns nahe bringen, und zwar so eindringlich nahe von gewissen Seiten, wie selbst die Dichtkunst es nicht kann, und doch schmälert sie dieser das Feld im geringsten nicht. Michelangelo blieb immer derselbe, ob er meißelte, malte, baute oder Verse machte, aber er wußte und unterschied genau, wann und warum er das eine und das andere tat. Michelangelo ist aber nur einer, ein Wunder, unter Millionen. Die Mehrzahl der Menschen kennt von den zum Zentrum des Schönen führenden Wegen, deren Zahl unbegrenzt ist, nur einen einzigen. Und so ist es auch mit den Völkern. Der Ausgleich liegt bei ihnen darin, daß sie in der Zeit sich wandeln, daß vorzugsweise dichterisch, vorzugsweise bildnerisch, vorzugsweise musikalisch gestimmte Epochen miteinander wechseln.

Das deutsche Volk ist darin künstlerisch reich zu nennen, daß es in jeder Kunst absolute Höhepunkte erreicht hat. Dieselben liegen aber zeitlich weit auseinander. Nur ein einziges Mal, in dem glücklichen staufischen Zeitalter, sind alle künstlerischen Kräfte in harmonischem Gleichmaß entfaltet gewesen. Die Zeit Albrecht Dürers war in der Baukunst unfruchtbar. Die Zeit Sebastian Bachs war zugleich die des großen Baukünstlers Balthasar Neumann, aber auch die leerste in der Geschichte der deutschen Malerei. Als die Dichtung ihre erste Blütezeit erlebte, in der Mitte zwischen der Völkerwanderung und Karl dem Großen, war eine bildende Kunst überhaupt noch nicht erwacht; und dieselbe war wieder ein blasser Erinnerungsschatten geworden, als die Dichtung Goethes und Schillers für das künstlerische Empfinden der Nation die höchste von ihr damals begehrte Form schuf.

Der Versuch ist noch nicht gemacht worden, die deutsche Kunstgeschichte als Totalität aller Künste zu fassen und darzustellen, und aus leicht ersichtlichen Gründen wird er so bald auch nicht gemacht werden. Kunst im Sinne des vorliegenden Buches ist allein die bildende Kunst. Aber wir müssen bekennen, daß in dieser Beschränkung nicht durchaus eine Erleichterung der Aufgabe liegt. Es steht nicht so, daß die kunstgeschichtlichen Tatsachen schon durch ihre historische Folge sich selbst erklären würden. Vor uns liegt nicht das Bild einer einfachen, geradlinigen Entwicklung. Ohne erkennbare Regel folgen sich Hebungen und Senkungen, Abbiegungen, Brüche, irrationelle Erscheinungen an allen Enden. Die Kunstpsychologie, die heute manchmal Miene macht, die Geschichte ersetzen zu wollen, hat hier im voraus das Spiel verloren. Es muß so gewesen sein, daß die inneren Kunstgesetze — die wir mehr im Grundsatz voraussetzen, als daß wir ihre Formeln zu nennen vermöchten — immerfort mit außerkünstlerischen Komponenten in Verwicklung gerieten. Welcher Art dieselben waren, haben die vorangesetzten Erwägungen im allgemeinsten schon angedeutet. Man würde die Aufgabe, die die folgende Darstellung lösen will, vollkommen mißverstehen, wenn man in ihr einen Ausschnitt aus der allgemeinen Kunstgeschichte oder gar eine Beispielsammlung zu einer allgemeinen Kunstlehre suchen wollte. Die dieses Buch durchgehend beherrschende Frage lautet nicht: was erfahren wir durch die Deutschen über das Wesen der Kunst? sondern: was offenbart uns die Kunst vom Wesen der Deutschen? Gewiß, es gibt in der deutschen Volksgeschichte innerste Kammern, zu denen nur die Kunstgeschichte den Schlüssel hat.

Aus den letzten Sätzen geht hervor, daß für das vorliegende Buch Kunstgeschichte Geschichte ist. Dies festzustellen ist heute keine müßige Tautologie. Die Betrachtung der historischen Kunst kann auch auf andere Ziele gelenkt werden, auf Ziele, die nicht Geschichte sind, aber allzuoft mit ihr verwechselt werden. Es ist nötig, hier gleich zu Anfang klare Unterscheidungen vor sich zu haben. — Wenn uns auch die Kunstgeschichte rein und durchaus Geschichte ist, so ist doch an ihr eine Eigenschaft nicht zu verkennen, durch die sie sich von der Geschichte im engeren Sinn eingreifend unterscheidet: ihr Gegenstand hat eine zeitliche Doppelexistenz, er gehört nicht der Vergangenheit allein an, vielmehr wird er in dem Augenblick, in dem das Auge eines von uns auf ihm ruht, zur Gegenwart. Denn eigentlich erst in dem Kopfe des Beschauers wird das Kunstwerk fertig. Für den naiven Beschauer aber ist die Art der Wirkung die gleiche, ob er alte oder neueste Kunst vor sich hat, er fragt allein nach dem unmittelbaren ästhetischen Eindruck. Und auch der wissenschaftlich bestgeschulte Blick wird sich diesem nicht entziehen können; es wäre geistige Stumpfheit, wenn es anders wäre.

Aber es bleibt dabei, daß das geschichtliche Interesse an der vergangenen Kunst ein durchaus anderes ist als das ästhetische. Worauf es ankommt, ist hier allein, sich fähig machen, in jedem Augenblick zu unterscheiden, von welchem der beiden Interessen man sich ergriffen fühlt. Das ästhetische Urteil hat nur einen Gegenwartswert; wie schnell und durchgreifend es wechselt, ist allbekannt. Der Renaissance war die Gotik ein Greuel, und das 19. Jahrhundert verabscheute den Barock. Aber auch der größere historische Abstand gibt noch keine Sicherheit. Wir erfahren es alle Tage, daß heute gekreuzigt wird, wo gestern Hosianna gerufen wurde: die Mode des Augenblicks ist es, Raphael verächtlich zu machen und einen Greco zu den Sternen zu erheben. Der Grund ist der, daß sehr viele, die sich Kunsthistoriker nennen, in dem Augenblick aufhören, es zu sein, wo ihr Gefühl zwischen einer Erscheinung der Vergangenheit und den künstlerischen Problemen der Gegenwart eine Beziehung entdeckt. Es mag nicht leicht sein, von dem Geschmack des Tages sich unabhängig zu erhalten; aber dann wisse man auch, daß man es nicht ist.

Nun bedarf die geschichtliche Auffassung der Kunst noch eines zweiten Grenzschutzes: gegen die psychologische. Diese definiert die Kunstgeschichte als »Lehre von den Sehformen«. Ihr ist die in der Geschichte gegebene Tatsächlichkeit ein zu reinigender Rohstoff; durch Ausscheidung des Veränderlichen, Freien, Individuellen will sie zu dem hinter ihm vermuteten Generellen, Dauernden, Gesetzlichen hingelangen, zur reinen Kunst. Diese Betrachtungsweise hat ihren eigenen, unbestreitbaren Wert; aber eben Geschichte ist sie nicht. Sie kommt dieser dort am nächsten, wo sie schon in den Grundformen der menschlichen Psyche zeitliche Veränderungen nachweist; diese aber liegen nicht in der Welt der geschichtlichen Freiheit, sondern sollen als ein mit Notwendigkeit sich vollziehender Prozeß angesehen werden, gesetzlich in demselben Sinne, wie die Veränderungen in den Formen der Natur. Wir wollen hier nicht untersuchen, ob und inwieweit es sich hier um ein Erkennbares handelt; in jedem Fall ist dieser psychologische Entwicklungsprozeß nur ein kleiner Teil des weitschichtigen Ursachenkomplexes, aus dem die anschaubare Wirklichkeit der Geschichte hervorgeht. Und wie wäre es, wenn der Wechsel in den Sehformen gar nicht deshalb einträte, weil aus unerforschlichen Gründen die Menschen von Zeit zu Zeit anders sehen *müßten*, sondern vielmehr weil sie anders sehen *wollten*, und zwar deshalb so wollten, weil das, was wir zusammenfassend Weltanschauung nennen, sich geändert hat? Dann läge die Veränderung nicht in den psychologischen *Formen*, sondern in deren *Inhalt*, und wäre wieder rein historisch zu erklären.

Offenbar hat weder die ästhetische noch die psychologische Richtung der Kunstgeschichte aus der Heraushebung der Kunst eines einzelnen

Volkes, wie es das Thema dieses Buches ist, etwas zu gewinnen; der Begriff der Nation liegt nicht auf der Linie ihrer Gedanken. Jene sind an ihrem Platze, wenn es gilt, die menschliche Natur generell zu erforschen. Wir aber haben es mit dem deutschen Menschen zu tun. Was seine Besonderheit ausmacht, ist nicht seine ursprüngliche Anlage allein, sondern die volle Summe aller seiner geschichtlichen Erlebnisse, eine Vereinigung von Ererbtem und Erworbenem, von glücklich fortgebildeten und traurig verkümmerten Eigenschaften. Die unter solchen Einflüssen sich ergebenden Veränderungen im Charakter eines Volkes sind etwas durchaus anderes als der naturhafte Entwicklungsprozeß, den die »Kunstgeschichte als Lehre von den Sehformen« im Auge hat, und die auf diesem Boden gewonnenen Werturteile sind wieder etwas durchaus anderes und, wie wir hoffen, besser Gesichertes als die immer schwankenden der rein ästhetischen Betrachtungsweise. Wir werden nicht die Frage stellen, ob beispielsweise die Gotik etwas Besseres gewesen sei als der romanische Stil und die Renaissance etwas Besseres als die Gotik; wohl aber werden wir urteilend vergleichen, in welcher dieser Perioden die deutsche Kunst, als geistige Kraftäußerung betrachtet, höher oder niedriger stand. Wer diese Art des Urteilens sich aneignet, wird nicht vergessen, daß ein Volk im Verlauf seines oft bedrohten Daseins auch noch andere Aufgaben hat als die, in der Sprache der Kunst sich über sich und sein Verhältnis zur Welt auszusprechen. Glücklich die Zeiten, die in diesem Sinne fruchtbar und beredt sein konnten. Das Glück verteilt aber seine Gaben immer ungleich. Kunst ist ein hohes Gut. Der Güter höchstes ist auch sie nicht.

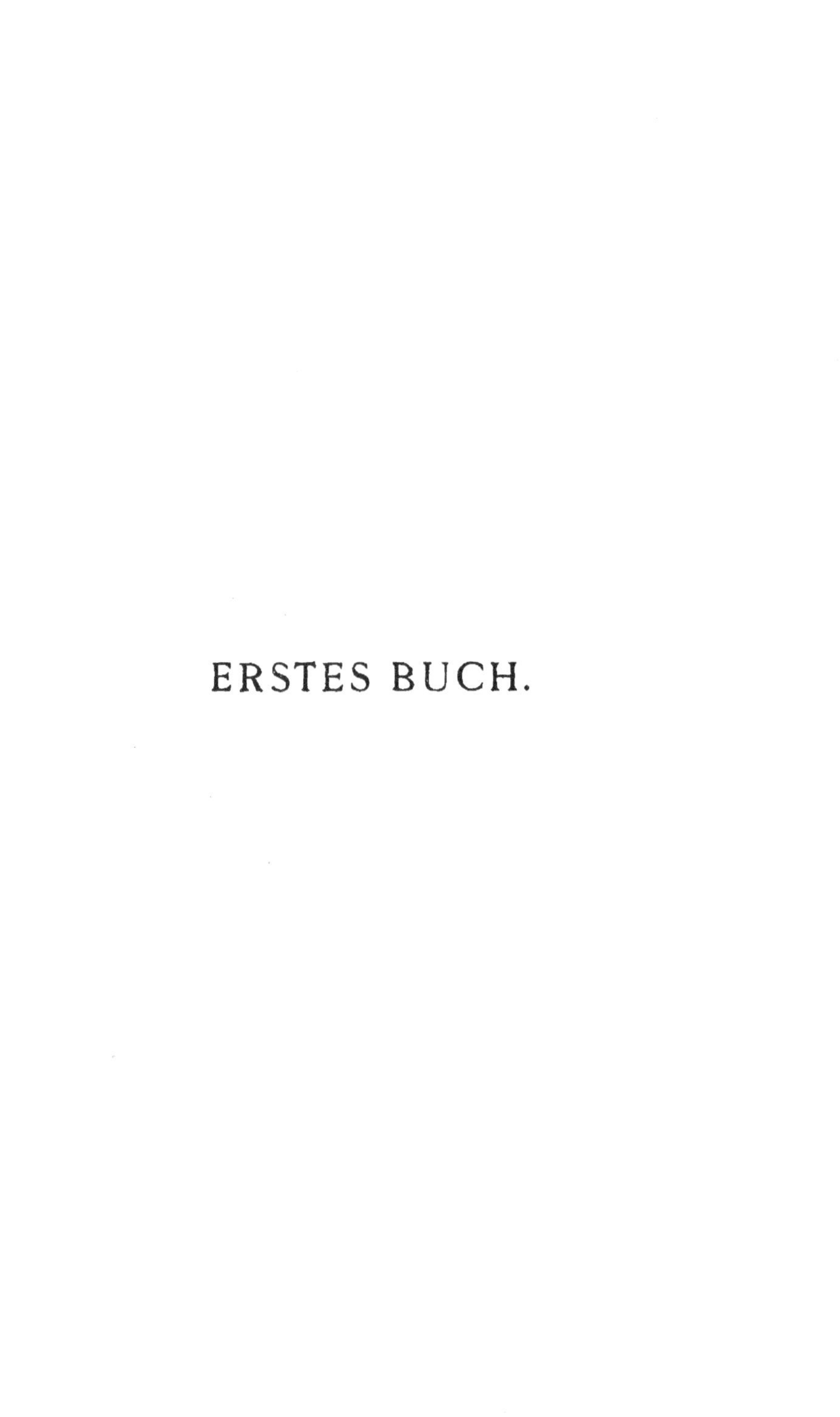

ERSTES BUCH.

Erstes Kapitel.

Das deutsche Altertum.

Albrecht Dürer schrieb aus Venedig im Gedenken an die bevorstehende Rückkehr in seine nordische Heimat: »O wie wird mich dort nach der Sonne frieren.« In diesem Worte klingt ein innerstes Motiv an, das sich als roter Faden durch die ganze deutsche Geschichte hinzieht, am sichtbarsten in der ersten Jugendzeit unseres Volkes. In dem Kampf des Geistes mit der Natur, der der »Vater der Dinge« ist, waren wir vom Schicksal von Haus aus auf keinen guten Ort gestellt: wir haben den besseren Platz an der Sonne und alle Güter, die von der Sonne kommen, uns erst erkämpfen müssen. Dies war die erste Handlung, durch die wir uns dem dumpf vegetierenden Urzustand entwanden, zu einem geschichtlichen Volk uns machten. Die ältesten Spuren germanischer Sitze weisen auf beide Ufer der Ostsee und den östlichen Teil der Nordsee. Nachdem im zweiten Jahrhundert v. Chr. versprengte Vortruppen der nach Süden und Westen vordringenden germanischen Völkerwoge am Pontus wie am Westfuße der Alpen erschienen waren, wurden von ihnen im ersten Jahrhundert die Kelten in breiter Linie über den Rhein zurückgedrängt. Hier trat ihnen Cäsar in den Weg. Es begann die dreihundert Jahre dauernde Herrschaft der Römer über die Länder am Rhein und der Donau und über sie hinaus bis zum Grenzwall, jenseits dessen das freie Germanien lag. Den zweiten, nun siegreichen, Vorstoß brachte die Völkerwanderung. Daß die Germanen in den alten gräko-italischen Kulturkreis den Eintritt begehrten und sich erzwangen, war kein illegitimer Eroberungstrieb: sie waren diesen Völkern urverwandt. Sie haben deshalb späterhin im Mittelalter, als sie die Erbschaft der Antike antraten, sich unvergleichlich fähiger gezeigt, mit diesem Pfunde zu wuchern, als die semitischen Miterben. Dies aber blieb auch in dem neuen Europa, das nach dem Untergange des römischen Weltreichs aus dem Chaos der Völkerwanderung emportauchte, der durchgreifende Unterschied: daß die lateinische Völkergruppe schon eine lange Geschichte hinter sich hatte, verbraucht, regenerationsbedürftig war, aber doch im Besitz einer unsterblichen Kulturtradition — die germanische hingegen jung, traditionslos, voll triebkräftiger, aber noch unentwickelter Anlagen. Als sehr Verspätete sind wir Deutsche in den Wettbewerb der Völker eingetreten, die tiefen Spuren dieser Tatsache ziehen sich durch unsere ganze Geschichte.

Unter den Gaben unseres Genius ist nun die zur bildenden Kunst die mit der meisten Verspätung zur Tätigkeit erwachte. Kunst braucht Sonne, mehr als irgendein anderes Feld des Phantasielebens. Die Religion, die Poesie, die große Schöpfung der deutschen Sprache, sie beweisen, daß die Deutschen an ursprünglicher Armut der Phantasie wahrlich nicht gelitten haben. Aber allerdings, von bildender Kunst besaßen sie nur die spärlichsten Rudimente; keine Spur läßt erraten, daß dies Volk dereinst die Dome des Mittelalters bauen und einen Dürer und Rembrandt hervorbringen werde. Dennoch muß der Keim auch dazu, in den untersten Schichten des Bewußtseins verborgen, schon ursprünglich vorhanden gewesen sein. Die Eigenart eines Volkes zeigt sich nicht in den Wurzeln, wo alle Völker scheinbar einander ähnlich sind, sondern in der Krone und den Blüten.

Wie schwer es für junge, unentwickelte Völker ist, gegenüber einer alten und gefestigten Kulturtradition das eigene Selbst zu behaupten, hatten vorher die Bewohner Oberitaliens, Galliens und Hispaniens erfahren: sie waren romanisiert worden. Und ebendieses geschah auch mit der germanischen Vorhut, den Goten, Langobarden, Burgunden und einem Teil der Franken: sie wurden verbraucht als Material zum Aufbau neuer Volksgebilde, denen sie wohl den Namen gaben, deren Kultur aber nicht ihre, sondern die Farbe der Besiegten trug. Erst das Volk der Deutschen, aus dem Zusammenschluß der zwischen Nordsee und Alpen zurückgebliebenen germanischen Stämme entstanden, erwies sich in seiner geistigen Struktur fest genug, die Doppelaufgabe zu lösen: das dauernd Wertvolle aus der alten Mittelmeerkultur bei sich aufzunehmen und doch zugleich eine nach eigenem angeborenen Seelengesetz in Sprache, Recht, Sitte und Gemütsleben sich selbst bestimmende Nation zu werden. Auf allen Stufen der deutschen Geschichte hat sich diese Doppelaufgabe wiederholt, und niemals haben die Ursachen, als deren Folge wir das späte Erwachen der bildenden Kunst erkannten, zu wirken ganz aufgehört. Dem germanischen Geist verblieb ein Erbmangel, den wir mit kürzestem Wort als Formlosigkeit zu bezeichnen haben. Es wurde ihm immer schwer, die quellende Fülle des innerlich Erlebten und Geschauten in die festen Grenzen der Form zusammenzuballen. Gerade in den Epochen seiner Erhebung wurde er sich regelmäßig seiner Einseitigkeit und Ergänzungsbedürftigkeit bewußt. Es erwachte dann eine neue Sehnsucht nach der Formenklarheit des Südens und der Antike. Die Spannung zwischen dem formlosen Reichtum des germanischen und der formvollen Gebundenheit des antiken Geistes wurde ein immer wiederkehrendes Motiv in der Geschichte der deutschen Kunst. Der Sternenstand des Anfangs blieb bestimmend für alle Zukunft. —

Die erste umfassende und grundsätzliche Rezeption der Antike, literarisch und künstlerisch, brachte das Zeitalter Karls des Großen. Sie bildet einen tiefen Einschnitt auf allen Feldern, nirgends einen tieferen als in der Geschichte der Kunst. Alles, was diesseits liegt, erscheint unserer psychischen Mitempfindung vergleichsweise verwandt, nahe, fast als Gegenwart — alles, was jenseits liegt, als Altertum, als primitiv und rudimentär, als ferne Kindheit und gleich dieser als ein Zustand voller Geheimnisse. Dabei sind, auf ihre zeitliche Ausdehnung angesehen, die beiden zu vergleichenden Zeiträume, von Karl dem Großen rückwärts bis auf die erste Kunde von den Germanen, und vorwärts bis auf den heutigen Tag, fast genau gleich, d. h. ein jeder etwas länger als tausend Jahre. In der ersten Hälfte hatte die Kunst, verglichen mit andern Lebensäußerungen (auf Sprache, Dichtung, Religion wiesen wir schon hin), ein winzig kleines Gewicht. Obgleich schon jetzt ein gewisser Verkehr mit den Mittelmeervölkern ihrer Entwicklung zu Hilfe kam, machte dieselbe äußerlich wie innerlich ganz geringe Fortschritte. Sie kam über das ornamentale Stadium nicht hinaus. Ein bescheidener Schmuck des Leibes, der Waffen, des Gerätes und Hauses, mehr war sie nicht. Daneben kann nur noch an die Möglichkeit gewisser erster Regungen architektonischen Kunstwollens gedacht werden. Ein auf Anschauung gegründetes Urteil kann hier, im Gegensatze zu der uns sehr deutlich vor Augen stehenden Ornamentalkunst, nicht versucht werden. Über allgemeine Erwägungen ist nicht hinauszukommen. Die erste derselben ist: es gibt keinen historisch beleuchteten Zustand im Leben der alten Deutschen, in dem sie nicht bereits Ackerbauer gewesen wären. Eine bäuerliche Nutzarchitektur muß es also gegeben haben. Dagegen fehlte jegliche Anknüpfung für monumentale Absichten: sie hatten keine Götter, die in Tempeln zu wohnen begehrten; keine Könige, für welche Paläste zu bauen gewesen wären; keinen Totenkult, der Erinnerungsmäler geheischt hätte. Auch Wehrbauten kannten sie nicht; dies kriegsgewohnte Bauernvolk liebte nur die offene Feldschlacht. Die Wallburgen, auf deren Spuren wir heute hie und da stoßen, gehören wohl durchweg erst der Zeit nach der Völkerwanderung an und sind kaum ein ursprünglich germanischer Typus. Die Römer wunderten sich über die zähe Abneigung der Deutschen, hinter Mauern zu wohnen. In der Tat ist damit ein auffallender Gegensatz zu den Gewohnheiten der Mittelmeervölker ausgesprochen, bei denen befestigte städtische Siedlungen bis ins graueste Altertum hinaufreichten. Die von den Römern am Rhein und Donau angelegten Städte verschwanden zwar nicht ganz, doch wurden sie nur schwach bewohnt. In Straßburg z. B. sammelten sich die neuen fränkisch-alemannischen Ansiedler zuerst vor dem Tore des alten römischen Mauerbezirks, der bis in die Karolingerzeit verödet blieb. Aus alledem ergibt sich, daß die Bauaufgabe des deutschen Altertums sich im Bauernhaus erschöpfte. Die Forschung hat sich umsonst bemüht, einen einheitlichen Urtypus desselben zu ergründen. Sicher ist nur das eine: daß diese Baukunst Holzbaukunst war. Allein schon aus der Sprachgeschichte kann dies geschlossen werden. Denn in unserem Wortschatz sind nur die auf Bearbeitung des Holzes bezüglichen Wurzeln deutsch, alle auf den Stein und was mit ihm zusammenhängt hinweisenden sind Lehnwörter aus dem Lateinischen; deutsch z. B. *Wand* (ursprünglich Flecht- und Lattenwerk), entlehnt *Mauer*; deutsch *Tor*, entlehnt *Pforte*; ebenso *Fenster, Pfeiler, Ziegel* u. a. m. Mehr als dies Allgemeinste läßt sich nicht sagen. Es bleibt verborgen, wann und in welcher Weise aus der Nutz- und Werkform eine erste Regung eigentlich künstlerischen Wollens sich ablöste. Wirklich kennen lernen wir den deutschen Holzbau erst auf einer um viele Jahrhunderte jüngeren Stufe, und seine frühesten Zeugnisse sind nicht ländliche, sondern städtische Bauten des vorgeschrittenen Mittelalters. Rückschlüsse können aus ihnen nur mit reichlichen Vorbehalten gezogen werden. Bedeutsamer bleibt, zumal im Gegensatze zu den südlichen Ländern, die tiefgewurzelte Anhänglichkeit an die Holzkonstruktion selbst in der städtischen Architektur bis nahe an die Gegenwart heran. Am Rhein und an der Donau haben die Deutschen jahrhundertelang im Anblick römischer Bauweise gelebt, ohne sie sich anzueignen. Was aus dieser Zeit als unvertilgbare Erinnerung zurückblieb, war die Vorstellung von der höheren Vornehmheit des Steinbaus; weshalb, als die Zeit für den Monumentalbau kam — nicht früher, als mit der Einführung des Christentums —, dieser auch nur als Steinbau gedacht werden konnte. Das Ergebnis ist: als Anregung zu künstlerischer Gedankenbildung und Wurzel der architektonischen Kunst des Mittelalters kommt der altgermanischen Holzbaukunst eine über ihren ursprünglichen Umkreis, d. i. den Nutzbau, hinausgehende Bedeutung nicht zu. Alle Annahmen, die mehr behaupten, gehen aus Trugschlüssen hervor. Es wird davon an späterer Stelle noch zu reden sein.

Wir können also die Erörterung über den Hausbau mit der Einsicht abbrechen, daß die hier bestehende Lücke in unserem Wissen zwar sehr schmerzlich für die Altertumswissenschaft, aber unerheblich für die Kunstgeschichte ist. Dieser letzteren steht in etwas anderem, in den Schmuckstücken, Waffen und Geräten, die die Erde in treuem Verwahr gehalten hat, eine reiche Fundgrube zur Verfügung. Wir treten erwartungsvoll an sie heran. Ist diese ornamentale Kunst das, was wir kennenzulernen vor allem begierig sind? Ist sie das Stammgut der germanischen Rasse, das reine, unverfälschte Dokument ihres uranfänglichen Formgefühls? Die Frage ist verwickelter, als sie scheint. Am wenigsten kann sie mit einem runden Ja beantwortet werden. Die Kunstgeschichte zuletzt darf mit dem Satze beginnen: Am Anfang war der Logos der Rasse. Die Anfangskunst der Germanen liegt beschlossen in der für unsere Erkenntnismittel nicht teilbaren Masse des mittel- und nordeuropäischen Gemeinguts. Es kann nach großen Epochen, nach Stein-, Bronze-, Eisenzeit unterschieden werden, aber nicht nach Nationen. Wissen wir doch noch immer nicht mit voller Sicherheit, wo die ältesten Wohnsitze der Germanen lagen. Aber auch wenn wir es wüßten, wäre das Ergebnis für die Kunst dasselbe: nämlich daß das Gemeinsame der Entwicklungsstufe und der natürlichen Lebensbedingungen weit mehr Bestimmungskraft hatte, als die erst schwach herausgearbeiteten rassenpsychologischen Besonderheiten. Außerdem hat die prähistorische Forschung auch überraschend frühe Fernwirkungen nachgewiesen; so tief wir in den Schoß der Zeiten hinabsteigen, nirgends finden wir eine absolute Urform, immer schon ein Geben und Nehmen, Übertragen und Befruchten. Anregungen aus der höherstehenden Mittelmeerkunst fanden vereinzelt schon in der späteren Steinzeit ihren Weg in den Norden und zunehmend in jeder folgenden Epoche. Dies hat aber die nordische Ornamentik an der Aufrechterhaltung eines sehr bestimmten Charakters nicht gehindert. Sie ist eine abstrakt geometrische Linienkunst, und alles, was sie aufnimmt, wandelt sie nach diesem Grundsatz um. Damit steht sie im entschiedensten Gegensatze zu dem, was die Höhlenfunde in einer südlicheren Zone, in Nordspanien, Südfrankreich und Südwestdeutschland aufweisen: obgleich nach Jahren gemessen noch weit älter als die nordische Ornamentik — manche Forscher sprechen von dreißig Jahrtausenden —, doch schon wirkliche Bilder, Tierdarstellungen von erstaunlich scharfem Wirklichkeitssinn wie nicht minder erstaunlicher Geschicklichkeit der Hand. Die Existenz dieser psychologisch und anthropologisch die schwersten Rätsel uns aufgebenden allerältesten Bilderwelt Europas macht es doppelt beachtlich, daß in der nordischen Völkergruppe, die Germanen eingeschlossen, von ähnlichen Versuchen auch nicht ein Schatten zu finden ist. Der Anfang der Kunst steht hier am entgegengesetzten Ende der Möglichkeiten: er weiß von Naturnachahmung schlechthin nichts. Sehen wir den Moment, wo ein Artefakt zum Kunstwerk wird, dort, wo ein zweckfreies Wohlgefallen an dieser oder jener Form eintritt, so war die erste Kunstregung bei den Germanen das Wohlgefallen an der frei geschaffenen, nur in der menschlichen Psyche, nicht in der Natur vorgebildeten Form. Mit dieser Erkenntnis ist ohne Zweifel viel gewonnen. Es läßt sich von hier aus schon voraussehen, was dem germanischen Menschen bevorstand, wenn er im Fortgang der Zeiten und seiner eigenen Entwicklung mit der reifen Kunst der Griechen und Römer in unmittelbare Berührung trat: ein vollkommen neues Verhältnis zur äußeren Erscheinungswelt mußte er eingehen. Er mußte lernen, daß nicht Abkehr von der Natur, sondern geistige Bezwingung der Natur Ziel der Kunst sei. Der damit eingeleitete mühevolle Prozeß hat weit länger gedauert, als man sich gewöhnlich eingesteht. Wir werden atavistische Rückfälle noch in sehr später Zeit zuweilen wahrnehmen können. Ja, wer bürgt uns dafür, daß wir nicht heute noch durch den daraus entstehenden Konflikt beunruhigt werden?

Auf die erste Phase, in der allein der Handelsverkehr aus der Mittelmeerkunst einen letzten, dünnen Widerhall in den Norden hinüberleitete, folgte die zweite, in der Germanen und Römer sich Aug' in Aug' gegenüberstanden. Vergessen wir nicht, daß es mehr als bloß ein kurzes Zwischenspiel war, und daß es sich dabei nicht bloß um kriegerische Zusammenstöße handelte. Dreieinhalb Jahrhunderte lang war der dritte Teil Deutschlands römische Provinz, von römischer Kultur und Kunst vollkräftig erfüllt; römische Kaiser residierten in Trier, syrische Kaufleute erschienen am Rhein, germanische Söldner dienten in Italien. Die ersten christlichen Gemeinden wurden gegründet. Eine breite Berührungsfläche war gewonnen. Um so merkwürdiger ist, wie wenig dauernde Wirkungen zustande kamen. Von allem, was die Deutschen bei den Römern kennenlernten, war ihnen sicher die Kunst das Fremdartigste, Unverständlichste. Einiger Zuwachs an kunstgewerblicher Handfertigkeit war der einzige Ertrag, dem inneren Wesen der antiken Kunst waren die Deutschen am Ende um keinen Schritt nähergekommen. Nach wie vor blieb ihr Kunstwollen, wenn man diesen pompösen Ausdruck hier gebrauchen will, im Zierat stecken.

Dies ist der Grundzug auch des Stils der dritten Phase, des sogenannten Völkerwanderungsstils, der in Wahrheit bis ans Ende der Merowingerzeit dauerte. Es ist irrig, ihn als die natürliche Fortentwicklung der germanischen Frühkunst aufzufassen. Er ist aus den heterogensten Ingredienzien zusammengemischt. um ein Gleichnis aus der Gesteinkunde zu brauchen, eine Art Nagelfluh, ein loses Geschiebe zertrümmerter und zerriebener Formen, die durch die Ereignisse der Wanderzeit oft auf seltsam langen und verworrenen Wegen zusammengebracht sind. Vielleicht ist er im Völkergemisch der römischen Legionen zuerst entstanden, jedenfalls haben sie an seiner Verbreitung vielen Anteil. Zu beachten ist, daß er zuerst nur im Kunstgewerbe auftritt und erheblich später erst in die architektonische Dekoration übergreift. Die Archäologen sind auf ihn zuerst durch Bodenfunde in Deutschland und Skandinavien aufmerksam geworden, weshalb sie in ihm »deutsche Volkskunst« zu erkennen glaubten. Bei näherem Zusehen hat sich aber auch der Boden Italiens an Funden dieser Klasse so reich erwiesen, daß die Erklärung aus Verschleppung durch wandernde Germanen nicht mehr zulässig ist. Dasselbe gilt von den umfänglichen Überresten dieses Stils im östlichen Küstenlande der Adria. Wie bedenklich es wäre, Fundort und Entstehungsort einander gleichzusetzen, zeigt die in Abb. 8—10 gegebene Zusammenstellung. Das eine dieser drei Beispiele stammt aus Oberitalien, das zweite aus Thüringen, das dritte aus Ostpreußen — und trotz der weiten Entfernung der Fundorte, wie ähnlich sind sie einander. Zweifellos handelt es sich bei diesen in einem sehr engen Kreise von Motiven sich bewegenden Schmuckstücken und Waffen um eine von verhältnismäßig wenigen Zentren ausgehende Exportindustrie. Soll man nun glauben, daß vom Norden her der Süden mit diesen Erzeugnissen überschwemmt worden wäre? Sicher ist der umgekehrte Weg der allein wahrscheinliche. Und vollends wird jeder Zweifel beseitigt, wenn wir diesen Stil auf die Herkunft seiner Elemente prüfen. Er ist nichts anderes als eine Metamorphose der Antike! Freilich darf dabei nicht an die vornehme Kunst des kaiserlichen Roms und der klassischen Zeit gedacht werden, sondern an die verbauerte Provinzialkunst der Spätantike. Und zu diesen im volkstümlichen Empfinden der Massen frei werdenden Quellen gesellte sich ein starker und vielgestaltiger Zustrom aus dem wiedererwachenden Orient. So ist also nur das eine richtig: die »Völkerwanderungskunst« war in der Tat Volkskunst, aber nicht war sie germanisch in ihrer Grundsubstanz; von der klassischen Antike aus bewertet, mag man sie immerhin »barbarisch« nennen. Ebendies näherte sie dem Verständnis der deutschen Soldaten und Bauern. Sie kamen in ihren Besitz zuerst als Handelsware und als Kriegsbeute. Dann, als die Fabriken der römischen Grenzländer eingegangen waren, beginnen die Deutschen mit Nachahmungen. So müssen wir uns die Entwicklung vorstellen. Sie im einzelnen nachzuweisen, ist allerdings nicht möglich, trotz der großen Menge der Gegenstände, die die Gräber wiedergegeben oder alte Kirchenschätze aufbewahrt haben. Denn Altersbestimmungen sind meist nur innerhalb großer Spielräume durchzuführen, und es fehlen die Kennzeichen, um Importiertes und Selbsterzeugtes sicher zu unterscheiden. Daß Veränderungen eintraten, indem gewisse überlieferte Motive allmählich ausschieden, andere durch Umbildung und Variierung sich fortentwickelten, und zwar in folgerichtiger Weise, ist gleichwohl augenfällig, und dies bedeutet: die aufgenommenen Lehnformen werden durch langen Gebrauch zu Eigenformen; aus der ursprünglichen Völkerwanderungskunst, dem Gegenteil einer national bedingten, schlägt sich am Ende eine wirkliche germanische Volkskunst nieder.

Wir wollen an einigen Beispielen — die in jedem Provinzialmuseum vervollständigt werden können — den Charakter dieses Formenkreises erläutern.

Arbeiten in Metall haben sich am besten erhalten, sie zeigen auch die jeweilige Kunstfertigkeit auf ihrem Höhepunkte. Eine besonders kostbare Gattung ist das Zellenmosaik (Abb. 1—5). Zwischen schmalen Bändern aus Gold oder vergoldetem Kupfer, die auf den Grund aufgelötet werden, liegen Füllungen aus entsprechend zugeschnittenen Halbedelsteinen, Granaten, Almandinen (die aus Indien kamen), auch wohl Gläsern. In dem ornamentalen Bilde, das hierbei entsteht, bildet also das Liniennetz der Goldfassung das Muster, der Stein den formlosen Grund,

und beide zusammen ergeben eine gleichmäßige glatte Fläche, in der Muster und Grund nur durch den Farbenunterschied sich voneinander abheben. Es wird hier also etwas wesentlich anderes erstrebt als in den durchaus plastisch gedachten Goldschmiedearbeiten der Antike. Das Zellenmosaik ist asiatischen, wahrscheinlich sassanidischen Ursprungs. Den Weg der Ausbreitung zeigen beispielsweise der Schatzfund von Petrossa in Rumänien, aus gotischem Besitz stammend (wenn auch nicht gerade dem des Königs Athanarich, wie man früher glaubte); die Schwertscheide und der Becher aus dem Grabe des Frankenkönigs Childerich (gest. 481); die Votivkronen der spanischen Westgotenkönige Svinthila und Receswinth (gest. 631 und 672). Nur die ältesten Stücke dieser Gattung sind asiatische Originale. Daß die Mehrzahl die Arbeit germanischer Goldschmiede ist, die damit schon eine hochausgebildete Geschicklichkeit der Hand bekundeten, kann aus mancherlei Nebenumständen entnommen werden, am sichersten aus den gelegentlich vorkommenden Inschriften, wie z. B. auf einem Reliquienkästchen des Klosters Saint-Maurice im Wallis ein Undiho und Ello sich als Verfertiger nennen und auf einer Gewandspange aus Oberschwaben, jetzt im Nationalmuseum in München, zu lesen ist: *Uffila vivas in deo* (Abb. 4). Die beiden letztgenannten Stücke bezeugen außerdem durch ihre späte Entstehungszeit, Ende der Merowingerzeit, die feste Einbürgerung dieser Geschmacksrichtung. Warum die Deutschen, da sie doch gegen die klassische Antike sich andauernd verschlossen, an dieser exotischen Kunst Wohlgefallen fanden, ist nicht unverständlich: sie bewegt sich in ihrer Beschränkung auf das Lineare und Flächenhafte im Grunde auf derselben Linie wie der geometrische Stil der germanischen Vorzeit. Außerdem waren die Deutschen durch ihre Erlebnisse in der Wanderzeit Kenner der stofflichen Kostbarkeit und zierlich mühsamer Feinarbeit geworden.

Ein anderes typisches Verfahren ist der Keilschnitt oder Kerbschnitt (Abb. 6—10). Die Fläche wird hier mit einem System schräg abgeböschter Gruben überdeckt, die so geordnet sind, daß die Schnittlinien der Flächen ebenso an den höchsten wie an den tiefsten Stellen zusammenhängende Linienzüge, gleichsam Berggrate und Talsohlen, bilden. Um eine plastische Vorstellungsweise handelt es sich dabei nicht, sondern um Erzeugung eines Wechsels von Licht und Schatten, dessen flimmerndes Durcheinander gegenüber den Gratlinien — dem Muster — in ähnlicher Weise als Grund wirkt wie beim Zellenmosaik die Steinfüllung. Die Zurückführung auf eine vermeintliche urgermanische Holzschnitzkunst war ein Irrtum. Die ältesten Proben des Keilschnitts finden sich vielmehr an metallenen Lederbeschlägen und Gürtelschnallen in Fundstätten Italiens und Illyriens. Die Muster gehen von geläufigen antiken Ornamentmotiven aus, das flächenhaft malerische Darstellungsprinzip bedeutet allerdings einen merkwürdigen Abfall vom klassischen Formgefühl, vielleicht Rückfall in sehr alte, volkstümliche Gepflogenheiten, die, zeitweilig von griechischer Kultur zurückgedrängt, nun zeigten, daß ihre Rolle noch nicht ausgespielt war. — Der zeitliche Vorsprung der römischen Keilschnittfunde vor den aus germanischen Gräbern ans Licht gebrachten ist sicher. Und je älter die letzteren sind, um so näher stehen sie der südalpinen Formengebung. Zweifellos also hat hier Übertragung aus dem Süden nach dem Norden stattgefunden.

Die Betrachtung noch auf weitere technische Gattungen auszudehnen, ist für unseren Zweck entbehrlich. Vor allem muß uns interessieren, was sich in den auf die Völkerwanderung folgenden Jahrhunderten aus der damals gewonnenen Bereicherung des ornamentalen Formenschatzes weiterhin entwickelte. Es ist zuerst ein Wählen und Aussondern, danach ein Umformen. Für beides bleibt die auf das Abstrakt-Lineare eingestellte Grundrichtung der germanischen Phantasie maßgebend. Eine Veränderung geht nur mit dem besonderen Charakter dieses Linienspiels vor sich. Die in ihrer Einfachheit klaren und starren Motive der Frühzeit verschwinden. Von verwickelteren Zusammensetzungen geradliniger Elemente ist der antike Mäander am beliebtesten. Das Übergewicht erhalten gekrümmte Linien ohne geometrische Bedingtheit, in freier, rhythmischer Bewegung. Hinsichtlich der Motive wird indes auch hier aus dem Vorrat der Antike geschöpft. Die Spiralwelle und das Flechtband werden aufgegriffen, zuerst noch unverändert nachgeahmt, dann immer verkünstelter ausgebreitet, und endlich in ganz labyrinthische Verwirrung gebracht, wobei es bezeichnend ist, daß die maßlosesten Bildungen dieser Art doch erst bei den Nordgermanen zustande kommen (Abb. 15—17), während auf dem heutigen deutschen Boden die Nähe der antiken Nachfahren noch einigermaßen zügelnd wirkte. Man meine nicht, daß hier eine naturalistische Nachahmung von Band- und Riemenwerk vorläge; alles ist reine, unbedingte Linienphantasie; soweit eine Anknüpfung an textile Vorbilder darin gegeben ist, ist sie aus der Antike herübergenommen in bereits dort vollzogener stilisierender Umformung.

Noch bezeichnender ist, was in der germanischen Phantasie aus dem antiken Tierornament wurde (Abb. 11—18). Antik gedacht war es, tierische oder menschliche Gestalten in tektonische Gebilde so einzufügen, daß sie deren Funktion anthropomorph versinnlichten: in der Baukunst durch Karyatiden und Atlanten, an Möbeln und Geräten etwa durch Endigungen in Klauen oder Köpfe (Abb. 12) oder auch als freie, ornamentale Begleitung, z. B. an den Rändern von Gürtelbeschlägen als kauernde Tiere. Wir kennen in großer Menge germanische Fibeln, an denen ähnliches versucht ist. Nur glaube man nicht, daß diese Darstellungen von der Wirklichkeit ausgegangen seien; nein, ihre Vorbilder sind allemal im antiken Kunstgewerbe zu suchen. Das Bemerkenswerteste dabei ist, daß ihre Rezeption nicht etwa als Aufforderung zu eigener Naturbeobachtung wirkte, vielmehr war es allein die von der Sache unabhängige Linienphantasie, die durch sie in Schwingung versetzt wurde. Je weiter in der Zeit die Gattung sich fortentwickelt, um so schonungsloser werden die organischen Zusammenhänge zerrissen und wird die ursprüngliche Naturform in willkürliche Linienzüge aufgelöst. Der schwedische Forscher Bernhard Salin hat diese Entwicklung, die von der Antike aus gesehen eine fortschreitende Entartung ist, für das germanische Wollen aber eine geistreiche Umdeutung genannt werden darf, sehr überzeugend nachgewiesen. Wie sehr hat sich die ältere, landläufig gewordene Meinung getäuscht, wenn sie unseren Vorfahren eine hartnäckige Vorliebe für das Widerwärtige, für Würmer, Schlangen, Schreckgestalten aus einer im Albdruck geträumten Fabelwelt zumutete. In Wahrheit hatten die Verfertiger dieser Sachen es schon vergessen, daß ursprünglich lebende Naturwesen mit ihnen gemeint gewesen waren. Man nenne dies auch nicht Stilisierung. Echte Stilisierung will die organische Lebensform klären, indem sie sie auf ein einfaches Grundschema zurückführt. Hier aber wird der Organismus mißachtet, zerdehnt oder zertrümmert; eine Klaue, ein Kopf, ein Schnabel, ein Auge werden herausgerissen und nur noch als Ornament empfunden. Was aus ihnen werden konnte, zeigt die von Salin zusammengestellte Reihe Abb. 11. Von der altgermanischen Tierornamentik führt kein Weg zur Naturempfindung; sie ist keine jugendliche Kunst, sondern in ihrer spitzfindigen Klügelei das Ende einer Entwicklung. Deutschland wurde noch rechtzeitig aus dieser Sackgasse befreit, Skandinavien aber blieb in ihr noch lange stecken, und in den Bilderhandschriften der Iren sehen wir sogar die menschliche Gestalt unter dem Zwange dieser Vorstellungsweise in bandartiges Geschlinge und Geschnörkel aufgelöst. Bis in die Karolingerzeit hinein haben irische Mönche auch in deutschen Klöstern diese Art gepflegt, und es war vielleicht kein ganz leichter Kampf, den die karolingische Renaissance gegen sie aufzunehmen hatte.

Sicher müßten wir unsere Vorfahren arm nennen, wenn diese Linienphantastik alles war, was ihr Phantasieleben gestaltend hervorzubringen vermochte. Aber wir wissen, daß es noch eine andere Kunst bei ihnen gab. Um das Jahr 600 erlebte die deutsche Dichtung ihre erste Blütezeit. Wir kennen sie zwar nicht unmittelbar aus ihren Werken, aber ihr Widerschein in der Literatur des hohen Mittelalters läßt von ihrem Reichtum genug erraten. Großen Geschehnissen aus den Kämpfen der Wanderzeit, mächtigen Menschenbildern wurde sie zum Spiegel, leidenschaftlichen Gefühlen und heißen sittlichen Konflikten gab sie Gestalt, mit Gesang und Spruch begleitete sie den Lauf des täglichen Lebens: die Welt der Germanen war randvoll von Poesie. Irren wir nicht, so lebt in jenen kleinen Linienspielen der Ornamentik von dem großen Atemzug der Dichtung doch wenigstens ein leiser Widerhall. Wie unerheblich an sich, es ist doch dieselbe Klangfarbe. Die Enge der sinnlichen, bilderzeugenden Phantasie in dieser Epoche ist nur die Kehrseite ihres poetischen Reichtums. Noch war zu viel bewegter Gehalt da, um sich zu anschaulicher Form beruhigen zu können. In dem Kampfe des Geistes mit der Natur, den wir am Anfang des Kapitels den Vater der Dinge nannten, war die Freiheit des unbezwungenen Geistes das Erste und Wichtigste. Im nächsten Abschnitt dieses Kampfes hatte der Mensch die Natur in Besitz zu nehmen, mit seinem Geist sie zu durchdringen. Erst auf dem Boden der also gewonnenen Versöhnung von Geist und Natur war Raum für bildende Kunst.

Den Inhalt dieses Kapitels zusammenzufassen: das Schicksal hat es den Deutschen nicht leicht gemacht, nein, wahrlich sehr schwer, ein Kunstvolk zu werden. Dies bleibe bis ans Ende unserer Betrachtung uns gegenwärtig. Aber auch das andere: daß Schwererrungenes das Wertvollste ist und daß wir, alles in allem, noch ein junges Volk sind.

Zweites Kapitel.

Die späte Antike.

Es ist ohne weiters klar, daß die Kunst des deutschen Mittelalters aus der des deutschen Altertums, diesem schwachen und dabei nicht einmal selbständigen Rudiment künstlerischen Lebens, nicht entwicklungsmäßig durch eigene Triebkraft hervorgegangen sein kann. Damit sie entstehen konnte, mußte noch einmal eine Rezeption der Antike vor sich gehen, ohne jeden Vergleich breiter und tiefer, als jene erste in der Völkerwanderung. Dieses geschah in der Epoche der Karolinger.

Sogleich aber drängt sich die Frage vor: wie und woher wurde jetzt möglich, was einst, in der langen Zeit des unmittelbaren Zusammenwohnens der Deutschen mit den Römern, unmöglich gewesen war? Auf irgendeine Weise jedenfalls muß der einst weltweite und unüberbrückbare Abstand zwischen germanischem und antikem Empfinden sich verkürzt haben. Von welcher Seite aber war die Annäherung erfolgt? Hatte etwa die innere Kultivierung des deutschen Volksgeistes in der Zwischenzeit so große Fortschritte gemacht? Es ist bis zur Unmöglichkeit schwer, darüber etwas Bestimmtes auszusagen. Gänzlich stillgestanden hat das geistige Leben natürlich nicht. Wir dürfen im allgemeinen annehmen, daß der Deutsche des Jahres 800 aufgeschlossener, anregbarer war als der des Jahres 300. Indessen gerade auf dem künstlerischen Gebiet ist davon kaum etwas zu bemerken; die germanische Schmuckkunst hatte einen vollkommen stationären Charakter angenommen.

Die Wahrheit ist: den bei weitem größeren Schritt zur Verkürzung des Abstandes hat die Antike getan. Was den Deutschen unter Karl dem Großen als Antike entgegentrat, war nicht dieselbe, die sie damals gesehen hatten, als die römischen Legionen am Rhein und an der Donau herrschten, und noch viel weniger die, deren Idealbild uns heute auf den Schulen gezeigt wird. Aus der klassischen Antike war die Spätantike geworden. An jener gemessen ist diese zweifellos Verfall — trotz aller übergeistreich paradoxen Rettungsversuche, mit denen wir vor einiger Zeit überrascht wurden; aber allerdings ist für das historische Denken ihr Wesen mit dem Begriff des Verfalls noch nicht erschöpft. Die Spätantike verhält sich zur klassischen Antike nicht einfach wie das Schwache zum Starken, das Entartete zum Normalen, sondern sie ist von innen heraus ein anderes Ding. Daß mit dem Zusammenbruch der antiken Gedankenwelt, aus dem als Lebendiges das Christentum sich erhob, und mit der damit verbundenen ungeheuren Verschiebung aller Werthaltungen die klassische Kunst mit zusammenbrechen mußte, versteht sich von selbst. Aber gesetzt den Fall, dieses Gebäude künstlerischer Naturbeherrschung hätte sich erhalten lassen, so wäre daneben für eine anders geartete Kunst niemals Raum geworden. Die Antike mußte untergehen, damit eine mittelalterlich-deutsche Kunst entstehen konnte. Die Spätantike ist die Brücke zwischen den beiden Antipoden. Hierin liegt die positive Seite ihrer geschichtlichen Mission. In ihr veränderte sich aus sich selbst heraus das Wesen der Antike derart, daß sie die meisten Eigenschaften, durch die sie den Germanen unverständlich gewesen war, ablegte, andere aber, bei denen eine Verbindung mit dem germanischen Geist möglich war, in den Vordergrund stellte. Im Sinne dieser weltgeschichtlichen Kombination hat man allerdings zu sagen: die Spätantike rettete die Kontinuität der europäischen Kunstentwicklung.

Versuchen wir das Wesen der Spätantike zu bestimmen, so kommen wir immer auf negativ geformte Urteile. Im Mittelpunkte steht die Entfremdung von der Natur und als deren weitere Folge die Entwertung des plastischen Körpergefühls überhaupt. Sie erstreckt sich ebenso auf die tektonischen und dekorativen wie auf die imitativen Künste. Ein Fehlschluß ist es aber, zu behaupten, daß damit der am entgegengesetzten Pol liegende malerische Sinn an sich stärker und fruchtbarer geworden wäre. Was wirklich vorging, war eine Rückbildung des Sehens vom Tiefenhaften zum Flächenhaften, oder wie man es in einer zugespitzten Formel auch genannt hat, eine Geometrisierung der gesamten Natur. Das letzte und allgemeinste Ergebnis dieser Veränderungen ist das Übergewicht des Interesses an dem Sachinhalt der Darstellung (nicht erst in der christlichen Kunst) gegenüber der Darstellungsform. Ob man dieses als Verfall gelten lassen will oder nicht, ist schließlich gleichgültig.

Eine zweite Reihe der Erscheinungen im Wesen der Spätantike geht von einer andern Grundlage aus. Die im römischen Reich der Kaiserzeit gepflegte Kunst macht, wie man weiß, im ganzen einen sehr einheitlichen, um nicht zu sagen einförmigen Eindruck. Die Ideenwelt des Hellenismus wurde in ihr getragen von der organisatorischen Kraft des römischen Staates. Sehr verschiedene Völker aber waren unter ihrem Zeichen vereinigt. Sie hatten alle die hellenistische Kunst rezipiert, aber wir müssen annehmen, daß, durch sie verdeckt, doch immer noch volkstümliche Unterströmungen fortbestanden. Diese traten nun, sobald die Energie der herrschenden Kultur nachließ, wieder an die Oberfläche. Auf der einen Seite erwachte der alte Orient; drang werbend vor in das Herz des

Hellenismus, wo aus der Vermählung mit ihm der byzantinische Stil hervorging; versandte einzelne Ausstrahlungen bis weit in den Westen, freilich ohne im Gesamtresultat etwas daran zu ändern, daß eben jetzt Orient und Okzident immer schärfer auseinanderklafften. Auf der andern Seite erhob sich die Volkskunst Italiens und die Provinzialkunst der illyrischen, rätischen, keltischen Gebiete, stieß durch die hellenistische Oberschicht durch, verlangte ihr Recht für sich; daraus entstand die Völkerwanderungskunst und in weiterer Folge die sogenannte lombardische. Nicht minder fanden auf dem klassischen Boden selbst die unterdrückten unteren Gesellschaftsschichten die Sprache wieder. War doch die klassische Kunst, im lateinischen Abendlande wenigstens, immer nur ein Besitz der vornehmen Bildung gewesen. Jetzt war die Aristokratie gebrochen; Menschen von sehr ignobler Herkunft bestiegen den Thron der Cäsaren; das Christentum verkündete das Himmelreich den kleinen Leuten, den Sklaven und Barbaren. Wollen wir dies fest im Auge behalten: die Kunst der christianisierten Antike war nach ihrem geistigen Niveau volkstümlich, aber einheitlich national in ihrer Substanz war sie nicht, vielmehr ein ungeheurer Synkretismus. Von diesem hatte die deutsch-mittelalterliche Kunst auszugehen.

Versuchen wir, in knapper Zusammenfassung, das Bild dieser aus östlichen und westlichen, christlichen und heidnischen Elementen zusammengekneteten Spätantike zu entwerfen.

Die Baukunst, um mit ihr zu beginnen, war in den drei Jahrhunderten von Augustus bis Konstantin an gegenständlichen Aufgaben die reichste gewesen, welche die Welt je besessen hat: Tempel noch im Typus des alten griechischen Säulenhauses, Tempel als Zentral- und Gewölbebauten, Theater und Amphitheater, Rennbahnen und Gymnasien, Thermen, Stoen, Triumphbögen und Ehrensäulen, Kriegs- und Nutzbauten der verschiedensten Art, alles in gediegener Monumentalerscheinung. Die Jahrhunderte nach Konstantin kommen — und von diesen Bautypen verschwindet der eine nach dem andern. Nur Eines, ein Einziges hat noch eine Nachfrage und ein Fortleben bei den Menschen: der christliche Kirchenbau, und was zu seiner Ausstattung gehört. Die christliche Kirche wurde gleichsam das Sieb, durch das die antike Kunst hindurchgehen mußte. Alles übrige aus dieser reichen Welt, was von ihm nicht festgehalten wurde, versank und verschwand, nur was die Kirche zu ihrem Gebrauche guthieß, dauerte und ging aufs Mittelalter über. Ursprünglich hatte sie der Kunst indifferent gegenübergestanden. Sie hatte aus dem reichen Vorrat sich ausgewählt, was ihr praktisch dienlich schien, und mit leichten Änderungen es sich zurechtgemacht, zuweilen selbst unverändert es übernommen. Aus diesem Grunde gibt es in der kirchlichen Baukunst von Anfang an nicht bloß einen einzigen Typus, sondern mehrere;

ihr Fortgang aber ist nicht auf Entfaltung und Bereicherung, sondern auf Vereinfachung gerichtet.

Die wissenschaftliche Terminologie unterscheidet zwei Hauptgestalten: den Zentralbau und die Basilika. Nach ihrem künstlerischen Wesen sind sie grundverschieden: der Zentralbau im Grundriß ein Kreis oder regelmäßiges Polygon oder eine symmetrische Erweiterung einer dieser Grundfiguren; die Basilika gestreckt rechteckig, in drei oder fünf Schiffe nach der Länge geteilt, das Mittelschiff dominierend, breiter als die seitlichen und zugleich in der Höhenrichtung sie überragend. Der Zentralbau also richtunglos in allseitiger Symmetrie auf einen Punkt, die Basilika symmetrisch auf eine richtunggebende Linie bezogen. Der Zentralbau in Stein gewölbt, die Basilika mit Holz flach eingedeckt. Diese beiden konkurrierenden Typen aber im Gebrauch nicht gleichwertig. Die Basilika das eigentliche Kultgebäude, der Zentralbau in der Regel nur sekundären Zwecken dienend, als Taufkirche, als Grabkirche. Nur in der morgenländischen Kirche kam es zu einer weiteren Entwicklung des Gewölbebaues, die abendländische beharrte bei der Basilika. Bereits die ersten großen Basiliken, die im 4. Jahrhundert entstanden, gaben dem Typus die abschließende Gestalt. Aus welchen gegebenen Vorformen diese entstanden ist, braucht hier nicht erörtert zu werden. Genug, die Leistung des 4. Jahrhunderts war nicht sowohl die Schöpfung eines Neuen als die Entscheidung zwischen mehreren schon gegebenen Möglichkeiten, eine Entscheidung allerdings von so großer Tragweite, wie sie in der Geschichte der Baukunst kein zweites Mal wieder getroffen ist. Denn nun war es nicht bloß für alle folgenden Jahrhunderte der christlichen Spätantike, es war auch für das abendländische Mittelalter vorausbestimmt, daß die Raumgestalt der Basilika das Leitmotiv der Entwicklung werden sollte. Wenn das Mittelalter auch Abweichungen von der Basilika gekannt hat, so sind sie doch gleichsam nur das, was neben der rechtgläubigen Lehre die Heterodoxien sind.

An der antiken Baukunst gemessen, ist die Entscheidung für die Basilika ein Akt müder Entsagung. Denn unter den verschiedenen damals bekannten Arten der baulichen Gestaltung eines großen Raumes ist sie diejenige, die materiell zu ihrer Herstellung die geringsten Anstrengungen erfordert, zugleich aber ästhetisch den schwächsten monumentalen Effekt macht.

Wird doch alle Architektur durch zwei zusammenwirkende Faktoren bestimmt: den Raum — und den ihn umgrenzenden baulichen Körper. Je nachdem das eine oder das andere für die ästhetische Wirkung stärker in Anspruch genommen wird, kann man sagen, ein bestimmter Stiltypus sei mehr Raumstil, ein anderer mehr Körperstil. Die Antike hat die ganze Skala durchlaufen. Der Stil des griechischen Säulentempels war ausgeprägter Körperstil gewesen; die christliche Basilika ist in zugespitzter

Einseitigkeit ein Produkt des Raumstils. Die Außenansicht hat in ihr keinerlei selbständige Bedeutung mehr. Aber auch in der Innenansicht zeigt sich der Baukörper in einem Maße aufgelockert, wie die klassische Antike es nicht zugelassen hatte: das für die Hauptansicht entscheidende Mittelschiff ist in seinem unteren Teil nicht durch feste Wände, sondern durch offene Säulenreihen begrenzt. Daß hier die Säulen etwas gänzlich anderes bedeuten als die in dichter Reihe vor der festen Cellawand stehenden Säulen des griechischen Tempels, leuchtet ohne weiteres ein. In noch höherem Grade liegt in der Befensterung der Hochwand eine Abkehr vom antiken Empfinden. Die Antike hatte das Fenster nur als eine Lizenz, eine Notform gekannt. Im Grundsatz fensterlos war die ganze Wohnhausarchitektur, fensterlos ebenso der Säulentempel, wie der gewölbte Zentralbau im Typus des Pantheon; selbst die Marktbasilika, wenn sie auch fensterartige Öffnungen besaß, verhehlte sie doch tunlichst durch Emporen. So blieb auch die Kirchenbasilika des Morgenlandes den Emporen treu. Die abendländische hat sie vielleicht nie besessen, im definitiven Typus jedenfalls fehlen sie. Unabsehbare Konsequenzen, die äußersten in der Gotik, haben sich an die Einführung des Fensters geknüpft. Einstweilen aber, in der altchristlichen Basilika, sind die Fenster lediglich ein negatives Moment, eine in keiner Weise noch zur Kunstform fortgebildete Nutzform, derb ausgedrückt nichts als Löcher in der Wand. Notwendig hätte die Auflockerung der Raumgrenzen auch in das Raumbild selbst Unsicherheit bringen müssen, kämen hier nicht die starken perspektivischen Eigenschaften der Basilika zu Hilfe. Der Beschauer steht nicht den Längswänden gegenüber, seine Blickrichtung geht vielmehr parallel zu ihnen in die Tiefe. Dadurch schieben sich im Arkaden- wie im Fenstergeschoß die Öffnungen eng zusammen, und die großen, durchlaufenden Horizontallinien nehmen den Blick in ihren Bann, leiten ihn mit ruhig sammelnder Kraft, ohne rechts und links eine Abschweifung zu gestatten, auf ihren Vereinigungspunkt in der Altarnische. Zur historischen Entwicklung sei noch bemerkt, daß der ältere, römische Basilikentypus die Zurückhaltung übte, sowohl die Seitenschiffsmauern als das Altarhaus fensterlos zu lassen; erst die jüngere, vom Orient beeinflußte, in Italien zuerst durch Ravenna vertretene Entwicklungsstufe gab auch der Apsis Lichtöffnungen.

Gleichlaufend mit der Baukunst, aber noch radikaler, veränderte sich die Bildkunst. Was dort Atrophie des Körperlichen war, ist hier Entwertung der Form überhaupt, auch auf ihrem eigensten Gebiete, dem der bildlichen Menschendarstellung. Sie war schon unabhängig vom Christentum in Gang gekommen. Das Christentum beschleunigte sie, indem es die Herrschaft des Gegenstandes über die Form zum Grundsatz erhob. Wo dies geschieht, da versteht sich auch das Übergewicht der Malerei über die Plastik von selbst. Nur sie kann das Gegenständlich-Viele ausdrücken, das jetzt verlangt wird, die figurenreichen Gruppen und die langen Erzählungen. Eine Zeitlang wurde noch durch Überanstrengung des Reliefs das illustrative Bedürfnis befriedigt; dann aber räumt die Bildhauerkunst ermattet und gleichgültig ein Feld nach dem andern. Im 4. Jahrhundert ist die große Leere offenkundig. Konstantin schmückte seinen Triumphbogen mit Reliefs, die er einem älteren Ehrendenkmal raubte. Die christliche Sarkophagbildnerei gerät in Verfall. Zuletzt lebt die Plastik nur noch in der mit dem Kunstgewerbe verbundenen Kleinkunst fort. So offenkundig die Malerei das Übergewicht erlangt hat, wäre es doch sehr mißverständlich, daraus auf eine fortschreitende Entwicklung des malerischen Gefühls zu schließen. Die Malerei des Hellenismus, um als bekanntestes Beispiel nur die Alexanderschlacht zu nennen, war unendlich »malerischer« gewesen, als die malerischsten Produktionen der Jahrhunderte nach Konstantin es sind.

Im Gebrauch der Kirche fixierten sich schon im 4. Jahrhundert die beiden technischen Gattungen, die bis tief ins Mittelalter die Malerei beherrschen sollten: die Buchmalerei und die Wandmalerei. Jene ist eine neu auftretende Erscheinung, zwar schon der letzten heidnischen Zeit bekannt, doch erst in der christlichen zu Bedeutung gelangt. Das Übergewicht der östlichen Reichshälfte über die westliche ist augenscheinlich. Auch zeigte sich schon jetzt eine wichtige Eigenschaft der neuen Gattung: ihre leichte Versendbarkeit machte sie zur geborenen Vermittlerin örtlich getrennten Kunstwesens. Was dieses künftig für die nordischen Länder bedeuten würde, läßt sich voraussehen.

Die Wandmalerei bediente sich nebeneinander des Fresko und des Mosaik. Werke der erstgenannten Klasse sind aus der Zeit nach dem Erlöschen der Katakombenkunst spärlichst erhalten. Unser Urteil ist fast allein auf die Mosaiken angewiesen. Es wird dadurch wohl einseitig, doch nicht falsch. Wir dürfen gewiß sein, in der Mosaikenkunst das Beste aus jenen Jahrhunderten zu besitzen. Sie sagen uns, daß die materielle Kostbarkeit und dekorative Pracht der Bilderscheinung höher gewertet wurden als Freiheit und Beweglichkeit des künstlerischen Ausdrucks. Hatten die Mosaiken des 4. und 5. Jahrhunderts bei schon sinkendem Formgefühl ein Interesse an der malerischen Gesamterscheinung sich noch bewahrt, so erreichte auch dieses im 6. Jahrhundert sein Ende. Ein neuer Stil, aus dem Osten kommend, dringt durch. Er reduziert die Körpererscheinung auf Linien und Flächen. Die Figuren stehen nicht mehr vor einem den Tiefraum in ungefähr meßbarer Entfernung abschließenden Hintergrunde, sondern gleichsam vor dem unendlichen Raum; sie sind ohne Relation miteinander; sie treten in voller Frontansicht aus dem Raume heraus auf den Beschauer zu, dem sie fest ins Gesicht sehen; harte, derbe Linien umspannen und durchsetzen die abgeflachte Körperform »wie ein Drahtgestell«. Eine solche linien- und flächenhafte Reduktion muß nicht an sich schon — wie z. B. die griechische Vasenmalerei das Gegenteil beweist — gleichbedeutend mit Minderung des organischen Lebensgefühls sein; hier aber ist dies eingetreten, und zwar als etwas Gewolltes. Andere Epochen, wenn sie ebenfalls den Vorrang der Seele vor dem Leib verkündigen wollten, haben es durch Vertiefung und Verlebendigung des Seelenausdrucks getan; diese hier setzt am entgegengesetzten Ende an: sie entkörpert die Körper. Die besten Werke dieses Stils erreichen eine traumhafte Erhabenheit, die auch uns nicht gleichgültig läßt; der Eindruck auf die Menschen jener Zeit mag überwältigend gewesen sein. Mit dem Stil verändern sich auch die Gegenstände. In der Epoche des malerischen Stils hatte man ausgedehnte Zyklen biblischer Erzählungen gegeben; jetzt wird die höchste Aufgabe das himmlische Zeremonienbild.

Mit den Mosaiken des 6. Jahrhunderts ist die Entwicklung der spätantiken Malerei an ihrem Ende angelangt. Was darauf noch folgt, kann man Entwicklung nicht nennen; es ist nur ein ängstliches, grundsatzloses Umhertasten unter allerlei Reminiszenzen.

Hatte in der Baukunst und monumentalen Bildkunst der veränderte Zeitgeist sich nur in Reduktionen geäußert, so zeigt sich die positive Seite seines Wollens in allem, was Dekoration heißt. Hier kommen die beiden neuen Faktoren zur Geltung, von denen wir eingangs gesprochen haben: die Invasion des Orients und das Emporkommen volkstümlicher Instinkte in der abendländischen Provinzialkunst. So vermengt sich mit der eigentlichen Spätantike, d. i. der degenerierten letzten Phase der hellenistisch-römischen Entwicklungsreihe, eine vom klassischen Standpunkt jener barbarisch zu nennende, auf sehr alte Wurzeln zurückgehende, in diesem Augenblick aber neu scheinende Formenwelt. Wir haben ihr erstes Auftreten in der sogenannten Völkerwanderungskunst schon kennengelernt. In dieser ist ihr Feld das Kunstgewerbe. Vom 6. Jahrhundert ab ergreift sie von der Architektur Besitz, obschon sie innerlich mit ihr keine Gemeinschaft hat. Die veränderte Zusammensetzung des Formenschatzes können wir im einzelnen hier nicht durchgehen; noch wichtiger als sie ist die Veränderung in der systematischen Stellung des Ornaments. Es hat nicht mehr den Auftrag, die struktiven Zusammenhänge hervorzuheben und zu erläutern, es siedelt vielmehr auf die füllenden Flächen über, und noch lieber sind ihm die von der Architektur abgelösten, isoliert im Raume umherstehenden liturgischen Mobilien, die Altarziborien, Ambonen und Schranken. Die Vorstellung, daß das tektonische Objekt von lebendigen Kräften durchdrungen und umspielt sei, ist erloschen, ein phantasieloser Realismus sieht im Schmuck nur ein Anhängsel oder eine Bekleidung. Folgerichtigerweise nehmen die textilen Motive — Band-, Flecht-, Webe- und Stickmuster — zu, und die vegetabilischen verschwinden oder erstarren. Ein bezeichnendes Beispiel spätantiker Ornamentik hat sich auf deutschem Boden in den Resten der Chorschranken der alten Peterskirche in Metz, aus dem 7. Jahrhundert, erhalten. Die Ähnlichkeit mit Fundstücken aus germanischen Gräbern, im Darstellungsprinzip wie zum Teil sogar in den Motiven, drängt sich auf. Ein Trugschluß aber war es, wenn man in diesen Metzer Chorbrüstungen germanischen Einfluß hat erkennen wollen. Man übersah die weit durchgreifendere Ähnlichkeit mit den italienischen Werken derselben Gattung und war sich nicht klar darüber, daß auch die germanische Schmuckkunst letzten Endes aus der Spätantike sich abgezweigt hat.

Das ist das Schlußergebnis unserer Betrachtung: die Antike, die sich in der karolingischen Rezeption, unter Vermittlung der christlichen Kirche, den Germanen zum zweitenmal als Erzieherin anbieten sollte, war nicht mehr dieselbe, die ihnen einst in der Kaiserzeit an Rhein und Donau gegenübergestanden hatte. Sie war aus sich selbst heraus eine andere geworden. Das meiste von dem, wodurch sie für die Germanen unverständlich gewesen war, hatte sie abgelegt. Sie dachte nicht mehr in plastischen Formen, sondern in Linien und Flächen. Selbst die menschliche Gestalt war zu einer Abstraktion geworden und dadurch der germanischen Formenphantasie faßbarer als die Wirklichkeit selbst. Diese antike Epigonenkunst war zu einer Entwicklung bereit, die sie noch weiter von ihrem Ursprung entfernen konnte. Der Prozeß der Aufsaugung und Angleichung durch den germanischen Geist konnte beginnen.

*

Es soll nicht verschwiegen werden, daß es von den kunstgeschichtlichen Vorgängen im Übergang vom Altertum zum Mittelalter auch eine andere Auffassung gibt. Danach wäre, was in diesem Kapitel unter dem Namen der Spätantike geschildert und aus inneren Wandlungen im Leben der Mittelmeervölker abgeleitet wurde, vielmehr als eine Wirkung von außen eingreifender Ursachen anzusehen: die Spätantike wäre ein Produkt des Germanentums. Die auf deutschem Boden unfindbare germanische Urbaukunst, sie sei in Südeuropa mit Händen zu greifen. Die siegreichen germanischen Eroberer hätten sie mitgebracht und den entnervten Römervölkern aufgezwungen.

Die Freunde dieser Meinung, um es gleich zu sagen, sind nicht Geschichtsforscher, sondern Künstler, Männer von Phantasie und Gefühl, die den Gedanken, daß die germanischen Sieger ohne Kunst in den Ländern des Südens angekommen und künstlerisch ohne Einfluß auf die Besiegten geblieben seien, nicht ertragen können. Sie haben wohl kaum bemerkt, daß sie damit in denselben Irrgarten geraten sind, in dem die Italiener und Franzosen sich befanden, als sie vom »gotischen« Baustil fabelten.

Wenn doch die alldeutschen Träumer es nicht verschmähen wollten, von der Wirklichkeit in den neugegründeten Staaten sich ein Bild zu machen! Die Eroberer waren in ihnen nach der Kopfzahl eine verschwindende Minderheit. Sie bemächtigten sich der Staatsgewalt und des Grundbesitzes, bildeten einen neuen Adel, nicht einen neuen Handwerkerstand. Die ganze Zivilisation blieb romanisch, vor allem in der überlieferten Sitte der

Kirche, die doch nach wie vor die Hauptauftraggeberin der Kunst war. Nicht einmal ihren wichtigsten geistigen Besitz, ihre Sprache, haben die neuen Herren behauptet. Welche Mittel hätten sie nun gar gehabt, den Willen vorausgesetzt, durch Jahrhunderte die Erinnerung an eine vorausgesetzte Kunst ihrer ehemaligen nordischen Heimat festzuhalten? Denn das ist das Merkwürdige: je später die zum Zeugnis angerufenen Denkmäler sind, um so »germanischer« werden sie. Die Theorie der vom germanischen Adel erzwungenen Übertragung von Holzformen auf den Steinbau legt ihm eine romantische Sentimentalität modernster Färbung unter. Außerdem sind die vermeintlichen germanischen Formen so allverbreitet, daß ganze Scharen von Bauhandwerkern die Heerhaufen begleitet haben müßten. Ja, warum zögern eigentlich die alldeutschen Schwärmer noch mit dem Beweise — sie könnten mit ihrer Methode ihn liefern —, daß der germanische Einfluß selbst nach Syrien und Ägypten sich erstreckt habe? Die spanische Kunst des 6., 7. und 8. Jahrhunderts westgotisch zu nennen, weil damals Könige westgotischen Stammes in Spanien herrschten, hat ebensoviel Sinn, wie wenn man in unseren Tagen die Kunst der Bulgaren und Rumänen deutsch nennen wollte mit Berufung auf die deutsche Herkunft ihrer Fürsten.

Albrecht Haupt hat in seinem Buche: Die Baukunst der Germanen (Leipzig 1909) den Satz aufgestellt, bestimmte Formen der südeuropäischen Baukunst müßten als germanischer Import angesehen werden, weil sie sichtlich aus der Holzarchitektur hervorgegangen sind. Die stillschweigende Voraussetzung wäre: es gibt keine Holzarchitektur, als allein bei den Germanen. Man braucht den Satz nur auszusprechen, um zu sehen, daß er unhaltbar ist. Unter den als germanisch namhaft gemachten Motiven figurieren: 1. der hufeisenförmige Grundriß der Apsis; mit der Holzarchitektur hat er sicher nichts zu tun, und er ist verbreitet von Gallien und Spanien bis nach Syrien, die Priorität hat aber zweifellos der Osten; 2. der Bogenfries; er kommt schon vor in der Villa der Quinctilier an der Via Appia und an der Gräberstraße von Pompeji, außerdem mehrfach in der Übersetzung in Flachdekoration; 3. die dreieckigen Abschlüsse über Pilastern am Baptisterium von Poitiers und an der Torhalle in Lorsch (Abb. 20); das Motiv ist den Sarkophagen, auch denen der Stadt Rom, schon im 4. Jahrhundert geläufig.

Um kein Mißverständnis zurückzulassen, will ich sagen, daß ich nicht daran denke, die Begründung des Langobardenreichs als ein für die Kunstgeschichte Italiens gänzlich belangloses Ereignis anzusehen. Die Wirkungen können aber nur indirekt gewesen sein, durch Milieuveränderung. Fertige Formen haben die Langobarden nicht mitgebracht, und überdies war um die Zeit ihrer Ankunft (a. 570) der Charakter der Spätantike längst fixiert. Unmittelbar aus dieser entwickelt sich die lombardische (nicht langobardische!) Bau- und Zierkunst.

Drittes Kapitel.

Die karolingische Kunst.

Die karolingische Kunst stieg aus dunkeln Niederungen empor wahrlich als ein glänzendes Gestirn; aber es leuchtet nicht mit eigenem Lichte. Wenn man es für richtig hält, die Bedeutung einer bestimmten Kunstepoche nach der Summe der von ihr neugeschaffenen Kunstwerte zu bestimmen, so könnte die karolingische nicht sehr hoch im Ansehen stehen. Aber es wäre doch absurd, zu leugnen, daß sie eine große, geschichtliche Mission erfüllt hat. Das Leben der Kunst, machen wir uns dieses nur klar, ist nicht Schaffen allein, es ist ein Aus- und Einatmen, ein Wechsel von produktiver und rezeptiver Tätigkeit. Die letzte ist nicht minder notwendig als die erste. In der deutschen Kunstgeschichte gibt es auch noch andere Zeiten von einseitig rezeptiver Richtung, aber keine, in der die rezeptive Fassungskraft ein so kolossales Pensum erledigt hätte, wie in der karolingischen. Was jahrhundertelang unerreichbar erschienen war, auf einmal geschah es: die Scheidewand fiel, das Bündnis mit der Antike wurde geschlossen.

Fassen wir noch einmal kurz zusammen, was uns die beiden vorigen Kapitel gezeigt haben. Der Teil der Welt, von dem die ganze Zukunft der Kunst, die wir als Europäer unsere Kunst nennen, abhing, war gespalten in zwei Hälften; sie hatten sich wohl berührt, sich ineinandergeschoben, aber innerlich nicht durchdrungen. Auf der einen Seite die germanische Welt bei großem Reichtum der Phantasie unfähig ihm Gestalt zu geben, formlos, traditionslos; auf der andern der lateinische Süden mit einem Überfluß überlieferter Form, aber ebenso unfähig, aus ihr etwas zu machen, da die tragenden Seelenkräfte zu schwach geworden waren. Die Probe darauf, was diese beiden Hälften getrennt zu leisten vermöchten, hatte schon eine lange Frist gedauert und noch nichts anderes ergeben, als daß die eine wie die andere auf dem toten Punkt angelangt schien.

Karl der Große hob nicht nur die deutsche, sondern die ganze abendländische Kunst über diesen toten Punkt hinweg, als er sein deutsches Volk zur Rezeption der Antike nötigte. Sein Name ist der erste Personenname, der in der deutschen Kunstgeschichte zu verzeichnen ist und, nach dem Maße der von ihm ausgehenden Wirkungen, der größte; kein Künstler hat darin diesen Nichtkünstler je erreicht.

Wir wollen die Erzählungen, die von Karls Liebe zur Kunst berichten, hier nicht im einzelnen wiederholen oder prüfen. Es besteht kein Grund, ihnen zu mißtrauen; aber sicher wäre durch sie nur wenig erklärt. Aus der persönlichen Liebhaberei eines Autokraten kann eine Bewegung von so gewaltiger Tragweite nicht hervorgehen. Karls Maßnahmen zur Pflege der Kunst waren Regierungshandlungen, sie standen im engsten Zusammenhang — das ist das Entscheidende — mit seinen großen Zielen in der Politik. Man darf es wirklich sagen: der karolingische Staat hat die karolingische Kunst gemacht. In Karls Auffassung war zu den beiden Funktionen, die von jeher bei den Germanen den Inhalt der Staatsgewalt ausgemacht hatten, der Heeresgewalt und der Gerichtsgewalt, eine dritte hinzugetreten: der Schutz und die Förderung der christlichen Kirche. Die Kirche aber, um in ihrer vollen Würde sich zu zeigen und ihrer Macht über die Geister nichts fehlen zu lassen, bedurfte der Kunst. Vor ihm und nach ihm, zu allen Zeiten, haben fränkische und deutsche Könige aus Gründen persönlicher Frömmigkeit Kirchen gebaut und geschmückt; Karl und seinen nächsten Nachfolgern eigentümlich war der Gedanke, die Aufsicht über ihren Bau und ihre Erhaltung den Staatsbeamten zur Pflicht zu machen, wie es in seinen Verwaltungsgesetzen, den sogenannten Kapitularien, zu lesen ist; und wieder nur er konnte sich für befugt halten, über das Verhältnis der Kunst zu der theologischen Frage der Bilderverehrung maßgebende Sätze aufzustellen. Diese Gedanken nehmen ihre besondere, die eigentlich karolingische Färbung an in dem wiederhergestellten Kaisertum. Wenn Karl die Franken zu den Erben der Römer machen wollte, so fühlte er wohl, worauf die Macht jener beruht hatte: nicht auf dem Schwert allein, sondern auch auf der Überlegenheit ihrer geistigen Rüstung. Dies ist der Punkt, wo aus der Idee des Imperiums als eine Notwendigkeit die Rezeption der antiken Geisteskultur heraussprang. Je fremder und unerreichbarer den Germanen bis dahin die antike Kunst gewesen war, um so glaubwürdiger wurde es, daß in ihr eines der Geheimnisse der antiken Größe geruht hätte. Auf Karl — es ist mehr als bloß Vermutung — hatten die Denkmäler Italiens einen tiefen Eindruck gemacht. In Ravenna hatte er die Spuren des großen Ostgotenkönigs getroffen, der ähnliches gewollt hatte, wie er selbst. Zu allen Zeiten eignet den großen Herrschernaturen der Instinkt für den Wert der Kunst als Symbol der Macht, als Träger des Ruhmes. Karl wußte, was es bedeutete, wenn er in Aachen die Großen seines Reiches in einem stolzen Palatium empfangen konnte; wenn eine goldstrahlende Kuppel bereit stand, dereinst sein Grab zu überwölben; wenn überall die auf sein Geheiß erbauten und geschmückten Steinkirchen dem Volk jenes Staunen einflößten, das ein Heiliges zu ahnen nötigt. Dies eben macht den großen Herrscher, daß er vielerlei Mittel kennt, die Seelen zur Ehrfurcht zu erziehen.

Das Höchste, was Karl dem deutschen Volk künstlerisch brachte, war die Setzung eines neuen Ziels. Was war die Kunst bis dahin demselben gewesen? Eine bescheidene Freude an etwas Schmückung des Leibes und der Behausung, eine spielende Begleitung des täglichen Kleinlebens ohne Verbindung mit dem oberen Stockwerk des Gefühls- und Phantasielebens. Nun stieg sie zu den Gipfeln auf: sie wurde Sprecherin für die Religion. Aus der rein ornamentalen Bedingtheit ihres Daseins im deutschen Altertum erhob sie sich zur Monumentalität.

Wir haben uns schon einigermaßen daran gewöhnt, die karolingische Kunst als Renaissance zu bezeichnen, und berufen uns dabei vornehmlich auf gewisse Äußerungen der Literaten in Karls Umgebung. In der Kunst selbst die Bestätigung dafür zu finden, wird schwer sein. Die Kunst der Italiener des 15. und 16. Jahrhunderts durfte so genannt werden, weil sie auf etwas zurückgriff, das ein Jahrtausend lang tot gewesen war. Um die karolingische Kunst so zu nennen, müßte man mindestens nachweisen können, daß sie von einer bewußten Unterscheidung zwischen später und klassischer Antike ausgegangen wäre, diese hätte wiederherstellen, von jener sich hätte losmachen wollen; es hätte in der Kontinuität der Entwicklung eine Unterbrechung eintreten müssen. Davon ist aber nicht die Rede. In Wahrheit bleibt die karolingische Kunst in ihrer Grundfarbe spätantik. Sie ist nicht sowohl ein erneutes Aufleben als das letzte Ausleben der Antike. Allein schon die Notwendigkeit, sich um des stofflichen Gehaltes willen an christliche Vorbilder zu wenden, setzte ihr die Grenze; hingegen finden wir nicht, daß die römischen Denkmäler am Rhein und in Gallien studiert worden wären. Wessen man sich jetzt wohl bewußt wurde, das war der Unterschied zwischen der barbarischen Armut des Nordens und der Fülle und dem Glanz des Südens; innerhalb der südlichen Kunstwelt aber noch Wertunterschiede nach Epochen zu machen, das lag dieser Zeit doch fern. Sie suchte überhaupt nur die bessere Qualität, gleichviel, wo sie sie fand, unter frühen oder späten Mustern, im Westen oder im Osten.

Dies führt in der Beurteilung der karolingischen Kunst auf einen zweiten strittigen Punkt. Noch vor einigen Jahrzehnten galt es für eine ausgemachte Sache, daß sie einzig und allein in der christlichen Antike des Okzidents wurzele. Heute wird von vielen mit gleicher Ausschließlichkeit das Gegenteil verkündet: der christliche Orient sei ihr wahrer Mutterboden gewesen. Beide Ansichten sind zugleich wahr und falsch. Hat man die synkretistische Grundnatur der altchristlichen Kunst erkannt, so muß man auch begreifen, daß es sich für die Ableitung der karolingischen um ein Entweder-Oder gar nicht handeln kann. Sicher enthält die karolingische Kunst orientalische Elemente in Menge, und zwar allein schon deshalb, weil dieselben sich schon lange vor Karl Zugänge in den Okzident gebahnt hatten. Eine rein lateinische Kunst gab es längst nicht mehr. Auch in der karolingischen Zeit hat der Zufluß aus dem Osten nicht aufgehört, aber man kann nicht beweisen, daß er an Stärke nennenswert zugenommen hätte. Die karolingische Kunst streckt ihre Arme nach allen Seiten aus, sie sammelt und vereinigt. Das gab ihr ihren überraschenden Glanz, das war zugleich ihre Schwäche. Im Universalreich ist eine Universalkunst im Entstehen begriffen. Beides mußte sich wieder auflösen, damit die wahrhaft zukunftvollen neuen Kräfte zu freiem Spiel Raum fanden.

Baukunst.

Den deutschen Anteil aus der allgemeinen fränkischen Baukunst herauszuheben, wäre aus mehreren Gründen undurchführbar und für das Verständnis der damaligen Lage auch nicht wesentlich. Wichtiger ist die schwerlich trügerische Wahrnehmung, daß der Herd der karolingischen Baubewegung im Gebiete zwischen der oberen Mosel, der Maas und dem Rhein lag, in jenen Landschaften also, die damals als das Kernland der Monarchie angesehen wurden und von denen später bei der Reichsscheidung der größere Teil dem Ostreich zufiel. Karl wie sein Sohn Ludwig nahmen in friedlichen Zeiten am liebsten hier ihre Wohnung. Metz war die alte Heimat des Geschlechtes, in Aachen, Nymwegen, Diedenhofen, Ingelheim, Frankfurt lagen die kaiserlichen Pfalzen. Aachen nannten die Vertrauten des Kaisers schon das zweite, das kommende Rom. Wäre es das wirklich geworden, einen wie andern Gang hätte zweifellos die ganze Kunstentwicklung nehmen müssen. Es war aber bestimmt, daß Deutschland nie eine Hauptstadt haben sollte. Für jetzt bot, wo nicht ein fixierter Ort, so doch der örtlich bewegliche, aber einen festen Kreis von Personen umschließende kaiserliche Hof einen Sammelplatz dar. Wir haben den Eindruck, daß das meiste, was wir von produktiven neuen Regungen in der Baukunst gewahr wurden, von hier seinen Ausgang nahm, woraus allein gewisse, an weit voneinander entfernten Orten neu auftauchende, auffallende Übereinstimmungen sich erklären lassen.

Die Zahl der gut erhaltenen Denkmäler ist ganz klein; Bruchstücke, der Deutung bedürftig, kommen hinzu; aus den Schriftquellen ist manches zu lernen. Den überaus verwickelten und notwendig mit Hypothesen belasteten Stand der kritischen Forschung hier darzulegen, kann unsere Absicht nicht sein. Lassen wir es uns genügen, wenn einige Grundzüge in dem neu sich gestaltenden Bilde faßbar werden.

Für die deutsche Kunstgeschichte im engeren Sinne steht an der Spitze das große Neue des Übergangs zum Steinbau. Die Kirche, auf die von nun ab alles ankommt, kehrt mit unbedingter Entschiedenheit dem nationalen Holzbau den Rücken, erklärt den Steinbau für die einzig denkbare Ausdrucksmöglichkeit des Heiligen, Monumentalen, Antibarbarischen. Jede Mischung der Strukturarten wird strengstens abgewehrt. Der Holzbau bleibt in der Sphäre des Nutzbaus zurück und entzieht sich auf längere Zeit auch gänzlich der historischen Beobachtung. Die kunstmäßige Entwicklung des deutschen Bauwesens ruhte von nun ab allein auf dem Steinmaterial, und mit diesem war die antike Formenüberlieferung unlöslich verbunden. Müssen für den Anfang auch noch einige Zugeständnisse gemacht werden — im neubekehrten Sachsenlande z. B. sind sogar die bischöflichen Kirchen zuerst noch aus Holz —, so ist das nur ein Provisorium ohne Folgen. Die *Libri Carolini* warnen davor, den Holzkirchen, weil sie zu keiner Dauer bestimmt sind, eine kostbare Innendekoration zu geben. Es ist in keiner Weise feststellbar oder auch nur glaublich, daß Lehnformen aus dem germanischen Holzbau in den sakralen Steinbau übernommen seien. Wozu auch? Brachte doch der einwandernde Steinbau seine Formen fertig mit sich. Ihr Vorrat ist unter ungeschickten Händen vielfach deformiert und reduziert, aber nicht durch Nachahmung der dem Zimmermann und Holzschnitzer geläufigen Zierformen, die technisch weit größere Schwierigkeiten geboten hätte, vermehrt oder verändert worden.

Steinbaukunst läßt sich nicht improvisieren. Es bedarf langer Erfahrung und Geschicklichkeit, um den Stein richtig zu wählen, zu brechen, zu transportieren, schließlich im Bauwerk zu verarbeiten. Den Deutschen fehlten sie ganz — sind doch selbst in unserem Sprachschatz alle auf den Steinbau bezüglichen Wörter Lehnwörter aus dem Lateinischen —, soweit nicht in einzelnen Gegenden Erinnerungen aus der Römerzeit sich erhalten hatten. Dafür bildete der Rhein die scharf abschneidende Grenze. Am linken Rheinufer und auch hie und da im Donaulande hat schon die vorkarolingische Zeit zu mauern, unter einfachen Verhältnissen selbst zu wölben, nie verlernt oder schnell wieder erlernt. Wäre die karolingische Baukunst »Renaissance« gewesen, ausgehend von den Monumentalbauten der römischen Kaiserzeit, deren es im Rheinlande noch viele gab, so hätte sie ein Massenbau in Backstein und Gußmauerwerk werden müssen. In Wahrheit blieb die Anwendung von Ziegeln, wenn auch im 9. Jahrhundert Versuche zur Wiederbelebung ihrer Fabrikation gemacht wurden, sehr beschränkt. Die Regel bildet, nach spätantiker Provinzialüberlieferung, ein Konglomerat aus Steinbrocken und Mörtel, verblendet mit Bruch- oder Werksteinen kleinen Formats und in wenig genauer Fügung, zuweilen mit Backsteinbändern durchsetzt und an den Ecken mit größeren Quadern verstärkt.

Bruchstücke karolingischer Bauten oder Hinweise auf ihre Gestalt durch erhalten gebliebene Grundmauern besitzen wir nicht ganz wenige; die Zahl der als Ganzes erhaltenen ist klein. Befänden sich unter ihnen

3*

einige, ja auch nur eine einzige der großen Klosterkirchen jener Zeit, etwa Fulda oder Hersfeld, oder der in Karls letzten Jahren errichtete neue Dom zu Köln, so könnten wir danach die Gattungstypen feststellen. Die erhalten gebliebenen stellen aber Sonderfälle dar. Unter ihnen die wichtigsten sind der Kernbau des Münsters zu Aachen (Abb. 22—27) und ein Nebengebäude des Klosters Lorsch (Abb. 19—21).

Der Aachener Bau gehört zur Gattung der Palastkapellen. Mit dem Worte Kapelle verbinden wir heute die Vorstellung von einer kleinen kirchlichen Baulichkeit untergeordneten Ranges. Der Aachener Bau ist aber groß; Karl hat in ihm etwas Besonderes geben wollen, die Blicke der Zeitgenossen waren von weither auf ihn gerichtet, ein Mönch in Sankt Gallen in der Schweiz und ein anderer in Moissac an der Garonne erzählen von seiner Erbauung. Der Name Kapelle kam ursprünglich einem einzigen Bauindividuum zu, dem Betsaal des Königspalastes in Paris, in dem als kostbarste Reliquie die Cappa, d. i. das Mönchskleid, des hl. Martin aufbewahrt wurde. Von daher ging der Name Kapelle auf die gleichbedeutenden Räume anderer Paläste über. Eine spezielle Bauform bedeutet er nicht. Die Aachener Kapelle hat mit der Pariser auch nur den Namen gemein. Eher glich dieser die dem Bau Karls vorausgehende Kapelle im Aachener Palast der Merowinger: die aufgedeckten Grundmauern zeigen eine kleine Basilika gewöhnlichen Schlages. Karls Bau gehört in die Familie der Zentralbauten. Wir geben zunächst die Beschreibung. Wie er heute ist, hat er seine Dekoration und damit einen wesentlichen Bestandteil seiner alten Erscheinung verloren; die Architektur ist aber noch unversehrt, wenn auch eingeschlossen in ein Nest von Anbauten, die im späteren Mittelalter hinzukamen, als der Palast aufgegeben und an seine Stelle ein Chorherrenstift eingerichtet war. Für die Innenansicht dominiert noch immer der karolingische Urbau. Seine Grundform ist ein modifiziertes Oktogon: acht durch Bögen verbundene Pfeiler umgrenzen den inneren Raum, den Umgang eine sechzehnseitige Mauer. Über dem Umgang eine geräumige Empore, über dieser, den Mittelraum überhöhend, ein Lichtgaden, als Abschluß nach oben eine achtflächige, steinerne Kuppel. Das Charakteristikum der Palastkirche ist die Empore. Sie hat während des Gottesdienstes den Hofstaat aufzunehmen. Ihre dem Altar gegenüberliegende Abteilung ist die Loge des Kaisers. Das Erdgeschoß ist für das Volk.

Von Karls Absichten bei dieser von den Zeitgenossen als ein Außerordentliches angesehenen Anlage ist eine auf den ersten Blick klar: er wollte einen starken Eindruck von Monumentalität hervorbringen; es ist seit der Römerzeit in Deutschland der erste reine Steinbau. Warum aber die in diesem sachlichen Zusammenhang fremdartige zentrale Anlage? Man könnte als nächstliegendes antworten: weil nur im Zentralbau ein reiner Steinbau damals möglich schien. Hiermit ist aber gewiß noch nicht alles erklärt. Karl war noch nicht Kaiser, als er den Aachener Bau (vor 798) begann, aber doch schon von imperialistischen Ideen erfüllt. Von den großen Zentralbauten in der Hauptstadt des Kaisers von Ostrom mußte er wissen, und vielleicht dachte er insbesondere an die Apostelkirche, die Konstantin sich als Grabkirche erbaut hatte. Karl ist ja im Aachener Zentralbau beigesetzt worden. Mit Unrecht hat man dieses Motiv von den möglichen Kombinationen ausschließen wollen *. Was immer ihn am meisten bewogen haben mag, aus dem Kreise des Gewohnten trat er heraus. Um so überraschender ist es, zu erfahren, daß er das in jedem Sinne außerordentliche Unternehmen nicht etwa einem Meister aus Italien oder Griechenland, sondern einem seiner Franken anvertraute, Odo von Metz. Die Aachener Pfalzkirche hat neben den baulichen Merkmalen, die sie mit der Klasse, der sie angehört, gemein hat, auch mehrere ganz individuelle. Man kann ein bestimmtes Vorbild für sie nicht nennen. S. Vitale in Ravenna, das oft dafür in Anspruch genommen worden ist, hat in Wahrheit mehrere wesentliche Züge, die im Aachener Bau nicht wiederkehren, und dieser mehrere, die in S. Vitale fehlen **. Natürlich bleibt die Möglichkeit, daß Meister Odo Bauten gekannt hat, die wir nicht mehr besitzen; aber warum will man ihn durchaus zu einem Kopisten ohne eigene Gedanken machen? Das Eigentümlichste am Entwurf sind die Emporen mit den ansteigenden Tonnengewölben. Ein konstruktiver und ein künstlerischer Gedanke reichen sich hier die Hand: Sicherung des Zentralgewölbes durch Gegendruck, und Gewinnung der großen und weiten, durch doppelte Säulenstellungen belebten Bogenöffnungen, die dem inneren Aufbau einen so ausdrucksvollen Rhythmus geben. Nehmen wir dazu noch den ernsten Wohlklang des Raumes, so dürfen wir ohne Vorbehalt sagen: Odo von Metz war ein wirklicher Architekt, ein Meister, der das Wesen seiner Kunst erfaßt hatte. Daß einem Franken im Jahre 800 dies erreichbar war, ist ein sehr bemerkenswertes Faktum. — Der Menge der Zeitgenossen imponierte wahrscheinlich am meisten die farbenreiche und stoffprächtige Ausschmückung, die wir nicht mehr besitzen, von der wir aber annehmen dürfen, daß sie nicht der am wenigsten originelle Teil der Leistung war. Es ist eigenartig reizvoll, derartige Lücken in Gedanken zu ergänzen, was ein jeder anders, in seiner Weise tun kann; jetzt ist es durch die Unbesonnenenheit einer in unseren Tagen ausgeführten vermeintlichen Wiederherstellung unmöglich gemacht. Die archäologische Forschung gestattet ungefähr folgendes zu sagen: Die Pfeiler des Erdgeschosses, mit antik profilierten Gesimsen abgedeckt, zeigten den natürlichen Stein; im Mittelgeschoß trat eine Steigerung ein

* Karls Verfügung, ihn neben seinem Vater in St. Denis zu begraben, gehört in den Anfang seiner Regierung, ist also kein zwingender Gegenbeweis!

** Außerdem liegt eine chronologische Unebenheit vor: es ist nicht bekannt, daß Karl vor 801 in Ravenna war, die Kapelle in Aachen war aber schon 798 im Bau.

durch die solenne Pracht seiner vergoldeten Bronzegitter und polierten Granit- und Porphyrsäulen zwischen Pfeilern aus schichtenweise wechselndem roten und weißen Sandstein; von der Kuppel strahlten Goldmosaiken. In ihrer wohlabgestuften Ökonomie eine sehr wirkungsvolle Dekoration, ohne doch mit jenem Äußersten an Materialpracht, worin die Kirchen Ravennas sich gefielen, in Wetteifer zu treten. Auf jeden Fall liegt in dieser Mäßigung keine Barbarei. Der Thron in der kaiserlichen Loge, der später für eine so lange Reihe deutscher Könige im Mittelpunkt des Krönungszeremoniells gestanden hat, war ein einfacher Kastensitz aus glatten Marmorplatten. Charakteristisch ist die reichliche Verwendung des Metalls als Architekturschmuck. Außer den Brüstungsgittern * der Emporen sind auch die Türflügel aus Bronze **, geteilt in glatte Felder, die von Blattwellen und Eierstäben umrahmt werden; als Ringhalter dienen Löwenköpfe, ein ebenfalls der Antike entlehntes Motiv, das von hier aus seinen Weg durch die Jahrhunderte über ungezählte deutsche Kirchentüren nahm. Aus Bronze war ferner der Brunnen im Vorhof ***. Als Überbleibsel von ihm haben sich erhalten der ihn als Wasserspeier krönende Pinienzapfen und eine in der Brust mit einem Abgußrohr durchbohrte Löwin. Jener ist ein mystisches Symbol, das sich als Brunnenschmuck weit in den alten Orient zurückverfolgen läßt; diese ein hellenistisches Originalwerk, möglicherweise gar nicht erst von Karl, sondern schon von den Römern in den Norden gebracht. Sicher erst eine Erwerbung Karls sind die kostbaren Säulen des Kuppelraumes. Sie stammen aus peloponnesischen Brüchen; vorher hatten sie antike Gebäude, vielleicht schon mehrere hintereinander, geschmückt; und auch in Aachen kamen sie nicht für immer zur Ruhe: 1794 wanderten sie als Trophäen der französischen Armee nach Paris, 1814 kehrten sie zurück. Ihre Marmorkapitäle, unter sich ungleich, sind in Italien zusammengelesen. Denken wir dann noch an das vor dem Palast aufgestellte eherne Reiterdenkmal Theoderichs, das Karl aus Ravenna über die Alpen gebracht hatte — nachher wurde es von den Normannen (?) zerstört —, und die vielen Kostbarkeiten der Kleinkunst, die er um sich hatte, so ist in alledem ein Zusammenhang nicht zu verkennen; ein Rest vielleicht noch von der Sinnesweise der schatzsammelnden Heerkönige der Wanderzeit, zugleich aber auch schon etwas von dem Sammlerinteresse neuerer Zeiten. Wenn irgendwo in Karls Bestrebungen etwas der Renaissance Verwandtes mit Recht zu erkennen ist, so ist es hier.

Von einer andern Seite lernen wir die karolingische Baukunst in Lorsch kennen. Falls die Gebäude dieses zwischen Rhein und Oden-

* Die Hypothese, daß sie aus Ravenna vom Grabmal Theoderichs geraubt gewesen seien, muß starke Bedenken erregen.

** Auch die Palastkirche in Ingelheim hatte Bronzetüren mit Vergoldung.

*** Restauriert im 11. Jahrhundert.

wald gelegenen reichen und berühmten Klosters nach dem allein erhaltenen Bruchstück eingeschätzt werden dürfen, so müssen sie sehr ansehnlich gewesen sein. Das Bruchstück ist die den Eingang zum Vorhof bildende Torhalle. Die Anlage erinnert an römische Stadttore, war jedoch nicht auf Verteidigung eingerichtet. Ein quergestelltes Rechteck, im Erdgeschoß beiderseits in drei Bogendurchgänge aufgelöst, im Obergeschoß als Wächterwohnung eingerichtet. Der Ankömmling wird mit imponierender Pracht empfangen. Trotzdem der Maßstab nicht groß ist, wird das System der römischen Pfeilerhalle mit vorgelagerten Halbsäulen gewissenhaft durchgeführt. Mit diesem ernsthaften Gliederbau verbindet sich aber eine spielerisch bunte Pracht der Detaillierung und Flächeninkrustation, die nicht der klassischen Baukunst, sondern der Zeit des Niedergangs entstammt. Die Abbildungen 19—21 sagen genug, um eine eingehende Beschreibung entbehrlich zu machen. Die antiken, und zwar ausgeprägt spätantiken, Muster sind, wie man sieht, sauber und fleißig nachbuchstabiert. Daß ein Verständnis für ihre innere Bedeutsamkeit gewonnen wäre, kann man nicht sagen. Auch sonst ist nichts Originelles zu entdecken. Den Kunstschriftstellern, die es glücklich macht, in den Giebelverbindungen der Pilaster des Obergeschosses eine Erinnerung an germanische Holzarchitektur zu finden, muß gesagt werden, daß sie sich ganz eigentlich auf dem Holzwege befinden: diese allerdings unklassische Formulierung war der Spätantike, selbst auf dem Boden Italiens, nicht anstößig; sie kommt z. B. auf Sarkophagen der Stadt Rom schon im 4. Jahrhundert vor. Die Entstehungszeit des Lorscher Zierbaus läßt sich genau nicht bestimmen, jedenfalls liegt sie in den Grenzen des karolingischen Jahrhunderts. Von Interesse ist, zu erfahren, daß die Steine der Schmuckteile aus einem Bruch in der Gegend von Metz herstammen. Vermutlich sind sie auch schon dort fertig gemeißelt worden. Am rechten Rheinufer gab es noch keine Werkleute, die dergleichen auszuführen vermocht hätten. Übrigens gab es in Lorsch noch einen zweiten, wahrscheinlich in ähnlicher Weise behandelten Bau; was könnte es sonst bedeuten, wenn die im Klosterbezirk errichtete Grabkirche König Ludwigs des Deutschen als »bunte Kirche« (*ecclesia varia*) zubenannt wird? Daß ein in Lorsch gefundener Sarkophag mit fein gegliederten Pilastern die Gebeine dieses Königs enthalten habe, ist lediglich Hypothese. Auch einige andere Fundstücke von antikisierender Haltung sind noch in Lorsch zutage getreten.

Ein dritter karolingischer Bau steht in Fulda. Die Hauptkirche ist einem Neubau der Barockzeit gewichen, was sich erhalten hat, ist die Kapelle auf dem alten Begräbnisplatz der Mönche, gewidmet, wie die Totenkirchen fast immer, dem Erzengel Michael, dem Psychopompos der Christen. Sie ist erbaut im Jahre 820, als Rabanus Maurus, der berühmte Gelehrte und Dichter, Abt war. Er wollte, wie überliefert ist, indem er dem Bau die Gestalt einer Rotunde mit innerem Umgang gab, an die hl. Grabkirche in Jerusalem erinnern. Der Oberbau, den ursprünglich eine Steinkuppel abschloß, ist im 11. Jahrhundert verändert, aus der Zeit Rabans stammt aber noch die Krypta und das Erdgeschoß. Ob die korinthisierenden Säulenkapitelle antike Originale oder karolingische Nachahmungen sind, ist strittig. Eben die Unmöglichkeit einer sicheren Entscheidung ist bezeichnend.

Dem Zufall, der die drei beschriebenen Denkmäler in Aachen, Lorsch und Fulda zur Erhaltung ausgewählt hat, können wir nur bedingt dankbar sein. Denn sie zeigen uns das baukünstlerische Wollen der Epoche einseitig. Wären sie schlechthin maßgebend und typisch, so wäre dies Wollen allerdings nur ein Sichzusammenraffen in rein konservativem Sinn gewesen, nicht mehr. Zum Glück verfügt die Forschung noch über andere Hilfsmittel. Von einigen karolingischen Kirchen sind die Fundamente aufgedeckt worden, über andere geben die literarischen Quellen Auskünfte, selten ganz eindeutige, aber doch zu brauchbaren Hypothesen verwendbar. Und dabei zeigt sich nun, daß ein unter den erhaltenen Denkmälern nur schwach vertretener Bautypus für die kunstgeschichtliche Entwicklung der wichtigste war. Das ist die Basilika. In ihrer karolingischen Ausgestaltung finden wir mehr als bloß Bewahrung der Tradition, erkennen wir neue Gedanken. Sie wurden nicht mehr aufgegeben, waren der Anfang zu der Umbildung, die von der christlichen Spätantike zur Baukunst des Mittelalters hinüberleitete. Zunächst zwar scheint es sich um die Stilfrage im engeren Sinne dieses Wortes noch nicht zu handeln, nur um Erweiterung und Vermannigfaltigung der kirchenbaulichen Planbildung. Tiefer eindringende Betrachtung wird aber erweisen, daß mit dieser zugleich schon eine Wandlung des architektonischen Grundgefühls in Fluß kam.

Vorläufig mag uns beim Gewahrwerden dieser neuen Bestrebungen die Feststellung ihrer Existenz genügen. Was sie kunstgeschichtlich bedeuten, kann erst aus ihrer Fortsetzung im romanischen Stil vollständig klar werden. Ihre Betrachtung wird deshalb besser auf ein späteres Kapitel verschoben.

Vom nichtsakralen Bauwesen, besonders auch dem Wohnbau, wissen wir wenig. Daß die Rezeption der südlichen Baukultur auf dieses Gebiet in nennenswertem Umfange sich ausgedehnt habe, ist nicht anzunehmen. Nur zwei Ausnahmen gibt es, und diese allerdings sind wichtig.

Der Klosterbau. Die Begünstigung des Klosterwesens durch die Frankenkönige, mit bewußtestem Nachdruck durch Karl, zeigt deutlich die Linie, auf der im karolingischen Staat Religion, Kultur und Staatsmacht zusammentrafen. Das Mönchtum, in seinem orientalischen Ursprung ein Ausdruck der Verzweiflung an der Kultur, wandelte sich im

Abendlande in ihr ausgewähltestes Rüstzeug. In der Lauterkeit des religiösen Pathos blieben die irischen und angelsächsischen Missionare unerreicht, an organisatorischer Kraft waren ihnen die fränkischen Benediktiner überlegen. Alle Gaben der antiken Kulturüberlieferung fanden in den Klöstern ihren Sammelpunkt, um hier die erste Umarbeitung durchzumachen, durch die sie befähigt wurden, in den Blutumlauf des allgemeinen deutschen Lebens einzutreten. Die Klöster waren Schulen im weitesten Sinne des Wortes. Religion, Wissenschaft, Kunst, Gewerbe, Acker- und Gartenbau — was nur in irgendeinem Sinne, idealem wie praktischem, Kultur heißt —, alles wurde hier gepflegt und in allem wurde hier Unterricht erteilt. Die bauliche Anlage ist das genaue Spiegelbild dieses Mikrokosmos. Den Einfluß der Klöster auf den Kirchenbau zu schildern, bleibe für einen späteren Zusammenhang vorbehalten, hier sei ein Bild vom Wohnen und Wirtschaften der Mönche gegeben.

Die schriftliche Überlieferung bietet reichliches Material dazu. Noch anschaulicher ist die graphische Zusammenfassung in der unter dem Namen des Baurisses von St. Gallen bekannten großen Planzeichnung; in Wahrheit nicht ein Einzelfall, sondern ein Musterplan, entsprechend den durch das Aachener Statut vom Jahre 817 für die Benediktinerklöster des fränkischen Reichs aufgestellten Normen. Der St. Galler Riß (Abb. 32) lehrt uns, daß schon damals das Schema der räumlichen Anordnung zum Abschluß gelangt war. Bis zum Ende des Mittelalters hat es mit nur leichten Variationen und geringer Fortentwicklung in Gültigkeit gestanden. Es soll nicht gesagt sein, daß fürderhin jedes Kloster alles enthielt, was der St. Galler Riß aufweist, aber der Riß enthält alles, was von einem vollkommen eingerichteten Kloster verlangt wurde. Ein dominierendes Hauptgebäude ist nicht vorhanden; so vielfältig die Zwecke und Betriebe sind, so groß ist die Zahl der Einzelgebäude. Man kann zutreffend sagen: das Kloster ist eine kleine Stadt. Wesentlich ist die Teilung in drei Sektionen. Sie wurde auch in Wirklichkeit immer festgehalten, wenn auch weitläufiger und nicht so streng nach dem Lineal. Der Kern der mittleren Abteilung ist die Kirche mit dem südlich (diese Himmelsrichtung ist typisch) anstoßenden Kreuzgang. Dieser ist auf dem St. Galler Riß noch relativ klein gedacht; in den Anlagen, die wir aus jüngeren Jahrhunderten kennen, erstreckt er sich entlang des ganzen Langhauses der Kirche, so daß, bei Festhaltung der Quadratform, auch die Flügelgebäude wachsen. Die vordere, im Verhältnis zur Kirche westliche, Sektion enthält die Wirtschaftsgebäude: Gesindehaus, Schäferei, Schweinestall, Ziegenstall, Ochsenstall, Pferdestall werden namentlich genannt. Dann auf der rechten Außenseite der mittleren Sektion eine große Scheune mit Tenne, Malzdarre, Brauhaus, Böttcherei, Werkstätten für Gerber, Schuster, Sattler, Schwertfeger, Schildmacher Schmiede, Walker, die Bäckerei und zwei Mühlen. In der hinteren Abteilung, vom Lärm des Wirtschaftshofes entfernt, das Novizenhaus und das Krankenhaus mit besonderen Wohnungen für den Novizenmeister und den Arzt, der Begräbnisplatz der Mönche mit einem großen Kreuz in der Mitte, der Garten mit sechzehn Beeten für ebensoviel (meist erst damals in Deutschland eingeführten) Nutz- und Zierpflanzen, endlich der Geflügelhof. Kehren wir von diesen Außenvierteln zur Klausur, d. i. dem geschlossenen, nur für Geweihte zugänglichen Kernbau zurück. Den Kreuzgang umgeben nach innen geöffnete Bogengänge. Die drei anschließenden Flügelgebäude — die vierte Seite gehört der Kirche — sind nach ihrer Bestimmung so verteilt, daß sie mit dem Tun und Treiben in den Außenvierteln korrespondieren. In dem dem Wirtschaftshof zunächst liegenden Westflügel der Weinkeller und die Vorratskammern. Im Südflügel der Speisesaal und in der Ecke zwischen ihm und dem Westflügel die Küche, in der Südostecke das Badehaus und die wahrhaft opulent eingerichtete Latrine. Im stillen Ostflügel das Wohn- und Schlafhaus der Mönche, zweigeschossig, wie alle Flügel um den Kreuzgang. Vermißt wird ein gesonderter Kapitelssaal, der später nicht fehlen durfte. Auf der dem Kreuzgang entgegengesetzten Seite der Kirche liegt das Haus des Abts, das Schulhaus, das Gasthaus für vornehme Besucher, das Pilgerhospiz, das Pförtnerhaus. So sind wir also über den Grundriß genau unterrichtet. Über den Aufbau können wir nur ganz ungefähre Vermutungen hegen. Klar ist, daß auf Fassadenwirkung es nirgends abgesehen war. Die Klausurgebäude wenden ihr Gesicht dem Binnenhofe zu, deutlich eine aus südlichen Baugewohnheiten mitgebrachte Anordnung. Nicht zu leugnen ist auch, daß Klausur und Kirche künstlerisch keine Einheit eingehen, keine wirkliche Gruppe bilden; sie sind nur äußerlich zusammengeschoben. Dieser Erbmangel kennzeichnet die Klosterarchitektur bis in die späteste Zeit und bleibt eine Schranke ihrer künstlerischen Entwicklungsfähigkeit. Sie ist eine hochentwickelte Zweckarchitektur, in der sinnvollen Verteilung der Räume, in der Sorge für Gesundheit und Wohlbehagen dem germanischen Wohnbau hoch überlegen. Einfluß auf diesen hat sie eben wegen ihres durchaus andersartigen Typus nur in Einzelheiten, nicht im großen, gewinnen können.

Der königliche Palastbau. Der König war der größte Grundbesitzer in seinem Reich. Daraus entsprang sein vielfach bekundetes Interesse an der Landwirtschaft und dem ländlichen Bauwesen. In dem berühmten *Capitulare de villis* stellte er eine sorgsam erwogene Verwaltungsordnung für seine Domänen auf. Wir besitzen auch einige Berichte der königlichen Aufsichtsbeamten. In einem derselben heißt es: »Wir fanden in dem Fiskalhofe zu Asnapium* einen aus Stein vorzüglich errichteten königlichen Saalbau mit drei Kammern, den ganzen Bau von

* Die Lage ist nicht gesichert, vielleicht in den Argonnen.

Säulen umgeben, mit elf heizbaren Gemächern, unter ihnen einen Keller, ringsum zwei Portiken, im Hofraum sodann siebzehn Holzhäuser mit ebensoviel Kammern, einen Stall, eine Küche, eine Bäckerei, zwei Speicher und drei Scheunen, die ganze Hofstatt mit einer Verschanzung fest umhegt, die Verschanzung mit einem steinernen Tor, über diesem einen Söller*. Zuletzt ein Gärtchen mit verschiedenen Obstsorten.« Die andern Berichte lauten ähnlich. Vermutlich lagen die inspizierten Orte in den älteren Teilen des Reiches. Im Gebiet östlich des Rheins werden Königshöfe von so guter Ausstattung nicht eben häufig gewesen sein. Daß in den beschriebenen Beispielen manche Züge, besonders die Aufnahme der Steinkonstruktion, auf römische Bauüberlieferung hinweisen, ist nicht zu verkennen.

Aus der großen Masse der königlichen Gutshöfe (*villae*) ragt eine beschränkte, immerhin nicht kleine Zahl (nach der Schätzung von Plath über 150) hervor, die Pfalzen (*palatia*) genannt wurden. Ein genauer Begriffsunterschied ist nicht ermittelt. Den wachsenden Ansprüchen, die Hof und Regierung stellten, konnten auch von den Pfalzen nur wenige genügen. In Karls späteren Jahren, nicht erst seit der Krönung, doch gewiß durch die imperialistischen Ideen gefördert, ging sein Wunsch dahin, sich eine feste Residenz zu gewinnen. Er ersah sich Aachen dazu aus. Sein Sohn Ludwig bevorzugte Ingelheim. An beiden Orten haben sich Reste erhalten, sehr spärliche über der Erde, etwas umfangreichere in den Fundamenten. In Ingelheim sind Ausgrabungen im Gange, in Aachen ist ihre Fortsetzung wegen der Überbauung des Palastgeländes mit Straßen und Wohnhäusern fast aussichtslos. Das Wenige und überdies Vieldeutige der Denkmäler- und Schriftüberlieferung läßt dennoch zwei allgemeine Tatsachen von Bedeutung, in Aachen wie in Ingelheim, klar hervortreten: 1. Einheitsbauten, etwa in der Art des sogenannten Kaiserpalastes in Trier (wahrscheinlicher eine Thermenanlage), waren sie nicht, sondern Komplexe mehrerer in sich abgeschlossener Einzelbauten; 2. die Gesamtgruppe war nach symmetrischen Achsen und rechten Winkeln geordnet. Hierin unterscheidet sich die Anlage durchgreifend von der lockeren Streulage der germanischen Herrenhöfe, die Baugesetze der alten Welt des Südens und Ostens haben Macht über sie gewonnen. An bestimmte Vorbilder, wie etwa den in Vorschlag gebrachten Lateranspalast in Rom, braucht man nicht zu denken. Eher an eine Nachwirkung des römischen Kastrums. Der Bauriß von St. Gallen zeigt zur Genüge, daß die Grundsätze regulärer Planbildung der karolingischen Baukunst nicht fremd waren.

In Aachen (Abb. 31) ist durch das Verhältnis der Königshalle A zu der Kapelle B die Komposition nach symmetrischen, genau den

* Also wie in Lorsch oben S. 39.

Himmelsrichtungen entsprechenden Hauptachsen gesichert. Nachgewiesen sind ferner der Vorhof D vor der Westseite der Kapelle und der diese mit der Regia verbindende (gedeckt zu denkende) Gang C, zu dem in C' ein symmetrisches Gegenstück vermutet werden darf. Weiter folgt aus der Ergänzung der gegebenen Richtlinie die Teilung der Gesamtanlage in drei, die Hauptachse durchquerende Unterabteilungen, — in auffallender Übereinstimmung mit Sankt Gallen. Die übrigen, nur aus den Schriftquellen bekannten Baulichkeiten werden sich zu beiden Seiten des zwischen der Kapelle und der Königshalle liegenden Hofes gruppiert und hinter der Königshalle fortgesetzt haben. Genaueres über ihre Lage läßt sich nicht sagen. Doch interessiert es, ihre Bestimmung kennen zu lernen: es gab noch eine Wohnung des Hofkaplans mit einem großen Saal für Synoden, eine Klausur der Stiftsgeistlichen, eine Palastschule, ein Haus der Prinzessinnen und Dienerinnen, ein Pilgerhaus, eine Kaserne der Leibwache, ein Schwimmbad für mehr als hundert Personen, Stallungen, Gärten, einen Wildpark. — In Ingelheim ist gut erkennbar ein der Aachener Regia entsprechender Saalbau mit Apsis, durch zwei Säulenreihen in drei Schiffe geteilt, und das Haupttor des Palastbezirkes; beide Baulichkeiten in gleicher Achse, so daß auch hier eine symmetrische Anlage vorlag. Spuren einer Wasserleitung und eines Bades sind freigelegt. Vier aus Ingelheim stammende, anscheinend römische Granitsäulen wurden in das Heidelberger Schloß verschleppt, wo sie die Brunnenhalle im Hof tragen; andere sind jetzt in den Museen von Mainz und Wiesbaden. Die hundert Säulen und tausend Tore, von denen der Dichter Ermoldus Nigellus schwärmt, sind als Zitate aus Virgil und Ovid entlarvt. Wie denn überhaupt hier wie in Aachen die Pracht der inneren Ausstattung so überschwenglich nicht gewesen sein wird, wie die Stilübungen der Schriftsteller es glauben machen wollen.

Man pflegt die karolingische Kultur mit einem Januskopf zu vergleichen. Soviel sich über den Palastbau urteilen läßt, hatte er nur ein einziges, ein nach rückwärts gekehrtes Gesicht. Ihm war nicht beschieden, wie dem karolingischen Kirchenbau, die Grundlage zu großen, zukunftreichen Neugestaltungen zu bilden. Dieser Versuch, die Profanarchitektur des Südens in Deutschland zu akklimatisieren, ist kulturgeschichtlich höchst denkwürdig, kunstgeschichtlich eine Episode ohne Folgen.

Erwähnen wir zum Schluß noch eine Einzelheit. Auf einem der freien Höfe seines Aachener Palastes, etwa vor der Regia, hatte Karl ein antikes Reiterstandbild, aus Italien herübergebracht, aufstellen lassen. Es war aber nicht ein beliebiges von den wahrscheinlich vielen dort noch zu findenden, sondern bedeutete für Karl etwas Besonderes durch den Mann, den es darstellte. Dieser war der Ostgotenkönig Theoderich der

Große*! Künstlerisch fügte hiermit der Franke in das Bild seines Palastes einen Zug ein, durch den es an die Residenzen der römischen Imperatoren gemahnen sollte; zugleich aber huldigte er dem Gedächtnis der größten Herrschergestalt aus der germanischen Vergangenheit. Treffender konnte die historische Doppelstellung, in der er sich fühlte, nicht symbolisiert werden.

Malerei und Plastik.

Das Sprunghafte im steilen Aufstieg der karolingischen Kunst wird hier besonders deutlich. Plötzlich — nach säkularem Zeitmaß könnte man sagen: von einem Tag zum andern — ist Deutschland im Besitz einer Mal- und Bildhauerkunst, von deren Dasein es vorher nichts gewußt hatte. Aber unzweifelhaft liegen alle Voraussetzungen derselben draußen. Sie erschienen nicht, weil die innere Entwicklung in diesem Augenblick dazu reif geworden wäre, sondern weil der Wille des Staates eine Kultur verlangte, in der auch diese Bestandteile nicht fehlen sollten. Durchaus überwiegen die allgemeingeschichtlichen Werte des Phänomens die bloß kunstgeschichtlichen.

Machen wir es uns noch einmal klar: die Deutschen hatten bis dahin die künstlerische Darstellung der menschlichen Gestalt weder gekonnt noch gewollt. Was sie in dem Augenblick, als sie plötzlich mit einer Fülle von Bildkunst beschenkt wurden, innerlich erlebten, vermag die geschichtliche Forschung nicht zu ermitteln. Auf einem späteren Punkte der Entwicklung werden wir diese Frage noch einmal stellen und hoffentlich mit besserer Aussicht auf Beantwortbarkeit. Hier mögen vorerst nur die äußeren Tatsachen festgelegt werden.

Karl der Große befiehlt in einem Kapitulare vom Jahre 807: „»Wir wollen, daß unsere Königsboten (das sind Aufsichtsbeamte oberster Instanz) sich in jedem Gau davon überzeugen, in welchem Stande der Erhaltung oder Beschädigung die Kirchen sich befinden, wie ihre Dächer, ihre Fußböden, ihre Wände, ihre Malereien gehalten sind.« Hier wird also die Existenz von Malereien (offenbar sind Wandmalereien gemeint) als normal vorausgesetzt. Karl hat durch einen seiner Hoftheologen eine Denkschrift, die sogenannten *Libri Carolini*, aufsetzen lassen, worin er seine Meinung über die religiöse Bedeutung der Bilder kundgibt, insbesondere vor ihrer abergläubischen Verehrung warnt; keineswegs aber will er sie ausschließen. Auf Wandgemälde als eine gebräuchliche Kunst nimmt er öfters Bezug. Auch die erzählenden Schriftquellen erwähnen ihrer nach Gelegenheit. Volleren Einblick gewähren uns die *tituli*. So nannte man die den Malern als Programm dienenden,

* Jedenfalls galt es in Aachen dafür. Nach der Behauptung eines gut unterrichteten Italienischen Zeitgenossen hätte es in Wahrheit den oströmischen Kaiser Zeno dargestellt.

regelmäßig in Versform gebrachten Unterschriften der Bilder. Während die Bilder selbst untergegangen sind, hat der literarische Eifer der Kirche eine ansehnliche Zahl von Tituli in Abschrift festgehalten und der Nachwelt überliefert. Nicht unwahrscheinlich waren manche von ihnen auf Vorrat gedichtet, so daß man doch nicht aus jedem in einer Handschrift erhaltenen Titulus auf ein wirklich ausgeführtes Gemälde ohne weiteres schließen kann. Ein vor wenigen Jahren in der Kirche Sta. Maria im Münstertal (einem Seitental des Unterengadin) gemachter Fund liefert aber den Beweis, daß selbst kleine und entlegene Klosterkirchen in der Lage waren, ihre Wände mit einem ausgedehnten Bilderzyklus zu schmücken. Wir wollen uns hüten, dies Beispiel schlechthin zu generalisieren *, dürfen aber, alles in allem, unbedenklich sagen, daß ein großer Teil der ansehnlicheren Kirchen des 9. Jahrhunderts es zum Besitz von Wandmalereien wirklich gebracht hat.

Wenn nicht über das Wie, so doch über das Was der karolingischen Monumentalmalerei sind wir dank den Tituli in einiger Reichlichkeit unterrichtet. Wir gewinnen den Eindruck, daß stoffliche Fülle ein Hauptaugenmerk war. Das Mittelalter hat manches aus dem Bestande des karolingischen Zyklus wieder fallen lassen, weniges neu hinzugefügt. Das Alte Testament z. B. ist später nie wieder so reich bedacht worden. Die Legende der Heiligen nahm erst wenig Raum ein, der zentrale religiöse Zyklus aber war in der Hauptsache zum Abschluß gebracht. Durch die Sichtung und Fixierung der altchristlichen Überlieferung hat sich die karolingische Malerei einen unermeßlichen Einfluß auf die Folgezeit gesichert. Sie hat aber noch mehr getan, dem Hergebrachten zwei Szenen selbstherrlich hinzugefügt, vor deren Darstellung die altchristlichen Jahrhunderte scheu zurückgewichen waren: die Kreuzigung Christi und das Jüngste Gericht — zwei Szenen, wie man sieht, die die nordisch-mittelalterliche Phantasie von da ab dauernd und mit unerschöpfbarem Interesse beschäftigt haben.

Die Lehre von den stofflichen Inhalten der bildenden Kunst — der wissenschaftliche Terminus dafür ist Ikonographie — greift weit in das theologische und literarische, also außerkünstlerische Gebiet hinüber. Ich werde ihr deshalb, hier wie späterhin, eine zusammenhängende Darstellung nicht widmen können. Sie ist aber doch auch wieder mit der Praxis der Kunst so eng verknüpft, daß sie wenigstens an gewissen Punkten ein Verweilen unerläßlich macht. So wollen wir an der Hand der Tituli den Bilderschmuck einiger karolingischer Kirchen näher betrachten. — Im Bischofshaus zu Lüttich, vermutlich in der Kapelle desselben, kamen um das Jahr 850 folgende 14 Szenen zur Darstellung: der Engel vor Zacharias,

* Die wenigen Spuren in der karolingischen Basilika bei Michelstadt im Odenwald enthalten nur ornamentale Dekoration, wenn sie auch Figürliches an andern Wandteilen nicht ausschließen.

die Verkündigung, die Heimsuchung, Christi Geburt, die Verkündigung an die Hirten, die Anbetung der Magier, die Heimkehr der Magier, die Darstellung im Tempel, die Flucht nach Ägypten, der Kindermord, die Predigt des Johannes, die Taufe im Jordan, die Hochzeit zu Kana, der wunderbare Fischzug. Also die Jugendgeschichte Jesu und seine ersten Wunder. Man hat sie sich auf das Langhaus verteilt zu denken. Außerdem hat zweifellos das Altarhaus ein Bild enthalten, dessen Titulus in der Abschrift fehlt. — Dasselbe Thema in etwas anderer Szenenwahl war im oberbairischen Kloster Benediktbeuren behandelt. In der Apsis sah man die Himmelfahrt in drei Streifen, oben Christus in der Mandelglorie, von 4 Engeln getragen, und Sonne und Mond, in der Mitte die Apostel nebst den zween Männern in weißen Kleidern, zuunterst Heilige, gleichfalls als Zuschauer der Himmelfahrt geschildert. — Ein anderes Prinzip der Auswahl ist das typologische, in welchem Szenen aus beiden Testamenten als Typus und Gegentypus einander gegenübergestellt werden, so daß im Historischen zugleich eine symbolische Beziehung mitklingt. So in der Pfalzkapelle zu Ingelheim und besonders reich in St. Gallen: im Chorhaus Christi Geburt und Jugendgeschichte, im Langhaus linksseitig in 20 Szenen die Taufe und die Wunder, rechtsseitig in anderen 20 die Passion, an der Westwand das Jüngste Gericht.

Die karolingische Wandmalerei hat aus dem spätantiken Bildervorrat auch profane Darstellungen übernommen, insoweit sie durch das Medium der Allegorie sich in den kirchlichen Ideenkreis eingliedern ließen. Eine Art Rechtfertigung des Betriebes der weltlichen Wissenschaften in den Klöstern bot die Enzyklopädie der sieben freien Künste. In einem Saale des Palastes, den Abt Fardulf von St. Denis (gest. 806) für seinen Gönner, den Kaiser, hatte bauen lassen, waren sie schon sehr ähnlich dargestellt, wie wir sie aus einem 500 Jahre jüngeren Denkmal, dem Kapitelsaal von Sta. Maria Novella in Florenz, kennen: unter der Personifikation einer jeden Ars ihre historischen Vertreter, z. B. unter der Dialektik Aristoteles und Porphyrius, unter der Musik Tubal, Pythagoras, Linus, Amphion. Denselben Inhalt scheinen die unter Abt Grimold von St. Gallen (841—872) von Reichenauer Mönchen ausgeführten Malereien gehabt zu haben. Abt Theodulf von Orleans, ein Freund Karls des Großen, beschreibt einen runden Tisch, auf dem die freien Künste als Äste eines Baumes gedacht sind, während an der Wurzel Sophia, die göttliche Weisheit, sitzt. Das Gegenstück bildete ein Tisch mit der Weltkarte, vom Okeanos umflossen, im Zentrum Tellus als schönes, kräftiges Weib mit der Mauerkrone der alten Kybele, an der Brust einen Knaben säugend, am Boden eine Schlange und mannigfaltige andere Attribute, die der gelehrte Abt aufs spitzfindigste ausdeutet. Kostbare Tische mit geographischen Darstellungen, wahrscheinlich in ähnlicher Weise in künstlerische Phantasien umgesetzt, besaß der Kaiser, und auch ein St. Galler Abt des 9. Jahrhunderts hat sich eine *mappa mundi subtili opere* anfertigen lassen. — Unter gewissen Bedingungen fand auch die weltliche Historie einen Platz. Im großen Saal des Ingelheimer Palastes waren nach dem typologischen Prinzip berühmte Helden erst der heidnischen, dann der christlichen Welt in Parallele gestellt: Ninus, Cyrus, Hannibal, Alexander, Phalaris, Konstantin, Theodosius und, was überrascht, Karl selbst nebst seinem Vater und Großvater (ausgeführt wohl unter Ludwig dem Frommen). Als ziemlich häufig dürfen wir uns gemalte Bischofs- und Abtskataloge denken. Erhalten hat sich ein solcher aus frühromanischer Zeit auf der Reichenau. Die Tituli zu einer Mainzer Bischofsreihe stehen in den Gedichten Rabans. Im Salzburger Bischofshof, erbaut um 850, waren zur Bildnisreihe auch die Suffragane (Regensburg, Freising, Passau und Brixen) hinzugezogen und, mit Salzburg in der Mitte, auf 5 Säle verteilt.

Durch die Nachrichten über die Wandmalerei wird unsere Wißbegier lebhaft angereizt, aber nicht befriedigt. Keinen Ersatz, aber doch eine dankbar zu begrüßende Ergänzung bietet die Buchmalerei. Von ihr ist so viel und manches davon in so guter Wertlage erhalten, daß wir über das allgemeine Wollen der karolingischen Malerei zu urteilen uns wohl für zuständig erachten dürfen. — Die Verdrängung der Rolle durch das Buch ist eine der nicht wenigen Veränderungen, durch die die Spätantike in die Gewohnheiten der Menschen mit weittragender Wirkung eingegriffen hat. Sie setzte im Laufe des 4. und 5. Jahrhunderts sich durch. Zumal für die Funktion im christlichen Gottesdienst bot die Buchform durch Handbarkeit und Haltbarkeit einleuchtende Vorteile. Das rituelle Buch war von Anfang an wo nicht der einzige, so doch der wichtigste Träger der Buchmalerei. In den nordischen Ländern gingen der Buchmalerei der Karolinger zwei Stilrichtungen voraus, die nur zeitlich ihre Vorläufer, in ihrem Wesen aber von ihr sehr verschieden waren, die merowingische und die irische. Beide waren im eingeschränktesten Sinne nur Buchschmuck, nicht Illustration. — Die merowingisch-fränkische Buchornamentik geht aus der Schrift hervor, ihr Hauptgegenstand sind die zur übersichtlicheren Gruppierung des Textes hie und da eingestreuten Initialbuchstaben. Dieselben werden aus Tieren zusammengesetzt, besonders Fischen und Vögeln (Abb. 305). Ähnlichkeit mit dem aus der Völkerwanderungskunst hervorgegangenen germanischen Tierornament ist nicht vorhanden, Herkunft aus dem Morgenlande (man hat u. a. auf Mesopotamien hingewiesen) wahrscheinlich. Doch erst im Abendland wuchs das Initial mit der Zeit zu dem ornamentalen Prachtgebilde heran als das es das ganze Mittelalter hindurch sich erhielt (Abb. 307—310). — Die irische Ornamentik dagegen ist ein Nachkomme der Völkerwanderungskunst. Verschiedene, in dieser noch gesonderte, Stilarten, bis zur La-Tène-Epoche hinauf, sind in ihr verschmolzen und zu einer sehr eigenartigen und prägnanten Geschmacksrichtung fortentwickelt. Es ist der strengste Flächenstil, den es je gegeben hat. In der Regel wird eine ganze Seite mit der einseitig durchkomponierten Dekoration bedeckt. Die menschliche Gestalt ist nicht, wie in den merowingischen Handschriften, ausgeschlossen, aber mit unerbittlich systematischem Geist ganz zum Ornament umgebildet, plattgedrückt wie die Pflanzen eines Herbariums, von bandartig stilisierten Linien umrissen und durchzogen (Abb. 313). — Durch die wandernden irischen und schottischen Mönche kam dieser Stil auch nach Deutschland, wo er sich mit der Volkskunst vermöge seiner Naturfremdheit gut vertrug und an einzelnen Orten, z. B. in St. Gallen, bis tief in die Karolinger-Zeit hinein erhielt. Dadurch gewinnt die irische Malerei einen Platz auch im Stammbaum der deutschen, sie war das erste, was die Deutschen von Malerei zu Gesicht bekamen. — Die karolingische Miniaturmalerei tritt als ein selbständiges Drittes auf. »Es ist, als ob sich plötzlich verborgene Quellen geöffnet haben, aus denen ein bisher ungeahnter Reichtum an Formen und Darstellungsmitteln den Malern zuströmt.« Welches diese Quellen sind, hat sich noch nicht nachweisen lassen. Sicher war es mehr als bloß eine. Die Sache lag nicht so, daß ein bestimmt orientierter Geschmack auf einmal die Oberhand gewonnen hätte. Die vornehme Mode begehrte Prachtbücher überhaupt, und sie wurden erworben, gleichviel woher. Oft wird es bloßer Zufall gewesen sein, welcher Art die Vorlagen waren, die diese und jene Bücherwerkstatt zur Basis ihres »Stiles« machte. Eine genaue Scheidung der abendländischen und morgenländischen Quellen wird wohl nie gelingen; schon deshalb nicht, weil auch die abendländischen von alters morgenländisch durchsickert waren. Aber auch »Einfluß des Orients« ist ein vieldeutiges Wort. Wichtig über alle Einzelfragen der Stilfiliation ist die fundamental veränderte Aufgabe. Die karolingische Buchmalerei stellt Menschen dar und zeigt sie als körperliche, im Raum wohnende Wesen. Schulmäßig ausgedrückt: der Flächenstil ist überwunden und hat einer malerisch-tiefenhaften Bildvorstellung Platz gemacht. Es leuchtet ohne weiteres ein, daß dies eine vollkommene Umwälzung des ganzen Denkens bedeuten würde, falls die karolingischen Maler wirklich begriffen, was sie nachahmten. Dies zu glauben werden wir uns so schnell nicht entschließen können. Aber, wie schon gesagt, hier ist noch nicht der Ort, darüber in eine Erörterung einzutreten.

Wahrscheinlich wäre das Aussehen des karolingischen Eklektizismus ein ziemlich buntes geworden, hätte er nicht in der Schreibstube des kaiserlichen Hofes, der *schola palatina*, einen einigenden und zügelnden Mittelpunkt gefunden. Wo diese ihren Sitz hatte, in Aachen oder Ingelheim, erfahren wir nicht. Es ist auch gleichgültig, da die in ihr betriebene Kunst nichts Bodenständiges hatte. Sie ist gleichen Geistes mit der eleganten Gelehrsamkeit, mit der sich Karls Akademie antikisch drapierte. Man erstaunt, wie schnell Hand und Auge in der Nachahmung des äußeren Scheins gelehrig wurden, zugleich wie unjugendlich diese Kunst ist und wie frostig in ihrer Pracht. Wer ihren geschichtlichen Bedingungen nachsinnt, kann damit aber nicht das letzte Wort über sie sagen wollen. Es bedeutet doch etwas, zu sehen, mit welchem Ernst diese nordischen Menschen dem Kultus der schönen Form sich hingaben, in der sie einen neuen Begriff von geistig begründeter Vornehmheit ahnten. — In unmittelbarer Beziehung zu Karl dem Großen stehen die beiden Evangelienbücher auf der Pariser Nationalbibliothek und in der kaiserlichen Schatzkammer zu Wien. Das letztere bildete einen Teil der deutschen Reichskleinodien. Bei der Krönung in Aachen haben jahrhundertelang die deutschen Könige den Eid darauf abgelegt. Nach seinem künstlerischen Charakter nimmt das Buch eine Ausnahmestellung ein. Der Eindruck der Pracht verbindet sich mit einer strengen Simplizität, wie wir ihr sonst nicht begegnen. Der Text ist auf Purpurpergament geschrieben mit goldenen, sehr vornehm gebauten Buchstaben. Die Initialen sind einfach. Der Bildschmuck beschränkt sich auf die jedesmal eine ganze Seite einnehmenden Evangelistenbilder (Abb. 315, 316). Dieselben unterscheiden sich vom allgemeinen Zeitgeschmack durch die Einfachheit sowohl der Umrahmung als der Farbenwahl. Die heiligen Männer sitzen in freier Landschaft, gekleidet in weiße Mäntel, ihre Haltung ist so leicht und natürlich, wie es nur bei wirklicher Einsicht in den Körperbau zu erreichen ist, der malerische Vortrag breit und weich. Man fühlt sich der Antike unvergleichlich näher als in irgendeinem andern Werke der Zeit. Wenn der Maler ein Franke war, so war er als Anempfinder wirklich genial. Aber muß er ein Franke gewesen sein? Walafrid Strabo erzählt, daß Karl in seinen letzten Lebensjahren gern mit gelehrten Griechen und Syrern zusammensaß, um den Evangelientext zu verbessern. Es wäre fast seltsam, wenn er nicht gelegentlich auch Künstler aus dem Osten beschäftigt hätte*. Die Typen der Wiener Handschrift sind ein paarmal wiederholt worden, aber von schwächeren Händen.

Die Gruppe hat es zu Einfluß nicht gebracht. Dies gilt nun sehr von der Hofschule. Als bezeichnete Vertreter derselben nennen wir das jetzt in Paris aufbewahrte Evangeliar, das im Jahre 786 Karl und seine Gemahlin Hildegard einem Schreiber Godeskalk aufgetragen, und das Trierer, dessen Stifterin eine Äbtissin Ada aus Mainz war, nach fragwürdiger Überlieferung eine Schwester des Kaisers. Das Godeskalk-Evangeliar, ein Prachtwerk der Kalligraphie, ist in seinen Bildern noch ein recht rauhes Machwerk, zeigt aber schon alle wesentlichen Merkmale des neuen Stils (Abb. 314). Das Buch der Ada (Abb. 318) ist für den flüchtigen ersten Schein beinahe gewinnend, Linien und Farben für den dekora-

* Swarzenskis Lokalisierung auf Reims wäre damit nicht unvereinbar.

tiven Zweck gut verteilt, ohne viel Zaudern keck hingesetzt; aber je genauer man hinsieht, um so peinlicher wird der Eindruck, daß dem Maler der Sinn der seinen Vorlagen abgelernten Darstellungsmittel (Perspektive, Verkürzung, Modellierung) dunkel geblieben ist. Er sah und begriff die Linien nur als Bewegung auf der Fläche; daß auch Lagenverhältnisse im Raum durch sie ausgedrückt seien, hat er nicht erfaßt, und so sitzt kein Glied richtig in seinen Gelenken und läuft keine Gewandfalte so, wie Schwerkraft und Körperform es fordern würden. Wenn solches schon am grünen Holz der Hofkunst geschah, so kann man sich denken, wie wenig die kleinen und entfernten Klosterschulen — wir kennen z. B. mehreres aus bairischen der zweiten Hälfte des 9. Jahrhunderts — von Unverstand und Roheit sich freizuhalten vermochten.

Logisch kann uns die Wahrnehmung dieser Mängel in der scheinbar so glänzenden karolingischen Malerei nur befriedigen. Wäre alles das, was sie zu sein vorgibt, Wahrheit, so wäre sie ein Wunder. So schnell wird in den Kämpfen des Geistes ein neues Land nicht erobert. Es war schon viel und vorerst genug, daß es geschaut und der erste Schritt in es hinein getan war.

Es gab aber noch einen zweiten, wesentlich anders gearteten Stil, der den Deutschen auf ihrer damaligen Entwicklungsstufe weit zugänglicher war. Sein bester Repräsentant ist ein Psalter, nach dem späteren Aufbewahrungsort Utrechtpsalter genannt, entstanden jedoch in der Schule von Reims. Die Vorlage scheint eine syrische gewesen zu sein, jedenfalls eine im Vergleich zu den Vorlagen der Hofschule von der klassischen Antike sehr weit schon abgerückte, und nun ist es überaus belehrend, zu sehen, um wieviel besser eben deshalb dem fränkischen Zeichner die Nacheiferung gelingt. Es handelte sich in diesem Falle nicht um Pracht und Formenschönheit, sondern um eindringliche Veranschaulichung der Textworte. Recht eigentlich der einzelnen Worte. Denn wie der lyrische Stil und die orientalische Phantasie des Psalmisten von Gleichnis zu Gleichnis jagen, ohne je bei einer geschlossenen Bildvorstellung Halt zu machen, so heftet sich der Illustrator fest an den äußeren Wortsinn, reiht eine Szene an die andere und täuscht eine Einheit der Handlung und des Raumes vor, die im Text gar nicht gewollt sind, nun aber in der Verdichtung zum Bilde hochphantastisch wirken. Wir geben in Abb. 321 die Illustration des 101. (nach Luther 102.) Psalmes: »Denn meine Tage sind vergangen wie ein Rauch und meine Gebeine sind verbrannt wie ein Brand« — links der Opferaltar. Daneben das Haus, die Bäume und Vögel bedeuten: »Ich bin wie eine Rohrdommel in der Wüste, ich wache und bin wie ein einsamer Vogel auf dem Dach«. So geht es fort Vers um Vers. Die Komposition als Ganzes ist absurd. Aber die leidenschaftliche Mimik der Linien ergreift uns unwiderstehlich, der Grundton des Gedichtes — »Herr, höre mein Gebet, und laß mein Schreien zu dir kommen, verbirg dein Antlitz nicht vor mir in der Not, neige deine Ohren zu mir« — es wäre unmöglich, ihn noch lebensvoller in Augeneindruck umzusetzen. Auf einen Schlag taucht vor uns die Erinnerung an die altgermanische Tierornamentik auf, in welcher der Ausdruck alles, die Form nichts war, und wir begreifen, daß der fränkische Zeichner sich hier auf einmal wie zu Hause fühlte. Der Weg war gefunden, der zu einer innerlich wahren und volkstümlichen Kunst hätte hinführen können. Hie und da wurde er auch beschritten, z. B. in den Illustrationen zum Buch der Makkabäer, aber nur hie und da. Der pompös-repräsentative, mit unzureichender Kraft nach Formenschönheit strebende Stil der liturgischen Bücher behielt die Oberhand. Es war das Vorspiel eines Konfliktes, der sich mehr als einmal in der deutschen Kunstgeschichte wiederholen wird, man denke nur an den im 16. Jahrhundert sich zutragenden Zusammenprall der italienischen Renaissance mit der deutschen Gotik.

Wäre die karolingische Rezeption in der Tat Renaissance gewesen, d. h. ein Aufleben und nicht, was sie wirklich war, ein Ausleben der Antike, so hätte sie vor allem an der antiken Plastik sich aufzurichten versuchen müssen. Sie hat wohl auch die Plastik in ihren Bereich gezogen, aber genau nur in den durch die Gepflogenheit der letzten Jahrhunderte vorgeschriebenen, wie man weiß, sehr engen Grenzen. Sie war Kleinkunst, meist Beiwerk des Kunstgewerbes. Karls Wünsche wären weiter gegangen. Im Hofe seines Palastes in Aachen stellte er die aus Ravenna entführte eherne Reiterstatue auf, von der wir oben sprachen. In ihrer Nähe befand sich eine antike Bronze, vielleicht ein tanzender Satyr. Sie erregte ob ihres heidnischen Ursprunges Anstoß und ist, gleich dem Reiterbild, frühzeitig verschwunden. Eine bronzene Bärin, vermutlich aus demselben Spolientransport, ist in Aachen noch vorhanden. Wir würden viel darum geben, wenn wir ahnen könnten, wie einem Deutschen beim Anblick solcher künstlerischer Einfühlung in die Natur zumute wurde. An Wetteifer wurde jedenfalls nicht gedacht, nur Kleinkunst, wie gesagt, war möglich und begehrt *.

In erklecklicher Menge haben sich nur geschnitzte Elfenbeintafeln erhalten. Die Römer hatten sie als Deckel zusammenklappbarer Schreibtafeln (Diptychen) benutzt. Im kirchlichen Gebrauch dienten sie zur Eintragung von Nekrologien oder anderer katalogartiger Aufzeichnungen. Im Norden kam diese Sitte in Abgang. Die meisten karolingischen Elfenbeintafeln sind Buchdeckel, in Format und Anordnung den Diptychen

* Wegen einer aus dem Dom zu Metz stammenden, jetzt in Paris aufbewahrten kleinen bronzenen Reiterstatue, die Karl darstellen soll, ist Streit, ob sie eine Arbeit des 9. oder des 16. Jahrhunderts sei. Im letzteren Fall bliebe die Möglichkeit der Kopie eines karolingischen Originals.

nachgeahmt. Unmittelbar an Kaiserdiptychen erinnern zwei große Tafeln aus Lorsch, auf denen an die Stelle des Kaiserbildes Christus und Maria, an die Stelle der Thronassistenten Engel und Heilige getreten sind. Die Mehrzahl jedoch gibt figurenreiche Szenen in einer den Miniaturen verwandten Kompositionsweise. Der Formcharakter ist aber ein anderer, er hat seine eigene Schulüberlieferung. Die schwierigere Materialbehandlung disziplinierte die Form und verscheuchte die Dilettanten, die in den Schreibstuben als Buchillustratoren unbehindert ihr Wesen trieben. Auch war die Zahl der Werkstätten kleiner.

Die älteste Gruppe, deren Denkmäler sich von etwa 790 bis 830 verfolgen lassen, ist der Hofschule der Miniaturisten innerlich verwandt und wird ihren Sitz, ganz ungefähr gesprochen, zwischen Maas und Rhein gehabt haben. In der Auswahl ihrer Vorbilder war sie stark retrospektiv, in der technischen Behandlung glatt, aber unlebendig, in den Körperformen voll und weichlich. Beispiele Abb. 394, 395.

Am Ende des 9. Jahrhunderts blühte die Werkstatt von Metz. Die in Abb. 396 gegebene Probe ist auch gegenständlich interessant. Im Mittelpunkt ist das Kreuz mit dem Erlöser aufgerichtet. Dicht daneben zwei weibliche Gestalten, die Personifikationen der Kirche und der Synagoge, des Neuen und des Alten Bundes, jene das erlösende Blut im Kelche auffangend, diese dem Erlöser den Rücken kehrend. Näher am Rande erkennt man Maria und Johannes, und tiefer unten die Kriegsknechte mit Speer und Schwamm, und in zwei Rundbauten die Toten, die erwartungsvoll zum Kreuze aufschauen. Neben dem Kreuz zwei anbetende Engel, in den Medaillons oben in der Mitte Sol und Luna, am unteren Ende Okeanos und Gäa: das Weltall Zeuge des Opfers. Diese in der Metzer Schule oft wiederholte Komposition ist eine karolingische Schöpfung. Die in ihr neu auftretenden Figuren der Ekklesia und Synagoge wurden dauernd dem mittelalterlichen Bilderkreise einverleibt. Die Komposition ist geistvoll, aber freilich liegt ihr Verdienst — und dies ist bezeichnend für die ganze Zeit — allein in der religiös-poetischen Idee. Von der Kunst aus gesehen ist sie Bilderschrift.

In welchem Umfang die rechtsrheinischen Klöster eigene Schnitzwerkstätten besaßen, läßt sich nicht feststellen. Das erste gesicherte Beispiel gibt die mit anmutigen Anekdoten ausgeschmückte St. Galler Überlieferung vom starken und kunstreichen Mönch Tutilo (gest. 911). Auf ihn werden zwei Elfenbeintafeln durchaus eigenartigen Charakters zurückgeführt. Die eine, die wir in Abb. 398 mitteilen, gibt im mittleren Streifen die Himmelfahrt Mariä, das älteste Beispiel von dieser Szene, im unteren das Abenteuer des hl. Gallus mit den Bären, welche Darstellung ebenfalls neu erfunden werden mußte.

ZWEITES BUCH.

Es sind die drei Jahrhunderte vom Erlöschen des karolingischen Hauses bis zur Höhe des staufischen Kaisertums, die uns in diesem Buch beschäftigen werden.

Das fränkisch-karolingische Reich war das Sammel- und Klärbecken gewesen, in dem von der einen Seite der christlich-antike Strom, von der andern der aus dem germanischen Altertum kommende zusammenliefen, zuerst sich mischten und dann, was in beiden nicht mehr lebensfähig war, sich ausscheiden und zu Boden fallen ließen. Ein neuer Strom mit anderem Wasser trat am unteren Ende hervor: es begann das eigentliche Mittelalter.

Der Übergang von der karolingischen Epoche zu der, die wir die deutsche Kaiserzeit zu nennen pflegen, vollzog sich unter schweren Erschütterungen. Das Abendland organisierte sich in anderer Gestalt, als Karl sie ihm hatte geben wollen. Für das deutsche Volk aber blieben die beiden wichtigsten Ergebnisse seiner aufbauenden Tätigkeit bestehen: die gewonnene Einheit des Volkes und Staates und der Anschluß an die Tradition der antiken Weltkultur.

Dies sind die fundamentalen geschichtlichen Voraussetzungen der deutschen Kunst des Mittelalters, ohne jene könnten wir uns das Werden dieser nicht denken.

Hätte sich das Universalreich als solches behauptet, so wäre die künstlerische Entwicklung Deutschlands wahrscheinlich schneller vor sich gegangen, aber das deutsche Element in ihr wäre durch das Übergewicht der romanischen Reichsteile und ihrer älteren Kultur schwer gedrückt, vielleicht erdrückt worden. Und wäre, am andern Ende der Möglichkeiten, das deutsche Volk wieder in Stammesstaaten auseinandergefallen, so hätte ebenfalls keine deutsche Kunst entstehen können; es wäre ein nicht viel anderer Zustand eingetreten wie bei den skandinavischen Randvölkern. Eine auf sehr alten Traditionen ruhende Kultur und Kunst kann auch bei nationaler Zersplitterung gedeihen, wie das Beispiel der italienischen Renaissance erweist; eine nationale Kunst aber, die erst werden soll, ist ohne die tragende Kraft volklicher und staatlicher Einheit unmöglich.

Das dritte dauernde Ergebnis, das aus dem fränkischen Reich in das deutsche herübergenommen wurde, war die Machtstellung der Kirche.

Hier genügt eine kurze Andeutung, daß sie sich nicht auf den religiös-moralischen Wirkungskreis beschränkte, sondern auch weltliche Macht war mit immer zunehmendem Grundbesitz und wachsenden politischen Rechten. Ihre Organisation war fester als die des Staates, weil jeder Geistliche als solcher jedem Laien sich überlegen fühlte, dieses Vorzugs aber sofort verlustig gegangen wäre, wenn er sich vom Ganzen in egoistischen Machtgelüsten, ähnlich denen der weltlichen Gewalthaber, hätte absondern wollen.

So stehen also, das ist das Eigentümlichste im sozialen Aufbau des Mittelalters, über den beherrschten Massen zwei Aristokratien. Sie leiten ihre Ansprüche aus durchaus verschieden gearteten Quellen ab, in ihrer Ausübung aber treffen sie nahe miteinander zusammen. Das Volk, nach komplizierten Rechtsverhältnissen aus Freien, Halbfreien und Unfreien gemischt, ist beruflich noch wenig differenziert. Es ist ein Zeitalter wesentlich agrarischer Wirtschaft. Auch die beiden Adelsgruppen, die geistliche wie die weltliche, suchen ihre Stärke im Grundbesitz, und in ihren Lebensgewohnheiten verbindet sie noch vieles mit dem Volke.

Durch den letzten der karolingischen Teilungsverträge, den zu Mersen im Jahre 870, ist gegen Westen die Reichsgrenze so festgestellt worden, wie sie mit geringen Verschiebungen bis zum Westfälischen Frieden Bestand gehabt hat. Sie umschloß alle deutschsprechenden Lande mit Ausnahme der zwischen der Maas und dem Meere liegenden; dazu einen Streifen altfränkischen Landes, in dem die romanischen Volksbestandteile in Blut und Sprache die Oberhand behielten. Einer schon feststehenden Gewohnheit der Kunsthistorie folgend, werden wir die einen wie die andern aus unserer Betrachtung ausschließen, wenn auch nicht zu leugnen ist, daß diese Gebiete auf die deutsche Kunst einen gewissen Einfluß, wenn auch von Jahrhundert zu Jahrhundert abnehmend, doch besessen haben. Im Gegensatz zur westlichen war die östliche Grenze im Fluß. In die während der Völkerwanderung von den Deutschen verlassenen Länder bis zur Elbe und Saale, und an manchen Stellen über diese hinaus, waren Slawen eingezogen. Unter den Ottonen begann ihre Zurückdrängung; doch nur langsam; denn noch war Deutschland zu dünn bevölkert, um hier an Germanisierung denken zu können. Die Zeit dazu kam später. An Eroberungen hat Deutschland nicht gedacht, auswärtige Kriege seit der Besiegung der Ungarn jahrhundertelang nicht geführt. Die einzige Machtausdehnung, die den Königen des ottonischen und salischen Hauses anlag, nahm die Richtung auf Italien. Allein sie war nicht eine Folge der deutschen Königspolitik, sondern entsprang den Pflichten, die das von Otto I. wiederhergestellte Kaisertum auferlegte.

Die Idee des Kaisertums gehört zur karolingischen Erbschaft Sie ist keine rein politische, sondern wurzelt zugleich und noch mehr in religiösen Vorstellungen. In dieser Doppelnatur des Kaisertums liegt sein Verhängnis. Es mußte das erniedrigte und befleckte Papsttum aufrichten und dann von dem erstarkten sich bekämpfen und vernichten lassen. Über dem Sonderleben der Einzelvölker, wenn es auch soeben die Wiederkehr eines gleichmacherischen Weltreichs zurückgewiesen hatte, erhielt sich das Bewußtsein der Solidarität des christlichen Abendlandes. Welches andere Volk aber als das der europäischen Mitte hätte die Vertretung dieser Gemeinbürgschaft übernehmen können?

Der Schaden, den Deutschland unter der Schwere des unlösbaren Problems des Kaisertums davongetragen hat, ist offenbar. Aber auch ein anderes darf nicht vergessen werden. Unverkennbar ist das Gefühl der Volksgröße und Volkseinheit — ich bediene mich der Worte Dietrich Schäfers — hinweg über die Stammesunterschiede, die noch eben das Reich zu zersprengen drohten, mächtig gewachsen mit der Stellung, die in Italien, in Rom und gegenüber dem Papsttum errungen wurde. Die italienischen Kämpfe brachten die deutsche Kultur immer wieder mit ihrer zweiten Mutter, der Antike, in Berührung; das Kaisertum rettete die deutsche Nation vor einer Isolierung, die sie damals noch nicht hätte ertragen können, es bewahrte aber auch Italien vor dem Hinübergleiten in die byzantinische Sphäre. Den Königen des sächsischen Hauses hätte die Blickrichtung auf den Norden und Osten am besten angestanden; die Verbindung mit dem Kaisertum bog die Reichspolitik nach Süden um. Wieviel immer rein realpolitische Motive im Spiel waren: was der Kaiserpolitik eine nationale und populäre Färbung gab, war die uralte und nie zum Schweigen zu bringende Sehnsucht unseres Volkes nach der Sonne des Mittelmeers.

Wie Kaisertum und Königtum zwei durchaus verschieden geartete Herrschaftsbegriffe sind, so verschieden motiviert war auch ihr Verhältnis zur Kirche. Von theokratischer Ideologie ist die Kirchenpolitik des Königtums frei. Es war eine klare Interessengemeinschaft, die zwischen ihm und den Bischöfen und Reichsäbten das Bündnis herbeiführte, auf dem, bis zu seiner Erschütterung durch den Investiturstreit, die innere Politik ruhte — die Korrektur der durch das Lehnswesen verdorbenen Beamtenverfassung. Hier fiel die Gefahr der Erblichmachung des Amtes weg. Die Könige gaben der Kirche reichlich, aber das Kirchengut verlor nicht ganz den Charakter des Reichsguts. Die Hauptsache war, daß die Könige die Besetzung der Bistümer in ihrer Hand behielten. Viele der Beförderten hatten vorher ihre Schule in der königlichen Kanzlei durchgemacht. Bei ihnen konnte gefunden werden, was bei den weltlichen Großen umsonst gesucht wurde: staatsmännische Bildung, Weite des Gesichtskreises, zuweilen sogar Spuren von dem, was wir heute vaterländische Gesinnung nennen. Sie besuchten fleißig den Hof und die Versammlungen der Großen, wo sie den Stamm der königlichen Partei bildeten; sie reisten mit dem König; sie hatten mehr Länder, als bloß ihren Sprengel gesehen; sie kannten sich untereinander.

Gegen diese Stellung der deutschen Kirche — die freilich mit der augustinischen *civitas dei* keine Ähnlichkeit hatte, aber der Vereinheitlichung des deutschen Staates wie der deutschen Kultur die wertvollsten Dienste leistete — wurde der erste Stoß gerichtet durch die Reformbewegung des 11. Jahrhunderts. Sie hob Rom und das Papsttum auf eine zuvor nicht gekannte Machthöhe, wenn sie auch keineswegs von Rom ausgegangen war. Ihre Wurzeln liegen im Mönchtum. Die mönchische Askese, ursprünglich nur Flucht vor der Welt und ein Asyl für einen kleinen Kreis frommer Menschen, wollte jetzt eine weltbeherrschende Macht werden. Sie war die zutreffende Form des religiösen Idealismus in diesen Jahrhunderten. Wir erkennen darin die beginnende Verinnerlichung des Christentums, daß die bloß zeremoniale Gottesverehrung und formalistisch-objektive Heilsvermittlung nicht mehr genügte: es wurden auch sittliche Folgen verlangt. In die Hände des geistlichen Standes war nach der göttlichen Ordnung das Heil der Menschheit gelegt: wenn er verdarb, so war mit ihm die Welt verloren. Je weiter der wirkliche Zustand der Kirche, wie man oft mit Entsetzen erkannte, vom Ideal abwich, um so höher doch wurde dieses hinaufgeschraubt. Die Gesamtheit der Menschen zu Mönchen zu machen, war unmöglich: um so notwendiger war es, zwischen Kirche und Welt eine tiefe Kluft zu ziehen. Zuerst mußte jeder Einfluß der Welt, auch der weltlichen Obrigkeit, auf den geistlichen Stand vernichtet werden, dann erst konnte das Ziel, die Herrschaft des geistlichen Prinzips über das weltliche, ganz erreicht werden. — Die neue Frömmigkeit, wie jeder Geschichtskundige weiß, hat der Welt nicht den Frieden gebracht, sondern mit unendlichem Streit sie erfüllt. Aber es muß doch gesagt werden, daß es keinen frommen Laien gab, der nicht vor dieser Lehre sich gebeugt hätte. Ein deutscher König, Heinrich III., war der erste, der der in Nordfrankreich und Burgund entsprungenen und in ihrem abstrakten Radikalismus ein durchaus französisches Gepräge tragenden Reform das Tor nach Deutschland öffnete und damit selbst die Axt an die Wurzeln des Königtums legte. Sein Sohn Heinrich IV. befand sich schon in offenem Kampf mit dem Papsttum, viele Bischöfe wandten sich gegen ihn, ein unheilbarer Riß ging durch das Bündnis, auf dem unter den Ottonen und ersten Saliern die Wohlfahrt des Reiches geruht hatte. Ganz zusammengebrochen ist es zwar nicht. Es hat auch fernerhin königstreue Bischöfe gegeben — neben solchen, die es nicht waren —, allein sie wurden doch mehr und mehr in ihrer Stellung den Weltfürsten ähnlich. Sie wurden nach dem im Namen der Kirchenfreiheit geführten Investiturstreit weltlicher, als sie es vorher gewesen waren

Das Bündnis des Königstums mit der Kirche hatte außer der politischen Zweckmäßigkeit noch einen tieferen Grund: die Kirche war die

Vereinigung aller geistigen, nicht bloß geistlichen Macht. Das religiöse Leben dieser Zeit auf seinen Wert zu beurteilen, ist bis zur Unmöglichkeit schwierig, nicht nur, weil es seine Innerlichkeit zum größten Teil vor uns verbirgt, sondern auch, weil heutige Maßstäbe auf es nicht anwendbar sind. Daß das Christentum von den Massen nur oberflächlich erfaßt wurde, ist wohl gewiß; dennoch muß die religiöse Anregbarkeit groß gewesen sein; denn wie hätte die Kirche sonst so willigen Gehorsam finden können? Vielleicht lag gerade in der Fortdauer des Glaubens an die in gefährliche Dämonen umgearteten Heidengötter und dem Bedürfnis nach Schutz vor ihnen eine Quelle der kirchlichen Macht. Deutlicher ist das Zweite: die Tätigkeit der Kirche als Lehrerin und Erzieherin. Wo ein Streben nach höherer Geistigkeit sich regte, nur hier fand es Befriedigung. Und das Bildungsbedürfnis, der oberen Schichten mindestens, darf nicht klein angeschlagen werden. Was die Kirche hierin leistete, erreichte sie vornehmlich dadurch, daß sie neben der Hierarchie des Priestertums noch eine zweite Organisation besaß: eben die Klöster. Ihre Zahl und ihr Einfluß, schon in der Karolingerzeit groß, sind noch immer im Wachsen. Es war ein in Ziffern nicht ausdrückbarer, aber jedenfalls ins Gewicht fallender Bruchteil der Bevölkerung, der in ihnen Platz fand. Fragen wir, was zu den Klöstern hinzog, so wird das religiöse Motiv nicht verkleinert, wenn wir einräumen, daß neben ihm noch andere und alles in allem stärkere in Wirkung standen. Es ist die Eigentümlichkeit der kirchlichen Institutionen, ihre äußere Form wenig, ihr inneres Wesen aber im Laufe der Zeiten sehr zu verändern. Weltmüdigkeit und Kulturübersättigung, die die Quellen des ursprünglichen Mönchtums sind, lagen dem deutschen Menschen unserer Epoche so fern wie möglich. Schon der hl. Benedikt hatte dem Geheiß »bete« das andere »arbeite« hinzugefügt. Es ist nur die Übertreibung eines wahren Kernes, wenn man gesagt hat, daß die Welt erst durch die Mönche wieder arbeiten gelernt habe. Für die deutschen Männer und Frauen des 10., 11., 12. Jahrhunderts, die die Klöster aufsuchten, hieß Weltflucht doch nur, daß sie sich in gesicherte Burgen des Friedens zurückzogen, um von hier aus die irdischen Dinge nicht sowohl zu verachten, als tätig und helfend sie zu verbessern. Daher die überraschende Vielseitigkeit der klösterlichen Kultur. Sie umfaßte alles, was die Zeit an geistiger Arbeit leistete — und eine umfangreiche wirtschaftliche Tätigkeit. Die Klöster waren große, zum Teil sehr große Grundherrschaften. Eigenhändige Feldarbeit der Mönche, an die Benedikt ursprünglich gedacht hatte, wurde zwar nur im Falle der Not noch ausgeübt; sie fiel für gewöhnlich den Knechten und Leibeigenen zu unter Leitung der sachverständigen Landwirte, die in keinem Kloster fehlten. Ihr eigenstes Verdienst war aber die Hebung des Gartenbaus und Weinbaus, die Einführung neuer Obst- und Blumenarten, Gemüse- und Arzneipflanzen. Eine zweite Gruppe bildeten die Gewerbe mit Einschluß der

Kunst. Eine dritte die wissenschaftlichen Bemühungen, der Unterricht der Jugend, der Bienenfleiß des Abschreibens, dem wir allein es verdanken, daß die Literatur der Griechen und Römer nicht völlig unterging. Nimmt man den Begriff der Arbeit in dieser liberalen Erweiterung, so hat die Vorschrift der Ordensregel, daß ihr von den Stunden des Tages sieben gehören sollten, sicher Erfüllung gefunden. — Gegen den geschilderten Zustand erhob sich in Feindschaft die aus dem östlichen Frankreich kommende Reformbewegung, die wir nach ihren politischen Wirkungen schon kurz betrachtet haben. Eine verschärfte, undeutsche Auffassung der Askese wollte in ihr den einzigen Sinn und Zweck des Mönchtums erkennen. Religion und Kultur, bis dahin eng miteinander befreundet, traten in Konflikt. Alle geschichtlichen Zeugnisse sind darin einig, daß das wissenschaftliche Leben in den Klöstern in Verwirrung geriet, sank und nie wieder vollständig hergestellt wurde. Wie die zu hohe Spannung der reformerischen Forderungen das Band zwischen Kirche und Königtum lockerte, so schwächte sie letzten Endes auch die Bildungsvormacht der Kirche. Sie erreichte das Gegenteil von dem, was sie gewollt hatte: sie bahnte einer allmählich sich befreienden weltlichen Bildung den Weg. Diese Entwicklung, die erst in der folgenden Epoche deutlich wurde, ist hier noch nicht zu betrachten.

Knüpften schon die wirtschaftlichen Verbesserungen an die Überlieferungen des Altertums an, so versteht sich dieses für die höhere Bildung von selbst, und in dieser ebenso von selbst der Gebrauch der lateinischen Sprache. Es wäre unsinnig, den Mönchen daraus einen Vorwurf zu machen. Vergessen wir nicht, daß erst im 18. Jahrhundert das Deutsche die Sprache der Wissenschaft geworden ist. Man mag darin eine harte Bedingung sehen: eine andere, den Lerntrieb des deutschen Volkes zu befriedigen, gab es nicht. Die deutsche Geschichte, die deutschen Volksrechte wurden lateinisch aufgezeichnet. Noch Karl hatte deutsche Heldenlieder aufschreiben lassen; jetzt hielt man sie nicht mehr für wert, abgeschrieben zu werden; sie verschollen. Noch im 9. Jahrhundert wurden die Evangelien zu deutschen Dichtungen umgegossen, im 10. und 11. konnten deutsche Sagen nur durch Einkleidung in lateinische Verse der Beachtung der Gebildeten sich empfehlen. Das Latein des Mittelalters, man übersehe dies nicht, war aber keine tote Sprache, die in ihm geschriebene Literatur diente der Gegenwart, war unantik, war im Gehalt christlich und germanisch; zugleich das Hauptkennzeichen und die Hauptstütze der geistigen Einheit des Abendlandes, weshalb auch die Kirche nie daran gedacht hat, im Gottesdienst auf das Latein zugunsten der Volkssprachen — während es doch slawische Liturgien gab — zu verzichten.

Auf denselben Grundlagen wie die literarische Bildung, gleich ihr eine zuerst zaghafte, dann freier und zuletzt unwiderstehlich werdende Durchdringung fremder, erworbener Form mit eigenem, volklichem

Gefühl, ruhte die bildende Kunst. Nur stand sie in noch bestimmterer Begrenzung im Dienste der Kirche. Die Anfänge einer weltlichen Kunst, die sich unter Karl gezeigt hatten, verkümmerten; unter den Ottonen und Saliern gab es nur eine, die kirchliche. Eben in ihrer zwecklichen Gebundenheit lag anfänglich ihre einzige Stärke, vermöge deren sie selbst die tiefe Zerrüttung in der Zeit des Übergangs von der karolingischen zur ottonischen Epoche überstehen konnte. Nach strengster kirchlicher Auffassung war ja die Kunst überhaupt nicht für die Menschen da, sondern zuallererst eine Gott wohlgefällige Darbringung, ein erweiterter Gottesdienst, Weihgeschenk, Opfergabe; dann in der Wirkung auf das Volk ein Vorrecht, ein Abzeichen höchster Würde, ähnlich wie der Priester im Moment der heiligen Handlung ein Prachtgewand anlegte, das so kein anderer Mensch trug. Wenn man meint, daß die Kirche die Kunst als Lehrmittel für das Volk habe benutzen wollen, so irrt man sich. Jenes vielberufene Wort des Papstes Gregor, das Bild in der Kirche ersetze für den des Lesens unkundigen gemeinen Mann die Schrift und sei deshalb zuzulassen, war im Hinblick auf noch halb antike Menschen gesprochen; für die Deutschen dieser Zeit eine ähnliche Wirkung erwarten zu wollen, so wenig seelenkundig war die Kirche nicht. Denn darüber werden wir uns nicht täuschen dürfen: die Sprache der Kunst war für die Massen noch unverständlich; genug, wenn auch nur ein Bruchteil der Geistlichkeit die Bilder zu deuten oder von ihrem künstlerischen Wesen ergriffen zu werden vermochte.

So war die Kirche nicht nur das Bestimmungsziel der Kunst, sondern auch ihre alleinige Hervorbringerin. Sie gab ihr den Inhalt, wie die Tradition der Form — für das Volk im ganzen bedeutete dies aber nichts Geringeres als eine Spaltung seines Phantasielebens. Erinnern wir uns nur, worauf die griechische Kunst sich aufgebaut hatte: Lied und Bild arbeiteten am selben Stoff, Homer und Phidias sind nicht voneinander zu trennen. Bei den Deutschen aber führte aus ihrer poetischen Welt kein Weg zur Bildkunst. Wir wissen es ja doch, daß die Gestalten ihrer Götter und Helden nicht tot waren, daß sie, zwar von der Bildung verstoßen, im Volke noch fortlebten; aber zu körperlicher Deutlichkeit sich zu verdichten, blieb ihnen versagt. Die Kunst gehörte allein dem Christengott und seinem Gefolge, zugleich aber wurde gelehrt, daß es sich nicht um Abbilder einer sinnlichen Wirklichkeit, sondern um Sinnbilder eines Geistigen handle. Es standen sich also zwei Halbheiten gegenüber: auf der einen Seite ein Inhalt, der keine Form fand, auf der andern eine fertig ausgebildete, bis zur Starrheit feste Form, mit deren Inhalt das deutsche Denken nur langsam vertraut werden konnte. Es war sicherlich nicht der naturgemäßeste Weg der Erziehung zur Kunst, auf den die Geschichte unser Volk führte. Nicht die Langsamkeit des Fortgangs setzt in Erstaunen, viel eher, daß schließlich das Werk doch gelang.

Es gelang aber nicht in allen Kunstzweigen gleichmäßig. Wenn die *vox populi* der Gegenwart der Baukunst jener Jahrhunderte den ersten Preis gibt, so hat die nachprüfende wissenschaftliche Überlegung dies Urteil bestätigt. In ihr ist die größte Summe originaler Kraft zu finden. Die deutsche Geistesanlage, wie wir sie im Altertum kennen gelernt haben, näherte sich der Kunst ausgehend von den allgemeineren Kategorien Linie, Maße, Rhythmus — nicht in der unmittelbaren Nachahmung des Lebens. Der geschichtliche Hergang zeigt denn auch, daß in der Baukunst und der ihr innerlich am nächsten stehenden Schmuck- und Gerätekunst am frühesten mit den übernommenen Formen eine Umwertung nach eigener Willensrichtung vorgenommen wurde. Sodann ist die Baukunst die öffentlichste; auf ihren Werken ruhen die meisten Augen und die von ihr kommenden Eindrücke verbreiten sich am schnellsten im allgemeinen Bewußtsein. Sie konnten auch nicht ausgeführt werden ohne Arbeiter aus dem Laienstande. Es ist nicht denkbar, daß diese außer der mechanischen Leistung nicht auch mit dem inneren Sinn beteiligt waren. Die Arbeit am Bauwerk ist gesellig, erzeugt einen Austausch der Meinungen, verdichtet sich in zahllosen kleinen und kleinsten schöpferischen Akten zu einem Wunsch und Wollen der Menge. Hier war also die Pforte geöffnet, durch die, wenn auch zwecklich alles an die Kirche gebunden blieb, das volkstümliche Gefühlsleben genießend und umbildend eindringen konnte. Hierauf beruht auch ihre Wirkung auf die Gegenwart. Um zu der esoterischen Klosterkunst, zu der Welt der Miniaturen, Elfenbeinschnitzereien, Email- und Goldschmiedearbeiten ein Verhältnis zu gewinnen, haben wir heute in ziemlichem Maße die Vermittlung gelehrter historischer Bildung nötig: die romanische Baukunst wirkt noch immer unmittelbar und populär. In ihr erkennen wir Fleisch von unserem Fleisch und Blut von unserem Blut. Daß die Versuche, den romanischen Baustil ins moderne Leben wieder einzuführen, mißglückt sind — bis jetzt —, ist noch kein Gegenbeweis. Stünden unsere Künstler ihm mit derselben Freiheit gegenüber, die er selbst gegenüber der Spätantike entwickelte, so ließe er sich vielleicht noch mit Gewinn wiederbeleben.

Erstes Kapitel.

Frühromanische Baukunst. Zeit der Ottonen und ersten Salier.

Zwischen den zwei großen Rezeptionen, der antikischen im 9. und der gotischen im 13. Jahrhundert, bewegt sich in ruhig aufsteigender Entwicklung, von außen wenig beeinflußt und ohne Veränderung der inneren Richtlinien, die Baukunst des romanischen Stils. Dieser im Jahre 1820 von einem französischen Gelehrten erfundene Name stützt sich auf eine mehr Falsches als Wahres enthaltende Analogie — die Entstehung der romanischen Sprachen — und führt außerdem zu der irrigen Nebenvorstellung, als ob der in Rede stehende Baustil wesentlich eine Schöpfung der romanischen Völker sei. Allein der Name hat sich eingebürgert, und es wäre aussichtslos, ihn durch einen andern ersetzen zu wollen. — Der romanische Stil ist eine Metamorphose des spätantiken, romanisch nur im Ausgangspunkt, nicht im Ziel. Die Umbildung ging bei einem jeden der im Abendlande vereinigten Völker in anderer und besonderer Weise vor sich. Wir betrachten hier allein seine deutsche Erscheinungsform. Zu dieser haben die Deutschen nichts Einzelnes, das schon vorher bei ihnen fertige Gestalt gehabt hätte, beigetragen; aber zugleich haben sie von dem ihnen Überlieferten nichts angenommen, ohne es sich nach und nach geistig zu unterwerfen, ihm einen andern Sinn zu geben und alsbald auch seine Gestalt zu verändern. Es ist ein geistiger Zeugungsprozeß, bei dem man das deutsche Element das männliche, das antike das weibliche nennen mag. Verglichen mit der stark zersplitterten Entwicklung bei den romanischen Völkern, erscheint die deutsche einheitlich. Es fehlt nicht an landschaftlichen Unterschieden, aber dieselben sind doch nur geschwisterliche Varianten eines Familientypus. Und ebenso fehlt nicht ganz der Verkehr mit dem Ausland und manche neue Lehnformen kommen zu den in der grundlegenden karolingischen Rezeption erworbenen noch hinzu, aber sie sind gleichsam nur Randbemerkungen: das Entscheidende und Aktive ist die unverbrauchte, naive, immer mehr sich ihrer selbst bewußt werdende Naturkraft des deutschen Genius. Der romanische Stil kennt keine Systematik. Er entwickelt sich nicht von einem organischen Ideenzentrum aus (wie etwa die Gotik oder die Renaissance). Deshalb läßt sich für seinen Beginn auch keine bestimmte Grenze festsetzen; man kann nur sagen, daß er auf einzelnen Punkten seines Wesens schon unter den Karolingern in Bewegung kam.

Dürften wir doch vielleicht den Versuch machen, aus den neu hinzukommenden Triebkräften vereinfachende Begriffe abzuziehen, so würden wir sagen, es habe sich gehandelt in der Raumgestaltung um Gliederung und Rhythmus, beim Baukörper um Erstarkung des Gefühls für den Ausdruckswert der Masse und ihre plastische Durchbildung. Damit stellt sich der romanische Stil zum spätantiken, soviel immer er an Einzelheiten aus ihm herübernimmt, ausgesprochenermaßen in einen Stimmungsgegensatz, der sich schon geltend machen kann, wo in morphologischer Hinsicht noch keine Veränderungen eingetreten sind.

Soviel Neues der romanische Stil hervorbrachte, wesentlich blieb dabei immer die Beharrungstendenz der Grundformen. Die überlieferten Schemata des Zentralbaus und der Basilika waren für den Kirchenbau das schlechthin Selbstverständliche, mit ihnen war der Umkreis des Möglichen abgeschlossen. Und daß die romanische Architektur wesentlich Kirchenarchitektur ist, braucht nach allem, was wir in der Einleitung gesagt haben, nicht mehr besonders hervorgehoben zu werden.

In der Stellungnahme zum Zentralbau lag, wie wir wissen, ein Hauptunterscheidungsmerkmal zwischen morgenländischer und abendländischer Bausitte. Das Abendland hatte für ihn nur einen engen Kreis von Zwecken übriggelassen. In der deutsch-romanischen Kunst glauben wir ein erhöhtes Wohlgefallen an ihm zu erkennen. Allein die festen Schranken der Sitte ließen sich nicht durchbrechen. Unbedingt der zentralen Anlage vorbehalten waren nur die Baptisterien, die in der Frühzeit auch in Deutschland bei bischöflichen Domkirchen nie, höchstens ausnahmsweise, fehlten, auch bei größeren Klosterkirchen mehrfach nachgewiesen werden können*. Wir nennen als Beispiel aus dem 11. Jahrhundert die 1812 abgebrochene Taufkirche des St. Cassius-Münsters in Bonn, eine Rotunde mit innerem Umgang auf gekuppelten Säulen ähnlich Sta. Costanza in Rom (Abb. 132). Eine andere Klasse bilden die Rotunden, die als Nachahmungen des Hl. Grabes in Jerusalem gelten: Beispiel Drüggelte in Westfalen. Wichtiger ist, daß zuweilen auch die Hauptkirchen von Klöstern die zentrale Form wählten. Der Einfluß Aachens

* Viel zu weitgehende Folgerungen sind irrtümlicherweise aus dem Beschluß einer bairischen Synode vom Jahre 799 gezogen worden, wonach für jeden Pfarrbezirk eine Taufkirche verlangt wurde; gemeint ist hier nicht ein Baptisterium im technischen Sinne, sondern überhaupt nur ein Kirchengebäude mit Taufvorrichtung. Nach altem Kirchenrecht war allein der Bischof zum Taufen berechtigt. Bei dem räumlichen Umfang der deutschen Diözesen war diese Beschränkung aber unhaltbar. In unserer Epoche dürfte mindestens jede Mutterkirche taufberechtigt gewesen sein.

wird mehrfach durch die Schriftquellen bezeugt; am deutlichsten ist er in der Kirche des Nonnenklosters Ottmarsheim im Oberelsaß (Abb. 28, 29). Daneben ist für die Frühzeit die Annahme morgenländischen Einflusses nicht abzulehnen, so z. B. in der (abgebrochenen, doch in den Fundamenten aufgedeckten) Stiftskirche zu Wimpfen am Neckar. — Zentralbauten von künstlerischer Originalität werden wir erst im 12. Jahrhundert antreffen. In der frühromanischen Epoche lag ihre Bedeutung nicht sowohl in der Entwicklung neuer Formgedanken als darin, daß sie die Übung in der Gewölbetechnik erhalten halfen.

Alles Neue, was der romanische Stil auf dem Gebiete der Raumdisposition emporbrachte, ging von der Basilika aus. Folgende sind die drei Haupttypen:

1. reine Longitudinalbauten,
2. Verbindung mit einem Querschiff nach der Figur des lateinischen Kreuzes,
3. doppeltes Querschiff.

Der erste Typus ist der übernommene altchristliche. Er hielt sich in Süddeutschland in der ganzen Dauer des romanischen Stils. Der zweite und dritte sind Neuschöpfungen der Karolingerzeit, schon am Ende des 8. und 9. Jahrhunderts nachweisbar. Den Ursprung örtlich näher zu bestimmen, ist nicht möglich. Wesentlich ist allein, daß beide Typen nur im ostfränkischen, d. i. dem späteren Deutschen Reich, weite Verbreitung und eine künstlerisch reiche Entwicklung gefunden haben.

Die kreuzförmige Basilika. Das älteste sichere Zeugnis ist ein im Jahre 820 für den beabsichtigten Neubau des Klosters St. Gallen angefertigtes Planschema (Abb. 37). Die Zeichnung hat sich noch im Original erhalten. Das zur Ausführung gebrachte Gebäude hielt sich aber nicht an den Riß, sondern vereinfachte ihn durch Abstoßung des Querschiffs; das will sagen: es folgte der allgemeinen süddeutschen Sitte. Der Verfasser des Planes war ein Fremder, und zwar, da er den Abt herablassend als »Sohn« anredet, ein Mann in hoher Stellung, natürlich auch ein Geistlicher. Bloß ein individueller Einfall kann der Plan aber nicht gewesen sein. Denn, obgleich in St. Gallen unbenutzt gelassen, lebte er in der tatsächlichen Entwicklung fort. Er muß also schon anderweitig eine Vertretung gefunden gehabt haben. Kürzlich ist als ein dem St. Galler Bauriß um 20 Jahre vorausgehender Fall die Klosterkirche Centula in der Pikardie, also im fränkischen Westen, in Anspruch genommen worden. Leider handelt es sich hier nur um eine hypothetische, nicht schlecht, aber auch nicht zwingend begründete Rekonstruktion. Und es muß gleich hinzugefügt werden, daß Centula für das Westfrankenreich ebensowenig Schule gemacht hat, wie St. Gallen es für Süddeutschland nicht getan hat. Eine Verbindung, freilich wieder nur hypothetisch, zwischen Centula und St. Gallen läßt sich immerhin finden, wenn wir uns daran halten, daß der Erbauer von Centula Karls Schwiegersohn Angilbert war, einer der angesehensten unter den Gelehrten seines Hofes. Nichts ist wahrscheinlicher, ja selbstverständlicher, als daß in diesem Kreise auch Fragen der Baukunst erörtert wurden. Denkt man sich dann den Gönner des Abtes von St. Gallen ebenfalls als einen Vertrauten des kaiserlichen Hofes, so wäre hier das Zentrum gefunden, von dem aus für die neue Bauidee — wo immer sie zuerst in der Wirklichkeit Gestalt genommen haben mag — geworben wurde. So würde sich auch das dritte Beispiel des kreuzförmigen Grundrisses, das 822 gegründete Kloster Corvey an der Weser, erklären. Der erste Abt war hier Adalhard, der einst am Hofe Karls eine Rolle gespielt hatte. Das Weserkloster wurde der Hauptherd der fränkischen Kulturmission in Sachsen. Zwar liegt die Baugeschichte dieser Zeit ganz im Dunkeln. Wenn wir aber späterhin unter den Ottonen Sachsen als ein Gebiet kennen lernen, in dem die kreuzförmige Basilika schon die allgemeine Norm war, so würde die eben angedeutete Kombination in sehr plausibler Weise das Dunkel aufklären. Ungewisser liegt der Fall in dem für die Frühzeit ebenfalls sehr wichtigen Kloster Hersfeld in Hessen. Ich wiederhole: dies alles sind Hypothesen; aber wie gut stützen sie sich gegenseitig.

Machen wir uns nun daran, das schon auf dem St. Galler Riß klar und bestimmt ausgesprochene Prinzip der Kreuzbasilika zu erläutern. Im Rückblick ist daran zu erinnern, daß die Basilika der Mittelmeerländer, im Orient wie im Okzident, einfache Langbauten ohne Querschiff waren. Eine Ausnahme machten nur die ganz großen Basiliken der Stadt Rom. Sie hatten ein Querschiff, aber doch keine wahre Kreuzgestalt. Das Querschiff saß als ein unorganisches Anschiebsel hinter dem Langhaus. In der deutschen Kreuzbasilika tritt aber eine Durchschneidung ein, dergestalt, daß hinter dem Querschiff das Hauptschiff noch einmal die Raumbewegung der Längsachse aufnimmt und weiterführt. Es ist für die Außenansicht noch wichtiger als für den Innenraum. Eine wirkliche, folgerichtige Gruppe entsteht. Mit dem hier beschriebenen verbindet sich — ebenfalls schon in St. Gallen — ein zweiter Formgedanke: der quadratische Schematismus. Derselbe festigt die innere Einheit der Gruppe, indem er der Kreuzesmitte die geometrisch strenge Form des Quadrates (»Vierung«) und dieses als Maßeinheit den übrigen Raumteilen zugrunde legt: die Kreuzflügel wie die Fortsetzung des Mittelschiffs wiederholen in ihrem Grundriß das zentrale Quadrat, und weiterhin erscheint auch das Mittelschiff des Langhauses als eine Summierung aus den Urquadraten. Um die Aufteilung der Beachtung des Beschauers besonders zu empfehlen, wird die Vierung im Hochraum von vier Bögen eingeschlossen und werden die Säulen des Langhauses so verteilt, daß je eine von zweien auf die Eckpunkte der Grundquadrate fällt. Ein festes, übersichtliches Gesetz also regelt alle Maßverhältnisse. Straffe Bindung ist an die Stelle amorpher Unbestimmtheit getreten.

Man sieht, in einem wichtigen Punkte haben sich die Deutschen von der Spätantike getrennt, noch während der Rezeption. Sie trauen sich zu, es besser zu machen. Und nichts ist lehrreicher, als worin sie das Bessere suchen. Wir sehen: es ist das mathematische Element in der Architektur, das sie von dieser Kunst zuerst erfassen. Eben seine Unähnlichkeit mit allen Naturgebilden macht ihnen das Bauwerk zum Kunstwerk. Dies ist das Siegel seiner höheren Würde. Es ist, auf eine neue und größere Aufgabe angewendet, dieselbe Sinnesrichtung wie in der abstrakten Ornamentik der germanischen Vorzeit; eine Auffassung der Bauschönheit, die derjenigen der Griechen, die auch den toten Stein als ein Gleichnis organischen Lebens ansehen wollten, diametral entgegengesetzt ist. Aber zu dem Natur und Geist durch eine schroffe Kluft trennenden Dualismus der christlich-mittelalterlichen Weltanschauung fügt sie sich gut.

Wenden wir uns von diesem Versuch einer die tieferen Beweggründe aufsuchenden Interpretation wieder den konkreten historischen Tatsachen zu, so haben wir schon gesehen, daß zwischen den ältesten, für uns nur mittelbar erkennbaren Spuren der Kreuzbasilika unter Karl und dem ersten körperlich erhaltenen Denkmal dieser Klasse, das in die Zeit Ottos I. fällt, ein Intervall von 150 Jahren liegt. Die überleitenden Bauten sind meist verschwunden. Was sich von ihnen erhalten hat (es sind nur Fundamente), gibt eine Zwischenstufe der Entwicklung an: das stärkere Gliederungsbedürfnis, in der Aufnahme des Querschiffes seinen Ausdruck findend, ist schon da, aber noch ist die klare Formel des lateinischen Kreuzes nicht durchgedrungen. — Kürzlich vorgenommene Ausgrabungen haben uns mit dem Grundriß der im Jahre 805 geweihten Klosterkirche St. Alban bei Mainz bekannt gemacht. Es ist ein Bau von ansehnlicher Größe und durch seine Lage am vornehmsten Bischofssitz Deutschlands von besonderem Interesse. Leider stellte sich heraus, daß gerade derjenige Teil der Anlage, auf den man am meisten wißbegierig sein mußte, das Querschiff, durch einen modernen Festungsgraben bis in die Tiefe zerstört war. Es hat jedoch den Anschein, als ob eine kreuzförmige Durchdringung des Langbaus hier noch nicht vorlag. Dagegen zeigt das freigelegte Langhaus eine bedeutsame Eigenschaft: sein Grundriß ist exakt nach dem vom St. Galler Bauriß her bekannten quadratischen Schematismus abgemessen, das Mittelschiff eine Summe von vier Quadraten, die Seitenschiffe genau in halber Breite, also eine Summe von acht Quadraten. Außerdem erinnern an St. Gallen die außen an den Seitenschiffen hinlaufenden schmalen Gänge. — Zwei Quadrate im Mittelschiff und eines in den Seitenschiffen hat die kleine Kirche zu Michelstadt im Odenwald vom Jahre 821, aber ihr Querschiff ist in dies Teilungsprinzip noch nicht einbezogen (Abb. 36). — Ein dritter, in den Fundamenten bekannter Bau ist die unter dem heutigen Dom von Frankfurt liegende Salvatorkirche Ludwigs des Deutschen, geweiht 852; sie hat wie Sankt Gallen ein aus drei Quadraten zusammengesetztes Querschiff, aber noch fehlt das Chorquadrat, die Ostseite schließt mit drei parallelen Apsiden (Abb. 35). — Die Michaelskirche auf dem Heiligen Berg gegenüber Heidelberg, aus dem Ende des 9. Jahrhunderts, besitzt eine normale quadratische Vierung, d. h. das Querschiff ist dem Mittelschiff in der Breite gleichgesetzt, aber die Länge der Kreuzarme ist mehr als ein Quadrat, und das Chorquadrat fehlt ebenfalls. — Ein eigentümliches Rätsel bietet das aus der Geschichte der Christianisierung des Hessenlandes berühmte und auch weiterhin bedeutend bleibende Kloster Hersfeld (Abb. 47). Der bestehende Bau rührt aus späterer Zeit, aus dem 11. Jahrhundert, her. Der Abt, der ihn errichtete, hatte vorher schon das Kloster Limburg an der Hardt erbaut, wodurch in den Einzelheiten des Aufbaus große Ähnlichkeit besteht. Um so auffallender ist der nicht nur vom Limburger Vorbild, sondern von der romanischen Regel überhaupt abweichende Grundriß. Kreuzflügel und Chor haben eine ungewöhnliche Streckung erhalten, eine eigentliche Vierung ist aber nicht vorhanden, und auch in der Einteilung des Langhauses fehlt die gewohnte (gerade in Limburg scharf ausgeprägte) Rücksicht auf den quadratischen Schematismus. Viel besser paßt dieser Grundriß in ein Entwicklungsstadium, in dem nach neuen Formen gesucht wurde, eine allgemeine Regel für sie aber noch nicht gefunden war. So wird es eine wenigstens innerlich wahrscheinliche Vermutung, daß der Bau des 11. Jahrhunderts den Grundriß des 9. wiederholt habe, kann sie auch durch äußere Beweisgründe nicht erhärtet werden.

Die Planidee des St. Galler Baurisses hatte sich also durch eine Menge konkurrierender Lösungen durchzuarbeiten, bis ihr die Vorherrschaft zufiel. Sie behauptete dieselbe während der ganzen Dauer des romanischen Stils in Nord- und Mitteldeutschland (Abb. 38, 39). Schwaben und Baiern beharrten mit wenigen Ausnahmen (die eine Erweiterung, aber in anderem Sinne, brachten) bei der einfachen Form des dreischiffig geteilten Langhauses mit dreifach apsidialem Schluß (Abb. 41). Die der Kreuzbasilika vorangehende T-förmige Anlage hielt sich in den Kathedralen von Metz (begonnen um 970) und Straßburg (begonnen um 1020) und kann auch an einigen kleineren Kirchen des Elsaß beobachtet werden (Abb. 44).

Die Anlagen mit Westchor und Westquerschiff. Wir fassen in dieser Gruppe mehrere Motive zusammen, deren Gemeinschaftliches ist, daß sie nicht allein dem östlichen Ende des Kirchengebäudes, wie die Kreuzbasilika es wollte, sondern zugleich dem westlichen einen erhöhten architektonischen Nachdruck geben, zuweilen auch ihm allein.

Das erste Beispiel eines Westchors und zugleich in typischer Weise die Ursache der Entstehung dieser der deutschen Kirchenbaukunst eigentümlich bleibenden Einrichtung lernen wir in der Kirche des Klosters Fulda kennen. Sie war dem Erlöser gewidmet, sein Altar stand in der normal, d. i. nach Osten, gerichteten Apsis; außerdem aber wünschte man den als Märtyrer gefallenen Stifter des Klosters, den hl. Bonifatius, in auszeichnender Weise zu ehren und errichtete für ihn, dem Salvatorchor gegenüber, am entgegengesetzten Ende der Kirche, eine zweite Altarapsis, ja man verband mit dieser sogar, um das Langhaus zu entlasten, ein langgestrecktes Querschiff, während der Ostbau eines solchen noch entbehrte. An die Westapsis in Fulda mag der Verfasser des Baurisses von St. Gallen gedacht haben; zur Ausführung kam sie dort nicht. Einen Westchor besaß ferner Hersfeld (erbaut 831—850), und seither wurde er bis ins 12. Jahrhundert hinein bei größeren Klosterkirchen, namentlich Norddeutschlands, eine sehr gewöhnliche Sache, wenn auch nicht immer in Gestalt einer frei vorspringenden Apsis, sondern durch einen geraden Mauerabschluß maskiert. Der sachliche Grund war immer derselbe: es galt, unter den vielen Altären, die die Kirche umschloß, einen nächst dem Hauptaltar besonders hervorzuheben*. Selbst die Anordnung des Querschiffs im letzten blieb nicht ohne Nachfolge. Am Dom von Mainz, der durch die Erinnerungen an den hl. Bonifatius mit Fulda verknüpft war, könnte sie direkte Nachahmung sein (Abb. 165). In Baiern, wo Querschiffe überhaupt selten angelegt wurden, wurde dann die westliche Lage bevorzugt**. Künstlerische Absichten waren hierbei nicht die Triebfeder. Wohl aber sprechen sie bei der Verdoppelung der Querschiffe mit. Jenes Wohlgefallen an rhythmischer Gruppierung der Massen, das die Fortbildung zur *crux capitata* veranlaßt hatte, sucht hier nach einem verstärkten Ausdruck. Es ist aber nicht zu leugnen, daß das Ergebnis wider den Sinn der Basilika geht. Dieser liegt in der einheitlichen Bewegung vom Eingang zum Altar, von West nach Ost. Der Grundriß des lateinischen Kreuzes wird durch die im Querschiff auftretende Gegenbewegung bereichert, doch so, daß zum Schluß wieder die Hauptachse die Oberhand gewinnt. Die doppelchörige Anlage dagegen, vollends wenn sie mit doppeltem Querschiff verbunden ist, verteilt die Akzente so, daß sie sich gegenseitig aufheben: Anfang und Ende sind nicht mehr Gegensätze, Stirnseite und Schlußseite unterscheiden sich nicht, — die Komposition ist richtungslos geworden. Daß hier in bewußter Weise zentrale und longitudinale Kompositionsgrundsätze vermischt seien, ist kaum wahrscheinlich, aber im Effekt läuft es darauf hinaus. Diese reichste

* Daneben hier oft die Stifterdenkmäler, z. B. in St. Michael in Hildesheim Bernward, in Laach Pfalzgraf Heinrich, in Naumburg die Wettiner.

** Augsburg: Dom. Regensburg: St. Emmeram, Obermünster und St. Jakob. Bamberg: Dom und St. Jakob.

Gruppierung scheint zuerst am Kölner Dom (im 9. Jahrhundert?) aufgetreten zu sein; Beispiele aus dem 10. Jahrhundert sind St. Pantaleon in Köln (Abb. 40) und (wahrscheinlich) der Dom zu Münster, aus dem frühen 11. Jahrhundert der Dom von Paderborn, die Klosterkirchen Gandersheim und St. Michael in Hildesheim (Abb. 163); einziges süddeutsches Beispiel die Hauptkirche des Klosters Reichenau. Sie hat also eine verhältnismäßig kurze Zeit nur ihre bevorzugte Stellung behauptet. — Erwähnen wir schließlich noch, daß der Westchor öfters durch Verbindung mit Emporen erweitert wurde. Eine Fülle von Lösungen, von Fall zu Fall verschieden, wurde versucht *. Die in ihren Raumdispositionen sich bekundende Erfindungsgabe ist bemerkenswert, zu künstlerisch reifen und überzeugenden Gestaltungen kam es aber nicht. Wir werden sehen, wie die mittelromanische Epoche wieder einfachere, dem ursprünglichen Sinn der Westfront angemessenere Anordnungen bevorzugte, außer in den allerdings zahlreichen Fällen, in denen bei Erneuerungsbauten die vorgefundenen Grundrisse der Frühzeit aus Gründen der Pietät beibehalten wurden.

In der Natur der sakralen Baukunst liegt es, konservativ zu sein. Indem sich mit dieser Neigung in der Spätantike die große Müdigkeit verband, die damals die allgemeine Lebensstimmung niederdrückte, war jener vielhundertjährige Stillstand in der Kirchenbaukunst eingetreten, von dem wir früher gesprochen haben. Von diesem Hintergrunde hebt sich die Regsamkeit des 9. und 10. Jahrhunderts in der Erweiterung und Vermannigfaltigung des überkommenen Grundrisses doppelt lebendig ab. Sicher kommt dabei ein neues Kunstwollen ins Spiel, doch hätte dieses allein nicht genügt, es müssen bestimmte sachliche Wünsche des Gottesdienstes und vielleicht noch allgemeinere Ursachen das Programm dazu gegeben haben. Beachten wir zuerst dieses: die altchristlichen Basiliken waren Stadtkirchen gewesen; sie hatten große Volksmengen aufzunehmen; auf der Gegenüberstellung der Gemeinde und der um den Altar versammelten Priester und Sänger beruhte die innere Anordnung. Dagegen ist in Deutschland der maßgebende Typus im karolingisch-ottonischen Zeitalter die Klosterkirche. In diesem noch rein agrarischen, schwach besiedelten, mit Bischofssitzen im Verhältnis zum Süden ganz spärlich ausgestatteten Lande wäre zur Aufführung von Kirchenbauten größeren Maßstabes und monumentalen Strebens fast kein Anlaß gewesen, hätten ihn nicht die erstaunlich schnell sich vermehrenden Kloster- und Stiftskirchen gegeben. Sie waren die Lehrstätten nicht nur der Landwirtschaft, sondern auch aller technischen Gewerbe und deckten damit die

* Man hat für sie den zusammenfassenden Namen »Westwerk« in Vorschlag gebracht; ein einheitlicher Baugedanke liegt ihnen aber nicht zugrunde.

Bedürfnisse, die später dem städtischen Wirtschaftsleben zufielen. Noch mehr bedeuteten sie als Zufluchtsstätten eines vom Bedürfnis freien geistigen Lebens. Nur hier konnte die Baukunst den ihr als Kunst so notwendigen Charakter des idealen Überflusses annehmen. Die ganz großen Klöster besaßen gewöhnlich ein besonderes Gebäude für den Pfarrdienst der Laiengemeinde, in den andern wurde derselbe in die Klosterkirche aufgenommen, doch nur so, daß ihm kein großer Platz eingeräumt ward, weshalb es nichts auf sich hatte, wenn das Langhaus so zusammenschrumpfte, wie es durch die Verdoppelung der Chöre und Querschiffe geschah Es gab Klöster mit 200 und 300 Mönchen, und diese waren Tag und Nacht in der Kirche beschäftigt. Außer dem Chordienst kam die Besorgung der zahlreichen Nebenaltäre in Betracht. Auf dem St. Galler Bauriß sind ihrer 16 vorgesehen. Einer für St. Paulus in der Ostapsis, einer für die hl. Jungfrau und St. Gallus im östlichen Chorquadrum, einer für St. Petrus in der Westapsis, zwölf auf das Querschiff und die Seitenschiffe verteilt, alle mit Schranken umgeben, die Räume unter der Vierung und vor der Westapsis als Psallierchöre ausgesondert. Den Laien verblieb danach nur das Mittelschiff, wo sie vor dem Altar des hl. Kreuzes sich sammelten. So war das Innere gewissermaßen in eine Summe von Kapellen aufgeteilt, vier Fünftel der Grundfläche den Mönchen vorbehalten. Ebenso sind die Emporen als Kapellen aufzufassen. Sankt Michael in Hildesheim hatte an jedem Ende seiner zwei Querschiffe zwei Emporengeschosse und in jedem einen Altar. In der Nonnenstiftskirche zu Essen wurde der Westchor von einer dreigeschossigen Empore konzentrisch umgeben. Ähnlich bei kreuzförmigem Grundriß in St. Pantaleon in Köln. Wir wollen die Beispiele nicht vermehren. —

Die im obigen betrachteten Amplifikationen des Grundrisses hatten aber noch eine zweite Bedeutung: sie gaben dem Außenbau, verglichen mit der spätantiken Basilika, ein mit höchster Bedeutsamkeit verändertes Gepräge: dort alle Flächen und Linien in gleichgerichtet geradem Verlauf; hier mannigfaltige Brechung, Gruppierung, Kontrastierung, im Eindruck noch gesteigert durch den Wechsel belichteter und beschatteter Bauteile. Daran schloß sich ein weiteres: die Bewegung, die in die Baumasse gekommen war, drängte vertikal in die Höhe, ein neuartiges Bauglied wurde der Basilika einverleibt: der Turm.

Wir geben einen kurzen Rückblick über seine bisherige Geschichte, Der griechisch-römischen Sakralarchitektur war er fremd geblieben, dagegen gab es außer den Festungstürmen Signal- und Leuchttürme. Die christliche Kirchenarchitektur scheint den Turm zuerst in Syrien aufgegriffen zu haben. Er wurde, an den Signalturm anknüpfend, benutzt, die Stunden des Gebetes anzugeben — übrigens noch nicht durch Glocken, sondern durch Schlaginstrumente etwa in der Art des chinesischen Gong. Die weitere Entwicklung teilte sich in zwei Linien: das mohammedanische

Minaret und den abendländischen Campanile. Die Zeit der Einwanderung in Italien liegt im Dunkeln, vor dem 7. Jahrhundert sind Glockentürme hier nicht bezeugt. Im fränkischen Reich waren sie sicher im 8. Jahrhundert bekannt. Zu beachten ist, daß es sich hierbei immer nur um isolierte Glockentürme handelte, wie sie durch das ganze Mittelalter — man denke beispielsweise an den Campanile von S. Marco in Venedig oder den des Doms von Florenz — und bis in die Renaissance unveränderlich für die südeuropäische Kirchenarchitektur charakteristisch blieben. Von einem durchaus neuen Gedanken nun geht der Turmbau der germanischen Länder aus: er steht nicht neben der Kirche, sondern geht mit ihr eine körperliche Einheit ein. Durch den Gebrauchszweck, die Aufhängung der Glocken, war die Neuerung nicht gefordert; sie ist ein freier, selbstzwecklicher, eigentlichst künstlerischer Gedanke. Er entspringt demselben organischen Triebe, durch den zuvor der Grundriß seinen lebhaft bewegten Kontur empfangen hatte; er leitet gleichsam einen Überschuß an aktiver Bewegung ab, wirkt dem an die Erde fesselnden System wagerechter Linien als Symbol freier Kraft entgegen. Selbstverständlich meinen wir nicht etwa, daß es sich um eine bewußte Übertragung des einen Prinzips auf das andere gehandelt habe, es war ein dunkles, nach und nach aber seiner Bedeutung wohl sich bewußt werdendes Gefühl.

Die vielgliedrigen Turmgruppen haben ihre Heimat in West- und Norddeutschland; der stets konservative Süden beharrte lange beim abgesonderten Einzelturm. Die dem hohen und späten Mittelalter geläufigste Anordnung eines Turmpaares an der Fassade ist erst spät durchgedrungen. Zwar hatte schon der Verfasser des St. Galler Risses diesem Gedanken sich genähert, doch ohne ihn bis zu seinem Ziel zu führen. Die wichtigste und künstlerisch sehr logische Fassung der Frühzeit ist der Vierungsturm. Angeregt ist er wahrscheinlich durch den Zentralbau *. Alte Abbildungen zeigen sie in Köln und Fulda. Daß sie schon den karolingischen Urbauten eigen waren, läßt sich nicht beweisen, liegt aber durchaus im Bereich des Möglichen, da ein noch älterer westfränkischer Bau, die Klosterkirche Centula, über den Schnittpunkten der Querschiffe zweifellos Vierungstürme besaß. Unter den erhaltenen Denkmälern sind die ältesten Beispiele St. Pantaleon in Köln und St. Michael in Hildesheim (Abb. 163). — Eine zweite Gattung von Türmen sind die Treppentürme. Im Gegensatze zu der breiten, vierseitigen Gestalt der Zentraltürme sind sie schlank zylindrisch und, was für die fortschreitende Entwicklung wichtig war, immer paarweise symmetrisch angeordnet. Zwei Rundtürme dieser Art, vielleicht noch aus dem Ende des 8. Jahrhunderts, standen in

* Nach Strzygowski auf kleinasiatische Vorbilder hin(?).

Fulda zu beiden Seiten der Ostapsis *. In St. Michael sind ihrer vier vorhanden, vor den Fronten der zwei Querschiffe, wo sie in erster Linie die Emporen, weiterhin den Dachraum und durch diesen die Vierungstürme zugänglich zu machen hatten. — Eine andere Reihe von Bauten legt den Hauptakzent auf den Westbau. Von der Mitte des 10. Jahrhunderts ab erkennen wir diese Entwicklung als in vollem Gange befindlich, ihre Anfänge sind sicher älter. Man hat die Wurzel in der Aachener Palastkirche zu finden geglaubt (Abb. 23). Wogegen aber einzuwenden ist, daß die fragliche Anordnung aus der Logik des Zentralbaus herausfällt. Weiterentwickelt hat sie sich nur im Basilikenbau, wodurch die Vermutung Raum gewinnt, daß sie auch in ihm ihren Ursprung haben möchte. Die dabei auftretenden Variationen sind äußerst mannigfaltig, je nachdem, ob als Unterlage ein »Westchor« oder ein »Westwerk« dient; und ferner, ob der mittlere Aufsatz oder ob die ihn flankierenden Treppentürme den stärkeren Akzent erhalten. Wir begnügen uns mit der Mitteilung einiger Beispiele. — Dom zu Paderborn, Anfang des 11. Jahrhunderts (Abb. 172). Vor dem westlichen Querschiff ein quadratischer (apsidenloser) Westchor; seine 2½ m starken Umfassungsmauern in der Höhenrichtung weitergeführt, so daß ein kolossaler viereckiger Turm entsteht, in der unteren Hälfte eine geschlossene Masse, in der oberen in vier von sieben Reihen kleiner Fenster durchbrochene Giebel auslaufend, daneben die runden Treppentürme nur bis zur Höhe des Schiffes geführt, in der Wirkung nebensächlich. — Ähnlich St. Aposteln in Köln (Abb. 164); mit stärkerer Entwicklung der Seitentürme Brauweiler am Niederrhein und Freckenhorst in Westfalen (Abb. 169, 170). — In Sachsen strecken sich die Türme über den Mittelbau hinaus, dieser aber, das Glockenhaus enthaltend, überragt noch immer um ein oft beträchtliches das Dach des Langhauses (Abb. 174a).

Die obigen Formulierungen sind nicht gemeindeutsch, sie haben ihre überaus vielgestaltige Abwandlung in dem begrenzten Raume des Rheinlandes, Westfalens und Sachsens durchgemacht. Sie stehen auch in keiner Weise unter der Einwirkung des südeuropäischen Campaniles. Vielmehr gehen sie als Vierungstürme und Treppentürme aus der reicheren Entfaltung des Innenraumes hervor. Sie beleben den Umriß des Gebäudes sinnvoll und wirkungsreich, noch ohne in ihrer Höhenentwicklung sich erheblich von ihm abzulösen. Erst in denjenigen Kompositionen, die auf den Westbau den Nachdruck legen, bringen sie den Höhenfaktor stärker zur Geltung, aber auch sie haben

* Zwei Treppentürme an der Westfront zeigt der von Wolf mitgeteilte, leider ziemlich problematische Grundriß der unter dem Frankfurter Dom liegenden karolingischen Kirche (Abb. 35).

mit dem ästhetischen Charakter des Campanile nur eine entfernte Verwandtschaft.

Die im größten Teile Oberdeutschlands herrschende Gleichgültigkeit gegen das Problem der vertikalen Gliederung steht in genauem Zusammenhang mit der Entwicklungslosigkeit des Grundrisses, von der wir früher gesprochen haben. Eine Ausnahme macht nur, und zwar in bedeutsamster Weise, der Oberrhein. Denn hier liegt die Wurzel der zweitürmigen Westfassade im Sinne des hohen Mittelalters. Durch sie wurde in einfacherer und folgerichtigerer Weise, als es den sinnreich verzwickten Westwerken des Niederrheins und Westfalens möglich war, die Bedeutung der Stirnseite als Eingangsseite nicht nur gerettet, sondern kraftvoll erhöht. An der Spitze steht der im Jahre 1015 begonnene großartige Neubau des Straßburger Münsters. Die kürzlich ausgegrabenen Fundamente erweisen starke, viereckige Türme in der Achse der Seitenschiffe. Bleibt auch die Gestaltung ihres Oberbaus problematisch, so läßt doch die Stärke des Pfahlrostes und der Grundmauern auf ein bedeutendes Gewicht, wahrscheinlich also auch bedeutende Höhenentwicklung schließen, wie sie in der wenige Jahre jüngeren Klosterkirche Limburg an der Hardt noch heute wahrgenommen werden kann. Zwischen den Türmen lag hier eine in dreiteiliger Arkade sich öffnende Vorhalle, und in der Tiefe derselben, an der Stirnwand des Mittelschiffs, das Hauptportal (Grundriß Abb. 44) — ein Typus, der im Elsaß noch lange fortlebte (Maursmünster, Schlettstadt, Lautenbach, Abb. 185, 186). Dagegen waren die Westchöre dem Elsaß immer fremd geblieben. Der südlichste Punkt ihrer Ausbreitung am Oberrhein wird durch den Dom von Worms bezeichnet *. Eine Erfindung aus dem Nichts ist die Straßburger Fassade natürlich nicht gewesen. Aus welcher Tradition ist sie hervorgegangen? Es scheint, daß die nächste Anknüpfung in Burgund zu suchen ist, in der Klosterkirche Cluny. Wie Cluny, so hatte auch Straßburg einen tiefen, offenen Vorhof nach altchristlicher Art. Ein wichtiger Unterschied besteht aber darin, daß in Cluny die Türme als von unten auf isolierte Campanilen an den vorderen Ecken des Vorhofes standen **, während sie in Straßburg an die Fassade herangerückt, mit ihr verwachsen sind. Sofern nicht unerwartete neue Entdeckungen die Sachlage ändern würden, haben wir zu sagen: in Straßburg wurde der eminent bedeutungsvolle Schritt zuerst getan. Durch ihn erst wurde dem Motiv der deutschromanische Stempel aufgedrückt. Von Straßburg dürfte Limburg direkt abgeleitet sein. Auch die Fassade des Speierer Doms mit ihrer offenen

* In Wimpfen am Neckar (Abb. 175) lag die Turmfassade vor einem Zentralbau; hier kann wohl, direkt oder indirekt, an Einwirkung von Aachen gedacht werden.

** Hat Cluny hierbei die einigermaßen ähnliche Anordnung an der Peterskirche in Rom im Auge gehabt? Die Frage ließe sich ohne eingehende Untersuchung nicht ent-

Erdgeschoßhalle gehört offenbar zu dieser Filiationslinie; die ursprüngliche Fassung hat sich hier allerdings nur im Unterbau erhalten. Die allgemeinere Verbreitung der doppeltürmigen Fassaden beginnt um die Wende zum 12. Jahrhundert, wird also erst im nächsten Kapitel zu betrachten sein.

Fassen wir zusammen, was die Entwicklung des Grundrisses und äußeren Aufbaus uns bis jetzt gezeigt hat: Es ist, verglichen dem spätantiken Schema, ein Zweifaches, eine reine Freude an der in der Masse als solcher liegenden Wucht des Ausdrucks, unmittelbar aus der Natur des Steins, dieses den Deutschen neuen Materials, geschöpft, und eine starke Empfindung für den Wert des Rhythmischen. Gegenüber dieser ganz ins Große gehenden Neubelebung des Außenbaus wird auf die Behandlung der Flächen noch kein großes Gewicht gelegt. Verglichen mit der karolingischen Zeit kann man eher von einem Rückgang sprechen. Eine so zierliche und prächtige Behandlung wie an der Eingangshalle des Klosters Lorsch kommt nicht mehr vor. Die letzte Erinnerung an das »bunte« (*varia*) Mauerwerk der fränkischen Zeit ist die in den Rheinlanden bis in die Mitte des 11. Jahrhunderts nicht seltene Sitte, rote Backsteine zwischen den Naturstein einzuschieben. Man liebte besonders Fenster- und Arkadenbögen damit auszuzeichnen, wollte also nicht reinen Flächenschmuck geben, sondern konstruktiv wichtige Teile als solche hervorheben. Verblendung mit Kleinquaderwerk, wie bei St. Pantaleon in Köln, oder vollends ein Großquaderwerk mit unregelmäßiger Fugenzeichnung wie an St. Michael in Hildesheim (Abb. 51) und am Westbau des Paderborner Domes, ist ein seltener Luxus, die Regel: einfache Sichtbarmachung des Bruchsteinwerks. Dabei muß bedacht werden, daß der Steinbau schon als solcher, im Gegensatze zum Holzbau der Profanarchitektur, Vorstellungen von Solidität und Würde hervorrief, die wir heute nicht mehr so unmittelbar mitfühlen können, wie es ihre damalige Wirkung gewesen sein muß. — Die Teilung der Flächen durch senkrechte, reliefmäßig vortretende Glieder ist bekannt, aber nichts weniger als eine allgemeine Forderung. Die unter den Dächern hinlaufenden Gesimse erhalten ein einfaches und derbes, wenig ausladendes Profil. Die senkrechten Glieder werden am häufigsten noch als Pilaster in antikem Sinne, sehr vereinfacht allerdings gebildet. Daneben — im späteren Verlauf vorherrschend — tritt die der Backsteinarchitektur Italiens entlehnte Lisene auf, d. i. ein Mauerstreifen, der ohne Kapitell mit dem Rundbogenfries sich verbindet. Der Unterschied ist im Grundsatz beträchtlich — auf der einen Seite ein System von Stützen in Flachübertragung, auf der andern umrahmte Füllungen —, aber schwerlich ist diese Epoche im einzelnen Fall sich seiner scharf bewußt gewesen.

Unsere Betrachtung wendet sich nun dem inneren Aufbau zu. Hier sind die altchristlichen Erbformen am wenigsten verändert. Dennoch wird man eine altchristliche Basilika des Südens und eine romanische des Nordens nie miteinander verwechseln können. Der Unterschied liegt in der Behandlung. An die Stelle der leichten Backsteinmauer sind schwere Bruchsteinmassen getreten. Dem entspricht der robuste Habitus der Stützen. Daher sind die Arkadenöffnungen verhältnismäßig breiter, in ihrer Figur nimmt der dem Bogen gehörende Abschnitt einen größeren Teil in Anspruch. Die Fenster sind kleiner und weniger zahlreich. Das Wichtigste ist, daß auch der Aufbau von der rhythmischen Bewegung der Gesamtkomposition ergriffen wird.

Am prägnantesten im sogenannten Stützenwechsel. Damit bezeichnet man eine Anordnung der Arkaden des Langhauses, bei welcher zwei verschiedene Stützengattungen, Säulen und Pfeiler, nach fester Regel miteinander wechseln; entweder einfach alternierend oder auf je einen Pfeiler zwei Säulen (also entweder a b a b a oder a bb a bb a). Die symmetrische Wiederholung auf beiden Seiten des Langhauses gibt dem Rhythmus besondere Kraft. An Stelle der einfachen Reihung, wie sie die Antike, auch die späte, allein gekannt hatte, ist Gliederung nach Perioden getreten. Aber noch ist das Wesen der Sache damit nicht erschöpft. Ihr tiefster Sinn enthüllt sich in der Verbindung des Stützenwechsels mit der Schematisierung des Grundrisses nach Quadraten (vgl. S. 68). Das ursprünglich nur latente Quadratnetz gewinnt seine volle Sichtbarkeit, indem die stärkeren Akzente, d. i. die Pfeiler, immer mit den Eckpunkten der Quadrate zusammenfallen (Abb. 38, 39). Unsere Ansicht, daß der Stützenwechsel der besondere Fall eines allgemeineren Prinzipes sei, und daß dies Prinzip der rhythmischen Gruppierung dem germanischen Geist besonders zusage, bestätigt sich in seiner geographischen Verbreitung. Er fand die allgemeinste Zustimmung in der sächsischen Bauschule, also auf dem den Nachwirkungen der Antike am weitesten entrückten Boden. Weniger verbreitet, doch keineswegs selten, ist er im fränkischen Gebiet (mit Einschluß Nordfrankreichs). Im bairischen und schwäbischen dagegen, die näher mit Italien zusammenhängen, kommt er, außer zuweilen am Oberrhein, so gut wie nie vor.

Wo der Stützenwechsel nicht durchdrang, teilte sich der Gebrauch zwischen reinen Säulen- und reinen Pfeilersystemen. In den allgemeinen Bestimmungen des Aufbaus hat sich hier gegen die altchristliche Basilika nichts verändert. Wenn auch die Haltung und Stimmung eine andere ist, so liegt das an dem rauheren Material, den derberen Formen, vor allem den veränderten Proportionen. Einerseits der Querschnitt wird mit der Zeit zunehmend enger und steiler, anderseits die Stützen treten weiter auseinander; oder, was dasselbe ist, sie wirken weniger als Reihe, mehr als Einzelwesen. Zugleich verändert sich die Figur der Arkadenöffnung:

der auf den Bogen fallende Abschnitt vergrößert, der senkrechte Abschnitt verkleinert sich. Für Gestalt und Proportion der Säulen bestehen keine festen Regeln, nichts, was den antiken Ordnungen vergleichbar wäre. Der romanische Stil, in der Raumteilung auf straffe Bindung ausgehend, nimmt hierin die größte Freiheit für sich in Anspruch. Nur ganz im allgemeinen kann man sagen, daß die romanischen Säulen gedrungener sind, als die der späten Antike. Sowohl Kapitell als Basis sind im Verhältnis zum Schaft höher. Am Schaft tritt Verjüngung häufig, aber nicht notwendig, ein, Schwellung selten und dann immer mit Übertreibung. Die Schäfte sind mit seltenen Ausnahmen aus einem einzigen Stück gearbeitet. Wo der Baustoff dieses nicht gestattet, greift man lieber zum gemauerten Pfeiler. Die Durchschnittsform der Basen ist die schon in der Spätantike fast allein gebräuchlich gewesene sogenannte attische, aber mit erheblich steilerem Profil als dort; Ausdruck mehr des starren Widerstandes als der elastischen Nachgiebigkeit gegen die Last. In der Bildung der Kapitelle ist zunächst kein anderer Wunsch zu erkennen als der, dem Vorbilde der Antike treu zu bleiben. Innerhalb der Grenzen der alten Römerherrschaft fanden sich noch immer Modelle, die nachgebildet werden konnten, wenn auch mit unbeholfener Hand und am liebsten mit starker Reduktion der feineren Einzelheiten (Abb. 240—245). Je weiter vom Rhein weg, um so unbestimmter wurden die Erinnerungen und um so schneller schwand das Verständnis für den Sinn der Vorbilder. Man begreift, daß Kaiser Otto I. bei seiner Lieblingsstiftung, dem Dom von Magdeburg, es vorzog, Säulen aus Italien kommen zu lassen, deren Marmorkapitelle im Neubau des 13. Jahrhunderts zum Teil (als Basen!) wieder verwendet, zum Teil in Sandstein nachgeformt sind. Etwa um die Mitte des 11. Jahrhunderts ist der Schatz der Erinnerungen an die Antike endgültig aufgezehrt, und Neubildungen, die schon seit längerer Zeit sich vorbereitet hatten, treten die Herrschaft an.

Man kann dieselben den von der Antike abgeleiteten Blätterkapitellen als tektonische Kapitelle gegenüberstellen. Bei den ersteren hatte ein den kelchförmigen, in gröberer Fassung kegelförmigen, Kern umgebender Kranz von Pflanzenblättern mit überfallender Spitze den Moment versinnbildlicht, in dem die aufsteigende Bewegung der Säule mit der niederwärts drängenden Last zusammenstößt. Bei den tektonischen Kapitellen übernimmt die Vermittlung der Kern unmittelbar. Eine technisch genügende, aber künstlerisch rohe Lösung gibt die umgestürzte Pyramide der Byzantiner; in Deutschland hat sie fast keine Aufnahme gefunden. — Tastende Versuche zu einer besseren, den kreisrunden Querschnitt des Säulenschaftes mit dem viereckigen Bogenfuß sinngemäßer vermittelnden Lösung lassen sich bis in die Karolingerzeit zurückverfolgen (mit 8 antiken Kapitellen vermengt z. B. in der Michaelskapelle in Fulda). Aus ihnen ging als reifes Ergebnis um das Jahr 1000 das Würfelkapitell hervor.

Soweit als die Lust der romanischen Formensprache am Pleonastisch-Mannigfaltigen es nur irgend zuließ, ist das Würfelkapitell 200 Jahre lang die bevorzugte Kapitellform der deutschen Baukunst gewesen. Ein Gebilde von charaktervoller Eigenart und klarer und starker Ausdruckskraft, allen in der Idee verwandten Erscheinungen der vorausgehenden Jahrhunderte wie den gleichzeitigen anderer Länder durch seine ästhetischen Eigenschaften überlegen. Aber so wohlbegründet es ist, in der Schaffung des Würfelkapitells eine selbständige germanische Lösung anzuerkennen, so fehlgreifend ist seine Zurückführung auf eine hypothetische Urform im germanischen Altertum. Das Würfelkapitell ist nicht im Holzbau entstanden und aus ihm übertragen — weder archäologisch noch formenanalytisch kann dies wahrscheinlich gemacht werden —, sondern ein unmittelbares Produkt der neuen, durch den Steinbau herbeigeführten Verhältnisse. Es ist gar nicht zu denken ohne die Bogenform der Last, die es aufnimmt. Eben in der einfachen und durchsichtigen Darlegung der zwischen Säule und Bogen waltenden Beziehungen liegt sein Wesen und sein Wert. Der Bogen ist aber ein Spezifikum der Steinarchitektur. Es gibt unter den frühesten Versuchen zur Gewinnung einer von der Antike unabhängigen, rein tektonischen Kapitellform eine andere, die weit holzgemäßer aussieht, das Pilzkapitell; dieses aber verschwindet gerade in dem Augenblick, in dem das Würfelkapitell sich durchsetzt. Wäre das Würfelkapitell wirklich eine in den Gepflogenheiten des Zimmermannes so leicht, fast unvermeidlich, wie man meint, sich einstellende Form, warum hat es nicht in der Holzarchitektur weitergelebt? Warum taucht es erst gegen das Jahr 1000 auf, nachdem man schon lange Zeit in unvollkommeneren, und zwar immer echt steinmäßigen, aus der Pyramide und dem Kegel abgeleiteten, Vorformen umhergetastet hatte? Warum nicht schon im Jahre 800 oder noch früher?

Das Wesen des Würfelkapitells ist nun dieses (Abb. 247—256, vgl. die perspektivische Ansicht in Abb. 54, 56, 60). Es legt sich zwischen Bogenfuß und Säulenschaft als ein kubischer Block, dessen oberer Teil dem Quadrat des Bogenfußes angepaßt ist, dessen über den Säulenschaft ausladender unterer Teil abgerundet wird. Die genaue geometrische Konstruktion wäre die Durchdringung eines Würfels mit einer aus dem umgeschriebenen Kreise abgeleiteten Halbkugel. Allein so abstrakte Regelmäßigkeit ist nicht nach dem Sinne des romanischen Stils. Vielmehr wird in der Grundform des Blocks das Verhältnis von Höhe und Breite beweglich gehalten, also nur Würfelähnlichkeit, nicht Würfelgleichheit erstrebt; und ebenso erhalten die gerundeten Teile nur kugelähnliche Krümmung. Immer aber hält man daran fest, daß die Schnittlinie der beiden Körper aus der Kreislinie gebildet wird, am liebsten als Halbkreis. Veränderlich wieder ist das Maß der Ausladung über dem Säulendurchschnitt. Mit diesen wenigen, aber für den Eindruck sehr empfindlichen Variationen wird schon ein beträchtlicher Nuancenreichtum gewonnen. Ein niedriges, stark ausladendes Kapitell scheint von einem schweren Druck auseinandergequetscht zu werden; ein steiles verkündet das Übergewicht der aufstrebenden Kraft. Man gestehe sich: wieviel vollkommener als in den älteren, aus der Pyramide oder dem Kegel abgeleiteten Formen ist hier der Ausgleich zwischen dem Quadrat des Bogenfußes und dem Kreis des Säulendurchschnittes durchgeführt! Wie verständlich geben sich die dem Kreise entnommenen Linien und Flächen als Vorklang auf den Bogen, die vier senkrechten Seitenschilder als Vorklang auf die Mauer. Wie ausdrucksvoll wechselt der Umriß, je nachdem das Gebilde mehr frontal oder mehr diagonal angeschaut wird! Wenn es die Aufgabe des Kapitells ist, den ästhetischen Grundcharakter eines Formensystems an einem seiner bedeutungsvollsten Punkte anschaulich zu machen, so ist das im Würfelkapitell mit schlichtem und geradem Sinn vollkommen erreicht. Es ist in so ausgesprochener Weise Eigentum des romanischen Stils, daß es sich auf keinen andern übertragen läßt.

Kraft seiner einleuchtenden Vorzüge hat das Würfelkapitell die unentwickelteren Vorformen schnell verdrängt. Unter den uns erhaltenen Denkmälern ist St. Michael in Hildesheim das älteste, an dem es durchgehend zur Anwendung gebracht ist (Abb. 249). Dreißig Jahre später, was für diese langsam lebenden Zeiten kein großer Abstand ist, finden wir es in gleicher Geltung in Limburg an der Hardt und in Ottmarsheim im Oberelsaß, hier noch in nicht ganz geklärter Behandlung. In Schwaben gibt die Aureliuskirche in Hirsau im Schwarzwald vielleicht das älteste Beispiel. Die Schule des Bodensees steht in der Frühzeit des 11. Jahrhunderts noch auf der Vorstufe mit trapezförmigen Seitenflächen (Abb. 62). Gegen Ende dieses Jahrhunderts finden wir hier als Provinzialismus eine achtseitige Variante, die indes schon vor 1050 bekannt gewesen sein muß, da sie um diese Zeit vom Schwaben Benno nach Goslar verpflanzt wurde. In den Donauländern ist das Würfelkapitell niemals zu so allgemeiner Geltung wie im Westen und Norden gelangt (beiläufig gesagt: ein Beweis mehr gegen den öfters behaupteten lombardischen Ursprung).

Der Pfeiler, um uns nun diesem zuzuwenden, ist in der historischen Entwicklung der Basilika die jüngere Form der Stütze; systematisch betrachtet hätte er sich gleich am Anfang einstellen müssen, denn er ist der Mauer näher verwandt: das, was nach Durchbrechung der Mauer durch die Arkaden übrigbleibt. Infolgedessen hat er zur Erläuterung seiner Funktion auch weniger Ausdrucksmittel nötig. Eine dünne Platte als Fuß- und Kopfglied genügt, ihm fürs Auge so viel relative Selbständigkeit zu verleihen, als er ästhetisch nötig hat. Die Wesensähnlichkeit mit der Mauer ist am kenntlichsten, wenn der Grundriß oblong ist oder gar wenn das Kopfgesims nicht ringsum geführt wird, sondern nur die zwei unter der Bogenleibung liegenden Seiten einnimmt. Diese Fassung war durch die Römerbauten vorgezeichnet. Am Niederrhein besonders blieb sie bis in die späteste Zeit in Übung (Abb. 152). Die romanische Normalform, die Geschlossenheit der Gestalt stärker betonend, ist jedoch der Pfeiler mit quadratischem Grundriß und nach allen vier Seiten gleichartiger Ausbildung. Die Profilierung geht aus vom römischen Karnies, wendet sich dann zu zusammengesetzteren Bildungen, bis zur Mitte des 11. Jahrhunderts an den kultivierten Bauten mit Neigung zur Feingliedrigkeit; von da ab mit derberem, auf kräftigen Schattenschlag ausgehendem Lineament (Abb. 61) oder in einer ornamentierten Schräge (Abb. 58).

Die Wände bleiben ungegliedert. Ansätze dazu werden hie und da einmal, doch ganz selten, gemacht. So ist das Innere offenbar formenarm und schwach artikuliert, wesentlich auf die elementaren Wirkungen der Raumverhältnisse und die wenigen körperlich-plastischen Eindrücke, die sich in den Pfeilern und Säulen darbieten, angewiesen. Dies ist das Bild, in dem die romanischen Basiliken in ihrem heutigen Zustande sich darstellen. Aber es gibt nicht die wahre ursprüngliche Absicht wieder. Ein romanischer Innenbau ist so lange unfertig, als er nicht sein farbiges Kleid angezogen hat. Wir haben Grund, anzunehmen, daß nur die allerärmsten Bauten seiner entbehrt haben. Es handelt sich dabei nicht oder nicht allein um die farbige Unterscheidung der Architekturteile, sondern auch um den Zuwachs eines in farbiger Zeichnung auf der Fläche ausgeführten Komplexes von Ornamenten. Dadurch wird die Farbe ein mächtiges Hilfsmittel, schlummernde Rhythmen zu erwecken, durch Teilung der Flächen, durch Richtung der Linien, durch Kontraste verschiedenster Art Wirkungen hervorzurufen, die weit mehr architektonischer als malerischer Natur sind. Zuvörderst werden die Stellen, an denen das innere Leben des Bauwerkes am stärksten vordrängt, farbig ornamentiert: die Kapitelle und Deckplatten, die Ränder der Arkadenbögen, die Gewände der Fenster; ferner verbindet ein System wagerechter und lotrechter Ornamentstreifen die Stützen mit der Oberwand, die Oberwand mit der Decke, nicht Nachahmung von Pilastern und Gesimsen, aber ihnen funktionsverwandt*. Alle figürliche Darstellung hat sich diesem System anzupassen (Abb. 62). Erwägen wir, was die Ausmalung für den Gesamteindruck der romanischen Innenräume, am meisten auf der frühromanischen Stufe, bedeutet hat, so sind wir zu dem Geständnis genötigt, daß wir von der lebendigen Erscheinung der romanischen Baukunst aus der Anschauung weit weniger wissen, als die verhältnismäßig große Zahl erhaltener Denkmäler uns glauben machen könnte. Heute, wo wir nur den nackten Baukörper vor uns haben, überwiegt bei den

* In der Einhardsbasilika bei Michelstadt ein gemalter Bogenfries auf perspektivisch gezeichneten Konsolen; die Entstehung im 9. Jahrhundert ist nicht unbedingt sicher; im Bejahungsfalle wäre dies neben den Resten in Aachen die älteste Dekorationsmalerei in Deutschland.

romanischen Basiliken der Eindruck des Unentwickelten und Gleichförmigen; in Wahrheit war ihre Erscheinung viel stärker differenziert. Soviel läßt sich sagen, viel mehr nicht. Was sich von farbiger Dekoration hie und da erhalten hat, sind Spuren und Bruchstücke in Menge; von den feineren Stimmungswerten haben wir keinen unverfälschten Eindruck mehr, und vollends keinen von der Ökonomie im großen. Zwischen den als Säulen- und Bogenstellungen gebildeten Umrahmungen der Kanonestafeln in den Meßbüchern und der Ornamentik der Großarchitektur besteht gewiß ein Zusammenhang, aber kein genauer; es wird sich damit nicht viel anders verhalten als mit den Phantasiearchitekturen auf pompejanischen Wandgemälden. Wenn sich durch besonders glückliche Umstände einmal — in St. Georg in Reichenau — ein Beispiel einer alle Flächen überziehenden farbigen Dekoration aus der Frühzeit des 11. Jahrhunderts erhalten hat, so darf doch das System, das wir dort sehen, nicht ohne weiteres verallgemeinert werden. So zeigt sich uns in St. Michael in Hildesheim, einem Bau von hoher Kultur, ein ganz anders geartetes: an den Säulen sind die Basen und Kapitelle aus rotem, die Schäfte aus hellem Sandstein, in derselben Weise wechselten die Schichten der Pfeiler und Vierungsbögen. Man hätte sich diese Mühe nicht genommen, wenn nicht auf die Wirkung der natürlichen Steinfarbe, auf die höchstens ein leichtes Ornament aufgemalt gewesen sein mag, gerechnet worden wäre. In Boppard und Brauweiler ist die Idee eines mehrfarbigen Quaderwerks der ganzen Bemalung zugrunde gelegt. In Knechtsteden, wo das farbige Dekorationssystem umfänglich erhalten ist, erstreckte es sich allein auf die Strukturglieder und bewegte sich vornehmlich in textilen Mustern, die Figurenmalerei beschränkte sich auf die Apsiden. Die in dieser Kirche angetroffene Verteilung haben wir als eine sehr häufig angewendete, fast typische anzusehen. Es kann kein Zufall sein, daß die erhalten gebliebenen Beispiele figürlicher Darstellung so selten auf das Langhaus und so oft in das Chorhaus fallen. Es gab also in der Ausmalung jedenfalls vielerlei Möglichkeiten und Abstufungen. Durch die vorwitzigen sogenannten Wiederherstellungen in unseren Tagen sind nur Trugbilder geschaffen worden. Sie reproduzieren oder ergänzen im günstigen Falle die Linienkomposition richtig, im Farbeneindruck rechnen sie mit lauter unbekannten Größen. Denn die abstrakte Tatsache, daß an gewissen Stellen Blau, Rot oder Grün gesessen hat, besagt erst wenig. So werden wir uns dahin zusammenfassen müssen: die romanischen Innenräume waren sicher farbig, den romanischen Farbengeschmack aber in seinen feineren Eigenheiten und Bedingtheiten kennen wir nur wie im Nebel.

Wollte man dem romanischen Innenraum wegen der Bedeutung, die die Farbe für ihn hat, eine malerische Grundtendenz zusprechen, so wäre das freilich ganz schief. Es sei wiederholt: die Rolle der

Farbe war Unterstützung des architektonischen Rhythmus. Was ein Architekturwerk „malerisch" machen kann, sind andere Eigenschaften, denen wir hier nicht weiter nachgehen wollen. Eine der wirksamsten unter ihnen ist das Licht und sein Gegensatz, das Dunkel. Verteilung und Größe der Lichtöffnungen sind deshalb eine wesentliche Bedingung jeder Binnenraumwirkung. Außerdem haben sie selbstverständlich dem praktischen Bedürfnis zu dienen. In den romanischen Basiliken war dieses, wie es scheint, die erste und vorwaltende Sorge. Man war wohl nicht ganz gleichgültig für die Abstufung des Lichtes, wie sich daraus erkennen läßt, daß die Fenster des Hochschiffs in der Regel größer sind als die Fenster der Seitenschiffe: die Hauptsache war immer die Frage, wieviel Öffnung überhaupt mit der konstruktiven Sicherheit vereinbar sei. Verglichen mit der altchristlichen Basilika, sind die Fenster sowohl nach Zahl als nach Größe erheblich verringert. Wieviel Licht eindringt, hängt aber nicht allein hiervon ab. Die größere Mächtigkeit der Mauern wird, wie man leicht einsieht, ein Moment der Beschränkung. Hier traf der romanische Stil eine Gegenmaßregel, durch die sich seine Fenster von denen der Antike (ebenso von denen der Renaissance) durchgreifend unterscheiden: er gab dem Gewände nach außen wie nach innen eine starke Abschrägung (normal im Winkel von 45°), um damit den Spielraum des Lichteinfalls zu vergrößern. Noch am Aachener Münster ist der Einschnitt, von außen betrachtet, rechtwinklig, erst innerhalb des Verschlusses etwas abgeschrägt. Die ottonische Zeit verfährt bereits, wie oben beschrieben (vgl. den Querschnitt Abb. 51). Mehrfache Erwähnungen der Schriftquellen lassen nicht im Zweifel, daß schon das 9. Jahrhundert auch in Deutschland den Fensterverschluß mit Glas gekannt hat. Dagegen besteht für die ganze Dauer der romanischen Epoche Ungewißheit, in welchem Umfang er angewandt wurde. Mindestens für das Chorhaus können wir mit Grund annehmen, daß verglaste Fenster häufig waren. Für die unverglast bleibenden hat man an Wetterschutz durch Vorhänge oder Holzläden gedacht, womit aber doch nur ein Übel durch ein anderes ersetzt worden wäre, auch die Art der Bemalung zwischen den Fenstern und an ihren Leibungen spricht dagegen. Andrerseits von den verglasten Fenstern gilt, daß ihre in enge Gitter eingefügten kleinen und trüben Glasplatten die Lichtstärke sehr herabsetzten. In jedem Fall also waren die romanischen Kirchen schlecht beleuchtet. Verkehrt wäre, daraus auf ein mystisches Behagen an der Dunkelheit zu schließen; für die in Sonnenbrand lebenden südlichen Völker kann das zutreffen, nicht für die alten Deutschen, die wir uns eher als Lichtfreunde zu denken hätten. Unter den geschilderten Umständen muß zur Winterszeit künstliche Beleuchtung oft zu Hilfe genommen worden sein. Sie war eine der Ursachen der häufigen Brände, bei denen es auffällt, wie oft sie an hohen Festtagen ausbrachen.

Eine romanische Kirche muß eine Krypta haben. In seiner entwickelten Gestalt, in der er nicht vor der zweiten Hälfte des 10. Jahrhunderts nachzuweisen ist, ist dieser Bauteil eine unter dem Chorhaus kellerartig vertiefte, niedrige, in mehrere Schiffe von gleicher Höhe geteilte Halle, immer mit gewölbter Decke. Nur in der Sachbestimmung, nicht in der Bauform sind die durch schmale Gänge zugänglich gemachten Grabkammern der Märtyrer und Bekenner, wie sie in den Kirchen des Südens etwa vom 6. oder 7. Jahrhundert ab angelegt wurden, eine Vorbereitung auf sie. Auf die Frage, weshalb gerade die dem romanischen Stil entsprechenden Jahrhunderte ihrer bedurften, während die altchristliche Zeit sie noch nicht und die gotische nicht mehr nötig hatte, bleibt die Geschichte des Kultus eine genauere Antwort uns schuldig. Wir besitzen zwar sehr viele Krypten mit unverändertem Baubestand, aber keine, die uns die Formen der Verehrung genau erkennen ließe. Im allgemeinen klar ist nur der Zusammenhang mit dem Märtyrerkult. Da nun die Ausbildung und allgemeine Aufnahme der Krypten in dieselbe Zeit fällt, für die ein sehr gesteigertes Verlangen nach dem Besitz von Reliquien, besonders im Norden der Alpen, bezeugt ist, so werden wir hier den Entstehungsgrund zu suchen haben. In Deutschland gab es in der Epoche des romanischen Stils keine einigermaßen ansehnliche Kirche, die ohne Krypta ausgekommen wäre. Die südlichen Länder haben sie nie in demselben Maße für unerläßlich gehalten. Die erste Reaktion gegen sie ging von den aus Burgund stammenden Orden der Kluniazenser und Zisterzienser aus. Der gotische Stil entledigte sich ihrer allgemein, was mit veränderten Formen der Reliquienverehrung, die wir in der Geschichte des Altars kennen lernen werden, zusammenhängt. — Vor dem 10. Jahrhundert sind Hallenkrypten nicht nachzuweisen. Ihnen gingen andere, der altchristlichen Fassung nahestehende Anlagen voraus. Die altertümlichste, mit ringförmig dem Fundament der Apsis sich anschließendem engen Gange, besitzt St. Emmeram in Regensburg; sie kann der Bauzeit von 770—790 zugeschrieben werden. Eine ähnliche 100 Jahre später die Klosterkirche zu Werden an der Ruhr als Zugang zum Grabe des hl. Liutger. Komplizierter, mit mehreren sich kreuzenden Gängen, ist die Anlage in der Einhardsbasilika in Michelstadt vom Jahre 820 (Abb. 36), und dieser ähnlich die auf dem Petersberg bei Fulda. Übergangsformen zur Hallenkrypta sind nicht bekannt und können nach der Natur der Sache auch nicht erwartet werden. Die ältesten wirklichen Hallenkrypten finden sich im sächsischen Gebiet, das wir schon für mehrere andere Neuerungen als Ausgangspunkt kennen gelernt haben: in Gernrode am Harz um 970, im Dom von Merseburg 1021 (oder 1042?) *.

* Möglicherweise noch älter, um 950, in Rohr in Thüringen; dagegen irrtümlich als karolingisch in Anspruch genommen, in Wahrheit nach 1000, in Unterregensbach in Württemberg.

In Abdinghof bei Paderborn 1016 (umgebaut 1080), in Straßburg 1020 (erweitert im 12. Jahrhundert), in Tegernsee 1035—40, in Regensburg (Westkrypta von St. Emmeram) 1050. Unsere Abbildungen 114, 115 geben Krypten der reifsten Entwicklung.

Der Baubetrieb.

Das System der frühromanischen Baukunst, wie wir es im vorigen Abschnitt geschildert haben, konnte aus den Denkmälern abgeleitet werden. Es bleiben aber noch viele Fragen übrig, auf welche diese keine Antwort geben. Was die Schriftquellen bieten, sind sehr zerstreute Streiflichter; mit Vorsicht benutzt, ergeben sie immerhin manches.

Die oft lobrednerisch gefärbten Nachrichten der geistlichen Biographen und Chronisten auf das richtige Maß zurückzuführen, ist freilich nicht leicht. Vor allem hüte man sich vor unbedachten Generalisierungen. Ohne Zweifel hat es Geistliche gegeben, die in vollem Umfang eine Baumeistertätigkeit ausgeübt haben; aber die Regel bildeten sie nicht. Um mit Erfolg einen Bau zu leiten, muß man im Handwerk drin stehen. Man kann es auch nicht nebenher betreiben. Die Bischöfe und Äbte jener Zeit waren aber großenteils von adliger Herkunft, und ihre doppelten Regentenpflichten, geistliche und weltliche, nahmen sie reichlich in Anspruch. Ihrem Einfluß auf die Gestaltung des Bauwerks blieb auch dann noch Spielraum genug. Wir dürfen gut und gern glauben, daß die geistlichen Bauherren vieles mitbestimmt haben, was heute Sache des Fachmanns ist. Welche Abmessungen eine Kirche haben sollte, welches Material anzuwenden sei, wie man die Arbeiter zusammenbrächte, an welche Vorbilder man sich halten und welche Neuerungen man durchführen wollte, alles dies ging den Herrn des Baues an, denn es hing aufs engste mit der wirtschaftlichen Verwaltung wie mit den Ansprüchen des Kultus zusammen, und mit der Entscheidung darüber war von vornherein vieles, was den künstlerischen Charakter bestimmte, festgelegt. Die Ausführung aber kann überwiegend nur von Laienarbeitern geleistet worden sein. Mauern und Zimmern sind Verrichtungen, die gelernt sein wollen, die man nicht einem beliebigen Klosterbruder zumuten konnte. Die großen Klöster, ebenso die inmitten städtischer Siedlungen gelegenen Bischofskirchen, haben eine gewisse Anzahl von Bauhandwerkern immer zur Verfügung gehabt. Aber für ganz große Unternehmungen konnten sie nicht ausreichen. Sicher gab es schon in unserer Epoche Wanderarbeiter. Sie kommen manchmal aus weiter Ferne. Wir ersehen z. B. beim Bau des Klosters Schildesche in Westfalen, daß Maurer und Mörteler aus Gallien — etwa Lothringen? — tätig waren; beim Bau einer Kirche in Paderborn im Anfang des 11. Jahrhunderts, daß er von griechischen — etwa süditalischen? — Arbeitern errichtet wurde (es handelte sich hier um einen schwierigen Gewölbebau); italienischen Ornamentisten begegnen wir in Baiern öfters, zu Anfang des 12. Jahrhunderts auch schon in Sachsen, rheinischen in Helmstedt, schwäbischen vom Bodensee in Goslar. Bauzeichnungen gab es nicht, eine schematische Skizze mit eingeschriebenen Maßen, wie wir es am Bauriß von St. Gallen sehen, mußte genügen, den Willen des Bauherrn auszudrücken. Alles Detail blieb den Handwerkern überlassen. Dieser freien Betriebsweise verdanken die romanischen Bauten ihre unerschöpfliche Mannigfaltigkeit und frische Unmittelbarkeit, in der sie allen modernen Nachahmern unerreichbar bleiben. Wer aber bestimmte das Wesentliche: die Proportionen des Raumes und die Maße der Glieder? Wer hauchte dem Bauwerk die einigende Seele ein? Das konnte nur der Meister. Es gibt Kirchen, deren ungeordnete und unüberlegte Bauführung erkennen läßt, daß sie eines solchen entbehrt haben, aber auch andere, die ohne einen auf dem Grunde sicherer Erfahrung stehenden und mit angeborenem Künstlergeist begabten Meister nicht zu denken sind. Nichts hindert, anzunehmen, daß gelegentlich auch ein Mönch diese Eigenschaften aus seinem Weltleben mitbrachte oder daß sie während einer langwährenden Bauführung sich bei ihm entwickelten; die meisten der spärlich erhaltenen Personalnotizen betreffen aber Laien. Obenan war ein solcher der Erbauer des Aachener Münsters, Magister Odo. Der Mann, der den Pfahlrost für die Türme des Straßburger Münsters im 11. Jahrhundert so meisterlich ausgeführt hat, daß noch der gotische Riesenbau darauf seinen gesicherten Standort fand, war unmöglich ein dilettierender Kleriker. Ohne Grund ist der mehreren großen Bauten verwaltungsmäßig vorstehende Abt Poppo von Stablo dadurch in den Ruf eines großen Baumeisters gekommen: leitete doch den Bau seiner eigenen Kirche in Stablo ein *Thietmarus magister caementariorum et latomorum*. Ein Bischof von Utrecht wurde von seinem Baumeister aus Rache erschlagen, weil er ihm durch List sein *arcanum magisterium* entrissen hatte. Bernward von Hildesheim soll sowohl Baumeister als Goldschmied gewesen sein, — wir möchten im technischen Sinne beides bezweifeln; denn wo hätte dieser als Ratgeber zweier Könige vielbeschäftigte Mann auch nur die Zeit dazu hernehmen sollen? Otto von Bamberg wird in der Zeit, in der er in der Kanzlei Heinrichs IV diente, als oberster Leiter des Domes von Speier genannt; wir glauben, daß es sich dabei wesentlich um die ökonomische Leitung gehandelt hat; als er Bischof geworden war, ließ er das Kloster St. Michael durch den Laien Rudolf erbauen. Diese Beispiele beweisen, daß zu allen Zeiten Laienbaumeister neben den mönchischen und vielleicht immer in der Überzahl tätig waren. Wir wollen aber nicht unterschätzen, was die gewohnheitsmäßige Einmischung der geistlichen Bauherren mit ihrer Kritik und ihren auf Reisen gesammelten Erfahrungen bedeutete. Die oft zu Klagen führende Bauverschwendung der Bischöfe und Äbte war manchmal gewiß nichts anderes als verkappter Künstlerehrgeiz.

Nun gab es, wie schon gesagt, auch Geistliche, die das Bauwesen wirklich fachmännisch kannten und ausübten. Wollen wir bei dem Lebenslauf eines solchen, des Schwaben Benno, der als Bischof von Osnabrück endete, einen Augenblick verweilen. Geboren etwa 1010—20, besuchte er die gelehrten Schulen in Reichenau, Straßburg und Speier. An allen drei Orten waren damals große Bauten im Gange, bei denen er sich die Kenntnisse erwarb, durch die Kaiser Heinrich III. auf ihn aufmerksam wurde. Derselbe machte ihn als einen *caementarii operis sollertissimum dispositorem* 1047 zum Vorsteher seiner Bauten in Goslar, des Kaiserpalasts und Domstifts. Gewisse ausgeprägt schwäbische Einzelheiten beweisen, daß er hier mehr als bloß Intendant gewesen ist. Nach einiger Zeit wurde er Vorsteher der Domschule in Hildesheim. Daß die Angabe seines Biographen, wonach er dort auch baukünstlerisch tätig gewesen sei, richtig ist, bestätigen die Denkmäler: das dortige Domportal wiederholt die Anlage des Goslarer, beide aber geben eine in Sachsen bis dahin unbekannte Form, die offenbar aus Speier, wo sie zum ersten Mal auftritt, eingeführt ist. Ferner erbaute er in Hildesheim die Moritzkirche; wir würden dies auch ohne die örtliche Überlieferung aus ihrem baulichen Charakter, der viel mehr schwäbisch als sächsisch ist, zu entnehmen haben. Aus demselben Grunde darf ihm in Goslar die (nur in den Fundamenten erhaltene) Peterskirche zugeschrieben werden. Er war hierher 1056 als kaiserlicher Vizedominus zurückgekehrt. 1066 trat er in gleicher Eigenschaft, d. h. als weltlicher Verwaltungsleiter, in den Dienst des Erzbischofs von Köln. Was er dort gebaut hat, läßt sich nicht ermitteln. Aber wir erfahren, daß er wiederholt Reisen nach Speier machte, um den durch Veränderung des Rheinlaufs bedrohten Dom durch Schutzbauten zu sichern. 1068 empfing er von Heinrich IV. den Lohn: er wurde Bischof von Osnabrück und hat den Kaiser nach Canossa und Rom begleitet, auch publizistisch ihn im Streite mit Gregor VII. unterstützt. In seiner westfälischen Diözese stiftete und erbaute er das Kloster Iburg. Gerühmt wird seine Sorgfalt für den Feldbau und die Gärtnerei, wobei seine aus römischen Autoren gewonnenen Kenntnisse angestaunt wurden. Fügen wir noch hinzu, daß er eine Pilgerfahrt nach Jerusalem unternahm und zum Besten seines Stiftes mit kundiger Hand Urkunden fälschte — so haben wir in einem typischen Beispiel den Lebenslauf eines tüchtigen Bischofs der alten Schule vor uns.

Ein ungefähres Maß von technischer Einsicht mag unter den hohen Geistlichen ziemlich verbreitet gewesen sein, in solcher Gründlichkeit und ausgedehnter Erprobung, wie bei Benno, war es gewiß eine Seltenheit. Aber darauf zuerst beruhte gar nicht ihr Einfluß auf die Baukunst, sondern auf dem Impuls zum Bedeutenden, den sie als machtfrohe und welterfahrene Männer ihr zu geben vermochten. Ein Weiteres ergab sich aus der engen Verbindung des Episkopats mit den Königen. Die letzteren, da sie keine Hauptstadt hatten, sondern ihr Hoflager wechselnd hier und dort, am häufigsten bei einem Bischof oder in einer Reichsabtei aufschlugen, bauten nicht selbst; ihre Freude am Bauen, die einem wahren Herrscher natürlich ist, äußerte sich in der Unterstützung der bischöflichen Unternehmungen; lag es doch nach der germanischen Auffassung des Kirchenrechts nahe, die Kathedralkirchen als königliche Eigenkirchen anzusehen. Mehrere unserer Dome wurden noch lange von der Tradition in bevorzugtem Sinn als Kaiserdome angesehen. Am Westportal des Magdeburger Doms, an einer Stelle, die sonst nur Heiligenbilder einnehmen dürfen, ist Kaiser Otto dem Großen ein Standbild errichtet; ein anderes im Chor des Meißener Doms. Heinrich II. wurde wegen seiner Verdienste um die Gründung des Bamberger Doms in die Reihe der Heiligen aufgenommen und ist dort mehrmals im Bilde zu sehen. Derselbe wurde als Mitstifter des Straßburger Münsters angesehen, ein Glasfenster des Chors enthält sein Bild. In einem Wandgemälde wurde Heinrich V. im Kloster Prüfening bei Regensburg verewigt. Vor allen der Dom von Speier ist der monumentale Mittelpunkt der Erinnerungen an das Kaisertum in der Zeit seiner Macht. Er wurde erbaut von Konrad II. und umgebaut von Heinrich IV. Über die (durch die Soldaten Ludwigs XIV. zerstörten) Kaiserbilder in seiner Vorhalle sind nur zweifelhafte Angaben auf uns gekommen. In der der Krypta sich anschließenden Gruft war die ganze Reihe der Salier und waren mehrere Glieder des staufischen Hauses bestattet. Uns erscheint merkwürdig, daß diese Kaisergräber auf künstlerische Auszeichnung ganz verzichtet haben; eine Platte mit einfacher Namensinschrift im Fußboden des über ihnen liegenden Chorabschnitts genügte. Die Erinnerung an Heinrich III. haftet an Goslar, der Pfalz und dem Dom, den der stumpfsinnige fiskalische Sparsinn des 19. Jahrhunderts abbrechen ließ. Heinrich IV. dankte der Stadt Mainz durch Erneuerung ihres Domes, desselben Baus, den wir, mit einigen Veränderungen, noch heute besitzen. Damit ist aber die Reihe der von dem Bündnis zwischen Königtum und Bistum Zeugnis ablegenden Bauten zu Ende. Schon die Staufer waren Kirchenbauer nur auf eigenem Territorium, der Einschnitt des Investiturstreites lag dazwischen.

Historisch-topographische Übersicht.

In unserem historischen Baugut ist die romanische Epoche stärker vertreten, als sich für den ersten Blick verrät. Allerdings klein ist die Zahl der wenig oder gar nicht veränderten Denkmäler, und natürlich um so kleiner, je höher hinauf ihre Entstehungszeit liegt. Der wohlmeinende Unverstand vermeintlicher Wiederherstellungen hat, Ausnahmen zugegeben, im ganzen mehr geschadet als genützt, da er in einer für den Laien nicht unterscheidbaren Weise Meinungen und Deutungen in die leibhafte Geschichtlichkeit einmischt. Bemerken wir kurz: allen früheren

Zeiten bis zum 19. Jahrhundert ist es eine Selbstverständlichkeit gewesen, an einem alten Bauwerk nötig werdende Erneuerungs- oder Zusatzarbeiten im Stile der eigenen Gegenwart auszuführen, nicht in dem der Entstehungszeit des Gebäudes; gerade wie es einem Sänger etwa der staufischen Zeit unmöglich gewesen wäre, in der Sprache Otfrieds zu dichten. Nicht notwendig brauchte die dabei eintretende stilistische Differenz eine künstlerische Dissonanz zu ergeben; erfreulicherweise nicht ganz selten findet sich im Rhythmus der Linien und Massen eine feinfühlige Eingliederung in das Überlieferte, noch öfter freilich rücksichtslose Umgestaltung. Die Veränderungen sind nach Art und Grad sehr verschieden. Fast alle flachgedeckten Basiliken wurden früher oder später, zum Teil schon in spätromanischer Zeit, mit Gewölben versehen. In andern Fällen ist über einen intakten romanischen Kernbau ein fremdartiges dekoratives Gewand gelegt, namentlich das 18. Jahrhundert liebte dieses; Beispiele: Dom zu Hildesheim, Dom zu Freising, Abteikirchen Ebrach und St. Emmeram in Regensburg, welche Barockbauten zu sein scheinen, aber romanisch sind; sehr viele Dorfkirchen haben bei romanischer Bausubstanz gotisch vergrößerte Fenster. Oder: die frühromanischen Mauern wurden bis zu den Fundamenten abgetragen, diese aber für den Neubau wieder benutzt; Beispiele: die Dome zu Straßburg Bamberg, Münster. Und der häufigste Fall: die Erneuerungen, die meistens zugleich Erweiterungen sind, begreifen nur Teile des Gebäudes, während andere, wenig verändert, die alte Gestalt bewahren, so daß in einem Gebäude viele Stilstufen zusammentreffen.

Das berüchtigte *Saeculum obscurum*, die Zeit der letzten Karolinger, der Normannenzüge und Magyareneinfälle, hat zu einem völligen Stillstand im Bauen doch nicht geführt. Die Baukunst unter Otto I. ist roher, technisch unbeholfener als unter den Karolingern, aber sie ist nicht gedankenarm; die germanisierende Umbildung des karolingischen Rezeptionsstoffes schreitet folgerichtig fort. Hierbei steht das sächsische Stammesgebiet, das für die christliche Kultur am spätesten gewonnene, an der Spitze. Man erinnere sich, daß eben von dort die Wiederherstellung der Reichsordnung ausgegangen ist. Das Verhältnis Heinrichs I. zur Baukunst ging noch nicht über das Nützliche hinaus: er baute Burgen und Stadtmauern. Seine fromme Witwe Mathilde war eine eifrige Klosterstifterin, so daß ihr Sohn Otto zuweilen über ihre zu große Freigebigkeit klagte. Er selbst kam auf die Bahn des Kirchenbaus im Zusammenhang mit staatsmännischen Zielen. Er hatte das Erzbistum Magdeburg errichtet als Stützpunkt für die Christianisierung der Ostmarken; der dortige Dom, begonnen 955, war sein Lieblingsbau. Durch seinen Bruder Bruno, den er zum Erzbischof von Köln machte, kam neues Leben in die Baukunst am Niederrhein. Mit ihm wetteiferte Bischof Notker von

Lüttich, dem dort eine neue Kathedrale und ein halbes Dutzend von Klosterkirchen verdankt wurde. In Münster gehen auf Bischof Dodo (seit 967) die Fundamente der noch bestehenden Domkirche zurück, deren stattliche Abmessungen von keiner späteren in Westfalen erreicht worden sind. Für den Mittelrhein wurde der an Ottos Hof erzogene Sachse Willigis epochemachend; alsbald nach seiner Erhebung auf den erzbischöflichen Stuhl von Mainz (975) legte er den Grund zur neuen Kathedrale. Wie sich die Bewegung rheinaufwärts fortpflanzte, zeigen die Gründungsdaten der Dome von Worms 996 und Straßburg 1015, beide von Grund aus neu und in ihren Abmessungen über ihre Vorgänger weit hinausreichend. Aus dieser örtlichen und zeitlichen Reihenfolge liest man es ab, wie das Vertrauen zum inneren Frieden und zur Sicherheit der von den sächsischen Königen geschaffenen neuen Ordnung nach und nach sich befestigte. Unter den Karolingern war die Welle der Bauunternehmungen von West nach Ost gegangen, jetzt ging sie von Nord nach Süd. Von den alten Reichsklöstern karolingischer Gründung haben Corvey und Fulda größere Wiederherstellungsarbeiten aufzuweisen, doch kann man sie nicht mehr zu den führenden Kunstorten rechnen. Für Süddeutschland läßt es sich ebenfalls aus der Bautätigkeit entnehmen, wie es nach dem Siege Ottos über die Ungarn aufatmete. In der Entwicklung der Stilformen blieb es gleichwohl zurück: es lehnte sich mehr an die gealterte Kunst Italiens an, als an die frische der Rheinlande und Sachsens. Nicht unbeachtet wollen wir es lassen, daß auch hier die größeren Unternehmungen mit dem sächsischen Kaiserhause in Zusammenhang standen. Aus den von den Kaiserinwitwe Adelheid gespendeten Mitteln wurde der Dom von Augsburg erbaut. Für Regensburg, das eine Zeitlang Sitz der letzten Karolinger gewesen war, brachte Herzog Heinrich, ein Sproß der jüngeren sächsischen Linie, einen neuen Aufschwung, und dessen Sohn, der spätere König Heinrich II., gründete in einem noch halb slawischen Lande den Dom von Bamberg. Derselbe ist in seiner heutigen Gestalt ein glänzender Umbau aus der Stauferzeit, aber er steht auf den unveränderten spätottonischen Fundamenten. Und dasselbe ist der Fall bei den Domen von Augsburg, Straßburg und Worms, wahrscheinlich auch bei denen von Konstanz und Basel, so daß auch von Süddeutschland gesagt werden darf, diese Epoche habe tiefe Spuren zurückgelassen.

War schon in den letztgenannten Bauten der Maßstab — der beim Magdeburger Dom Ottos I. noch bescheiden zu nennen ist — erheblich angewachsen, so stieg er in dem vom ersten Salier, Konrad, begonnenen Dom zu Speier ins wirklich Kolossale. Er ist der größte der mittelalterlichen deutschen Dome geblieben, da der Kölner des 13. Jahrhunderts, wenn auch im Plan ihn übertreffend, nie fertig wurde. Bedenkt man dazu, daß Speier damals höchstens 5000 Einwohner hatte, so kann der Dom niemals auch nur annähernd gefüllt gewesen sein; was mehr oder minder auch bei den andern Domen zutrifft. Es charakterisiert diese Zeit überhaupt: Pracht im Bauen kennt sie nicht, aber ihr hochgespannter Monumentalsinn erfreut sich an einer Gewaltigkeit der Abmessungen, bei der gerade die Unverhältnismäßigkeit zum praktischen Bedürfnis als das Wirksame empfunden wurde. Wir hören von Vernunftmenschen öfters Klagen über die unsinnige Bauverschwendung der Kirchenfürsten. Um ein Beispiel zu nennen, so schritt im Jahre 1046 der Bischof von Hildesheim nach einem leichten Brande seiner erst vor kurzem gründlich ausgebesserten Domkirche zu einem für durchaus überflüssig gehaltenen Neubau, der wegen seiner übertriebenen Größe denn auch eingestellt werden mußte; sein Nachfolger begnügte sich mit dem noch immer ganz stattlichen Maßstabe, den das Gebäude seither behalten hat. Bei einem Charakter wie Adalbert von Bremen versteht sich dann der Versuch des Außerordentlichen von selbst.

Wir greifen nunmehr aus dem Denkmälerbestand einige ausgewählte Beispiele heraus.

Quedlinburg. Der schon von den Ludolfingern, den Vorfahren des sächsischen Kaiserhauses, bevorzugte Ort besitzt in der sogenannten Wigbertikrypta (Abb. 65) den ältesten in der sächsischen Stilprovinz erhaltenen Steinbau. Eine Krypta war er ursprünglich nicht, sondern die Kapelle der herzoglichen Burg, und dürfte noch im 9. Jahrhundert angelegt sein. Beachtenswert ist, daß in Sachsen schon damals Wölbung, allerdings mit sehr kleinen Abmessungen, möglich war. Dieselbe besteht nicht, wie es wenig später die allgemeine Regel wurde, aus einer Folge von Kreuzgewölben, sondern aus drei parallelen, noch nicht 2 m im Lichten messenden Tonnen, die von wagerechtem Gebälk und wechselnden Pfeilern und Säulen getragen werden. Das Prinzip des Stützenwechsels (S. 78) ist also schon bekannt. Das Mittelschiff schließt mit einem Halbkreis ebenfalls wechselnder Stützen, und die Seitenschiffe sind konzentrisch herumgeführt (eine Disposition, die sich in Frankreich weiter entwickelt hat, bis zu den gotischen Kathedralen, aus dem deutschen Formenschatz aber bald verschwand). — Eine ähnliche Anlage, heute nur in den Fundamenten zu erkennen, befand sich auf dem Burgberge (Abb. 64). In ihr wurde 936 König Heinrich bestattet. Über ihr, die nunmehr Krypta wurde, errichtete seine Witwe das berühmte Nonnenkloster, dessen Kirche (heute Schloßkirche genannt) wir in einem Umbau aus dem Anfang des 12. Jahrhunderts noch besitzen (Abb. 58, 167).

Dom zu Magdeburg. Die unter dem gotischen Dom nachgewiesenen Fundamente des 955 begonnenen, erheblich kleineren ottonischen Baus zeigen im Querschiff und Chorquadrat die damals in Sachsen schon als normal anzusehende Gestalt des lateinischen Kreuzes. Im Aufbau gab er sich, was in Sachsen auf lange Zeit hinaus nicht wieder vorkam, als reine Säulenbasilika. Die Säulenstämme sind im frühgotischen Neubau als Schmuckstücke wieder verwendet worden. Sie sind aus Porphyr, Granit und Marmor und stammen aus dem Abbruch irgendeines spätantiken Gebäudes in Italien. Ein für die Gedankengänge Kaiser Ottos bezeichnender Umstand: er wiederholte, was der große Karl in Aachen getan hatte. Aber sagen wir es noch einmal: der Grundriß ist nicht italienisch, sondern spezifisch deutsch.

Dom zu Merseburg. Gegründet 1015, 1042 eingestürzt — ein nicht selten vorkommender, auf Ungeschick der Bauführung hinweisender Fall — und dann erneuert. Noch aus der ersten Zeit die Krypta, die älteste in ausgebildeter Hallenform, die wir nachweisen können. Das eigentümliche Detail der Pfeiler in ihr entspricht der Zeit des Suchens nach neuen Formen.

Nonnenstiftskirche Gernrode (Abb. 38, 52, 53). Im großen und ganzen noch der Stiftungsbau von 961. Der unregelmäßige Grundriß, in dem es kaum einen einzigen rechten Winkel gibt, deutet auf die Schwierigkeiten hin, die damals mit uns einfach erscheinenden Meßverrichtungen verbunden waren. Ähnliche, wenn auch nicht gleichgroße, Vermessungsfehler kommen häufig vor, werden aber in unseren landläufigen Veröffentlichungen meist ausgeglichen. Im Aufbau fallen die über den Seitenschiffen errichteten Emporen in die Augen. Sie sind in Sachsen die letzten Ausläufer eines Systems, das in der Karolingerzeit häufig angewendet worden sein mag. Der Zweck ist nicht klar. Basiliken mit Emporen waren im Morgenlande sehr verbreitet und entsprachen hier der Forderung nach strenger Scheidung der Geschlechter. Die Emporen der frühesten deutschen Kirchenanlage würden also wohl als morgenländischer Baueinfluß zu erklären sein; da aber die ihnen zugrunde liegende Sitte nicht mitaufgenommen wurde, verschwanden sie; nur am Rhein erhielten sie sich sporadisch. Bemerkenswert am Gernroder Bau ist das Streben nach straffer Raumgliederung durch einfache, übersichtliche Zahlenverhältnisse. Nicht nur, daß der Grundriß aus der Quadratur entwickelt ist — was schon karolingisches Prinzip war —, sondern auch der Aufbau ist so proportioniert, daß die Emporenöffnungen der Höhe nach die Hälfte der Erdgeschoßarkaden, die Oberfenster die Hälfte der Emporenöffnungen betragen, während die totale Höhe des Mittelschiffs seiner Länge gleichgesetzt ist, also wieder auf die Figur des Quadrats zurückgeht. Und ähnlich kunstvoll überlegt ist das Verhältnis zwischen dem einfachen Rhythmus der Erdgeschoßarkaden und dem verwickelteren des Emporengeschosses. Beachten wir dann noch das Detail. An den Kapitellen der Hauptsäulen ringt eine plastisch unvermögende Hand mit verblaßten Erinnerungen an die korinthische Ordnung (Abb. 243), während an den Emporensäulchen neue tektonische Bildungen mit gutem Funktions- und Proportionsgefühl sich versuchen. Der Eindruck des Ganzen ist entfernt nicht der eines barbarischen Stumpfsinns; eher beschleicht uns eine gewisse Rührung beim Anblick dieser liebevollen und nachdenklichen Versenkung in das Geheimnis einer ungewohnten Aufgabe.

St. Michael in Hildesheim (Abb. 51, 56, 57, 163). Der Bau ist 40 Jahre jünger als der von Gernrode, der Kulturfortschritt in ihm sehr groß. An der Spitze stand als Bauherr nicht wie dort ein rauher Kriegsmann, sondern der feinstgebildete Kirchenfürst seiner Zeit, der Erzieher Ottos III. und später sein Reisebegleiter nach Italien. Die übertreibende Bewunderung einer jüngeren Generation hat aus dem gewiegten Kenner einen selbst ausübenden, in vielen Sätteln gewandten Künstler gemacht — der er nicht war. Am wenigsten kann ein mit so sicherer Hand durchgeführter Bau wie St. Michael das Werk eines in Kirchen- und Staatssachen vielbeschäftigten Würdenträgers sein, der etwa noch einige Mußestunden für künstlerischen Dilettantismus übrig gehabt hätte. Aber etwas von Bernwards Geist ist natürlich in sein Lieblingsunternehmen übergegangen. Gerade unter diesem Gesichtspunkte verdient es sehr bemerkt zu werden, daß er, der zweifellos mit aufmerksamen Augen in Rom sich umgesehen hat, wie man aus den in Bronze gegossenen Ausstattungsstücken der Kirche, den Torflügeln und der Christussäule, erkennt, in der Architektur nicht antikisierte und italisierte, sondern einen Künstler begünstigte, der nach dem Maße der damaligen Zeit ganz modern und national gesinnt war, in der Klarheit und Kraft seines Wollens bei weitem der bedeutendste, den die junge sächsische Kunst bis dahin hervorgebracht hatte. Oben im systematischen Teil unserer Betrachtung hat uns St. Michael wiederholt als klassisches Beispiel für eine ganze Reihe neuer Erscheinungen gedient: das Wichtigste ist, daß sie zu einer ganz einheitlichen Stimmung zusammengefaßt sind. Die vom 9. Jahrhundert ab im Fluß begriffene Stilwandlung hat in St. Michael ihr erstes, abgeklärtes Ergebnis gezeitigt. Heute müssen wir, um es zu genießen, allerdings in mehreren Punkten die ergänzende Phantasie zu Hilfe nehmen. Nach einem Brande in der Zeit Friedrich Barbarossas wurden die Säulen des Mittelschiffs prächtiger, als die Bernwardschen Würfelknaufsäulen (Abb. 249) gewesen waren, erneuert und wurde die bemalte Holzdecke (Abb. 383) ausgeführt, die einzige ihrer Art, die sich erhalten hat. Sie gehört nicht allein der Geschichte der Malerei an, sondern macht uns anschaulich, wie wesentlich auch die architektonische Wirkung durch diese Farbenrhythmen mitbestimmt wurde. Von den im 16. Jahrhundert in Kriegszeit verstümmelten Querhäusern ist eines kürzlich wiederhergestellt; unter den Restaurationen unserer Tage eine der wenigen, die wir mit ungeteiltem Dank begrüßen. Das Raumbild dieses Bauteils besitzt eine Ruhe, eine Feierlichkeit, zugleich soviel Bestimmtheit in der Charakternuance, wie nur ein erfahrener und gefühlssicherer Künstler sie erreichen konnte. Die Gruppierung der Türme ist mehr rheinisch als sächsisch; auch die Anwendung von Großquaderwerk (auf Abb. 51 trotz des kleinen Maßstabes noch zu erkennen) weist auf Beziehungen zum Westen.

Gandersheim. Dies angesehene Nonnenstift am Nordrande des Harzes war gegründet 852 von Hathumod, einer Tochter Herzog Ludolfs, des Ahnherrn der Ottonen. Die bestehende Anlage, eine kreuzförmige Basilika mit doppeltem Querschiff, geht auf einen Neubau der Jahre 997—1007 zurück. An Stelle des Westchors befindet sich, wie ursprünglich in Gernrode, eine hier viel ausgedehntere Nonnenempore. Das Langhaus mußte nach wiederholten Bränden gegen Ende des 11. Jahrhunderts erneuert werden. Es hat Stützenwechsel wie St. Michael, mit je zwei Säulen auf einen Pfeiler.

Corvey. Von der Kirche des hochangesehenen Weserklosters, das im 9. Jahrhundert ein Hauptstützpunkt für die Bekehrung der Sachsen war, hat sich aus romanischer Zeit nur der umfängliche Westbau erhalten. Wieweit er noch karolingisch sei, ist strittig. Das fünfschiffige Erdgeschoß ist gewölbt, die Pfeiler und Säulen haben antikisierendes Detail, das für den Anfang des 11. Jahrhunderts zwar keine Unmöglichkeit wäre, wahrscheinlicher aber aus dem karolingischen Bau herübergenommen ist. Die Fassade wurde um das Jahr 1100 erhöht (Abb. 30, 171).

Paderborn. Neben dem Dom, dessen Westbau wir an früherer Stelle besprochen haben, errichtete im Jahre 1017 Bischof Meinwerk die noch bestehende Bartholomäuskapelle (Abb. 116, 117). In ihr wird vorgreifend ein Bausystem versucht, das allerdings viel später erst in Westfalen allgemeine Verbreitung finden sollte, der gewölbte Hallenbau. Nach dem Prinzipe, an das man durch die Krypten gewöhnt war, erhalten die drei Schiffe gleiche Scheitelhöhe. Wenn aber in den Krypten, der Natur des Kreuzgewölbes gemäß, alle Gewölbegrundrisse unter sich gleich und zwar streng quadratisch sind, so wurde hier um des räumlichen Rhythmus willen es gewagt, das Mittelschiff durch größere Breite auszuzeichnen, mithin die quadratische Grundform preiszugeben. Die Gewölbe sind denn auch nicht Kreuzgewölbe, sondern Hängekuppeln zwischen schwach ausgeprägten Gurten. Der Querschnitt ist verhältnismäßig schlank, und als Stützen sind Säulen gewählt. An den Kapitellen (Abb. 244) ist das Blattwerk plastisch besser behandelt als z. B. in Gernrode, aber vom korinthischen Vorbilde noch freier abweichend. Zu beachten ist der zwischen Kapitell und Gewölbefuß eingeschobene Kämpferaufsatz, wie ihn auch Corvey und Hildesheim und in reduzierter Form Gernrode kennen. Merkwürdig, wie gerade dieses in der Antike nur unter begrenzten Bedingungen auftretende Motiv — in der Renaissance hat Brunelleschi es wieder aufgenommen — der sächsisch-westfälischen Architektur der Frühzeit sich so tief eingeprägt hat.

Soest. Die Hauptkirche der Stadt, dem hl. Patroklus gewidmet, wurde im 12. Jahrhundert mit Gewölben versehen. Im übrigen blieb der Baukörper der alten, um 1090 vollendeten Pfeilerbasilika unverändert. In ihr verbündet sich imposante Großräumigkeit mit äußerster Schlichtheit der Behandlung, die erste Eigenschaft charakteristisch für den Baugeist des 11. Jahrhunderts überhaupt, die zweite im besonderen für den westfälischen Provinzialstil. — Eine andere, nicht ganz so große, doch noch immer stattliche Pfeilerbasilika dieser Zeit besitzt Paderborn in der Klosterkirche Abdinghof (Abb. 55). Die neuerliche Wiederherstellung der Flachdecke macht sie zu einem guten Paradigma ihrer Gattung.

Essen. Heute wird man zwischen den rauchenden Schloten der modernsten Industriemetropole ein edles Bauwerk der Ottonenzeit zu finden schwerlich erwarten. Das vornehme und begüterte Frauenstift hatte am Ende des 10. und Anfang des 11. Jahrhunderts nacheinander eine Enkelin und Urenkelin Ottos des Großen zu Äbtissinnen. Der frühromanische Bau ist im 13. Jahrhundert gründlich umgestaltet worden. Er war durch eine in Sachsen damals noch nicht erreichbare Feinheit der Behandlung ausgezeichnet. Wohlerhalten ist der Westbau mit zweigeschossiger Nonnenempore. Seine fast gesucht künstliche Raumdisposition reduziert das Aachener Motiv auf ein Halbpolygon. Auch das Langhaus hatte Emporen über den durch tiefe Nischen gegliederten Seitenschiffen. Im Detail herrschen antike Reminiszenzen vor, vereinzelt finden sich aber zwischen ihnen auch schon Würfelkapitelle. Ausnahmsweise erhalten hat sich der offene Vorhof. Dieses altchristliche Motiv dürfte in Westdeutschland bis zum 11. Jahrhundert für größere Kirchen obligatorisch gewesen sein. In Sachsen scheint es keine Aufnahme gefunden zu haben.

Köln. Den Namen des »heiligen Köln« hat es sich reichlich verdient, die eine Stadt umschließt mehr romanische Kirchen als manche ausgedehnte Provinz. Für den ersten Anblick tragen die meisten derselben das Gepräge des 12. und 13. Jahrhunderts. In Wahrheit war schon in dem Jahrhundert vom Regierungsantritt des Erzbischofs Bruno (953) bis zum Tode des hl. Anno (1075) die Bautätigkeit sehr groß. Es bedarf eines archäologisch geschulten Blicks, um unter der jüngeren Schicht die Spuren der älteren wiederzufinden. Wie es scheint, gehörte die Neigung zu gruppierenden Anlagen zum Urcharakter der kölnischen Architektur. Schon der karolingische Dombau hatte zwei Chöre und zwei Querschiffe. Ihm folgten darin zu Ende des 10. und zu Anfang des 11. Jahrhunderts St. Pantaleon, St. Aposteln, St. Andreas. Als Ganzes erhalten und durch spätere Zusätze im ursprünglichen Charakter wenig verändert ist nur Sta. Maria im Kapitol, im Grundriß wiederum reich gruppiert, aber nach einer aus dem Rahmen der gewohnten deutsch-romanischen Typen völlig herausfallenden Idee. Wir müssen an anderer

Stelle von diesem viele architekturgeschichtliche Rätsel aufgebenden Bau eingehend sprechen. — Ein anderer Bau des hl. Anno, die Kirche St. Georg, tritt ebenfalls aus dem landesüblichen Formenkreise heraus und bequemt sich, was nicht bloß dem Kunsthistoriker interessant ist, den Baugewohnheiten des mächtigen burgundischen Reformklosters Cluny an. Ob in Annos Lieblingsstiftung Siegburg dasselbe der Fall war, läßt sich heute nicht mehr entscheiden.

Trier (Abb. 98—100). Als Domkirche diente ein Bau aus der letzten Zeit der Römerherrschaft, nicht vor 376. Seine ursprüngliche Bestimmung ist ungewiß. Es war ein großer Zentralbau, abgeleitet aus dem Quadrat, in den Umfassungsmauern 40 : 40 m, in der Mitte ein kleineres, durch vier gewaltige Granitsäulen markiertes Viereck von 20 20 m, die Säulen unter sich und mit den Umfassungsmauern durch Bögen verbunden, darüber eine flache Holzdecke. Der Bau hatte manche Beschädigungen erlitten, in der Völkerwanderung und durch die Normannen, aber seine Substanz bewahrt, bis Erzbischof Poppo (1016—1047) eine Erweiterung unternahm. So entstand die noch heute vorhandene, mit keiner andern deutschen Kirche zu vergleichende Anlage. In symmetrischer Wiederholung der vom römischen Bau vorgezeichneten Einteilung gab sie einen dreischiffigen Bau mit Wechsel von schmalrechteckigen und quadratischen Feldern, über den Seitenschiffen vielleicht mit Emporen, die Decke jedenfalls flach. Der damit gewonnene kontrastreiche Rhythmus mußte dem frühromanischen Stilgefühl besonders zusagen, während als römisches Erbteil eine Weiträumigkeit ohnegleichen bewahrt blieb. Das 13. Jahrhundert hat Gewölbe hinzugefügt. Die Westfassade zeigt fast unverändert das Bild des popponischen Baus (Abb. 178).

Die vier oberrheinischen Dome, zu Mainz, Worms, Speier und Straßburg, gehören in der Figuration des Grundrisses unserer Epoche an, in ihrem Aufbau aber sind sie wesentlich Umbauten des hohen Mittelalters. Trotz der zeitlichen Nähe zeigt die Anlage bedeutsame Unterschiede. Die beiden älteren, Mainz (nach 975) und Worms (nach 1000), haben noch Westchöre, Speier (nach 1030) und Straßburg (1015) nicht mehr. Ein doppeltes Querschiff besaß nur Mainz (Abb. 165). Auf reiche Turmgruppierung haben auch die andern nicht verzichtet. Speier (Abb. 69) war eine Pfeilerbasilika, Straßburg (Abb. 44) wahrscheinlich eine Säulenbasilika, für Mainz und Worms läßt sich die Stützenform nicht nachweisen. Allen gemeinsam ist die Mächtigkeit des Maßstabes. Den Formengeist des Zeitalters läßt uns nur noch die majestätische Krypta von Speier verspüren (Abb. 114). Sie ist, wenn auch Ausbesserungen nötig wurden, im wesentlichen als Bau Konrads II. anzusehen. Wir könnten uns keine Architektur denken, die zu dem Bilde dieses männlich schlichten und starken Herrschers, wie die Geschichtschreiber und seine Taten es zeichnen, besser passen würde. Dasselbe gilt, obschon sie heute nur Ruine ist, von der Klosterkirche, die Konrad II. auf dem Platze seines Stammsitzes, der Lintburg im Wasgau (Limburg an der Hardt), errichtete (Abb. 48). Sie hängt stilgeschichtlich, scheint es, mit dem wenige Jahre früher begonnenen Straßburger Münster zusammen. Funde im Boden des letzteren lassen eine Säulenbasilika vermuten. Limburg war sicher eine solche, während sonst am oberen wie am unteren Rhein der schlichtere Pfeilerbau allgemein in Gebrauch gekommen war. Aus den Bruchstücken läßt sich das System zeichnerisch rekonstruieren. Das langgestreckte Schiff hat elf Arkaden von schlankem Umriß; die Säulen, in der Proportion vorzüglich jenen angepaßt, sind die mächtigsten, die wir kennen, mit attischen Basen von beinahe klassischem Duktus und ausdrucksvoll gebildeten Würfelkapitellen. Besonders interessant ist die Wandgliederung des Querschiffs und Chors, in der die Arkaden des Langhauses als Blenden weiterklingen. Die Fenster sind größer, als sonst in dieser Zeit, und unter der Fensterbank laufen Tragsteine hin, welche balkonartig eine Platte trugen; vielleicht eine Vorkehrung zur Bedienung der Fensterverschlüsse. Vom Westbau und seinen Doppeltürmen ist oben die Rede gewesen (S. 76). Ob ein auf späterer Abbildung sichtbarer Vierungsturm zur ersten Anlage gehört hat, läßt sich nicht mehr sagen, doch ist es an sich nicht unwahrscheinlich. Der Abt Poppo, in dessen Zeit der Limburger Bau entstand, gehörte zur lothringischen Reformpartei und stand infolgedessen auch mit dem berühmten burgundischen Reformkloster Cluny in Verbindung. Der Schluß, den man daraus auf bauliche Abhängigkeit von Cluny gezogen hat, war voreilig. Die Anordnung der westlichen Doppeltürme, an die man hauptsächlich dabei denkt, ist in ihrer speziellen Fassung viel ähnlicher dem Straßburger Münster als dem burgundischen Kloster. Hätte dieses in allen Dingen als Vorbild gedient, so hätte Limburg auch keine Krypta erhalten dürfen, die es doch besitzt.

Hessen hat aus dem Schluß unserer Epoche die mächtige Klosterruine von Hersfeld (Abb. 47), Franken den Dom von Würzburg und im Grundriß den von Bamberg (Abb. 43).

In Oberdeutschland finden wir die Denkmälerkarte sehr ungleichmäßig besetzt, was mit der Lage der Bischofssitze zusammenhängt. Das Land war nie planmäßig zwischen sie aufgeteilt worden, die Zufälligkeiten der ersten Gründung entschieden dauernd. Auf welchen Widerstand die ottonischen Könige stießen, als sie ihre Zahl vermehren wollten, ist aus den Gründungsgeschichten von Magdeburg, Naumburg und Bamberg bekannt. So ist es gekommen, daß Deutschland, vollends wenn man das Verhältnis zum Flächenraum veranschlagt, erheblich viel weniger Kathedralkirchen besitzt als Italien und Frankreich, deren kirchliche Einteilung auf ältere Epochen zurückgeht. Am auffallendsten ist die ungleiche Dichtigkeit im deutschen Süden. Am Oberrhein folgen sich von Basel bis

Mainz in kurzen Abständen fünf Bischofssitze, alle am linken Ufer, dagegen gibt es auf der weiten Strecke vom Rhein bis zum Lech ihrer nur zwei, Konstanz und Augsburg, beide gleich den rheinischen Bistümern an römische Siedelungen anknüpfend. Das schwäbische Unterland hatte kein einziges Bistum, es war zwischen Worms und Speier aufgeteilt. Etwas reicher war Baiern bedacht. Regensburg, Passau und Salzburg sind römischen Ursprungs, Freising und Eichstätt kamen in spätmerowingischer Zeit hinzu. Dagegen liegt im Norden der Donau wie im schwäbischen so im bairischen Gebiet, das einzige Eichstätt abgerechnet, bis an den Main hin kein Bischofssitz mehr — eine Leere, die notwendig auch in der Bautätigkeit ihren negativen Ausdruck fand. Die frühromanische Gestalt der genannten Domkirchen haben wir uns, verglichen mit den rheinischen, bescheiden in den Abmessungen, in der Behandlung äußerst einfach zu denken. Erhalten hat sich von ihnen nur der Dom von Augsburg und auch nur in einer sein Gepräge verwischenden gotischen Überarbeitung. Eindrucksvoll sind noch die aus einem Neubau am Schluß unserer Epoche (nach 1050) stammenden Säulenreihen des Domes von Konstanz; leider auch sie später verurteilt, gotische Gewölbe zu tragen. Die mit barocker Stuckpracht überkleideten Kernbauten in Freising und Passau stammen aus Neubauten des 12. Jahrhunderts. — Nicht besser steht es mit den alten Klöstern dieses Gebietes. Es gab ihrer zwischen den Alpen und der Donau eine beträchtliche Menge, aber sie sind ausnahmslos von der großen Bautätigkeit der Barockzeit verschlungen. Die Lokalforschung ist schon froh, wenn sie unter den Umbauten des 17. und 18. Jahrhunderts einige alte Reste findet, wie z. B. in Tegernsee, Isen und Rott, oder aus alten Ansichten ein ungefähres Bild sich rekonstruiert, wie für die gewaltige welfische Stiftung in Weingarten oder das Schwarzwaldkloster St. Blasien. Weingarten scheint der Hauptkirche in Reichenau ähnlich gewesen zu sein, nur noch viel größer. In St. Blasien war die erste Kirche (geweiht 1036) eine normale süddeutsche Anlage ohne Querschiff und turmlos, im Osten mit drei parallelen Apsiden geschlossen; die zweite, die ihr schon 1108 folgte, gehörte in die Hirsauer Familie, von der später noch die Rede sein wird. — Nur an zwei Punkten des ganzen ausgedehnten Gebietes wird uns unmittelbare Anschauung zuteil, in R e i c h e n a u und in R e g e n s b u r g. Das vom hl. Pirmin gegründete Inselkloster im Bodensee war im 9. bis 11. Jahrhundert, der Zeit seiner Blüte, einer der wichtigsten Mittelpunkte des literarischen und künstlerischen Lebens im alemannischen Südwesten. Es besaß außer der Hauptkirche noch zwei kleinere, und alle drei stehen noch; etwas grau und unscheinbar geworden, aber von fremden Zutaten verschont. Ein Duft von Altertümlichkeit entströmt ihnen, wie er so rein uns nicht oft zu genießen gegeben wird. Bloß auf ihre baukünstlerische Qualität betrachtet, stehen sie nicht besonders hoch. — Mehr bedeuten in dieser Hinsicht die Bauten von Regensburg.

Inmitten weit verbreiteter bäuerischer Roheit bilden sie eine Insel feinerer künstlerischer Kultur, die noch im 11. Jahrhundert den Faden römischer und karolingischer Erinnerungen weiterspinnt. Die Basilika von St. Emmeram bewahrt unter einem dünnen, allzu bunten Rokokoüberkleide den unversehrten Mauerkern aus der Zeit Heinrichs II. und die an den Süden gemahnende ruhige Größe der Raumwirkung. Im selben Charakter bei geringeren Abmessungen die Obermünsterkirche. Beide gleich dem Augsburger Dom, mit westlichem Querschiff. Besonders bezeichnend für die Regensburger Kunst ist die geschickte, selbst feine Behandlung der Gewölbe in der St. Wolfgangskrypta und dem eigenartigen Doppelportal von St. Emmeram und der an die römische Stadtmauer angebauten bischöflichen Hauskapelle St. Stephan, in der antike Wandnischengliederung mit romanischer Rhythmik eine originelle und glückliche Verbindung eingehen. Als dieser Raum noch seine Ausstattung mit Malerei besaß, muß er eine sehr reiche Wirkung gemacht haben; ein Hauch von Vornehmheit liegt noch heute auf ihm. Ein Glied derselben Familie ist das Fragment der bischöflichen Burgkapelle auf Donaustauf (Abb. 67). In Oberbaiern war der bedeutendste frühromanische Bau die Klosterkirche Tegernsee; erhalten hat sich von ihr die um 1035—41 erbaute Krypta, fünfschiffig in sehr enger Säulenstellung. Die durch ihre Roheit höchst altertümlich wirkenden und auch lange dafür gehaltenen romanischen Bestandteile der Klosterkirche Frauenchiemsee sind in Wahrheit spätromanisch. Ziemlich vollständig erhalten ist einzig die um 1080 erbaute kleine Klosterkirche Fischbachau bei Miesbach. An dem alten und mächtigen geistlichen Herrschersitz Salzburg sind aus unserer Zeit nur Fragmente übriggeblieben.

Zweites Kapitel.

Mittelromanische Baukunst. Von der Spätzeit Heinrichs IV. bis zum Tode Friedrich Barbarossas.

Zwei architekturgeschichtliche Ereignisse von weiter und tiefer Wirkung stehen am Eingang in diese Epoche: die Gründung und Ausbreitung der Hirsauer Bauschule und die ersten Versuche mit dem Gewölbebau im großen.

Wir sehen außerdem das allgemeine Leben in seinem bisherigen Gleichgewicht gestört. Die große Angelegenheit der Zeit war der zwischen der geistlichen und weltlichen Gewalt entbrannte Kampf. Auf ihrem Zusammengehen hatte bis dahin alles beruht. Das Wormser Konkordat, wenn es schon dem offenen Kriegszustande ein Ende gemacht hat, stellte doch das alte Verhältnis nicht wieder her. Es war nicht die Schuld der Könige allein, wenn vom 12. Jahrhundert ab kaum noch von Unterstützung bischöflicher Bauunternehmungen, wie sie unter den Ottonen und Saliern so oft vorgekommen war, zu hören ist. Barbarossas von den Geschichtschreibern gerühmte Baulust war weltlich gerichtet. Der Glanz seiner Pfalzen, die Menge der von ihm und seinen Ministerialen gebauten Burgen brachte in das deutsche Architekturbild einen neuen Zug; Kirchen hat er nur einige auf seinen Stammgütern gebaut; seine Weihgeschenke für das Münster zu Aachen haben einen historisch-politischen Beigeschmack. Aber auch die Baulust der Bischöfe ist sichtlich kleiner geworden. Die Hauptsache war wohl, daß ihnen ein warmes persönliches Verhältnis zur Baukunst, wie ehedem, abging. Die Baukunst verlangte jetzt Fachleute, und die Politik und Verwaltung verlangte sie ebenfalls. In der patriarchalischen Zeit, als welche von den Staufern aus gesehen die der Ottonen erscheinen mußte, war es noch möglich gewesen, beides zu vereinigen, jetzt nicht mehr. Das machtvolle Präludium zur Geschichte des Gewölbebaus, das wir in den Domen von Speier und Mainz vernehmen, ging noch vom Kaiser, von Heinrich IV., aus, weshalb diese beiden Bauten, allgemeingeschichtlich betrachtet, eher der vorangegangenen Epoche zuzuzählen wären. An der weiteren Entwicklung des Gewölbebaus aber haben bis nahe ans Ende des 12. Jahrhunderts die bischöflichen Kirchen keinen Anteil gehabt. Man kam nicht dazu, an Aufgaben ersten Ranges die Kräfte zu messen.

Wenn dennoch die Baustatistik des 12. Jahrhunderts eine lebhafte Bewegung aufweist, so fällt das meiste auf die Klöster. Die treibenden Kräfte indes waren auch in ihnen nicht mehr dieselben wie in den Benediktinerklöstern des alten Schlages. Diese waren in das Wirrsal einer rohen und unsicheren Welt gesetzte Zufluchtsinseln für friedensbedürftige, einem geistigeren Dasein zustrebende Menschen gewesen; das heißspornige neue Mönchtum aber suchte den Krieg auf, den Kampf mit dem, was damals Welt genannt wurde. Es war in gewissem Sinne religiöser, aber es war weniger kulturfreundlich. Auf Besitz und Bildung hatte die Vornehmheit der alten Benediktiner geruht, die Reformmönche gründeten ihr gehobenes Standesbewußtsein auf den Anspruch, dem Himmel näher zu stehen als alle übrigen Menschen, nicht ausgenommen die Pfarrgeistlichkeit; Vermönchung der ganzen Kirche war ihr letztes Ziel. Hatten jene Lehrer des Volks sein wollen, auch in Dingen des weltlichen Nutzens, im Ackerbau, in den Gewerben, so wollten diese die Gewissen beherrschen. Das empfindlicher und komplizierter gewordene sittliche Bewußtsein fühlte angstvoller seine Sündenlast und verlangte nach Gegengewichten durch verschärfte Askese. Niemals sind in Deutschland so viele Klöster neu gegründet worden wie in diesem Jahrhundert. Die Kluniazenser eröffneten die Reform, ihnen folgten die Prämonstratenser und bald die ersten Zisterzienser.

Sie kamen aus Burgund und der Champagne. Die Vermutung, so nahe sie zu liegen scheint, daß sie neuer Einströmung französischer Bauweise das Tor geöffnet hätten, trifft nicht zu. Innerhalb der uns beschäftigenden Epoche, bis zum Ende des 12. Jahrhunderts, war es noch nicht der Fall. Die neuen Kongregationen veränderten in einigen Punkten das Bauprogramm, soweit es mit den kultlichen Einrichtungen zusammenhing; auf dem eigentlich künstlerischen Gebiet verfolgten sie keine Sonderbestrebungen. Wir werden im späteren Zusammenhange bei dem jüngsten der Reformorden, den Zisterziensern, sogar auf einen die Kunsttätigkeit beengenden asketischen Radikalismus stoßen. Der älteren, von Cluny abhängigen Richtung war eine solche Tendenz noch fremd. Im Gegenteil, es ist nicht zu verkennen, daß die Menge und rasche Folge neuer Klostergründungen eine Schule wurde, in der auch die Qualität der Leistungen sich hob.

So war also eine Verbindung mit dem westlichen Nachbar wieder angeknüpft. Aber wohlgemerkt: sie wurde für die deutsche Baukunst dieser Epoche eine Anregung nur auf dem Umwege über das religiöse Leben, noch nicht unmittelbar eine künstlerische Direktive. Dagegen zeigt sich der Einfluß Italiens im Wachsen. Mit der Entstehung einer päpstlichen Partei im deutschen Klerus hatte dies freilich nichts zu tun. Das Rom der Päpste hat auf den Gang der Kirchenbaukunst des Mittelalters nicht den geringsten Einfluß geübt und auch nicht üben wollen, das ideale Reich der Kunst war aus der neuen Weltherrschaft ausgeschlossen. Weit eher ist die zunehmende Empfänglichkeit der deutschen Kunst für italienische Anregungen — und nun nicht mehr bloß für die antiken Nachklänge, sondern für die erwachende italienisch-nationale Kunst — unter die Folgen der Kaiserpolitik zu rechnen.

Schließlich die Kreuzzüge. Was haben sie der Kunst hinzugebracht? Noch der erste Kreuzzug wurde vom deutschen Adel abgelehnt, erst der zweite und dritte sah ihn eifriger. Zwischen den großen Heerfahrten aber lag eine fortlaufende Kette von Einzelpilgerschaften. Der Ertrag für die deutsche Kunst war die nähere Bekanntschaft mit der wegen ihrer alten Vornehmheit von jeher respektierten byzantinischen. Doch sei es gleich bemerkt: ihr Einfluß erfaßte nur die darstellenden und schmückenden Künste, an der Baukunst glitt er ab.

Langsam bereitet sich, so sehen wir, nach langer Abgeschlossenheit ein weltbürgerliches Zeitalter vor. Noch ist es nicht erschienen. Die deutsch-romanische Baukunst in ihrer mittleren Phase stellte mehr als je eine Autarkie dar. Ein klein wenig dringt es schon an sie heran, daß draußen in der Welt allerlei Neues im Werden ist. Sie selbst will sich dadurch nicht stören lassen. Die in der vorigen Epoche gezogenen Grundlinien zu vollerer und reiferer Gestaltung, zu feiner verästelten Ausdrucksbesonderheiten herauszuarbeiten ist ihr Hauptanliegen. Die Grundrisse werden einfacher, die Abmessungen weniger gewaltig, wie an den maßgebenden Bauten des 11. Jahrhunderts. Das Raumgefühl aber wird harmonischer, milder, die Formensprache flüssiger und kultivierter, die Kunst der Steinbearbeitung macht Fortschritte, so daß im Ornament jetzt schon vieles plastisch ausgedrückt wird, was früher nur als aufgemalter Flächenschmuck sich gegeben hatte. Die Baukunst ist in der glücklichen Phase angelangt, in der die Mühseligkeiten und Barbarismen des ersten Anlaufs überwunden sind, die Frische aber noch nicht verlorengegangen ist; alles atmet Hoffnung auf ein zu erreichendes noch höheres Ziel.

Die Klöster der Hirsauer Kongregation.

Die Hirsauer sind kein neuer Orden, sie sind Benediktiner, die sich zu einer verschärften Disziplin und engerem Zusammenschluß gegen die weltlichen Gewalten vereinigt haben. Im deutschen Bürgerkrieg in der Zeit Heinrichs IV waren sie die eifrigsten Parteigänger des Papstes, Gegner des Kaisers. Der die Bewegung in Gang brachte, war der im Jahre 1069 aus St. Emmeram in Regensburg in das unlängst von einem Grafen von Calw gegründete Schwarzwaldkloster gekommene Abt Wilhelm. Ein päpstlicher Legat, den er schützend bei sich aufnahm, wies ihn auf Cluny, die Hauptburg der burgundischen Reform. Wilhelm ließ durch zwei seiner Mönche die Gewohnheiten Clunys studieren und führte sie mit peinlicher Genauigkeit bei sich ein. Wie ein Lauffeuer verbreitete sich die neue Regel in Schwaben, Baiern und Österreich und gelangte noch vor Ende des Jahrhunderts nach Thüringen und Hessen. Im Rheinland und in Norddeutschland hat sie nicht Fuß gefaßt. Wo es nicht gelang, die bestehenden Klöster der Reform zu unterwerfen, wurden neue gegründet. Aus den Reihen des im Bürgerkrieg zu Schaden gekommenen Kleinadels fanden sie starken Zulauf. Beim Tode Wilhelms sollen 130 Klöster seiner Kongregation angeschlossen gewesen sein. Die Hirsauer Observanz sah das Wesen des vollkommenen Mönchtums im willenlosen Gehorsam, in der Reglementierung der kleinsten Handlungen, der sparsam gewechselten Worte, der Gedanken selbst. Man begreift, daß auch in der Anlage der Kirchengebäude Uniformität bis in alle Einzelheiten erstrebt wurde. Das ist ein anderer Geist als der der alten Benediktinerkunst, die in freierer Regung von Fall zu Fall das Beste suchte und von dem wir sagen dürfen, daß er der Natur der Deutschen wesensgleicher war, wenn wir auch die Vorteile der schulmäßigen Zentralisation nicht verkennen wollen.

Das Stammkloster besitzt zwei Kirchen, die Aureliuskirche ist die ältere. Wilhelm fand sie fertig vor, nur im Chorteil, um den Forderungen Clunys zu genügen, baute er sie um (Abb. 175a). Als sie zu klein geworden war, errichtete er in einiger Entfernung von ihr die neue Kirche, die er, wieder nach dem Vorbilde Clunys, den römischen Apostelfürsten widmete. Diese ist der Musterbau der „Hirsauer Schule". Mit einer Länge von 97 m ist sie die größte romanische Klosterkirche Deutschlands. Ludwigs XIV. General Melac steckte sie in Brand in demselben Jahre, in dem er das Heidelberger Schloß zur Ruine machte. Dann wurde sie als Steinbruch ausgebeutet. Heute steht von ihr nur ein Turm und die Umfassungsmauer in geringer Höhe. Mit Hilfe der umherliegenden Bruchstücke, und einer Ansichtzeichnung aus dem 18. Jahrhundert, die von der Ruine mehr aufrechte Teile zeigt, läßt sich der Aufbau, wenn auch nicht bis in jede Einzelheit verlässig, rekonstruieren, wie es in unserer Abbildung (166) versucht ist. — Die Betrachtung tut gut, genau zu unterscheiden zwischen der Anlage, insoweit sie durch die Ordensregel bedingt ist, und der architektonischen Formengebung. Für die erstere wäre der Vergleich mit der Kirche von Cluny von größter Wichtigkeit. Er läßt sich aber, da der Bau, den die von Abt Wilhelm entsandten Klosterbrüder vor Augen hatten, bald darauf einem völligen Umbau wich, nicht mehr unmittelbar durchführen. Dafür sind wir über die bei den Kluniazensern geltende Gottesdienstordnung ausführlich unterrichtet durch eine dreifache Aufzeichnung: eine in Cluny selbst, eine im italienischen Farfa und eine, die in Hirsau auf Wilhelms Bitte von einem ihn besuchenden Senior aus Cluny niedergeschrieben wurde. Der Vergleich mit dem Grundriß der Ruine beweist, daß Wilhelm sich streng an das Programm gehalten hat.

Es werden nach ihrer sachlichen Bestimmung drei Abteilungen unterschieden: Presbyterium — das auf der Ostseite des Querschiffs liegende Altarhaus; Chor — zerfallend in den »großen«, d. i. den Raum der Vierung, und den »kleinen«, d. i. den Raum, der sich von dieser westlich bis zum ersten Pfeilerpaar des Langhauses erstreckt; Schiff — der übrige Teil des Langhauses; wozu als viertes noch der Vorhof käme. Das Presbyterium zeigt als eine in Deutschland bisher nicht bekannte, aber für alle Hirsauer Anlagen verpflichtende Eigentümlichkeit zwei Nebenchöre, während der halbrunde Apsidenschluß aufgegeben ist. Außer dem Hauptaltar, der in der Mitte stand und von allen Seiten frei umgangen werden konnte, enthielt es drei Altäre an der Schlußwand. Die Nebenchöre, jeder wieder mit einem Altar, waren ursprünglich für sakrale Andachten und Bußübungen bestimmt. Ob sie in Hirsau, wo sie — und ähnlich in vielen andern Hirsauer Kirchen — durch eine Doppelarkade mit dem großen Altarhaus kommunizierten, diese Bestimmung noch aufrechterhielten (man müßte dann an Verschluß durch Vorhänge denken), bleibt dahingestellt. Außerdem gab es Altäre noch in andern Teilen der Kirche, der wichtigste der am Ende des Schiffes stehende Kreuzaltar, an dem die Laien kommunizierten, die *Missa hospitum* gesungen und am Gründonnerstag die große Fußwaschung gefeiert wurde. Von den Mönchen, deren Zahl unter Wilhelm 150 überstieg und später noch anwuchs, besaß nur ein Teil, wohl gewiß der kleinere, die zum Altardienst befähigende Priesterweihe. Ferner unterschied man die, die lesen konnten und im Gesang geschult waren, und die Konversen. Die ersteren hatten unter der Vierung ihre Stühle; Abt, Prior und Senioren an der Westseite, mit dem Gesicht gegen den Altar. Der Psalmengesang war das Hauptstück im Gottesdienst der Mönche, nicht der Altardienst, und er beschäftigte sie mit kurzen Unterbrechungen den ganzen Tag und die zweite Hälfte der Nacht. An gewöhnlichen Tagen war auch die Ostseite des Chors mit Bänken in zwei Reihen besetzt, die an Sonn- und Feiertagen weggeräumt wurden. Die Konversen saßen im Querflügel. Presbyterium, Chor und Querschiff zusammen bilden die eigentliche Mönchskirche. Dieselbe besitzt auch ihre eigenen Türme. Sie sind an der Westwand des Querschiffs über den Enden der Langhausseitenschiffe angeordnet und offenbar deshalb an diesen Platz gestellt, um das Geläute der Glocken, auf das die Hirsauer einen ausgedehnten Fleiß wendeten und das auch die Stille der Nacht öfters unterbrach, bequem mit dem Chordienst zu verbinden*.

* Für Hirsau selbst ist freilich zweifelhaft, ob diese im Grundriß deutlich vorgesehenen Türme wirklich zur Ausführung kamen. Vorhanden sind sie u. a. in Hamersleben und Halberstadt (Liebfrauen), wogegen die Peterskirche bei Erfurt, die sich im ganzen der Peterskirche in Hirsau genau anschloß, die Türme an das Ostende der Nebenchöre versetzt. Auch wo die Türme wegfielen, wurde doch die durch sie bedingte Anordnung eines starken Pfeilers am Ende der Säulenreihe des Langhauses, gleichsam als Atavismus, beibehalten.

Jenseits der Türme und des zwischen ihnen quer über das Mittelschiff gespannten Schwibbogens (gewissermaßen eine Verdoppelung des Westbogens der Vierung) liegt das Laienhaus. Wir finden die Anweisung, daß dieses, im Unterschied zu der Mönchskirche, nur an den höchsten Festtagen zu schmücken sei. Mochte es auch nur an solchen sich füllen, es ist bemerkenswert, daß dem Laienhause schon mehr Raum zugestanden war, als auf dem Riß von St. Gallen. Es mußte ein großer Mittelraum für die Prozessionen freibleiben. So hart und an Demütigungen und Kasteiungen reich der innere Dienst war, nach außen liebten die Kluniazenser Pracht und Machtentfaltung, wozu die Prozessionen eindrucksvolle Gelegenheit boten. Die Ordnungen von Farfa beschreiben sie genau, und sie werden in Hirsau nicht anders gewesen sein. An den ganz großen Tagen schritten an der Spitze dreißig Diener mit Fahnen; es folgten paarweise die Priester, Leviten, Konversen mit Reliquienschreinen, Bildern, Prachtbüchern, Weihrauchfässern; die Sänger; zuletzt der Abt — und zu beiden Seiten der Gasse das auf den Knien liegende Volk. In solchen Augenblicken durfte die *Ecclesia militans* sich schon als *triumphans* fühlen. Über den religiösen Wert der Zeremonien kann man verschieden denken, zur Weckung des Ästhetischen haben sie unbestreitbar viel getan. — Ein Hauptakt der Feier spielte sich im Vorhof ab. Wahrscheinlich ist dies der Grund oder mit ein Grund gewesen, weshalb dieser in den Ländern nördlich der Alpen damals schon allgemein aufgegebene Bauteil von den Hirsauern wiederaufgenommen wurde. Allerdings paßte diese Einrichtung schlecht zum nordischen Klima, und so wurde, wie in Hirsau selbst, so auch an anderen Orten der offene Vorhof zur gedeckten Vorkirche umgebaut. Die jüngeren Glieder der Familie verzichteten auch auf sie. Ganz allgemein aber, und nicht leicht zu erklären, ist das Fehlen der Krypta. Nehmen wir dazu noch die Abstoßung des Westchors — nicht bloß für den Fall, daß ein Vorhof vorhanden war, sondern stets —, so zeigt sich, daß die Hirsauer Grundsätze gegenüber den Baugewohnheiten der Benediktiner als eine oppositionelle Neuerung erscheinen mußten; weniger auffallend allerdings in Süddeutschland, als am Rhein, dem Heimatgebiet des frühromanischen Gruppierungsbaus.

Wir wenden uns nun zur zweiten Frage: Hat die Architektur Clunys, der burgundische Stil also, über das liturgische Programm hinaus im rein Künstlerischen auf die Hirsauer Bauten eingewirkt? Es scheint, daß sie verneint werden muß. Wenn die Hirsauer Schule in bedeutsamer Weise für den Säulenbau und für die doppeltürmigen Fassaden Propaganda gemacht hat, so sind das allerdings Momente, die sie mit Cluny teilt. Aber es muß gegen die Annahme einer ursächlichen Beziehung eingewandt werden, daß schon vor der Knüpfung des Bandes mit Cluny beides an der Hirsauer Aureliuskirche und weiter zurück an zwei so bedeutenden und weitbekannten oberrheinischen Bauten, wie dem Straßburger Münster und der Klosterkirche Limburg, vorhanden war. Die Doppeltürme der Hirsauer Peter-Paulskirche, für die allein das Vorbild Clunys in Betracht kommen kann, bedeuten keinen Fortschritt; im Gegenteil, sie sind nicht der eigentlichen Fassade einverleibt, wie in Straßburg, Limburg und auch der Aureliuskirche, sondern stehen am Eingang des Vorhofs, also noch ebendort, wo schon der St. Galler Grundriß sie angeordnet hatte. Sonstige Merkmale, die für burgundisch angesprochen werden könnten, sind nicht zu entdecken. Der künstlerische Charakter der Hirsauer Bauten ist durchaus deutsch. Erwähnen wir auch noch dies, daß in denselben Jahren, in denen in Hirsau die zweite, die für die Hirsauer Schule« mustergültige Kirche erbaut wurde, die Kirche Clunys durch einen Neubau von stilistisch völlig anderem Charakter, einen großartigen Gewölbebau nämlich, ersetzt war*.

Cluny also war für Hirsau nicht künstlerisches Vorbild, wohl aber war es Hirsau für die deutsche Seite der Kongregation. Aus Hirsaus kirchlichen Erfolgen wurden künstlerische Erfolge der oberrheinischen Schule. Die Zahl der erhaltenen oder in Ruinen noch kenntlichen Denkmäler ist beträchtlich. Wir wählen zur Betrachtung aus ihrer Reihe die folgenden:

Alpirsbach. Gegründet 1095 unter Anteil Adalberts von Zollern. Das älteste Baudenkmal, das auf unser Kaiserhaus Bezug hat. Das ursprüngliche Bild ist in den großen Zügen fast unverändert, was unter den romanischen Basiliken eine große Seltenheit ist. Der Querschnitt zeigt die für das 12. Jahrhundert charakteristischen steilen Proportionen. Wer das Raumbild etwa der Hauptkirche auf der Reichenau oder von St. Michael in Hildesheim in Erinnerung hat, wird die Wandelung des Raumgefühls sehr bestimmt empfinden. Ein Zug von wehrhafter Strenge erfüllt den ganzen Bau, besonders die ausdrucksvolle Linienführung der Säulen. Am letzten Paar derselben ist das Ornament der Würfelkapitelle, das wir uns an den übrigen aufgemalt zu denken haben, plastisch ausgeführt und haben die Basen groteske Tierbilder als Eckzierate erhalten. Auch an dem Turm von Hirsau, der als jüngster Teil des Gebäudes schon ins 12. Jahrhundert gehört, zeigt ein Fries mit Löwen und Hirschkühen ein neues Wohlgefallen an plastischer Dekoration (Abb. 176). In Alpirsbach sind die Westtürme und der Vorhof nicht zur Ausführung gekommen. Den Osttürmen war ursprünglich derselbe Platz zugedacht wie in Hirsau, wie man daraus erkennt, daß am letzten Stützenpaar des Langhauses Pfeiler an Stelle der Säulen eintraten. Später wurden sie, dem schwäbischen Herkommen nachgehend, an die Seiten des Altarhauses versetzt. Dieses zeigt an der Schlußwand noch die typische Anordnung von drei Altären (die meisten sind die alten), für die hier drei tiefe Nischen angelegt sind.

* Nur an wenigen Orten kam es zu partieller Wölbung der Ostteile, allerdings im Tonnensystem; so in der Peterskirche bei Erfurt und in Kastel in der Oberpfalz. In der Hauptsache sind alle Hirsauer Kirchen Flachdeckbasiliken.

Säulenbasiliken bedeutenden Maßstabes gegen Ende des 11. und Anfang des 12. Jahrhunderts sind ferner die Klosterkirchen von Schaffhausen und Petershausen und der Dom von Konstanz. Petershausen im 19. Jahrhundert abgebrochen; Schaffhausen durch nüchterne Restauration entstellt; Konstanz mit spätgotischen Gewölben versehen, aber im Eindruck noch immer charakteristisch für die romanische Raumempfindung. Diese Kirchen (auch die kleine in Stein am Rhein) haben ebenso wie die Hirsauer und Limburger platten, apsidenlosen Schluß des Altarhauses. Ein oberrheinischer Provinzialismus, zu dessen Erklärung man den kluniazensischen *Deus ex machina* keineswegs nötig hat.

Gengenbach im Kinzigtal. Sehr alte Gründung, unter Abt Friedrich (gest. 1120) der Hirsauer Kongregation beigetreten und von ihm als völliger Neubau begonnen. Typische, wohlerhaltene, nur durch modern archaistische Bemalung entstellte Hirsauer Anlage. Der für das rechte Rheinufer ganz ungewöhnliche Wechsel von Säulen und Pfeilern wird auf elsässischen Einfluß zurückgehen.

Schwarzach am rechten Rheinufer, gegenüber Sesenheim. Ein Spätling der Hirsauer Schule (Ende 12. Jahrhunderts), gut erhalten, die moderne Ausmalung besser als in Gengenbach, um des Gesamteindrucks willen besuchenswert.

Prüfening bei Regensburg, geweiht 1119. Lokale Abwandlung des Hirsauer Typus ist die Stellung der Türme am Ostende der Nebenchöre und die Pfeilerform der Stützen.

Petersberg bei Erfurt. Mit Reinhardsbrunn die älteste Hirsauer Kirche im Norden des Thüringer Waldes. Begonnen 1103 vom Laienbruder Ditmar. Durch die Beschießung von 1813 schwer beschädigt. Besonders beachtenswert das mächtige und vollendet schön gefügte Quaderwerk der Außenwände und die partielle Wölbung der Schiffe, beides für dieses Gebiet neu. Für die Vervollkommnung der Technik bedeutet das Auftreten der Hirsauer Bauleute überall einen großen Fortschritt.

Paulinzella (Abb. 45, 60). Gegründet 1106 und wenige Jahre später zu bauen begonnen, seit dem Bauernkriege langsam zerfallen. Durch romantischen Zauber der Lage in einsamem Waldtal für unsere wanderlustige Zeit von besonderer Anziehungskraft. Ruinenschönheit und architektonischer Wert werden oft verwechselt. Hier ist auch der letztere in hohem Maße vorhanden. Von einem sehr sorgfältigen und sicheren technischen Vortrag unterstützt, kommt der Adel dieser Bauweise zugleich anspruchslos und Ehrfurcht weckend zur Erscheinung. Karl Schnaase sprach von der »großen Anmut dieses Monuments, die, obwohl mit ganz andern Formen, einigermaßen an den ionischen Stil erinnert«. Der Bau ist, mit Ausnahme der in der zweiten Hälfte des Jahrhunderts umgestalteten Vorhalle, einheitlich. Der Abt Gerung war vorher Propst in Hirsau gewesen. Sein Bau wiederholt nicht nur das kultliche Programm der Mutterkirche mit einer sonst nicht wieder vorkommenden Vollständigkeit, auch die Stilformen sind übernommen, etwas reifer und milder jedoch, wie der Zeitunterschied von 25 Jahren es rechtfertigt. Typische Einzelheiten sind die Eckzähne an den fein durchgegliederten Würfelkapitellen (vgl. Abb. 247); die über jeder Säule senkrecht zum Arkadengesims aufsteigenden und mit ihm durch gleichartiges Profil verbundenen Leisten, die Umrahmung der Tür am nördlichen Querschiff durch Herumführung des Sockelprofils (vgl. Abb. 291). Erst in der um einiges jüngeren Vorhalle tritt sächsisch-thüringisches Detail auf.

Hamersleben (Abb. 59). Der nördlichste Ausläufer der Hirsauer Schule. Gegründet 1120, ausgeführt in der zweiten Hälfte des Jahrhunderts. Wieder eine reine Säulenbasilika; in dem feinen Wohllaut der Proportionen und den ausgezeichneten Schmuckformen (Abb. 255, 256) eine der schönsten, die wir noch besitzen.

Breitenau in Hessen. Gegründet 1113, jetzt Ruine. Den sehr regelmäßigen und normalen Grundriß zeigt Abb. 46. Ausnahmsweise ein Pfeilerbau.

Die ersten Gewölbebasiliken.

Bei Betrachtung der architekturgeschichtlichen Wandlungen pflegen die Architekten das technische Können, die Ästhetiker das künstlerische Wollen als ausschlaggebend hinzustellen; für den Historiker sind es untrennbare Dinge. Zwei offenliegende Tatsachen sind es: erstens daß der Übergang von der flachgedeckten zur gewölbten Basilika in der Entwicklung der mittelalterlichen Baukunst ein tiefeinschneidender Wendepunkt ist; und zweitens, daß die deutsche Baukunst ihn zum ersten Male gegen Ende des 11. Jahrhunderts erreicht hat. Die westfränkische Architektur ist beim Gewölbebau früher angelangt, aber fürs erste nur unter Preisgabe des überlieferten Raumbildes der Basilika. Für die deutsche Architektur hingegen war dies Raumbild etwas schlechthin Gegebenes und Wertvolles. Wieviel dabei auf die Ehrfurcht vor der Überlieferung, wieviel auf einen festgegründeten künstlerischen Glauben zu setzen ist, wird sich nicht scheiden lassen. Dabei ist nicht daran zu zweifeln, daß die im frühen Mittelalter erschreckend häufig auftretenden Brandschäden den Wunsch nach Ersatz der Holzdecke durch Steindecke stets rege gehalten haben müssen. Allein andererseits wußte man auch genau, daß gerade die Basilika durch ihre Querschnittsverhältnisse der Wölbung besondere Schwierigkeiten entgegensetzt. Unter allen Veränderungen, denen die deutsche Baukunst das überlieferte Bild der spätantiken Basilika nach und nach unterwarf, ist diese die letzte. Der Grundriß, der äußere Aufbau, die Schmuckformen, alles hatte sich schon gewandelt, — nur noch nicht die Konstruktionsform der Decke. Hier ging es um einen Kardinalpunkt, nicht nur technisch, sondern auch künstlerisch, wenn auch die volle Tragweite und Unaufhaltsamkeit der mit der Aufnahme des Gewölbes ins Rollen kommenden Entwicklung noch nicht geahnt werden konnte. In Wahrheit birgt ja schon die erste romanische Gewölbebasilika die Keimzelle der Gotik. Im Verhältnis zur langen Dauer, in der sich die letztere festsetzte, ist jene nur ein kurzes Vorspiel.

Die Kategorien Steinbau, Gewölbebau, Monumentalbau gehören eng zueinander. Nicht deshalb hatte der frühchristliche Kirchenbau, aus einer an kühnste und machtvollste Gewölbekonstruktionen gewöhnten Umwelt hervorgehend, der flachen Holzdecke über leichten Backsteinmauern den Vorzug gegeben, weil er nicht zu wölben verstanden hätte, sondern weil die Schwäche seines Monumentalgefühls die Gewölbe nicht mehr brauchte. Mit dem Wiedererstarken dieses Gefühls setzte der romanische Stil ein. Zuerst noch ganz elementar, als Wohlgefallen an der Festigkeit des Stoffes und der Mächtigkeit der Massen. Daß er schließlich zum Gewölbebau übergehen mußte, war eine innere Notwendigkeit. Es ist klar, daß damit die Lossagung von der Stimmung der Spätantike zur Vollendung kam. Ebenso klar aber auch, daß mit der Lösung des Problems ganz von vorn begonnen werden mußte. Deckenkonstruktion und Raumform stehen in einem zwingenden Zusammenhang. Es ist nicht möglich, mit jeder beliebigen Gewölbeform jeden beliebigen Grundriß und Querschnitt zu überdecken. Wäre es den Deutschen dieser Zeit nur darauf angekommen, Gewölbekirchen um jeden Preis zu besitzen, so hätten sie nur nötig gehabt, bei den Byzantinern in die Schule zu gehen oder allenfalls auch das an den von jeher gewölbten Krypten angewendete System im großen zu versuchen. Aber wir sagten es schon: ihre Raumphantasie war mit der Basilika unlöslich verwachsen; für deren räumlichen Rhythmus und Lichtführungsschönheit gab es keinen Ersatz. Von kleinen dissidenten Gruppen abgesehen, war es die unerschütterliche und allgemeine Überzeugung: sollen Gewölbekirchen gebaut werden, so dürfen es nur Gewölbe**basiliken** sein.

Ein charakteristischer Irrtum der ersten Zeit ist es, daß die meisten das Problem nur als ein technisches ansahen, d. h. meinten, es brauche sich nichts zu verändern als die Decke für sich. Sehr bald aber machte der tiefe Unterschied des künstlerischen Wesens mit Kraft sich geltend. Die Schönheit der alten, der flachgedeckten Basilika liegt allein in der Raumkategorie; was ihr fehlt, ist die Einheit der Substanz und der sinnfällige Zusammenhang zwischen Decke und Mauern. In der gewölbten Basilika dagegen sind diese beiden mehr als bloße Raumgrenzen. Sie haben ein Leben für sich. Das Verhältnis von Last und Stütze, an sich ein bloß statisches, wird durch die Phantasie des Beschauers in ein dynamisches umgedeutet. Den Pfeilern, Arkaden und Mauern wird eine vitale Bewegung angedichtet, die sie mit den Bogenlinien der Decke in einen fortlaufenden Zusammenhang setzt. Dieses zum Ausdruck zu bringen, gibt es eine lange Reihe sich steigernder formaler Möglichkeiten. Was wir als romanisch und gotisch unterscheiden, sind nur verschieden hohe Sprossen derselben Leiter. Welche derselben jeweils erreicht wurden, hing weder vom technischen Können allein noch vom künstlerischen Wollen allein ab, sondern beide bedingen sich gegenseitig. Bevor wir den geschichtlichen Gang verfolgen, wollen wir uns klarmachen, warum die mehrschiffige Basilika der Wölbung größere Schwierigkeiten bietet als ein einschiffiger Raum oder einer mit mehreren gleichhohen Schiffen. — Ein Gewölbe wirkt nicht bloß als Last, d. h. in lotrechter Richtung; die Erfahrung hatte längst darüber belehrt, daß es daneben noch eine zweite, eine seitliche Druckrichtung gibt, und daß dieselbe eine Mauer um so stärker angreift, je höher sie ist. Kommen zum Hauptschiff noch Seitenschiffe hinzu — eben der Fall der Basilika —, so wird die Hochwand an zwei verschiedenen Stellen in entgegengesetzter Richtung bedrängt: am Anfall der Mittelschiffsgewölbe von innen nach außen, am Anfall der Seitenschiffsgewölbe von außen nach innen; und zu alledem wurzelt diese Mauer nicht in der Erde, sondern balanciert auf Pfeilern und Arkaden.

So also stand das Problem. — Betrachten wir nun die besonderen Verhältnisse im deutschen Gebiet. Wo die Deutschen in Stein zu bauen lernten, empfingen sie damit zugleich eine gewisse Kenntnis vom Wölben. Auch in der Basilika wurden einzelne Bauteile — die Apsis, die Erdgeschosse der Türme, vor allem die Krypten — von Anfang an und stets gewölbt. Ferner blieb im Zentralbau, soweit er noch geübt wurde, die Steindecke die Regel. Wir erinnern daran, daß die bedeutende konstruktive Leistung, als die sich das Aachener Münster darstellte, von einem Franken, einem Ostfranken, herrührte. Für das 10. und 11. Jahrhundert sind die Zentralbauten in Wimpfen und Ottmarsheim Beispiele einer auch vor größeren Maßverhältnissen nicht zurückschreckenden Wölbekunst. Nicht zu verkennen ist dabei, daß die Lande am Rhein und an der Donau mehr zu leisten vermochten als die mittel- und norddeutschen. Die Vergangenheit mit ihrer Trennung in ein römisches und ein freies Germanien bedeutete wie in vielen andern Kulturüberlieferungen auch hierin noch immer etwas; ein Weiteres tat die Nähe des Westens zu Frankreich, des Südens zu Italien. In der Zeit der Ausbildung und der flachgedeckten Basilika war Sachsen den anderen Stilprovinzen ebenbürtig, zuweilen selbst führend; sobald die Fragen des Gewölbebaus in den Vordergrund traten, ging der Primat mehr und mehr auf den Westen über.

Der erste Versuch im großen, auf den wir hier stoßen, wollte bezeichnenderweise dem eigentlichen Problem noch ausweichen, er behalf sich mit der Verkoppelung eines gewölbten Zentralbaus mit einer flachgedeckten Basilika. Das Gebäude, an dem diese Kompromißlösung durchgeführt wurde — nur das eine Mal und sonst nicht wieder —, gehört nach seiner Zeitstellung noch an das Ende der vorigen Epoche, aber nur als Vorläufer der in diesem Kapitel zu behandelnden Dinge kann es im richtigen Licht gesehen werden. Es ist die Kirche St. Marien im Kapitol in Köln (Abb. 81, 82). Sie hatte, als der uns beschäftigende Bau des 11. Jahrhunderts ausgeführt wurde, schon eine lange Geschichte hinter sich. Als ihre Stifterin wurde Plektrudis, die Ahnfrau der Karolinger, Gemahlin Pippins von Heristall, verehrt. Reste dieser ersten Anlage sind nicht gefunden worden. Vielleicht hatte sie sich in die in den Fundamenten jetzt aufgedeckten Römerbauten eingerichtet. Ein erster Umbau, vielleicht schon wesentlich Neubau, erfolgte im 10. Jahrhundert unter Bischof Brun, ein zweiter im 11. Jahrhundert unter Hermann und Anno, abgeschlossen wurde er im Jahre 1065. Äbtissin war damals Ida, Tochter des Pfalzgrafen Ezo, Enkelin Kaiser Ottos II. Dieser Bau ist im wesentlichen der noch heute bestehende; teilweise verändert wurde (schon im Anfang des 13. Jahrhunderts) die Decke; der übrige Aufbau, vor allem der merkwürdige Grundriß, ist das Werk des 11. Jahrhunderts. Bei ihrem Anblick sieht sich der von der bisherigen Entwicklung ausgehende Betrachter in Staunen und Ratlosigkeit versetzt. Ein Gebilde aus einer fremden Welt. Offensichtlich aus dem Gedankenkreise des Gewölbebaus hervorgegangen. Der Grundriß ist mit einer so reichen und kultivierten Gestaltungskraft durchgeführt, daß wir allein schon deswegen sagen müssen: über das Vermögen der deutschen Baukunst des 11. Jahrhunderts geht das weit hinaus. Analogien finden sich nur in zeitlich oder räumlich entfernten Kunstgebieten. Die Möglichkeit einer Einwirkung von ihnen her darf nicht abgelehnt werden. Die kleeblattförmige Dreikonchenanlage, wie sie in der Kölner Apostelkirche in einem besonders reich entwickelten Exemplare vorliegt, war in den ersten Jahrhunderten nach Christus in allen Mittelmeerländern und bis nach Vorderasien hinein verbreitet, im Kirchenbau wie im Palastbau; bald in der einfachen Fassung der Zömeterialzellen, bald amplifiziert, wie in den Beispielen der Bauten Kaiser Hadrians in Tivoli und in Athen und in der S. Lorenzokirche in Mailand; bald in Hofhallen aufgelöst, bald zu einem geschlossenen Gewölbebau zusammengezogen. Auch die Kombination mit dem Langbau kam schon vor; so in der konstantinischen Geburtskirche in Bethlehem, im Palast von Mschatta in Syrien. Man muß es beinahe auffallend nennen, daß der fränkischen und deutschen Kunst der Frühzeit, da sie doch so manches aus der östlichen Kunstwelt aufnehmen, bei ihrem Suchen nach reicherer Chorgestaltung gerade dieser Typus fremd geblieben war *. So kommen zur Ableitung der Kapitolskirche nur zwei Annahmen in Betracht: ent-

* Einige wenige aus Italien abzuleitende Fälle von Kleeblattgrundrissen einfachster Art, wie St. Stephan in Werden und St. Georg auf der Reichenau, bestätigen nur durch ihren Ausnahmecharakter die Regel.

weder folgte sie einem seither verschollenen rheinischen Bauwerk aus der Römerzeit, oder der Plan war neuerlich aus einem jener fernen Länder, zu deren Erbbesitz er gehörte, eingeführt worden. Der Beiname »im Kapitol« heißt uns zunächst in der erstgenannten Richtung suchen. Steht vielleicht sogar St. Marien gleich einer andern kölnischen Kirche, gleich St. Gereon, unmittelbar auf römischen Grundmauern? Ausgrabungen haben in der Tat auf römische Grundmauern unter der Kirche geführt; aber die erwartete Gestalt zeigen sie nicht; der Grundriß des 11. Jahrhunderts ist unabhängig von ihnen, unabhängig überhaupt von allen seinen örtlichen Vorgängern entworfen worden. Sehen wir uns weiter im römischen Germanien um, so bietet der sogenannte Kaiserpalast in Trier zwar eine gewisse Familienähnlichkeit, aber sie genügt nicht. Zu einem dritten, bloß hypothetischen, vom Erdboden wie aus dem Gedächtnis verschwundenen Römerbau die Zuflucht nehmen, wäre kaum etwas anderes als Verzicht auf eine wirkliche Erklärung. Es wird also der andere Weg zu erproben sein. Bis in den Orient brauchen wir uns durch ihn nicht führen zu lassen. In Italien, und zwar in dem den Deutschen am besten bekannten Teil, in der Umgegend von Mailand, ist die Tradition von S. Lorenzo nie ganz abgebrochen gewesen. S. Fedele in Como, um das Jahr 1000, hatte nicht nur die Verbindung mit einem Langhaus, sondern auch Umgänge um die Konchen. In einzelnen ist freilich vieles anders. Bemerken wir dann noch die verwandte, aber einfachere Lösung im ältesten Bauteil (1108) einer andern niederrheinischen Kirche, der von Klosterrat, von der die Chronik sagt, ihr Fundament sei *scemate Longobardino* gelegt worden: — so ist die Herkunft des Grundrisses von St. Maria im Kapitol aus dem lombardischen Kunstkreise zwar nicht bewiesen, aber doch der Wahrscheinlichkeit recht nahe gebracht. Hätten wir uns für den andern Fall, die Ableitung von einem rheinisch-römischen X, zu entscheiden gehabt, so wäre mit solcher Neigung, auf antike Ruinen zurückzugreifen, das Erwachen einer Renaissancestimmung behauptet worden. Etwas anderes bedeutet die Anknüpfung an eine noch lebendige, wenn auch fremdländische Überlieferung. Bei der Hypothese, der wir zuneigen, bleibt es unentschieden, ob der Meister der Kapitolkirche ein eingewanderter Lombarde oder ein zurückgewanderter Deutscher war. Wahrscheinlicher ist das Zweite, da die Formenbehandlung der Einzelheiten unumwunden deutsch ist. Die wichtigste Frage ist auch nicht diese, sondern die nach den Absichten, durch welche die Kölner Bauherren bei der Wahl der von allem Gewohnten sich so weit entfernenden Generalidee leiten ließen. Ist doch sonst in der Entwicklung der romanischen Baukunst nichts sprunghaft, nichts unvorbereitet. Von vornherein unmöglich für diese Zeit ist es, daß ein persönlicher Geschmack des Baumeisters sich hier durchgesetzt haben könnte. Auch von einer allgemeineren Wendung, sei es der ästhetischen, sei es der liturgischen Bedürfnisse, ist nichts zu spüren; der Plan hätte dann ein Echo finden müssen. Für mich besteht kein Zweifel, daß dieser fremdartige Typus nicht an sich schon Zweck, sondern nur Mittel war: Mittel zur Gewinnung eines großen Gewölbebaus. Ohne Vorbilder kam diese auf Autoritätsglauben gestellte Zeit nicht aus. Wenn man einen reinen Zentralbau nicht haben wollte und Wölbung der Basilika nicht haben konnte, dann kam die Bekanntschaft mit dem lombardischen Kompromißtypus zur rechten Stunde. Allerdings ist auch unter dieser Führung die Wölbung nur halb gelungen: sie blieb auf die Umgänge und Seitenschiffe beschränkt, und erst das 13. Jahrhundert hat für die Mittelräume nachgeholt, wozu sich das 11. im letzten Augenblick zu schwach fühlte. Nachdem das Hauptziel verfehlt war, schwand auch das Interesse am Plan. Die Kapitolkirche blieb im Organismus der deutschen Baukunst ein Fremdkörper. Anderthalb Jahrhunderte später unter veränderten Verhältnissen sollte jedoch der scheintote Keim noch zum Leben, und zwar einem sehr kraftvollen, erwachen.

Von diesem Zwischenspiel wenden wir uns wieder der Hauptlinie der Entwicklung zu.

Wenn die Basilika gewölbt werden sollte, welches System kam dafür in Betracht? Von den drei der Antike geläufigen Gewölbearten — der Kuppel, dem Tonnengewölbe, dem Kreuzgewölbe — war an die erste von vornherein nicht zu denken. Die zweite, die sich formal dem Raumbilde der Basilika sehr schön angepaßt hätte, war konstruktiv (wegen des starken Seitenschubs) um so bedenklicher; so blieb nur die dritte. Schon in den Krypten war man vom Tonnengewölbe, das die Frühzeit öfters angewendet hatte, gänzlich abgekommen. Die hier allgemein gebräuchlich gewordene Formel: Teilung in mehrere Schiffe von gleicher Höhe und mit rechtwinklig sich durchdringenden Halbzylindern, d. h. also mit Kreuzgewölben, gedeckt, — hätte sich auch auf oberirdische Kirchen übertragen lassen; es wäre dann eine sogenannte Hallenkirche entstanden, und die Gefahr des Seitenschubs wäre hier offenbar geringer als in der Basilika gewesen. Einem Versuch dieser Art — der heutige Denkmälerbestand kennt allerdings nur den einen — begegneten wir schon in der bald nach dem Jahre 1000 entstandenen Bartholomäuskapelle in Paderborn (Abb. 116). Er war in technischer Hinsicht wohlgelungen, fand aber trotzdem keine Nachfolge: die Basilika ließ sich aus ihrer Alleinherrschaft nicht verdrängen. In der Kölner Kapitolskirche verstand man es, die Seitenschiffe mit einer Folge von Kreuzgewölben, die durch kräftige Quergurten verstärkt wurden, einzudecken, aber die Wölbung des Mittelschiffs unterließ man, weil aus den früher auseinandergesetzten Gründen der Seitenschub hier viel bedrohlicher war.

Etwa im Ausland Belehrung zu suchen, wäre zwecklos gewesen. Denn auch die in der Wölbekunst viel erfahreneren Bauschulen Oberitaliens und Frankreichs mühten sich eben an diesem Problem erfolglos ab, was den Deutschen nicht unbekannt geblieben sein wird; die erste reine Gewölbebasilika — genauer gesagt: die erste großen Maßstabes — wurde in Frankreich nicht früher als um 1080 begonnen, es geschah im mächtigsten Kloster des Abendlandes, im burgundischen Cluny.

Um dieselbe Zeit aber fiel auch in Deutschland schon die Entscheidung. Nicht etwa ein großer Fortschritt in der technischen Wissenschaft führte sie herauf, es war die Entschlußkraft eines kühngesinnten und machtgewohnten einzelnen Mannes, eines Königs. Erstling der deutschen Gewölbebasilika ist der Dom von Speier in der von dem Salier Heinrich IV. befohlenen Umgestaltung. Sie ist fünfzehn bis zwanzig Jahre jünger als die Weihe der Kölner Kapitolskirche, und die technische Lösung erfolgte ohne fremdes Muster, wie es dort noch angerufen war. Gleichwohl wäre der Entschluß zur Einwölbung des Domes von Speier nicht zustande gekommen, wenn er nicht von einer allgemeinen Bewegung der Zeit getragen worden wäre. Nicht nur im Rheinlande, sondern gleichzeitig auch in Burgund und der Lombardei — zusammenfassend ausgedrückt: in der maßgebenden Mitte Europas — wurde die Baukunst reif zum Eintritt in eine neue Epoche, eine Epoche erhöhter Monumentalität. Und in jedem dieser drei Gebiete steuerte dies Verlangen auf dasselbe besondere Ziel, die Gewölbebasilika. Aber die Mittel, durch die es erreicht wurde, waren in jedem verschieden. Diese Generation lebte in einer hohen Spannung der Gemüts- und Willenskräfte. Das Ringen um das Imperium zwischen Kaiser und Papst, die Kreuzzüge, der Aufschwung in der Baukunst — das sind Einzelvorgänge, die aus derselben geschichtlichen Umwelt sich auslösen. Für Heinrichs IV. Entschluß muß besonders der große Neubau in der Hochburg seiner Erzfeinde, in dem Neste, das ihm einen Gregor und Urban ausgebrütet hatte, in Cluny, von Bedeutung gewesen sein; er war gleichsam ein Gegenzug des Imperiums gegen das Sacerdotium.

Der Dom von Speier, der »Kaiserdom«, ist ein Gefäß so reicher historischer Erinnerungen, wie sie kein anderes Baudenkmal unseres Vaterlandes besitzt, — Erinnerungen an Größe und an Erniedrigung. Hier haben wir ihn nur nach seiner Stellung in der Architekturgeschichte zu betrachten. In der Gestalt, die ihm die Restauration des 19. Jahrhunderts gegeben hat, täuscht er Einheitlichkeit vor. In Wahrheit hat sich seit der Zeit der Salier sehr vieles an ihm verändert, und es wird gut sein, davon vorweg Kenntnis zu nehmen. Der Dom ist von Konrad II. — in welchem Jahre, ist nicht genau bekannt, etwa 1030 — begonnen und von Heinrich IV. nicht lange vor seinem Tode — er starb 1106 — vollendet worden. Diese Bauführung unter den drei ersten Saliern ist als eine zusammenhängende anzusehen; in ihrem Verlauf trat aber ein Planwechsel hinsichtlich des konstruktiven Systems ein, während der Grundriß unverändert blieb. Die im 12. Jahrhundert ausgeführten Arbeiten haben nur den Charakter von Restaurationen. Seitdem wurde nicht mehr Hand an ihn gelegt bis zu der von dem Feldherrn Ludwigs XIV. — in demselben Jahr, in dem das Heidelberger Schloß zur Ruine wurde und ein gleiches Schicksal auch dem Dom von Worms zugedacht war — begonnenen Zerstörung. Dieselbe kam zwar nicht zu Ende, war aber umfassender, als im allgemeinen bekannt ist. Wie der Dom nach Auslassung der Ostteile aussah, zeigt die in Abb. 69a wiedergegebene Ansicht aus dem Jahre 1756. Der Sohn des großen Rokokobaumeisters Balthasar Neumann, Franz Ignaz, baute das Langhaus wieder auf. Er tat es mit einer archäologischen Gewissenhaftigkeit, die jedem modernen Restaurator Ehre machen würde. Nur im Westbau, den er gänzlich zertrümmert vorfand, überließ er sich seiner Phantasie. Was im 19. Jahrhundert (bis 1854) der Nazarenerarchitekt Heinrich Hübsch an seine Stelle gesetzt hat, ist ein mißbehaglicher Bastard — weder archäologisch genau noch künstlerisch frei. Noch bedauerlicher ist die Glättung und Bemalung des Innern; ihre frömmelnd süßliche Modernität bringt in die Urtümlichkeit und Mannhaftigkeit der alten Architektur einen unleidlich falschen Ton. Außerdem hat die verschleifende und verschleiernde Überarbeitung jede eindringende Bauanalyse unmöglich gemacht. In allem daher unvermeidlichen Streit über viele Einzelfragen ist man sich über einen Hauptpunkt doch einig: darüber, daß der, wie gesagt, unverändert gebliebene Grundplan Konrads II. auf flache Holzdecken berechnet war, und zum andern, daß die ersten Gewölbe (nicht die heutigen, die teils aus dem späten 12., teils aus dem 18. Jahrhundert herrühren) von Heinrich IV. ausgeführt wurden. Wieviel Heinrich IV. im Aufbau vom Werk seines Großvaters und Vaters hat bestehen lassen, und wieviel wieder von seinem Werk dem staufischen Umbau gewichen ist, kann zurzeit mit Sicherheit nicht angegeben werden. Halten wir uns also an den gesicherten Hauptpunkt. Daß als Gewölbeform nur das Kreuzgewölbe in Frage kommen konnte, verstand sich nach der bisherigen deutschen Entwicklung von selbst. Aus den gegebenen Stützpunkten ließen sich aber für die einzelnen Abteilungen keine rein quadratischen Grundrisse gewinnen, wie sie nach dem damaligen Stande der Technik das Erwünschteste gewesen wären. Immerhin konnte man nicht daran denken, dem Mittelschiff ebensoviel Gewölbeabteilungen zu geben, als es Arkaden hatte*, vielmehr wurde der Grundriß so aufgeteilt, daß auf je zwei Gewölbe der Seitenschiffe eines im Mittelschiff kam. Soweit war die Entwicklung zum sogenannten gebundenen System (siehe darüber S. 118) schon vorbereitet. Dagegen wurden die Pfeiler noch nicht differenziert. Ihre alternierende Verstärkung durch Vorlagen, wie der jetzige Zustand sie zeigt (Abb. 69, 72) ist ein späterer Zu-

* Speier teilt die ungewöhnlich enge Arkadenstellung mit St. Marien im Kapitol.

satz; in welchem Moment der Bauentwicklung ausgeführt, können wir nicht genau sagen; wahrscheinlich erst in der Restauration des 12. Jahrhunderts. Nimmt man dieses an, so wären zur Zeit der ersten Gewölbe alle Pfeiler gleichartig behandelt gewesen (Abb. 70), lediglich mit Halbsäulen verstärkt, wie es noch jetzt die Zwischenpfeiler zeigen. Nun aber ist noch eine zweite Art der Gliederung durchgeführt. Die gewaltig starken Mauern (über 2[illegible] m) sind an den Stellen, wo sie vom Gewölbedruck weniger in Anspruch genommen werden, durch Blendnischen erleichtert, beginnend über den Arkaden und die Oberfenster miteinschließend. Der statische Effekt dieser Maßregel ist nicht gar groß. Um so größer der ästhetische. In der Flachdeckbasilika hatten, dem Gebot der Decke folgend, die wagerechten Linien die Herrschaft gehabt; hier ist dieselbe auf die senkrechten übergegangen. Unsere in den Bau sich einfühlende Phantasie wird überredet, daß lebendige Kräfte vom Boden bis zu den Gewölben aufsteigend dem Druck der letzteren entgegenwirken. Damit ist der bisher vermißte organische Zusammenhang von Stützen und Decke hergestellt. Außerdem sondern sich im Wesen der Wand für die Anschauung zwei unterschiedliche Funktionen: die lasttragende und die raumabschließende. Die Wand ist nicht mehr Wand im alten Sinne, sie ist ein Pfeilersystem mit Füllungen geworden. Es ist der erste Schritt auf der Gedankenbahn, die mit der Erfindung des gotischen Systems endete. Wenigstens logisch verhält es sich so. Historisch hat sich, wie man weiß, die Entwicklung auf einem andern Boden vollzogen. In diesem Augenblick aber führte der Speierer Dom die Spitze der abendländischen Baukunst. Wenn der unbekannte Verfasser des Nachrufs auf Heinrich IV., ein Mann hoher Bildung und Gesinnung, unter den Taten des Kaisers die Vollendung des Speierer Doms nicht vergißt und von ihm sagt, er sei »über alle Werke der alten Könige des Lobes und der Bewunderung wert«, so sind das keine leeren Worte. Daß selbst Einzelheiten vom Kaiser mit Interesse verfolgt wurden, zeigt die an anderer Stelle gegebene Nachricht, er habe das Maß der Fenster sich zur Begutachtung vorlegen lassen.

In naher Beziehung zum Dom zu Speier steht der von Mainz. Der Bau der Ottonenzeit war im Jahre 1081 ein Raub der Flammen geworden. Man schritt zu einem Neubau, und auch diesem lieh der Kaiser seine Unterstützung. Die Anlehnung an Speier war vollständig. Soweit Abweichungen eintraten, in der Anordnung der Fenster und der Blendnischen, waren sie keine Verbesserungen. Die Gewölbe mußten auch hier nach hundert Jahren erneuert werden, und ein gotischer Ausbau der Seitenschiffe verschlechterte die Verteilung des Lichts. Die künstlerisch höchst bedeutende Ausbildung, welche im 12. und frühen 13. Jahrhundert die beiden Chöre erfuhren, ist in anderem Zusammenhang zu betrachten.

Weiter abwärts am Mittelrhein, genauer gesagt in einem Seitentale desselben, liegt die Kirche des Benediktinerklosters Laach*. Wenn sie zu den schönsten und charaktervollsten Repräsentanten des deutsch-romanischen Stils gerechnet wird, so hat man die äußere Baugruppe im Auge (Abb. 195). Der Innenbau kann ein so großes Lob nicht hervorrufen (Abb. 79, 80). Als Dokument zur Geschichte des Gewölbesystems ist er aber von großem Interesse. Wir finden hier nämlich einen von Speier und Mainz abweichenden Weg eingeschlagen. Zur Erläuterung sei folgendes eingeschaltet. Das Kreuzgewölbe, wie die Römer es ausgebildet hatten und wie die romanische Baukunst es nicht anders kannte, empfing seine Form aus der rechtwinkligen Durchdringung zweier Tonnengewölbe. Die vier Kappen, aus denen es sich zusammensetzt, sind mithin Ausschnitte aus Zylinderflächen; damit sie im Scheitelpunkt zusammentreffen können, müssen sie aus gleichen Radien gebildet sein, also gleiche Höhe der Randbögen und gleiche Seitenlänge des den Grundriß bildenden Vierecks besitzen, d. h. dieses muß ein reines Quadrat sein. Weiter: das Maßverhältnis des Mittelschiffs zu den Seitenschiffen kann nicht ein beliebiges sein, sondern jenes muß genau doppelt so breit sein als diese, weil nur auf diese Weise für den Grundriß das geforderte Quadratnetz gewonnen werden kann. Man nennt dies das gebundene System. Es wurde in der deutschen Baukunst, nachdem Speier und Mainz (wenn auch infolge ihrer Abhängigkeit von einem älteren Grundriß noch nicht ganz konsequent) damit vorausgegangen waren, die allgemeine Regel. In Laach nun hat man sich diesem Zwange nicht unterwerfen wollen. Man ließ die Jochteilung durch Mittel- und Seitenschiffe gleichzahlig durchlaufen und gab somit für die einzelne Abteilung den quadratischen Grundriß auf; derselbe wurde in den Seitenschiffen ein vermehrtes, im Mittelschiff ein verringertes Quadrat (Längsrechteck — Querrechteck). Die Vorteile dieses Verfahrens für die Aufteilung des Raumes sind einleuchtend, die Nachteile liegen in der Gewölbeform. Solange an eine andere als halbkreisförmige Gestalt der Randbögen noch nicht gedacht werden konnte (erst die Gotik mit ihren Spitzbögen fand den Ausweg), so lange blieb nichts anderes übrig, als die über den Schmalseiten der Rechtecke stehenden Bögen zu stelzen, die über den Breitseiten stehenden korb- oder segmentbogenartig zu drücken — wie es in Laach auch geschehen ist. Die dabei entstehenden Linien sind häßlich, und man begreift, daß diese Einteilungsart nicht eher wieder aufgenommen wurde**, als bis die Gotik neue Lösungsmittel an die Hand gab. Wir aber als Beobachter wollen es uns notieren, daß gleich schon die ersten Gewölbebasiliken — Speier und Laach, jedes an verschiedenen

* Begonnen 1093. Nach dem baldigen Tode des Gründers, des Pfalzgrafen Heinrich II., der Bau eingestellt. Wiederaufgenommen 1112. Geweiht 1156.

** Einmal doch: in Altenstadt am Lech, hier nach lombardischen Mustern.

Punkten — die Gedankenreihen streiften, die später im gotischen System weitergeführt wurden*.

Ausbreitung des Gewölbebaus im 12. Jahrhundert.

Was der großartige Auftakt, mit dem in Speier und Mainz der Gewölbebau einsetzte, anzukündigen schien, hat die nachfolgende Entwicklung nicht gehalten. Zu einer allgemeinen Entscheidung für den Gewölbebau war Deutschland noch nicht reif. Der Meister des Speierer Doms war mit der Einsicht, daß hier das Problem der Probleme lag, zu früh erschienen. Ebendamals errangen die westlichen Nachbarn durch den Gewinn dieser Einsicht den entscheidenden Vorsprung. Nur 50 Jahre waren seit der Vollendung des Speierer Doms vergangen, als in Nordfrankreich das gotische Gewölbesystem kreiert wurde und sofort eine vollständige Umwälzung im ganzen Charakter der französischen Baukunst nach sich zog. Während dieses halben Jahrhunderts hat in Deutschland der Gewölbebau nach der Seite des Konstruktiven keine Fortschritte gemacht, nach der Seite des Künstlerischen die Gedankenhöhe des Speierer Musters noch nicht einmal erreicht. Der tiefe innere Gegensatz zwischen dem flachgedeckten und dem gewölbten System trat noch nicht klar ins Bewußtsein, und so pendelte die Baupraxis unentschlossen zwischen beiden hin und her. Die Statistik zeigt, daß in der ersten Hälfte des 12. Jahrhunderts die Gewölbekirchen noch stark in der Minderheit blieben und in der zweiten Hälfte eben erst die Gleichzahl erreichten, allerdings mit großen Unterschieden der einzelnen Stilprovinzen. In der freien und schönen Behandlung des Raumes erwiesen sich die Kirchen des alten Systems überlegen, woher man begreift, daß selbst noch manche sehr vornehme Bauten ihnen den Vorzug gaben. Um ihnen ebenbürtig zu werden, hätten die Gewölbebasiliken eines neuen Proportionskanons und einer neuen Organisation der Glieder bedurft, wozu ja der Meister von Speier schon bedeutsame Anweisungen gegeben hatte. Die meisten aber faßten ihre Aufgabe nur technisch, nicht künstlerisch. Sie sehen in der Regel so aus, als wären die Gewölbe und ihre Stützen erst nachträglich eingeschoben, und bei vielen ist dies auch wirklich der Fall, d. h. sie sind umgearbeitete Flachdeckbasiliken. Sicher war dies nicht der Weg, über den zu schaffenden gewölbemäßigen Stil zur Klarheit zu gelangen

Mit Ausnahme gewisser provinzieller Abweichungen ist das gebundene System, wie wir es oben erläutert haben (S. 118), maßgebend. Es paßte sich der traditionellen Grundrißteilung nach Quadraten bequem an. Auch der Stützenwechsel war nichts Neues, doch macht er durch die unverhältnismäßig starke Betonung der Hauptstützen einen andern Ein-

* Auf die Streitfrage, ob Laach von Anfang an auf Gewölbe angelegt oder noch im Gedanken an Flachdecke begonnen war, kann hier nicht eingegangen werden.

druck. Auf gewisse technische Verbesserungen in der Form der Gewölbe brauchen wir nicht näher einzugehen. Die Wände hatten nicht nur als Stützen, sondern zugleich auch als Widerlager zu dienen, mußten also sehr schwer gebildet werden. Das der Baukunst Frankreichs längst bekannte Mittel der Strebepfeiler wurde verschmäht. Ganz unbekannt war es nicht, wie beispielsweise die Kreuzgänge am Münster zu Bonn und am Dom von Hildesheim es erweisen. An Kirchenschiffen hätten sie in der Außenansicht die ruhigen Flächen zerrissen, was, wie man annehmen muß, dem deutsch-romanischen Formgefühl widerstrebte. —

Wir geben im folgenden eine Übersicht über die Baubewegung.

Im Jahre 1100, um daran zu erinnern, war der Dom von Speier vollendet, der Dom von Mainz noch im Bau. Es ist merkwürdig, wie langsam selbst die nähere Umgebung ihm gefolgt ist. Bei den schweren Verwüstungen, die dieses Gebiet im 16. und 17. Jahrhundert erlitten hat, ist es möglich, daß der eine oder andere kleinere Gewölbebau zustande kam, der sich unserer Kenntnis nun entzieht; die ersten großen entstanden sicher nicht früher als in den 70er Jahren: der Dom von Worms und die Klosterkirche Eberbach im Rheingau. Diese ist eine Zisterzienserkirche, unter den Kirchen dieses Ordens die erste, die das Gewölbesystem annimmt. Auch der 1171 begonnene Dom von Fritzlar war wohl von Anfang an für Gewölbe bestimmt. Flachgedeckte Basiliken von Bedeutung waren in der Mainzer Diözese: Dissibodenberg an der Nahe, geweiht 1143, Ilbenstadt in Hessen 1123—59, ganz spät (Anfang des 13. Jahrhunderts) das Langhaus der Marienkirche in Gelnhausen; in der Trierer Diözese: St. Matthias 1131—41, die Stiftskirche in Merzig 1150, merkwürdigerweise schon mit spitzbogigen Arkaden, Arnstein an der Lahn, begonnen um 1180, St. Kastor in Koblenz nach 1190. Also auch am Mittelrhein war Laach als Gewölbebau lange Zeit eine einsame Erscheinung. Am Niederrhein beginnt die Reihe 1138 mit der ansehnlichen Klosterkirche Knechtsteden (Abb. 73, 74); Klosterrat bei Aachen 1143 (mit eigentümlichem Wechsel basilikaler und querschiffartiger Abteilungen); Brauweiler nach 1150, Umbau aus älterem, flachgedecktem Bau; umgekehrt Hochelten im Pfeilersystem auf Gewölbe angelegt, aber mit Flachdecke ausgeführt. In Köln war die erste und nicht große Gewölbekirche St. Mauritius aus den 40er Jahren, und sie fand bis nahe an den Schluß des Jahrhunderts keine Nachfolge.

Ausgeprägt gewölbefreundlich war Westfalen. Nach 1150 entstanden keine flachgedeckten Anlagen mehr*. Das Merkwürdigste ist der Eifer, mit dem sogleich die ländliche Kleinarchitektur mittat. Dabei gab sie sich nicht mit einschiffigen Räumen, wie sie dem Bedürfnis genügt hätten, zufrieden, sondern die Regel bilden die dreischiffigen, aber redu-

* Länger hielt sie sich nur an der Weser dank der Nähe Niedersachsens.

ziert auf ganz kleinen Maßstab. Im Verhältnis zu dem engen und gedrückten Freiraum sind die Mauern und Pfeiler von fast komisch wirkender Stärke. Diese Bauernarchitekten waren Fanatiker der Solidität. Und sie haben es erreicht, daß Westfalen mehr alte und unversehrte Dorfkirchen besitzt als alle übrigen deutschen Landschaften. Es mögen ihrer noch zwei Dutzend aus der Zeit Friedrich Barbarossas erhalten sein. Wo man zu größeren Bauten schritt, wie die Marienkirche in Dortmund und der Umbau von St. Patroklus in Soest, fielen sie äußerst ungeschlacht aus, wenn sie auch von unanfechtbarer Dauerhaftigkeit waren. Es ist kein Wunder, daß man unbefriedigt nach einem andern Typus sich umsah. Die Westfalen fanden einen ihnen gemäßen in der Anlage mit drei gleichhohen Schiffen, in der technischen Sprache heute Hallenkirche genannt. Wir reden davon besser in späterem Zusammenhange.

Die sächsisch-thüringische Schule ist an künstlerischem Feingefühl der westfälischen überlegen. Vielleicht war das mit ein Grund, weshalb sie auf den Gewölbebau nur zögernd sich einließ. Gegenüber einer langen Reihe ausgezeichneter Flachdeckbasiliken, die einzelne Ausläufer noch ins 13. Jahrhundert erstreckte (z. B. die schöne Marienberger Kirche bei Helmstedt), haben die Gewölbekirchen des 12. Jahrhunderts den Charakter vereinzelter Experimente. Das früheste derselben, freilich nur als unausgeführt gebliebene Absicht, liegt vor in der 1133 begonnenen St. Godehardskirche in Hildesheim. Zunächst bietet der Chor ein ganz ungewohntes Bild: drei Schiffe, der halbrunde Abschluß des mittleren durch fünf Arkaden durchbrochen, die Seitenschiffe als Umgang konzentrisch um ihn herumgeführt. Gewölbt sind nur die Abseiten (im geraden Teil mit Kreuzgewölben, im Umgang mit Tonnengewölben), aber gewisse Vorkehrungen an der Wand lassen nicht bezweifeln, daß auch der hohe Mittelraum für Gewölbe bestimmt war. Dasselbe ist für das Querschiff indiziert, wo die Gewölbeform ebenfalls die der Tonne hätte werden müssen. Beides, der Grundriß wie das zu vermutende Gewölbesystem, erinnert auffallend an einen in Frankreich, besonders an der Loire und im Zentrum, sehr verbreiteten Typus. Freilich muß gesagt werden, daß die deutsche Baukunst dieser Zeit mit der französischen in gar keiner Verbindung steht. Es wäre also ein ganz alleinstehender Fall*. Und es gibt auch örtlich nähere, wenn schon formal weniger schlagende Analoga die Wipertikrypta in Quedlinburg, die Kapitolskirche in Köln. Überzeugen kann keine dieser Ableitungen. So wird St. Godehard ein archi-

* Man pflegt daran zu erinnern, daß Bischof Bernhard 1131 auf dem Konzil von Reims war, um die Heiligsprechung seines Vorgängers Godehard zu bewirken, auf welche unmittelbar die Grundsteinlegung der Kirche folgte. Leider bedeutet dieser Hinweis weniger, als ich früher annahm. Denn jetzt ist nachgewiesen, daß die Kirche St. Remy in Reims gar keinen Umgangschor besessen hat; derselbe ist eine jetzt durch Ausgrabungen widerlegte Erfindung von Viollet-le-Duc.

tekturgeschichtliches Rätsel bleiben müssen. Als die langsam fortschreitende Bauführung an die Hochteile des Querschiffs und an das Langhaus kam, hat man in Hildesheim die fremdartige ursprüngliche Absicht nicht mehr verstanden, jedenfalls nicht mehr sie auszuführen sich getraut. — Eine zusammenhängende, wenn auch an Gliedern noch immer nicht reiche Gruppe von Gewölbebauten sahen in Sachsen erst die 70er Jahre entstehen. Ihr Gründer war ein weltlicher Fürst von hohen Herrschergaben, Heinrich der Löwe. Zuerst fand er die von seinem Großvater, Kaiser Lothar, gegründete Klosterkirche Königslutter zu vollenden. Das Langhaus war fertig, flachgedeckt, einer der stolzesten Bauten dieses Stils (Abb. 61). Querhaus und Chorhaus empfingen jetzt Gewölbe. Es sind Kreuzgewölbe von gediegener Konstruktion, in den Diagonalen grätig, aber mit selbständig gemauerten Quer- und Schildgurten, die Raumbildung ebenmäßig und würdevoll. An der Dekoration dieser östlichen Bauteile haben Italiener teilgenommen; daß sie auch die Gewölbe ausgeführt haben, ist möglich, doch nicht ausgemacht. Sicher ganz von sächsischen Bauleuten rührt eine zweite bedeutende Kirche her: die mit der Herzogsburg in Braunschweig in Verbindung stehende Stiftskirche St. Blasius (Abb. 75, 76), ausgeführt in raschem Zuge zwischen 1173 und 1195. Die Wölbungsmethode ist eine andere als die Königslutterer. Sie ist zugleich altertümlich und fortschrittlich. Das erstere, insofern sie die einzelnen Joche nicht isoliert, sondern ein fortlaufendes, gurtenloses Tonnengewölbe mit Stichkappen gibt; fortschrittlich darin, daß sie die Bogenlinien des Gewölbes spitzbogig bricht und hierdurch über die ungleichen Seitenlängen der Grundrisse Herr wird. An französische Einwirkung ist dabei in keiner Weise zu denken. Wir haben hier den merkwürdigen Fall einer aus selbständiger Überlegung hervorgehenden spontanen Entstehung eines vorgotischen Spitzbogens auf deutschem Boden. Auch ein anderes struktives Hilfsmittel, das später in der Gotik seine Rolle spielen sollte, der Strebepfeiler, kommt vereinzelt in Sachsen vor, nämlich an dem Domkreuzgang in Hildesheim und ebendort am Kreuzgang der Hl.-Kreuz-Kirche, die auch mit ihren gurtlosen Spitzbogengewölben an Braunschweig erinnert. Weitere Gründungen Heinrichs des Löwen sind die Dome von Lübeck und Ratzeburg (Abb. 78). Sie wären, wenn schon damals vollendet, Kopien des Braunschweiger Doms geworden. Dessen Einfluß pflanzte sich lokal in der Martini- und der Katharinenkirche fort (beide später als Hallenkirchen umgebaut), auswärts in den Kirchen Goslars und im Kloster Heiningen. Nach Ostsachsen und Ostthüringen war in unserer Epoche der Gewölbebau noch nicht vorgedrungen.

Wenden wir uns jetzt Oberdeutschland zu. Hier zieht der Rhein eine scharfe Grenze. Das Elsaß hat so frühe Gewölbebauten, wie Mainz und Speier, Laach und Knechtsteden zwar nicht aufzuweisen, aber von 1150 ab wurde es schnell für die neue Bauart gewonnen. Es kann nicht wirkungslos gewesen sein, daß am Oberrhein zwei Verkehrsstraßen aus gewölbekundigen Ländern, Burgund und Oberitalien, zusammentrafen. Abgelenkt wurde die elsässische Eigenart dadurch nicht. Im Gegenteil, jetzt erst recht, als ihre Ausdrucksmittel sich vermehrten, entwickelte sie sich zu voller Prägnanz. Kaum irgendwo sonst ist das gebundene System so gut behandelt worden. Im breiten Wuchs und starken Knochenbau erinnert der elsässische Provinzialismus einigermaßen an den westfälischen, aber sehr überlegen ist er ihm in der ausdrucksvollen Plastik der Glieder. Bemerkenswert ist das frühe Auftreten der Kreuzrippen. Sie wurden aber nicht benutzt, der Konstruktion Leichtigkeit zu geben — das Ziel der französischen Rippengewölbe —, vielmehr erhöhen sie noch den Eindruck wohlgerüsteter Gliederstärke (Abb. 105). Mit der werdenden Gotik haben sie innerlich nichts zu tun und vielleicht auch nach dem äußeren Zusammenhange nichts. Denn wenn es auch möglich ist, daß das Elsaß durch die lothringischen Bauten jenseits der Vogesen mit ihm bekannt wurde, so ist es ebenso möglich, ja um einen Grad wahrscheinlicher, daß sie aus der Lombardei kamen. Einzelne Schmuckformen und gewisse Eigentümlichkeiten des Mauerverbandes machen es unzweifelhaft, daß in der zweiten Hälfte des 12. Jahrhunderts am ganzen Oberrhein, bis hinab nach Speier und Mainz, lombardische Steinmetzen Arbeit gefunden haben. Im ganzen System lombardisch ist das Münster in Basel (Abbildung 106), der geistlichen Metropole des Oberelsaß, ebenso das Großmünster in Zürich. Das Merkmal dafür ist die Anlage von Emporen über den Seitenschiffen und ihre Ausnutzung als Widerlager für die Gewölbe des Hauptschiffs. Die Form der ältesten Kreuzrippen (im Kloster Murbach am Fuße des Belchen, um oder nach 1150) ist im Profil rechtwinklig und es wird der eine Diagonalbogen als Halbkreis durchgeführt, ohne Schlußstein, der andere in zwei Arme zerlegt, die außer Verband mit dem ersten stumpf an ihn anstoßen. Diese primitive Fassung war um die Mitte des 12. Jahrhunderts in Frankreich schon überwunden. Am Oberrhein hält sie sich bis in die Spätzeit des Jahrhunderts, ein Beweis mehr, daß sie nicht aus dem Entstehungslande der Gotik kommt. Beispiele: um oder bald nach 1180 die Ostteile des Wormser Doms (der auch sonst in Einzelheiten nähere Beziehungen zum Elsaß zeigt); gleichzeitig die Chorkapellen in Maulbronn; etwa ein Jahrzehnt später Bronnbach an der Tauber. Kreuzrippen mit rundem Querschnitt und, was wichtig ist, mit Schlußstein in Rosheim etwa 1170—90. Die sonst nahe verwandte Kirche des Niedermünsters am Odilienberg hatte noch grätige Gewölbe. Die Rosheimer Kreuzrippen könnten ihrer Form nach wohl französisch sein; zu beachten bleibt doch, daß die Schmuckformen dieser Kirche nichts Französisches, wohl aber manche lombardische Motive aufweisen.

Überschreiten wir den Rhein, so haben wir ein durchaus anderes Bild vor uns. Im Gegensatz zum stark bevölkerten Elsaß mit seinen zahlreichen

Klöstern und mehrfach schon den Charakter kleiner Städte annehmenden Siedlungen war das heute badische Ufer ein rein agrarisches Land. Noch im 11. Jahrhundert ist hier nichts von Belang gebaut worden. Das 12. Jahrhundert sah zwei stattliche Anlagen der Hirsauer entstehen, in Gengenbach und Schwarzach, die letztere im Anfang des 13. Jahrhunderts noch als flachgedeckte Basilika erneuert. Der erste Gewölbebau, aus der Spätzeit des Jahrhunderts, war den Zisterziensern zu verdanken: Thennenbach bei Freiburg. Er nimmt mit seinem burgundischen System durchaus eine Sonderstellung ein und hat auch keinen Einfluß weiterhin erlangt. Jenseits des Schwarzwaldes bis an und über den Neckar, ebenso am Bodensee und an der Donau findet sich von Gewölbebauten nichts. Der erste in Schwaben ist die sehr ansehnliche Stiftskirche Ellwangen, ein Derivat des Wormser Doms, vor 1180 begonnen und langsam ins folgende Jahrhundert hinein weitergeführt, dessen Frühzeit auch die kleinen Kirchen zu Brenz und Denkendorf angehören. Die letztere besitzt eine in ihrer stilistischen Haltung merkwürdige, weil unschwäbische, ja überhaupt undeutsche Krypta aus der Zeit um 1200. Fraglos erinnert sie an den französischen Süden. Die Erklärung dieser überraschenden Tatsache wird darin zu suchen sein, daß die Erbauer Kanoniker vom heiligen Grabe waren; in Jerusalem aber herrschte damals die südfranzösische Architektur *. — Eine etwas größere, wenn auch keineswegs große Zahl von Gewölbekirchen besitzt Baiern. Sie ordnen sich in zwei Gruppen. Die eine steht unter italienischem Einfluß: Kirchen in Reichenhall, Salzburg und Altenstadt am Lech. Die andere ist im Lande selbst entsprungen: diese sind Hallenkirchen. Ihre Entstehung aus dem Typus der Krypten wird durch die Burgkapelle in Donaustauf bei Regensburg augenfällig gemacht (Abb. 67). Dieselbe ist fast eine Kopie der St. Wolfgangskrypta bei St. Emmeram, aber etwas in der Höhenproportion gewachsen. Entstehungszeit um oder wenig nach 1050. Freistehende Hallenkirchen in Regensburg selbst die Kartäuserkirche Prüll aus dem ersten Viertel und St. Leonhard aus der Mitte des 12. Jahrhunderts, beide in den Proportionen leichter und schlanker als die westfälischen Hallenkirchen; das Mittelschiff von den Seitenschiffen kaum differenziert, darin also dem Grundriß der Krypten noch ähnlich. In der Nachbarschaft die Nikolauskirche in Nabburg und, bedeutender als alle vorgenannten, um 1170—80 die Zisterzienserkirche Walderbach in der Oberpfalz. Eine zweite Gruppe, heute nur noch durch zwei Exemplare vertreten, hatte Augsburg zum Mittelpunkt: die kleine Peterskirche dort und die stattliche Klosterkirche Bergen zwischen Neuburg und Eichstätt. Später als 1180 ist keiner dieser Bauten begonnen. Mit ihnen ist die süddeutsche Hallenkirche

* Zu bemerken: dieselben Kanoniker verpflanzten burgundisch-provenzalische Formen von Jerusalem nach Barletta in Apulien.

für geraume Zeit erloschen. Aber auch die von Italien her eingedrungene Gewölbebasilika hat keinen Nachwuchs. Es entsteht eine Lücke, die bis zum Eindringen der Gotik anhält. Die künstlerisch bedeutendste Leistung dieser Generation ist doch wieder eine Flachdeckenbasilika: die Schottenkirche St. Jakob in Regensburg (Abb. 63). Die Anlage im ganzen, querschifflos mit Doppeltürmen im Osten, ist bairisch, in den Einzelheiten aber bekundet sich fortdauernde Verbindung mit dem Westen: in den nicht monolithen, sondern aus Trommeln unverjüngt aufgemauerten Säulen, in dem völlig normannisch dekorierten Kreuzgangsportal, in den Kreuzrippengewölben des Westbaus, den frühesten ihrer Art, die dann auch lange Zeit vereinzelt blieben.

Der Außenbau.

Der Weg der romanischen Stilentwicklung ging in konsequenter Überwindung der Einseitigkeit des Raumstils, von dem sie der Überlieferung gemäß auszugehen hatte, der Ausbildung eines neuen Körperstils entgegen. Die frühromanische Epoche hatte damit beim Außenbau eingesetzt; das 12. Jahrhundert, indem es sich dem Gewölbebau zuwendete, griff zum inneren Organismus über, aber mit unvollkommenem Ergebnis. Um so schöner entfaltete sich die hier von einer unreifen Technik gefangengehaltene Gestaltungskraft in der Weiterbildung des Außenbaus und der Dekoration. Die Einheit der Zielstrebigkeit darf nicht übersehen werden. Wie im inneren System der Pfeilerbau durch seine Verbindung mit den Gewölben eine von der Schwerkraft sich befreiende neue Aktivität zum Ausdruck bringt, so tun am Außenbau dasselbe die Türme. Sie werden immer mehr ein Liebling der romanischen Bauphantasie. Was das 10. und 11. Jahrhundert erst in großen Zügen angegeben hatte, wird jetzt belebter, gelöster, an Abtönungen reicher. Das gilt ebensosehr von der Gruppenbildung im großen wie von der Durchbildung im einzelnen. Die sechstürmige Gruppe, bei der zwei Zentraltürme von je zwei Flankentürmen (in wechselnder Stellung) begleitet werden, ist rheinisch; in Sachsen war sie in der Frühzeit ein einziges Mal aufgetreten, verschwand aber dann. Vier Türme, zwei stärkere an der Westfassade, zwei schwächere in den Winkeln zwischen Lang- und Querhaus, sind der Hirsauer Schule eigentümlich. Drei Türme, zwei in der Fassade und einer über der östlichen Vierung, begegnen am öftesten am Oberrhein, und wenn dem Vierungsturm Treppentürme beigegeben werden, so steigt die Zahl auf fünf. Endlich Beschränkung auf das westliche Türmepaar, eine verhältnismäßig spät sich durchsetzende Fassung. In Süddeutschland wurde man durch die kleineren Hirsauer Kirchen mit ihr vertraut; in Sachsen behielt sie durch den hohen Zwischenbau etwas Unreines. Den Einzelturm kennen lange Zeit allein die Landkirchen;

als Ostturm, über dem Querhaus, in Süd- und Mitteldeutschland; als Westturm, zur Verteidigung bereit und daher ohne Zugang von außen, in Niederdeutschland.

Für die vieltürmige Komposition war es ein von Anfang an gegebener und glücklicher Umstand, daß der zweckliche Unterschied der Vierungs- und der Treppentürme Anlaß wurde, mit Kontrasten zu arbeiten. Das älteste Beispiel, das wir besitzen, St. Michael in Hildesheim, behandelt die den zwei Querschiffen angegliederten beiden Turmgruppen noch symmetrisch. Die rheinischen Kirchen des 12. Jahrhunderts aber durchkreuzen die Symmetrie grundsätzlich mit sekundären asymmetrischen Momenten. Wie es überhaupt zur eigensten Natur des deutsch-romanischen Formgefühls gehört, daß es, je klarer es sich seiner selbst bewußt ist, um so lieber der letzten Strenge der Symmetrie ausweicht, ähnlich wie ja auch in der organischen Lebensform die symmetrisch angeordneten Teile niemals einander vollkommen gleich sind (vgl. z. B. was oben S. 83 über den Schmuck der Säulenkapitelle gesagt ist). Vergleicht man unter diesem Gesichtspunkte die großen rheinischen Kirchen untereinander, so wird man in der Gradation der der Symmetrie entgegenarbeitenden und sie brechenden, aber nie ganz aufhebenden Kontraste eine Fülle und Feinheit des künstlerischen Denkens finden, die schlechthin bewunderungswert ist. Wir wählen zur näheren Betrachtung die Klosterkirche Laach (Abb. 195, dazu Grundriß Abb. 80). Sie hat zwei Querschiffe, aber nicht von gleicher Ausbildung. Das östliche ladet stark aus (etwas mehr als normal), das westliche streckt seine Flügel nicht weiter als bis zur Fluchtlinie der Seitenschiffe. Umgekehrt verhält sich das Volumen der ihm zugeordneten Türme. Von den Vierungstürmen ist der östliche achteckig, hat nur ein einziges befenstertes Geschoß und ragt nur mit diesem über die Firstlinie des Hochschiffs empor; der westliche ist höher, in der Grundform viereckig, durch einen breiter ausladenden Unterbau abgestuft; jener mit einem achtseitigen Zeltdach gekrönt, dieser mit einem aus vier Giebeln sich entwickelnden Rhombendach. Weiter die Treppentürme: das östliche Paar vierseitig, schmächtig, über den Zentralturm hinausschießend; das westliche Paar weiter abgerückt, in der Grundform rund, im Volumen voller, aber in der Höhenerstreckung dem Zentralturm untergeordnet. Immer neue Differenzierungen bringt dann die Einzelgliederung. Es ist nicht möglich, in vollkommenerer Weise einen Zustand auszudrücken, in dem gesetzliche Bindung und individuelle Freiheit einträchtiglich nebeneinander wohnen, und wir werden hinzufügen dürfen: es ist ein deutsches Ideal. Beachten wir endlich noch, daß es keine maßgebende Hauptansicht gibt. Das Gebäude ist darauf berechnet, von vielen Standpunkten aus gesehen zu werden, und auf jedem ergibt sich ein neues und immer befriedigendes Bild. Man begreift, daß ein Bau wie der Dom von Speier, obgleich er für die innere Einteilung den Westchor aufgegeben hatte, doch von der sechstürmigen Gruppe nicht lassen wollte. — In den viertürmigen Kompositionen sind die Türme nicht mehr Beigeordnete eines mächtigeren Mittelmotivs, sie dürfen deshalb sich freier in die Höhe recken, der in den isolierten Glockentürmen ursprünglich gegebenen Gestalt sich nähern. Doch immer wird zwischen Ost- und Westtürmen weislich unterschieden. Jene sollen neben der Masse des Chorhauses nicht zu stark sich geltend machen; umgekehrt die Westtürme, weil nach Abstoßung des zweiten Chors keine horizontalen Ausladungen mit ihnen konkurrieren, lassen dem Bewegungsüberschuß freien Lauf im Aufwärtsstreben. Aber selbst hier an den Fassadentürmen, wo für das moderne Gefühl Symmetrie unerläßlich wäre, kann der romanische Stil oft genug es sich nicht versagen, den beiden Partnern ein gewisses Maß von Sonderwillen zuzugestehen, indem nur die Geschoßhöhe gleich, aber die Einzelausbildung oft genug ungleich gegeben wird.

Was wir bisher betrachtet haben, ist Gliederung der Massen im ganzen, gehört sozusagen zur Ästhetik des Schattenrisses. Eine zweite Ordnung von Formen, der wir uns nun zuwenden, verfolgt das Ziel, die großen Flächen zu teilen und aus der latenten Massenbewegung in sich abgeschlossene Formsymbole herauszukristallisieren. Dieser immer noch architektonisch, nicht dekorativ gemeinten Gliederung können sich rein dekorative Motive anschließen, wovon aber unsere Epoche erst sparsam Gebrauch macht. Bestimmte, zwecklich bedeutsame Bauteile, nämlich die Hauptapsis, die Eingänge und die Glockengeschosse der Türme, werden lebhafter gegliedert. Niemals aber hat die deutsche Baukunst die Fassaden als isolierte Schaustücke behandelt, wie mehrere französische Schulen und fast alle italienischen es tun (zuweilen Marmorfassaden vor Backsteinlanghäusern!), vielmehr ist Einheit der Substanz und der Behandlung für sie eine unverbrüchliche Regel. Das schon in der vorigen Epoche rezipierte Hauptmittel der Flächengliederung ist die Lisene und der Bogenfries. Es gibt aber vornehme Bauten, die auf sie verzichten und allein auf den würdevollen Eindruck eines schönen Quaderwerks sich verlassen. Erst das 12. Jahrhundert hat den Großquaderverband zum Gemeingut gemacht, vorbehalten, daß die heimischen Steinarten sich dazu eigneten. Am Mittel- und Niederrhein z. B. werden oft die Flächen in Schieferbruchstein, nur die Glieder in Werkstücken aus Tuff oder Sandstein gegeben unter geschickter Ausnutzung der malerischen Gegensätze. — Zu den schönsten Eingebungen der Bauphantasie des 12. Jahrhunderts, wesentlich ein Verdienst der westdeutschen Schulen, gehört die Gestaltung, die sie der Chorapsis gab (Beispiele Abb. 178, 181, 191). Ein Gerüst senkrechter — bald als Lisene, bald als Halbsäule geformter — und wagerechter Glieder — Gesimse, bald mit, bald ohne Bogenfries — umkleidet die Mauer in dreiteiligem Aufbau: das untere Geschoß als Sockel, in der relativen Höhenabmessung sehr wechselnd; das mittlere dominierend, die mit Blendbogen wechselnden Fenster enthaltend; das krönende dritte oberhalb der inneren Anfallslinie der Halbkuppel, als Attika. Die klassische Formel für die letztere ist die Zwerggalerie, d. i. Auflösung dieses vom Gewölbedruck entlasteten, nur als Träger des Dachs fungierenden Abschnitts (vgl. die Schnitte Abb. 87 u. 88) in eine Säulen- und Bogenstellung, deren hell beleuchtete Umrisse mit schöner Wirkung von dem beschatteten Hintergrunde sich abheben. Die älteste Zwerggalerie, wahrscheinlich zwischen 1120—1130 entstanden, besitzt der Ostchor des Mainzer Doms (Abb. 181). Das Motiv war seit einigen Jahrzehnten in Italien im Gebrauch. In Mainz lassen überdies gewisse spezifisch lombardische Schmuckformen nicht im Zweifel, woher es gekommen war. Es traf mit einem analogen, schon in der Entwicklung begriffenen Gedanken der deutschen Baukunst zusammen. Eine Attika einfachster Form besaß schon zu Ende des 10. Jahrhunderts der Ostchor von Gernrode. Von einem Kranze fensterähnlicher Öffnungen durchbrochen zeigt sie sich am Dom von Trier (Abb. 178), als eine Reihe von Blendnischen an der Ostapsis der Hersfelder Klosterkirche, beide noch aus dem 11. Jahrhundert; als blinde Architektur am Westchor von Gernrode, schon 12. Jahrhundert. Die letzte und schönste Fassung, wie sie in Mainz auftritt, wurde bald rheinisches Gemeingut. Um 1150 findet sie sich am Münster von Bonn (Abb. 192) und bald darauf in Schwarzrheindorf (Abb. 193); dagegen noch nicht in Laach (Abb. 195); um 1160 an St. Gereon in Köln; in besonders harmonisch abgewogener Teilung in Andernach (Abb. 197) und Lonnig, beide um 1200. Ja, selbst über die Langseiten der Kirche dehnt sich zuweilen die Zwerggalerie: in Schwarzrheindorf (Abb. 286) und besonders großartig am jüngsten Umbau des Speierer Doms (Abb. 183).

Eine eigenartige und rühmliche Schöpfung des 12. Jahrhunderts, man möchte sagen: dem innersten Kern des romanischen Stilbewußtseins entsprungen, ist das Säulenportal. Wir müssen auf die Anfänge der Entwicklung zurückgehen, also auf die Antike. Diese faßte die Tür als rechteckigen Mauerdurchbruch mit einheitlicher, d. h. Pfosten und Sturz nicht unterscheidender, Umrahmung auf. Der in dem Mauerabschnitt über der Tür zur Entlastung des Sturzes angelegte Bogen ist lediglich Hilfskonstruktion, hat keine formale Bedeutung. Aber gerade von ihm ging die weitere Entwicklung aus. Schon die späteste Antike begann damit, entweder den Entlastungsbogen oder den Sturz oder beide miteinander als gesonderte Glieder zu charakterisieren. Wie es scheint, war Vorderasien hierfür die Heimat. Die karolingische Architektur kannte es schon. In Aachen und Ingelheim wird über dem Rahmen, der in der Mauerebene sich hält, ein mehrgliedriges Gesims, und innerhalb des überdies durch wechselnde Farbe seiner Keilsteine hervorgehobenen Entlastungsbogens ein flacher Nischenrücksprung angeordnet (Abb. 288).

Diese Form hält sich lange*. Wir finden sie in St. Michael in Hildesheim und selbst noch an der Afrakapelle des Doms zu Speier (Abb. 183). Inzwischen war ein neues Formprinzip aufgekommen, das für die romanische Entwicklung entscheidende. Den ältesten Beleg bietet Gernrode im Harz etwa um 970. Der Gedanke des Türgestells ist aufgegeben, der Mauerdurchbruch erscheint als Arkade, und in diese sind mit leichtem Rücksprung zwei Pfosten gestellt, die ohne Vermittlung durch einen Sturz die das Bogenfeld schließende Steinplatte (das »Tympanon«) direkt aufnehmen; auch ist der Entlastungsbogen verschwunden. Er war überflüssig geworden, da seine Funktion auf den äußeren Öffnungsbogen übergegangen ist. Um einen beträchtlichen Schritt weiter auf diesem Wege ist das Westportal des Doms von Speier gegangen. Zwar nur der Grundriß ist in seiner alten, konradinischen Gestalt erhalten, zeigt aber das Wesen der Sache in genügender Deutlichkeit: das Türgewände ist in einem Winkel von 45° abgeschrägt, jedoch nicht in glatter Fläche, sondern in rechtwinkligen Einsprüngen abgetreppt; indem dies im Bogenschluß sich wiederholt, entsteht der Eindruck, als wäre eine Folge von konzentrisch sich verengenden Arkaden dicht aneinandergerückt. Dieser Portaltypus hat zur Voraussetzung eine sehr dicke Mauer. Solange die doppelchörigen Anlagen den Ton angaben, wurden die Eingänge in die Seitenschiffe, meist sogar an die Längsseite gelegt, wo sie auch in ihren Abmessungen bescheiden blieben. In Speier kam zum ersten Mal (vorher in Straßburg lag der Fall ähnlich, aber noch nicht gleich) das Portal in die Mittelachse. Die zu durchbrechende Stirnmauer aber, die einen mächtigen Zentralturm zu tragen hatte, war über 7 m stark. Ein rechtwinkliger Einschnitt nach antiker Weise hätte einen Engpaß ergeben. Hier war nur Abschrägung möglich (vgl. den Grundriß Abb. 69). Es ist dieselbe Lösung, mit der die Fenster schon vorausgegangen waren. Kam es bei diesen darauf an, dem Lichteinfall einen breiteren Spielraum zu geben, so sollte bei den Portalen der Menschenstrom, sobald er die engste Stelle passiert hatte, sogleich sich auseinanderbreiten dürfen. Dieser neue Portaltypus hat, abgesehen von seiner Zweckmäßigkeit, einen großen, formalen Ausdruckswert: etwas Einladendes, Einsaugendes. Zugleich dient er ebenso wie die analoge Fensterform dazu, die Mächtigkeit der Masse sinnenfällig zu machen. Und durch den Gegensatz einer belichteten und beschatteten Seite gewinnt er auch einen optischen Wert. Von den Fenstern unterscheiden sich die Portale aber dadurch, daß sie das Gewände nicht glatt abschrägen,

* Kleine Türen erreichten dasselbe, unter Weglassung des Entlastungsbogens, durch giebelförmige Verstärkung des Sturzes nach der am meisten bedrohten Mitte hin. In der Gegend zwischen Mainz und Bingen finden sich solche Türstürze mit höchst altertümlicher (karolingischer?) Flächenverzierung. Aus dem 12. Jahrhundert gibt das Beispiel eines mit figürlichen Reliefs geschmückten Türgestells nach lombardischer Art die Klosterkirche Andlau im Elsaß (Abb. 290).

sondern durch eine Folge von rechtwinkligen kleinen Rücksprüngen beleben. In Speier sind es sechs Rücksprünge nach beiden Seiten, in Goslar sechs nach außen, drei nach innen. Das Ganze aber macht den Eindruck einer Nische, in deren Grunde die eigentliche Tür liegt*. Wie sehr dem romanischen Stil an dem Nischenmotiv gelegen ist, zeigt sich darin, daß es dort, wo die gegebene Mauerstärke zu stattlicher Entwicklung des Motivs nicht ausreicht, sie künstlich verdickt. Das Profil des Mauersockels wird dann als rechtwinkliger Rahmen um das Portal herumgeführt (Abb. 291). Diese Fassung ging von Hirsau aus. — Überlegen wir uns die Bedeutung der schrittweise durchgeführten Umbildungen, so stehen wir wieder vor einem Punkte, auf dem der romanische Stil von seiner alten Lehrerin, der Spätantike, sich vollständig emanzipiert hat.

Die dritte und fruchtbringendste Staffel der Entwicklung des Portals ist das Säulenportal. Als älteste erhaltene Beispiele gelten die an der Stiftskirche in Quedlinburg (Kirchweihe 1129) und am Ostbau des Mainzer Doms (erbaut unter Erzbischof Adalbert, gest. 1136). An beiden Kirchen waren lombardische Ornamentbildhauer tätig, so daß man ihnen auch die Einführung des Säulenportals hat zuschreiben wollen. Eine weitwirkende Anregung von dieser Seite ist wohl möglich, entscheidend aber für das deutsche Säulenportal war doch die Vorform der abgetreppten Nische, die gleichsam nur auf die Einfügung der Säulen gewartet hatte. Eine ältere Art der Verbindung von Säule und Portal ist in Brauweiler nachzuweisen. Ebenfalls älter sind die ausgeeckten Pfeiler mit Säuleneinlagen. Von derartigen Kombinationen aus kann das Säulenportal sehr wohl selbständig sich entwickelt haben, wie es in Frankreich offenbar ohne lombardische Intervention geschehen ist. Andrerseits bietet Andlau im Elsaß das Beispiel eines sicher und stark lombardisch beeinflußten Portals, das trotzdem kein Säulentor ist. Und die Mainzer Portale italisieren nur in einem Teil ihrer Schmuckformen, während sie in ihrem Gesamtbilde keineswegs italienisch aussehen. Schließlich ist in Quedlinburg und Mainz die frühe Datierung auch nicht zweifelsfrei. Lassen wir sie beiseite, so ist das Säulenportal zum Gemeingut doch nicht früher als in der Regierungszeit Friedrichs I., des Staufers, geworden.

Wir haben in diesem Kapitel mehrmals zur Feststellung italienischer Einflüsse Anlaß gehabt. Es wird an der Zeit sein, sie zusammenfassend zu betrachten.

Ganz ersichtlich haben sie im 12. Jahrhundert, gesteigert in seiner zweiten Hälfte, sich vermehrt und zugleich ihren Charakter verändert. Das hatte zwei Ursachen: die dauernde Einschließung Italiens in die staufische Machtpolitik und Italiens innere Erhebung. Nach dem Zerfall

* Wirklich so durchgeführt in St. Emmeram in Regensburg.

der Antike in einem vielhundertjährigen Zustande der Erschlaffung und Unfruchtbarkeit zurückgeblieben, hatte Italien der lernbegierigen deutschen Kunst, wie in früherem Zusammenhang ausgeführt wurde, lange Zeit nur ihren alten Vorrat von antiken Erinnerungen und byzantinisch-orientalischen Erwerbungen darbieten können; an der Neubildung des romanischen Stils hatte es aber nicht teilgenommen. An der Wende des 11. zum 12. Jahrhundert erst wuchs langsam eine neuitalienische Kunst heran als verspätete Parallele zum nordisch-romanischen Stil. Noch war sie in sich nicht einheitlich. Der toskanisch-latinische Ast suchte vom Anblick der klassischen Antike Stärkung, am andern, dem lombardischen, stieg frischer Saft aus alten örtlichen Wurzeln in die Höhe. Hätte die deutsche Kunst des 12. Jahrhunderts noch dort gestanden, wo die karolingische gestanden hatte, so hätte sie am meisten von der toskanischen sich angezogen fühlen müssen; es war aber allein die lombardische, die auf sie gewirkt hat. Nicht bloß räumlich, sondern auch nach ihren historischen Grundlagen stand sie der transalpinen deutschen nahe. Daß ich dabei nicht an die Magie der der lombardischen Bevölkerung beigemischten, übrigens nicht zahlreichen und längst aufgesogenen germanischen Blutstropfen denke, geht aus früheren Erörterungen hervor (S. 30). Maßgebend ist vielmehr, daß die römische Provinzialkunst im Alpengebiet und seinen südlichen wie nördlichen Vorlanden einen sehr bestimmten Charakter ausgebildet hatte. Aus ihrer Zersetzung und Umbildung war die Völkerwanderungskunst und die Kunst der deutschen Stammeszeit hervorgegangen, in gerader Linie setzte sie sich fort in der lombardischen des Mittelalters. Nicht die Alpen, sondern erst die Apenninen sind kunstgeschichtlich die wahre Grenze zwischen Deutschland und Italien. Indem nun im 12. Jahrhundert ein vermehrter Zufluß aus der Lombardei nach Deutschland in Gang kam, vermochte er dort kraft jener alten Quellen gemeinschaftlich so ungezwungen mit dem deutschen Formenidiom sich zu vermischen, daß erst die geschärfte Beobachtungsmethode der jüngsten Forschung die Scheidung der Elemente möglich gemacht hat. An der Hand der von ihnen hinterlassenen Spuren verfolgen wir es ziemlich gut, wie die lombardischen Wanderarbeiter im Westen durch das Rheintal mit den Stationen Chur, Zürich, Basel durch das Elsaß nach Speier und Mainz, im Osten über die Brennerstraße und das Inntal ihren Weg nahmen und sich dann zerstreuten: nach Salzburg, Regensburg*, Straubing, Passau, auf einem Nebenwege am Lech nach Schongau und Augsburg, zweimal sogar nach Norddeutschland, wo sie um 1120 in Quedlinburg, um 1170 in Königslutter zu finden sind. Sieht man zu, welcher Art ihr Einfluß war, so zeigt sich, daß er selten auf die architektonische Ge-

* Hier auch ein urkundliches Zeugnis: ein Meister aus Como erbaut 1139 die (nicht mehr vorhandene) St. Magnuskirche.

staltung im großen hinging (ausgenommen die schon genannten Beispiele aus dem alemannischen und bairischen Alpenvorland). Überall aber waren die Lombarden willkommen als altbewährte Praktiker in der Steinbearbeitung. Veredlung des Mauerverbandes und plastische Steigerung der Zierformen waren dem 12. Jahrhundert dringende Anliegen, und beiden haben die Lombarden Förderung gebracht, wenn es auch übertrieben wäre, ihr Eingreifen für entscheidend anzusehen. — Blicken wir auf die bisherige Entwicklung des Bauornaments zurück. Sie zeigt keine aufsteigende Linie. Nachdem die im 9. Jahrhundert mit einigem Erfolg, im 10. nur noch mit Mühe und Mißverständnis durchgeführte Nachahmung der Antike zu Anfang des 11. Jahrhunderts aufgegeben war, folgte eine scheinbar sehr ornamentarme Epoche. Doch wissen wir schon, daß dieser Eindruck der Korrektur bedarf. Die glatten Flächen der Gesimse, Pfeilerkämpfer und Würfelkapitelle waren nicht so leer, wie sie uns heute ansehen; sie trugen aufgemaltes Ornament. Das 12. Jahrhundert nun, ohne auf die Farbe zu verzichten, setzte die Zeichnung in plastische Form um. Es war dies besonders wichtig zur reicheren Ausstattung des Außenbaus, die man jetzt wollte. Unter den Motiven, die jetzt vom Meißel des Steinmetzen ausgeführt wurden, sind viele, die uns aus der Miniaturmalerei, schon der karolingisch-ottonischen, bekannt sind. Sie waren, wie man voraussetzen muß, inzwischen durch die monumentale Dekorationsmalerei hindurchgegangen. Außer ihnen — es sind hauptsächlich textile und stark aufs Lineare reduzierte pflanzliche Motive — zeigt der Motivenschatz des 12. Jahrhunderts als Zuwachs das Tierornament; es ist geradezu ein Liebling des 12. Jahrhunderts geworden. Man hat es oft als spezifisch germanisch in Anspruch genommen. Allein es läßt sich nicht in Abrede stellen, daß zwischen der Tierornamentik des 12. Jahrhunderts und der frühgermanischen eine große Lücke liegt. Wir haben auch seinerzeit erkannt, daß die frühgermanische doch nicht urgermanisch war, sondern eine Modifikation antiker Lehnformen. Für das 12. Jahrhundert ist es auch keineswegs eine auf Deutschland beschränkte, sondern eine weit, wenn auch nicht gleichmäßig, verbreitete Erscheinung. In großer Fülle und Üppigkeit gedeiht es z. B. im südwestlichen und zentralen Frankreich, dagegen die Normandie und England, also germanische Landschaften, kennen es fast nicht, bevorzugen rein lineare Bildungen. In Italien wiederum ist es in der Lombardei reichlich, in Toskana fast gar nicht vertreten. Ebenso ist für Deutschland ein Unterschied zu machen: so populär, wie es im Elsaß und der Schweiz, in Schwaben und Baiern war, ist es in Mittel- und Norddeutschland doch nicht geworden. Aus dieser Verteilung erkennt man, daß es rein germanische Stilprovinzen gibt, in denen das Tierornament offenbar nicht so tiefe Wurzeln in der Volksphantasie hatte wie in andern, von denen einige keltisch geblieben waren, die übrigen auf einer alten keltischen Unterschicht ihr Volkstum aufgebaut hatten. Das galt von der Lombardei, es gilt bis zu einem gewissen Grade auch von Oberdeutschland. Wie die Freunde rassenpsychologischer Ableitungen diese Tatsachen deuten werden, bleibe dahingestellt; am wenigstens jedenfalls können sie Beweise für den spezifisch germanischen Charakter des Tierornaments sein. Nicht von vornherein abzuweisen aber wäre ein Zusammenhang mit der aus endlosen Mischungen hervorgegangenen alten Völkerwanderungskunst. Daß die Verbindungsglieder fehlen, kann nicht auffallen. Begreiflicherweise hat die auf antike Form und christlichen Inhalt gerichtete Kunst der Kirche das Tierornament ausgeschlossen; sehr wohl möglich wäre aber ein Fortleben in der volkstümlich gewerblichen Kunst, nur eben, daß aus dieser nichts auf uns gekommen ist. Hin und wieder finden wir selbst im kirchlichen Gerät eine Andeutung darauf, wie beispielsweise in den Leuchtern des hl. Bernward, von denen wir unten im 5. Kapitel sprechen werden. Eine der Quellen der Völkerwanderungskunst hatte in Vorderasien gelegen, und diese versiegte auch später nicht. Auf sassanidischen und byzantinischen Gewebemustern, die im Zeitalter der Kreuzzüge zunehmend reichlich ins Abendland kamen, spielt das Tierornament eine beträchtliche Rolle, und manches in der romanischen Bauverzierung, wie z. B. die symmetrisch neben einem Baum angeordneten Löwen- oder Drachenpaare in Türbogenfeldern, ist direkt von hier entlehnt. Das Verdienst der lombardischen Steinmetzen war die Übermittlung einer für die Plastik zurechtgemachten Darstellungsform, ein schlechthin Neues brachten sie nicht. Tatsache bleibt das gesteigerte Vergnügen des 12. Jahrhunderts an der ornamentalen Verwendung der Tiergestalt. Sie ist, wir wiederholen es, nicht auf Deutschland beschränkt, vielmehr eine allgemeine Zeiterscheinung. Es fehlt auch nicht an einer Parallele in der Literaturgeschichte. Am Anfang des 11. Jahrhunderts — um dieselbe Zeit, der in Quedlinburg die ältesten uns im Steinornament bekannten Tierdarstellungen angehören — entstand in Flandern die älteste Version des Epos von Reinhart dem Fuchs. Um 1170, als die Kirche von Rosheim im Elsaß ihr steinernes Bestiarium erhielt, faßte der Elsässer Heinrich der Glichezare die Geschichte von Reinhart in hochdeutsche Verse. Man weiß aber, daß das deutsche Tierepos nicht urdeutsch ist, sondern auf die Äsopischen Fabeln und allerletztens auf eine orientalische Wurzel zurückgeht. Ganz denselben Stammbaum hat das Tierornament. Wer wollte indessen leugnen, daß die deutsche Phantasie den einen wie den andern Stoff sich vollständig angeglichen hat?

Drittes Kapitel.

Die Malerei des zehnten bis zwölften Jahrhunderts.

Wir treten mit Zagen an dies Kapitel heran. Der heutige Bestand an romanischer Mal- und Zeichenkunst, was ist er anders als ein Fragment von Fragmenten? Aber noch mehr als die Schmalheit der Tatsachenbasis beunruhigt uns ein anderes: die Fragwürdigkeit der inneren Erkennbarkeit des Gegenstandes. Wir sind noch keineswegs am Ziele, wenn wir die Formen dieser Kunst nach ihrer Entstehung universalgeschichtlich erklärt haben. Zu fragen bleibt: Was haben die deutschen Maler dabei gefühlt, als ihre Hand diese Werke schuf? und was ging bei den Nichtkünstlern vor sich, wenn sie sie betrachteten?

Das erste, worauf unser Nachdenken uns hinführt, ist doch, man kann es nicht anders sagen, ein grenzenloses Erstaunen, daß diese Kunst der Malerei bei den Deutschen überhaupt möglich geworden ist. In ihrer ursprünglichen Anlage, soweit sie in ihrem Altertum sich entwickelt hat, scheinen alle Voraussetzungen für sie zu fehlen. Sie hatten dahingelebt, ohne zu der umgebenden Natur jenes geistig-sinnliche Verhältnis zu gewinnen, aus der der künstlerische Darstellungstrieb hervorgeht. Es fehlt jede Spur eines inneren Bedürfnisses, über die von der Menschengestalt, der Lebensform überhaupt, empfangenen Eindrücke sich nachahmend Rechenschaft zu geben. Und nun doch diese unermeßliche Summe von Menschenbildern, die unverdrossen über die Wände der Kirchen ausgebreitet, mit denen die heiligen Bücher angefüllt und die kirchlichen Geräte überdeckt wurden. Es ist keine kindliche, keine am Anfang ihres Werdens stehende Kunst, sondern eine übertragene, in den ausgelebten Formen uralter Kunsterfahrung sich ergehende. Wäre sie am Ende nur eine die gelehrige Hand, nicht die fühlende Seele angehende Scheinkunst, eine seltsame und ungeheure innere Unwahrheit?

Es ist unvermeidlich, daß solche Zweifelfragen auftauchen. Denken wir aber länger nach, so können wir nicht bei ihnen stehen bleiben. So gewiß der primäre äußere Anlaß durch die Überlieferungen und Bedürfnisse der Kirche gegeben war, es ist undenkbar, daß sich ein ganzes Volk andauernd, aktiv und passiv, zu einer ihm innerlich nichtssagenden und gleichgültigen Übung hätte nötigen lassen. Das letzte, was man von den Deutschen dieser Jahrhunderte sagen könnte, ist, daß sie an geistige Fronarbeit gewöhnt gewesen wären. Die Anstrengung, die die Aufnahme des christlich-antiken Bildungsstoffes sie kostete, war sicherlich groß, sie war aber keine passive Hingabe, sondern ein wirkliches Aufsaugen und und Verarbeiten. Die Kunst stand nicht still, sie verfiel auch nicht korrupter Entartung, sie entwickelte sich: kraft eigenen Willens als ein neuer geistiger Trieb. Wir werden uns nicht zutrauen, das in Tätigkeit tretende Gefühl in seinen feineren Schattierungen mitzufühlen; aber so sehr verändert sich doch die menschliche Psyche nicht, daß wir nicht zu erkennen vermöchten, wo die Schwerpunkte des erwachenden Forminteresses lagen. Wir finden da zuerst ein offenbar lebendiges und eigenes Gefühl für den Ausdruckswert der bewegten Umrißlinie, wobei wir uns, rückblickend auf die rudimentäre Kunst des germanischen Altertums, sagen dürfen, daß es in der Tat schon in jener vorbereitet war; in der rhythmischen Verbindung der figürlichen Komposition — im Wandgemälde mit der Architektur, im Kunsthandwerk mit der tektonischen Grundform — entfaltete es sich weiter; wir werden dies das dekorative Interesse zu nennen haben. Ein zweites ist das illustrative. Es geht von der stofflichen Bedeutung der dargestellten Gegenstände aus und erzeugt ein Mitschwingen der dichterischen Einbildungskraft. Haben wir uns dies beides klargemacht, daß die romanische Malerei, auf so mannigfaltige Gattungen sie sich verteilt, etwas anderes nirgends wollte als nur illustrieren und dekorieren, so ist sie kein psychologisches Rätsel mehr. Der deutsche Mensch der frühromanischen Jahrhunderte war zu diesen Anschauungsformen durchaus disponiert. Linienphantasie und poetische Phantasie, beides besaß er von alters. Aber die Linienphantasie war inhaltslos und die poetische Phantasie war bildlos gewesen. Die Berührung mit der Antike brachte die große Offenbarung, daß diese bisher getrennten Funktionen der Einbildungskraft sich vereinigen und damit eine gewaltige Steigerung ihrer Wirkungskraft erleben konnten. Dies ist das Neue. Sicher eine ganz große Erweiterung in der deutschen Geistesentwicklung.

Von diesen beiden Randgebieten aus also, dem tektonisch-schmuckhaften und dem poetisch-darstellenden, gewinnen nach säkularer Bildlosigkeit die Deutschen den ersten Zugang zur Kunst der Malerei. Der moderne Betrachter darf auch nichts anderes in ihr suchen wollen. Er muß sich des Vorurteils entschlagen, als ob ein Angeschautes hätte klar und überzeugend nachgeahmt werden sollen. Nicht Augeneindrücke sind der Ausgangspunkt, sondern unsinnliche Phantasievorstellungen. Die Menschendarstellung ist nicht Selbstzweck, sie gibt nur so viel, als sie religiös und poetisch bedeutet. Eine gelbe Scheibe genügt, um die himmlische Glorie, ein buntgestreiftes Band, um den über das Weltall gespannten

Regenbogen, den Stuhl des Königs Christus, auszudrücken; ein Pferd wird rosenrot oder himmelblau angestrichen, wenn diese Farben mit andern eine angenehme dekorative Zusammenstellung geben. Daß dieses nicht die Wirklichkeit sei, wußte der Betrachter damals so gut als wir heute. Es wird damit nicht Stumpfsinn bewiesen, sondern nur eine grundsätzlich andere, eine schroff antinaturalistische Auffassung vom Zwecke der Kunst.

Diese Auffassung aber war die ursprünglich und eigentlich deutsche. Zwischen den beiden Naturalismen, dem antiken und dem modernen, ist sie ein Stück aus einer fremden Welt und mit den uns geläufigen Wertmaßstäben nicht zu beurteilen. Ihre Andersartigkeit bedeutet noch nicht Minderwertigkeit. Auch dies ist Kunst. Wenn bestimmte Zeiten und Volksingenien durch sie sich befriedigt finden, so werden wir ihnen das Recht dazu nicht bestreiten dürfen. Das historische Urteil wird nicht behaupten — wie es das modern gestimmte ästhetische allerdings tun müßte —, daß die deutsche Malerei sich vom 9. bis zum 12. Jahrhundert rückwärts bewegt habe. Die größere Naturwahrheit, die die Malerei des 9. und 10. Jahrhunderts vor der des 11. und 12. voraushatte, war innerlich eine Unwahrheit, insofern sie eben doch nur ein unverstandener Rest rezipierter antiker Darstellungsregeln war. Die salische und frühstaufische Malerei stieß auch diesen Rest noch ab und reduzierte das Bild der körperlichen Dinge auf Linienausdruck. In ihr ist nichts Unassimiliertes mehr übrig. Wir dürfen zu ihr das Zutrauen haben, daß die Maler vollkommen verstanden, was sie gaben, und daß das Publikum verstand, was es sah. Zuerst an der Hand der Antike hatte der deutsche Geist die angeborenen Schranken seiner Anlage überstiegen; jetzt ging er seinen Weg allein weiter und auf andere Ziele los, als die von jener ihm gewiesen waren. Es ist dieselbe Wendung, die wir im selben Zeitalter in der Baukunst eintreten sahen. Mag auch die Malerei jene nicht erreichen in der Frische, Fruchtbarkeit und Sicherheit des Wollens, wir werden sie um nichts weniger mit tiefem historischen Interesse betrachten. Es sind erste Rodungen und Siedlungen auf geistigem Neuland.

Diesem Gewinn steht an einer andern Stelle ein unerwarteter Ausfall gegenüber. Die Malerei ist die Kunst, die neben der Form ein weites und legitimes Interesse dem Gegenstand zuzuwenden gestattet. War dies nicht das gegebene Feld für die reiche und tätigkeitsfrohe poetische Begabung der Deutschen? Ein solches Schaffen im Stoff trat aber nicht ein. Die Deutschen empfingen den stofflichen Inhalt der Malerei von der Kirche als einen in der Hauptsache fertigen, sakrosankten. Von den griechischen Göttern hat man gesagt, sie seien durch Homer und Phidias geschaffen; jedenfalls waren die Götter und Göttergeschichten fluktuierende Gebilde, die aus einer durchaus künstlerisch gearteten Volksphantasie hervorgingen und die Dichter und Künstler zu freiem Anteil an ihren Wandlungen einluden. Das Christentum aber war eine Buchreligion.

Die Kirche hat wohl nach und nach viel Gegenständliches in die Kunst auch aufgenommen, das eine Ableitung aus der Bibel nicht genannt werden kann; aber mit der erweiterten Kirchenlehre mußte es sich in Übereinstimmung halten. Die Phantasie der Maler war nach dieser Richtung aufs strengste gebunden, sie konnte nur in den Imponderabilien sich geltend machen. — Warum die Kirche ein so starkes Bedürfnis nach dem Bilde hatte und auch nach ihrer Verpflanzung aus der südlichen in die nordländische Umwelt darin nicht nachließ, ist keine einfach zu beantwortende Frage. Dem Gottesdienst unmittelbar diente das Bild nicht. Vom Altar hat es sehr spät erst Besitz ergriffen und mit sorgfältiger Zurückhaltung. Wundertätige Gnadenbilder brachte erst die letzte Zeit des Mittelalters. Auch der volkspädagogische Zweck kam nur nebenher in Betracht, und es gab zu allen Zeiten fromme Männer, die wie Rabanus Maurus dachten, welcher in einer poetischen Epistel seinen Freund Hatto von Fulda vor dem trügerischen Schein der Malerei warnte. Die deutsche Frömmigkeit ist unsinnlich von Natur. So muß gesagt werden: der schließlich entscheidende Daseinsgrund dieser Bilderkunst lag in ihr selbst. Sie war der von der Antike übernommene rote Faden, ohne den die Kirche eine höchste Bildung sich nicht denken konnte. Hierin tritt die Unsterblichkeit der Antike viel überzeugender ans Licht als in dem Nachleben dieser oder jener Einzelmotive. Daß die Gegenstände der Malerei nicht bloß religiös waren, sondern den ganzen kirchlichen Bildungskreis einbezogen, haben wir schon früher gesagt. Und wieviel umfaßte nicht dieser Kreis! Das Mittelalter besaß nur ein spärliches, unsicheres und willkürlich gehandhabtes Einzelwissen, aber sein Verlangen nach Bildung, d. h. nach Synthese, war groß (vielleicht im Verhältnis größer, als wir uns dessen heute rühmen können). Das einzelne hatte keinen Wert, wenn es nicht zu einem andern in Beziehung gesetzt und solange nicht hinter seinem nächsten Sinn ein zweiter, höherer sichtbar gemacht war. Die Neigung des Mittelalters zu symbolischer oder allegorischer Umdeutung der Erscheinungswelt hat hierin ihren Grund. Lächeln wir nicht über sie! Sie ist geboren aus einer tiefen Sehnsucht nach Erfassung der Ganzheit des Daseins. Daß sie in ihrer gleichnishaften Natur dies unmittelbarer dem Gefühl zu übermitteln vermag als je das gesprochene Wort, dies machte die Kunst willkommen und unentbehrlich. Die mittelalterliche Malerei ist in ihrer Darstellung durchaus synthetisch: das einzelne hat keinen Wert für sie. Ob sie ganze Wände zu ihrer Verfügung hat oder nur die schmalen Flächen eines Reliquienkästchens oder eines Buchdeckels, immer breitet sie eine Mehrheit von Gegenständen darüber aus mit dem Endzweck, die höhere Ordnung nachzuweisen, der sie unterworfen sind.

Zu dieser die gegenständliche Auswahl und Zusammenstellung regierenden Tendenz verhält sich die formale Darstellung in vollkommener Angemessenheit. Das eine spiegelt sich im andern und im Ganzen. Die Bildelemente werden aufs höchste vereinfacht, aller Nachdruck liegt auf ihren Beziehungen zueinander. Aber es sind nicht die, die ihre Urbilder in der Wirklichkeit aufweisen, sondern selbstherrlich geschaffen im Verhältnis zu einer vom Menschen konstruierten Ordnung. Konkreter ausgedrückt: die menschliche Gestalt für sich genommen ist haltlos, wesenlos; sie existiert nur in dem linearen Rhythmus, der sie mit dem ihr übergeordneten Ganzen verbindet, der Architektur oder dem Buch oder dem zu schmückenden Gerät. Und wie die Form nicht auf den plastischen Schein modelliert ist, so kennt die Farbe keinen Einfluß von Licht und Schatten. Auch sie bildet ein System von lediglich dekorativer Bedingtheit.

Die populäre Meinung von der Malerei des Mittelalters, nach der sie für den heutigen Menschen einfach unverständlich oder zum mindesten ungenießbar sei und daß man sich in eine schwierige Geheimwissenschaft einweihen lassen müsse. um ihr etwas abzugewinnen, ist sehr im Irrtum. Um den richtigen Standpunkt ihr gegenüber zu finden, kommt es viel eher auf ein Vergessen an: wir müssen eine Reihe uns geläufiger Ansprüche ausschalten können. Und allerdings sind es ihrer nicht wenige. Es fehlen vor allem die zwei, durch die im modernen Sinne die Malerei überhaupt erst malerisch wird: das Problem der Raumtiefe und das Problem des Lichts. Solange diese nicht einmal gestellt, geschweige denn gelöst sind, heißt auch Form etwas anderes, als von uns darunter verstanden wird. In diesen negativen Eigenschaften steht die Malerei des Mittelalters, trotz allem, was sie von der Antike gelernt hat, der Inkunabelkunst des deutschen Altertums näher als uns. Nicht am meisten das schwächere Können, sondern das andersgerichtete Wollen bedingt sie. Ja, man möchte die Frage aufwerfen, ob es überhaupt richtig ist, diese ganze Kunstart Malerei zu nennen, ob es nicht besser wäre, sie in eine besondere Kategorie zu stellen, für die wir freilich noch keinen Namen in Bereitschaft haben.

Im Gegensatze zu der Beschränktheit der künstlerischen Zielsetzungen ist das technische Können, dieses im unmittelbaren Sinne genommen, nichts weniger als ängstlich und ungewandt. Die Malerei auf der Mauer wurde in einer Ausdehnung geübt, die die Gegenwart vergleichsweise bettelarm erscheinen läßt. Sie fand reiche Ergänzung in den gewirkten Teppichen und gestickten Tüchern. Das Mosaik war nicht unbekannt, blieb aber auf die Fußböden beschränkt. Auch die Glasmalerei war schon vorhanden. Zur Kleinkunst gesellt sich die Emailmalerei und die gravierte Zeichnung auf Metall. Endlich das weite Feld der Buchmalerei. Nur gerade die eine Gattung, die nach moderner Anschauung dem Wesen der malerischen Darstellung die gemäßeste ist, fehlt: das selbständig in sich ruhende, durch seinen Rahmen von der Umgebung optisch abgesonderte Tafelbild. Fließend blieb die uns heute so wichtig erscheinende Unterscheidung von freier und angewandter Kunst. Denn auch die Darstellungen von höchster gegenständlicher Weihe hatten immer, wie nun genugsam ausgeführt ist, auch eine dekorative Seite, und umgekehrt, selbst die Erzeugnisse des Kunstgewerbes sind mit inhaltlicher Bedeutsamkeit gesättigt. Dem heutigen Begriff von freier Kunst kommen am nächsten die Wandmalerei und Buchmalerei. Mit ihnen hauptsächlich werden wir uns im folgenden beschäftigen.

Ihr Verhältnis zueinander zu untersuchen ist deshalb schwer, weil ihr Erhaltungszustand quantitativ wie qualitativ durchaus ungleich ist. Miniaturen gibt es sehr viele und in bester Erhaltung, Wandgemälde sehr wenige und ausnahmslos verderbt. Es ist oft danach gefragt worden, welche der beiden Gattungen die führende gewesen ist; waren die Wandgemälde vergrößerte Miniaturen? oder die Miniaturen verkleinerte Wandgemälde? Halten wir daran fest, daß beide, wie verschieden immer in der Technik, denselben Stilgesetzen unterstanden, so ist die Frage eigentlich gegenstandslos.

Folgende Erwägungen werden dennoch nicht überflüssig sein.

Kennen wir nur wenige ottonische und so gut wie gar keine karolingischen Wandgemälde aus unmittelbarer Anschauung, so kennen wir doch durch literarische Überlieferung die von ihnen behandelten Gegenstände. Da zeigt sich denn, daß noch in karolingischer Zeit die Wandgemälde im gegenständlichen Programm reicher waren als die Miniaturen. Die ersten gaben große historische Zyklen, die letzteren noch nicht. Aber in der ottonischen Buchmalerei sind sie da. Sie können nur von den Wandgemälden aus eingedrungen sein. Wir wollen eine Stichprobe machen, indem wir eine bestimmte Szene, die Teufelaustreibung bei Gerasa, in zwei Darstellungen zum Vergleich stellen, einmal in der Darstellung an der Wand der Oberzeller Kirche auf Reichenau (Abb. 357), zum andern in derjenigen der Evangelienbücher Ottos III. und Egberts von Trier (Abb. 326). Sie gehen auf dasselbe Schema zurück. Unverkennbar aber steht die Darstellung auf dem Wandgemälde der ursprünglichen Fassung näher. Die Hauptperson, der Besessene, nimmt die Mitte ein; rechts und links von ihm ein Abstand, und dann in besonderen Gruppen der Wundertäter mit seinem Gefolge als Erreger der Handlung und als Wirkung die übereinanderstürzenden Säue, in welche die Teufel einfahren. Das ist eine klar abgewogene, offenbar die ursprüngliche Erfindung festhaltende Komposition. Auf den Miniaturen ist das Gleichgewicht gestört. Das Rechteck, in das die Komposition eingeschrieben ist, ist dem gegebenen Format des Buches angepaßt kürzer; infolgedessen, vielleicht auch weil die Einzelheiten dem Miniaturisten zu schwierig wurden, ist die rechte Seite mit den Säuen (der Maler arbeitet von links nach rechts!) verkümmert und blieb es dann in den weiteren Wiederholungen. In diesem Falle ist also unbedingt nicht das Wandgemälde eine vergrößerte Miniatur, sondern der Wandmaler hat die bessere, ursprünglichere Tradition. — Zu demselben Ergebnis führt die Szene mit der Heilung des Aussätzigen. Ganz sicher ist die durch das Wandgemälde repräsentierte Fassung derjenigen der Miniatur (Münchener Kodex) vorausgegangen. — Man wird aber auch allgemeinhin für wahrscheinlich halten müssen, daß die Wandmalerei, als die schwierigere und verantwortungsvollere Gattung, den besten Kräften vorbehalten blieb, während in den Schreibstuben Gerechte und Ungerechte nebeneinandersaßen, wirkliche geschulte Maler und Kalligraphen, die zur Not auch den Pinsel führen konnten, wie es eben kam. — Eine zweite allgemeine Erwägung geht dahin, daß die Wandmalerei als die öffentliche unter den beiden Gattungen die größere Wirkung geübt hat. Kostbare Bücher kamen nur in wenige Hände. In einem voll besetzten Kloster haben sicher nicht einmal alle Mönche, unter denen viele, wie wir wissen, des Lesens unkundig waren, den Bücherschatz gekannt. Aber das Gemälde in der Kirche sah ein jeder von ihnen; vor allem sah auch das Volk sie. Sie waren das allein in Betracht kommende Mittel für die allmähliche Erlernung des Bildersehens, für das Weiterwachsen der Eindrücke in der Volksphantasie, aus der dann auf Umwegen wieder die Maler Nahrung und Richtung empfingen. Wechselwirkung zwischen Künstlerschaft und Publikum erzeugt zu allen Zeiten die einzig fruchtbare Atmosphäre für die Kunst. — Drittens war die Miniaturmalerei enger an bestimmte Textstellen und bestimmte Plätze im Buch gebunden. Die Wandmalerei mit ihrem größeren Maßstab fordert die größere geistige Anstrengung, wie sie die größere Resonanz gewährleistet. Nur auf ihrem Boden konnten die mächtigsten Synthesen der Phantasie, wie die *Majestas Domini* und das Jüngste Gericht, entstehen.

Alles zusammengenommen, kann es nicht zweifelhaft sein, daß die Wandmalerei historisch die größere Bedeutung gehabt hat. Sie war, wie F. X. Kraus es formuliert hat, das tragende Element für die absterbende retrospektive Kunst des 11. Jahrhunderts. Es soll damit nicht geleugnet werden, daß gelegentlich auch ein Wandmaler nach dem Bücherschatz der Kirche gegriffen hat. Einfach kopieren konnte er auch dann nicht, er mußte transponieren; gute Einfügung in die gegebene Fläche war ja erstes Erfordernis. Die Miniaturisten zwar waren seßhafte Leute, aber ihre Produkte wurden weithin verschickt. Die Wandmaler können wir uns aber nur als von Ort zu Ort wandernd denken; die Gelegenheit, diese Kunst zu üben, kam am einzelnen Orte zu selten, als daß man selbst in großen Klöstern jederzeit einen erprobten Meister zur Hand gehabt hätte. Leider sind die Schriftquellen zu schweigsam. Immerhin liegt darin ein bedeutsamer Unterschied zwischen der karolingischen und der frühromanischen Malerei, daß jene noch großenteils von Eingewanderten aus den westlichen und südlichen Teilen des fränkischen Reichs, diese von geborenen Deutschen ausgeübt wurde. Griechen sind wahrscheinlich nur ganz selten nach Deutschland gekommen; etwas öfter, keineswegs oft, Italiener, wie z. B. ein solcher, der für Otto III. im Aachener Münster arbeitete, die heimwehkranke Inschrift hinterlassen hat: *A patriae nido rapuit me tercius Otto.* Durch importierte Bilderhandschriften, Stickereien und sonstige kunstgewerbliche Gegenstände standen die Maler (mehr als etwa die Architekten) mit der Kunst des Auslandes in Fühlung, aber eine umfassende Rezeption fand nicht mehr statt. In der Hauptsache bildete das in der karolingischen Zeit erworbene Kunstgut den Grundstock, von dem sie ausgingen.

Die Wandmalerei.

In welchem Umfang ist sie ausgeübt worden? Eine exakte Antwort läßt sich hierauf nicht geben. Ein volles Recht haben wir jedoch, zu sagen, daß eine jede romanische Kirche in dem oben (S. 82) ausgeführten Sinne mit farbigem Wandschmuck ausgestattet war; aber wir vermögen nicht zu berechnen, nach welcher Quote die Figurenmalerei daran beteiligt war. Den ersten Anspruch auf sie hat selbstverständlich das Altarhaus, und an dieser Stelle haben sich, alles in allem genommen, auch am häufigsten Spuren von ihr gefunden. Demnächst scheinen Westchöre und Westemporen bedacht worden zu sein. Wie oft das Langhaus figürlich ausgemalt war, läßt sich in keiner Weise bestimmen, nur entgeht es nicht, daß an einzelnen sehr bedeutenden Kirchen die architektonischen Bedingungen so beschaffen waren, daß sie figürliche Malerei ausschlossen. So z. B. im Münster von Schaffhausen, das mit zweifarbigen Steinschichten verkleidet ist; so in den Domen von Speier und Mainz, deren Blendnischen nur für ornamentale Polychromie oder höchstens für Einzelfiguren Platz boten. Vielleicht war diese Beschränkung mit ein Grund, weshalb das architektonisch so wertvolle System von Speier keine Nachahmung fand. Wir werden späterhin sehen, daß durch die Fortentwicklung des Gewölbebaus die Malerei überhaupt in Bedrängnis kam. Anderseits kennen wir kleine und im Rang nicht hochstehende Kirchen mit durchgehender Bemalung. Gerade in solchen, weil sie am ehesten von späteren Umbauten verschont blieben, hat sie sich relativ am häufigsten erhalten.

Auf die Ikonographie der Wandmalerei gehen wir nicht näher ein, einesteils weil es ohne Heranziehung der Lehre, der Liturgie, der Predigt, des geistlichen Schauspiels ein einseitiges Bemühen bliebe, andernteils weil die Zahl der erhaltenen Denkmäler viel zu klein ist, um auf sie ein System zu gründen. Die Tituli, die für die karolingische Zeit eine ausgiebige Quelle waren und von denen aus dem 10. Jahrhundert eine auf einen großen Zyklus in Trier hinweisende Reihe sich erhalten hat, verschwinden im 11. Jahrhundert. Die letzte große Programmdichtung dieser Art ließ Erzbischof Aribo (1021—31) für seinen Dom in Mainz herstellen, sie forderte jedoch eine so hohe Zahl von Szenen, daß sie so nie zur Ausführung gekommen sein kann; auch sagt der Verfasser selbst in der Überschrift: man möge auswählen, was passe. So müssen wir uns auf wenige Bemerkungen beschränken. Der Bilderkreis scheint über die unter den Karolingern gegebenen Feststellungen bis vielleicht zum 12. Jahrhundert nicht hinausgegangen zu sein. In ihnen hat man als Hauptmassen die symbolisch-repräsentativen und die historischen Bilder zu unterscheiden. Ausschließlich den ersteren ist das Altarhaus geweiht. Über dem Altar, an dem in der Messe das Mysterium des Opfertodes Christi gefeiert wird, erblickt man in der Halbkugel der Apsis regelmäßig die Kolossalfigur des Erlösers in seiner Dauergestalt, als Himmelskönig auf dem Regenbogen thronend. (Wann der einer andern Überlieferungsreihe angehörende realistische Goldthron in die Wandmalerei eindringt, kann hier nicht erörtert werden.) Um ihn schweben die längst als Symbole der Evangelisten angenommenen Tiere aus der Vision des Ezechiel. In der tieferen Region, zwischen oder unter den Fenstern, bald sitzend, bald stehend, die Apostel; auch andere Heilige können nach Bedarf hier eingeschoben werden. Am Chorbogen sind zuweilen, von ihren Patronen empfohlen, die Bilder der Stifter gemalt, worin wir eine der Wurzeln der Porträtmalerei vor uns haben, einer rein idealen versteht sich. Am andern, dem westlichen Ende der Kirche, erscheint das Jüngste Gericht. Man sieht es als letztes Stück, sich umdrehend, wenn man alle übrigen Wände durchmustert hat. Zugleich weist es auf die Benutzung des Vorhofs als Begräbnisstätte. Die Längswände sind der Platz für die historischen Szenen. Über ihre Zahl und Auswahl ist nichts Sicheres zu sagen, außer daß man auch hier symbolische Bezüge gern hineinspielen ließ. Wir kennen mehrere Beispiele, daß nichts anderes dargestellt war als die Wunder Jesu, die Beweise seiner göttlichen Herkunft und Kraft. Wir erfahren auch von inhaltlich korrespondierenden (»typologischen«) Gegenüberstellungen aus dem Alten und Neuen Testament. Ob die Passion Christi, die in den Mainzer Tituli zur Auswahl angeboten wird, je wirklich dargestellt wurde, können wir seltsamerweise nicht feststellen. Dunkel sind auch die Anfänge des Marienbildes in der Wandmalerei; eine hervortretende Rolle hat es in unserer Epoche keinesfalls gespielt. Von dem Inhalt der Deckenmalerei wissen wir wenig, aber es genügt, um zu sagen, daß sie eine feste Typik nicht kannte. Die Kirche des Klosters Petershausen bei Konstanz erhielt zu Ende des 10. Jahrhunderts eine als prachtvoll gerühmte, indes bloß ornamentierte Kassettendecke; im ganzen waren auch an dieser Stelle figürliche Darstellungen vorherrschend.

Nach dieser leider vieles noch im ungewissen lassenden Übersicht wenden wir uns den einzelnen Denkmälern zu.

Am ausgiebigsten vertreten ist die alemannische Südwestecke am Bodensee, und nicht zufällig; denn auch die Schriftquellen bezeugen für dieses in der Baukunst nicht sonderlich ausgezeichnete Gebiet eine früh begonnene und ausdauernde Blüte der Malkunst. Reichenauer Maler führten zu Ende des 9. Jahrhunderts in St. Gallen umfangreiche Arbeiten aus. Hundert Jahre später schmückte auf der Reichenau der Abt Witigowo (985—997) sein Münster mit Gemälden, über die ein Klosterpoet begeisterte Verse hinterlassen hat. Nicht erwähnt derselbe die dem hl. Georg gewidmete Oberzeller Kirche. Ebendieser gehört der überaus merkwürdige Zyklus, der im Jahre 1880 unter der Tünche hervorgezogen wurde (Abb. 62, 356—359). Er ist ganz vollständig bis auf die 1840 zerstörten Gemälde des Altarhauses. Wie die Meinungen über die Baugeschichte schwanken, so ist auch für die Datierung der Gemälde eine wirkliche Sicherheit nicht gegeben. Ich denke sie mir eher etwas nach, als unter Witigowo entstanden. Wenn sie um ihrer guten Erhaltung willen gepriesen werden, so heißt das noch nicht, daß sie uns einen ungeschmälerten Farbeneindruck bieten, wie etwa Wandgemälde Pompejis. Wir dürfen schon glücklich sein, daß wir aus den Spuren das polychrome System in seinen Grundzügen rekonstruieren dürfen. In der Mittelschiffsansicht wenigstens war kein Fleck unbemalt. Die Säulen dunkelrot in den Schäften und gelb in den Kapitellen mit schwarz konturierten Palmettenmustern. In den Bogenzwickeln Medaillons mit Abtbildnissen. In der Zone zwischen den Arkaden und den Fenstern die großen Historienbilder, oben und unten eingefaßt von reichen Mäanderbändern. Zwischen den Oberfenstern Einzelgestalten von Propheten. Oberer Abschluß durch ein gekräuseltes Stoffgehänge. Bei dem ausgebildeten rhythmischen Sinn fällt es auf, daß die Verteilung der Historienbilder mit den architektonischen Achsen nicht zusammenfällt. Es lag eine programmatische Schwierigkeit vor: acht Wundergeschichten sollten dargestellt werden, die Zahl der Arkaden aber ist jederseits fünf (eine Diskrepanz, die es nicht leicht macht, an Gleichzeitigkeit der Malerei und Architektur zu glauben). Von grundsätzlicher Bedeutung aber ist der Zwiespalt im malerischen Darstellungsprinzip. Die räumliche Anordnung der Figuren wie des architektonischen und landschaftlichen Beiwerks setzen eine Vorstellung von malerischem Tiefenraum voraus, die der Maler, wie man an zahlreichen Verstößen bald bemerkt, in Wahrheit gar nicht besaß. Wie hätte er auch sonst den Hintergrund in drei ornamentale Streifen — braun, grün und blau — aufteilen und damit allen Schein des Räumlichen zerstören können? Diese Reste perspektivischer Anschauung sind aber mechanisch aus einer

Vorlage herübergenommen, deren Urgestalt noch der letzten Antike, etwa dem 5. Jahrhundert, angehörte, einer Zeit also, in der das malerische Empfinden des Hellenismus noch nicht gänzlich erloschen war. Obschon sie inzwischen durch viele Hände gegangen war, hat die Komposition starren Widerstand geleistet. Was der Maler der Reichenau eigentlich wollte, war etwas anderes: er wollte dekorieren. Das war der lebendige Teil seiner Kunst. Er konnte den zum Stil des 5. Jahrhunderts gehörenden einheitlichen blauen Grund nicht brauchen; ihm schien es eine Verbesserung — von seinem Standpunkte mit Recht —, wenn er das Massenübergewicht der blauen Farbe aufhob und sie durch Streifen mehrerer Farben ersetzte. Wir lernen hier ein Prinzip kennen — nennen wir es die polychrome Flächenparzellierung —, das während der ganzen Dauer des 11. und 12. Jahrhunderts und bis ins 13. hinein als Grundbedingung einer guten Komposition galt.

Daß wir den oben besprochenen Zwiespalt im Stilcharakter richtig aufgefaßt haben, beweist der Vergleich der Langhausbilder, von denen allein bisher die Rede war, mit dem Schlußbild des Zyklus, dem Weltgerichtsbild an der Westwand (Abb. 360). Hier ist kein Zwiespalt. Die figürliche Komposition zeigt sich den Erfordernissen der dekorativen Flächenbehandlung bestens angepaßt; die Figuren stehen so auf dem Grunde, daß nirgends eine einzelne Farbe sich zu einer größeren, das Übergewicht erlangenden Masse sammeln kann, nirgends eine Unklarheit entsteht; allerdings um den Preis, daß alle Tiefenvorstellungen von vornherein aufgegeben sind. Warum hier so anders? Der Grund ist lehrreich. Wir haben ihn erfaßt, wenn wir die ungleiche Geschichte der in Frage stehenden Kompositionen uns klarmachen. Das Weltgerichtsbild ist nicht aus dem christlich-antiken Typenvorrat geschöpft, es ist eine nordische Kreation von damals erst kurzer Vergangenheit. Lateiner wie Orientalen hatten das Thema erst zaghaft gestreift, über leichte Andeutungen und auch nur in der Kleinkunst sich nicht hinausgewagt. Hieraus konsolidierte sich in Byzanz das Dreifigurenbild der sogenannten Deësis: Christus, Maria und Johannes, Christus sitzend, die beiden andern vor ihm kniend mit den Gebärden der Fürbitte und Prophetie. Auf dem Gemälde der Reichenau aber handelt es sich, wie man auf den ersten Blick sieht, um etwas Neues: es ist unternommen, das Drama des Jüngsten Tages vorauszuschauen in seiner ganzen Entfaltung und wie eine erlebte Realität. Dies ist die erste große selbständige Neuschöpfung der germanischen Phantasie im christlichen Bilderkreise. Wir dürfen es behaupten auch nach vorsichtigster Prüfung aller andern Möglichkeiten. Die Elemente der Darstellung, aber nicht mehr als sie, waren aus dem Osten gekommen; die großartige Synthese zum Weltgerichtsbilde ist die Tat des germanischen Westens. Mit Recht ist schon darauf hingewiesen worden, daß bei den Germanen die Vorstellungen von Weltuntergang und Gericht ein besonderes Entgegenkommen fanden, wie Gedichte sie zeigen: Muspilli, Heliand, der angelsächsische Krist, die nordische Wölupsa. Das früheste sichere Zeugnis für das Weltgericht als Wandgemälde geben die in Abschrift erhaltenen Verse unter einem verschwundenen St. Galler Zyklus aus der Zeit um 870. Etwas der karolingischen Malerei Geläufiges kann die Darstellung nicht gewesen sein, denn dann müßte sie unter der Menge der Tituli noch sonst begegnen. Auch die karolingische Buchmalerei kennt sie nicht, nur die irische und auch sie nur in rudimentärem Ansatz (Abb. 313). Wir werden also mit dem Jahre 870 der Entstehung zeitlich nahe sein und werden annehmen müssen, daß sie auf dem Boden der Wandmalerei vor sich gegangen ist, wie ja auch alles in dieser Komposition höchste Monumentalität atmet. Beachten wir endlich noch, daß Mönche von der Reichenau, wie berichtet wird, die St. Galler Gemälde ausgeführt haben. In der Altersfolge das nächste — das älteste körperlich erhaltene — ist dann das Reichenauer Fresko, von dem wir eben sprachen. Darauf folgt ein Gemälde in Burgfelden, nicht gar weit nördlich vom Bodensee, auch dieses immer noch älter als die ältesten Gerichtsbilder Italiens und Frankreichs. Schließlich die frühesten Beispiele in der Miniaturmalerei: der obengenannte, von Iren nach St. Gallen gebrachte, vielleicht auch erst dort gemalte, und ein Reichenauer Kodex vom frühen 11. Jahrhundert (Abb. 333).

Ist die viermalige Nennung des Namens Reichenau in diesem Zusammenhang nicht überaus merkwürdig? Ist wohl hier der Punkt — irgendwo muß es doch gewesen sein —, wo dies gewaltigste Gesicht der christlichen Bildphantasie zum erstenmal als Bild auskristallisiert wurde? Beweisen kann man es nicht; aber es wird kein Vorwurf sein, es zu glauben.

Wie dem auch sei, auf dem Bilde der Reichenau sehen wir zum ersten Mal die Komposition in allen wesentlichen Zügen fertig so, wie sie seither das Mittelalter beherrscht hat. Im Zentrum, weit größer als die übrigen Figuren, der Auferstandene auf dem Regenbogen sitzend, das Grabtuch über den nackten Oberkörper gezogen, beide Hände mit einer unsagbaren Gebärde von sich breitend, der Welt die für sie empfangenen Wundmale zu zeigen. Wir empfinden noch heute ungeschwächt die starre Erhabenheit dieses Anblicks und können uns denken, daß sie für die Menschen jener Zeit etwas Atembeklemmendes hatte: *terribilis vultus* steht in der Versunterschrift von St. Gallen. Zur Rechten Maria, noch nicht die sanft flehende Mitleidvolle, nur die eine Hand zu gemessener Bitte erhoben. Zur Linken (dort, wo im byzantinischen Schema Johannes seinen Platz hatte) ein Engel mit dem Kreuz von Golgatha. Weiter fliegende Engel, wagerecht schwebend, wie vom Sturmwind hingefegt, in Hörner stoßend, die Schriften aufrollend, auf denen die Schulden der Menschheit verzeichnet stehen. Im mittleren Streifen die Schöffen des Gerichts, die

Apostel, die Körper geradeaus, die Köpfe mit scharfer Drehung, der eine genau wie der andere, auf den Richter hin. Endlich im untersten Streifen die Toten, nackt, mit halbem Leibe aus der Erde sich ringend. Und nun sei es noch einmal gesagt: dies ist nicht Nachahmung, sondern Schöpfung; in der Grundstimmung wie in den Kunstmitteln unantik.

Die Malereien in Goldbach bei Überlingen sind ein Ableger der Reichenauer Schule. Im Chor die Apostel, paarweise sitzend, im Gespräch. Danach ungefähr hätten wir uns das Fehlende in Oberzell zu ergänzen. Am Chorbogen sind die Stifter, ein adliges Ehepaar, Winidher und Hiltepurg, mit ihren Schutzheiligen dargestellt. Im Langhaus die Wunder Jesu in schwachen Spuren.

Die zweite Hälfte des 11. Jahrhunderts würde ganz leer ausgehen, wäre nicht im Jahre 1892 in Burgfelden am württembergischen Heuberg ein hochinteressanter Zyklus aufgedeckt worden, in dem Augenblick, als das altersschwache Kirchlein abgebrochen werden sollte. So sehr ist unser weniges Wissen ein Gnadengeschenk des Zufalls! Die Kirche war das Familienbegräbnis eines edlen Geschlechts, wahrscheinlich der Zollern, das auf der nahen Schalksburg saß, und darauf bezieht sich der Inhalt der Gemälde wie die Widmung an St. Michael. Die ganze Ostwand nimmt das Weltgericht ein (Abb. 361). Auch formal ist beim Burgfeldener Bilde der Zusammenhang mit dem Reichenauer nicht zu verkennen, die künstlerische Intention aber und damit auch die gegenständliche Auffassung ist anders und neu. Es wird nicht das Gericht selbst dargestellt, sondern die Momente vorher und nachher, die Auferweckung und die Seelenscheidung. Maria und die Apostel fehlen. Ist in Reichenau alles feierliche Spannung, so hier Bewegung. Nur der Weltenrichter selbst thront in starrer Ruhe, im Linienausdruck noch verstärkt durch das von zwei Engeln vor ihm, genau in der Mittelachse, gehaltene Kreuz. Um ihn Getöse und Aufruhr. Die Engel haben sich zur Erde hinabgestürzt, beugen sich über die Gräber und blasen mit ihren Tuben, die wie Alphörner der Schweizer Hirten aussehen, in sie hinein. Im oberen Streifen werden rechts von Christus die Erretteten dem Paradiese zugeführt, ficht links St. Michael den letzten Kampf mit Satan aus. Es war ein echter Künstler, der dies Bild ersonnen hat, nichts darin ist konventionell. Den Rest aus dem ABC der antiken Verhältnislehre, den der Reichenauer als ein unverstandenes Erbstück noch bewahrt hatte, läßt dieser hier unbekümmert fahren, dafür entfesselt er ein stürmendes, wogendes, hinreißendes Pathos der Linie, in dem der Geist altgermanischer Ornamentik zu höherer Aufgabe wiederkehrt. — Von den Darstellungen an den Längswänden sind nur wenige Linienreste erhalten. Man erkennt den Tod des reichen Mannes der Parabel, ein in Miniaturen öfters mit dem Jüngsten Gericht verbundener Gegenstand. Dann einen rätselhaften Kampf im Walde. Daß die Geschichte der Ermordung zweier edlen Herren von Zollern im

Jahre 1061 dargestellt sei, wie einige Erklärer gemeint haben, ist mehr wie unwahrscheinlich; es kann sich nur um eine Legende handeln. Einige Bewegungen sind bei aller anatomischen Ungeheuerlichkeit von überzeugender Frische. — Umsonst suchen wir nach etwas Ähnlichem. Daß es in den Denkmälern nicht vorkommt, beweist natürlich nichts. Wir werden vielmehr überzeugt sein dürfen, daß auch an andern Orten es Künstler gegeben hat, deren leidenschaftliches Empfinden die Zäune der Überlieferung durchbrach. Als Beispiel aus dem Gebiete der Kleinkunst möge auf die beiden in Paderborn aufbewahrten Tragaltärchen von der Hand des geschätzten Roger von Helmershausen (um das Jahr 1100) hingewiesen sein. Es sind figurenreiche Legendenszenen in Gravierung auf Kupferplatten (Abb. 353). Die auf ausgestochenen dunkeln Grund gesetzte Komposition ist sehr geschickt so angelegt, daß ganz nach dem Prinzip der zuletzt beobachteten Wandgemälde vom Grunde nur viele kleine, einander im Gleichgewicht haltende Flecken übrigbleiben. Die Einzelmotive sind von einer wilden Lebendigkeit und doch ohne jedes wahre organische Lebensgefühl, als würden Gliederpuppen mit losen Gelenken heftig durcheinandergeschüttelt. Die lineare Bewegung ist Selbstzweck.

Im übrigen Schwaben und im größten Teil von Altbaiern ist von Wandgemälden aus den uns angehenden Jahrhunderten nichts anzutreffen, wie es bei der spärlichen Erhaltung frühromanischer Architekturdenkmäler in diesen Gegenden auch nicht anders zu erwarten ist. Nur aus der fruchtbaren Regensburger Schule ist mehr und größeres übriggeblieben. Die Schloßkapelle in Donaustauf (S. 100) enthält in den Wandnischen die Reste eines in halblebensgroßen Figuren gegebenen Katalogs der Regensburger Bischöfe, in Gruppen zu je vier und in jeder derselben wieder zwei und zwei im Gespräch miteinander. Einen umfangreichen, aber sehr zerstörten Zyklus bewahrt die Friedhofskapelle in Perschen, einen andern, um einiges besser erhaltenen die Allerheiligenkapelle beim Dom von Regensburg. Der reich gegliederte kleine Zentralbau ist vollständig ausgemalt, wohl sogleich nach Fertigstellung der Architektur (um 1160), gegenständlich in engem Anschluß an die der Apokalypse entlehnten Lektionen an der Vigilie des Allerheiligenfestes. Noch bedeutender sind die zwischen 1150 und 1160 entstandenen Chorgemälde in der Klosterkirche Prüfening (Abb. 363—365). Die gewissenhafte Restauration hat den Stilcharakter so wenig, als in solchen Fällen überhaupt möglich ist, verfälscht und gibt uns den Gesamteindruck so vollständig (nur die Apsis fehlt), wie nicht oft. Die Komposition — man sagt noch besser: Konstruktion — dieses Zyklus näher zu betrachten, wird sich lohnen. Im Deckenbilde nimmt die Einteilung auf die architektonische Grundform (ein grätiges Kreuzgewölbe) keine Rücksicht; sie geht so vor, als gäbe es keine gebrochenen Flächen, als handelte es sich um eine Kuppel. (Darin zeigt sich, daß die Schule an den Gewölbebau noch nicht gewöhnt war; am Rhein kommt eine derartige Rücksichtslosigkeit nicht vor.) Der von fein ornamentierten Bändern eingefaßte große Kreis im Scheitel umschließt eine mächtige Frauengestalt, thronend, eine Krone auf dem Haupt, die Kreuzesfahne in der Rechten, in der Linken das Symbol des Erdkreises: es ist die Personifikation der Kirche. An den Zwickeln die Evangelistensymbole. Streng prächtig, Ornamentales mit Figürlichem mischend, die Untersicht der Gurtbögen. Die dieselben tragenden Wandpfeiler wechselnd mit Schachbrettmustern, mit ornamentaler Paraphrase eines Quadergefüges und einem stilisierten Marmorgefleck. Auf den von diesem reichen Rahmenwerk eingeschlossenen Wandflächen herrscht die Menschengestalt. Für die Einteilung bot die unsymmetrische Anordnung der Arkaden keine gute Unterlage. Sie geht deshalb mit ihren vier Streifen einfach über sie weg. Rhythmisch fein empfunden ist die zunehmende Höhe dieser Streifen, ein vortreffliches Motiv auch das in leichter Wellenlinie bewegte Spruchband, das die Standfiguren in Zweidrittelhöhe überschneidet. Alle streng frontal, alle im äußeren Umriß einander gleich, möglichst variiert jedoch die Funktion der Hände, und in den Köpfen regelmäßig einer mit dunklem und einer mit greisem Haar abwechselnd. Man sieht: es ist eine der Architektur verwandte Ordnung, die die Komposition beherrscht und mit ihrem feierlich gemessenen rhythmischen Leben in die Stelle der fehlenden Handlung eintritt. Von Einzelheiten beachte man die Zeichnung der Falten. Es kommen darin Überschneidungen vor, die in der Wirklichkeit unmöglich wären; die Absicht ist rein ornamental. Ebenso in den gestickten Säumen, die auf den Lauf der Falten gar keine Rücksicht nehmen. Der sachliche Inhalt zeigt eine bemerkenswerte Fähigkeit, die im 12. Jahrhundert überall zu wachsen scheint: die, aus den alten theologischen Quellen neue Bildvorstellungen zu schöpfen. Zugrunde liegt, was man nicht erwarten würde, dieselbe Allerheiligenliturgie, die wenig später in der Kapelle des Regensburger Domkreuzgangs illustriert wurde. Um so bezeichnender für den aus starrer Traditionsherrschaft sich lösenden Geist dieser Zeit, daß zwei durchaus verschiedene und selbständige Erfindungen zustande kamen. Wie die große Gemeinschaft der Bekenner, Heiligen und Propheten nach ihren Rangstufen aufgebaut ist und über ihnen als Schlußstein die Ekklesia thront: kann es eine verständlichere Symbolik geben, als in dieser räumlichen Verteilung?

Das Kloster Prüfening war eine Pflanzung der Hirsauer. Daß mit der großen und einflußreichen Bautätigkeit der Kongregation in der ersten Hälfte des 12. Jahrhunderts eine gleiche in der Malerei zusammengegangen ist, versteht sich fast von selbst. Die Prüfeninger Gemälde sind das einzige aus diesem Kreise erhaltene größere Denkmal. Dürfen wir sie als ein Dokument Hirsauer Malerei im spezifischen Sinne ansehen, so wäre bewiesen, daß in der Stilwandlung des 12. Jahrhunderts Hirsau ein wichtiger Faktor, vielleicht die treibende Kraft, gewesen ist. Jene Architektonisierung der Komposition, die wir in Prüfening kennen lernten, wurde ein Hauptmerkmal der Wandmalerei des 12. Jahrhunderts überhaupt. Der aus der Antike übernommene Rest malerischer Erzählungskunst, den uns die Reichenauer Schule gezeigt hatte, ist abgestorben; ebensowenig hat der bewegte Linienstil, den wir in Burgfelden fanden, sich durchgesetzt, noch auch ist man der Natur näher gekommen: die Wandmalerei des 12. Jahrhunderts denkt in architektonischen Kategorien. Nicht etwa als Überwuchern des gemalten Architekturschmucks ist das zu verstehen: die Menschengestalt selbst wird zum Bauornament. Damit vollendet sich der Stil, den wir in den einleitenden Bemerkungen kurz geschildert haben. Repräsentative Darstellungen eignen sich für ihn am besten. Handlungen müssen so komponiert werden, daß die Stellung wie Anordnung der einzelnen Figuren den Erfordernissen der Flächenteilung sich fügt. Und dann wird der Grund selbst noch mehrfarbig parzelliert. Wenn wir farbige Papiere ausschneiden, aufeinanderkleben und mit festen Strichen ein weniges von innerer Zeichnung eintragen wollten, so hätten wir im kleinen schon ungefähr das, was die Wandmalerei im großen tut. Ersichtlich ist hierbei die Rolle der Farbe eine gänzlich unmalerische. Nicht das im Raum sich bewegende Licht verbindet die einzelnen Farbflecke miteinander, sondern allein ein subjektives ornamentales Harmoniegefühl. Alles dieses meinte ich, wenn ich oben mit zusammenfassendem Ausdruck von Architektonisierung des Bildes sprach.

Um uns wieder den Denkmälern zuzuwenden, so müssen wir sagen, daß es große, zweifellos kunsttätige Gebiete gibt, wie die oberrheinischen und mainfränkischen Bistümer, die für unsere Betrachtung ganz ausfallen, weil in ihnen heute so gut wie nichts mehr zu finden ist. Besser daran ist der Niederrhein und vom 12. Jahrhundert ab Westfalen. Hier im Nordwesten lassen sich noch ein paar Grundlinien einer fortlaufenden Entwicklung erfassen. — Die Malereien im Westchor von Essen, in Münstereifel, in den Krypten von Emmerich und von St. Maria im Kapitol, unter sich verschieden genug, haben doch eine gemeinschaftliche Eigenschaft, die sie von allen vor dem Jahre 1000 entstandenen Malereien unterscheidet und ihre Einordnung in den romanischen Stil rechtfertigt Das ist das Durchdringen eines bewußt zeichnerischen Vortrags, der das Wichtigste, das er zu sagen hat, in den Umriß legt. In den erhalten gebliebenen Beispielen wird sogar die volle Eindringlichkeit und Gewaltsamkeit der Gebärde, wie wir sie in Burgfelden gesehen haben, nicht erreicht; die Tendenz ist aber dieselbe, und sie befindet sich, was besonders zu beachten ist, im Gegensatz nicht nur zur lateinischen Spätantike, sondern auch zu der kanonisch gesicherten Schönheit und selbstbewußten Würde der byzantinischen Kunst. Offenbar hat diese auf die werdende deutsch-romanische Kunst, trotz des theoretischen Ansehens, in dem sie stand, einen tieferen Einfluß nicht gehabt. Die erste Hälfte des 12. Jahrhunderts (nahe der Mitte) hat in der Apsidenmalerei in Knechtsteden (Abb. 367) ein großartiges, für uns parallelenloses Beispiel hinterlassen. Die Hast der Umrißlinien, die an manchen früheren Arbeiten auffiel, ist verschwunden, der Nachdruck aber doch der streng zusammengehaltenen Silhouette verblieben. Die wenigen inneren Linien setzen sich vom Grund in Komplementärfarben ab. Der thronende Salvator drückt durch seinen kolossalen Maßstab alle übrigen Figuren herab. Die Apostel mußten wohl aneinandergerückt werden, bleiben aber doch statuarisch isoliert: der Künstler verstand es nicht anders zu machen, als daß er sie scheinbar einander auf die Füße treten ließ. Die Tracht ist ohne byzantinischen Prunk, der entschieden gewollte Ausdruck von Würde mit andern Mitteln, ohne höfische Schulung, erreicht. Wie sehr es auf strengste Symmetrie abgesehen war, zeigt u. a. der Vergleich des Matthäusengels mit dem Johannesadler. — Nach 1150 setzt ein neuer Stil ein, der nun für ein halbes Jahrhundert, einheitlicher als der vorangehende, die rheinische Malerei bestimmt. Es scheint, daß gerade der Ausgangspunkt uns noch erhalten ist: in den Wand- und Deckenmalereien der Doppelkapelle von Schwarzrheindorf (Abb. 366, 368). Ausnahmsweise haben wir für sie auch eine sichere Datierung: die der Unterkirche zwischen 1151 und 1156, die der Oberkirche um einiges später, noch bei Lebzeiten der nach 1176 verstorbenen Äbtissin Hedwig von Wied. Das Thema der Malereien in der Unterkirche, die die bedeutenderen sind, sind die Visionen des Propheten Ezechiel. Die typologische, d. h. in diesen Visionen das Leben Christi vorbildlich vorweggenommen denkende Auffassung war durch die zweiundzwanzig Homilien des Papstes Gregor des Großen zu besonderem Ansehen gelangt und in erbaulichen Schriften oft wiederholt worden, zuletzt noch, nicht lange vor Entstehung der Bilder, in einem Buche des Rupert von Deutz. Auch die Malerei hat sich sicher oft mit ihnen beschäftigt, wenn wir auch nicht wissen, ob schon jemals der Versuch gemacht war, so wie hier das weit ausgesponnene theologisch-symbolische Programm zu einer einheitlichen dekorativen Wirkung auszubauen. Gerade diese Seite der Aufgabe ist ausgezeichnet gelöst. Beachten wir sodann: die ganze bisherige Entwicklung der Wandmalerei war unter Voraussetzung der räumlichen Verhältnisse der Flachdeckenbasilika vor sich gegangen. Hier aber hatten die Kompositionen sich einer neuen Flächeneinteilung, der durch Gewölbe gegebenen, anzupassen. Die sphärischen Dreiecke der Kreuzgewölbe sind aber eine unbequeme Rahmenform. Die Renaissance — man denke nur an die Decke in Raphaels *Camera della segnatura* — komponierte unabhängig von der struktiven Gliederung einfach über die Grate weg; und ebenso war an dem oben besprochenen Chorgewölbe in

Prüfening geschehen (Abb. 363). Der Meister von Schwarzrheindorf dagegen gehorchte schon der von nun ab allgemeingültigen Regel, daß jede Kappe eine geschlossene Einheit bilden müsse. Die älteren Kompositionsschemata waren hierfür nicht brauchbar, sie mußten neu ausgearbeitet werden. Schon die Aufteilung der Szenen ist mit dramatischem Sinn durchgeführt; noch mehr zu rühmen die Kunst des Malers, die Zwickel so zu füllen, daß die Figuren nicht wie aufeinander zufallend erscheinen. Wieviel schlechter ist dies dem schwächeren Nachfolger in der Oberkirche gelungen. Ein ganz großer Fortschritt liegt in der Gewandbehandlung, die den Gliederbau verständnisvoll interpretiert und in weichen, fließenden Linien, wie sie bisher nicht einmal geahnt waren, ihre eigenen Ausdruckswerte erfüllt. Die Farbenwahl ist auf einfache, durchgehende Akkorde gestimmt, auch der Grund mehrfarbig, aber nicht mehr in horizontale Streifen, sondern konzentrisch nach der Grundform der Kappen geteilt, so daß ein dreieckiges blaues Mittelfeld von einem breiten, grünen Randstreifen, den die Figuren überschneiden, eingefaßt wird. Diese Manier der blaugrünen Grundierung läßt sich bis in die Miniaturen hinein verfolgen. — Ein zweites Hauptwerk, aus den siebziger Jahren, besitzt der Kapitelsaal der nahe bei Köln gelegenen Abtei Brauweiler. Die moderne Restauration, noch durchgreifender als in Schwarzrheindorf, hat der Zeichnung viel von ihrem ursprünglichen Reiz genommen. Bei zweischiffiger Anlage des Saales ergeben die 6 Kreuzgewölbe 24 Szenen. Ihren Inhalt würde man ohne die Beischriften kaum erraten: es handelt sich um eine Erläuterung zum 11. Kapitel des Hebräerbriefes. Der Maler, noch immer architektonisch denkend, hat sich den Zwang angetan, daß er jedes seiner Dreiecke noch einmal durch einen senkrechten Streifen teilt, meistens eine Einzelfigur in die Mitte setzt und die Ecken mit kompakten Gruppen ausfüllt. Er versteht zwischen feierlicher Ruhe und starken Bewegungen zu wechseln. Zuweilen gelingen ihm ausdrucksvolle Motive, öfter kommt er über ein unbeholfenes, rein sachliches Illustrieren des Textes nicht hinaus. Der Kampf Simsons mit den Philistern (Abb. 369) veranschaulicht beides. — Die Zyklen von Schwarzrheindorf und Brauweiler machen es uns sehr klar, daß ihre volkstümliche Wirkung über enge Grenzen nicht hinausgehen konnte. Sie bedurften der Erklärung, und auch diese war nur für den theologisch Gebildeten verständlich. Um so merkwürdiger ist, wie viel dennoch die Künstler malerisch und poetisch aus ihnen herauszuholen vermocht haben.

In der Stadt Köln, wo wir das Zentrum der neuen Bewegung zu vermuten haben, ist beinahe alles untergegangen. Das beste sind die mit Dämonen kämpfenden Heiligen in der Apsis von St. Gereon (Abb. 370. 371). Was hier mit der Silhouette geleistet wird, ist wirklich sehr viel; aber es ist nicht bloße Silhouette, sondern wir werden dessen inne, daß die Gestalten eine Tiefe haben, im Raum stehen. Ein großer Fortschritt über die Stufe der Apsis von Knechtsteden. — Der Kölner Schule sind weiter zuzurechnen die großen repräsentativen Gemälde in St. Patroklus in Soest. Hier zum erstenmal tritt das byzantinische Element mitbestimmend auf. Man könnte diese Wendung reaktionär nennen. Für Deutschland war die Pracht und Majestät, die sich hier auftat, neu. Einen *Rex in gloria* wie diesen hatte man noch nicht gesehen. Er ist nicht nur mechanisch groß, sondern mit ungewohnter Macht der Glieder und Würde des Gestus ausgestattet; er ist auch nicht mehr ein Ausschnitt aus einer Scheibe, sondern eine plastische Rundfigur. Das Sitzen auf dem Regenbogen, das der poetischen Phantasie viel, der Anschauung nichts zu sagen hatte, ist aufgegeben und dafür ein goldener Thron hingesetzt. Gold ist überhaupt reichlich verwendet, zum Teil in flachen Plättchen aufgenietet, zum Teil als Goldstaub auf reliefmäßig erhöhten Stuck aufgetragen. Starken Eindruck machen die zwischen den Fenstern in reicher, gemalter Baldachinarchitektur angeordneten, kronentragenden Greise. Irrig hat man in ihnen deutsche Kaiser gesehen. Es sind Könige in Juda, die Vorfahren des in der Kuppel thronenden Königs der Könige. Sie sind in der deutschen wie in der französischen Kunst des 12. Jahrhunderts ein beliebtes und charakteristisches Element — u. a. in Schwarzrheindorf kommen sie vor (Abb. 366). Christus sollte auch nach seinem fleischlichen Teil als ein Mann von bestem adligen Geblüt erkannt werden. — Die Malereien in der Hauptapsis von St. Patroklus könnten wohl mit der Einweihung derselben durch Erzbischof Reinald von Köln zusammentreffen. Durch ihre byzantinisierende Tendenz sind sie ein Vorspiel zur nächstfolgenden Epoche.

Die Decke von St. Michael in Hildesheim (Abb. 383). Daß wir sie besitzen, ist ein Glücksfall ersten Ranges. Sie ist die einzige in ihrer Bemalung vollständig erhalten gebliebene Flachdecke. Ohne sie würden wir von dieser ganzen, einst Hunderte von Exemplaren umfassenden Abteilung der Monumentalmalerei nichts wissen *. Abgesehen von ihrem unersetzlichen Gattungswert ist sie auch als Individuum ein Werk hohen Ranges. Die Kunst rhythmischer Flächengliederung entfaltet sich hier, von keiner Nebenrücksicht gehemmt, in freier Wonne, und sie weiß ihr kontrapunktisches Gewebe so reich und zugleich klar vor uns auszubreiten, daß in dieser Art etwas Vollkommeneres nicht mehr gedacht werden kann. Die Farbe ist nach wiederholten Restaurationen in ihren feineren Abtönungen nicht mehr stichhaltig, läßt aber doch die Wirkung im großen, wie sie beabsichtigt war, richtig erkennen. In ihrer Verteilung feiert das von uns mehrfach besprochene Parzellierungsprinzip seinen höchsten Triumph. Nicht minder kunstreich ist der sachliche Inhalt

* Verhältnismäßig unbedeutende Bruchstücke in den Museen von Köln, Metz und Zürich.

periodisiert. Darzustellen war die sogenannte Wurzel Jesse, d. i. der Stammbaum Christi mit parallelen Reihen von Propheten; im ganzen 88 Figuren, und zwar lauter Einzelfiguren, ohne Handlung. Daß dieses keine malerische Aufgabe im wahren Sinne sein konnte, versteht sich von selbst; aber als ornamentale ist sie glänzend gelöst. In Haltung und Gebärde der Einzelfiguren ist viel Abwechslung. An den nackten Gestalten des ersten Menschenpaares rühmte ein Kenner den Adel und die Richtigkeit der Verhältnisse, mit denen kein gleichzeitiges Werk der Buchmalerei sich messen könne.

Wie die Decken, so waren in einer wohlausgestatteten Kirche auch die Fußböden durch farbige Zeichnung veredelt. Unter den erhaltenen Resten fällt auf, wie oft figürliche Darstellungen vorkommen. In Sankt Gereon in Köln, um 1069, hat sich aus den Bruchstücken der Tierkreis und eine Folge von zwölf Szenen aus den Geschichten Davids und Simsons zusammensetzen lassen (Abb. 384), auf weißem Grund schwarze Umrisse mit farbiger Füllung ohne Modellierung — im Grunde stilvoller als die gemäldemäßigen Fußbodenmosaiken der Antike (Bernhard von Clairvaux verbot den Zisterziensern die figurierten Fußböden mit dem Einwand: *Cur depingis quod necesse est calcari?*). Im Ludgerikloster in Helmstedt (um 1150) die sieben Weisen Griechenlands, in den Gipsgrund eingeritzte Zeichnung mit Ausfüllung in Schwarz und Rot. In ähnlicher Niellomanier ein Fragment im Dom zu Hildesheim mit der (in Deutschland ältesten) Personifikation des Todes.

Endlich ist in unserer Epoche, wenn auch in beschränktem Umfange, die Glasmalerei bereits in Übung gewesen. Um unseren Bericht nicht zu sehr zu zerstückeln, ziehen wir vor, was darüber zu sagen ist, an späterer Stelle zusammenhängend vorzubringen.

Die Malerei in der textilen Kunst.

Einen ungeheuren Gebietszuwachs erfuhr die Malerei durch die Ausdehnung ihrer Stilformen und Sachinhalte auf die Textilkunst, deren Arbeiten daher treffend Fadenmalereien genannt werden. Die Gegenwart hat dem nichts Ähnliches an die Seite zu setzen. Auch die Gobelingemälde des 17. und 18. Jahrhunderts sind nur ein schwacher und in gewissem Sinn entarteter Nachhall uralter Kunstsitten. Die Gepflogenheit der Antike, sowohl an Tempeln als in den Atrien und Peristylen der Privathäuser, die Interkolumnien der Säulen durch Vorhänge zu verschließen, war auf das christliche Kirchengebäude übergegangen, das auf diese Weise, je nach dem Moment des Gottesdienstes wechselnd, in zahllose kleinere Abteilungen und Zellen zerlegt wurde. Der *Liber pontificalis Romanus* hat mit besonderer Vorliebe die Aufwendungen der Päpste für diese kostbaren, immer mit bildlichen Darstellungen geschmückten

Vela gebucht. Nach der Verwüstung des Sarazeneneinfalls von 846 schenkte Papst Leo IV. der Peterskirche 136 solcher Vorhänge, 46 für das Mittelschiff, 34 für das Presbyterium, 25 für die Umhüllung des Hauptaltars, 10 für die Confessio, die andern für andere Stellen. Der Norden gab, nachdem noch die karolingische Zeit sie zu retten versucht hatte, die Sitte der freihängenden Velarien auf. Dagegen hielt er an der Verwendung als Wandteppich, besonders als Rückenschutz (»Dorsal«) über den Chorstühlen, fest, und auch sonst verblieb der Textilkunst noch immer ein weites Feld. An Altarbehängen und Priestergewändern ging sie ins Kleine und Feine, mit der Miniaturmalerei wetteifernd; an Altarvorsätzen wurde sie Mitbewerberin, und zwar überwiegend siegreiche, der Tafelmalerei; in den Wandteppichen wurde sie monumental. Erst wenn man die Fadenmalerei zur Pinselmalerei hinzuaddiert, gewinnt man einen vollen Begriff von der Ausdehnung des Figurenbildes in jenen Zeiten. Durch unser realistisches Darstellungsprinzip ist der Kreis der Möglichkeiten weit kleiner geworden. Die ornamentale Auffassung der Malerei gestattete aber, das unersättliche Verlangen nach sachlich bedeutsamem Inhalt auch an Orten und in Materien zu befriedigen, die den eigentlichen Malern unzugänglich waren.

Trotz der den textilen Kunstwerken anhaftenden Vergänglichkeit ist es nicht ganz wenig, was sich von ihnen in deutschen Kirchenschätzen erhalten hat, mögen es auch nur wenige Tropfen aus einer einst übervollen Schale sein. Noch in der karolingischen und ottonischen Zeit war wohl der größere Teil der im Gebrauch befindlichen gestickten Tücher orientalischen Ursprungs. Sie haben in noch höherem Maße als die Buchmalerei als Träger der ikonographischen Tradition und als Vermittler oströmischer Formanschauungen zu gelten, von denen sie, was die Buchmalerei nicht konnte, in Unmittelbarkeit zeigten, wie dort monumentaler Stil aussah. Besäßen wir von diesen orientalischen Musterstücken mehr als einzelne Fetzen, so hätten wir von der Entstehung des romanischen Stils, den Anregungen, die er empfing, und den selbständigen Reaktionen auf dieselben eine weit deutlichere Anschauung. Die ältesten einheimischen Sachen, die sich erhalten haben, sind aus dem Anfang des 11. Jahrhunderts. In ihrer Folge lassen sie erkennen, wie auf der Grundlage östlicher Importe allmählich eine bodenständige Kunst mit abweichender Technik und eigenen Stilformen heranwuchs. Auf die technischen Spezialfragen werden wir nicht eingehen. Uns genüge, auf den Unterschied zwischen Weberei und Stickerei hinzuweisen. Die Bildweberei war im Orient und Byzanz zu Hause und läßt sich in Deutschland vor der zweiten Hälfte des 12. Jahrhunderts nicht nachweisen. Die Nadelarbeit wurde hier von jeher gepflegt, nicht bloß in Nonnenklöstern, auch von vornehmen weltlichen Damen. Schon karolingische Kaiserinnen werden ihretwegen gerühmt. Die ältesten gestickten

Gewänder besitzt der Dom von Bamberg als Geschenke Kaiser Heinrichs II. (durch Inschrift beglaubigt). Auf seine Schwester Gisela, die Gemahlin König Stephans von Ungarn, geht der in einem bairischen Kloster gestickte ungarische Krönungsmantel zurück, Goldfadenzeichnung auf violettem Seidenstoff aus Byzanz. Wandteppiche haben sich nur in Norddeutschland erhalten (Beispiele Abb. 386, 387). Eine ganze Reihe, in die zweite Hälfte des 12. Jahrhunderts zu setzen, im Dom von Halberstadt, der schönste in Quedlinburg. Auch durch die Gegenstände sind sie interessant, indem sie uns in die Gedankenkreise weltlicher Weisheit einführen. Ohne ihre Inschriften wären sie natürlich nicht verständlich. Da sehen wir z. B. auf einem in Gobelinmanier ausgeführten Wollteppich in der Mitte Karl den Großen thronend, an den Ecken vier weise Männer des Altertums (Cato, Seneca — die Namen der andern zerstört) mit Spruchbändern, die an die Vergänglichkeit des menschlichen Glücks und Lebens mahnen. Der Quedlinburger Teppich, wie die Inschrift sagt, war als Geschenk der Äbtissin Agnes (1186—1203) an den Papst bestimmt, blieb aber aus unbekannten Gründen am Orte der Anfertigung zurück, wo er lange auf dem Fußboden des Chors gelegen hat. Der ganze Teppich war 6 m breit und 7½ m hoch. Von den fünf friesartig komponierten Bildstreifen haben sich zwei ziemlich gut erhalten. Der oberste gibt in der Mitte zwei sich umarmende allegorische Frauen, die Frömmigkeit und die Gerechtigkeit, ihnen sich anschließend ein König und ein Bischof mit den Beischriften *Imperium* und *Sacerdotium* und weitere Kardinaltugenden. Der nächste Streifen läßt die Hochzeit Merkurs mit der Philologie nach Marcianus Capella und der unterste die Personifikation des Frühlings mit andern Elementargeistern erkennen. Es könnte in Quedlinburg ganz wohl einige gelehrte Nonnen gegeben haben, die sich diese Kompositionen selbst zusammenstellten. Was uns aber am meisten imponiert, ist der wahrhaft große und freie Stil der Darstellung. Die Teppiche sind zur Ergänzung unserer Kenntnis der monumentalen Kunst völlig unschätzbar; sie sind authentischer als irgendeines der immer halb zerstörten oder übermalten Wandgemälde und lassen ahnen, wie Bedeutendes verlorengegangen ist.

Von einer großen Folge von Chorteppichen der Abtei St. Maximin in Trier (um 1220) sind die Inschriften bewahrt; Kirchenväter und antike Philosophen gehen hier einträchtiglich durcheinander. In der Kirche von Herrenzimmern in Oberschwaben wurden im 16. Jahrhundert Teppiche gezeigt, die 500 Jahre früher die Gräfin Elisabeth von Teck mit neun ihrer Frauen im Verlaufe von neun Jahren gearbeitet hatte, und es soll darin die Geschichte der Wallfahrt der drei Brüder von Zimmern nach Jerusalem dargestellt gewesen sein. — Schon an den obigen Beispielen sieht man eine auffallend häufige Berücksichtigung weltlicher Stoffe. Die mittelhochdeutsche Dichtung belehrt uns sodann, wie sehr dieser Luxus der vornehmen Laienwelt behagte. Teppiche gehörten zum Reisegepäck der Fürsten. In welcher ihrer Burgen sie gerade weilten, wurden mit ihnen die Wände dekoriert. Schlachten und Turniere, Geschichten aus dem Altertum und Szenen aus Ritterromanen waren dargestellt. Freilich darf in diesen Quellen nicht alles wörtlich als Wiedergabe der Wirklichkeit angesehen werden. Im ganzen sind die Deutschen in ihrem Luxus auch hierin bescheidener gewesen als die Franzosen. Als Brücke zu einer neuen, weltlichen Kunst, die indessen wesentlich erst dem 13. Jahrhundert angehört, haben die Teppiche sicher eine wichtige Rolle gespielt.

Die Buchmalerei.

Das Schicksal hat sie vor allen andern Gattungen der Malerei bevorzugt. Ihre Werke sind ohne Vergleich am zahlreichsten und, was noch mehr bedeutet, unverblaßt, so wie sie der Maler hingesetzt hat, auf uns gekommen. Dies muß man bei ihrer relativen Einschätzung von vornherein in Rechnung bringen. Für das Studium sind die Buchmalereien eine weit bequemere und ausgiebigere Quelle als die Wandmalereien, aber den höchsten Stand des jeweiligen Kunstvermögens zeigen nicht sie.

Die Miniaturmalerei bildet eine Abteilung im weiten Reiche der Kunstindustrie. Der eigentliche Zweck der Prachtbücher ist nicht der, eine Sammlung von Bildchen zu sein, sondern als ein Ganzes gewürdigt zu werden, auch in der Schönheit der Schrift, die nicht weniger gilt als das eingestreute Bild, und vor allem in dem Glanz des Einbandes. Sie waren nicht zum Genossenwerden in beschaulicher Einsamkeit da, sondern dazu, an festlichen Tagen neben den heiligen Gefäßen auf dem Altar aufgestellt, in der Prozession getragen, den Eidleistungen vornehmer Männer unterlegt zu werden. Es fällt gerade an den wertvollsten Bilderhandschriften auf, wie wenig abgegriffen und geschwärzt die Ränder sind. Sie waren schon immer das, was sie heute sind: Zimelien.

Eine jede Kirche, auch die kleinste, sollte von liturgischen Büchern zum mindesten drei besitzen: ein Psalmenbuch, ein Evangelienbuch und ein Meßbuch*. In großen gab es ihrer selbstverständlich sehr viel mehr. Der Reichenauer Katalog des 9. Jahrhunderts umfaßte 58 Sakramentare, 12 Lektionare, 10 Antiphonare und 7 andere liturgische Bücher. In der Gattungsbezeichnung ist der Sprachgebrauch nicht genau. Namentlich mit dem Wort Evangelienbuch werden zwei zu sondernde Dinge vermischt. Ein Evangeliar im strengen Sinn ist ein Buch mit den vier Evangelien. Für den Gottesdienst war aber der vollständige Text nicht nötig.

* Nach einem Schema der Trierer Erzdiözese vom Jahre 906 hatte der visitierende Bischof an den Pfarrer u. a. die Frage zu stellen: *Si Missalem plenarium, Lectionarium et Antiphonarium habeas? Nam sine his Missa perfecte non celebratur.*

Es wurde deshalb schon seit dem 6., mindestens dem 7. Jahrhundert gebräuchlich, die als Lesestücke allein in Betracht kommenden Stellen auszusondern und nach der Reihenfolge der Sonn- und Festtage anzuordnen, also unter Auflösung des Zusammenhanges der Evangelien. Einen solchen nach dem offiziellen Verzeichnis des Comes angelegten Auszug nannte man Evangelistarium (Synonyma: Lektionar, Perikopenbuch). Ein Sakramentarium ist die nach dem Kirchenkalender geordnete Sammlung der Gebete, die der zelebrierende Priester bei der Messe zu sprechen hat, mit Ausschluß der Lesestücke aus den Evangelien und Episteln.

Wollen wir im Auge behalten, daß Buchschmuck und Illustration keine sich deckenden Begriffe sind. In den karolingischen Prachthandschriften überwog die Absicht des Schmückens; darin wurden sie von den ottonischen und vollends den salischen nicht erreicht. Dagegen übertrifft die ottonische Buchmalerei die karolingische in der stofflichen Fülle. Erinnern wir uns, einen wie schmalen Raum in dieser die historische Illustration eingenommen hatte. Zumal das Neue Testament war beinahe leer ausgegangen. Erst die ottonische Kunst bemächtigte sich des ganzen Inhalts der Heiligen Schrift, und gerade das Neue Testament ist ihr der wichtigste Gegenstand geworden.

Die Wiederbelebung der Malerei ging nicht von denselben Landschaften wie der Aufschwung in der Baukunst aus, wohl aber von derselben Zeit, dem letzten Viertel des 10. Jahrhunderts, und derselben fördernden Ursache, der Sicherung des öffentlichen Friedens durch die Könige des sächsischen Hauses. In der Natur der Buchmalerei liegt es, daß der Ort des Bedarfs nicht notwendig auch der Ort der Herstellung ist. Sie hatte damit die Tendenz — schon ähnlich wie im 15. und 16. Jahrhundert der Holzschnitt —, in einer beschränkten Zahl von Hauptwerkstätten sich festzulegen, wogegen die kleinen Schulen, die überall da entstehen, wo ein Schreiber es sich zutraut, auch Bilder zu kopieren oder zu variieren, wenig bedeuten. Daher kommt es, daß gewisse Landschaften mit sonst blühendem Kunstleben, wie z. B. der Oberrhein von Basel bis Mainz, für die Miniaturmalerei ausfallen. Eine über die Grenzen der Provinz hinausgehende Wirkung erlangte, vielleicht als einzige, die Schule der Reichenau; man darf ihr hierdurch, wenn auch nicht unbedingt durch die Qualität ihrer Leistungen, den Primat im ottonischen Deutschland zuerkennen. Wenn sie sich, wie wahrscheinlich ist, aus der auf die Karolingerzeit zurückgehenden Lokalüberlieferung entwickelt hat, so muß diese einen ungewöhnlich großen Reichtum an frühchristlichen Vorlagen, etwa des 5. Jahrhunderts, besessen haben. Viel mehr der geschickten Wiederanknüpfung an diese alten Fäden, als der Anspinnung neuer, verdankt die Reichenauer Miniaturistenschule ihr großes und ausgebreitetes Ansehen bei den Zeitgenossen. Von einer Durchtränkung der ottonischen Gesamtkunst mit »Renaissance« wird man nicht sprechen dürfen, aber für die Reichenauer Schule in ihrer Blütezeit — sie erstreckte sich ungefähr auf die zwei Generationen von 970 bis 1030 — mag die Bezeichnung gelten. Als auswärtige Besteller lernen wir u. a. kennen die Erzbischöfe Gero von Köln und Egbert von Trier, die Kaiser Otto III. und Heinrich II., den deutschen Papst Gregor V. und bis in entfernte Lokalschulen, wie die Regensburger und die in Minden an der Weser, lassen sich Reichenauer Einflüsse verfolgen. — Der eben genannte Egbert von Trier gründete an seinem Bischofssitz im Kloster St. Maximin eine Werkstatt, die die Reichenauer an Fruchtbarkeit zwar nicht erreichte, aus der wir aber ein paar Fragmente besitzen (im Museum von Chantilly und in der Stadtbibliothek von Trier), die in ihrer malerischen Qualität alles sonst Bekannte überragen. — Als dritte Hauptschule hat die unter Kaiser Heinrich II. in Regensburg blühende zu gelten. Von dem Durchschnittscharakter der »ottonischen Renaissance« unterscheidet sie sich nicht unwesentlich, und es ist von Interesse, den Strömungen, die dies bewirkten, nachzugehen. In der ottonischen Renaissance kreuzen sich karolingische Erinnerungen mit neu aufgegriffenen altchristlichen, sei es nun, daß der durch die ottonische Politik wiederbelebte Verkehr mit Italien, vielleicht aber auch nur, daß ein zufälliger Besitz der Reichenauer Bibliothek diese retrospektive Richtung begünstigte. In Regensburg aber, dem Emporium des nach Osten hinweisenden Donauverkehrs, wurde auf den karolingischen Stamm — das Kloster St. Emmeram besaß in seinem von Kaiser Arnulf ihm geschenkten *Codex aureus* ein in Deutschland einzigartiges Prachtwerk westfränkisch-karolingischer Buchmalerei — ein byzantinisches Reis gepflanzt. Sporadische byzantinische Anklänge, namentlich im Ikonographischen, finden sich in der Ottonenzeit überall. Hier aber handelte es sich um etwas Bedeutsameres, um ein bestimmt ausgeprägtes Schönheitsideal in der Auffassung der menschlichen Gestalt, das für Deutschland neu war und zunächst auch über die Regensburger Schule nicht hinausgriff. Wir wollen trotzdem diese Episode uns merken: es sollte erheblich später, am Ende des 12. Jahrhunderts, der Byzantinismus noch einmal und nun mit umfassender Wirkung in die deutsche Bildkunst eingreifen.

Warum sich in deutschen Bibliotheken von den altchristlichen Vorlagen der Reichenauer und den byzantinischen der Regensburger Schule nichts erhalten hat, ist einigermaßen rätselhaft. Dürfen wir doch z. B. von den auf der Reichenau laut einem Verzeichnis des 9. Jahrhunderts vorhandenen 87 Meßbüchern uns mehr oder minder alle mit Bildern geschmückt denken. Manches spricht dafür, daß die Buchmaler nicht bloß aus der Überlieferung ihrer Spezialkunst, sondern auch aus den Musterbüchern der Wandmaler geschöpft haben. Da somit ein unmittelbarer Vergleich mit der Quelle nicht durchgeführt werden kann, wird das Urteil über die eigene Leistung der ottonischen Miniaturisten immer etwas

Unsicheres behalten. Im folgenden sollen in lediglich beschreibender Weise ein paar Proben vorgelegt werden.

Der *Codex Egberti* der Trierer Stadtbibliothek (Abb. 324, 326, 327). Geschrieben und gemalt von den Reichenauer Mönchen Kerald und Heribert, die sich leibliche Brüder nennen, für den Erzbischof Egbert von Trier. Das Buch gehört in die Klasse der Evangelistarien. Es enthält 165 Pergamentblätter von 27 cm Höhe und 21 cm Breite. 60 Seiten haben Bildschmuck. Nur die dekorativen Titel nehmen eine ganze Seite in Anspruch. Die erzählenden Szenen teilen sich in den Raum mit dem Text halb und halb. Der Leser wolle es sich nicht verdrießen lassen, die vollständige Inhaltsangabe kennen zu lernen, um an diesem einen Beispiel wenigstens ein genaues Bild der Gattung zu haben.

Fol. 1. Widmung des Klosters an den Erzbischof. Zierschrift auf Purpurgrund mit blau-goldener Umrahmung. Die verschlungenen Drachen eine Erinnerung an die irische Ornamentik St. Gallens.

Fol. 2. Egbert, auf dem Throne sitzend, empfängt von den Schreibern das Buch. Die letzteren nach kurialem Herkommen in winzigem Maßstabe. Sie haben die Genugtuung, ihre Namen nennen zu dürfen *.

Fol. 3—6. Die Evangelisten. Als Hintergrund gemusterter Purpur (nicht Architektur oder Landschaft, wie in den karolingischen Handschriften). Sie schreiben auf Rollen, also sehr alte, in der Praxis längst aufgegebene Tradition.

Fol. 7. Titel. *In nomine domini incipit liber evangeliorum per circulum anni sumptus ex libro comitis.*

Fol. 8. Initial. Bandwerkgeschlinge mit vegetabilischen Endigungen.

Fol. 9. Verkündigung (Luk. 1).

Fol. 10. Heimsuchung (Luk. 1).

Fol. 12. Josephs Traum (Matth. 1).

Fol. 13. Ganze Seite mit zwei Szenen, Geburt des Herrn und Verkündigung an die Hirten (Luk. 2).

Fol. 15. Bethlehemitischer Kindermord (Matth. 2).

Fol. 16. Initial.

Fol. 17. Die Weisen aus dem Morgenlande (Matth 9).

Fol. 18. Darbringung im Tempel (Luk. 2).

Fol. 18′. Jesus lehrt im Tempel (Luk. 2).

Fol. 19′. Taufe Jesu (Joh. 1).

Fol. 20′ Hochzeit zu Kana (Joh. 2).

Fol. 21′. Heilung des Aussätzigen (Matth. 8).

Fol. 22. Der Hauptmann von Kapernaum (Matth. 8).

Fol. 22′ Heilung der Schwiegermutter des Petrus (Matth. 8).

Fol. 23′. Heilung des Mannes mit der verdorrten Hand (Mark 3).

Fol. 24. Der Sturm auf dem Meere (Matth. 8).

Fol. 24′. Heilung der Blutflüssigen (Matth. 9).

Fol. 25. Auferweckung der Tochter des Jairus (Matth. 9)

Fol. 26′. Die Besessenen von Gerasa (Mark. 5).

Fol. 27′. Petrus auf dem Meere (Matth. 14).

---

* Auf Wandgemälden kommt das nie vor. Ähnlich sind auf plastischem Gebiet Künstlerinschriften nur auf kunstgewerblichen Sachen, nie in der Großplastik zu finden.

Fol. 28′ Berufung des Matthäus (Mark. 2).
Fol. 29. Jesus im Hause des Levi (Mark. 2).
Fol. 31. Heilung des Blinden (Luk. 18).
Fol. 34. Verjagung der Wechsler aus dem Tempel (Matth. 21).
Fol. 35′ und 36. Jesus und die Kananäerin, auf zwei Seiten verteilt.
Fol. 36′ Heilung im Teich Bethesda (Joh. 5).
Fol. 44′. Jesus und die Samariterin (Joh. 4).
Fol. 46′. Jesus und die Ehebrecherin (Joh. 8).
Fol. 47. Speisung der Fünftausend (Joh. 6).
Fol. 48′ Jesus und die Schriftgelehrten (Joh. 2).
Fol. 50. Heilung des Blindgeborenen am Quell von Siloah (Joh. 9).
Fol. 51. Auferweckung des Lazarus (Joh. 11).
Fol. 65. Maria in Bethanien salbt Jesu die Füße (Joh. 12).
Fol. 66. Einzug in Jerusalem (Joh. 12).
Fol. 78. Fußwaschung. (Joh 13).
Fol. 79′. Verrat des Judas (Joh. 18).
Fol. 80′ Drei Szenen: Jesus vor dem Hohenpriester, Petri Verleugnung, Geißelung Jesu.
Fol. 82. Jesu Verspottung (Joh. 19).
Fol. 82′ Jesus vor Pilatus (Joh. 19).
Fol. 83′ Zwei Szenen: Kreuztragung und Kreuzigung (Matth. 27).
Fol. 84′. Jesu Tod, Longinus (Joh. 19).
Fol. 85′ Kreuzabnahme und Grablegung (Joh. 19).
Fol. 86′. Die Frauen am Grabe (Mark. 16).
Fol. 88. Gang nach Emmaus (Luk. 24).
Fol. 89. Der Auferstandene erscheint den Jüngern (Luk. 24).
Fol. 90. Jesus am See Tiberias (Joh. 21).
Fol. 91. Jesus erscheint Maria Magdalena im Garten (Joh. 20).
Fol. 92. Jesus und Thomas (Joh. 20).
Fol. 100′. Jesus erscheint den Elfen (Mark. 16).
Fol. 101. Himmelfahrt (Mark. 16).
Fol. 103. Pfingstfest (Act. 2).

Ikonographie und Stilanalyse weisen auf frühchristliche Vorlagen aus dem 5., spätestens 6. Jahrhundert, was nicht ausschließt, daß einzelne Szenen, wie namentlich die Kreuzigung, sich auf den Zwischenstufen weitergebildet hatten. Die marklose Körperbildung, das unsichere Gleichgewicht der Körperhaltung, der gleichförmig stumpfe und trübe Gesichtsausdruck sind Eigenschaften wohl schon der Vorlagen; das Anziehendste und fast allein Eigene ist die liebevolle Pinselführung und der zarte Farbengeschmack. Unsere Abbildungen in Schwarz und Weiß wirken auffallend ungünstiger als die Originale. Aus dieser feinen, aber blutlosen Kunst konnte freilich etwas Neues nicht aufleben. Trotz entschiedensten Mangels an Volkstümlichkeit ist die Reichenauer Schule und der Beifall, den sie fand, ein denkwürdiges Zeugnis, man darf es wohl so nennen, in der Geschichte des deutschen Idealismus; eine rauhe und männische Zeit erquickt sich in der Kunst am Gegensatz zur Wirklichkeit.

Das Trierer *Registrum Gregorii.* Die Handschrift ist untergegangen bis auf zwei herausgerissene Pergamentblätter. Auf dem einen (Stadtbibliothek in Trier) sehen wir den hl. Gregor im Moment der Inspiration durch die Taube, von seinem Schreiber durch die Ritze eines Vorhangs belauscht; auf dem andern (Chantilly) Otto II. in kaiserlichem Ornat, neben ihm als Thronassistenten die Personifikationen der vier von ihm beherrschten Nationen (Abb. 322). Diese Blätter sind mit Recht für das Meisterwerk nicht nur der Trierer Schule, sondern der ottonischen Kunst überhaupt erklärt worden. Der Maler, dessen Vorbilder den in der Reichenauer Schule benutzten nicht sehr fern gestanden haben können, hat in ihnen etwas gesehen, was allen Zeitgenossen sonst verborgen blieb. Er erhebt sich über die bloß ornamentale Farbenharmonie der andern zu einer wirklich malerischen Einheit. Nach dem Maße seiner Zeit ein großes Talent.

Evangeliar Ottos III. in der Münchener Hof- und Staatsbibliothek (Cod. lat. 4453). Gemalt auf der Reichenau, vermutlich als Geschenk Heinrichs II. an den Bamberger Dom gekommen. Auf dem Einbanddeckel eingelassen ein Elfenbeinrelief, byzantinisches Original, breit umrandet mit Goldblech, Gemmen, Edelsteinen und Perlen. 276 Pergamentblätter, 35 cm hoch, 24,5 cm breit, 51 Blätter ganzseitig bemalt. Die ersten 12 Blätter enthalten Kanonestafeln. Die Anordnung nach karolingischer Tradition eine ideale Säulenstellung; die meisten mit horizontalem Gebälk und antikem dreieckigen Giebel gekrönt, ein kleinerer Teil rundbogig abgeschlossen, die Säulenschäfte so dekoriert, wie wir es ungefähr auch in der gleichzeitigen Großarchitektur uns denken dürfen. Dann folgt die Huldigung der Nationen vor dem Kaiser*, ähnlich aufgefaßt wie in dem Buche Ottos II., aber auf zwei (gegenüberstehende) Blätter verteilt; an dem Platz, den dort die Nationen einnehmen, sind zwei Bischöfe und zwei weltliche Fürsten als Thronassistenten getreten, und die Nationen füllen das zweite (linke) Blatt (Abb. 323). Sie bringen Geschenke dar und beugen das Knie, eine undeutsche, byzantinische Vorstellung. An individuelle Porträtähnlichkeit ist natürlich nicht zu denken, aber die feierliche Amtstracht wird der Wirklichkeit entsprechen. Otto III. wie Otto II. tragen sich glatt rasiert, während noch Otto I. mit langem Bart abgebildet wird. Die nun folgenden, mit Textseiten wechselnden 37 Bildseiten illustrieren die vier Evangelien in der Weise, daß die Reihe das Leben Jesu in historischer Folge zur Darstellung bringt. Jede Gruppe wird durch das Bild des Evangelisten und eine Initialseite eingeleitet. Matthäus beginnt mit der Verkündigung Mariä und endet mit der Berufung der Apostel; Markus setzt die Erzählung fort von der Heilung des Aussätzigen bis zur Austreibung der Händler aus dem Tempel. Lukas gibt Heilungen

* Es ist ein langer Streit geführt worden, ob Otto III. oder Heinrich II. dargestellt sei; jetzt hat man sich wohl allgemein für den ersteren entschieden.

und Gleichnisse. Johannes schildert die Passion und endet mit der Thomasszene. — Ein Teil der Kompositionen, nur der kleinere, deckt sich mit denen des Egbert-Kodex, die Mehrzahl ist aus andern Quellen, jedoch ähnlicher Richtung, kompiliert. Auf eigenen Wegen finden wir den Maler in den Evangelistenbildern: ein Sturm visionärer Phantastik ist über ihn gekommen und schüttet die reichsten Erfindungen aus (Abb. 325).

Ein anderes Reichenauer Hauptwerk ist das Evangeliar Heinrichs II. Die Szenen werden von einem frischeren Pulsschlag bewegt, ja es liegt eine Abgewogenheit und Festigkeit in der Disposition und etwas Markiges im Vortrag, das die Frage nahelegt, ob nicht vielleicht Vorlagen für Wandgemälde hier benutzt worden sind. Die rundlich modellierende Körperdarstellung des Egbert-Kodex ist aufgegeben; Lichter und Schatten werden rein zeichnerisch eingesetzt, der selbstherrliche Ausdruckswert der Linie drängt sich vor. Von einem persönlichen Verhältnis zur Natur ist freilich so wenig als in irgendeinem andern Werk der Schule die Rede (Abb. 330—333).

Das Echternacher Evangeliar. Bloß auf den Luxus der Gesamterscheinung angesehen, würde es an die Spitze der ottonischen Buchkunst zu stellen sein. Der Kodex ist ungewöhnlich groß, der Einband ein Hauptstück der Gattung: in der Mitte ein Elfenbeinrelief von der Hand eines einheimischen Künstlers; ringsum eingefaßt von breiten Perlenreihen, Borten in Email, Goldplatten in getriebener Arbeit mit den Darstellungen Kaiser Ottos III. und seiner Mutter Theophanu (gest. 991) zwischen Heiligen. Dieser Deckel schon, ebenso aber auch der malerische Inhalt des Kodex, widerlegt die früher beliebte Deduktion, als sei Theophanu, die Kaisertochter aus Byzanz, in besonderer Weise die Bahnbrecherin für eine byzantinische Kunstrichtung gewesen. Der historische Zyklus bietet 59 Darstellungen, in Streifen, meist zu dreien, übereinander geordnet. Er ist der stoffreichste, den wir kennen. Die Trierer Schule blieb produktiv durch die ganze erste Hälfte des 11. Jahrhunderts, aber innerlich stand sie still.

Die Schule von Regensburg. Wie in der Architektur, so auch in der Malerei erlebte die alte bairische Herzogstadt ihre erste künstlerische Blütezeit unter Heinrich II. Ein in seinem Auftrage angefertigtes Sakramentar, von 1014 (jetzt München, Cod. lat. 4456, Abb. 334, 335) und das Evangeliar der Äbtissin Uta von Niedermünster, von 1025 (München, Cod. lat. 1360, Abb. 336, 337) sind die schönsten Arbeiten dieser Schule und in manchem Betracht die schönsten der ganzen Epoche. Ihre ganze Richtung ist eine andere als die der westdeutschen Buchmalerei. Sie will nicht, wie jene, eine reiche Folge historischer Szenen vorführen, sie ist in viel engerem Sinne eine Kunst fürs Auge; zeremoniöse Schaustellungen, feierlich und prächtig, sind ihr Anliegen. Hierin spinnt sie den karolingischen Faden weiter, aber sie tut es auf eigene Art. Es ist nicht die menschliche Gestalt, wie auf den karolingischen Evangelisten- und Widmungsbildern, die den größten Teil der Bildfläche füllt, sondern sie bildet nur den Mittelpunkt überaus reicher und mit unerschöpflicher Erfindungskraft variierter ornamentaler Kompositionen. Im Sakramentar wird man an Webemuster erinnert, die auch zweifellos als Vorbild gedient haben, im Uta-Kodex bildet das Gerüst ein geometrisches Rahmenwerk. Was die Figuren miteinander verbindet, sind nicht Handlungen, sondern dogmatisch-symbolische Gedankenbeziehungen. Das Kompositionsprinzip hat eine Ähnlichkeit weder mit den altchristlichen Miniaturen und ihren Ausläufern in der Reichenauer Schule noch mit den byzantinischen, an die nur formale Einzelheiten erinnern; es ist romanisch, und seine nächsten Analogien finden sich im Kunstgewerbe, in der Malerei am ehesten unter gewissen Gattungen der monumentalen Dekoration, man vergleiche die (übrigens jüngere) Decke von St. Michael in Hildesheim.

Über die Miniaturmalerei im Zeitalter der salischen Kaiser dürfen wir uns sehr kurz fassen. Sie hält nicht, was die ottonische Malerei versprochen zu haben schien. Zuerst trat Stagnation ein (Prachtcodices Heinrichs III. für Goslar, jetzt in Upsala, und Speier, jetzt im Escorial), dann Verarmung und Roheit. Die Störung des geistigen Lebens in den Klöstern durch den Investiturstreit erklärt dies nicht ausreichend; offenbar waren die inneren Quellen versiegt. Man kann hierüber nur erstaunen, wenn man sich — was freilich oft geschehen ist — über den wahren Charakter der sogenannten Renaissance der Ottonen einer Täuschung hingegeben hat. Was sie in ihren Anfängen an die Kunst des 5. und 6. Jahrhunderts band, war das Schülerbedürfnis nach Anlehnung, nicht innere Wahlverwandtschaft. Jeder folgende Schritt führte sie weiter von dem vermeintlichen Ziele weg. Es ist mit Händen zu greifen: als einen Anruf zur Einkehr in die Natur haben die Deutschen auch damals die Antike nicht verstanden. Und wie hätten sie auch aus dieser welken Spätkunst eine solche Mahnung heraushören können? Etwas ganz anderes geriet bei ihnen in Bewegung: ihre poetische Phantasie. Begierig nahmen sie das antike Formenmaterial auf, um damit ihr eigenes Spiel aufzuführen. Nicht in einem vertieften Eindringen in das ästhetische Wesen der Lebensform, sondern in der Flüssigmachung und Ausbreitung des Szenenbildes liegt der Fortschritt von der karolingischen zur ottonischen Malerei und innerhalb der letzteren der Fortschritt von der Darstellungsweise des Egbert-Kodex zu der der Evangelienbücher Ottos III. und Heinrichs II. Die Körperwelt gilt auf dieser Stufe der deutschen Kunst etwas nur insoweit sie Ausdrucksmittel für Charaktertypen und Werkzeug für Handlungen ist. Charaktertypen: der wundertätige Heiland, die fürstliche Gottesmutter, der tief nachdenkende oder von der Inspiration durchschauerte Evangelist, der Kaiser auf seinem Throne. Handlungen: die an Mannigfaltigkeit menschlichen Erlebnisses unerschöpflichen Geschichten des Neuen Testamentes und der Ausblick auf die letzten Dinge. Versuchen wir es, mitzuempfinden, wie es die Deutschen beglückte, in der neuen Kunst der Malerei ein Mittel gefunden zu haben, um Momente anschaulich festzuhalten und ins einzelne auszuführen, die der Dichter und Sänger mit dem Worte nur flüchtig vor der Einbildungskraft aufblitzen lassen konnte. Ebenso begreift man aber, daß der Vorrat erworbener Formen, da die eigene Anschauung ihn nicht mehrte, nach einer gewissen Zeit erschöpft war. Nach der Mitte des 11. Jahrhunderts verhallte auf allen Feldern der deutschen Kunst — wir haben es in der Geschichte der Architektur schon gesehen — der letzte Ausklang der Antike. In der Malerei wurde die Buchmalerei schwerer davon betroffen als die Wandmalerei. Auch dieses ist nicht unverständlich. Jene konnte, gestützt auf ihr enges Verhältnis zur Architektur, eine eigenartige Welt rhythmischer Farben- und Linienverbindungen neu entwickeln. Die Buchmalerei versuchte in der Regensburger Schule etwas Ähnliches. Aber das Wirkungsfeld war zu eng. So trat auch hier ein Stillstand ein. Die Buchmalerei bedurfte einer neuen Befruchtung, und lange mußte sie auf sie warten.

Viertes Kapitel.

Die Bildhauerkunst.

Die äußere Stellung der Plastik in den beiden ersten romanischen Epochen ist diese: als auszeichnender Schmuck von kirchlichen Mobilien und Geräten wird sie ausgiebig in Anspruch genommen; über diesen Kreis hinaus, nach dem Monumentalen hin, erweitern sich ihre Aufgaben nur langsam, die Malerei ist ihr in dieser Hinsicht weit überlegen.

Es müßte eine sehr naive Anschauung vom Wesen der Kunst sein, die diesen Unterschied des Verhaltens so erklären wollte, daß Malen »leichter« sei als plastisch Bilden. Aber auch das wäre ein Fehlschluß, daraufhin zu meinen, die Deutschen seien durch die Art ihrer Begabung mehr auf die Malerei als auf die Plastik hingewiesen worden.

Es wird sich nicht umgehen lassen, daß wir eine kurze theoretische Erörterung einschalten.

Malerei und Plastik stellen beide gegenständlich dasselbe dar, sie ahmen die natürliche Außenwelt nach, ganz in erster Linie die menschliche Gestalt. Warum nun sind dazu zwei Künste nötig? Die Antwort ist nicht ganz einfach zu geben. Jedenfalls bemerkt man bald, daß es sich um mehr handelt als bloß um einen technisch-materiellen Unterschied, vielmehr von vornherein um einen Unterschied der Anschauung. Sind es auch dieselben Gegenstände, der Maler sieht in ihnen andere Eigenschaften und Beziehungen als der Plastiker. Wir werden den Unterschied nicht erschöpfen, aber in einem Hauptpunkte ergreifen, wenn wir sagen: plastisch ist diejenige Betrachtungsweise, der das einzelne Gebilde als ein in sich selbst ruhendes, gegen die Umgebung isoliertes gilt; malerisch diejenige, die die Einzelerscheinung als Teil und Glied des Unendlichen empfindet und deshalb sie vornehmlich auf ihre Relation zur Umwelt ansieht. Dieser Unterschied ist zweifellos noch wichtiger als der technische. Ein technisch bei der Plastik einzuordnendes Kunstwerk könnte gleichwohl überwiegend malerisch gedacht, umgekehrt ein gezeichnetes oder gemaltes Flachbild der plastischen Auffassung genähert sein. So betrachtet zeigt sich das äußere Übergewicht der Malerei, das sie bis zum Ende des 12. Jahrhunderts unbedingt behauptete, in einem andern Lichte. Die Malerei dieser Zeit ließ ganz wesentliche Seiten ihres Gattungsbegriffs unberührt, sie war unräumlich. Ihre Vormachtstellung beruhte auf Eigenschaften, die nicht in ihrem künstlerischen Wesenszentrum liegen: darauf, daß sie eine große Fülle religiös-poetischen Sachinhalts zu übermitteln vermochte, dann auf den guten Diensten, die sie der Architektur leistete. Solange in diesen beiden Desideraten das Interesse an der Menschendarstellung sich erschöpfte, war es selbstverständlich, daß die Malerei bevorzugt, die Plastik zurückgesetzt wurde, — auch ungerechnet die rein historischen Gründe, die durch die Abhängigkeit von der innerlich unplastischen christlichen Antike gegeben waren. Es war nun einmal das Schicksal der werdenden deutschen Kunst, daß sie nicht mit dem naturgemäßen Anfang, d. h. der Erschließung der Wirklichkeit, sondern mit dem Ende, d. i. der letzten Phase einer abgelebten fremden Kunst, beginnen mußte.

Wenn es nun dazu kam, daß in Deutschland eine plastische Kunstübung in Gang kam, langsam genug, so geschah das zunächst dort, wo eine größere substantielle Haltbarkeit, als die Malerei sie gewährte, wünschenswert wurde: beim Schmuck der Außenseite der Gebäude, an Grabdenkmälern, an Altären. Eine Zeitlang konnte man sich noch mit der Transposition malerischer Schemata begnügen, das ist überall der Anfang; bald aber kam die Ahnung, daß die Plastik doch etwas Besonderes für sich sei, ihre eigenen Gesetze haben müsse. Aber welche? In einem ganz andern Sinne als die Malerei war sie den Deutschen eine erst zu entdeckende, zu erobernde Welt. Sie war das Gebiet, wo zuerst die Tradition versagte und die selbstgewonnene Erfahrung einsetzen mußte, wo zuerst die Erkenntnis vom Eigenwert der Form aufleuchtete. Spät, dann aber mit erstaunlicher Schnelligkeit vollzog sich schließlich der Umschwung. Das 12. Jahrhundert ging noch teils in unerweckter Erstarrung, teils in schwerfälligem Ringen dahin; das 13. sah plötzlich eine freie und große Kunst von echtest plastischem Sein. Was vor diesem Wendepunkt liegt, interessiert am meisten als Beobachtungsfeld für die Mühen, die es die Deutschen gekostet hat, aus ihrer angeborenen Formlosigkeit sich emporzuarbeiten. Neben der geglätteten Kultur in der Buchmalerei dieser Zeit erscheint das meiste in der Plastik roh und unbeholfen, vielleicht aber liegt trotzdem — wer vermöchte Abschätzungen dieser Art mit Sicherheit durchzuführen? — die größere Anstrengung auf ihrer Seite. Die Forschung wird schon viel getan haben, wenn es ihr einmal gelingt, die Vorbilder und die Art ihrer Benutzung genau festzustellen. Vorläufig ist schon klar, daß diese Vorbilder keine einheitliche Überlieferung bildeten. In der Schatzkammer der deutschen Kirchen und Klöster sammelten sich plastische Kleinkunstwerke aus allen Jahrhunderten bis auf Konstantin, ja bis auf Augustus hinauf; Karolingisches war am reichsten vertreten, Byzanz und auch der eigentliche Orient steuerten immerfort bei. Diese Schatzkammern waren unsere ersten

Museen. Der Reiz des Merkwürdigen und Exotischen war, wie man noch heute deutlich sehen kann, bei ihrer Zusammensetzung mit im Spiele. Dazu kam, daß die leichte Beweglichkeit dieser kleinen Objekte nicht nur die Einfuhr aus fremden Ländern begünstigte, sondern auch den innerdeutschen Werkstätten über die engere Heimat hinaus Abnehmer brachte. Das bunte Vielerlei der stilistischen Erscheinung, das wir in den Denkmälern vor uns haben, bedeutet weit mehr Unsicherheit des Geschmacks als Reichtum des Formgefühls.

Unter diesen Umständen hätte die Gruppierung der Denkmäler nach landschaftlichen Schulen — ein Versuch, der ohnedies in vielen Fällen mißlingen wird — keine ausschlaggebende Bedeutung. Ungleich wichtiger für den Formcharakter und die Formtradition ist die Scheidung nach Material und Technik. Von einem sächsischen oder bairischen Stil in der Plastik als einheitlichen Begriffen kann man nicht reden, wohl aber von einem Stil der Bronzegießer und Goldschmiede, der Elfenbeinschnitzer, der Steinhauer.

Die Bauplastik. Bronze und Stein.

In einer nicht nach historischen, sondern nach natürlichen Bedingungen verlaufenden Entwicklung müßte die Plastik, wenn sie sich daran macht, mit der Architektur in engere Verbindung zu treten, zum Stein als dem gegebenen Werkstoff greifen. Die ersten Versuche des romanischen Stils in der Monumentalplastik hielten sich aber an den Bronzeguß. In ihm besaß die Kleinplastik seit langer Zeit Übung, und so sind denn auch diese monumentalen, richtiger scheinmonumentalen, Erstlinge nicht etwa bloß aus jener hervorgegangen, sondern sie bleiben Kleinplastik; die Vergrößerung wird durch Summierung bewirkt.

Den Anfang machen die bronzenen Türflügel. Bereits die Aachener Palastkapelle hatte sich diese Kostbarkeit nicht entgehen lassen. Die Behandlung ist einfach: Aufteilung in glattflächige Felder, umrahmt von Leisten mit antiken Eier- und Perlstäben, die Türringe in den Mäulern von Löwenköpfen, ein das ganze Mittelalter hindurch festgehaltenes Motiv. Ähnlich das Marktportal am Dome von Mainz, dessen Flügel unter Erzbischof Willigis am Ende des 10. Jahrhunderts, ursprünglich für die Liebfrauenkirche, gegossen waren. (Die Inschrift sagt: die ersten seit Karl dem Großen.) Die ältesten figurierten Türflügel, die wir kennen, sehr wahrscheinlich überhaupt die ersten ihrer Art in Deutschland, besitzt der Dom zu Hildesheim (Abb. 401—405). Sie waren unter Bernward für dessen Lieblingsschöpfung, die Michaeliskirche, gefertigt, Vollendungsdatum 1015. Wenn die Lokaltradition den Bischof auch in künstlerischem Sinne zu ihrem Urheber gemacht hat, so werden wir ihr den Glauben versagen müssen. Die Anregung aber kam sicher von ihm, und eingegeben war sie ihm durch Vorbilder, die er als Reisebegleiter Kaiser Ottos III. in Italien gesehen hatte. Der Künstler selbst, wie bestimmt anzunehmen ist, hatte Italien und hatte Türen dieser Art nicht gesehen. Er machte sich die Aufgabe schwerer, als nötig gewesen wäre, indem er jeden der 4¾ m hohen Flügel in Vollguß aus einem Stück herstellte, während in Italien (ebenso etwas später in Augsburg) jedes Feld einzeln gearbeitet und auf ein Kernwerk in Holz aufgenagelt wurde. Aus diesem Grunde auch ist er nicht unter den Goldschmieden, sondern in der Nähe der Glockengießer zu suchen. Der eigentliche Künstler, d. i. der die Wachsmodelle schuf, könnte sehr wohl ein anderer gewesen sein *. Auch dieser kein geschulter Plastiker; selbst das verkommenste spätantike Relief hat mehr Stil. Vorbilder hatte zwar auch er, aber er suchte sie bei der Miniaturmalerei und gab dann der einzelnen Gestalt so viel plastischen Schein, als er mit seiner wildwüchsigen Methode erreichen konnte. Sehr ungeschickt, ohne jede Spur eines Verständnisses für Rhythmus und Architektonik (worin die Wandmalerei dieser Epoche so sattelfest ist), sind auch die Kompositionen: zerstreut über viel zu große Flächen, die Leere notdürftig ausgefüllt mit Bäumen und Baulichkeiten in rein zeichnerischer Behandlung, von der Bedeutung des Rahmens weder ästhetisch noch technisch eine Ahnung; schließlich auch die dekorative Gesamtwirkung dürftig. Und doch! Dies Bildwerk fesselt uns. Den Kuriositäten- und Altertumswert beiseitegelassen, es spricht hier ein kräftiges und um Mittel keineswegs verlegenes künstlerisches Wollen. Nur allerdings ist sein Ziel einseitig. Ihm ist es um mimischen Ausdruck zu tun, einzig und allein, alles andere ist Stümperei, dieser aber von einer Frische der Beobachtung und einer Prägnanz des Vortrages, die zu allen Zeiten selten sind. Der naivste Ausdruck dieser mimischen Darstellungslust ist die Art, wie die Köpfe und Hände behandelt sind: man sieht, der Künstler kam für das, was er sagen wollte, mit den Mitteln des Reliefs nicht mehr aus, und unbesorgt sprang er zu voller Rundplastik über**. Um »Stil« und »Form« war es ihm nicht zu tun, allein um Ausdruck. — Jeder Türflügel enthält acht Szenen. Links, in absteigender Folge, die Geschichte der ersten Menschen von der Schöpfung bis zum Brudermord; rechts, in aufsteigender Reihe, die Geschichte Jesu von der Verkündigung bis zur Begegnung des Auferstandenen mit Maria Magdalena. Greifen wir ein paar Szenen heraus. — Die Zuführung Evas. Der Schöpfer schiebt Eva mit einem kräftigen Druck auf die Schulter Adam entgegen; die Gatten strecken die Arme gegeneinander aus; Widerstreit von Erstaunen, Zaudern,

* Diese Arbeitsteilung wird an einem allerdings späteren Gußwerk (Grabmal des Augsburger Doms aus dem 14. Jahrhundert) inschriftlich beglaubigt; in der Natur der Sache liegt, daß sie von jeher häufig eintrat.

** Dieselbe Darstellungsweise, jedoch erstarrt, in der Emailmalerei von Limoges, wo auf den flach gezeichneten Körper ein reliefmäßig gegossener Kopf aufgesetzt wird.

Sehnsucht und freudiger Begrüßung. Dagegen nicht das leiseste Interesse an der Körperform als solcher. Der primitivste Grieche hatte es schon; aber wieviel mehr Seelenregung weiß der Deutsche sichtbar zu machen. — Die Entdeckung der Schuld. Den modernen Betrachter mutet es einigermaßen komisch an, daß Gott (Vater und Sohn nicht unterschieden), wie schon auf der vorigen Szene, von seinem durch die ikonographische Regel ihm vorgeschriebenen Buch nicht lassen kann. Für unseren Künstler ist es kein totes Attribut. Er denkt sich ganz lebendig in die Lage dessen hinein, der in diesem erregten Augenblick das Buch nicht fallen lassen darf: er preßt es an die Brust. Um so ungehemmter fährt der Zorn in den andern Arm, in den bohrenden Zeigefinger. Daß die Proportionen falsch sind, der Schwerpunkt verfehlt ist, ist Nebensache. Auf der andern Seite Adam unter der Last seines Schuldbewußtseins zusammengekrümmt, stumm. Dagegen Eva, hinter dem Busch und dem Drachen verkrochen, den Blick dreist auf den zornigen Richter zukehrend und mit der Linken auf den Drachen zeigend: dieser sei schuld, nicht sie. — Die Austreibung. Am Rande rechts die Pforte des Paradieses in einer prunkvollen Phantasiearchitektur. Adam schleicht sich als ein gebrochener Mann schleppenden Schrittes hinaus; Eva ist zurückgeblieben und wendet sich zum Engel um, um noch einmal mit ihm zu verhandeln. Man sieht: körperlich ist eine Differenzierung der beiden Geschlechter kaum versucht, wie schlagend aber ist über das Seelische die Meinung ausgedrückt!

Wir können uns vorstellen, daß die Hildesheimer Türen auch auf den ungelehrten Laien Eindruck gemacht haben. Sie sind dem Jüngsten Gericht in Burgfelden und einigen Werken aus der späteren Zeit der Reichenauer Buchmalerei innerlich (nicht formal) verwandt. Wir begrüßen hier die Anfänge einer aus selbständigem Empfinden quellenden, zu volkstümlicher Wirkung bereiten deutschen Kunst.

Mit dem Namen Bernwards von Hildesheim wird ferner die eherne Christussäule des dortigen Domes (ehemals ebenfalls in St. Michael) verbunden (Abb. 406). Sie ist ohne die Basis und ohne die verlorengegangene Krönung 3,79 m hoch und 0,58 m stark. Auf einem fortlaufenden Spiralband sind 28 Szenen aus dem Leben Jesu, von der Taufe bis zum Einzug in Jerusalem, dargestellt. Vielleicht diente sie ursprünglich als Leuchter für die Osterkerze. Die in die Literatur eingedrungene Datierung auf das Jahr 1022 ist willkürlich. Die augenscheinlich vorliegende Nachahmung der Trajanssäule in Rom kann mit einigem Grund für die Entstehung unter Bernward geltend gemacht werden. Dabei aber muß betont werden, daß sie technisch und noch mehr künstlerisch von der Tür sich erheblich unterscheidet. Was der Tür am meisten fehlte, die künstlerische Tradition, ist reichlich vorhanden, dagegen die originale Kraft ist weit geringer. Ist sie unter Bernward entstanden, so müßte es in einer zweiten Werkstatt sein, selbst die Zusammensetzung der Bronze folgt einem andern Rezept. Als Urheber können wir uns nicht einen Sachsen denken, es war ein Mann etwa aus der Gegend zwischen Rhein und Maas, wo der Bronzeguß am meisten im Schwange war und der an der Christussäule unverkennbare Zusammenhang mit der römischen Provinzialkunst seinen natürlichen Boden hatte. In anderer Weise kehrt derselbe an den Überresten eines am Ende des 10. oder Anfang des 11. Jahrhunderts vor dem Aachener Münster aufgerichteten (oder bloß reparierten?) Brunnen wieder.

Überhaupt dürfen wir Bronzegüsse großen Maßstabes als keine allzu häufige Sache annehmen. In Süddeutschland bieten die Tür des Augsburger Doms das einzige, auch nur halb hierhergehörige Beispiel, denn hier sind viele kleine, goldschmiedartig behandelte Plättchen auf Holz montiert, auf jedem eine einzige Figur, z. B. ein Kentaur, ein Herakles, eine Frau Hühner fütternd, eine andere vor einer Schlange flüchtend, nur einige biblische Szenen. Bei den Archäologen stehen diese Türen hoch im Ansehen, weil sie vier bis fünf verschiedene Deutungen möglich gemacht haben. In Wahrheit liegt die Sache so, daß ein Künstler von zartem Geschmack, aber geringem Selbstvertrauen seine antiken Vorlagen, vielleicht Elfenbeintafeln, möglichst genau kopiert hat, ohne sich über den Inhalt Gedanken zu machen; nur war sein Vorrat klein, so daß er Christliches und Heidnisches planlos durcheinandermischen und auf mehreren Feldern dieselbe Gußform wiederholen mußte. Die ausschließlich der formalen Schönheit huldigende Art des Augsburgers steht zu der geistreichen Roheit des Hildesheimers in entschiedenstem Gegensatz. Doch ist es fraglich, ob viel Gewicht darauf zu legen sei, da das meiste dabei der Zufall, der ihm gerade diese Vorbilder in die Hand spielte, getan hat.

Dauernd heimisch wurde der Erzguß nur in Niederdeutschland. Anscheinend ist nur ein kleiner Teil seiner Werke, denen ihr Metallwert zum Verhängnis wurde, auf uns gekommen. Im 12. Jahrhundert tat sich die Magdeburger Gießhütte hervor. Zwei Grabdenkmäler im dortigen Dom werden noch besprochen werden. Die beiden größten Arbeiten, die sich aus ihr erhalten haben, waren Bestellungen des slawischen Ostens; die Erztüren im Dom zu Gnesen und in der Kathedrale von Groß-Nowgorod *, wo sie später zu Unrecht den Namen der Korssunschen, d. h. vermeintlich aus der Krim stammenden, annahmen, also für altgriechisch gehalten wurden. Beide sind mit figurenreichen erzählenden Reliefs in nicht ungeschickter, aber geistloser Routinearbeit bedeckt, nichts weniger als ein Höhepunkt des Könnens der sächsischen Schule im 12. Jahrhundert.

* Mitstifter Erzbischof Wichmann von Magdeburg (1152—1211).

Sicher das künstlerisch stärkste unter den uns gebliebenen Werken der Bronzeklasse ist der kolossale Löwe, den mit Anspielung auf seinen Zunamen Herzog Heinrich vor seiner Burg in Braunschweig im Jahre 1166 aufrichten ließ (Abb. 408), ebenso merkwürdig durch die sachliche Aufgabe wie ungewöhnlich durch die Form ihrer Lösung. Ein rundplastisches Standbild, nach dem wir bis dahin als einzige Form das Relief kennen gelernt haben. Von wundervoller Ausdruckskraft die Führung des Umrisses, von hinten her aufsteigend und dann steil abfallend. Der romanischen Epoche, alle Kunstgattungen zusammengenommen, war der Löwe ein sehr geläufiges Tier. Man kannte es aus orientalischen Geweben und orientalischer Kleinplastik und ahmte es in derselben Weise, zeichnerisch und kleinplastisch, nach. Dem Braunschweiger Löwen stehen im Motiv am nächsten die liturgischen Gießkannen in Löwenform. Die steinernen liegenden Portallöwen tauchen, aus der Lombardei kommend, ein wenig später auf, übrigens in Norddeutschland zum erstenmal auch an einem unter Heinrichs des Löwen Protektorat stehenden Bau, der Klosterkirche Königslutter. Nichts ist bezeichnender für die romanischen Künstler, als daß ihnen die Darstellung dieses in der Natur nie gesehenen, nur in ihrer Phantasie existierenden Wesens nicht das geringste Bedenken machte. Der Braunschweiger Löwe ist zugleich ein Abstraktum und doch strotzend von Lebensgefühl. Dieses ist nicht einem einzelnen Modell abgewonnen, sondern der gesamte Niederschlag unendlich vieler Beobachtungen aus der Tierwelt, und zwar der heimischen. Dieser Löwe ist morphologisch kein Löwe, aber er hat den heißen Atem des königlichen Raubtieres; den Kopf erhoben, herrisch drohendes Gebrüll ausstoßend und die Hinterbeine in Sprungbereitschaft aufgestemmt — kein unwürdiger Abkömmling wahrlich des Löwen von Babylon. Und zugleich hatte der Künstler seinem Herrn, dem Herzog, in die Seele gesehen; der konnte befriedigt sagen: dies bin ich. Seit den Hildesheimer Bronzetüren war die Kunst doch gewachsen: das Grundbestreben hier wie dort Bewegungsausdruck, aber nicht mehr bloß eine einzelne drastische Gebärde, sondern von dem Zentrum des Bewegungscharakters aus die Form einheitlich, groß und deutlich empfunden. Was verschlug es, daß der Meister nie einen Löwen gesehen hatte? Er wußte, wie ein Löwe aussehen muß.

Wenden wir uns zu den Türen zurück, so kommen Holztüren mit bloß ornamentalem Metallbeschlag, für die es vom 12. Jahrhundert ab viele Beispiele gibt, hier nicht in Betracht. Die Vermutung, daß man, wo figürliche Szenen gegeben werden sollen, an Stelle des umständlichen und kostspieligen Bronzegusses öfter zur Holzschnitzerei gegriffen habe, scheint nahezuliegen, trifft aber nicht zu. Wir besitzen dieser Art heute ein einziges Exemplar, die berühmten Türflügel von St. Marien im Kapitol in Köln (dann noch Fragmente aus Gurk in Steiermark). Außer an einigen mechanisch beschädigten Stellen sind sie gut erhalten, und man kann nicht sagen, daß Holzschnitzerei an sich ein vergängliches Material sei, während es vom Bronzeguß bekannt ist, daß seine Werke in jüngeren Zeiten vielfach eingeschmolzen wurden. Überhaupt läßt sich die beliebte Annahme, daß die romanische Bildhauerkunst von der Holzschnitzerei als einer vermeintlich urgermanischen Kunst ausgegangen sei, in keiner Weise begründen. Die Kölner Türen werden allgemein ins 11. Jahrhundert gesetzt; erst in jüngster Zeit wurden sie tiefer herabgerückt, in die zweite Hälfte des 12., und ich meine mit Recht. Das Beispiel dieses kritischen Dissensus zeigt wiederum, wie weit noch die Forschung von einer gesicherten Ansicht über den Entwicklungsgang entfernt ist. Die Figuren sind plump, sehr schlecht proportioniert, ihre Anordnung auf der Bildfläche aber ist nicht ungeschickt, und die dekorative Gesamtwirkung geschmackvoll und prächtig.

Einen durchaus getrennten und zögernd betretenen Weg ging die Steinplastik. Daß die Goldschmiede und Elfenbeinschnitzer, in deren Händen vornehmlich die Formtradition lag, zugleich auch in Stein gearbeitet hätten, ist ausgeschlossen. Ein Zusammenhang mit der Kleinkunst besteht nur insofern, als die Steinmetzen, wenn sie hie und da an eine plastische Aufgabe sich wagten, naturgemäß von jener ihre Modelle sich entliehen. Doch ist von vornherein für sie außerdem die Wandmalerei eine wahrscheinliche Quelle. Das langsam, wie wir wissen, in Gebrauch kommende gemeißelte Architekturornament ging vom gemalten aus, und an den Architekturorten, an denen hie und da Plastik auftaucht, war immer vorher schon die Wandmalerei tätig gewesen. In Betracht kommen hauptsächlich die Portale und die Chorschranken. Nur das eine Mal vorkommend ist die Anordnung am Doppelportal von St. Emmeram in Regensburg, wo an den drei Wandpfeilern, bildartig in Rahmen gefaßt, die kleinen Relieffiguren Christi und der hl. Emmeram und Dionysius angebracht sind; feiner Kalkstein in sauberer Behandlung; von der Körperform oberflächlichste Vorstellung, etwas Leben nur im Gestus; Entstehungszeit gesichert (1049—64). Der Vergleich mit den Augsburger Domtüren führt zu dem negativen Ergebnis, daß deren Stil keineswegs mit einer in Süddeutschland etwa allgemeiner verbreiteten Anschauung zusammenhing. — Einige mittelrheinische Kirchen der karolingisch-ottonischen Zeit gaben dem wagerechten Türsturz ornamentale Muster in Reliefausführung. Dies hätte zu Frieskompositionen führen können, wie sie auf italienischen Türen häufig vorkommen. Wir finden dergleichen aber nur selten und dann wirklich unter italienischem Einfluß. Für die Portalplastik der deutschen Entwicklungslinie ist das Bogenfeld (Tympanon) über der Türöffnung der Ort, auf dem sie Fuß faßte. Alle älteren Tympana zeigen eine ganz glatte Fläche, wobei regelmäßig Ausstattung mit einem Gemälde anzunehmen ist. Der Übergang zum Relief kam erst spät, erst in der zweiten Hälfte des 12. Jahrhunderts, in allgemeineren Gebrauch. Etwas vor der Mitte dieses Jahrhunderts könnte allenfalls das Tympanon von Alpirsbach im Schwarzwald entstanden sein. Es zeigt Christus auf dem Regenbogen zwischen den knienden Gestalten Marias und Johannes, die man irrig als Stifterpaar (Zollèrn!) angesehen hat, also die abgekürzte Darstellung des Weltgerichts. Hier ist, im Gegenstand wie in der Anordnung, die unmittelbare Übertragung aus der Malerei handgreiflich. Der sitzende Salvator — die Nebenfiguren wechseln — war für die nächste Zeit das regelmäßige Thema. Das Motiv in seiner strengen Frontansicht machte aber dem Vortrag im Relief Schwierigkeiten, besonders in der Stellung der Arme und Beine, die nie überwunden wurden. Besser gelang die plastische Form, wenn bloß Halbfiguren gegeben wurden (Abb. 413). Endlich ein drittes Motiv, bis ins 13. Jahrhundert beliebt: Christus in der Mandelglorie schwebend, von Engeln umgeben (Abb. 414). Stellen wir uns dazu die Bemalung vor, durch die die Reliefwirkung noch weiter abgeschwächt, die Umrißwirkung erhöht wurde, so werden wir vollends inne, wie nahe sie sich stehen, die unplastische Plastik und die unmalerische Malerei dieser Zeit; der Name kolorierte Linienzeichnung träfe am besten beider Wesen zugleich.

Wie die Tympana, so bleiben auch alle übrigen Arten der Steinplastik an die technische Form des Reliefs gebunden. Oberdeutschland zählt noch nicht mit; eine größere Zahl von Denkmälern besitzt das Rheinland und Westfalen; Sachsen bevorzugt die bequemere Ausführung in Stuck. Nur weniges ist sicher datierbar, und da in der Regel die ursprüngliche Stellung in der Architektur nicht festgehalten ist, fehlt auch das Hilfsmittel der Altersbestimmung. Das meiste erschien dem modern gewöhnten Auge so roh, so primitiv, daß man eine sehr frühe Entstehungszeit, etwa die der ersten Christianisierung, meinte vermuten zu müssen. Nach und nach wurde die obere Grenze tiefer herabgerückt und wird in dieser Richtung wahrscheinlich noch weiter korrigiert werden müssen. Es ist in der Tat fraglich geworden, ob vor dem Ende des 11. Jahrhunderts es überhaupt schon eine Steinplastik gegeben hat*. Wir wollen die Betrachtung mit dem sicher datierten Relief der Externsteine in Westfalen beginnen (Abb. 412). Hier am Nordrande des Teutoburger Waldes, nicht weit von Detmold, ließen im Jahre 1115 die Mönche des Klosters Abdinghof in Paderborn eine Höhlenkapelle aus dem Felsen hauen. Neben dem Eingang in den unteren Raum, der als Heiliggrabkapelle eingerichtet war, ist in die senkrechte Steinwand die Darstellung der Kreuzabnahme gemeißelt, kolossal, über 5 m hoch. Hätte es sich um einen Binnenraum gehandelt, so hätte man zweifellos ein Gemälde gegeben. Größe der

* Auszunehmen immer einige Punkte des Westens. So z. B. der Denkstein des Erzbischofs Hatto von Mainz (841—913) im dortigen Domkreuzgang, eine stilistisch noch ganz der Spätantike zugehörende Arbeit.

Komposition und Tiefe der Empfindung heben sich merkwürdig ab von der rauhen Primitivität der Ausführung. Man könnte sich sehr wohl denken, daß ein Maler die Umrisse aufgetragen, ein wenig geübter Steinhauer das übrige getan hat. Die Grundsätze der Komposition — ungefähr gleichmäßige Aufteilung zwischen Grund und Figuren, klare Ordnung und Hervorhebung des Umrisses bei flüchtiger Andeutung der inneren Form — sind jedenfalls dieselben wie in der gleichzeitigen Wandmalerei. Der Inhalt der Darstellung, selbstverständlich nach feststehendem Typus, ist dieser: Joseph von Arimathia hat den Leichnam vom Kreuze gelöst, der Kriegsknecht empfängt ihn, sein sinkendes Haupt — ein von Goethe besonders gelobter Gedanke — wird von Maria, wie es der Größe einer so erhabenen Mutter zukommt, sanft an das eigene gedrückt. Über dem Kreuz erscheint die Halbfigur Gottvaters, die Seele des Verschiedenen in der Gestalt eines kleinen Kindes im Arm. An den Enden des Kreuzes die klagenden Elementargötter Sol und Luna, unten Terra und Okeanos. Der moderneBetrachter muß lernen, die Leere und Fehlerhaftigkeit der Form gar nicht zu sehen und nur das aufzunehmen, was im Sinne des Künstlers selbst das Wirkende war. Dann wird er finden, daß der Unwahrheit im äußeren Sinne eine um so größere Seelenwahrheit, Innigkeit und Keuschheit gegenübersteht. Gerade die Vereinfachung der angewandten Mittel ist es, die diesen Ton feierlicher Klage so seltsam eindringlich erklingen macht. Wieviel künstlerische Weisheit liegt allein schon darin, daß die bewegte Mitte zwischen die geradlinigen und streng symmetrischen Randfiguren, Maria und Johannes, Sol und Luna, eingefaßt wird. Man sieht: viel Lobendes ist vom Externsteinrelief zu sagen, aber es bezieht sich mehr auf die allgemeinen künstlerischen als auf die besonderen plastischen Eigenschaften.

Datiert, auf 1129, ist ferner der Taufstein in Freckenhorst (Abb. 411). Eine Goldschmiedearbeit in Stein. Obgleich der Grund tief ausgebrochen ist, fehlt doch dem Körper jede wahre Tiefenvorstellung. Das Prinzip der reichen und geschickten Komposition ist ein rein dekoratives, und zwar das aus der Spätantike ererbte: helle und dunkle Flecken in symmetrischer Verteilung nebeneinander gestellt. — Bereits über die Mitte des 12. Jahrhunderts hinaus führen einige größere sächsische Arbeiten in Stuck: die Wanddekoration der Hl.-Grab Kapelle in Gernrode, die Umrahmung einer Altarnische im Dom zu Erfurt, die Emporenbrüstung in Klostergröningen (jetzt Museum in Berlin).

Gehen wir von diesen Denkmälern rückwärts, um bei der Frage anzulangen: wie denn die Steinplastik des elften Jahrhunderts ausgesehen hat, so müssen wir antworten: Wir kennen sie nicht, und zwar deshalb nicht, weil es wahrscheinlich noch keine oder fast keine gegeben hat. Dem Stilcharakter nach könnte höchstens die Reihe der ritterlichen Heiligen aus St. Mauritius in Münster, jetzt im Westfälischen Landesmuseum (Abbildung 419), so weit hinaufgerückt werden*. Aber Altertümlichkeit ist noch keine ausreichende Bürgschaft für Alter. Die verhältnismäßig routinierte Steinbehandlung erregt doch Zweifel. Im Rheinland setzt man die Fragmente aus Werden a. R. in die Zeit um 1060, womit sie eine ganz isolierte Stellung einnehmen würden; auch diese Datierung steht auf unsicheren Füßen.

Wir haben also über die Entstehung der Steinplastik die Wahl zwischen zwei Ansichten: entweder blieb sie mehrere Jahrhunderte lang, ohne vorwärts zu kommen, in den Kinderschuhen stecken, oder sie hat überhaupt erst spät eingesetzt, um dann konsequent sich in die Höhe zu arbeiten. Mir scheint dies Zweite das Wahrscheinlichere. Vor dem 12. Jahrhundert gibt es keine oder so gut wie keine, noch in der ersten Hälfte desselben ist sie spärlich; in der zweiten aber beginnt eine große, zusammenhängende Tätigkeit, die unmittelbare Vorbereitung zu jenem rapiden Ansteigen, durch das uns das 13. Jahrhundert in Erstaunen setzen wird. Reihen wir diese chronologischen Feststellungen in den allgemeinen kunsthistorischen Entwicklungsgang ein, so gewinnen wir eine klare zeitliche Parallele zwischen der Hinwendung der Plastik zum Stein und der der Architektur von der hölzernen zur steinernen Decke: bei beiden in der ersten Hälfte des 12. Jahrhunderts die noch zögernden und verstreuten Anfänge, bei beiden erst in der zweiten Hälfte ein entschlossenes Ernstmachen.

Im Lichte des eben besprochenen Parallelismus betrachtet, ist es folgerichtig, daß Süddeutschland bei den Anfängen der Monumentalplastik fast leer ausgeht, mit einer einzigen, aber entschiedenen Ausnahme. Diese betrifft das obere Rheingebiet und hier auch das nur linke Ufer mit den Diözesen Basel und Straßburg; über Speier und Worms läßt sich nichts sagen, da ihr Denkmälerbestand in jüngerer Zeit schwer verwüstet ist**. Die verhältnismäßig lebhafte bildhauerische Tätigkeit im Elsaß und Sundgau wurde offenbar durch den Verkehr mit Burgund und Italien angeregt. Genauer untersucht ist das Verhältnis noch nicht. Wir heben als Hauptstücke zwei Portale heraus. Das eine gehört dem Kloster Andlau und ist ungefähr in die Zeit 1160—1180 zu setzen (Abb. 290.) Der rechtwinklige, mit breitem Rankenwerk besetzte Türrahmen wird von Pilastern flankiert, auf denen in fünf übereinander aufgebauten Bogenstellungen jedesmal zwei im Gespräch miteinander begriffene Gestalten abgebildet sind. Einige von ihnen tragen deutsche Namen und

* Die Anordnung mit gerundeter Nische und schräger Sohlbank findet sich in Frankreich mehrmals, z. B. in St. Sernin in Toulouse; auf Wandgemälde übertragen in der Luciuskirche in Essen, erste Hälfte des 11. Jahrhunderts.

** Unsere Wißbegierde wird lebhaft angeregt durch die Nachricht, daß in der Vorhalle des (der Steinplastik ganz entbehrenden) Speierer Doms Erzbilder vorhanden gewesen seien; die weitere Angabe, daß in ihnen die salischen Kaiser dargestellt gewesen seien, kann allerdings nur mit Mißtrauen aufgenommen werden.

stellen vermutlich Äbtissinnen dar. Am Sturz ist die Geschichte des ersten Menschenpaares geschildert und im Tympanon Christus zwischen Petrus und Paulus in äußerst ungelenker Formengebung. Die Komposition im ganzen wie mehrere bezeichnende Einzelheiten erinnern lebhaft an das Klosterportal in Nonantola bei Modena. Ob es ein Elsässer oder überhaupt ein Deutscher war, der diese Erinnerungen heimbrachte, oder ob vielleicht ein lombardischer Wanderkünstler die Arbeit ausgeführt hat, wird sich kaum entscheidend feststellen lassen. So geht auch die Galluspforte des Baseler Münsters wesentlich auf oberitalienische Prototypen zurück, wenn man auch einen gewissen burgundisch-provenzalischen Nebeneinfluß zugeben muß. Sie ist ein Werk von großer, etwas trockener Pracht. Die Flankierung der Portalnische durch Wandpfeiler erinnert an Andlau. Aber was dort in flachem Relief gegeben war, ist hier Freiarchitektur und Vollplastik geworden. Es sind fünf kleine Gehäuse, die sich übereinander aufbauen. Die je zwei Figürchen in ihnen stellen die Werke der Barmherzigkeit dar. Am oberen Fries wird die Auferstehung der Toten am Jüngsten Tage dargestellt. Die von Säulen überschnittenen Statuen am Gewände sind die ersten ihrer Art im deutschen Kunstgebiet und bleiben auch geraume Zeit die einzigen. Ohne mindestens mittelbare Kenntnis der großen provenzalischen Portale sind sie nicht denkbar. Damit ist die sonst unsichere Entstehungszeit der Galluspforte nach oben begrenzt. Nachdem die neueste Forschung die Portale von Arles und St. Gilles in die Spätzeit des 12. Jahrhunderts herabgerückt hat, bleibt für das Baseler Portal kein früheres Datum möglich als die letzte Zeit vor 1200*. Und dazu paßt auch ganz und gar die Chronologie seiner Einwirkungen auf das Oberelsaß: sie fallen in die ersten Jahrzehnte bereits des 13. Jahrhunderts. Es sind durchweg rohe Arbeiten, in denen das Können dem Wollen nicht gewachsen ist und die wir zu betrachten nicht nötig haben.

Auch in Baiern und Schwaben nahm am Schluß unserer Epoche die lange bewahrte Schlichtheit und Herbheit in der äußeren Erscheinung der Bauwerke ihr Ende. Die letzten Dezennien des 12., die ersten des 13. Jahrhunderts sind ausgesprochen zierlustig und geben dem Steinbildhauer reichlich zu tun. Zwischen den rein ornamentalen Formen tritt auch Figurenwerk auf. Allein es wäre sehr irrig, wollte man darin ein Analogon zu den im Norden und Westen wahrgenommenen Anfängen neuer Monumentalplastik sehen. Dies hier sind Formen und Tendenzen des Kunsthandwerks, auf den Stein übertragen. Sorglos und spielerisch strömt diese Zierlust leicht dahin. Koboldartige kleine Männchen hocken an Pfeilerkanten oder helfen einen Wandbogen tragen; kleine Bären oder

* R. Rahn hatte also recht, als *Terminus a quo* den Brand von 1185 anzunehmen. Jüngere Gelehrte wollten bis ca. 1160 hinaufgehen.

Löwchen sonnen sich auf den Fensterbänken; seltsam chimärisch zusammengesetzte Fabelwesen kriechen über die Flächen hin; hie und da taucht auch eine Figur auf, die man für einen Heiligen halten könnte. Das Verhältnis zu den architektonischen Leitlinien wird mit Absicht läßlich behandelt. Genug, es sind Spiele eines phantastischen Humors, den ernst zu nehmen erst den gelehrten Exegeten unserer Tage vorbehalten blieb. Diese haben es fertiggebracht, ein und dasselbe Stück nacheinander aus der Edda, dem Psalter und dem Hohenliede zu erklären, was uns einigermaßen an die Bereitwilligkeit des Polonius erinnert, in der von Hamlet ihm gezeigten Wolke ein Wiesel, einen Walfisch und ein Kamel zu erkennen. Daß die Theologen jener Zeit in symbolischen Deutungen oft abstrusester Art unglaublich fruchtbar waren, ist bekannt genug; nur muß man nicht glauben, daß bei solchen rein dekorativen Aufgaben die Handwerker sich an tiefsinnige Programme gebunden fühlten. Das Formenmaterial kam, wie schon gesagt, aus dem Kunsthandwerk und war in dieses zum großen Teil aus orientalischen Importen eingedrungen. Wie in der Zeit der Kreuzzüge die orientalischen Märchen schnell in deutsche sich umwandelten, so waren auch diese bildlichen Fabelwesen der Volksphantasie fast vertrauter geworden als die Tiere des eigenen Waldes. Wenn man Ableitung aus der Tierornamentik des germanischen Altertums versucht hat, so ist das zwar falsch im Sinne eines unmittelbaren Kausalverhältnisses, aber es ist zutreffend, insofern die Phantasierichtung im Grunde noch dieselbe ist. Von einem ernstlichen Verlangen nach Einlebung in die Naturwirklichkeit ist in dieser schwäbisch-bairischen Plastik — die übrigens durch die analog gerichtete der älteren lombardischen Kunst sicher mit angeregt wurde — nicht die Rede. Auch nicht, wir wiederholen es, von einem monumentalen Verlangen. Eine monumentale Transposition, wie etwa der Braunschweiger Löwe, war auf diesem Boden unmöglich.

Die berühmte Hauptleistung der Epoche ist das Portal der Schottenkirche St. Jakob in Regensburg. Die Abb. 299 kennzeichnet sie zur Genüge, zumal wenn man als Gegenprobe die Baseler Galluspforte daneben hält. Die Vorbilder gehören demselben oberitalienischen Kunstkreise an *, aber wie grundverschieden ist, was aus ihnen abgelesen wurde. Noch ungehemmter in seiner Eigenart zeigt sich das volkstümliche Produzieren an dem berühmten Pfeiler der Domkrypta von Freising, der aus einem Knäuel von Menschen- und Tierleibern aufgebaut ist. Dieser Gedanke, ein ernstlich in Anspruch genommenes Strukturglied sich als wildbewegte Kampfszene vorzustellen, wäre wiederum in Sachsen unmöglich gewesen.

* Kam in Regensburg außerdem vielleicht auch eine Erinnerung an die südwestfranzösische Dekorationsplastik ins Spiel? Unmöglich wäre es nicht, da die Schottenkirche in ihrer Architektur an einigen Stellen westeuropäischen, allerdings normannischen Einschlag zeigt.

Die Grabplastik.

Tod und Begräbnis sind zu allen Zeiten ein starker Anruf an die Kunst gewesen, wo irgend es eine Kunst gab. Die Sepulkralkunst des Mittelalters schuf sich ihre Formen fast ohne historische Voraussetzungen. Das Fehlen einer Sepulkralkunst — denn die Mitgabe von Gebrauchsgegenständen des Lebens an die Toten bedeutet etwas anderes — ist eine der auffallendsten Lücken in der Kultur des deutschen Altertums. Aber auch mit der Sepulkralkunst des christlichen Altertums ist die des Mittelalters nur durch wenige Fäden verbunden. Sie baut sich auf neuen Grundlagen auf, andern Sitten und andern Ideenverbindungen. Der Ort des Grabes, genauer der kleinen Auswahl von Gräbern, die eine künstlerische Gestalt erhielten, ist im Mittelalter das Innere des Kirchengebäudes — was dem christlichen Altertum fremd gewesen war. Liegt hierin, wie es scheint, eine verstärkte Betonung des religiösen Gedankens, so tritt derselbe im sachlichen Inhalt des Dargestellten augenfälligst zurück. Die frühchristlichen Katakombenbilder und die Sarkophage hatten in reicher Ausführung religiös-symbolische Szenen gegeben und der Person des Toten nur in bescheidenen Formen gedacht; umgekehrt ist in der Grabkunst des Mittelalters der Hauptgegenstand die Bildnisfigur. Religiöse Anspielungen treten nur in leichtem Beiwerk auf, noch häufiger fehlen sie ganz. Die Fortdauer in einem Jenseits ist ein nicht in Zweifel gezogenes Stück der Kirchenlehre, aber — so müssen wir schließen — ein die religiöse Sehnsucht beherrschendes Hauptstück, wie im frühen Christentum, ist dieser Gedanke nicht. Die sich Grabdenkmäler dieser Art errichten ließen, dachten zuerst an die Fortdauer ihres Gedächtnisses im Diesseits. Wer aus der Literatur die Bemühungen der Kirche kennt, den Menschen die Überzeugung von der Vergänglichkeit und Wertlosigkeit des irdischen Durchgangsdaseins einzuprägen, muß über diese unumwundene Auflehnung des Persönlichkeitsbewußtseins und seine Duldung, ja Unterstützung, schließlich durch die Kirche selbst, erstaunen. So dachte die Zeit der Salier und Staufer. Erst das späte Mittelalter verlangte von der Grabkunst wieder mehr ausdrückliche Frömmigkeit und Jenseitigkeit, wozu es, wie wir hier vorgreifend kurz bemerken, als Supplement einen neuen Typus, das Epitaph, auszubilden sich veranlaßt sah.

Selbstverständlich werden wir an dieser Stelle das Begräbniswesen nicht in seinem vollen Umfange schildern wollen, das ist Sache der Altertumskunde und Sittengeschichte. Unsere Aufgabe beginnt erst dort, wo die Kunst eintritt. Wir wollen dabei gleich feststellen, daß es sich allein um die Bildhauerkunst handeln wird, während die der romanischen Epoche so viel geläufigere Malerei, man denke außerdem an ihre Rolle in der frühchristlichen Gräberkunst, ausgeschlossen blieb. Für den ausgeprägten Denkmalscharakter des Grabes im hohen Mittelalter ist auch dies bezeichnend.

Die Masse der Toten in jenen Jahrhunderten wurde sorglos in die Erde versenkt. Auch auf den Friedhöfen der Klöster kann es nicht anders zugegangen sein. Das einzelne Grab blieb ungekennzeichnet, ein in der Mitte aufgerichtetes großes Kreuz galt für alle. Totenkapellen (in der Regel dem hl. Michael gewidmet), Beinhäuser (Karner) und Totenlaternen vervollständigten die Anlage. Ferner wurde in den Vorhöfen der Kirchen beerdigt (z. B. in Straßburg reichliche Knochenreste gefunden), womit nach einleuchtender Vermutung die stereotype Stellung der Gerichtsbilder an der Eingangswand der Kirchen in Verbindung zu bringen sein wird. Der Andrang zur Bestattung *ad sanctos*, im Innern der Kirche und so nahe als möglich dem Grabe des Heiligen, ist früh bezeugt und um die Zeit der Christianisierung Deutschlands überall vorauszusetzen. Er machte der Kirchenleitung, die ihm aus guten Gründen kein unbedingtes Veto entgegensetzen und doch aus andern, ebenso guten, ihn eindämmen mußte, viel Sorge*. Allmählich setzten sich darin feste Gewohnheiten durch. Laien wurden nur für nachgewiesene besondere Verdienste, d. h. Schenkungen, zugelassen. So streng, daß sie Frauen unter allen Umständen aus ihren Kirchen ausschlossen, wie im Leben, so auch im Tode, waren nur die Zisterzienser.

Die beiden Hauptformen sind die Tumba, d. i. eine freistehende steinerne Kiste, und die Bodenplatte. Jene ist nur sachlich, nicht in der künstlerischen Behandlung, ein Abkömmling des antiken Sarkophags. Schmucklose Särge aus Stein, aber außerhalb der Kirche, waren noch in der fränkischen Zeit am Rhein eine verbreitete Sitte. Als man für die Gebeine Karls des Großen und Ludwigs des Frommen eine reichere Hülle suchte, griff man unbedenklich zu heidnisch-antiken Sarkophagen. Ludwig der Deutsche erhielt in Lorsch eine eigene Grabkapelle, ein Fall, der sich nicht wiederholt hat; wenn man Lust hat, einen dort erhaltenen, mit kannelierten ionischen Pilastern dekorierten Sarkophag als den seinigen zu nehmen, so würde dieser Vermutung nichts im Wege stehen. Karls des Großen Gemahlin Fastrada war im St. Albans-Kloster in Mainz bestattet; eine um 1500 angefertigte freie Kopie ihres Grabsteins befindet sich im Dom. Die letzten Karolinger liegen in St. Emmeram in Regensburg; ihre wahrscheinlich sehr einfachen Steine wurden in gotischer Zeit durch prächtigere ersetzt. — König Heinrich I. hatte sein Grab in Quedlinburg in einer tief ausgeschachteten Kammer. Otto I. ruhte im Dom von Magdeburg in einer hölzernen, mit Stuck überzogenen und mit einer glatten Marmorplatte bedeckten Tumba. Erhalten hat sich das Grab Ottos II., es steht aber nicht in Deutschland, sondern in der Peterskirche in Rom. Ottos III. Grab in

* Die Synode von Tribur 895 gestattete für Geistliche und ausnahmsweise für verdienstvolle Laien die Bestattung in der Kirche, verbot aber strengstens Grabmäler und selbst die Kennzeichnung im Paviment. Der Beschluß mehrmals wiederholt.

Aachen ist verschwunden, Heinrichs II. in Bamberg zu Anfang des 16. Jahrhunderts durch die prachtvolle Tumba von der Hand Riemenschneiders ersetzt. Die Salier und die meisten Staufer, soweit sie nicht in der Fremde starben, hatten ihre gemeinschaftliche Gruft unter dem Königschor des Speierer Doms, ohne jede Auszeichnung als die oberhalb in den Fußboden des Chors eingelassenen Inschriftplatten. Man bemerkt: nirgends der Versuch einer Porträtdarstellung. Eine ungewollte hat ein seltsamer Zufall in der Fideskirche in Schlettstadt der Nachwelt erhalten. Hier fand man unlängst im Chor den Leichnam einer sarglos bestatteten Frau mit Kalkmörtel überdeckt, so daß es möglich wurde, die Höhlung, in der sich der gänzlich verzehrte Kopf und die Schultern befunden hatten, als Leerform zu benutzen und mit Gips auszugießen. So wurde ein Naturabguß gewonnen, der Züge von edelster Bildung gleichsam zur Auferstehung brachte. Wer die jedenfalls vornehme Frau gewesen ist, wissen wir nicht. Eine nicht ganz zu verwerfende Mutmaßung sieht in ihr eine Hohenstaufin.

Es war nicht nur in der Entwicklungsgeschichte des Grabmals, sondern für die ganze plastische Kunst ein Moment von ganz großer Bedeutung, als die bisher geschilderte Form der Platte mit Inschrift oder Sinnbild durch die Bildnisgestalt des Toten ersetzt wurde. Übergang aus der einen Form in die andere ist nicht nachweisbar und auch nicht denkbar. Ebensowenig eine Anknüpfung an die altchristlichen Sarkophage, auf denen zuweilen Medaillons mit Brustbildern der Toten zu sehen sind. Das mittelalterliche Bildnisgrab gibt immer die ganze Gestalt, es handelt sich um eine ganz neue Idee. Wann und wo ist sie zuerst aufgetaucht? Was Deutschland betrifft, so läge die Vermutung einer Übertragung aus den älteren Kulturländern, aus Italien oder Frankreich, nahe. Aber auch diese kann nicht nachgewiesen werden. Italien ist überhaupt auszuschalten. Es scheint, daß der neue Typus mitteleuropäisch sei. Frankreich besitzt zurzeit kein Exemplar, das älter wäre als die zweite Hälfte des 12. Jahrhunderts; zwei oder drei ältere, doch nicht älter als die erste Hälfte dieses Jahrhunderts, sind durch zeichnerische Kopie bekannt. Im deutschen Denkmälerbestand gehen die ältesten datierten Stücke in die zweite Hälfte des 11. Jahrhunderts zurück. Dieser Vorsprung kann aber ein bloßer Zufall der Überlieferung sein. Im großen und ganzen werden wir von Gleichzeitigkeit zu sprechen haben, keinesfalls aber von Abhängigkeit des einen Landes vom andern. Es muß also irgendwie eine beiden gemeinsame Vorgeschichte vermutet werden.

Nicht minder schwierig als die historisch-genetische ist die sachliche Erklärung. Erst das späteste Mittelalter hat zuweilen, häufiger die Renaissance den Toten als aufgebahrt liegend dargestellt. Das mittelalterliche Bildnisgrab gibt nicht den Toten, sondern ein Bild des Lebenden, das der Beschauer sich als aufrechtstehend vorstellen soll; die wagerechte Lage ist nur eine technische Konsequenz der Grabmalsform. Und noch ein Drittes ist unverständlich: daß das sepulkrale Bildnisrelief in seiner Darstellungsweise ohne Suchen und Tasten von Anfang an fertig so dasteht, wie es durch alle folgenden Jahrhunderte mit ganz leichten Abwandlungen nun in Geltung blieb.

Alle diese Anstöße verschwinden, sobald wir erfahren, daß das skulpierte Relief nicht die erste Fassung des Typus war. Ihm ist ein Flächenbild in Mosaik vorausgegangen. Sehr frühe Beispiele dafür bieten einige altchristliche Basiliken in Nordafrika. Dann tritt in der Denkmälerüberlieferung eine lange Lücke ein, über die wir uns bei der Gebrechlichkeit des Materials nicht wundern werden. Aber aus dem 12. Jahrhundert haben sich mehrere Mosaikbilder, ursprünglich in den Fußboden eingelassen, in Frankreich erhalten. Und eines auch in Deutschland *, in der Abteikirche zu Laach (jetzt im Provinzialmuseum in Bonn, Abb. 385). Die Gattung war um diese Zeit schon im Aussterben. Die Umsetzung ins Relief ergab sich aus der Ablösung der Bildnisgestalt vom Fußboden und der Übertragung auf die Tumba, deren plastische Natur auch den neuen Zuwachs, das Bild, sich anglich **.

Außerdem kam es zuweilen vor, wie wir durch literarische Quellen wissen, daß über dem bildlosen Grabstein das Bild des Toten als Wandbild auftrat.

Im Lichte dieser in der Malerei, und zwar doppelt, verankerten Vorgeschichte betrachtet, werden wir auch die Bildform des sepulkralen Bildnisreliefs besser verstehen. Sie verrät es selbst, daß sie nicht aus der Plastik geboren ist. Die dem Reliefstil nächstliegende Darstellungsweise wäre das Profilbild gewesen, wie es die griechischen Grabstelen geben. Das mittelalterliche Grabbild hat aber zur festen Gewohnheit die Frontansicht, fast nichtssagend im äußeren Umriß, die Anschauung klärend erst durch die inneren Linien. Diese Stellung der Aufgabe bringt dem Reliefbildhauer nur Schwierigkeiten. Allein er

---

* Ein zweites, aus St. Marien im Kapitol in Köln, in einer Abbildung des 18. Jahrhunderts erhalten.

** Daneben erhielt sich die Flächendarstellung in den Bodenplatten mit eingeritzter Zeichnung. Grabsteine dieser Art blieben durch das ganze Mittelalter im Gebrauch, galten aber nicht mehr für vornehm. Nur die gravierten Messingplatten behaupteten sich in hohem künstlerischen Rang. In Deutschland hat sich keine ältere als die des Bischofs Yso (1231) in der Andreaskirche in Verden erhalten. Die Wurzel aber, wie man sieht, ist sehr alt. — Erwähnung verdient noch, daß vorübergehend auch ein anderer Typus ins Auge gefaßt war. Das einzige erhaltene Beispiel gibt der Memorienstein (des Erzbischofs Hatto?) aus St. Alban in Mainz, jetzt im Domkreuzgang, spätkarolingisch: aufrechtstehende, rechteckige Platte, auf der Vorderseite Christus in priesterlichem Gewand, von einem ornamentierten Bogen umschlossen, auf der Rückseite ein ähnlicher Bogen mit einem Kreuz im Felde. Das Vorbild dürften römische Grabsteine gewesen sein. Der Typus hat sich nicht weiterentwickelt.

hatte nicht mehr zu wählen. Die aus einem rein zeichnerischen Flächenstil herkommende Tradition war bereits fixiert.

Wenden wir uns nun zu den Denkmälern, so nenne ich an der Spitze zwei undatierte, stilistisch noch in einem Übergangsstadium befindliche Steine. Der eine im kleinen Nonnenkloster Drübeck am Harz, der andere in der Dorfkirche zu Borghorst in Westfalen (jetzt im Museum in Münster, Abb. 417). Beide in der trapezoiden Grundform der Sargdeckel, die Hände in der Haltung der altchristlichen Oranten *, die Ausführung roh, das Ornament antikisierend in äußerster Entartung. Es versteht sich, daß an so abgelegenen Orten keine grundlegend neuen Typen spontan entstehen können. Es muß also Vorläufer an wichtigeren Orten schon gegeben haben. Über die Entstehungszeit wage ich nichts zu sagen. Man muß sich mit der vagen Datierung auf das 11. Jahrhundert zufrieden geben. Ein drittes, sicher schon dem 12. Jahrhundert angehörendes Stück dieser Klasse findet sich in Riesenbeck im westfälischen Kreise Tecklenburg. Hier wird die Seele der Frau Reinheldis von einem Engel in Empfang genommen, wie auf dem Gedenkstein des 1193 verstorbenen Priesters Bruno im Dom zu Hildesheim. In diesen Beispielen hat sich ikonographisch noch nicht gesondert, was später in die Gattungen des Epitaphs und Grabsteins auseinanderfiel. Ein Bildnisepitaph die Äbtissin Hedwig in Gernrode (Abb. 423). — Im folgenden haben wir es nur mit den wirklichen Grabsteinen, d. h. den die Grabkammer oder Tumba abschließenden, zu tun.

Das älteste datierbare Stück ist die gegossene Bronzeplatte des 1080 in der Schlacht gefallenen Herzogs Rudolf von Schwaben im Dom zu Merseburg (Abb. 420). Die sächsisch-päpstliche Partei hatte ihn als Gegenkönig gegen Heinrich IV. aufgestellt, die Inschrift nennt ihn »König Rudolf, der für das Recht der Heimat und die Kirche gefallen ist«. Also wird das Denkmal sehr bald nach seinem Tode errichtet worden sein. Wer hätte später noch an diesem ephemeren Pfaffenkönig ein Interesse gehabt? Seltsam genug, daß gerade er allein unter allen deutschen Königen bis herab auf Rudolf von Habsburg eines Bildnisgrabes gewürdigt worden ist. Die Anordnung ist die von nun ab stereotype: die Figur, lebend und stehend gedacht, füllt die ganze Fläche, um den profilierten Rand läuft die Inschrift; Kleidung und königliche Insignien — die er nie in der Hand gehabt hat — sind wirklichkeitsgemäß wiedergegeben; der Kopf ohne Individualität, abgerechnet die Konstatierung der Tatsache, daß er einen Bart getragen hatte. Der Körper in flachem, aber scharf umrissenem Relief, der Kopf voller herausgearbeitet, wie es der derselben Zeit angehörende Kunsttraktat des Theophilus für solche Fälle auch ausdrücklich vorschreibt. — Fortgeschrittener im allgemeinen Eindruck der

* Noch ein, jetzt zerstörtes, Beispiel das Mosaikgrab des hl. Arnulf in St. Marien im Kapitol in Köln.

Körperlichkeit ist das Relief eines Fürsten im Kloster Enger in Westfalen. Nach der nicht unglaubwürdigen Tradition soll es der Erinnerung an Widukind, den Führer der Sachsen im Kampfe gegen Karl den Großen, dienen. Körper- und Gewandmotive, die schmalen, abfallenden Schultern, die Besetzung der Krone und des Mantelsaumes mit in Glas imitierten Edelsteinen u. a. m. sind dem Merseburger Denkmal so ähnlich, daß man einen in viel mehr als bloß diesen zwei Exemplaren vertreten gewesenen Normaltypus annehmen muß. — Gleichartig in der Anordnung, aber anders im Stil ist die ältere Reihe der Äbtissinnengräber in Quedlinburg. Auch sie dienen der Erinnerung an längst Verstorbene, Schwestern Kaiser Ottos II. und Heinrichs IV., ausgeführt aber wurden sie erst nach 1129. Das Material ist Stuck. Die wieder die ganze Fläche innerhalb der Umrahmung füllenden Gestalten heben sich nicht reliefmäßig aus ebenem Grunde, sondern der Grund weicht in muldenartiger Vertiefung zurück (vgl. die Ritterheiligen in Münster Abb. 419). In gleicher Weise sind die Gewandfalten und das Randornament rein zeichnerisch in den weichen Stoff eingedrückt. Die Abbildungen bringen den Unterschied der beiden Stile genügend zur Anschauung. — Das große Bronzegrab des Erzbischofs Friedrich von Wettin, gest. 1152 (Abb. 421), steht in der Richtung des Rudolfdenkmals, doch auf fortgeschrittenerer Stufe. Wie dort der König, so ist hier der Bischof das Thema, nicht das Individuum; doch wird es schon nicht mehr bloß kostümlich, sondern auch psychologisch aufgefaßt. Das Hauptinteresse ist dem bereits zur Vollplastik gediehenen Kopfe zugewendet. Gerade dem Profil gelingt es, am meisten zu sagen. In diesem Falle ist es sogar nicht ausgeschlossen, daß der Künstler aus persönlicher Erinnerung eine gewisse Porträtähnlichkeit erreicht hätte; das Wesentliche war in keinem Fall dieses, sondern das Erfassen des habituellen Ausdrucks pontifikaler Würde. Hierauf allein zielt das äußere Motiv: der Bischof hält in der einen Hand den Hirtenstab, mit der andern erteilt er dem Volk seinen Segen. Er tritt also nicht auf als ein der Barmherzigkeit Gottes sich empfehlendes Menschenkind, sondern als Inhaber göttlicher Vollmachten. Der Stimmungseindruck heutiger Betrachter ist hier, wie in allen ähnlichen Fällen, stark bedingt durch die im Wort Altertümlichkeit zusammengefaßten Eigenschaften; der Eindruck auf die Zeitgenossen war selbstverständlich ein anderer, für die an die ornamentale Dartellungsweise gewöhnten Augen wahrscheinlich der einen großen Naturwahrheit. — Ein zweites, etwa 20 bis 30 Jahre jüngeres Erzbischofsgrab in Magdeburg braucht nicht näher besprochen zu werden, da es keine neuen Züge aufweist.

In Schwaben und Baiern wird der Bildnisgrabstein erst im 13. Jahrhundert bekannt. In Franken ist der älteste der des Bischofs Gottfried v. Spitzenberg im Dom zu Würzburg bald nach 1190. Auffallender ist die Spärlichkeit in den Rheinlanden, und wohl nur durch Verluste in der

Denkmälerüberlieferung zu erklären. Der in St. Maria im Kapitol in Köln zu Ehren der als Stifterin geltenden Frankenkönigin Plektrudis (Abb. 422) gesetzte Stein (nicht Bodenplatte, sondern Tumbendeckel) gehört möglicherweise noch chronologisch in unsere Epoche, letzte Jahre des 12. Jahrhunderts, aber im Sinne der Stilentwicklung geht er über sie hinaus. Körper und Gewand hatten bis dahin noch keine deutlich voneinander geschiedene Masse gebildet. Die Falten wurden zeichnerisch eingetragen, bald als erhöhte Rippe, bald als vertiefte Furche, immer ohne viel Nachdenken über den durch Schwergewicht oder Spannung oder Stoß bedingten Verlauf. Man kann nicht sagen, daß bei der Plektrudis und bei Gottfried von Spitzenberg darüber schon Klarheit gewonnen wäre; aber der Anfang dazu ist gemacht, und das will viel sagen. Allen Grabfiguren ist es gemeinsam, den zuletzt betrachteten erst recht, daß sie als lebend und als stehend gedacht sind; sie scheinen sozusagen auf den Rücken gelegte Standbilder zu sein. Wenn wir an die Herkunft des Grabreliefs aus der Malerei uns erinnern, verliert diese Auffassung ihr Befremdliches. Schon das antike Fußbodenmosaik war von einer rein idealen Raumvorstellung ausgegangen, indem es die Dinge nicht anders gab, als stünden sie aufrecht an der Wand. Unter diesem Gesichtspunkte betrachtet, wolle man die Grabsteine Rudolfs von Schwaben und Wittekinds hinsichtlich der Stellung der Füße miteinander vergleichen. Dieselbe ist in beiden Fällen gleich, aber verschieden motiviert. Bei Rudolf sieht es so aus, als stünde er auf den Zehen. So machen es schon die Wandmosaiken in Ravenna, um damit einen letzten Rest von perspektivischer Raumvorstellung festzuhalten. Der Bildhauer, der den Wittekind meißelte, dachte aber wirklich als Plastiker und nahm die Raumschichten seiner Darstellung als etwas Reales, Meßbares, weshalb ihm die überlieferte Fußstellung erst einen Sinn gewann, indem er unter die Sohlen ein Kissen einschob. Auf der Magdeburger Platte ist daraus ein Trittbrett geworden, das durch ein kauerndes Figürchen (der antike Dornauszieher!) gestützt wird.

Wir sind bei diesen Dingen länger verweilt, weil sie in der Tat von grundlegender Bedeutung sind. Denn es war damit der mittelalterlichen Grabplastik schon in die Wiege ein Zwiespalt gelegt, der nie ganz zum Austrag kam: gelegte Standfigur? oder wirkliche Liegefigur? Es wird sich später zeigen, daß beide Vorstellungen ineinander verschränkt bleiben, aller realistischen Logik zum Hohn.

Die Altarplastik.

Die zentrale Bedeutung des Altars für den christlichen Gottesdienst könnte die Vermutung hervorrufen, daß seine künstlerische Ausdeutung und Weihung schon früh eine Hauptaufgabe der kirchlichen Kunst gewesen sei. Allein das Gegenteil ist der Fall. Erst das späte Mittelalter und in vollem Umfange erst die Renaissance und das Barock haben dieses Feld für sinnenfällig starke Kunstwirkungen freigegeben. Das frühe Mittelalter zögerte damit. Hier konnte der rein geistige Charakter der Anfänge des Christentums am längsten nicht vergessen werden. Viel war der Kunst nach und nach eingeräumt worden: von dem innerlichsten und heiligsten Punkte der göttlichen Geheimnisse zu reden, wurde ihre allzu sinnliche Sprache noch nicht für tauglich befunden.

So kommt es, daß in einem langen Zeitraume nur die Archäologie, nicht die Kunstgeschichte mit der Geschichte des Altars etwas zu tun hat. Wir werden aber auch für unseren Zweck von den liturgischen Voraussetzungen seiner Entwicklung in Kürze Kenntnis nehmen müssen.

Im ursprünglichen Wesen des Altars liegt die Einzahl. Wie und warum später daraus eine Mehrzahl wurde, ist hier nicht zu erörtern. Um die Zeit der Begründung der deutschen Kirche war diese Entwicklung bereits eingetreten. Der Hauptaltar steht inmitten des Chors nach allen Seiten frei. Der Priester hat während der Messe seinen Platz hinter ihm, das Gesicht der Gemeinde zugewandt. Es darf also nichts auf der Mensa stehen, was so umfangreich wäre, daß es den Priester verdecken würde. Das Elfenbeinrelief unserer Abb. 400 gibt das Normalbild des Altardienstes im 9. Jahrhundert. Eine Änderung trat erst im hohen Mittelalter ein: der Priester trat vor den Altar und kehrte im Moment des Meßopfers der Laienversammlung den Rücken, womit für die Ausstattung des Altars neue Möglichkeiten eröffnet waren. Wann sich dieser Wechsel vollzogen hat, läßt sich genau nicht angeben. Im Anfang des 13. Jahrhunderts scheint er im ganzen sich durchgesetzt zu haben. Er fällt also mit der Zeitgrenze zwischen dem romanischen und gotischen Stil — ohne jedoch, daß an ein ursächliches Verhältnis zu denken wäre — ungefähr zusammen. Um dieselbe Zeit setzte sich, worauf vorgreifend schon hier hingewiesen werden muß, eine zweite Änderung durch. Sie betraf das Verhältnis des Altars zu den Reliquien. In den der romanischen Stilepoche entsprechenden Jahrhunderten befanden sich die Reliquien in der Krypta oder in transportablen Schreinen oder kleineren Gefäßen; diese wurden zeitweilig auf dem Altar niedergelegt und nach dem Dienst wieder weggetragen. Im Laufe des 13. Jahrhunderts, hie und da auch schon im 12., trachtete man danach, die Reliquien mit dem Altar in dauernde Verbindung zu bringen, und stellte zu diesem Zwecke hinter ihm eine große, auf Säulen ruhende Reliquientumba auf oder errichtete eine feste Wand (Retabulum) mit vielen kleineren Reliquienbehältern. Man sieht ein, daß diese Einrichtung erst getroffen werden konnte, wenn der Priester seinen alten Platz verlassen hatte, oder umgekehrt, daß sie eine der Ursachen des Platzwechsels wurde. Im folgenden betrachten wir allein die ältere, noch vor diesem Wendepunkt liegende Epoche.

Der Altar besteht aus einer Platte (Mensa), die von einem gemauerten Block (Stipes), nicht selten auch von freistehenden Säulchen getragen wird. Zweifellos wäre es von Anfang an möglich gewesen, dieser Kunstform eine reiche künstlerische Ausbildung zu geben, die besonders der Plastik bedeutsame Aufgaben hätte stellen können. Daß es unterblieb, ist für den Geist der altchristlichen Kunst bezeichnend genug. Sie gab der Umhüllung mit kostbaren Geweben (Vestes) den Vorzug. Von dieser feststehenden Sitte hatte die romanische Epoche auszugehen. Die Regel ist, daß das Altartuch die Mensa bedeckt und seitlich bis auf den Boden herabfallend den Stipes unsichtbar macht; dagegen die Vorderseite des Stipes wird mit einer beweglichen Tafel (Antependium, Antemensale, Frontale) verdeckt. Dieselbe kann, und dies war der häufigste Fall, mit Bildstickerei überspannt sein; sie kann auch bemalt sein; sie kann drittens aus getriebenem Metall bestehen. Nur sehr selten, so naheliegend die Sache zu sein scheint, wurde die bewegliche Vorsatztafel durch eine feste in Stein ersetzt. Von Holzschnitzerei an dieser Stelle wissen wir nichts. Die in Kupfer oder Edelmetall getriebenen Tafeln zählten zu den höchstgeschätzten Auszeichnungen, die ein frommer Fürst einer Kirche widmen konnte. Für die Goldschmiede waren sie wichtig als eine der nicht häufigen Gelegenheiten, sich in größerem Maßstabe zu versuchen. Daß von diesen durch die jüngeren Formen des Kultus außer Gebrauch gesetzten, außerdem für die Habsucht verführerischen Stücken sich nicht mehr viel erhalten hat, begreift sich leicht. Die berühmte goldene Tafel des Münsters von Basel, ein Geschenk Kaiser Heinrichs II., wurde erst um 1840 nach Paris verkauft. An Ort und Stelle, wenn auch fragmentiert, befindet sich das ottonische Antependium in Aachen und eines aus dem 12. Jahrhundert im Kloster Komburg.

Die Fläche der Mensa war leer, außer in der Stunde des Gottesdienstes, und auch dann wurde nur das Nötigste herbeigetragen: Meßgeräte, Reliquiengefäße und das Evangelienbuch. So wiederholen es Synoden und liturgische Schriftsteller unverwandt; Bilder an dieser Stelle, gemalte oder skulpierte, wurden ausdrücklich verboten, sogar noch im 13. Jahrhundert. Einlaß fanden sie zuerst auf den Nebenaltären. Für erlaubt gilt allein ein kleines in Metall gegossenes Kruzifix. Außerdem ist in der Praxis, wie die Denkmäler beweisen, der Muttergottes frühzeitig ein Platz zugestanden worden. Diese beiden Vorwürfe sind die ersten und lange Zeit auch einzigen, die zu rundplastischen Freifiguren führen. Das ist ihre kunstgeschichtliche Bedeutung. Wer könnte aber übersehen, daß es sich hier noch um mehr als bloß Kunst handelte?

Für die Christen der griechisch-römischen Welt hatte die Vorstellung von dem in Schmach und Qual am Kreuze sterbenden Gott lange Zeit, man kann sagen: solange als antikes Empfinden nicht ganz erloschen war, etwas unüberwindlich Fremdartiges, das Schamgefühl Verletzendes.

Die Theologie sowie die geistliche Dichtung suchten so viel als tunlich die Aufmerksamkeit von der physischen Seite des Herganges abzulenken, die Kunst vollends hielt dafür, daß er für sie ein unmöglicher Vorwurf sei. Zuerst entschlossen sich zu seiner Darstellung die Orientalen. Ihre gröbere Seelen- und Nervenstruktur setzte sich über das den Griechen Anstößige leichter hinweg. Ihre in vielen Stücken materialistischer geartete Religiosität verlangte das heilbringende Blut leibhaftig fließen zu sehen. Was die hellenistische Kunst durch sinnbildliche Zeichen umschrieben hatte, wollte die orientalische als historische Wirklichkeit anschauen und sich beglaubigen lassen. Soviel wir sehen, ist das historisch-realistische Kreuzigungsbild auf dem Boden Syriens entstanden, und dort zuerst in der Buchmalerei des 6. Jh. nachweisbar: der Gekreuzigte, die Schächer, Maria und Johannes, der Lanzenstich, die die Kleider unter sich teilenden Soldaten. Dies war die Zeit, in der der lateinische Westen, arm im eigenen Geistesleben, sich in so vielen Dingen seine Weisungen aus dem Morgenlande holen lernte. Er gehorchte auch in diesem Stück, doch ohne Eifer. Das Kreuzigungsbild blieb in Italien bis über das 9. Jh. eine sporadische Erscheinung. Um so bemerkenswerter ist seine freudige Aufnahme in der keltischen und germanischen Welt. Die Iren gingen voran. Syrische und ägyptische Mönche pilgerten nach der grünen Insel, noch häufiger besuchten Iren die heiligen Stätten Palästinas. Ihre Missionstätigkeit in Deutschland ist bekannt. Hauptsächlich auf diesem Wege, zuweilen wohl auch durch direkte Beziehungen, kam das syrische Kreuzigungsschema in die karolingische Kunst, in der es eine in jeder Hinsicht veredelte und bereicherte Gestalt annahm. Den Rang einer Hauptdarstellung erhielt es auch in ihr noch nicht. Ob es in die Wandmalerei aufgenommen war, kann mit Bestimmtheit nicht gesagt werden. Die Miniaturen geben es als ein halb dekoratives Einschiebsel in Initialen. Häufig begegnet es nur auf Elfenbeinen und auch hier, durch Hinzufügung symbolischer Elemente, auf eine andere Tonart, als die orientalische, abgestimmt. Der Opfertod Christi wird als Mittelpunkt der Weltgeschichte gefaßt. Neben seinem Kreuze stehen Ekklesia und Synagoge, jene als Siegerin, diese als Überwundene; Sol und Luna, Terra und Okeanos vertreten den in das Erlösungswerk einbegriffenen Kosmos (Abb. 396). Dichtungen auf das hl. Kreuz, manche von hochpoetischer Empfindung getragen, gehen bei Angelsachsen und Franken den Bilddarstellungen parallel. Die realistische Darstellung ist vollständig rezipiert erst in der ottonischen Kunst. Als Tatsache der Religionsgeschichte ist die Parteinahme des jungen germanischen Christentums für das Kreuzigungsbild höchlich der Beachtung wert, wenn wir auch bekennen müssen, daß die bisher versuchten Erklärungen aus besonderen germanischen Vorstellungen sich auf wenig sicherem Boden bewegen.

Vom Kreuzigungsbilde zu unterscheiden ist das liturgische Kreuz.

Jenes ist Gegenstand der historisch-religiösen Meditation, dieses dient unmittelbar der Andacht, und nur um dieses handelt es sich, wenn wir vom Kruzifix als Teil der Altarausstattung sprechen.

Lange ist das liturgische Kreuz lediglich in seiner tektonischen Form gegeben worden, ohne das Bild des Erlösers. Zum erstenmal spricht das Trullanische Konzil vom Jahre 692 den Wunsch aus, es möge auch dieses hinzugefügt werden; man erkennt die Wirkung des inzwischen rezipierten historischen Kreuzigungsbildes. Sicher war an statuarische Fassung dabei noch nicht gedacht, nur an malerische. Die Entstehungsgeschichte des statuarischen Kruzifixes — an das wir heute immer zuerst denken, wenn wir vom Kruzifix sprechen — liegt im Dunkel. Das Auftauchen des statuarischen Kruzifixes ist, wie nicht nachgewiesen zu werden braucht, eine der folgereichsten und denkwürdigsten Kreationen des frühen Mittelalters. Wir müssen aber gestehen, nicht zu wissen, in welcher Zeit dies geschehen ist. Sicher ist nur der nordische Ursprung. Die großen Kreuze über den Laienaltären karolingischer Kirchen, ebenso diejenigen auf den Begräbnisplätzen (St. Gallen, Fulda) haben wir uns bildlos zu denken. Daß die kleinen Altarkruzifixe mindestens nicht zum regelmäßigen Bedarf gehörten, beweist das oben zitierte Elfenbeinrelief (Abb. 400). Aus den Schriftquellen ist Sicheres nicht zu entnehmen.

In öffentlichen und privaten Sammlungen haben sich aus der romanischen Stilepoche bronzene Kruzifixkörper, vom Kreuze abgetrennt, in großer Menge erhalten. Sie gehören der Zeit zwischen 1000 und 1200 an. Genauere Zeitunterschiede durchzuführen, ist fast immer schwierig. Denn die Auffassung verändert sich nicht, und auch von einem gleichmäßigen künstlerischen Fortschritt kann nicht die Rede sein. In der größeren oder geringeren Roheit einen Altersmaßstab erkennen zu wollen, wie oft geschieht, heißt die Bedingungen dieser ganzen Gattung verkennen. Ikonographisch sind zwei Typen zu unterscheiden: der bekleidete und der nackte (Abb. 319, 320). Die Vorstellung ist gänzlich aufzugeben, als ob der erstere prinzipiell der ältere wäre. Er ist der syrische Typus, während der andere, der nackte, hellenischen, vielleicht speziell alexandrinischen Ursprunges ist. Dieser Unterschied geht nicht bloß die archäologische Kennzeichenlehre an; auf seinem Grunde enthüllt sich uns ein tiefer Unterschied der Weltanschauungen. Den Menschen mit hellenistischer Bildung hatte, wie schon hervorgehoben wurde, die Zurschaustellung des leidenden Gottes ästhetisch widerstrebt; als sie aber schließlich darauf eingingen, war es ihnen eine selbstverständliche Folgerung aus der von der biblischen Erzählung überlieferten Situation, daß sie ihn nackt darstellten. Die Orientalen umgekehrt verlangten das erste, aber das zweite, die Nacktheit, war ihnen anstößig. Der Norden der romanischen Epoche hat sich, wohl ohne viel Überlegung, in diese doppelte Tradition gefügt. In ihr gehen beide Darstellungen mischlings nebeneinander her, und wir wissen nicht, nach welchen Gesichtspunkten bald der eine, bald der andere bevorzugt wurde. Wichtiger ist, daß beide etwas gemeinsam haben, was wir als spezifisch abendländisch, ja nordisch bezeichnen dürfen. Die zuerst bei den Syrern beobachtete realistische Auffassung war in allen Kirchen des Ostens durchgedrungen: sie gibt den Heiland leidend, sterbend oder tot. Der germanische Erlöser aber bleibt auch am Kreuze von Schande und Leiden unberührt. Die angelsächsischen Gedichte nennen ihn den Fürsten, den Heldenjüngling, den Herrn, der aus eigenem Willen starkmutig die Richtstatt besteigt, der Menschheit Retter. Ebendies wollen auch die Kruzifixe der Erzgießer sagen, so abschreckend sie uns heute anmuten mögen. Unbewußt nähern sie sich damit wieder der antiken Auffassung, wenn auch nicht aus ästhetischen, sondern aus moralischen Gründen. Der Gekreuzigte hängt nicht, er steht am Kreuze *, die Arme wagerecht, die Beine strack, der Kopf nur leise geneigt, öfter aufrecht, immer mit offenen Augen, nicht selten eine Krone, das Abbild der deutschen Königskrone, über der Stirn — Jahrhunderte und innerlich eine ganze Welt trennen dies Ideal vom »Haupt voll Blut und Wunden«. War dies alles verständlich ausgedrückt — und es war dies sicher —, dann hatte der Künstler sich und sein Publikum befriedigt. Daß er außerdem bei dieser Aufgabe die beste Gelegenheit gehabt hätte, dem Formenwert des nackten Körpers nachzugehen, ist ihm in unserer Epoche nicht in den Sinn gekommen. Ohnedies handelte es sich um gewerbmäßige Massenerzeugung.

Weit individueller gehalten sind die romanischen Holzkruzifixe. Sie sind groß, oft lebensgroß, dadurch in den Mängeln der Körperbildung noch auffallender, aber oft sehr energisch im Ausdruck starrer Erhabenheit und trotziger Leidensüberwindung. In dieser Gattung, was unser Interesse an ihr noch steigert, liegen die Anfänge der Bildschnitzkunst. Die meisten unter den nicht vielen erhaltenen Stücken kommen aus Kirchen bescheidenen Ranges, zum Teil aus Dorfkirchen; auch in diesem Sinne kann von volkstümlicher Kunst bei ihnen gesprochen werden. Man darf vermuten, daß diese großen Kruzifixe mit dem Kultus eines bestimmten Altars zusammenhängen, des außerhalb des Chors am östlichen Ende des Mittelschiffs aufgestellten Laienaltars, der auch Altar des hl. Kreuzes genannt wird. Auf dem Grundriß von St. Gallen ist ein großes Kreuz bei ihm eingezeichnet, womit aber noch nicht gesagt ist, daß dasselbe ein Corpus trug. Die Anfänge des Monumentalkruzifixes liegen im Dunkeln. Unter den heute bekannten Exemplaren dürfte keines über das Jahr 1100 zurückgehen. Auch nicht das berühmte, herkömmlich in die Nähe des

* Selbst Bernhard von Clairvaux denkt in seinem Kreuzlied nicht an den Text der Evangelien, sondern an die Bildkruzifixe seiner Zeit, wenn er singt: *In hac cruce stans dirute — stans immotus in dolore.*

Jahres 1000 gesetzte Kruzifix des Braunschweiger Doms, das durch seinen Gewandstil vielmehr auf das 12. Jahrhundert hinweist (Abb. 424) In kleineren Kirchen, die einen besonderen Kreuzaltar nicht besaßen, dürfte die Aufhängung eines Triumphkreuzes am Chorbogen (frühe Beispiele aus Italien bekannt) die Regel gewesen sein. Daraus entwickelte sich der Triumphbalken mit den Standfiguren Marias und Johannes' neben dem Gekreuzigten; eine Erscheinung, die wir, da sie erst an der Grenze unserer Epoche auftritt, hier nicht weiter verfolgen wollen.

Nun hat der Altardienst außer dem Kruzifix noch eine zweite plastische Schöpfung gezeitigt: die Muttergottesstatue (Abb. 428—432). Der Vorgang ist derselbe wie bei der Entstehung des liturgischen Kruzifixes, d. h. eine ursprünglich dem historischen Zyklus angehörende Gestalt wird aus ihm als Andachtsbild isoliert. Was uns von Denkmälern aus dieser Epoche geblieben ist, ist gering an Zahl und mit wenigen Ausnahmen künstlerisch armselig — dennoch haben sie Anspruch darauf, mit intensivem Interesse betrachtet zu werden. Wie reich das Madonnenthema die Plastik des hohen und späten Mittelalters befruchtet hat, brauchen wir niemandem erst zu sagen. Hier haben wir die Anfänge vor uns. Ganz sicher ist den Deutschen, nachdem sie Christen geworden waren, noch lange vieles, wo nicht das meiste in der neuen Lehre unverständlich und eine harte Zumutung geblieben; aber der für die Seinen in den Tod gehende König und die reine Magd Maria, das waren für sie Gestalten von lebendiger menschlicher Wahrheit, an denen weiterzubilden ihre Phantasie nicht müde wurde und deren Reflexe in der bildenden Kunst die säkularen Abwandlungen des religiösen Gemütslebens uns feiner und ursprünglicher widerspiegeln als alle theologischen Schriften.

Noch die *Libri Carolini* protestierten förmlich mit Heftigkeit gegen den Marienkult in der Kunst, und in der Tat zeigen weder die Monumente noch die Tituli von ihm eine Spur*. Um so überraschender ist der Sprung zum plastischen Devotionsbilde. Wann und wo er zuerst gewagt wurde, wissen wir nicht, nur so viel kann gesagt werden: es ist im Norden der Alpen geschehen. Alle romanischen Altarmadonnen geben Maria sitzend, das Kind auf dem Schoß, wodurch in letzter Wurzel die Herkunft aus der Wandmalerei bezeugt ist. Allein hinsichtlich des Kindes liegt eine Spaltung in zwei bedeutsam unterschiedene Typen vor. Der eine, in der altchristlichen Kunst vorgebildet und in der byzantinischen zum starren Schema verhärtet — meist Gemälde oder Relief, selten Statue —, gibt dem göttlichen Kinde seinen Platz zwischen den Knien der Mutter, in strenger Wahrung der Mittelachse, die Anbetung empfangend und mit

* Die berühmte Elfenbeintafel des Tutilo von St. Gallen (um 900) mit der ältesten und für längere Zeit einzigen Darstellung von Mariä Himmelfahrt ist als Erzählung aufzufassen (Abb. 398).

seinem Segen antwortend *. Der zweite Typus ist menschlicher empfunden: das Kind denkt nicht an die zu seiner Verehrung versammelte Gemeinde, es denkt nur an die Mutter, über deren Schoß es sich quer hinsetzt, in deren Arm es sich zurücklehnt, die eigene Hand nach dem ihm entgegengehaltenen mystischen Apfel ausgestreckt. Solange nicht ein anderer Ursprung nachgewiesen werden kann, ist dieser Typus als deutsch anzusehen. Schon die älteste uns bekannte Altarmadonna gehört ihm. Es ist die über einem hölzernen Kern in vergoldetem Silber getriebene des Damenstiftes in Essen (Abb. 429). Nicht nur in der Kostbarkeit des Materials, sondern auch in ihren künstlerischen Qualitäten steht sie über allen sonst bekannten, von denen freilich auch keine an Vornehmheit der Herkunft sich mit ihr messen kann. In der Art des Sitzens, in dem leicht gehobenen linken Knie, in der ganzen Gleichgewichtsverteilung ist so viel gute Überlegung und so viel Anmut, wie wir sie bei keiner ihrer Schwestern wiederfinden. Von diesen allen gilt außerdem, daß sie immer auf zwei gesonderte Ansichten gearbeitet sind, die rein frontale und die rein profile. Hier aber geben auch die Schräganslchten gute, zusammenhängende Linien. Das Gewand ist nicht sehr durchgebildet, zeigt aber im Verlauf der Falten ein für die Epoche ungewöhnlich gutes Verständnis für Ursache und Wirkung. Der Kopf ist fein und edel geformt, erhält aber durch die emaillierten Augen etwas Stechendes im Blick. Wann und wo ist dies merkwürdige und ausgezeichnete Bildwerk entstanden? Byzantinisch oder italienisch ist es nicht; auch nicht französisch, wenn man an den ungefähr gleichzeitigen barbarischen Fetisch der hl. Fides von Conques vergleichsweise denkt. Mehrere kunstgewerbliche Arbeiten im Essener Schatz aus der ersten Hälfte des 11. Jahrhunderts erwecken für die rheinische Goldschmiedekunst dieser Zeit ein so günstiges Vorurteil, daß wirklich kein Grund vorliegt, nicht auch diese Madonna ihr zuzutrauen. Unerledigt bleibt leider doch die Frage nach ihren nächsten künstlerischen Vorfahren. Eine andere Belehrung nehmen wir aber mit Interesse entgegen, die, daß als Zeitgenosse des kulturlosen, wenn auch geistreichen Eigenbrödlers, der die Hildesheimer Türen schuf, auch noch ein so zarter Anempfinder an die Antike, wie der Meister der Madonna von Essen, möglich war. Erst in diesen Gegensätzen fassen wir das Wesen der spätottonischen Zeit. Die Winde wechseln, bald werden sie dauernd umschlagen.

Bald nach der Mitte des Jahrhunderts lag die Antike schon in weiter Ferne. Die zwischen 1050 und 1150 entstandenen Madonnen — wir besitzen ihrer etwa noch ein Dutzend, ausgeführt teils in Stuck, teils in Holz — gehören einer derben, bäuerischen Rasse, ihre Züge sind matronal,

* Im Abendlande erhält sich als Nebenform eine ältere Fassung: das Kind auf dem linken Knie der Mutter, doch auch so immer frontal.

eine gewisse schwerfällige Würde ist ihre beste Eigenschaft, das gutmütig plumpe Kind sitzt meistens nach byzantinischer Vorschrift (Abb. 428). Das charakteristischste Stück dieser Gruppe besitzt der Dom von Erfurt. Es hat noch das besondere Interesse, daß es sich an seinem ursprünglichen Platz befindet. Wie hier, so haben wir uns überall die Madonnenstatuen auf Nebenaltären mit fester Rückwand zu denken, denn auf dem Hauptaltar hätten sie den Priester verdeckt.

Jünger als die sitzende ist die stehende Muttergottes. Aus dem 12. Jahrhundert, und zwar dem späten, sind nur wenige Exemplare erhalten. Ein sehr schönes in St. Marien im Kapitol in Köln (Abb. 430). Die neue Bemalung hat den Eindruck stark verfälscht, wir teilen trotzdem die Abbildung mit, weil sie als Warnung für viele ähnliche Fälle dienen kann. Daß romanische Steinbilder stets bemalt waren, ist richtig — wovon im späteren Zusammenhang noch mehr —, sie neu zu bemalen, wie in der Gegenwart so oft geschieht, ist aber ein Mißgriff, nicht nur deshalb, weil wir vom alten Farbencharakter zu wenig wissen, sondern vor allem auch wegen der unvermeidlichen Modernisierung des Ausdrucks. Hier, wie meistens, ist er ins Frömmelnd-Sentimentale gezogen, hauptsächlich durch die Behandlung des Mundes und der Augen. Auch das Original war stark im Ausdruck, seelenvoll und innig; aber es erreichte dies mit rein plastischen Mitteln (wie man am Gipsabguß nachprüfen kann), der Neigung des Kopfes der Mutter, dem Anschmiegen des Kindes. Der Unterschied von den auf demselben Blatt abgebildeten älteren Stücken ist groß; man wird inne, wie gebunden lange Zeit das Gefühlsleben doch gewesen ist.

Fünftes Kapitel.

Das Kunstgewerbe.

Das Kunstgewerbe verbindet die Kunst mit der praktischen Lebenskultur. Darauf beruht das Interesse, das wir an ihm nehmen. Ihm in einer Darstellung der Kunstgeschichte gerecht zu werden, ist nicht leicht. Gar vielerlei Dinge werden unter seinem Namen zusammengefaßt. Je nachdem man von Material und Technik oder von der Gebrauchsbestimmung, von der Zweckform oder von der Spielform, der Konstruktion oder dem anhaftenden Schmuck ausgeht, können sie sehr verschieden gruppiert werden. Aber auch innerlich ist das Kunstgewerbe dualistisch. Jeder Gegenstand desselben enthält zugleich Kunst und Nichtkunst. Seine Geschichte verläuft einerseits in die Geschichte der Technik, andrerseits in das antiquarische und sittengeschichtliche Gebiet. Unentbehrlich ist es für die Geschichte des Geschmacks. Der Geschmack ist aber ein unfreies Massengefühl, durch das die Kunst wohl vielfältig bedingt wird, das aber für sich noch nicht Kunst erzeugt.

Im deutschen Altertum, wie wir gesehen haben, war das Kunstgewerbe schlechthin die Kunst gewesen, im Mittelalter nahm es noch immer einen sehr breiten Platz ein. Man dachte nicht daran, ihm gegenüber der »freien« oder »hohen« Kunst, wie wir heute den Unterschied machen, eine niedere Rangstufe anzuweisen. Wenn wir zusammenhalten, was sich davon in Sakristeien, Museen und Privatsammlungen (leider zu einem nicht ganz kleinen Teil ins Ausland abgewandert) erhalten hat, so könnte der Glaube entstehen, daß wir, die Architektur ausgenommen, über kein anderes Gebiet der mittelalterlichen Kunst in ähnlicher Vollständigkeit unterrichtet seien. In Wahrheit steht es so günstig nicht. Der Reichtum ist einseitig. Er enthält nur Kirchenkunst. Vom Kunstgewerbe im Gebrauch des Laienvolkes ist beinahe nichts auf uns gekommen. Ja, wir müssen bekennen, daß wir nach dieser Seite hin vom 10., 11. und 12. Jahrhundert weniger wissen als von der Zeit zwischen der Völkerwanderung und Karl dem Großen. Durch die gegen die alten Sitten der Totenbestattung sich wendenden Verbote der Kirche ist eine bis dahin ergiebige Quelle versiegt, und kein Ersatz ist für sie eingetreten. Wie der Übergang vom deutschen Altertum in die romanische Stilepoche sich gestaltete, in welcher Weise jenes in diesem fortwirkte, wie bald und in welchem Umfange die von der Kirche propagierte antikische Kunst in die Formphantasie des Volkes eindrang: auf diese Fragen ersten Ranges hätte gerade das Kunstgewerbe Antwort geben können. Jetzt stehen wir vor einer nicht zu verschmerzenden Lücke. Wir sehen am Stamm der deutschen Kunst nur die aufokulierten Blüten, nicht die ihnen die Nahrung zuführenden Wurzeln.

So ist also, was uns vom frühromanischen Kunstgewerbe sichtbar wird, ausschließlich Klosterkunst. Damit ist noch nicht gesagt, daß jedes Stück aus der Hand eines Mönchs oder einer Nonne hervorgegangen sei. Die Klöster, die in dieser Epoche wirtschaftlich und industriell die noch fehlenden Städte zu ersetzen hatten, schulten und beschäftigten Handwerker aller Art, es können auch Kunsthandwerker darunter nicht gefehlt haben. Aber die Geistlichen schrieben selbstverständlich, wo es sich um ein heiliges Gerät handelte, die Formen genau vor, und ebenso selbstverständlich suchten sie die Vorbilder für sie in den klassischen Heimatländern des Christentums, im Süden und Osten. Es ist bezeichnend, daß sich in dieser Epoche das Kunstgewerbe weit reichlicher mit Byzantinismen durchsetzte als die Architektur. Von der Völkerwanderung an gingen die kirchlich-byzantinische und die weltlich-germanische — uns, wie gesagt, großenteils unsichtbar bleibende — Richtung nebeneinander her, erst im 12. Jahrhundert fließen sie zusammen, und aus ihrer Vereinigung entsteht, was im Kunstgewerbe herkömmlicherweise als romanischer Stil im eigentlichen Sinne bezeichnet wird. Dabei trat dieselbe Verschiebung nach der Laienseite ein, die wir aus der Geschichte der Baukunst schon kennen. Wir erinnern außerdem an die besonders schlagend in der Geschichte der Miniaturmalerei sich zeigende Zerrüttung der alten Grundlagen des klösterlichen Kunstbetriebes in der Zeit des Investiturstreits. Besser ging es in dieser Krisis dem Kunstgewerbe; das erwachende Städteleben bot ihm einen Nachwuchs von Laienkünstlern, die es einem neuen Aufschwung zuführten.

Der katholische Gottesdienst, wie er nach und nach geworden war, bedurfte zu seiner Symbolik eines großen sächlichen Apparates, den ihm das Kunstgewerbe zu liefern hatte: Kelche, Patenen, Hostienbüchsen, Ölfläschchen, Aquamanilen, Weihwasserkessel und Sprengwedel, Rauchfässer, Leuchter verschiedenster Gestalt und Größe, Diptychen, Antependien und Altarbehänge, Reliquienbehälter in mannigfaltigster Abstufung, Hirtenstäbe, Stand- und Tragekreuze. Die Behandlung dieser Dinge ist charakterisiert — vergessen wir jedoch nicht, daß es sich nur um das kirchliche Kunsthandwerk handelt und handeln kann — durch ein entschiedenes Übergewicht der Dekoration über die Zweckform. Das ist nun zwar nicht so zu verstehen, als ob die Zweckform vergewaltigt worden wäre. Im Gegenteil, was der Zweck verlangte, wurde ehrlich und geradeaus erfüllt; aber die Kunstform, soweit sie unmittelbar aus der Ausdrucksbegabung und Veredlung der Zweckform hervorgeht, blieb unentwickelt. Das romanische Kunstgewerbe hat das Künstlerische offenbar nur in dem Schmuck gesucht. Hierbei sind zwei innerlich gänzlich verschiedene Arten der Wirkung zu unterscheiden. Die eine geht vom Material aus. Es wird an demselben zweifellos nicht bloß die Kostbarkeit beachtet, sondern auch sehr der elementare Reiz der Farbe, des Glanzes und sonstige stoffliche Eigenschaften von Gold, Elfenbein, Bergkristall und edlem Gestein. Allerdings auch die Kostbarkeit als solche. Die magische Anziehungskraft, die einst in der Völkerwanderungszeit diese aus fernen Ländern herbeigebrachten Edelstoffe, allen voran das rote Gold, auf Sinn und Phantasie der Deutschen geübt hatten, war noch immer mächtig. Aber die Kirche hatte es mit Weisheit verstanden, sie in ihre eigenen Gedankenkreise herüberzulenken. Diese Kostbarkeiten waren das volkstümlich verständlichste Symbol der von ihnen umhüllten heiligen Bedeutungswerte. Die Schatzkammer eines Klosters oder einer Domkirche war überdies eine lebendige Chronik, insofern an jedem Stück eine Erinnerung an seine Stifter haftete, und sie war ein wenig zugleich ein Museum, denn auch das Altertümliche und Fremdländische reizte. Denn es war die deutsche Art des Kunstgenusses, in diesen frühen Zeiten gewiß noch mehr als in späteren, in ihm immer zugleich eine zweite, nennen wir es poetische, Bedeutung zu finden.

Unmittelbar trat die kirchliche Symbolik in Wirkung in der reichlichen Verwendung der menschlichen Gestalt als Dekorationsmittel. In Metall getriebenes oder gegossenes Relief, Schnitzerei in verschiedensten Stoffen, gravierte Zeichnung, Emailmalerei fanden hier ein weites und stark angebautes Feld. Eine feste Grenze gegen das, was wir heute freie Kunst nennen, ist gar nicht zu ziehen. Eher dürfte man sagen, das Kunsthandwerk gäbe eine mikrokosmische Zusammenfassung aller übrigen Künste. Der Kirche kam es zuerst natürlich auf die inhaltliche Bedeutung an, die Darstellung ist erläuternde Bilderschrift. Aber der künstlerische Trieb war lebendig genug, um auch hier, genau so wie in der Großkunst, Anordnungen zu erfinden, in denen selbständige und starke optisch-dekorative Reize sich entfalten konnten. Heute sind es diese fast allein, die auf uns Eindruck machen, und oft einen starken. Es gibt moderne Kunstliebhaber, die darin zu schwelgen vermögen. Aber sie werden sich erinnern müssen, daß dies nicht das ursprünglich Gewollte war. In diesem haben sicher die vom Stoff angeregten Phantasieeindrücke und die dekorativen Augenreize eine vollkommene Einheit gebildet, die wir so leider nicht mehr nachzufühlen vermögen. Für den Historiker der Kunst haben diese kunstgewerblichen Gegenstände außerdem eine vermehrte Bedeutung dadurch, daß der Grundcharakter der Dekoration an ihnen letztlich derselbe ist wie in der monumentalen Kunst;

was in dieser nur sehr fragmentarisch auf uns gekommen ist, wird durch die reichlichere Überlieferung des Kunstgewerbes in willkommenster Weise ergänzt.

Über den technischen Betrieb der Klosterwerkstätten unterrichtet uns ein literarisches Denkmal, die um das Jahr 1100 geschriebene *Schedula diversarum artium* des Theophilus. Wir wissen jetzt, daß hinter dem griechischen Namen ein deutscher Mönch des Klosters Helmershausen in Westfalen sich verbirgt. Er hieß Roger (Rogkerus). Er hat zu seinem Buche byzantinische Quellen benutzt, zugleich aber läßt sich für viele seiner Lehren nachweisen, daß sie mit der deutschen Praxis sich decken. Ja, dank einem merkwürdigen Zufalle hat sich sogar eine authentische Arbeit von ihm selbst erhalten, nach der noch mehrere andere ihm oder seiner Werkstatt zugeschrieben werden können.

Roger, der aus mönchischer Demut seinen Namen hinter einem fingierten verbarg, spricht in um so höheren Tönen von der idealen Würde seines Berufs. »Wohlan denn, wackerer Mann,« so spricht er den Leser an, »glücklich, vor Gott und den Menschen in diesem Leben, glücklich noch im zukünftigen, durch dessen Mühe und Eifer Gott so viel Opferspenden gebracht sind, erhebe dich zu neuer Tätigkeit und mache dich mit Anstrengung deines ganzen Geistes daran, zu vervollständigen, was dem Gotteshaus an Gegenständen noch fehlt, ohne die die göttlichen Mysterien und die kirchlichen Zeremonien nicht bestehen können.« Ein Mann, der so denkt, ist kein Handwerker. Roger für seine Person war Goldschmied. Nicht nur bei ihm, sondern bei sehr vielen seiner Berufsgenossen finden wir eine umfassende künstlerische Bildung. Sie waren zugleich Emailmaler, Graveure, Plastiker in getriebener und gegossener Arbeit. Alles, was die Buchmalerei der Zeit, auch in ihren besten Stücken, zu leisten vermochte, ist oberflächlich im Vergleich mit der liebevollen Durchbildung und dem klaren Formgefühl, die einige Goldschmiedearbeiten der späteren Ottonenzeit erreichen, wie etwa das Antependium Heinrichs II. in Basel oder die in Silber getriebenen Platten an der vom selben Kaiser dem Aachener Münster geschenkten Kanzel, oder die goldene Madonna in Essen. Nur das erste der obengenannten Stücke zeigt byzantinischen Einfluß; die beiden andern sind direkt der späten Antike und mit merkwürdig starkem Schönheitssinn nachempfunden. Ein volles Abhängigkeitsverhältnis von Byzanz besteht eigentlich nur in der Emailmalerei, wo mit der Technik zugleich die Formen übernommen wurden. Die von Erzbischof Egbert (977—993) zu Glanz gebrachte Werkstatt von St. Maximin in Trier war die älteste und berühmteste für diese Spezialität. Wir kennen mehrere an Egbert gerichtete Briefe des Erzbischofs Gerbert von Reims, des nachmaligen Papstes Silvester II., die bezeugen, wie begehrt die Trierer Arbeiten auch in diesem Hauptsitze der westfränkischen Goldschmiedekunst waren. Als schönstes Stück gilt das im Dom von Trier aufbewahrte Tragaltärchen mit der Sandale des hl. Andreas. Eine Abbildung kann leider sein Bestes, die ebenso reiche als vornehme Materialwirkung, nicht wiedergeben. Der aus Elfenbeintafeln gebildete Grund wird von breiten Goldbändern mit Emailplättchen eingefaßt. Die Technik der letzteren ist gemischt; teils noch die aus den karolingischen Werkstätten übernommene der in Goldzellen eingelegten Granatherzen, teils der byzantinische Zellenschmelz, bei dem die Zeichnung durch hochkant aufgelötete Goldstege bewirkt wird. Lehrreich ist zu beachten, daß daneben die Trierer Miniaturistenschule nicht byzantinisiert. In Regensburg trifft beides zusammen. Hier lernen wir in einem besonders schönen Exemplar, dem Buchdeckel des Sakramentars Kaiser Heinrichs II. (vgl. oben S. 162), noch eine andere, seither viel angewendete Technik kennen. Papst Gregor, der Verfasser dieses Meßbuchs, ist schreibend dargestellt, ungefähr so wie die Evangelisten in den Evangelienhandschriften, die Zeichnung auf eine in Gold und Silber gehaltene Platte eingraviert, der Hintergrund ausgestochen, so daß der dunkle Bezug des Buchdeckels sichtbar wird (Abb. 352). Man beachte dabei die mit sorgfältiger Überlegung durchgeführte Parzellierung, auf welches Prinzip wir schon bei Gelegenheit der Wandmalerei aufmerksam machten. Auf die Regensburger Schule wird wegen seines byzantinischen Einschlags vermutungsweise auch das Baseler Antependium zurückgeführt. Den einheitlichsten Eindruck von ottonischer Luxuskunst empfangen wir heute in der Schatzkammer des Damenstifts Essen, wo die Geschenke der Äbtissinnen Mathilde und Theophanu, Enkelinnen Ottos I. und Ottos II., wenn nicht vollständig, so doch in einiger Fülle beisammengeblieben sind. Zwar das künstlerisch wertvollste Stück unter ihnen, der bronzene Leuchter, kann als deutsche Arbeit — trotz der Inschrift *Mechthild abbatissa me fieri jussit et christo consecravit* — nicht in Anspruch genommen werden; er muß in Byzanz bestellt gewesen sein. Der siebenarmige Leuchter in Erinnerung an den salomonischen Tempel — man kannte ihn gut aus der Abbildung auf dem Titusbogen in Rom — gehört zum typischen Formenvorrat des Mittelalters. Dieser hier ist in Deutschland der älteste. Die übrigen Stücke des Schatzes, darunter vier sehr prachtvolle goldene Vortragekreuze, sind in einer rheinischen Werkstatt entstanden, nach Kräften byzantinische Vorbilder verwertend, aber doch nicht mit ihnen sich deckend. Auch von der sehr schönen goldenen Schwertscheide möchte dies gelten. In Sachsen nahm die Hildesheimer Werkstatt den ersten Platz ein. Sie verdankte ihre Blüte dem hl. Bernward, nur war derselbe ebensowenig Goldschmied wie Architekt, welches beides die Legende behauptet. Später wurde ihm vieles zugeschrieben, was nicht einmal aus seiner Zeit ist. Sicher gehört derselben der Deckel des für ihn gemalten Evangelienbuchs, Silberblech auf Stoffgrund in der gleichen Ausschneidetechnik, die wir in Regensburg kennen lernten. Eine byzantinische Vorlage scheint genau nachgearbeitet zu sein. Ebenso in der Elfenbeinplatte eines andern Buchdeckels. Die wahre Bedeutung der Hildesheimer Schule liegt aber in andern Arbeiten. Sie verhalten sich zu den eben genannten wie die Bernwardstür zur Bernwardssäule (S. 169). Die Ehrfurcht vor dem Alten und Fernen ist nicht mehr das allein Bestimmende; mit einer bisher nicht gekannten Unbefangenheit beginnt die eigene Phantasie ihre Kräfte spielen zu lassen, und wir dürfen ahnen, auch wo wir es nicht eigentlich beweisen können, daß hier die weltliche Volkskunst mit ihren im deutschen Altertum wurzelnden Erinnerungen in den heiligen Kreis der Kirchenkunst einzudringen sich erdreistet hat. Zwei vom Grabe des hl. Bernward stammende Bronzeleuchter (jetzt in der Magdalenenkirche) mit der Inschrift *Bernwardus puerum suum conflare jussit* sind höchster Beachtung werte Zeugen des neuen Geistes, der im Grunde nur sehr Altes verjüngt, die kunstgewerblichen Analoga nicht nur zu Bernwards Erztür, sondern auch zu der Architektur seiner Michaelskirche. So hat die Legende, die Bernward zwar zu Unrecht zum ausübenden Künstler macht, in einem höheren Sinne doch recht. Wir dürfen nicht zweifeln, daß in diesem Manne künstlerischer Geist lebte. Er hatte Rom gesehen, den Westen bereist, an der vornehmen Kunst des Ostens sein Auge gebildet; aber es entstand kein toter Eklektizismus, vielmehr der Wille, die in der Heimat vorgefundenen Kräfte zu eigener, unbevormundeter Tätigkeit auf den Plan zu rufen. Wollen wir uns die Leuchter näher betrachten (Abb. 407): Der hohe, schlanke Schaft hat eine einzige Kerze zu tragen; an seinem breiten, in drei Löwentatzen auslaufenden Fuße liegt ein Knäuel von Drachen; nackte Männer reiten auf ihnen, emporschauend zur reinen Flamme, während andere, diesen Schrecknissen der Finsternis schon entronnen, am Stamm in die Höhe klettern. Die ornamentale Verwendung von Tier- und Menschengestalten hatte schon zu den Gepflogenheiten der späten Antike gehört. Leuchter, Kreuzfüße und ähnliche Erzgeräte bleiben durch die ganze romanische Epoche der Lieblingsort für diese halb humoristischen, halb spukhaften Phantasien. Erheblich später dringen sie auch in das Bauornament ein. Wem könnte entgehen, daß hier allerlei Nebentöne wach werden, die aus einer andern Weltgegend als der antiken, aus einer andern auch als der christlichen stammen.* Von der Verstandesklarheit der Gotik wurden sie nur eine Zeitlang verscheucht, in Vischers Sebaldusgrab, in Dürers Gebetbucharabesken sind sie wieder da. — Wahrscheinlich hat Bernward auch den hängenden Lichtkronen (*coronae, rotae*) die für die romanische Epoche typische Gestalt gegeben *. Das unter ihm gefertigte Stück ist zwar in einem Brande untergegangen, zwei andere, wenig jüngere

* Altchristliche Vorstufen können vermutungsweise vorausgesetzt werden, sind aber nicht bekannt.

(aus den mittleren Jahrzehnten des 11. Jahrhunderts) sind noch heute zu Hildesheim im Dome in Gebrauch. Ein mächtiger Reifen aus vergoldetem Kupfer (im größeren Exemplar 6 m im Durchmesser und 40 cm hoch) stellt eine Stadtmauer dar, auf welche zwölf Türme und zwölf Throne verteilt sind: das himmlische Jerusalem ist damit versinnbildlicht. Auf den Zinnen brannten in jedem Intervall drei große Wachskerzen, in jedem Turm eine Lampe, vor den Thronen standen die silbernen Statuetten der zwölf Apostel. Man wird zugeben, daß Zweckerfüllung, poetische Bedeutsamkeit und formale Angemessenheit sich nicht schöner verbinden können. An diesem Typus war nichts mehr zu ändern. Wir kennen ihn noch aus zwei weiteren Exemplaren: das eine im Münster zu Aachen, eine Stiftung Barbarossas, das andere, durch noch reicheres und wohlerhalteneres Detail ausgezeichnet, in der Klosterkirche zu Komburg am Kocher.

Von Schmuckstücken aus dem Gebrauch weltlicher Personen ist wenig erhalten. Das Auftreten dieses Standes war nicht prunkend. Eine höchst eindrucksvolle Ausnahme macht nur der aus vielen einzelnen Stücken (Halskette und Brustgehänge, Fibel und Fürspan, Tasseln, Buckeln, Ohr- und Fingerringen) bestehende, 1880 in Mainz bei einem Kanalbau gefundene Goldschmuck einer Frau. Nach seinem hochfeierlichen Charakter und bestimmten Symbolen zu urteilen, kann er nur von einer Kaiserin getragen worden sein, und da die Stilformen ihn zweifellos der ersten Hälfte des 11. Jahrhunderts zuweisen, so dürfen wir auch einen bestimmten Namen nennen: den der Kaiserin Gisela, Gemahlin Konrads II. Bekannt ist, daß während der Minderjährigkeit ihres Enkels Heinrichs IV der Reichsverweser Anno von Köln sich des salischen Hausschatzes bemächtigte; vielleicht ist bei dieser Gelegenheit der Schmuck der Kaiserin beseitigt und dann vergessen worden. So gehört der Mainzer Fund in die nächste Nähe der deutschen Kaiserkrone, die wir etwas eingehender betrachten wollen (Abb. 484). Ihre in Perlenschnur ausgeführte Inschrift lautet: *Chuonradus Dei Gratia Romanorum Imperator Augustus*. Für welchen der Konrade sie angefertigt wurde, ist nicht überliefert. Aber die Stilformen machen es gewiß, daß nur Konrad II. der Salier ihr erster Träger gewesen sein kann. Der Reifen besteht aus acht nach oben abgerundeten, mit Perlen und Edelsteinen in Filigranfassung bedeckten Goldplatten. Auf vier von ihnen sind in Zellenschmelz der König Christus und drei seiner Ahnen aus den Königen Judas, David, Salomon und Ezechias, abgebildet, auf der Christusplatte mit der Inschrift: *per me reges regnant*. Ein hoher Bügel verbindet die vordere, von einem Kreuze überragte Achteckseite mit der entsprechenden der Rückseite. Gewissenhafte Forscher haben die Frage aufgeworfen, ob die Krone in einer deutschen oder italienischen Werkstatt gefertigt sei, und gefunden, daß die Kunstformen die eine wie die andere Möglichkeit zulassen. Überlegt man aber, wie schnell der

Römerzug von 1027 verlief, so ist doch an nichts anderes zu denken, als daß sie fertig aus Deutschland mitgebracht oder aber nachträglich dort ausgeführt wurde.

Den Arbeiten in Edelmetall und Bronze ist kein anderer Zweig des Kunstgewerbes an Fülle der Denkmäler, innerer Vielseitigkeit und künstlerisch hohem Rang gleichzustellen. In engerem Rahmen kann nur die Textilkunst ihnen einigermaßen als ebenbürtig angesehen werden. Da wir sie nach ihrer kunstgeschichtlich bedeutsamen Seite schon im Kapitel von der Malerei behandelt haben, kommen wir nicht wieder auf sie zurück. Beklagenswert ist der vollständige Ausfall der Keramik, sein Grund der Ausfall des profanen Kunstgewerbes überhaupt.

Endlich wäre noch von den Glocken zu reden. Aber gehören sie eigentlich zur Kunst, da doch das Zweckliche bei ihrer Formengebung vollkommen die Oberherrschaft hat? In keinem Falle dürfen sie stillschweigend übergangen werden. Der Gebrauch der Glocken als *signa* für den Beginn des Gottesdienstes ist sicher orientalischen Ursprungs. In Deutschland sind sie durch die irischen und britischen Missionare eingeführt worden, wenn auch das um das Jahr 800 in unsere Sprache aufgenommene Wort Glocke wahrscheinlich auf eine keltische, durch das Angelsächsische hindurchgegangene Wurzel zurückzuführen ist. Ein im 9. Jahrhundert schreibender Mönch der Reichenau unterscheidet gegossene, jedenfalls bronzene, und aus Eisen geschmiedete. Unter den ältesten, die sich erhalten haben, ist keine höher als 40 cm. Schon frühzeitig hat man mehrere gleichzeitig geläutet. Abt Angilbert von Centula stattete seine um das Jahr 800 erbaute Kirche mit 16 Glocken aus. Später wissen wir von den Hirsauern, daß sie ein reiches Geläute liebten. Die im 16. Jahrhundert gesprungene und umgegossene Glocke *Cantabona* des Bischofs Azelin von Hildesheim aus der Mitte des 11. Jahrhunderts soll schon 100 Zentner gewogen haben. Die eisernen Glocken, von denen eine durch den Stifternamen auf die Mitte des 12. Jahrhunderts datierbar ist, haben die sogenannte Kuhglockenform und sind durchweg klein. Unter den gegossenen sind die ältesten die Theophilusglocken, so benannt, weil sie den Angaben des Verfassers der *Schedula* (S. 196) genau entsprechen. Ihr Umriß ist zuckerhutförmig. Erhalten hat sich von ihnen mehr als ein Dutzend, und man wird sie ungefähr auf das Jahrhundert 1050—1150 zu verteilen haben. Den kultiviertesten Eindruck macht die Lullusglocke in Hersfeld, die man in das Jahr 1059 setzen will. Ihre auch an andern Exemplaren vorkommende Form ist die eines Bienenkorbes, die Flanken senkrecht abfallend, die Haube flach gewölbt, der Schlag schon stark ausgebildet. Aus diesen und andern schwankenden und oft recht ungeschickten Vorformen entwickelte sich dann im Laufe des 12. Jahrhunderts dasjenige Profil, das sich seither nicht mehr verändert hat und als Glockenform schlechthin in der Vorstellung festsitzt. Es erwies sich als das günstigste für die Tonbildung. Aber zweifellos war dabei auch die Rücksicht auf das Auge mitbestimmend. Es ist eine Proportion und eine Umrißlinie gewonnen, die einen bestimmten elastischen Ausdrucks- und Schönheitswert besitzen, so daß man in der Tat von einer Kunstschöpfung, nicht mehr bloß von reiner Zweckform sprechen darf. Es war wirklich die definitive, für alle Zukunft Gesetz bleibende Glockenform, und damit ist dem Formgefühl des staufischen Zeitalters ein in aller Geschichte höchst ungewöhnlicher Erfolg beschieden gewesen.

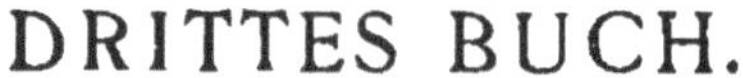

DRITTES BUCH.

Dieses dritte Buch schildert die deutsche Kunst vom Tode Friedrich Barbarossas bis zum Ausgang des staufischen Kaisertums. Es ist nach Jahren gemessen ein kurzer Abschnitt — nicht viel mehr als ein halbes Jahrhundert —, in der Vielgestaltigkeit und dem Gewicht seines Inhalts der unvergleichlich reichste in der Geschichte der deutschen Kunst. Er zeigt an ihrem Stamme in gedrängter Fülle Blüte und Frucht zugleich: die reife, saftschwere Frucht des spätromanischen Stils und die hoffnungsfrische Blüte des frühgotischen. Der Historiker wird, anders als der Systematiker, diese beiden Erscheinungen nicht voneinander trennen dürfen. Eben ihr Zusammensein auf demselben Lebensgrunde ist für ihn das Bedeutungsvolle. Sie sagt ihm, daß das scheinbar Zwiespältige als Einheit begriffen werden müsse. Die geschichtliche Wirklichkeit der Kunst entsteht aber nicht einfach aus der Selbstbewegung isoliert zu denkender Kunstprobleme, sie wird erzeugt und getragen vom ganzen Menschen; weshalb wir, wo uns eine mehr als oberflächliche Wandlung in der Kunst begegnet, immer dessen gewiß sein dürfen, daß eine Wandlung im allgemeinen Zustande, noch mehr dem inneren als dem äußeren, vorangegangen sein muß. Versuchen wir es, auf diese Voraussetzung hin die Grundzüge im Bilde des 13. Jahrhunderts zu erfassen.

Das erste, was in die Augen fällt, ist das beschleunigte Zeitmaß aller Entwicklungen. Ein erhöhter Lebensschwung, wie er zuvor nie gekannt war, braust durch die Nation und reißt die Kunst mit sich fort. Sie durchmißt in einem Jahrzehnt Distanzen, zu deren Überwindung sie früher ein halbes Jahrhundert und mehr gebraucht hatte.

Die staufische Zeit ist einzigartig in unserer Geschichte durch die Verbindung intensiven Lebens in der geistigen Kultur mit staatlicher und wirtschaftlicher Ausweitung. Dies sanges- und kunstfrohe Geschlecht erglühte zugleich vom Willen zur Macht. Deutschland war sich zu klein geworden. Nach allen Seiten und unter den verschiedensten Formen drängte die deutsche Volkskraft über die alten Grenzen hinaus. Wenn irgendein Abschnitt der deutschen Kunstgeschichte es nötig hat, zusammen mit dem Ganzen der Volksgeschichte angeschaut zu werden, so ist es dieser.

Nach Süden wendete sich die Kaiserpolitik. In Deutschland immer mehr beengt durch die unaufhaltsam emporsteigende partikulare Fürstengewalt, wollte sie in Italien sich eine neue Basis schaffen. Der damals an politischen Talenten reichste Teil der Nation, der Beamtenadel der Ministerialen, fand hier ein weites Feld für seine Verwaltungstüchtigkeit. Dem deutschen Privatleben führte der Handel fremdländische Luxuswaren zu und bot die Muster zu verbessertem Geldverkehr. Aus den italienischen Juristenschulen drangen kanonische und auch schon einige römische Rechtsbegriffe, die Wandlung der wirtschaftlichen Struktur beschleunigend, in Deutschland ein.

Nach Byzanz und in den Orient führten die Kreuzzüge. Erst der dritte derselben, der, bei dem Friedrich Barbarossa seinen Tod fand, hat Deutschland tiefer aufgeregt. Den vierten führte Leopold von Österreich, dem viele vom südostdeutschen Adel folgten. Der nordwestdeutsche unternahm, mit den Grafen von Holland und von Wied an der Spitze, eine Fahrt nach Portugal und Ägypten. Der Orden des deutschen Hospitals in Jerusalem wurde gegründet. Daneben Jahr für Jahr zahlreiche Pilgerfahrten kleinerer Gesellschaften, die das Heilige Land mit seiner kosmopolitischen Gesellschaft den Deutschen dieser Zeit zu einer sehr bekannten Örtlichkeit machten.

Drittens die von der deutschen Nordostgrenze ausgehende große Massenbewegung die Kolonisation des weiten Flachlandes von der Elbe bis an die See, die Gründung deutscher Städte an der Ostseeküste in langer Kette von Lübeck bis Riga und Reval, die Errichtung des Deutschordensstaats in Preußen und Livland, das Vordringen deutscher Kultur nach Böhmen, Schlesien und Ungarn und damit zusammenhängend das zunehmende Gewicht der in älteren Siedlungsepochen schon gewonnenen Marken an der Elbe und Donau. Das Meißener Land stand hinter Thüringen nicht zurück, Österreich überglänzte Altbaiern.

Viertens das Aufblühen des niederdeutschen Seehandels, der Nordsee und Ostsee umspannte und bis in die englischen und französischen Gewässer hinführte. Köln wurde durch ihn die reichste Stadt Deutschlands. In Lübeck wurden die Grundlagen zur Hanse gelegt.

Fünftens die Wiederbelebung des Verkehrs mit Frankreich. Er setzte keine Massen in Bewegung, vollzog sich nur in der obersten Kulturschicht, für diese aber wurde er unerschöpflich wichtig. Die im Vertrage von Verdun vollzogene Spaltung der fränkischen Monarchie, vergessen wir es nicht, hatte zu einer vollkommenen und dauernden Entfremdung beider Hälften geführt. Zwischen ihnen lag der burgundisch-lothringische Gürtel. Nur mit diesem war Deutschland in Kulturverkehr geblieben. Sprechen wir heute von französischem Geist und französischer Kultur, so meinen wir etwas, das seinen Sitz weiter westlich, im unmittelbaren Kronlande der Kapetinger, hatte. Die Kreuzzüge machten diese neuentstandene französische Kultur, deren erste große Manifestation sie selbst waren, zu einem Bestandteil der europäischen, wir dürfen sagen:

zur lebendigst treibenden Kraft in ihr. In Deutschland wurde ihr Wert früh erkannt. Dabei ist wichtig, festzustellen, daß nicht etwa die französische Propaganda erobernd nach Deutschland vordrang, sondern die Deutschen gingen nach Frankreich, betrachteten sich das neue Wesen und fingen von ihm ein, was ihnen Wasser auf ihre eigene Mühle zu sein schien. Hier hat nur das Äußere des Vorganges einen Augenblick noch unsere Aufmerksamkeit zu fesseln. Von deutscher Seite die ersten Entdecker des verjüngt emporsteigenden Franzosentums waren zwei Gesellschaftskreise, in denen die Wanderlust zum Beruf gehörte. Der erste von ihnen sind die fahrenden Schüler. Wir erinnern uns aus früheren Erörterungen des Niedergangs der deutschen Klosterschulen in der Epoche des Investiturstreites. Als er beigelegt war, war die Überlegenheit der französischen Schulen, die aber nicht klösterliche, sondern freie Schulen waren, der Anfang der Universität, weltkundig und nicht mehr zu bestreiten. Unter den großen Scharen Lernbegieriger aus allen Ländern, die zu Füßen der berühmten Lehrer, eines Lanfrank, Berengar und Abälard, sich sammelten, waren von etwa 1130 ab in immer zunehmender Menge auch Deutsche zu finden, Jünglinge und gereifte Männer, zügelloses Vagantenvolk und Söhne vornehmer Häuser, Anwärter auf eine glänzende geistliche Laufbahn. Was die vorige Generation sich aus Burgund und Lothringen geholt hatte, waren Ideen der praktischen Religion; die jetzige, bis ins eigentlich französische Gebiet vorgedrungene, erfüllte sich mit einem neuen Begriff von Wissenschaft. Aber sie beobachtete und merkte sich noch anderes: neue Stoffe und neue Kunstformen zu Liebesliedern und ritterlicher Epik; auch entging ihr nicht das Emporkommen einer Großes versprechenden neuen Bewegung in der Baukunst. Wurden aus den Pariser Studenten späterhin deutsche Domherren oder Bischöfe, so hat so mancher seine Freude daran gehabt, seine französischen Bauerinnerungen zu Hause praktisch wieder lebendig zu machen. Die Kunde von einer unerhört tätigen und noch immer anschwellenden Baulust an den nordfranzösischen Kathedralkirchen scheint in Deutschland schon vor dem Ende des 12. Jahrhunderts verbreitet gewesen zu sein. Sie löste eine zweite Wanderbewegung unter den deutschen Bauleuten aus, ganz analog der früher begonnenen unter den deutschen Studenten. Bis über die Mitte des 13. Jahrhunderts hat sie angehalten, um dann langsam abzuflauen. Nach ihren Motiven wie nach der Lage ihrer zeitlichen Grenzen ist auch sie unter die Züge zu rechnen, die dem staufischen Deutschland sein besonderes Gepräge geben. —

Hier liegt uns in fünf nach ebensoviel verschiedenen Himmelsrichtungen ausstrahlenden Sonderlinien eine allgemeine Bewegung des deutschen Volkslebens vor, ein Wogen und Drängen über die bisher innegehabten Grenzen hinaus. Jede dieser fünf Bewegungslinien hat praktisch ihren eigenen Bewegungsgrund, hinter ihnen steht aber etwas Gemeinsames,

Triebhaftes, Elementares, nennen wir es kurz Wanderlust. Sie ist dieselbe wie einst in der großen Völkerwanderung, und doch wieder nicht dieselbe. Wieder fühlt der Deutsche sich von der Ferne mächtig angezogen, aber nicht mehr, um sich in ihr zu verlieren, sondern um mit ausgreifenden Armen sie an sich heranzuziehen. Seine Welt ist ihm zu eng geworden, er will neue Ringe um sie ansetzen, er verlangt nach neuen Besitzergreifungen, physischen und noch mehr geistigen.

Beachten wir aber: die von dem deutschen Zentrum ausgehenden Wellenringe schneiden sich mit andern Wellenringen, deren Erreger andere Nationen sind. Die Völker des Abendlandes sind innerlich erstarkt, zugleich aber wachsen sie über sich hinaus, in eine neuentstandene, übernationale Sphäre hinein. Ein Strom weltbürgerlicher Tendenzen durchdringt das staufische Zeitalter.

Damit bringt es zur Erfüllung, was Karl der Große erstrebt, aber noch nicht erreicht hatte. Indem wir dieses aussprechen, werden wir zu einer weiter ausholenden Betrachtung angeregt, einer Betrachtung, die die Kunstgeschichte tiefer angeht, als es auf den ersten Blick scheinen möchte.

Eine Mehrheit von Völkern zu einer Lebensgemeinschaft zusammenzufassen, gibt es zwei Formen: entweder herrscht eins über alle andern, und das nennen wir Weltherrschaft; oder das Ziel wird unter Koordination durch freiwillige gegenseitige Anerkennung erreicht, und daraus entsteht Weltbürgertum. Jenes ist eine asiatische, dieses eine europäische Idee. Alexander erstrebte Weltherrschaft, das Ergebnis seines Auftretens war aber nicht diese, sondern die Erweiterung des nationalen Griechentums zum weltbürgerlichen Hellenismus. Noch einmal schritten die Römer zur Weltherrschaft; als diese unterging, zog sie eine schon absterbende Kultur mit sich. In dem darauf neu sich bildenden Europa des Mittelalters waren die Völker nach einem andern Prinzip miteinander verbunden: germanische und romanische Völker bildeten, wie man es zu nennen pflegt, eine Familie; abwechselnd das eine und andere Glied konnte eine führende Stellung einnehmen, Herrschaftsrechte über die andern hatte keines. Auf diesen Zustand war die christliche Kultur der Karolinger aufgebaut, und Karl der Große geriet mit sich selbst in Widerspruch, als er, durch die römische Tradition verlockt, wieder an Weltmonarchie dachte. Der Versuch mißlang, im deutschen Kaisertum lebte nur ein blasser, theoretischer Anspruch darauf weiter. Fortan war das Weltbürgertum die einzige im christlichen Europa mögliche Form der Völkergemeinschaft. Einstweilen aber lebte sie nur in der dünnen Höhenluft der universalen Kirche; die in der tieferen Schicht wohnenden Nationalitäten führten, wie wir es gesehen haben, mehrhundertjährig eine scharf abgegrenzte Sonderexistenz. Im staufischen Zeitalter nun gewann die weltbürgerliche Idee Macht über die Völker selbst. Es trat eine freiwillige, formlose und doch höchst wirkungsvolle Verbindung unter ihnen ein, ein Zusammenstreben, Sichkennenlernen, Austauschen der geistigen Besitztümer. Bis dahin waren die kirchlichen Stoffe und die lateinische Sprache das einzige Band gewesen, jetzt redeten die Völker in ihren eigenen Sprachen zueinander und von ihren eigenen Phantasieschöpfungen. Der Begriff der Völkerfamilie gewann nun erst Fülle und Wirklichkeit. Hatten die an die Weltmonarchien des Altertums geknüpften Kulturen, säkular betrachtet, nur eine kurze Lebensdauer gehabt: die von der Völkerfamilie des Mittelalters ausgehende lebt noch heute, denn aus der Spannung des nationalen Sonderlebens mit dem übernationalen Begriff der abendländischen Christenheit erwuchsen ihr immer neue Kräfte. Der karolingische Imperialismus, zu straff angezogen und darum in sein Gegenteil umschlagend, hatte Deutsche und Franzosen auseinandergerissen, das Weltbürgertum des staufischen Zeitalters führte sie wieder zusammen. Allerdings nicht unter gleichen Bedingungen. Die Franzosen — betonen wir noch einmal, daß es sich wesentlich um die Nordfranzosen handelte — hatten es als ein romanisch-germanisches Mischvolk leicht, aus ihrem nationalen Geistesleben allseitig verständliche, weltbürgerlich gangbare Formeln zu entwickeln; wenn die Deutschen am Weltbürgertum Anteil haben wollten, so enthielt das für sie die Frage, mit wieviel Opfern an ihrer Eigenart der Preis zu zahlen sei. Ihre Lage in der Mitte Europas war ihr Schicksal. Sie machte es zu dem immer wiederkehrenden, unentrinnbaren Hauptproblem ihrer Geschichte, das Leben vieler anderer Völker mitzuleben und doch dem Gesetz des eigenen Lebens nicht untreu zu werden. Man wird nicht sagen können, daß wir dies Problem, das schwerste, das einem Volke gestellt werden kann, in allen Epochen gleich glücklich gelöst hätten. Das staufische Jahrhundert vermochte es. Es hat eine unermeßliche Ernte geistiger Neuerwerbungen aus der Fremde heimgebracht und zugleich lange schlummernde Kräfte des eigenen Volkstums aus der Tiefe ans Licht geführt. Durch diese Doppelleistung wurde es das glänzendste und fruchtbarste unserer mittelalterlichen Geschichte.

Einst die karolingische Rezeption hatte nur eine einzige Richtung gekannt und einer abgeschlossenen, fast toten Bildung gegolten. Die staufische stand im werdenden Leben der europäischen Gegenwart und erstreckte sich gleichmäßig auf eine Mehrheit fremder Kulturen. In ihrer allseitigen Empfänglichkeit und Angleichungsfähigkeit ähnelt sie dem Anfang des 19. Jahrhunderts, der Romantik und der Alterszeit Goethes, sie ist ihnen aber, zum mindesten in der bildenden Kunst, an frischer Schöpferkraft weit überlegen. Sie war auch nicht einseitig bloß geistige Kultur. Sie ging zur Seite kraftvoller Regungen in Staat und Wirtschaft, wie umgekehrt diese ohne ein bewegtes Phantasieleben nicht zu denken sind.

Wir sagten: dem Deutschen der Stauferzeit war die Welt weiter und größer geworden. Dies Wort hat aber noch eine andere Bedeutung, als in der wir es bisher gebraucht haben. In der Phraseologie des Mittelalters ist Welt der Gegensatz zur Kirche. Auch im Sinne dieses Dualismus neigt sich die Kultur und mit ihr die Kunst des 13. Jahrhunderts auf die Seite der Welt. Von der geistigen Kultur Deutschlands in den vorangehenden Jahrhunderten gilt der Satz: sie war nicht sowohl Besitz des Volkes als Besitz der Kirche. Noch mehr: erst das 13. Jahrhundert brachte das Volk wahrhaft in Mitbesitz der christlichen Religion. Das Christentum als Klerikerreligion war allein Kultus und Askese gewesen; es wurde Volksreligion kraft der Forderung des Gemüts. Nachdem aber die Alleinherrschaft der Kirchengewalt in diesem Sinne gebrochen war, wurde auch Raum für eine freie Laienbildung, keineswegs zwar oppositionell zur Kirche — wenn es auch an vereinzelten Regungen dieser Art nicht fehlte —, aber als möglich und berechtigt neben der kirchlichen Bildung rang sie sich durch. Auf die Tatsache, daß die Kunstübung allgemein und definitiv von den Klerikern und Mönchen auf Laienkünstler überging, weisen wir hier nur beiläufig hin. Sie ist ein einzelnes Symptom in einer Reihe umfassender Veränderungen in dem bis dahin so einfachen sozialen Aufbau. Der reichere Lebensinhalt machte die Einschiebung von Zwischenstufen und eine neue Verteilung der Funktionen nötig. Der durch die Ehre des Waffendienstes zum Adel emporgehobene ritterliche Dienstmann und der unter die Freien aufgenommene Stadtbürger sind die neuen Figuren in der staufischen Gesellschaft. Für sie und durch sie entstand die Laienbildung, von der wir sprechen. Daß der Adel der Hauptträger der reichblühenden Dichtung dieser Zeit war, ist allbekannt. An der bildenden Kunst sich zu beteiligen, verboten die Standesgewohnheiten. Daß nicht wenige von Haus aus auch zu jener begabt gewesen wären, ist an sich wahrscheinlich. Unwillkürlich war auch die Kirche genötigt, wollte sie den Zusammenhang mit diesen einflußreichen Laienkreisen nicht verlieren, ihre eigene Gedankenwelt zu popularisieren. Am leichtesten zu erfassen ist der Hergang in der Literatur. Die geistliche Liederdichtung, die Lehrdichtung, die Legendenerzählung und das geistliche Schauspiel, sie alle begannen sich selbst der deutschen Sprache zu bedienen; sicherstes Zeichen, daß sie an ein Publikum sich wendeten, das bisher nicht in Betracht gekommen war. »Einen fast unübersehbaren Reichtum von Ideen, Anschauungen und Vorstellungen, die vorher auf den Kreis der lateinisch Gebildeten beschränkt waren, brachte sie der Laienwelt nahe. Sie verstärkte und vertiefte damit den Einfluß der Gedanken des Christentums auf das deutsche Volk. Aber indem sie dies tat, diente sie zugleich der Befreiung der Laien aus der bisherigen Unmündigkeit.« Laien selbst ergriffen das Wort. Von den Helden der Vorzeit — lange Zeit hatte ihr Gedächtnis nur in der dunkeln Niederung der Bänkelsänger sich gefristet — wurde jetzt an den Fürstenhöfen gesungen, von der Herrlichkeit des ritterlichen Berufs, vom Frühling und von den Frauen. Es mußten auf der Stufenleiter der Werthaltungen sehr starke Verschiebungen sich zugetragen haben, damit die »Welt« so offen ihr Daseinsrecht zurückfordern durfte.

Wenn die bildende Kunst scheinbar weniger von diesem Umschwung ergriffen ist, so liegt das nur an ihrer engeren Bindung an die Tradition. Indessen selbst im Stofflichen ist in ihr das Vordringen der Welt nicht zu verkennen. Die profane Architektur, bis dahin fast nur Nutzbau, will Kunstbau werden; Liederhandschriften und Rechtsbücher schmücken sich mit Miniaturen; adlige Klosterfrauen zeichnen in ihre Bilderfibeln mit großer Sachkenntnis Szenen aus dem Ritterleben; auf den Teppichen und Fresken, mit denen die Wände der Burgen geschmückt werden, wird das ritterliche Epos illustriert; noch mehr: in die Dekoration der Kirchengebäude selbst mischen sich Anspielungen auf volkstümlich-weltliche Stoffe aller Art, sei es noch unter symbolischem Vorwande, sei es schon einfach um ihrer selbst willen.

Indessen sind diese stofflichen Zugeständnisse nicht die Hauptsache. Die Verweltlichung, wie wir vom Standpunkte der alten Kirche aus die Sache nun einmal nennen müssen, saß tiefer. Der Grundzug der Kunst des 13. Jahrhunderts, der bildenden wie der dichtenden, ist optimistisch. Das ist aber nicht christlich. Im Mittelpunkte des bisherigen Christentums hatte, von einer schroff dualistischen Konstruktion der Welt ausgehend, die Askese gestanden, die bedingungslose Verneinung des Wertes der diesseitigen Welt. Theoretisch lehrte das 13. Jahrhundert nicht anders, aber wie weit ging es praktisch doch schon in der Duldung der Weltlust. Auch dies bewirkte ihr Bewußtsein von der Weite des Daseins, daß diese Zeit überall Raum fand für das Nebeneinanderwohnen des Entgegengesetzten. Die bildende Kunst ist mit dem asketischen Ideal vereinbar in der Tat nur so lange, als in ihr der stoffliche Gehalt das Übergewicht über die Form hat. Sobald aber die Form als ein gleichberechtigt Wertvolles anerkannt wird — jetzt geschah das —, ist dem, was der strengen Kirchenauffassung als Welt, also als böse, erscheint, schon die Zustimmung erteilt. Die unermeßliche Kräftigung und Bereicherung des formalen Kunstwillens im 13. Jahrhundert, was ist sie anderes als eine einzige jubelnde Weltbejahung?

Diese erhöhte Wertung der Form ist aber nicht denkbar ohne ein neues Verhältnis zur anschaubaren Welt. In der Tat, die Scheidewand zwischen Geist und Natur, doppelt verankert im spätantiken Christentum wie in der ursprünglichen Seelenanlage der Germanen, sie fiel. Es ist für die darstellende Kunst ein entscheidungsreicher Moment wie kein anderer. Die deutsche Kunst hat das neue Land nicht auf einen Schlag erobert, streckenweise ist sie wieder zurückgewichen, aber für alle Zeit stand nun fest, daß Kunst nicht mehr ein Spiel mit abstrakten Gesichtsbildern, sondern eine umformende Spiegelung der Wirklichkeit sei. Ganz sicher konnte nicht die Kunst für sich allein diesen ungeheuren Schritt tun. Sie war hierin nur Reflex einer Neuorientierung des allgemeinen Weltgefühls. Diese aber kann nicht mehr erklärt werden. Ihre Ursachen liegen in Tiefen, die unerforschlich bleiben.

Für eine vom Verhältnis des Menschen zur Natur ausgehende Periodenteilung der Kunstgeschichte ist das 13. Jahrhundert schon nicht mehr ganz Mittelalter. Wir verweisen beispielsweise auf die Skulpturen des Bamberger und des Naumburger Doms. Sie machen uns betroffen, um wieviel näher sie ebensosehr der antiken wie der modernen Empfindung stehen als irgend etwas hinter ihnen bis zurück auf Kaiser Konstantin; es ist ein Unterschied nicht etwa bloß im Grade des Könnens, sondern auch im innersten Wollen. Wir haben uns allzusehr daran gewöhnt, das Mittelalter einseitig aus dem Schema seines Gegensatzes zur Neuzeit zu interpretieren. Auf den Höhepunkten der Kultur des 13. Jahrhunderts tauchten aber Erscheinungen auf, in denen offenbar schon typische Züge der Renaissance vorweggenommen werden. Von der »Entdeckung der Welt« haben wir schon gesprochen. Nicht anders ist es mit der »Entdeckung des Menschen«. Im 13. Jahrhundert hat sich das Individuum freier über das Massengefühl und den Gattungszwang erheben können, als je seit dem klassischen Altertum. Wir wollen nicht zu weit ausholen, lassen wir uns die unzweideutigen Aussagen der Kunst genügen. Gradunterschiede der persönlichen Begabung hat es selbstverständlich auch früher gegeben. Aber auch der begabteste unter den Künstlern war früher gleichsam nur eine Zusammenfassung des allgemeinen Bewußtseins. Worum es jetzt sich handelt, ist mehr. Wer könnte leugnen, daß Dichter wie Walther und Wolfram Persönlichkeiten waren? Im gleichen Sinne stoßen wir jetzt auch in der bildenden Kunst auf Werke, die trotz ihrer Anonymität mit einleuchtender Bestimmtheit sich als Werk eines mit keinem andern zu verwechselnden Einzelmenschen zu erkennen geben. In keinem Volke aber hat das überragende Individuum so früh sich frei gemacht wie bei dem unseren. In den nur durch Ausbau einer Tradition zu erreichenden Dingen waren die romanischen Völker immer überlegen; hier, wo es über die Tradition hinauszukommen galt, zeigte sich der deutsche Genius in unerwarteter Reife. Überlegen war die französische Kunst (auf die wir den Vergleich beschränken wollen) offenbar in der Formkultur: reicher an persönlichem Geist, reicher an Verästelungen und Abtönungen war doch die deutsche. In dieser Zeit zum ersten Male tritt ein bedeutungsvoller Gegensatz in der Entwicklungstendenz der beiden großen Völker deutlich hervor. Die Franzosen, rassenmäßig ein buntes Konglomerat und politisch noch immer zersplittert, streben mit Macht nach geistiger Einheit: die Deutschen, unvergleichlich einheitlicher auf das Blut angesehen, lieben über alles die Mannigfaltigkeit und arbeiten immer schärfer die Sonderphysiognomie ihrer Stämme und Landschaften heraus. Die Kraft der französischen Kunst fand ihren Ausdruck in der Gründung einer großen Zentralschule, die Kraft der Deutschen in der Hervorbringung einer bisher unerreichten Vielheit landschaftlicher Schattierungen. Und so war es auch mit dem einzelnen Künstler. Der französische fühlte sich immer als Vertreter der Schule, der klassischen Regel, des disziplinierten Geschmacks, etwas vom Geiste der Epoche Ludwigs XIV. läßt er schon jetzt vorausahnen; und ebenfalls schon jetzt bekundete der deutsche in Tugenden und Schwächen das genaue Gegenteil. Ohne das Gegengewicht kraftvoller Individuen hätte die rezeptive Bereitwilligkeit der Zeit in ihrer Vielseitigkeit zu einem haltlos fließenden Durcheinander führen müssen.

Der Vergleich der deutschen Kunst dieses Zeitalters mit der französischen führt aber noch auf einen andern Gegensatz. Die deutsche ist in ihrer tiefsten Gesinnung romantisch, die französische klassisch. Mit der neuzeitlichen Romantik teilt das 13. Jahrhundert die nach vielen und selbst entgegengesetzten Seiten zugleich ausholende Empfänglichkeit. Wohin er sie führen würde, der weltbürgerliche Expansionsdrang, das stand für die deutsche Kunst dieses Zeitalters nicht schon von Anfang an fest. Es wird in der herkömmlichen Geschichtsdarstellung fast nicht beachtet und ist doch der Beachtung ausnehmend wert, daß eine längst verschüttete Quelle in dieser Zeit wieder zu springen anfing: die Antike. Mit der Spätantike war die deutsche Kunst am Schluß des ottonischen Zeitalters fertig, auf ihre abgetretenen Wege zurückzukehren, kam es jetzt nicht an. Was hätte sie diesem lebensvollen Geschlecht, das weit über sie hinausgewachsen war, auch noch bieten können? Nein, es war die wirkliche Antike, wenn sie auch in spärlichen Bruchstücken nur angeschaut wurde. Um keine bewußte und grundsätzliche Renaissance handelte es sich, nur um ein naives Erkennen lange übersehener Schönheitswerte. Es ist höchst merkwürdig, welchen Widerhall selbst diese wenigen verlorenen Töne noch zu wecken vermochten. Einige römische Bauüberreste am Rhein genügten, um aus ihnen einen höchst bedeutenden neuen Typus zu entwickeln, aus Eigenschaften, an denen die frühromanische, im Banne der Spätantike stehende Epoche verständnislos vorübergegangen war. Auf derselben Linie liegt es, daß die Italiener, bei denen in anderer Weise ebenfalls eine Renaissanceahnung erwacht war, in Deutschland in neuem Sinne willkommene Gäste wurden, und nicht minder, daß die byzantinische Kunst, man beachte es wohl, in keinem Jahrhundert einen ähnlich tiefen Einfluß auf die deutsche geübt hat wie damals, vom Ende des 12. bis zur Mitte des 13. Auf seinem eigenen Boden ging der Byzantinismus dem Erstarrungstode entgegen, die Deutschen begrüßten in ihm unbewußt den antiken Wesenskern und darin eine ihnen neue Offenbarung der Form, der Schönheit in der Form. Und nichts anderes bedeutet jenes höchst merkwürdige Beispiel, das sich unter den Skulpturen des Doms von Bamberg erhalten hat. Ihr Meister kam von der Wanderschaft in Frankreich aus einem gotischen Schulzentrum, aus Reims. Was nun brachte er von dort als tiefsten Eindruck zurück? Es war die Erinnerung an eine kleine Zahl von Nachbildungen nach Werken der römischen Kaiserzeit des ersten Jahrhunderts, die er dort, eingesprengt zwischen Hunderte von Statuen französischen Durchschnittsstils, erspäht hatte. Sie schien ihm das beste zu sein, was er seinen Landsleuten daheim zu bieten hatte. So lebte also in der staufischen Kunst, wie es auch aus der allgemeinen historischen Lage wohl zu begreifen ist, unzweideutig ein Zug nach dem Süden und der Antike. Wie man weiß, hat er in späteren Jahrhunderten noch mehr als einmal sich angemeldet; es geschah immer dann, wenn eine Sehnsucht nach Reinheit und Klarheit der Form mächtig geworden war, die der Deutsche aus eigenem Vermögen nicht zu finden vermochte.

Aber dem Zug nach dem Süden war diesmal die Oberhand nicht bestimmt. Es trat ihm alsbald eine im Norden entsprungene neue Macht entgegen, die Gotik. Eine Zeitlang konnten beide nebeneinander bestehen. Dann aber mußte die deutsche Kunst sich entscheiden. Und sie entschied sich für die nordische Neuschöpfung. Als dieses außer Zweifel stand, hatte die nach den Staufern benannte Epoche unserer Kultur und Kunst ihr Ende erreicht.

Der Name Gotik ist längst als sinnlos erkannt, mit guten Gründen jedoch wird er im Gebrauche festgehalten. Wir wollen dabei nicht verweilen. Im historischen Gesichtsfelde zeigt sich die Gotik zuerst — und gleich in ganz klarer Formulierung — in Frankreich, genauer gesagt, im Norden Frankreichs. Von hier aus wurde sie den andern Ländern übermittelt. Ist also die Gotik ein französischer Stil? Und begründete ihr Sieg die geistige Weltherrschaft der Franzosen? Der äußere Verlauf der Dinge scheint auf diese Folgerung hinzudrängen, und in der Tat ist sie oft gezogen worden. Ehe wir uns ihr anschließen könnten, müßte noch manches erwogen werden. — Was ist die Gotik? Wir begreifen unter ihr ein bestimmtes Bausystem, dann aber auch ein allgemeines, die Plastik, Malerei, sämtliche Kunstäußerungen einer Epoche mitumfassendes Stilprinzip. Wollen wir zuerst nur von der Architektur sprechen. Manche schildern die Gotik so, als wäre sie im Kopf eines Ingenieurs entsprungen, die elegante Lösung eines statischen Rechenexempels; andere hinwieder sehen in ihr einen Abgrund von Mystik und Transzendenz. Liegt die Wahrheit vielleicht in der Vereinigung beider Meinungen? Sicher ist die gotische Architektur von rein konstruktiven Überlegungen — wir haben sie vorläufig noch nicht näher zu bestimmen — ausgegangen, sicher aber auch ist ihr Wollen bei ihnen nicht stehengeblieben. Und wo das fragliche Konstruktionssystem vorhanden ist, gilt ein Gebäude für gotisch, allein dies System genügt nicht, ein Gebäude zu einem gotischen zu machen. Wenn wir die französischen Kathedralen des 13. Jahrhunderts als reinsten Ausdruck des Gotischen ansehen, dann ist z. B. der Dom von Florenz, trotz seiner nach gotischen Regeln ausgeführten Konstruktion, für das ästhetische Bewußtsein ungotisch, ja antigotisch. Und ebenso gibt es in der deutschen Architektur des 13. Jahrhunderts viele Gebäude, die wichtige Bestandteile der gotischen Konstruktion aufgenommen haben und dennoch auf unser Gefühl nicht gotisch wirken. Andererseits aber wird behauptet, daß eine solche gotische Gefühlswirkung nicht bloß durch Bauwerke, auch durch Werke der Plastik und Malerei erzeugt werden kann. Aus alledem folgt: es muß ein über den Bedingungen der einzelnen Kunst stehendes einheitliches, gotisches Stimmungszentrum geben, und erst dadurch, daß ein Kunstwerk von diesem aus sein Formgesetz empfängt, wird es ein Bürger der gotischen Welt.

Die hiermit gewonnene Einsicht gibt uns nun auch die Möglichkeit, die eingangs aufgeworfene Frage, inwieweit der gotische Stil als französisch anzusehen sei, zu beantworten. Ganz sicher waren die Franzosen die ersten, die die gotischen Konstruktionselemente zu einem logischen System zusammengefaßt, die ersten auch, die ihren Ausdruckswert für die gotische Stimmung, das gotische Weltgefühl, oder wie man es sonst nennen mag, erkannt haben. Damit ist ihnen eine Leistung von größter historischer Tragweite gesichert. Falsch jedoch ist es, noch weiter zu gehen und auch jene Stimmung, jenes Weltgefühl in ausschließendem Sinne als ein Eigentum des französischen Geistes zu deklarieren, aus erblichen Sondereigenschaften der Rasse es abzuleiten. An und für sich schon ist die Rasse bei gleichzeitig begrenzten Erscheinungen ein recht fragwürdiges Erklärungsprinzip. Wie aber erst, wenn man es mit einem Mischvolk zu tun hat? Ist es das Gallische oder das Lateinische oder das Germanische in den Franzosen, das in der Gotik seinen Ausdruck gefunden hat? Es genügt, die Frage zu stellen, um zu erkennen, daß sie gar nicht gestellt werden darf. Die Gotik ist nicht aus der Tradition des Blutes zu erklären, sie ist die künstlerische Synthese der von den nordischen Menschen gemeinsam geschaffenen und erlebten Kultur in einer zeitlich begrenzten Entwicklungsphase. Sie ist ein Zeitprodukt. Dabei werden wir jedoch nicht übersehen, daß nicht alle Völker des Abendlandes an dieser Kultur den gleichen aktiven Anteil gehabt haben. Es sind die Hauptgebiete der alten fränkisch-karolingischen Monarchie, in denen sie ihre eigentlichste Heimat hat. Das aus der Idee der romanisch-germanischen Völkerfamilie hervorgegangene Weltbürgertum des hohen Mittelalters, dieses ist der wahre Erzeuger des gotischen Stils. Vor ihm mußte der romanische schon deshalb zurückweichen, weil er im Laufe seiner Entwicklung immer weiter und weiter sich nach Ländern und Provinzen gespalten und dadurch in seinen einzelnen Schulen sich zu schwach gemacht hatte, um Probleme, die der Durcharbeitung in einer großen, zusammenhängenden Tätigkeit bedürfen, zu fördern. Die Welt verlangte nach einem Einheitsstil, und fast war es eine Notwendigkeit, daß er von Nordfrankreich, vom Treffpunkte romanischen und germanischen Wesens, ausgehen mußte. Die geistige Substanz der Gotik also ist nicht erst von den Franzosen geschaffen, sie ist ein übernationales Zeitprodukt, aber die Franzosen haben ihr die Form gegeben und dieser Form die Flüssigkeit, Weltläufigkeit, Gemeinverständlichkeit, deren sie zu ihrer kosmopolitischen Sendung bedurfte. Wer wollte auch leugnen, daß sie außer der Gunst der geographischen Lage eine besondere Begabung hierfür mitbrachten. Haben sie doch mehr als einmal in der Geschichte, man denke an das 18. Jahrhundert und die Revolution, sich vorzüglich geschickt gezeigt, aus dem gärenden Leben der Zeit mit Scharfsinn und behender Initiative die plausibelsten Gedanken herauszuheben, sie dogmatisch zu formulieren, mit Überredungskunst für sie zu werben, sie durchzusetzen in der Welt. Ebendiesen Eigenschaften verdankte die französische Kunst des 13. Jahrhunderts ihren europäischen Erfolg.

Die Stellungnahme der deutschen Baukunst zu dem von Frankreich aus verkündigten neuen Stil war keine isolierte künstlerische Frage. Dadurch, daß die deutsche Kultur sich dem weltbürgerlichen Strom geöffnet hatte, war die Rezeption der Gotik unvermeidlich geworden. Fraglich war nur noch, wie schnell und wie vollständig sie durchdringen werde. Tatsächlich haben die Wissenschaft, die Dichtung, das vornehme Gesellschaftsleben sich den französischen Anregungen früher und leichter zugänglich gezeigt als die Baukunst. Dieser war die westliche Nachbarin schon vom Ende des 12. Jahrhunderts ab bekannt; sie nahm langsam und bedächtig einzelne Stücke des gotischen Systems in sich auf; erst um 1250 war in Westdeutschland, um 1270 im östlichen die Rezeption in der Hauptsache vollendet. Was ihr entgegengestanden hatte, war nicht etwa ein schwerfälliger Beharrungssinn. Die deutsche Baukunst befand sich zwischen 1200 und 1250 in einer lebhaften Eigenbewegung. Sie überlegte sich auch Möglichkeiten, die dem gotischen Ziel diametral entgegengesetzt waren. Von der neuerdings verstärkten Anziehungskraft der Antike haben wir vorläufig schon gesprochen. Auf welche Seite sich schließlich der Sieg neigen würde, hing von weltgeschichtlichen Entscheidungen ab, die über das interne Gebiet der Kunst hinausgriffen.

Daß die Magnetnadel zwischen dem gotischen und dem antiken Pol oszillierte, war eine nicht auf Deutschland beschränkte Erscheinung. Der Süden Frankreichs hatte dies Stadium schon im 12. Jahrhundert durchgemacht. Toskana erlebte in derselben Zeit seine »Protorenaissance«. Und bewußter noch und ausgeprägter erhebt in der Kunstpflege Kaiser Friedrichs II. in Unteritalien eine Renaissancetendenz das Haupt. Mindestens die Möglichkeit war gegeben, man wird es nicht in Abrede stellen, daß bei dauernder politischer Verbindung diese staufisch-italienische Kunst und die deutsche einander näherrücken konnten. Aber die Voraussetzung trat nicht ein, das staufische Doppelkönigtum brach zusammen. Schon vorher, schon im 2. Viertel des 13. Jahrhunderts, hatte die pendelnde Wage der deutschen Kunst immer deutlicher dem Westen sich zugeneigt: Italien, Byzanz, der Orient legten in ihre Schale keine neuen Gewichte mehr, während die französische immer voller und schwerer wurde. Es war noch kurz vor dem Tode Friedrichs II., daß das Langhaus des Straßburger Münsters begonnen und zum Chor des Kölner Doms der Grundstein gelegt wurde. Die Entscheidung für die Gotik war in der Architektur damit gefallen, und sie zog die Bildhauerkunst alsbald nach sich.

Die Katastrophe des Kaisertums hat den Wechsel in der Orientierung der deutschen Kultur und Kunst zwar nicht erst herbeigeführt, aber sie hat ihn sehr beschleunigt. Von Karl dem Großen bis zum Ausgang der Staufer hatte das Hauptproblem der deutschen Geistesgeschichte in der Auseinandersetzung zwischen Nord und Süd, zwischen germanischer Anlage und antiker Überlieferung gelegen. Von nun ab verschwand auf die nächsten drei Jahrhunderte der alte Kulturkreis der Mittelmeerländer aus dem deutschen Gesichtskreis. Der Norden hatte sich selbständig gemacht. In seiner besonderen Welt aber lief die Achse von West nach Ost. Übersehen wir dieses nicht: es waren die beiden Hälften des einstigen fränkisch-karolingischen Reiches, die jetzt einander wieder nähertraten.

Erstes Kapitel.

Die Baukunst vom Ende des 12. bis zur Mitte des 13. Jahrhunderts.

Es ist gebräuchlich, den Baustil dieser Epoche Übergangsstil zu nennen. Man tut es im Hinblick auf das Schlußergebnis, welches die vollendete Herrschaft des gotischen Stils war. Der Name Übergangsstil ist jedoch auf eine falsche Vorstellung gegründet. Es liegt nicht so, daß die Entwicklung mit einheitlicher Zielstrebigkeit dem genannten Schlußergebnis sich entgegen bewegt hätte. Das gotische Bausystem, das ist richtig, ist eine Evolution des romanischen Stils; aber nicht des deutsch-romanischen, sondern des französisch-romanischen. Bei seinem Eindringen in Deutschland stieß er auf eine einheimische Baukunst, die nicht sowohl rückständig als überhaupt anders gerichtet war und mit der er in Streit geriet. Er kam als ein zersetzendes und umformendes Ferment. Die Grundsubstanz in der Baukunst der späteren Stauferzeit wird man aber nicht anders als romanisch, spätromanisch, bezeichnen dürfen.

In ihrer formalen Erscheinung mannigfaltiger als je eine andere, war diese staufische Baukunst doch im Kernpunkte des architektonischen Wollens, in der Struktur, einheitlicher als die der vorangegangenen Epoche. Sie machte dem Zwiespalt zwischen dem Flachdeckbau und Gewölbebau ein Ende. Damit begann sie. Sobald in dieser Hauptfrage die Unsicherheit beseitigt war, strömten ihr neue Gedanken zu und wuchsen ihr die Kräfte. Der ersten Epoche des romanischen Gewölbebaus, das war ihr Grundübel, war die Einsicht in den organischen Zusammenhang zwischen Decke und tragenden Bauteilen noch nicht aufgegangen. Diesen Zusammenhang herzustellen war jetzt das Hauptproblem, zugleich und in fortwährender Wechselwirkung ein technisches und künstlerisches. Der Mauerkörper sollte seine passive Haltung aufgeben, sie in funktionelle Aktivität umwandeln.

Zwei Lösungen standen im Wettstreit. Die eine geht von gewissen Gepflogenheiten der römischen Baukunst aus, in geistreich neuer Interpretation sie weiterführend. Die andere ist die gotische. Beiden gemein ist der Gedanke, den Druck der Gewölbe, anstatt ihn in gleichmäßiger

Verteilung wirken zu lassen, auf wenige, auseinanderliegende Punkte zu sammeln und dementsprechend das aufgehende Mauerwerk in statisch aktive, demgemäß massiger gebildete, und in statisch wenig beanspruchte, wesentlich dem Raumabschluß dienende Teile, die dünner sein durften, zu zerlegen. In der Art der Durchführung aber differierten die beiden Systeme nicht nur, sondern waren sie Antithesen.

Das erste System — das wir nach der Schule, in der es am häufigsten angewendet wurde, das kölnische nennen wollen — löst das Mauermassiv von innen her durch Nischen, Blenden und flache Galerien auf, während die zwischen diesen Höhlungen in voller Mächtigkeit stehenbleibenden Mauerteile als Widerlager fungieren. Als Beispiele dienen Abb. 87, 88. In den Vor- und Rücksprüngen dieses Systems und seinen Licht- und Schattenkontrasten ist zugleich ein wirkungsvolles Mittel reichbewegter formaler Gliederung gewonnen. Die Außenfläche der Mauermasse aber behält den Charakter einer ungebrochenen Ebene. Köln besaß in der Kirche St. Gereon einen römischen Ovalbau mit zehn im Grundriß einen überhöhten Halbkreis bildenden Nischen. Flachnischen haben wir am Aachener Münster kennen gelernt. Nischengliederung gerader Wände in Krypten und Kapellen war in der frühromanischen Zeit der rheinischen, aber auch der Donauschule geläufig. Im Münster zu Essen war sie auf die Seitenwände einer Basilikenanlage übertragen. Ebenso in St. Kastor in Koblenz. Dies ist die Tradition. Sie bot, falls wir nicht hypothetisch noch den einen oder andern untergegangenen Römerbau ihr hinzurechnen wollen, zu dem, wozu die kölnische Schule am Ende des 12. Jahrhunderts sie fortentwickelte, nicht mehr als eine rudimentäre Andeutung. Das Neue ist, außer dem vergrößerten Maßstabe, die Hinzufügung eines zweiten Geschosses mit noch vermehrter Brechung: der die Nischen sondernde Mauersporn in einen Laufgang aufgelöst, der Grund der Nische mit einer weiten Fensteröffnung versehen, der Gewölbefuß von einem schlanken Paar gekuppelter Säulen getragen, außen über dem Gewölbeanfall als Belastung der Drucklinie eine Zwerggalerie*. Es läßt sich gar nicht genug loben, wie sinnreich hier die Kräfteverteilung mit der formalen Gliederung in Einklang gebracht ist. Zum Wesen des Systems gehört ferner die Neigung, mit zentralisierenden Grundrissen sich zu verbinden. Wir kommen darauf in späterem Zusammenhang noch zu sprechen. Hier wollen wir nur auf den Schönheitswert dieser Verbindung für die Geltendmachung des Systems an sich die Aufmerksamkeit lenken. Die Ausbuchtungen werden für unser Gefühl Ausstrahlungen eines vom Zentrum herkommenden einheitlichen Bewegungsdranges. Steht der Beschauer aber auf einem andern Punkte, als dem Zentrum, so ergibt

* Ausdrücklich bemerke ich, daß ich die neuerdings versuchte Herleitung des kölnischen Systems aus der Normandie für irrig halte. Wohl aber könnte eine gewisse Mitwirkung südniederländischer Anregungen in Frage kommen.

sich aus ihrer im Verhältnis zur Blickrichtung wechselnden Lage eine Mannigfaltigkeit der perspektivischen Erscheinung von großem Reiz.

Im Gegensatze zum kölnischen System, das die Widerlager nach innen zieht, wirft das französische sie nach außen (Abb. 151). Rechnet jenes mit Tonnen- und Kuppelgewölben, so ist dieses durchaus auf das Kreuzgewölbe eingestellt. Die Form desselben gestattet, die Kräftezerlegung schon mit der Decke zu beginnen. Erinnern wir uns, daß das Kreuzgewölbe in seiner ältesten Fassung Durchdringung zweier Halbzylinder war. Bei einer Folge von Kreuzgewölben, wie der longitudinale Grundriß der Basilika sie mit sich brachte, blieb in der Längsachse die Kontinuität des primären Zylinders gewahrt. Aber schon der romanische Stil war dazu gelangt, die einzelnen Gewölbeabteilungen gegeneinander zu isolieren. Es geschah dadurch, daß in der Querrichtung Gurten eingespannt, weiterhin daß das Gewölbe auch an der Schildwand nicht unmittelbar auf diese, sondern auf einen selbständig konstruierten Schildbogen gesetzt wurde. Der gotische Stil nun isolierte auch die einzelnen Kappen, indem er in ihre nach den Diagonalen verlaufenden Schnittlinien ebenfalls selbständig gemauerte Bögen legt. So bestand das Gewölbe aus einem schon in sich haltbaren Gerüst von Rippen, und die in relativ kleine Abschnitte zerlegten Gewölbeflächen konnten als bloße Füllungen auf ihnen ruhen. Damit war einerseits die absolute Last verringert, anderseits der ganze Druck noch entschiedener auf die vier Eckpunkte hingelenkt. Gelang es, diese sowohl gegen den senkrechten Druck als gegen den Seitenschub — eine unvermeidliche Folge der Bogenform — hinlänglich zu sichern, so kam der zwischen diesen Punkten liegende Mauerabschnitt nur noch als Raumabschluß in Betracht und konnte sehr dünn ausgeführt und in beliebiger Ausdehnung mit Fenstern durchbrochen werden. Nötig war noch, die tragenden Mauern und Pfeiler durch Widerlager zu sichern, nach innen durch vorgesetzte Dienste, nach außen, d. i. in der Druckrichtung, durch Strebepfeiler und Strebebögen.

Das sind die leitenden Gedanken der gotischen Systematik. Nur sekundäre Bedeutung, wenigstens sekundär in konstruktiver Hinsicht, hat die Umwandlung der Rundbögen in Spitzbögen. Durch sie wird aber das Gewölbe von der Verpflichtung auf quadrische Grundrißform befreit, und alle Hemmungen, die im gebundenen System der romanischen Zeit gelegen hatten, fallen weg. Ein weiterer Vorzug der gotischen Strukturformen ist ihre größere Modulationsfähigkeit. Ein anderer der geringere Materialverbrauch. Dieser zweite freilich war nur für den rechnenden Verstand unanfechtbar, und zwar um so einleuchtender, je mehr die schlechten Transportmittel jener Zeit die Materialbeschaffung erschwerten. Für das ästhetische Gefühl lag darin eher etwas Widerstrebendes. Denn wir wissen, wie sehr die Deutschen durch die romanische Kunst daran gewöhnt waren, den Ausdruckswert der Masse hochzuhalten. Nicht minder mißfiel ihnen, daß ein so wichtiger Teil des konstruktiven Gefüges, wie die Widerlager es sind, im inneren Aufbau unsichtbar blieb, während der äußere durch sie unruhig zerrissen wurde. Schöner und wahrer erschien in diesem Punkte das kölnische System, das die Widerlager unmittelbar zum ästhetischen Motiv machte.

Bei der Abwägung der beiden Systeme kamen aber noch andere Eigenschaften in Betracht. Das kölnische zeigte sein Bestes nur in Verbindung mit zentralisierender Planbildung; eine in die liturgischen Gewohnheiten tief eingreifende Umwälzung stand hier in Aussicht. Das gotische dagegen war unmittelbar aus den Bedingungen des basilikalen Langbaus hervorgegangen und insofern das konservativere. Es war sicher die konstruktiv vollkommenste Lösung des Problems der Gewölbebasilika, das der abendländische Kirchenbau nun einmal zu seinem Hauptproblem gemacht hatte. Man sieht: es handelte sich bei der Auseinandersetzung nicht um ästhetische Werte allein. Und schließlich hatte die Gotik alle im weltbürgerlichen Zuge der Zeit liegenden Imponderabilien auf ihrer Seite. Wir begreifen, daß sie siegen mußte. Der dem Siege vorausgehende Kampf ist eines der interessantesten Schauspiele, das die deutsche Kunstgeschichte überhaupt zu bieten hat.

Selbstverständlich war den Zeitgenossen das Wesen der Gegensätze, in denen sie mittendrin standen, nicht so klar, wie es sich uns in der historischen Fernansicht darstellt; erst im letzten Stadium des Kampfes mögen sie bemerkt haben, daß es sich um ein Entweder — Oder handelte. Die deutschen Bauleute, die nach Frankreich kamen, sahen den Stil als einen werdenden. Sehr selten wird einer sich über die zwingende Logik des Systems volle Rechenschaft gegeben haben. Die meisten sahen in ihm nur Einzelheiten. Und so kam es, daß er auch nicht als System nach Deutschland verpflanzt wurde, sondern aufgelöst in seine Elemente, die von der im ganzen durchaus noch romanisch gestimmten deutschen Baukunst für ihre eigenen, ungotischen Zwecke willkürlich, einmal so, einmal anders, aufgebraucht wurden. Die Kreuzrippen werden aufgenommen, aber ohne weitgehende Konsequenz in bezug auf Mauern und Pfeiler, überwiegend als Ausdruck formaler Bewegung; der Spitzbogen findet Eingang, aber ebenfalls am meisten um seines linearen Ausdruckswertes willen, während die Ausnutzung seiner Beziehungen zum Grundriß (Ersatz des Quadrats durch das Oblongum) nicht in der Willensrichtung der Zeit liegt; Gratgewölbe und Rippengewölbe, Spitzbogen und Rundbogen werden unbekümmert gemischt, man freut sich an dem Reichtum der dabei entstehenden Abschattierungen der formalen Erscheinung. Fast immer ablehnend verhielt man sich gegen den offenen Strebebogen, da er in einer romanisch empfundenen Außenarchitektur einen Mißton bedeutet hätte.

Dies ist unter ewig wechselnden Formen das Wesen der ersten Stufe der Rezeption. Auf der zweiten verschiebt sich der Schwerpunkt. Es wird nun wirklich und mit innerer Folgerichtigkeit gotisch gedacht. Die deutschen Meister versuchen mit den gotischen Mitteln eigenartige Kompositionen hinzustellen, die zwar nicht in der Konstruktion, aber in der Raumgestaltung die einheimische Überlieferung weiterbilden. Erst die dritte Stufe bedeutet den Sieg. Die Rezeption kommt zur Vollendung, die Mustergültigkeit der inzwischen zur Reife gelangten französischen Architektur wird uneingeschränkt anerkannt. Diese dritte Stufe — deren erste Vertreter, genau um die Mitte des Jahrhunderts, das Langhaus des Straßburger Münsters und der Chor des Kölner Doms sind — liegt aber schon außerhalb der Grenzen der uns beschäftigenden Epoche.

Nun kommt aber noch eine Differenzierung anderer Art in Betracht. Was die deutschen Bauleute in Frankreich kennen lernten, war am Anfang des 13. Jahrhunderts noch kein gleichförmiger Stil. Zu einem solchen ist die Gotik erst in der Epoche der Hochgotik geworden. Die Frühgotik Frankreichs ist nicht auf einem Punkte, nicht aus einer einzigen Wurzel entsprungen. Sie zeigte sich anders dem, der sie in Burgund, anders dem, der sie in Franzien oder gar im Westen kennen lernte. So kam es, daß diese aus gesonderten Quellen herkommenden Strömungen, die in Frankreich verhältnismäßig schnell sich vermischten, bei ihrem Übertritt auf das deutsche Gebiet länger als dort ihre Ursprungsfarbe bewahrten. Folgende Spielarten sind zu unterscheiden. Erstens die rudimentäre Zisterziensergotik, ein Produkt Burgunds. Zweitens die außerzisterziensische burgundische Frühgotik, vertreten vornehmlich durch Vezelay und Dijon. Drittens die eigentlich französische Frühgotik; Laon, Soissons und Reims können als Studienplätze der deutschen Wanderkünstler bestimmt nachgewiesen werden, von den vierziger Jahren ab die bereits in die hochgotische Phase eingetretenen Kathedralen von Chartres, Paris und Amiens. Viertens, wahrscheinlich auf dem Seewege erreicht, der Westen.

Unter diesen teils durch die logische Problementwicklung, teils durch historische Zufälle bedingten Wandlungen liegt als unveränderliche Unterströmung jenes Etwas, das wir das deutsche Kunstwollen nennen. Auch es tritt nicht einfach in die Erscheinung, sondern differenziert nach den Charakteren der Stämme, aus denen das deutsche Volk sich zusammensetzt. Es wäre begreiflich, wenn der innerdeutsche Verkehr im Verein mit der kosmopolitischen Strömung eine gleichmacherisch verschleifende Wirkung ausgeübt hätten. Um so bemerkenswerter ist es, daß das Gegenteil eintrat. Aus der Bereicherung der Kunstmittel erwuchs für die einzelnen Stämme die Möglichkeit, in der Baukunst ihre Sonderart bestimmter auszuprägen und mit charakteristischen Zügen reicher auszustatten als je zuvor.

Die von innen treibende Kraft der deutschen Bauphantasie und die hellhörige Empfänglichkeit für Anregungen, die der wogende internationale Verkehr herantrug, vereinigten sich, der Architektur der späteren Stauferzeit seinen überschwenglichen, für den ersten Eindruck verwirren den Reichtum zu leihen. Folgt man den aus der obigen Übersicht gewonnenen Leitlinien, so klärt sich das Bild. Nicht sprudelnde Willkür, sondern eine wunderbar jugendliche, nach Fülle des Lebens durstende Empfänglichkeit hat die Fäden so bunt gemischt.

Wir wenden uns nun zur Betrachtung der einzelnen Stilprovinzen.

Der Spätromanismus in Westdeutschland und die gotische Rezeption der ersten Stufe.

Der Niederrhein. Diese Stilprovinz (der übrigens ein Stück des Mittelrheins, bis Andernach, noch zuzurechnen ist) übertrifft alle andern in dieser vielbewegten Zeit, höchstens Westfalen ausgenommen, durch Prägnanz und Festigkeit des Charakterbildes. Es war ihr Glück, daß sie eine große Stadt mit alter, nie unterbrochener Kunsttradition, mit reichen geistlichen Stiftern und einem kräftigen, freigebigen Bürgertum, Köln, zum Mittelpunkt hatte. Hier war im vollen Sinne das vorhanden, was man eine Schule nennt. Dieselbe war der Brennpunkt der von der Wiederbelebung antiker Erinnerungen ausgehenden Bestrebungen, von denen in der Einleitung zu diesem Kapitel die Rede war. Bis ans Ende unserer Epoche, d. i. bis zu der scharfen Wendung, die mit der Grundsteinlegung zum neuen Dom eintrat, beharrte sie mit gelassener Festigkeit in ihrer deutsch-romanischen Stilgesinnung, zum Schluß allerdings bei einer gewissen Stauung der Säfte und barocken Überreife anlangend. Gegenüber dem gotischen Stil, von dem sie dank ihrer geographischen Lage frühzeitig Kenntnis erhielt, glaubte sie volle Freiheit zu besitzen — worin sie sich allerdings täuschte. Es sollte auch für sie plötzlich der Tag kommen, an dem der Diener zum Herrn wurde. — Versagt blieb der Schule die Durchführung einer einheitlichen Planung ganz großen Maßstabes. Der Umbau des Doms, mit dem Erzbischof Engelbert (1216—25) sich trug, hätte ein solcher werden sollen. Doch wurde er verschoben. Dafür schwoll das Schaffen in unerhörter Weise in die Breite. Die Bevölkerung war rasch angewachsen, ein großer Teil aller Landkirchen (unter denen übrigens viele nicht einfache Pfarrkirchen, sondern mit kleinen Chorherren- oder Chorfrauenkonventen ausgestattet waren) wurde erneuert, noch heute sind sie ein hervortretendes Element im monumentalen Bilde des Rheinlandes. Mit welcher Sicherheit der Geist des Jahrhunderts auch diesen anspruchslosen Kleinbauten sein adliges Gepräge aufzudrücken versteht, das ist in hohem Grade der Aufmerksamkeit wert. Kein späterer Stil hat den romanischen der Stauferzeit hierin erreicht.

In der Stadt Köln, die bei ihrem sprichwörtlichen Reichtum an Klosterkirchen (die auch dem Pfarrdienst vorerst noch hinlänglich Raum darboten) zu Neubauten wenig Anlaß hatte, ließ sich die Baulust trotzdem nicht zurückhalten. Sie warf sich darauf, an den bestehenden Gebäuden einzelnen Teilen, meistens dem Chor, zuweilen auch dem Westbau, eine neue, eindrucksvollere Gestalt zu geben. Bedürfnis nach räumlicher Erweiterung spielte dabei keine oder eine geringe Rolle. Die stärkste Triebfeder, man beachte es wohl, war die Freude am künstlerischen Schaffen an sich. Das alte deutsche Behagen an gruppierender Komposition nahm bei diesen im strengeren Sinne planlosen An- und Ausbauten eine charakteristische Wendung zu asymmetrischen Kontrasten; man lernte, bestimmte Ansichten im Zusammenhang mit der Umgebung wirkungsvoll herauszuarbeiten; man steigerte (womit der 1190 vollendete Chor von St. Gereon vorausgegangen war) die Profile der äußeren Gliederung zu kraftvollen Schattenwirkungen. Der Wille zum Malerischen schien die Führung übernehmen zu wollen. Es gereicht der kölnischen Schule zum Ruhme, daß sie darüber nicht einseitig wurde. In ihr lebte, wenn auch durch die gegebenen Bauprogramme einigermaßen eingeschränkt, eine starke raumschöpferische Intention; eben durch das gedankenreiche Ineinandergreifen der inneren und äußeren Baugestaltung gewinnen einige kölnische Kirchen dieser Zeit einen ganz originellen und sehr hohen künstlerischen Wert.

An der Spitze stehen, im Grundgedanken einander gleich, aber höchst individuell ihn abtönend, die Kirchen Groß-St. Martin und St. Aposteln. Die letztere wurde nach einem Brande vom Jahre 1192 in Angriff genommen; für die erstere liegt ein unsicheres Baudatum zu 1185 vor, und ein anderes, ebenfalls unsicheres, aber innerlich wahrscheinlicheres, zwischen 1206 und 1210. In beiden Fällen wurde einem zunächst noch unverändert bleibenden basilikalen Langhaus ein zentral komponierter Ostbau hinzugefügt. Es ist die Wiederaufnahme des Grundgedankens der Kapitolskirche. Immer werden in der kunstgeschichtlichen Betrachtung die Momente, in denen eine alte, scheinbar abgestorbene Idee unerwartet mit verjüngter Lebenskraft aus dem Dunkel sich erhebt, in besonderem Maße Teilnahme erregen. Der Stammbaum der Kapitolskirche geht, wie man sich aus früherer Erörterung erinnert (S. 113), auf die Antike zurück, und zwar auf den Formenkreis der Gewölbearchitektur; die Zeit um die Mitte des 11. Jahrhunderts, die den Plan nach Deutschland brachte, war aber nicht imstande gewesen, ihn gewölbemäßig durchzuführen. Jetzt, nach anderthalb Jahrhunderten, erkannten die Meister von St. Martin und St. Aposteln mit genialer Intuition die Wahlverwandtschaft dieses Planes mit ihren letzten Grundes ebenfalls aus der Antike herkommenden Gewölbebaugedanken. Einst Zusammengehöriges, ein Jahrtausend lang Getrenntes, zog mit geheimnisvoller Geistesgewalt sich an. Nicht um platte Nachahmung handelt es sich. Die Meister der Stauferzeit nahmen mit dem alten Plan eine Vereinfachung vor, die dasselbe bedeutet, wie nachmals bei der römischen Peterskirche die Umformung des Bramanteschen Planes durch Michelangelo. Die konzentrischen Umgänge wurden aufgegeben. Nur unter dieser Bedingung konnte das neue System der inneren Widerlager (vgl. oben S. 219) wirksam gemacht werden. Aber das war es nicht allein. Dem Formgefühl am Schlusse des 12. Jahrhunderts entsprach die gelassene Weiträumigkeit und die den Blick in die Ferne ziehende Perspektivik der Kapitolskirche nicht mehr. Es sieht den Raum gleichsam als eine knetbare, plastische Substanz an, ballt ihn zusammen, drängt ihn nach der Mitte und in die Höhe. — Die Apostelkirche, ungefähr gleichzeitig mit St. Martin, bringt die gemeinsame Idee um einen Grad reifer zum Ausdruck, weshalb es genug sein wird, wenn wir sie allein eingehender schildern (Abb. 88, 89, 164). Die Symmetrie der Kleeblattgestalt ist streng durchgeführt. An die Vierung, deren Maß durch das Langhaus gegeben war, schließen sich kurze Kreuzarme und an diese die Konchen, deren Nischensystem wir schon besprochen haben. An der Decke folgen sich, von außen nach innen: Halbkuppel, Tonne und achtseitig gebrochene Zentralkuppel über freistehendem, von Fenstern durchbrochenem Tambour. Dieser letztere hatte in St. Martin noch gefehlt, er bedeutet für die Zentralisation des Raumes und der Beleuchtung einen ganz wichtigen Fortschritt. Woher die Anregung kam, sagt uns die im Scheitel der Kuppel angelegte kleine Laterne, ein offenkundig byzantinisches, auch im Detail (Außenansicht) diesen Ursprung verratendes Motiv. Was könnte es anders sein als eine Reiseerinnerung von einer Fahrt ins Heilige Land? Abendländisch ist die Überführung aus dem Grundquadrat ins Achteck durch nischenförmige Überkragung (»Trompen«). Dagegen finden sich richtige byzantinische Kuppeln mit Hängezwickeln in Sinzig und Trechtlinghausen; modifiziert in der Taufkapelle von St. Georg in Köln. Tiefer beeinflußt ist die rheinische Architektur durch diese kleinen Byzantinismen nicht. Aber daß sie überhaupt vorhanden sind, ist für die Gesamtauffassung der Zeit sehr zu beachten. — Wenden wir uns nun der äußeren Baugestalt der Apostelkirche zu (Abbildung 190). In ihr hat der spezifische Schönheitsgehalt des deutschromanischen Stils klassischen Ausdruck gefunden. Beim Anblick dieser weise überlegten Harmonie eines reichgegliederten Ganzen mit jedem seiner Teile möchte man glauben: diesem einen Eindruck habe der Meister alles untergeordnet. Die genauere Zergliederung erweist aber, daß alles aus der inneren Raumgliederung herausentwickelt ist. Die Vierung, die kurzen Kreuzarme, die Konchen — jedem dieser drei in der Innenansicht verschmolzenen Raumelemente entspricht in der Außenansicht eine besondere Höhenstufe. Auf dem Dreiklang (anders als in St. Gereon, dem unmittelbaren Vorläufer) beruht auch die Wandgliederung der Konchen. Die Höhenlage des Teilungsgesimses könnte nicht schöner abgewogen sein. In weichem Fluß spielen die Rundlinien der Apsiden um den starren Kernbau, bewegt und doch gebunden, in dreimaliger Wiederholung zum gleichen Gesetz sich bekennend. Und so steht auch der vertikale Aufbau unter der Herrschaft einer strengen geometrischen Figur: ein gleichseitiges Dreieck, das Symbol des vollkommenen Gleichgewichts, verbindet die Spitze des Kuppeldaches mit den Endpunkten der Grundlinie. Wir hätten somit einen Zentralbau vor uns, bei allem Reichtum kristallischer Ausstrahlung vollkommen streng, käme nicht durch die zwei Türme der Ostseite leise der Widerspruch eines freiheitsbedürftigen Geistes zum Worte. Wir wissen es schon aus manchen Beobachtungen früherer Gelegenheiten: der deutsch-romanische Stil liebt nicht die absolute Symmetrie. Wie sie durch diese zwei Türme — nicht vier, wie die genaue Durchführung des zentralen Planes es verlangt hätte — bescheiden und doch fühlbar durchbrochen wird, das gibt der reifen und ernsten Männlichkeit dieses Meisterwerks einen Zusatz von Anmut, der ihn erst recht liebenswert macht. (So hätte Herr Walther von der Vogelweide gebaut, wenn das Schicksal ihn zum Kirchenbaumeister bestimmt hätte.) — Groß-St. Martin (Abb. 83—87, 189, 191). Im Wesen des Zentralbaus liegt eine besondere Empfindlichkeit für die Verhältniswerte. So ist hier aus gleichen Grundelementen durch bloße Verschiebung der Proportionen ein eigentümlich neuer Eindruck entwickelt. Die Mitte ist im Grundriß stärker betont, das Raumganze nach der Höhe gesteigert. Das zweite Geschoß wirkt durch die starke Auflösung (1,2 m Stärke der Außenmauer gegen 4 m im Erdgeschoß) überraschend und kühn. Vollkommen beherrschend wird die Vertikaltendenz in der äußeren Baugruppe. Die Kreuzarme und die Konchen drängen sich dichter an den Mittelbau, und dieser schießt turmartig in die Höhe, auch die Ecktürmchen fest an sich heranziehend. Tadellos schön ist die Rhythmik im Wechsel großer Flächen und kleiner Gliederungen. Aus stehengebliebenen Ansätzen läßt sich erkennen, daß auch in St. Martin ursprünglich ein achtseitiger Aufsatz, jedenfalls niedriger als der heutige und wohl ähnlich wie bei St. Aposteln, geplant war. Die jetzige Gestalt ergab sich erst während der Bauführung. Ein gedrängtes Häusergewirr am Fuße bedrohte die Übersichtlichkeit, dafür lockte die Nähe des Rheinufers zur Geltendmachung der Fernwirkung. Niederländische Maler des 15. Jahrhunderts haben auf ihren Stadthintergründen diesen jedem Reisenden in Erinnerung bleibenden Eindruck oft wiederholt. Hier zum ersten Male ist die Wirkung des Kirchturms für die Stadtsilhouette mit Bewußtsein verwertet. Wir werden sehen, wie im späten Mittelalter in der Epoche der Vorherrschaft des bürgerlichen Elementes dieser

Gesichtspunkt im Turmbau immer zunehmende Geltung gewann. — Eine freie und geistreiche Anwendung fand das System von St. Aposteln im Westbau von St. Georg, einer alten Basilika aus der Zeit des hl. Anno. Die volle Breite des Langhauses ausnutzend, bildet er ein Quadrat von 17,5 m Seite. Schon in den Abmessungen ein großartiger Raum. Dazu die überaus wuchtige Behandlung des Wandsystems. Es hat eine Mauerstärke von fast 5 m. Die Nischen bohren sich tief in sie hinein. Das Obergeschoß ist wieder in einen Laufgang aufgelöst. Die in seinem Grunde liegenden Fenster — unten sind keine — geben einen schön gesammelten Lichteinfall. Eine Flachkuppel auf Hängezwickeln bildet den Abschluß. Nach außen war jedenfalls noch ein turmartiger Aufsatz beabsichtigt.

Das mit dem kölnischen kleeblattförmigen Chorgrundriß verschwisterte Wandsystem stieß auf eine fatale Schranke, insofern es sich auf mehrschiffige Langhäuser nicht übertragen ließ. In St. Martin und St. Aposteln hatte man daran zunächst auch nicht gedacht, man wollte es bei den bestehenden flachgedeckten Langhäusern bewenden lassen. Der Kontrast war aber zu hart, und man konnte auch hier der Einwölbung sich nicht entziehen. In St. Martin wurde im ersten Joch, zunächst der Vierung, eine hochinteressante Lösung versucht: ein Tonnengewölbe wurde über das Mittelschiff geschlagen und in dem über den Seitenschiffen errichteten Obergeschoß ein sehr zweckmäßiges Vehikel zur Ableitung des Seitenschubs gefunden (Abb. 85, rechte Hälfte). Die Beleuchtung hätte aber nur indirekt sein können. Vielleicht war dieses am meisten, neben der Fremdartigkeit der ganzen, sonst vielversprechenden Lösung, der Grund, weshalb nicht weiter auf sie eingegangen wurde; vielleicht auch nur die (allzuoft eine Rolle spielende) Sparsamkeitserwägung, daß die alten Mauern des Langhauses nicht unbenutzt bleiben sollten. Im Langhaus von St. Aposteln kam ein künstlerisch unzulänglicher Kompromiß zustande, der historisch allerdings dadurch interessant ist, daß in ihm zum ersten Male am Niederrhein (a. 1219) das französisch-frühgotische Rippengewölbe in sechsteiliger Gruppierung Eingang fand. Es empfahl sich allein schon durch sein leichtes Gewicht. Strebebögen anzuwenden hielt man hier nicht für nötig. Nicht viel später, bei der Einwölbung des Ostbaus der Kapitolskirche, hat man sich aber doch zu ihnen bequemt, trotz der abschreckenden Häßlichkeit dieser Hilfskonstruktion in ihrer primitiven Fassung. Der zwischen 1230 und 1250 fallende Umbau des Langhauses von Groß-St. Martin zeigt schon flüssigere Behandlung; die Art, wie hier kölnische und französische Elemente gemischt wurden, ist an sich sogar schön zu nennen, nur mußte bei der geforderten Höhensteigerung die Harmonie mit dem Ostbau preisgegeben werden. An Stelle einer eingehenden Analyse, die viel Raum beanspruchen würde, genügt der Hinweis auf Abb. 85, 86. — Der einzige größere, einheitliche Neubau der Epoche ist die Stiftskirche St. Kunibert, begonnen um 1210, vollendet 1247. Von den bisher geschilderten Bestrebungen der Kölner Schule wird er nur flach berührt; er setzt das gebundene romanische System der älteren Zeit fort, jedoch so, daß die meisten Einwendungen, die gegen dieses System in seiner bisherigen Gestalt zu erheben waren, zu Boden fallen. Eine Ausgeglichenheit und gelenke Leichtigkeit der Haltung wird erreicht, von der das 12. Jahrhundert nichts gewußt hatte. Nicht am wenigsten ist sie zu verdanken der zwischen Arkaden und Hochfenstern eingeschobenen blinden Galerie. Dies die Komposition reich und geschmeidig machende Zwischenglied fehlt von 1200 ab keiner kölnischen Kirche. Im selben Sinne förderlich ist ferner die sechsrippige Teilung der großen, im Grundriß überquadratischen Gewölbe. Ihre starke, kuppelartige Bauschung ist eine allgemeine Eigenheit der Schulen des Nordwestens. Der Spitzbogen kommt nur an den Quergurten vor, Arkaden und Fenster verbleiben dem Rundbogen. Die Seitenwände erhalten durch flache Nischenausbuchtung eine feine Belebung. Reichliche Beleuchtung vollendet den klaren und harmonischen, verglichen mit den Bauten der St. Apostelfamilie allerdings etwas prosaischen Eindruck. In der Außenansicht treten neue Elemente nicht auf. Sie gibt nach gewohnter Weise große, ruhige Flächen mit Lisenen- und Bogenfriesgliederung in flachem Relief. Dies ist typisch. Die Kölner beharrten bis zum Schluß der Epoche auf ihrer Meinung, daß man ganz wohl des Vorteils der gotischen Rippenkonstruktion sich bedienen könne, ohne durch sie zu Strebepfeilern genötigt zu sein.

Wieder ein Zentralbau kombiniert mit Langbau ist St. Gereon (Abb. 134—135 a). Aber der zentrale Teil dient hier liturgisch als Schiff und der longitudinale als Chor. Die in jeder Hinsicht exzeptionelle Gestalt ist das Ergebnis einer langen Geschichte. Das Gereonstift lag außerhalb der Stadtmauern auf einem Acker, der vom 4. Jahrhundert ab der römischen Christengemeinde als Begräbnisplatz gedient hatte. Zahlreiche hier gefundene Steinsärge und Grabinschriften bezeugen eine starke Benutzung. Die Kirche wird zum ersten Male um das Jahr 591 von dem Geschichtschreiber der Franken Gregor von Tours genannt, mit dem Zunamen »zu dem goldenen Heiligen«, was auf Goldmosaiken hindeutet. So wird sie noch im 11. Jahrhundert beschrieben. Die Legende des Mittelalters verlegte hierher das Martyrium der thebäischen Legion, als deren Führer in Köln der hl. Gereon galt, während eine andere Version den hl. Mauritius zum Hauptbelden macht. 1126 wurden die Gebeine des hl. Gereon aufgefunden. Unter Erzbischof Arnold (1151—56) wurde der schon vom hl. Anno dem Zentralbau hinzugefügte Chor in die bestehende Gestalt gebracht: ein aus drei quadrischen Gewölben zusammengesetzter Langbau mit hoher und weiter Apsis und flankierenden Osttürmen, das schönste Beispiel der kraftvollen Formensprache des späteren 12. Jahrhunderts. Die Erneuerung des Zentralbaus begann 1219 und wurde 1227 vollendet, ein merkwürdiger Beleg für die rasche Veränderung des Stilgefühls in dieser schnellebenden Zeit. Den Kern des Unterbaus bildet unverändert der spätantike Zentralbau. Er war ein Oval mit ausstrahlenden Nischen (verwandt dem sogenannten Tempel der Minerva medica in Rom). Als man jetzt an die Überhöhung schritt, wurde der Nischenkranz durch Ummantelung verstärkt, wodurch er in der Außenansicht die Gestalt eines verschobenen Zehnecks annahm. Über den auf diese Weise widerstandskräftig gemachten Unterbau kamen zwei neue Stockwerke zu stehen, das erste als Emporenumgang, das zweite als Lichtgaden ausgebildet. Nach dem Plan von 1219 hätte schon auf dieser Höhenlinie das Gewölbe einsetzen sollen. Die inzwischen fortgeschrittene Kenntnis der französischen Rippenkonstruktion, offenbar durch den Eintritt eines neuen Bauleiters vermittelt, wies aber auf neue Möglichkeiten, und man zögerte nicht, mit freudiger Kühnheit ihnen nachzugehen. Das so entstehende dritte Obergeschoß ist in Köln die erste und auf längere Zeit einzige wirklich gotisch gedachte Konstruktion. Die Kuppel, die in ihrer längeren Achse 22, in ihrer kürzeren 18 m Spannung hat und deren Scheitel mehr als doppelt so hoch liegt als die des römischen Baues, ist dank den Rippen auf ein mäßiges Gewicht herabgesetzt, sie gestattet Öffnung der Wand durch hohe Lichtöffnungen, und nach außen ist sie durch ein freistehendes Strebewerk abgestützt. Vermutlich ist die Kölner Kritik mit dieser Neuerung hart ins Gericht gegangen, und sie hätte sich ganz wohl auch durch andere, weniger revolutionäre Mittel ersetzen lassen. Im Innenbau dagegen tritt der Gotiker nicht allzu herausfordernd auf. Die Störung der Formenharmonie ist nicht heftig und wird durch die herrliche Beleuchtung und schwungvolle Raumpoesie reichlich aufgewogen. — Die schon vorher ungemein mannigfaltige Typensammlung der kölnischen Architektur war um ein höchst eigentümliches Stück vermehrt, und dem Interesse an zentralisierender Komposition war ein Gewicht mehr in die Wage gefallen. — Die umfänglichen Kreuzgänge und Stiftsgebäude sind in der napoleonischen Zeit abgebrochen worden. Erhalten hat sich die kleine Taufkapelle (Abb. 376) an der Südseite. An ihr konnte den Kölnern eine spezielle Tugend der neuen Wölbungsmethode vordemonstriert werden: die Rippen machten es möglich, einem durch Zwang der Örtlichkeit ganz unregelmäßigen, für die Mittel des romanischen Stils hoffnungslosen Grundriß eine sehr annehmbare Raumgestaltung, dazu noch pikante dekorative Wirkungen abzugewinnen. Das hübsche kleine, für seine Zeit höchst »moderne« Architekturstück wird zwischen 1230 und 1240 entstanden sein. —

Es war in den Grenzen, die unsere Darstellung sich stecken muß, nicht möglich, mehr als die Grundlinien im architekturgeschichtlichen Bilde der Stadt Köln herauszuheben. Einen Begriff vom einstigen Reichtum dieses Bildes könnte nur ein weitläufiges Studium geben. Die Schriftquellen nennen eine ganz beträchtliche Zahl kleinerer und mittlerer Kirchenbauten, die seither verschwunden sind. Trotzdem stößt man in der Altstadt noch immer auf Schritt und Tritt auf romanische, besonders spätromanische Baureliquien, bald einen Turm, wie den kraftvoll anmutigen von St. Maria in Lyskirchen, oder den schlanken von St. Kolumba, oder die durch spätere Umgestaltung stärker entstellten von Sankt Peter und St. Johann; oder eine Fassade wie St. Andreas und Sta. Ursula; oder einen Chor wie St. Severin. Eben die Zerteilung in sehr viele kleine Aufgaben ist das Bezeichnende. Es waren nicht die geistlichen Körperschaften allein, es waren mehr noch die Bürger, deren eine so noch nie gesehene Leidenschaft im Bauen sich bemächtigt hatte. Wieviel dabei der religiöse Antrieb, wieviel der Stolz auf die Vaterstadt ausmachte, hätten sie selbst nicht unterscheiden können.

Rheinabwärts sind in der Kölner Diözese die vier ansehnlichsten Bauunternehmungen aus der ersten Hälfte des 13. Jahrhunderts das St. Viktorstift in Xanten, das St. Quirinstift in Neuß und auf der rechten Seite die Nonnenklosterkirche Gerresheim und die Abteikirche Werden a. d. Ruhr. St. Viktor galt für eine Stiftung der hl. Helena und war schon viermal umgebaut, als 1263 der heute stehende gotische Bau begonnen wurde. Von dem 1213 geweihten letzten romanischen sind die zwei mächtigen und schweren Westtürme erhalten, die weithin sichtbar über das flache Land ragen (Abb. 196). Der auf enge Gassen und auf Wiederbenutzung frühromanischer Grundrisse angewiesenen stadtkölnischen Schule war dies Motiv fremd gewesen; wo sie Doppeltürme anwendet, begleiten sie die Chöre und wenden sich nach der Rheinfront. — In Neuß wurde der karolingische Stiftungsbau von 1209 ab durch den heute bestehenden, einheitlich erhaltenen Neubau ersetzt. Er schließt sich im kleeblattförmigen Grundriß eng der Kölner Apostelkirche an. Der Aufbau, dessen Hauptbauzeit das Jahrzehnt 1220—1230 gewesen sein möchte, ist das Werk eines zweiten Meisters, eines Mannes von kühn ausfahrendem Temperament, der schon mehr gotische Mittel anwendet, dessen individuelle Stimmung aber von der der französischen Frühgotiker sehr verschieden ist; man darf sie barock nennen. Im Ostbau ist das großartige Phlegma der Apostelkirche einem unruhigen Drängen nach oben gewichen; die vertikalen Teilungen überwiegen die horizontalen, und ganz folgerichtig ist fast durchgehend der Rundbogen durch den Spitzbogen ersetzt. Sie sind bloße Ausdrucksform, wie auch die Gewölberippen nur unterlegt sind. Von bedeutender Wirkung ist die starke Hebung des Vierungsraumes. Das eigentümlichste aber ist die sukzessive Abnahme der Jochlängen des Langhauses von West nach Ost; das erste mißt 11,20 m, das zweite 9,50 m, das dritte 8,10 m. Doch wohl ein bewußter perspektivischer Kunstgriff. Höchste Unruhe und herausfordernde Seltsamkeit herrscht in den Fensterformen

Der Meister von St. Quirin steht damit nicht allein da, er übertreibt nur die der ganzen niederrheinischen Schule eigentümliche Neigung, die Bogenlinien, soweit sie nicht konstruktiv gebunden sind, rein als Bewegungslinien expressiv auszubeuten. Sie stellt damit eine ausgesprochene Antithese zur Gotik auf, die jede letzte Form, auch die rein dekorative, auf konstruktive Vorstellungen hinwendet. Sehr beliebt ist an blinden Arkaturen der Kleeblattbogen, an offenen Arkaden oder Fenstern die dreiteilige Gruppe mit überhöhtem Mittelglied und Umrahmung durch einen blinden Spitzbogen (Beispiel die Emporen von St. Gereon), und oft werden hier Zusammenstellungen von schönem und geschmeidigem Reichtum gefunden. In einen bedenklichen Taumel gerät aber die Erfindungsgabe bei den Fenstern. Das kreisförmige Fenster ist durch seine Natur bestimmt, den Mittelpunkt einer Fläche zu betonen; tritt er in ganzen Reihen auf, wie an vielen Seitenschiffen dieser Zeit, so ist es schon nicht ganz einwandfrei. Wogegen man es geradezu auffallend nennen muß, daß das am Oberrhein sehr verbreitete Radfenster in den Formenvorrat des Niederrheins nicht aufgenommen wurde. Bedenklich ist das mehr breite als hohe Fächerfenster, und gänzlich aus dem allgemeinen Formentenor fallen die Trifolien-, Lilien- und Schlüssellochfenster heraus oder womit sonst man diese wildgewordene Phantastik vergleichen mag. Man darf bei der Beurteilung von St. Quirin diese Ausschreitungen (die vielleicht auch schon einem dritten Meister in Rechnung zu setzen sind) schließlich beiseite schieben; sie beeinträchtigen nicht die großen Eigenschaften dieses Gebäudes, den mächtigen, frei bewegten Rhythmus der Raummassen, worin wenige es ihm gleichtun. — Die Kirche von Gerresheim, ein einheitlicher, ziemlich schnell ausgeführter Bau, mit dem Weihedatum 1236, ähnelt St. Kunibert in Köln, nur sind die Gewölbelinien spitzbogig. Eine weiche Anmut, wie sie am Niederrhein nicht oft vorkommt, paßt zu dem mäßig großen Maßstabe. In der äußeren Gruppe dominiert ein schlanker, achteckiger Zentralturm. — Die Abteikirche Werden a. d. Ruhr haben wir als bedeutendsten karolingischen Bau dieses Gebietes seiner Zeit besprochen. Von ihm blieb das Westwerk und die Ostkrypta erhalten. Alles übrige ist Neubau aus den Jahren 1257—1275. Der Formengeist dieses fast ein Jahrzehnt nach dem Kölner Dom begonnenen Baus steht noch ohne Wanken auf dem Standpunkte der ersten Hälfte des Jahrhunderts. Die Grundstimmung des edlen Meisters ist deutsch-romanisch; er kennt auch die Frühgotik, aber schwerlich aus Frankreich, wo sie ja auch längst antiquiert war, sondern aus der rheinischen Rezeption, vielleicht besonders aus Limburg a. d. Lahn. Die barock-phantastische Episode ist bei ihm schon wieder überwunden, aus ihrer Gärung ist ein reifer, milder, vollkommen ausgeglichener Stil hervorgegangen, der es bedauern läßt, daß ihm keine längere Lebensdauer beschieden war.

Im südlichen Teil der Diözese Köln war das Vorland des Siebengebirges und das enge Rheintal bis Koblenz Schauplatz einer überaus lebensvollen Tätigkeit, namentlich in der Gattung der kleinen und mittleren Bauten. Wer dieses Gebiet mit Muße durchpilgert, wird verspüren, wieviel warme Volkstümlichkeit doch auch dem vornehmen Geiste der Stauferzeit innewohnte. An dieser Stelle können wir uns freilich nur mit einer Auswahl des Wichtigsten beschäftigen. — Das Stift St. Cassius und Florentius in Bonn, schon im Jahre 788 genannt, war ein Mittelpunkt kirchlichen und baukünstlerischen Lebens. Das bestehende Gebäude ist exemplarisch für die Neigung und Fähigkeit des romanischen Zeitalters, Bestandteile differenter Pläne und Stile ohne Mißklang ineinanderzuarbeiten; hier vom frühen 11. Jahrhundert bis zur Mitte des 13. Der letzte Meister, dessen Tätigkeit sich leider nicht auf Jahre genau bestimmen läßt — er arbeitete unter dem von 1205 bis 1224 amtierenden Propst Oliver —, errichtete das Langhaus und wölbte den Chor. Er hatte in seinem Leben viel gesehen, war in Frankreich gewesen, vielleicht bis in die Normandie vorgedrungen, und verwebte nun die eingesammelten Fäden in ein ursprünglich niederrheinisches Gespinst. Für die halbkreisförmigen Endigungen des Querschiffs können zusammenfließend nordfranzösische und kölnische Erinnerungen maßgebend gewesen sein. In ihrem Aufbau erinnern sie mehr an die erstere Schule. Sie sind eines der frühesten Beispiele für polygonale Brechung des Halbkreises, fünf Seiten des Zehnecks und Auflösung der Wände in hohe, schmale Fenster. Das Langhaus ist nicht nach dem gebundenen System aufgebaut (wie in der eigentlich kölnischen Schule stets), sondern, zum ersten Male wieder seit dem wenig geglückten Versuch in Laach, in durchlaufender Jochteilung, die Gewölbe des Mittelschiffs im Grundriß querrechteckig, die der Seitenschiffe hochrechteckig. Jetzt, wo der Spitzbogen die Möglichkeit gab, ungleiche Spannungen unter gleiche Scheitelhöhe zu bringen, zeigte die Anordnung sich von ihrer vorteilhaften Seite. Im Oberbau ist die Mauer in zwei Schalen zerlegt, nur die äußere bildet eine geschlossene Wand, die innere ist zweimal, zuerst in der flachen Zwischengalerie (dem sogenannten Triforium), dann in dem Laufgang vor den Hochfenstern, in Säulen und Bögen aufgelöst. Das Korrelat bildet das offene Strebewerk. Es ist etwas schwer geraten, aber vollkommen sinngemäß durchgebildet und darin den gewissermaßen mit schlechtem Gewissen unternommenen ersten Versuchen in Köln und Zülpich überlegen. Das Bonner Münster ist zu seiner Zeit am Rhein der am weitesten auf dem Wege zur Gotik vorgedrungene Bau, aber man wird gewiß nicht behaupten wollen, daß er im Gesamteindruck gotisch sei. Die unruhige Lebendigkeit des Meisters ist von ganz anderer Art. Man sehe das Vielerlei der von ihm angewendeten Fensterformen: im Chor große, kreisrunde Öffnungen über glatten, ruhigen Wänden; an den Querschiffschlüssen schmale Hochfenster über einem

Kranz von Ochsenaugen im Erdgeschoß; in den Seitenschiffen des Langhauses breite Fächerfenster; im Hochschiff eine Pyramide von fünf schmalen Schlitzen, aber noch immer rundbogig geschlossen. Das Laubornament an Kapitälen, Konsolen und Basen ist in einem lebendigen Halbnaturalismus gegeben und von feinfühligster Meißelarbeit.

Aus der Deutschordenskommende in Ramersdorf gegenüber Bonn wurde im Jahre 1846 die Kapelle nach Bonn (als Kirchhofskapelle) übergeführt. Das im zweiten Viertel des Jahrhunderts entstandene kleine Architekturstück (Abb. 133) ist im Hallensystem, d. h. mit gleichhohen Schiffen errichtet, in der Längs- wie in der Querrichtung dreimal geteilt, die Gewölbe kuppelig, mit breiten Quergurten und feinen, rund profilierten Diagonalrippen unterfangen, im Grundriß leise differenzierte Abweichungen vom strengen Quadrat und dadurch weich und flüssig in der Wirkung, die Stützen schlanke Säulen, aber durch den Schaftring vor dem Eindruck zerbrechlicher Überschlankheit bewahrt, die Wanddienste locker gebündelt und in Mannshöhe auf Konsolen gesetzt. Der Vergleich mit einer Krypta des 11. oder 12. Jahrhunderts (das System ist ja das gleiche) oder einer westfälischen Hallenkirche dieser Zeit läßt mit Unmittelbarkeit einen ungeheuren Wandel der Bildung und Stimmung empfinden; die deutschen Ritter, die sich diese Kapelle erbauten, die in der eleganten, sicheren, federnden Leichtigkeit ihrer Architektur ein Abbild dessen erkannten, was sie selbst waren oder sein wollten, sie müssen sehr andere Menschen geworden sein.

Eine der neuen Eigenschaften in der Architektur unserer Epoche ist ihr Schattierungsreichtum. Er ist nicht nur aus der persönlichen Stimmung der Arcnitekten zu erklären — obschon diese wahrscheinlich mit zunehmender Freiheit sich geltend machen durfte —, noch mehr bedeutet er als Niederschlag der geistigen Atmosphäre bestimmter Gesellschaftskreise. Nahe bei Bonn und Ramersdorf liegt die Zisterzienser-Abteikirche Heisterbach (Abb. 90—93). Es ist wieder ein ganz anderer Typus, dem wir in ihr begegnen. Die Kirche hält sich im Plan genau an die zisterziensische Bauordnung, aber in ihren Formen ist sie nicht zisterziensisch, d. h. nicht frühgotisch, und befindet sich darin in einem auffallenden Gegensatze zu dem zeitlich mit ihr gleichlaufenden Bonner Münster. In ihrer Abmessung übertraf sie mit einer Länge von 85 m sämtliche rheinische Kirchen der Zeit. Die napoleonische Verwaltung ließ sie abbrechen. Heute steht nur noch das Chorhaus aufrecht, eine der berühmtesten Ruinen Deutschlands. Im übrigen urteilen wir nach der Aufnahme Boisserées vor der Zerstörung. Der Grundstein wurde 1202 gelegt, und nicht wesentlich später muß der in der Ausführung einheitlich festgehaltene Entwurf aufgestellt worden sein. Das Eigenartige desselben liegt im Aufbau. In ihm wird unternommen, das kölnische Nischensystem auf den Langbau zu applizieren — eine Folgerung, vor der, wie wir gesehen haben, die stadtkölnische Schule immer zurückgewichen war. Dabei ist nicht zweifelhaft, daß der Meister das gotische Struktursystem, soweit als es in der Zisterzienserarchitektur sich entwickelt hatte, genau kannte. Aber er hat nur subsidiär und in verhehlter Weise davon Gebrauch gemacht: was sich dem Auge darbietet, sind romanische Formen, kein Spitzbogen, keine Rippe (ausgenommen am Chorhaupt, das wir noch besonders zu betrachten haben) kommt am ganzen Gebäude vor. Das Kölner System wird unter den Händen dieses scharfsinnigen Baudenkers höchst bewußt, man möchte sagen demonstrativ, zum Widerpart des gotischen gemacht. War es sonst den rheinischen Langhäusern dieser Zeit geläufig, durch Anlage von Emporen über den Seitenschiffen die Hochwand des Mittelschiffs zu versteifen und die Gewölbe desselben zu widerlagern, so will der Meister von Heisterbach auch hiervon nichts wissen. Anstatt dessen gibt er den Seitenschiffen eine ungewöhnliche Höhe; ihr Gewölbescheitel erreicht fast die Kämpferlinie der Hochschiffsgewölbe. War schon hiermit ein statisch günstiges Verhältnis erreicht, so kommt noch eine Reihe anderer Hilfsmittel hinzu, seine Wirkung zu erhöhen. Zunächst die Übermauerung der Quergurten im Dachraum der Seitenschiffe — Antithese des offenen gotischen Strebebogens; dann der rhythmische Wechsel von Verdünnung und Verstärkung der Außenmauer durch eine zweigeschossige Nischenanlage — Antithese des offenen gotischen Strebepfeilersystems. Daß alle Gewölbe nur grätig sind, in einer freilich bloß scheinbaren Altertümelei, wurde schon gesagt; in Wahrheit ist ihre Teilung ungemein verwickelt und sinnreich. Die rechteckige Grundform der Hauptgewölbe hätte jeden andern Meister dieser Zeit mindestens zum Wechsel von Rundbögen und Spitzbögen veranlaßt; der unsere aber perhorresziert den Spitzbogen so sehr, daß er lieber Stelzung anwendet und so auch für den Schildbogen den halbkreisförmigen Abschluß rettet. Sehr eigentümlich muß der Eindruck gewesen sein, den die konsequente Durchführung der vollen Kreisform für alle Fenster (ausgenommen die des Querschiffes) hervorrief. Auch sie war nicht Laune, sondern aufgedrungen — wiewohl nicht ungern akzeptiert — durch das konstruktive System, das zwischen den Seitenschiffs- und Hochschiffsdächern zu normalen Fenstern keinen Raum ließ. Einzig das Chorhaupt hat teil an der gotischen Filiation der Zisterzienser. Doch ist auch hier nicht der normale platte Schluß gebraucht, sondern das in Deutschland sonst nie mehr angewandte Schema von Clairvaux. Daß die Kirche von Heisterbach zerstört und damit eine der geistreichsten und originellsten Schöpfungen der deutschen Baukunst in der Stauferzeit uns verlorengegangen ist, bleibt ewig zu beklagen.

Eines der spätesten Erzeugnisse der Schule, in dem aber das bodenständige Element derselben besonders energisch zum Ausdruck kommt, ist die Peterskirche in Sinzig (Abb. 95, 201 a), eine nach der Längenrichtung stark zusammengepreßte Kreuzbasilika. Hätte die Schule ganz ihrer künstlerischen Neigung nachgehen dürfen, so hätte wahrscheinlich der Zentralbau eine beträchtliche Rolle in ihr gespielt, und zwar mit besonderer Sympathie für die laxeren Fassungen. Der ovale Grundriß von St. Gereon war zwar gegeben, kam aber der barocken Ader in der kölnischen Schule durchaus entgegen, wie ja auch das Barock des 17. und 18. Jahrhunderts das Oval liebte. Unsere beiden Abbildungen zeigen genugsam, was in Sinzig eigentlich gemeint war: ein verkappter Zentralbau. Die lebhafte Gliederung der Außenwand ist durch ihr wuchtiges Relief erst recht dazu angetan, die Stärke der Mauermaße fühlbar zu machen. Langausholende Linien sind überall vermieden, sie sind eckig, zerknittert und am Turm und der Apsis zu spitzen Giebeldreiecken herausgetrieben. Das Achteck des Turmes und die ebenfalls aus dem Achteck abgeleitete Brechung der Apsis (ein relativ frühes Beispiel für diese Neuerung) bilden eine schöne Resonanz. Wohlüberlegt war auch die Wahl des Ortes auf dem Gipfel eines Hügels, ehedem nach allen Seiten frei.

Die Liebfrauenkirche in Andernach. Gleich Sinzig eine bloße Pfarrkirche, nicht groß, aber von gediegenem Glanz der Ausführung. Das innere System (Abb. 96) ist, wie bei den meisten Kirchen des Rheintals, auf Emporen angelegt, im gebundenen System und in schweren, breit ausladenden Proportionen. Den Ruf, eine der schönsten romanischen Kirchen des Rheinlandes zu sein, verdankt sie vornehmlich der Westfassade (Abb. 200). Es wird dem Leser aufgefallen sein, daß bisher von Fassaden wenig die Rede gewesen ist. In der Tat hat dies Problem in der niederrheinischen Schule nur sekundäre Bedeutung gehabt, in Andernach macht sich in diesem Punkte der Mittelrhein geltend. In der Stadt Köln war es teils die Nachwirkung frühromanischer Plananlage, teils die beabsichtigte Bevorzugung der Ostansicht, die die Aufmerksamkeit ablenkten. Westfassaden mit Doppeltürmen kommen bezeichnenderweise nur im äußersten Norden des Gebietes, St. Viktor in Xanten, und im äußersten Süden, Andernach, vor. Im übrigen ist St. Quirin in Neuß der einzige Bau, der auf die Westansicht vollen Nachdruck legt. Es geschieht in der Weise, daß ein querschiffartiger Breitbau angelegt ist, aus dessen Mitte ein hoher Einzelturm aufsteigt. Die Wandgliederung ist unruhig reich, wenn auch im einzelnen mit geistvollen Einfällen. Dem Turme fehlt die organische Vorbereitung. Die Fassade von Andernach nun hat Anspruch auf ungehemmte Bewunderung. Zunächst ist schon das Massenverhältnis der freiliegenden Turmteile zum Unterbau und der Dächer zu jenen von einem mustergültigen Proportionsgefühl diktiert. Mustergültig nicht minder die künstlerische Logik der Flächengliederung. Der Unterbau, entsprechend dem inneren Aufbau, dreigeschossig, in der leichten Differenzierung der Blendengliederung voll feiner Lebendigkeit.

Die Freigeschosse der Türme behalten den Massencharakter, die Schallöffnungen sind klein, aber umschlossen von blinden Arkaden in geistvoll reicher Zeichnung. Vortrefflich ist, wie von unten auf, von Geschoß zu Geschoß, die Rücksprünge tiefer, die Schattenschläge kräftiger werden. Die Krönung durch ein nicht hohes, rhombenflächiges Dach über vier Giebeln ist die typisch rheinische Form. Die Klarheit des Entwurfs und die ruhige Sicherheit in der Anwendung der Kunstmittel, nirgends zu viel und nirgends zu wenig, wird besonders auf den vom Niederrhein kommenden und dort durch mancherlei Schwulst und Bizarrerie ermüdeten Reisenden den Eindruck des Klassischen machen.

Koblenz und das enge Rheintal bis Bingen bewahren sich den Charakter einer um die konstruktiven Zeitprobleme wenig bekümmerten, mit starker und liebenswürdiger Begabung die malerische Seite des Spätromanismus herauskehrenden Heimatkunst. Der Neubau von Sankt Kastor in Koblenz hat altertümlich breit gelagerte Verhältnisse und eine von der Tendenz zum »Übergang« nur ganz flach berührte Formengebung, im Mittelschiff erstaunlicherweise noch eine flache Decke. Eine ebensolche war in der stattlichen St. Severuskirche in Boppard in Aussicht genommen; als die Bauführung schließlich doch zum Gewölbe überging, was zwischen 1230 und 1240 geschehen sein mag, wurde für dasselbe eine Form gewählt, die in ihrer Seltsamkeit die sprunghaft suchende Unruhe, in die diese Zeit ja zuweilen verfiel, sehr anschaulich macht. Ein spitzbogiges Tonnengewölbe ist durch breite Gurten in drei Abteilungen zerlegt, und in jeder derselben steigen vom wagerechten Gesims 16 dünne Rippen auf, die sich im Mittelpunkte des Scheitels zu einem Bündel vereinigen. Originelle kann man sich über den Nutzen der Rippen nicht aussprechen! Wie prächtig aber gruppiert sich in St. Severus wie in St. Kastor die Chorapsis mit den sie begleitenden Türmen. Die überall am Rhein bis abwärts nach Köln zu bemerkende Vorliebe für diese Anordnung hatte sich aus der historisch-geographischen Tatsache entwickelt, daß alle alten Rheinstädte am linken Ufer liegen, mithin ihre Ostseite dem Strom zukehren, eine gleichmäßig wiederkehrende Einladung, diese Ansicht zur Hauptschauseite zu machen. — Unwidersprechlich anziehend zeigt sich der spätromanische Geist in der Peterskirche in Bacharach. Während der Bauführung hatte der Meister sich für St. Georg in Limburg a. d. Lahn begeistern gelernt. So klein seine Kirche war, er gab ihr doch den vollen, reichen Aufbau, den er dort gesehen hatte, vierteilig, mit Emporen und Triforium. Das ansteigende Gelände gestattete aber nur geringe Längenausdehnung, die durch eine westliche Vorhalle mit Empore noch weiter verkürzt wurde. So wurde der als Langhaus verbleibende mittlere Basilikaabschnitt breiter als lang und höher als lang, ein kecker Widerspruch gegen Altgewohntes, aber reich an pikanten Durchblicken und Aufblicken und ziervoll in den

Einzelheiten. Nur eine Zeit mit sehr sicherem künstlerischen Takt durfte sich so gehen lassen, konnte aus solcher Unordnung doch ein erfreulich, allerdings wesentlich malerisch wirkendes Ganzes herausbringen. Was die Stilformen betrifft, so ist der frühgotische Charakter des Originals (frühgotisch im Sinne der zweiten Rezeptionsstufe) wieder auf die romanische Tonart zurückgestimmt. Die Kirche von Bacharach kann ihre maßgebende Gestalt nicht viel vor der Mitte des Jahrhunderts empfangen haben, womit sie von der gesunden Langlebigkeit des romanischen Stilgefühls Zeugnis ablegt.

Das Mosel- und Naheland. Der Mittelpunkt war Trier, die Stadt, in deren Bild die römische Vergangenheit noch weit aufrechter hineinragte als in Köln. Zugleich lag sie dem Heimatlande der Gotik nahe. Ein großer Teil der Erzdiözese war französisches Sprachgebiet. Eine scharfe Grenze zwischen den Kulturen gab es nicht. Trotzdem ist auch in Trier die Vollgotik erst am Ende unserer Epoche eingedrungen. Bis dahin war in der Trierer Architektur, allerdings auf die Stadt begrenzt, die Nachwirkung der Römerbauten ein starker Faktor. — Wir beginnen mit dem Umbau der Porta nigra. Im 11. Jahrhundert hatte ein wundertätiger Apostel aus dem Morgenlande, Simeon, in ihr sich seine Klause eingerichtet. Bald nach seinem Tode (1035) wurde er heilig gesprochen und ihm zu Ehren der alte römische Wehrbau in eine Kirche verwandelt. Im letzten Viertel des 12. Jahrhunderts kam der (noch bestehende) Chor hinzu. Mit seiner ernsten und gebieterischen Haltung schließt er sich dem Bau der Römer nicht unwürdig an. Doch kopiert er ihn nicht. Deutsch ist aber weder seine polygonal gebrochene Grundform noch die Detailbehandlung. Aber auch aus dem gotischen, d. i. nordfranzösischen Stilgebiet sind sie nicht entnommen. Es ist ein südfranzösischer Typus. Wie er nach Trier vermittelt wurde, vielleicht über eine Zwischenstation in Lothringen (Verdun?), ist ungewiß. Er hatte hier zur Folge, daß er alsbald am Dom nachgeahmt wurde. Der Dom hat in seiner Anlage mit keinem Gebäude Deutschlands oder Frankreichs Ähnlichkeit, er ist außer jedem Familienzusammenhange ein Individuum für sich (Abb. 98 bis 100). Bei einer lichten Grundfläche von rund 3000 qm bleibt er hinter dem Speierer Dom wenig zurück und übertrifft ihn im kubischen Rauminhalt. Ganz außerordentlich sind die Gewölbespannungen: etwas über 16 m im Mittelschiff und beinahe 10 m in den Seitenschiffen — Abmessungen, die auch von den größten gotischen Kathedralen Frankreichs nicht erreicht wurden (in Amiens 13,5 7,3). Vollends merkwürdig ist die Stellung der Stützen im Grundriß und die daraus sich ergebende Teilung der Joche. Es wechseln im Mittelschiff drei rechteckige und zwei quadratische, in den Seitenschiffen drei quadratische und zwei rechteckige Joche nach dem Schema ababa, wie unsere Planzeichnung des näheren ergibt. Was sollen wir zu dieser vollkommen außergewöhnlichen Konfiguration sagen? Den Schlüssel gibt die an Wandlungen reiche Geschichte des Gebäudes. Es ist in seiner östlichen Hälfte, mit Ausschluß des Chors, ein Römerbau des 4. Jahrhunderts, auch im aufgehenden Mauerwerk fast in voller Höhe erhalten; in seiner westlichen symmetrische Erweiterung durch das 11. Jahrhundert. Der antike Bau war ein Zentralbau von quadratischer Grundform, die flache Decke in der Mitte durch vier kolossale Granitsäulen getragen, die noch in der romanischen Ummantelung drin stecken. Erst die nach Westen vorgehende Erweiterung verwandelte den Zentralbau in einen Langbau mit Beibehaltung des flachen Deckensystems. Die jetzigen Gewölbe wurden im ersten Drittel des 13. Jahrhunderts eingezogen. Technisch eine großartige Leistung, in ihrer Kühnheit — Spannung von fast 17 m — von vollkommenem Erfolge gekrönt. Die Rippen sind im Prinzip gotisch, ihre Vorstrebung aber ist nach einem durchaus eigentümlichen Gedanken durchgeführt *. Merkwürdig ist, wie nach so vielen Wandlungen der ursprüngliche Raumgeist der römischen Anlage doch immer wieder als *character indelebilis* durchdrang: er ist stärker als alle Unterschiede der Formgebung im einzelnen und erzeugt ein Raumbild, dem in der nordischen Baukunst nichts ähnlich ist; deutsch ist das Herausholen des gewaltigen rhythmischen Schwunges aus dem diesem Sinne ursprünglich fremden römischen Motive. Was von gotischen Konstruktionsmitteln herangezogen wurde, ist aber nur dienend, und zwar einem von allem Gotischen weitabliegenden Ziel.

Der Dom von Trier ließ so wenig eine Verallgemeinerung zu wie St. Gereon in Köln, er machte keine Schule. Von den drei alten und reichen Klöstern im Weichbilde von Trier sind zwei, St. Paulin und Sankt Maximin, 1674 von den Franzosen zerstört worden. Bei St. Maximin wurden von 1235 ab die Klostergebäude, gegen 1245 der Chor der Kirche erneuert. Für die Frage der Rezeption der Gotik ist ihre Zerstörung eine empfindliche Lücke. Erhalten geblieben, wenn auch in verwahrlostem Zustande, sind die Gebäude von St. Matthias. Sie sind das erste, was in Trier mit stark gotisierender Hinneigung gebaut wurde, sehr anmutvoll, nicht nordfranzösisch, sondern burgundisch-lothringisch. Der Import erstreckt sich bis aufs Material, das aus den Brüchen von Jaumont bei Metz die Mosel abwärts verfrachtet war. Leider fehlen sichere Daten. Zu vermuten ist die Zeit von etwa 1225—1235. Das große Dormitorium zeigt Abb. 218. — Außerhalb Triers stellen sich für die gotische Rezeption die altberühmten Klöster an der Westgrenze, Echternach, Stablo und Prüm, nur als negative Faktoren in die Rechnung, da sie in dieser Zeit keine Baulust bezeugten. Oberflächlich französische Einwirkungen aus der

* Einigermaßen vergleichbar das Ostjoch in Groß-St. Martin zu Köln.

Zeit des ersten Werdens der Gotik im 12. Jahrhundert finden sich in der Templerkirche Roth a. d. Urs und der stattlichen Stiftskirche zu Merzig a. d. Saar: sie haben u. a. spitzbogige Säulenarkaden bei flacher Holzdecke. Als in Merzig der prächtige Chor gebaut wurde, schon im Anfang des 13. Jahrhunderts, war der Wind umgeschlagen, er wehte vom Rhein her. — Der belangreichste Bau im Nahegebiet ist die Klosterkirche Sponheim, einer der nicht häufigen Fälle in dieser Zeit, daß ein Benediktinerkloster zu einem Neubau sich entschloß. Der mit Unterstützung des mächtigen Grafengeschlechts, dessen Burg daneben lag, im späten 12. Jahrhundert begonnene Bau blieb eine Zeitlang liegen. Er wurde im zweiten Viertel des 13. Jahrhunderts gotisierend eingewölbt, zugleich im Plan reduziert: nur das erste Joch des Langhauses kam zur Ausführung und mit Unterdrückung der Seitenschiffe. So entstand, dem ersten Plan, der auf eine normale Kreuzbasilika, und zwar von stattlichen Abmessungen, ausgegangen war, entgegen, aber doch nicht ganz unwillkommen, ein aus fünf Quadraten zusammengesetztes gleicharmiges Kreuz, also ein Zentralbau. Ein achteckiger Vierungsturm bekräftigt noch diesen Charakter. Der Raumeindruck des Inneren ist frei und weit, die äußere Gruppe durch schön geführten Umriß ausgezeichnet, prachtvoll behandeltes Quaderwerk, sparsamer Dekor. — Zusammenfassend ist zu sagen, daß die Diözese Trier trotz ihrer westlichen Lage keine nennenswert frühe Tendenz zur Gotik bekundet hat. St. Thomas an der Kyll steht als Zisterzienserbau außerhalb des provinziellen Bauwesens, und der Beginn der Liebfrauenkirche in Trier, womit die Schwelle überschritten wurde, liegt wenig vor 1242.

Der Oberrhein. Linkes und rechtes Ufer, Landschaften alter und junger Kultur, unterschieden sich noch immer bestimmt, wenn auch so schroff nicht mehr wie in der vorigen Epoche. Am linken Ufer lagen die fünf Bischofsstädte, lag ein Hauptgebiet des staufischen Allodialbesitzes, lag das gelobte Land des Kleinadels und der Stadtbürger, dieser beiden für die Kultur des 13. Jahrhunderts immer wichtiger werdenden aufstrebenden Gesellschaftsgruppen. Es war der wirtschaftlich höchstentwickelte und vielleicht auch geistig regsamste Teil des damaligen Deutschland. Das kunsthistorische Bild dieser Landschaften aber, wie es sich heute zeigt, weist große Lücken auf. Reich an staufischen Denkmälern ist nur das Elsaß. Dagegen Rheinpfalz und Rheinhessen, in denen wir nach den historischen Voraussetzungen den vollsten Flor des Kunstlebens zu erwarten hätten, sind, ebensowohl mit dem Elsaß wie mit dem Mittel- und Niederrhein verglichen, heute arm. Es ist die Folge endloser Kriegsverwüstungen vom Bauernkrieg bis zur französischen Revolution. Nur einige entlegene Klosterkirchen der Zisterzienser und die Bauten der festen Städte haben standgehalten, die vielen kleinen und mittleren Bauten des offenen Landes sind zum größten Teil zerrieben und bis auf schwache Spuren weggewischt. Daß der Dom von Speier nur zur Hälfte in Trümmer gelegt wurde, lag nicht im Willen der Franzosen. Der Dom von Worms entging mit knapper Not demselben Schicksal.

Der Dom von Speier. Brände in den Jahren 1137 und 1159 und wahrscheinlich neue Bodenverschiebungen hatten ihn zerrüttet. Querschiff und Chor mußten zum größten Teil, vom Langhaus das Mittelschiffsgewölbe und der Lichtgaden neu aufgebaut werden. Das umfängliche Werk zog sich bis in den Anfang des 13. Jahrhunderts hin. Wann es begonnen wurde, wissen wir nicht, schwerlich war es vor dem drittletzten Jahrzehnt des 12. Jahrhunderts. Man hat sich über die späte Entstehung dieser Teile lange getäuscht. Wenn es sich auch keineswegs um eine einfache Wiederherstellung des früheren Bildes handelte — für das Mittelalter ein Undenkbares —, so erfolgte die Erneuerung doch in einem verhältnismäßig konservativen Geiste. Der Charakter heroischer Gemessenheit und Schwere, der dem Bau der Salier eigen gewesen war, blieb auch in der reicheren Erscheinung der staufischen Restauration der Grundton (Abb. 183). Er unterscheidet sich sehr von der wärmeren, aber auch unruhigeren Lebendigkeit der niederrheinischen Bauten. Am Äußeren macht der einfache Kontrast zwischen den großen Flächen und der sie bekrönenden, rings um das ganze Gebäude laufenden Zwerggalerie den größten Eindruck. Wir kennen schon den lombardischen Ursprung des Motivs. Noch mehr: auch alle in dieser Zeit entstandenen Zierformen: die Akanthuskapitäle des Inneren, das aus antiken Elementen, Zahnschnitt und Kymation, zusammengesetzte mächtige Hauptgesims, die reich geschmückten Fenstergewände, auch die Basenprofile der Apsis sind lombardisch; nicht altlombardisch, sondern aus einer neu emporgekommenen Richtung, die man mit Fug der Protorenaissance zuzuzählen hat. Antik ist auch die Art, wie die Bogensteine der Fenster * mit den horizontalen Lagern in Verband gebracht sind; sie findet sich gleichartig am Münster zu Basel, in Gebweiler und an einigen Stellen Freiburgs und des Straßburger Münsters, überall ein Beweis für die Anwesenheit wo nicht notwendig von Lombarden, so doch von lombardisch Geschulten. Weniger in die Augen fallend, aber nicht weniger der Beachtung wert ist an den neuen Teilen des Speierer Doms der konstruktive Aufbau. Die auf enorme Mächtigkeit gebrachten Umfassungsmauern sind im Erdgeschoß durch Kapellennischen ausgehöhlt, in den Obergeschossen von sehr großen Fensteröffnungen durchbrochen, so daß eine vornehmlich die Ecken in Anspruch nehmende Kräfteverteilung eintritt. Der Grundgedanke ist derselbe wie in der Kölner Schule. Die Ableitung von dort stößt aber auf chronologische Schwierigkeiten, es wäre denn,

* Heute nur an den Ostjochen des Langhauses zu erkennen, da die übrigen durch die Franzosen zerstört sind.

daß man diesen Bauteil sehr nahe dem Ende des Jahrhunderts ansetzte. Die Lombardei kann aber als Geberin auch nicht in Frage kommen, denn sie selber kannte den Gedanken nicht. Er ist am Oberrhein auch nicht weiter verfolgt worden. Durch unbekannte Zwischenglieder letztlich auf die Antike zurückgehend, trifft er sehr merkwürdig mit den antikisierenden Schmuckformen zusammen, die ebenfalls keine Nachfolge fanden.

Der Dom zu Mainz (Abb. 101, 102, 179, 181, 182). Auch bei ihm handelte es sich nur um einen Umbau: wie in Speier Erneuerung der Hochschiffsgewölbe, des Querschiffs und Chors, hier des westlichen, dem jetzt die Bestimmung als Hauptchor gegeben wurde. Die Unternehmung begann ungefähr um die Zeit, als die Speierer zu Ende ging, in der Frühzeit des 13. Jahrhunderts, und kam im Jahre 1239 zum Abschluß. Schulzusammenhang mit Speier liegt in dieser Epoche — in der vorangegangenen war er eng gewesen — nicht vor. Man fragt sich, was der große Künstler, der hier ans Werk kam, wohl gegeben hätte, wenn die Bahn vor ihm frei gewesen wäre. Allein er mußte nicht nur zum älteren Langhaus ein Verhältnis aufsuchen, sondern auch das Querschiff war schon begonnen. Trotz dieser Beschränkungen vermochte er es, einen Eindruck von majestätischer Pracht hervorzurufen, wie er bis dahin in Deutschland unerreicht war, würdig der Bedeutung dieses Domes als Sitz des Primas der deutschen Fürsten. Um zunächst die Anordnung im ganzen ins Auge zu fassen, so treten zu der für Querschiff und Chor gegebenen Gruppe von vier quadratischen Grundrißfeldern zwei neue Elemente hinzu: die Erweiterung des Chorquadrats durch Exedren und die starke Überhöhung des Vierungsraumes, in der die in den Seitenräumen angeschlagene Bewegung zusammenströmt und machtvoll gipfelt. Leider beschränkt die sehr große Mauerstärke den Lichteinfall, so daß der schöne Gedanke nicht mit voller Wirkung zum Ziele kommt. — Man bemerkt hier aufs neue, wie sehr die Raumphantasie der Zeit dem Zentralbau zugewandt war. Ein zentrales Element liegt ja an sich schon in der Kreuzbasilika, doch nur subordiniert. Hier ist nun, ein wenig auch durch Vergrößerung des Volumens, vornehmlich aber durch Verstärkung der Formen, die Intensität des Eindrucks so erhöht, daß man das Ergebnis für das Ganze wohl eine Kombination von Lang- und Zentralbau nennen darf, in der Tendenz der kölnischen Bauten dieser Zeit verwandt. Direkt unter diesem Einfluß steht der kleeblattförmige Grundriß des Chors. Die rasche Verbreitung des am frühesten in der Kölner Apostelkirche auftretenden Motivs der lichtbringenden Vierungskuppel — wir können sie, wenn auch abgeschwächt, bis nach Straßburg und Freiburg verfolgen — gehört zu den bemerkenswertesten Erscheinungen im westdeutschen Spätromanismus *.

* In Mainz geht aus der Gruppierung der Dienste an den Vierungspfeilern hervor, daß noch unmittelbar vor dem Eintritt unseres Meisters Abschluß durch ein Kreuzgewölbe in gleicher Höhe mit den andern Teilen des Querschiffs geplant gewesen war.

Völlig ohne fremde Anregung ist es nicht entstanden. Aber woher kam diese? Aus der nordfranzösischen Frühgotik nicht. Die Apostelkirche gab einen Fingerzeig auf Byzanz. Auch Burgund und Oberitalien werden nicht auszuschließen sein. Doch waren das nur ins allgemeine gehende und mittelbare Anregungen. Die Hauptsache ist, daß das Motiv in der deutschen Bauphantasie eine wohlvorbereitete Stätte fand. Für die technische Ausführung bot die Kombination der Kuppelform mit dem Rippengewölbe ein gutes Hilfsmittel. Aber die künstlerische Idee, wir wiederholen es, lag nicht auf der gotischen Linie. — Die Außenansicht bietet eines der stolzesten Architekturbilder Deutschlands. In einem Hauptpunkte, nämlich in betreff der Gestalt des Zentralturmes, läßt sie allerdings die ursprüngliche Absicht im ungewissen. Das romanische Dach wurde in einem Brande des 15. Jahrhunderts zerstört. Jetzt folgt auf drei romanische Geschosse ein gotisches und auf dieses, wieder nach einem Brande, ein Aufsatz des 18. Jahrhunderts. Der Urheber desselben, Franz Ignaz Neumann, hat, unbeschwert durch archäologische Gelehrsamkeit, mittelalterliche und barocke Formelemente nicht etwa ratlos, sondern mit tiefem künstlerischen Instinkt so zusammengemischt, daß etwas dem Geiste des ersten Meisters wahrhaft Kongeniales entstanden ist. Die Formenbehandlung desselben ging ganz ins Große. Von den vielen, fein abgewogenen wagerechten Unterteilungen, in denen die rheinische Schule, besonders in ihren Apsiden, sich erging, ist abgesehen. Der Mainzer Chor steigt in einem einzigen Geschoß auf mit glatten Flächen, hohen Fenstern, kräftigen Eckstreben. Erst nahe dem Dach und den Giebeln des Querschiffs und den Türmen treten in den Öffnungen der Galerien und Fenster * schwarze Schattenlöcher und detailliertere Formkontraste auf. Die Hauptsache aber, und das ist romanisch, bleibt der Eindruck der plastisch gekneteten Masse und ihres fest und scharf gerissenen, mit der Grundrißbewegung in logischem Zusammenhang stehenden Konturs. Dagegen ist die Choransicht des gotischen Kölner Doms, trotz ihrer unendlich größeren Fülle an Einzelheiten, in gewissem Sinne arm, ein irrsinniges Chaos. Und doch liegt die Vollendung des Mainzer Chors nur zehn Jahre vor dem Beginn des Kölners. Dieser Vergleich ist ein Musterbeispiel für die Schärfe der Spannung zwischen romanischem und gotischem Kunstwillen. Es kann gar nicht davon die Rede sein, daß »Übergang« vom einen zum andern das beherrschende Zielbestreben dieses Zeitalters gewesen sei, zwei im innersten Kern verschiedene Welten stießen aufeinander.

Der Dom zu Worms (Abb. 180). Neubau auf den Fundamenten des frühen 11. Jahrhunderts. Die zum Jahre 1181 gemeldete Weihe des Ostchors sah denselben wohl noch nicht vollendet. Die Bauführung schritt

* Unter diesen kommt als zentralisierendes Giebelmotiv das Radfenster vor, ein Beweis daß die dem Oberrhein folgende lombardische Einströmung bis hierher vorgedrungen war.

dann langsam westwärts fort, rund um 1234 erreichte sie im Westchor ihr Ende. Der Wandel der Stilformen ist nicht so groß, wie man nach der Länge der Bauzeit erwarten könnte. Der Dom ist kleiner als der Speierer und Mainzer, aber durch Wucht und Fülle der Formen ein Hauptzeugnis des romanischen Stils aus der Zeit seiner Hochreife. Von der gotischen Welle ist er nur eben gestreift worden. — Das System des Langhauses schließt sich dem von Mainz und Speier an, doch merkt man wohl an den von Joch zu Joch versuchten Variationen, daß die Bauhütte in ihrem Stilgefühl schwankend geworden war. Am meisten macht sich der Abstand der hundert Jahre in der weicheren, malerischeren Gesamthaltung geltend. Die Gewölbe, die nicht unbeträchtlich jünger sein müssen als das Pfeiler- und Wandsystem, gehen zu leicht spitzbogigen Linien und gotisch profilierten Rippen über (während die Erneuerung der Speierer Gewölbe noch rippenlos war). Der Wechsel ist indessen mit so feinem Anpassungsvermögen durchgeführt, daß man ihn kaum als einen Bruch empfindet. Erregter ist der Kampf zwischen Altem und Neuem im Westchor. Der Grundriß ist polygonal gebrochen. Die Wände sind tief ausgenischt, von Fenstern ungleicher Gestalt, zum Teil in der am Mittel- und Niederrhein beliebten Kreisform, stark durchbrochen, die lebhaft gegliederten Gewändeprofile mit Zickzackstäben besetzt; ein schneidiger und feuriger Geist, der mit der schlanken Anmut der Gotik nichts zu tun hat, durchströmt diesen Bauteil; man darf hier wohl wieder einmal das Wort barock brauchen, zu dessen Anwendung der Oberrhein sonst im ganzen wenig Gelegenheit gibt. Die Ausstattung des Äußeren mit zwei zentralen und vier flankierenden Türmen geht auf die erste Anlage zurück, aber es verstand sich für diese Zeit von selbst, daß die östliche und westliche Gruppe einander nicht gleich gebildet wurden. Künstlerisch bewußte Verwertung der Dissonanz — auch das ist »barock«.— Die Wormser Schule weist mancherlei Zusammenhänge mit der elsässischen auf, sie sind aber noch nicht aufgeklärt. Es wird sich wohl nicht einseitig um ein Geben oder Nehmen, sondern mehr um Auswechslung der Baukräfte gehandelt haben. Beiden gemeinsam ist eine beharrende Sinnesweise, die der gotischen Zeitströmung weder nachgeben wollte, noch auch sie selbständig auszunutzen gedachte, wie die niederrheinische Schule und manche andere es gut verstand. Ein Beispiel dafür ist in Worms selbst die Martinskirche, der man es nicht ansieht, daß sie erst zwischen 1240 und 1260 entstanden ist St. Andreas und St. Magnus waren sogar nur flachgedeckte Basiliken. Bei St. Andreas befindet sich ein Kreuzgang mit antikisierenden Kapitälen in Speierer Richtung, bei St. Martin ein vielsäuliges Prachtportal. Von St. Paul, vermutungsweise einer Stiftung glücklich heimgekehrter Kreuzfahrer, ist nur der originell disponierte Westbau erhalten, auf den runden Türmen steinerne Hauben, die etwa wie Modelle orientalischer Zentralbauten aussehen. Wir geben diese Aufzählung (der noch eine wohlerhaltene jüdische Synagoge hinzuzufügen wäre) als Probe, welche Bautätigkeit in einer nach heutigen Begriffen kaum mittelgroßen Stadt in dem Zeitraum eines halben Jahrhunderts sich zusammendrängen konnte.

Das Münster in Straßburg (Abb. 107, 108, 184). Nachdem im Laufe des 12 Jahrhunderts nicht weniger als fünf Brände über die alte Basilika hingegangen waren, der letzte im Jahre 1176, wurde Erneuerung beschlossen. Zuerst des Querschiffs und Chors. Ihre Vollendung, bis zu welcher, um den Gottesdienst nicht obdachlos zu machen, das Langhaus erhalten blieb, zögerte sich bis nahe an die Mitte des 13. Jahrhunderts hin. Wohl hatte die Einwohnerzahl in den letzten 150 Jahren beträchtlich zugenommen aber die alte Kirche war so groß gewesen, daß man ohne Bedenken ihre Grundmauern wiederbenutzte Dagegen haben die Projekte für den Aufbau mindestens viermal gewechselt. Es geschah das nicht, weil die Straßburger etwa unruhige Neuerer gewesen wären, im Gegenteil, es war die Strafe für ihre Schwerfälligkeit, die sie in das Neue immer so spät sich finden ließ, daß es im Augenblick der Ausführung schon wieder veraltet war. Diesen für die Zustände der Übergangszeit, insbesondere den Zusammenhang zwischen Gewölbekonstruktion und Raumgestaltung aufschlußreichen Vorgängen bis in die sehr verwickelten Einzelheiten nachzugehen, ist hier nicht der Ort. Es genüge zu sagen, und das ist allerdings interessant, daß in Straßburg trotz der Nähe Frankreichs die Gotik bis tief in die 30er Jahre nur obenhin bekannt war. Die Beziehungen zu auswärtigen Schulen gehen über Worms auf der einen, Basel auf der andern Seite nicht hinaus. Erst der letzte Meister, der das südliche Querschiff vollendete, von etwa 1240 ab, hat die französische Kunst gekannt, und zwar gründlich; manches läßt sich sogar dafür geltend machen, daß er selbst es war, der gleich darauf das Langhaus begann, wie man weiß, ein Werk klarer und reifer Vollgotik. In jedem Falle sind die beiden Bauteile unmittelbar hintereinander entstanden. Es ist verständlich und durch zahlreiche Beispiele aus allen Zeiten belegt, daß eine neue Kunstrichtung bei ihrem ersten Auftreten sich herausfordernd schroff von der alten abwendet. Um so mehr ist beim Vollender des südlichen Querschiffs die Mäßigung zu bewundern. Er vollendet wirklich, er steigert, aber bricht nicht. Das asymmetrische Verhältnis zum nördlichen entspricht der deutschen Empfindung und ist mit ausgezeichneter Feinheit durchgeführt. Der Raum mit dem »Engelspfeiler« in der Mitte ist einer der phantasievollsten der Zeit. Schließlich wolle man auch dies beachten, daß die drei stark differenzierten Abteilungen des Querschiffs auch in liturgischer Hinsicht voneinander gesondert waren: der Vierungsraum gehörte zum Chor, die Flügel waren als Kapellen spezialisiert. Der Sprung von der Stilstufe des Querschiffs zu der vollentwickelt gotischen des Langhauses würde weniger unvermittelt erscheinen, wenn wir noch die an der Ostseite des Münsters in derselben Bauepoche ausgeführten

Stiftsgebäude, den sogenannten Bruderhof, besäßen. Erhalten hat sich davon nur der links vom Chor über der Johanneskapelle liegende Kapitelsaal. Er fällt in die Zeit vor dem Auftreten des Meisters vom Engelpfeiler, etwa um 1235, und ist das erste, was in Straßburg in reiner, jedoch noch ausgesprochen früher Gotik gebaut worden ist. — Etwa zwischen 1210 und 1230 entstand die Stephanskirche, zwischen 1230 und 1250 die Thomaskirche, beide von der Bauhütte des Münsters abhängig, aber beide nur in Fragmenten erhalten, auch so noch anziehend durch kräftige und gediegene Formenbehandlung.

Das Münster zu Basel (Abb. 106). Man pflegt den Beginn des Neubaus, über den direkte Nachrichten nicht überliefert sind, mit dem im Jahre 1185 stattgehabten Brande in Verbindung zu setzen. Stilistisch würde auch ein etwas früherer Termin möglich sein, wenn schon er nicht dringend nahegelegt ist. Lassen wir diese Nebenfragen beiseite: in der Hauptsache ist klar, daß die Architektur des Baseler Münsters auf keiner örtlichen Tradition ruht. In ihm laufen zwei fremde Strömungen nicht sowohl in- als nebeneinander, eine lombardische und eine burgundische. Der ersten gehören die über den Seitenschiffen angeordneten und als Widerlager für Gewölbe gedachten Empóren an, der zweiten die spitzbogige Form der Arkaden, der polygonale Grundriß des Chors (ein halbes Zehneck mit Umgang) und die üppige Ornamentik im Chor und in der Krypta. Ein ganzes »Bilder- und Märchenbuch« wird hier entrollt: biblische und legendäre Szenen wechseln mit Motiven aus der Tierfabel, aus der deutschen Heldensage, aus dem Alexanderroman, aus der Geschichte von Pyramus und Thisbe und andern Novellenstoffen; aus lombardischem und südostfranzösischem Element gemischt ist die Galluspforte, von der wir früher gesprochen haben; rein lombardisch an der Querschiffsfront das Radfenster mit der Allegorie des steigenden und fallenden menschlichen Glücks.

Wie man sieht, hat die oberrheinische Baukunst nicht wie die niederrheinische eine einzige Schule gebildet, sie tritt zu gleicher Zeit in fünf verschiedenen Versionen auf nach den fünf Bischofsstädten. Das reicher gewordene, auch durch fremde Erwerbungen noch vermehrte Register der Kunstmittel gestattete stärkere Differenzierungen. Es ist schade, daß wir die von diesen Zentren aus in die Breite gehenden Wirkungen nicht gleichmäßig beobachten können, denn wir haben schon gesagt, daß die Erhaltung der Denkmäler zweiten Ranges unvollständig und ungleich ist. Nur im Elsaß stehen sie noch in ansehnlicher Dichtigkeit beieinander. Entsprechend der kirchlichen Einteilung gewahren wir dann auch im oberen Elsaß, das zum Baseler Sprengel gehörte, Baseler Einflüsse, im unteren Straßburger; im ganzen aber überwiegt doch das Gemeinsame. Durch seine geographische Lage schien das Elsaß in besonderem Maße dazu berufen zu sein, zwischen deutscher und französischer Kunst zu vermitteln. Nicht ohne Erstaunen deshalb sehen wir, daß dieses nicht der Fall gewesen ist. Das Elsaß hat für die Überleitung der Gotik weder auf der ersten noch auf der zweiten Rezeptionsstufe etwas Nennenswertes geleistet; andere, von der Grenze viel weiter entfernte Gegenden waren darin im Vorsprung; erst nahe an der Mitte des Jahrhunderts, als das Querschiff des Straßburger Münsters vollendet und das Langhaus begonnen wurde, ward der entscheidende Schritt getan. Bis dahin aber blieb die elsässische Baukunst, ohne sich einzelnen Neuerungen zu verschließen, im ganzen bedächtig dem Charakter treu, den sie in der zweiten Hälfte des vorigen Jahrhunderts, der für sie grundlegenden Zeit, angenommen hatte. Die frühe Erwerbung der Kreuzrippen und des Spitzbogens (vgl. oben S. 123) hat daran nichts geändert. Wir pflegen in diesen die Grundelemente des gotischen Stils zu sehen. Das Elsaß zeigt aber, daß man sie besitzen und doch keine gotische Gesinnung haben konnte. Spitzbogen und Kreuzrippen waren hier keine treibenden Kräfte. Trotz ihrer blieben schwere, geschlossene Mauermassen, gedrungener Gliederbau mit schwachem Bewegungsausdruck und breite, ruhige Raumverhältnisse die Eigenschaften, an denen die elsässische Baukunst festhielt, zweifellos nicht aus Unvermögen, es anders zu machen, sondern eben, weil sie hierin Befriedigung fand. Etwas wie die Deutschordenskapelle in Ramersdorf (S. 233) oder die Marienkirche in Gelnhausen (S. 263) würde man hier umsonst suchen. Von einer — und wäre es auch nur versteckten — Hinneigung zum gotischen Bewegungsstil ist nicht die Rede. Und auch historisch standen die elsässischen Spitzbögen und Kreuzrippen dieser Zeit mit den Quellen der Gotik in keinem Zusammenhang. Es ist sehr wenig wahrscheinlich, daß sie ins Elsaß auf einem andern Wege hingelangt sind, als den wir für Basel erkannt haben, das ist aus Burgund und Oberitalien. Daneben kann auch der lothringische Übergangsstil einen gewissen Einfluß gehabt haben. Aber die eigentlich gotische, das heißt nordfranzösische Schule lag noch außer dem Gesichtskreise des Elsaß, wobei es nicht ganz gleichgültig gewesen sein wird, daß das im geographischen Raume sich dazwischenschiebende burgundisch-lothringische Gebiet damals politisch nicht mit Frankreich, sondern mit Deutschland verbunden war.

Das erste Beispiel (neben dem Kapitelsaal des Straßburger Münsters) des Umschwungs, des Warmwerdens für den gotischen Gedanken bietet die Kirche St. Arbogast in Rufach (Abb. 109). Das Fehlen der Baunachrichten ist in diesem Falle besonders zu bedauern. Nach ungefährer Schätzung wäre für das Langhaus (die Ostteile sind Umbau einer frühromanischen Kirche) die Zeit um 1240 in Anspruch zu nehmen. Zwar das Schema des Aufbaus ist noch das altgewohnte: gebundenes System mit scharf kontrastierendem Stützenwechsel. Auch die Proportionen des Querschnitts weisen ziffermäßig noch keine Höhensteigerung auf. Wenn dennoch das Ganze sehr viel leichter und freier wirkt als sonst irgendein elsässischer Bau bisher, so ist das wesentlich durch die struktiven Glieder erreicht, die sich freier von der Masse ablösen und dank geschickter Behandlung des Details mit dem Ausdruck erhöhter Aktivität begabt sind. Das Äußere besitzt — der erste Fall im Elsaß — ein ausgebildetes Strebesystem, in seiner übertriebenen Umständlichkeit die Neuheit der Sache verratend. Der Spitzbogen ist an allen Teilen, auch den Fenstern, konsequent durchgeführt, mit gedrückter Linienführung beginnend, im Fortgang des Baus steiler werdend. Der treffliche Meister von Rufach dürfte in der Straßburger Bauhütte seine Schule durchgemacht haben *. In manchen Einzelheiten, mehr noch in der Biegsamkeit des Geistes, die ihn die heimischen Überlieferungen ohne Zwang mit den modernen Forderungen verschmelzen ließ, ist er dem Vollender des dortigen Querschiffs zu vergleichen. Sicher von Straßburg aus gebaut ist die Kirche des Vogesenklosters Obersteigen, ein kleiner, aber stolzer Bau, in der Verbindung von Energie und Grazie, von elsässischem Geist und französischen Formen besonders glücklich und ganz auf einen Wurf hingestellt. Bei den größeren Kirchen des Landes ist es dagegen die Regel, daß die Bauführung abschnittweise von Ost nach West vorrückte, wobei dann die Wandlungen des Stils sich scharf voneinander absetzen. Es liegt im konservativen Charakter der elsässischen Baukunst, daß der Übergang zur Gotik überall mehr ein passives Nachgeben als ein aktives Hinstreben ist. Als bezeichnendes Beispiel führen wir die Kirche des alten und berühmten Benediktinerklosters St. Peter und Paul in Neuweiler an. Besonders die dortige Nebenkirche St. Adelphi (Abb. 105) ist ein exemplarisch elsässisch zu nennender Bau; trotz vollkommen gotisch entwickelten Systems bleibt ihm eine unüberwindliche Schwere. Es ist sozusagen eine Gotik unter Protest.

Am glücklichsten und am meisten sie selbst ist die elsässische Baukunst dort, wo sie von den Problemen der neuen Zeit am wenigsten bedrängt wird, im Außenbau. Keine andere deutsche Landschaft zeigt in den Kirchenbauten zweiten und dritten Ranges, den kleineren Klosterkirchen und selbst den ländlichen Pfarrkirchen so viel künstlerische Ambition, ein so starkes und zugleich gemessenes Selbstbewußtsein. Was in ihm lebt, ist alemannisches Temperament, durchdrungen mit dem Geiste einer bestimmten Gesellschaftsklasse, des ritterlichen Kleinadels. Unter der staufischen Landesherrschaft hatte dieser sein goldenes Zeitalter. Es hieße seinen geistigen Einfluß auf die Kunst zu eng fassen, wenn wir ihn nur aus den Burgen, die noch heute in dichtem Kranz an den Hängen der Vogesen sitzen, ablesen wollten. Die Söhne und Töchter dieses Standes erfüllten auch die Klöster dieses Landes. In dem Bilder-

* Geographisch gehort Rufach zur Baseler Sphäre, war aber Besitz des Straßburger Bischofs.

buch, das die Äbtissin von Hohenberg als einen Hortus deliciarum, einen Lustgarten, für ihre adligen Nonnen zusammenstellen ließ, werden ritterliche Kämpfe mit sichtlichem Behagen und großer Sachkenntnis zur Schau gestellt. So liegt auch in den kirchlichen Bauten dieser Sphäre etwas gravitätisch Prunkvolles, Markiges und Wehrhaftes, das gar nicht nach Mönchtum schmeckt. In der Fassade der Klosterkirche Maursmünster hat sich diese Sinnesweise ein unübertrefflich charaktervolles Denkmal gesetzt (Abb. 185). In Rosheim, in Altdorf, in der St. Fideskirche in Schlettstadt, Stiftungen des staufischen Hauses, kehrt sie wieder. Diese Kirchen sind nicht groß, aber in schönstem Material mit einer gediegenen Opulenz ausgeführt, durch die man sich, was die geistige Prägung betrifft, an die Kostbarkeiten der gleichzeitigen Goldschmiedekunst erinnert fühlt. In die Rosheimer Ornamentik spielen lombardische, in die Schlettstadter burgundische und lothringische Elemente hinein, ohne jedoch den elsässischen Grundton aufzuheben. In die Frühe des 13. Jahrhunderts führen uns St. Leodegar in Gebweiler, ein sehr ansehnlicher, dreitürmiger Bau (mit burgundischen Anklängen) und doch nur Filialkirche des Klosters Murbach; dann die Pfarrkirchen der kleinen Städtchen Sigolsheim und Kaisersberg, letztere eine Gründung Kaiser Friedrichs II., beide an den Fassaden turmlos (wie auch Rosheim), aber durch große und reiche Portale vornehm gemacht (Abb. 295). Zwei andere Pfarrkirchen, die ihre sehr reiche Erscheinung wahrscheinlich dem ortsansässigen Adel verdanken, haben sich als Fragmente erhalten: in Pfaffenheim ein nach dem Vorbilde des Baseler Münsters polygonal gestalteter, ungemein zierlich dekorierter Chor (Abb. 187), in Geberschweier der hohe Zentralturm, einer der prachtvollsten seiner Gattung. Eine doppeltürmige Fassade, durch klare Gliederung ausgezeichnet, hat das Kollegiatstift Lautenbach (Abb. 186). Von kleineren romanischen, meist spätromanischen Dorfkirchtürmen hat sich wohl noch ein Hundert erhalten, bester Beweis für die ausgebreitete Tüchtigkeit des Bauhandwerks dieser Zeit.

Wir wenden uns nun zum rechten Rheinufer. Auf den Unterschied zwischen ihm und dem linken haben wir wiederholt hingewiesen. Auch in dieser Epoche war die Bautätigkeit nicht nur schwächer, sie war auch nicht in dem Sinne, wie die elsässische, ein Landesprodukt. Außer ein paar Zisterzienserkirchen, von denen wir später sprechen werden, ist der einzige Bau von Rang das Münster zu Freiburg im Breisgau. Als Pfarrkirche einer unlängst erst gegründeten, nichts weniger als bedeutenden Stadt hat es bemerkenswert stattliche Dimensionen. In seiner Anlage und Bauform ist es eine Replik des Münsters von Basel, der geistlichen Mutterstadt Freiburgs. Der (in späterer Zeit gotisch erweiterte) Chor war, wie dort, polygonal, und das Langhaus, von dem vorläufig nur das erste Joch zur Ausführung kam, auf Emporen angelegt, ebenfalls wie dort. Das schöne ornamentale Detail enthält burgundische Elemente, und zwar nicht bloß solche, die schon in Basel angewandt waren, sondern direkt aus dem burgundischen Jura erworbene. Die Nordfenster an den Querschiffsfronten sind ein lombardisches Motiv, das damals schnell rheinabwärts seinen Weg fand; in Straßburg, in Worms, in Mainz, in Gelnhausen findet es sich wieder, zum Teil bereits in der gotisierenden Modifikation, die es in Frankreich angenommen hatte. Sodann sind noch Überreste eines lombardischen Löwenportals gefunden (wie auch Speier ein solches besessen hat).

Was wir von der westdeutschen Baukunst der späteren Stauferzeit bis hierher kennen gelernt haben — einige markante Züge fehlen noch zum vollständigen Bilde und sind für die nächsten Abschnitte aufgespart —, läßt in aller Mannigfaltigkeit doch deutlich drei beherrschende Linien hervortreten. Als Hauptkomponente die Eigenbewegung des deutsch-romanischen Kunstwillens; als Nebenkomponenten, unter sich stark divergierend: einmal die wiederbelebten antiken Konstruktionsgedanken und ihnen stammverwandt die vermehrt aus Oberitalien und Südostfrankreich einströmenden Schmuckformen; dann die unsystematische Aufnahme von allerlei bald konstruktiven, bald formalen Elementen der französischen Gotik. Aus welchen Gründen die erste dieser beiden Kraftlinien nicht weiter anwuchs, die zweite aber zunehmend an Macht gewann, hat die Einleitung gezeigt. Außerdem trat auf die Seite der Gotik noch eine aus dem kirchlichen Leben entsprungene Hilfsmacht, mit der wir uns im folgenden beschäftigen wollen.

Die Baukunst der Zisterzienser.

Der Aufschwung des religiösen Lebens im 12. Jahrhundert fand seinen sichtbarsten Ausdruck im Mönchtum. Die von Cluny ausgegangene Reform des Benediktinerordens enttäuschte, neue Orden wurden gestiftet: die Kartäuser, Karmeliter, Prämonstratenser, Zisterzienser. Unter ihnen hatte der letzte (gegründet im Jahre 1098) den größten Erfolg. Er wurde auch in der kunstgeschichtlichen Bewegung eine wichtige Potenz; nicht allein durch die große Zahl der Bauten, die er veranlaßte, sondern noch mehr durch seine Werbetätigkeit für ein ihm eigentümliches Kunstideal. Dasselbe stand in engster Beziehung zu seinen sittlich-religiösen Grundsätzen, über die wir deshalb einige Bemerkungen vorausschicken müssen.

Das abendländische Mönchtum verfolgte zwei letzten Endes sich widerstreitende Ziele: es wollte der Welt entfliehen, es wollte aber auch sie bezwingen und umformen, wodurch es wieder in die Händel der Welt zurückgezogen wurde. In kurzen Pausen mußten immer neue Reformen ansetzen. Der Machtkampf der Kluniazenser gegen den Staat hatte zu

Erscheinungen geführt, in denen die reinen Frommen nur eine andere Art der Verweltlichung erkennen konnten. Gegen sie erhoben sich die Zisterzienser. Sie wollten wieder bloß Mönche sein. Aber mit dem ihnen eigentümlichen Realismus, der sie von dem primitiven Mönchtum doch sehr unterscheidet, fühlten sie wohl, daß Askese, wenn auch der beste, so doch nicht der einzige Lebensinhalt sein könne. Sie fügten als zweiten die Arbeit hinzu, Arbeit in der Urform des Landbaus. In die Politik wollten sie nicht eingreifen. Sie verschmähten aber auch die Wissenschaft, ebenso wie den Jugendunterricht und selbst die Seelsorge. Daß sie zur Kunst schließlich noch ein Verhältnis fanden, war ein Paradoxon. Theoretisch sprachen sie sich als Verächter der Kunst aus. Die polemischen Schriften, die sie mit den Kluniazensern wechselten, sehen in der Kunst nur ein Mittel, den Laien zu imponieren, und wollen sie deshalb für Bischofs- und Pfarrkirchen nicht beanstanden; aber für die höhere Stufe christlicher Sittlichkeit, die das Mönchtum darstelle, sei sie überflüssig, ja schädlich. Das Wichtigste ist, daß auch die Praxis des Ordens diesen puritanisch-rationalistischen Standpunkt teilte. Bildwerk jeglicher Art, gemeißeltes und gemaltes, war verboten, bis auf schlichte hölzerne Prozessionskruzifixe. Nur die Baukunst wurde zugelassen, und auch sie nur unter dem Gesichtspunkte der Nützlichkeit. Selbst die Namen »*ecclesia*«, »*basilica*« wurden als zu hochtönend zurückgewiesen, eine Zisterzienserkirche sollte nur ein Bethaus, ein »Oratorium« sein. Die zentralistische Verfassung des Ordens, die jährlichen Visitationen und Generalkapitel und die Heranziehung von Arbeitertruppen, die zwar aus Laien bestanden, aber nur für den Orden tätig sein durften, machte es möglich — woran die Benediktiner nie gedacht hatten —, einen Bautypus mit gleichmäßigen Grundzügen im ganzen Abendland auszubreiten. Ob eine Zisterzienserkirche in den Abruzzen steht oder an der Ostsee, überall ist sie sogleich als solche zu erkennen. Die Forderung der Einfachheit umfaßte nicht nur die Vermeidung von Schmuck und Farbe, sie erstreckte sich auf die ganze Anlage. Der Chor wird platt geschlossen, die Nebenkapellen werden in eine der Ostwand des Querschiffs sich anlehnende gerade Zeile zusammengezogen, überall im Grundriß die Kurve vermieden; vor allem: die Türme erhalten den Abschied. Man sieht, alle Lieblingsgedanken des deutsch-romanischen Stils sind verneint, und es tritt bis zu einem gewissen Grade eine Rückbildung auf den primitiven altchristlichen Typus ein. Mit der Weltentsagung war hier wirklich Ernst gemacht. Die Schroffheit, mit der es geschah, beweist am besten die Stärke der Weltfreudigkeit in der Kunst, gegen die der Kampf aufgenommen wurde. Aber auch die Zisterzienser löckten vergeblich gegen den Stachel. Auf die erste Epoche der Zisterzienserarchitektur, in der sie nur durch negative Eigenschaften von ihrer Umgebung sich unterschied, folgte eine zweite, in der sie zu positiver Charakteristik der Ideale des Ordens überging. Über welche Gestaltungskraft verfügte doch diese Zeit, daß sie selbst auf dem zisterziensischen Prokrustesbett nicht versagte. Es entstand, was der Baukunst noch gefehlt hatte, ein Stil, der in seiner strengen, gebieterischen Austerität in jedem Zoll mönchisch war und dabei doch der Größe nicht entbehrte.

Die ersten zisterziensischen Gründungen in Deutschland fallen in die zwanziger Jahre des 12. Jahrhunderts. Um 1150 zählte der Orden ein halbes, um 1200 mehr als ein ganzes Hundert Niederlassungen. Bald darauf trat Sättigung ein. Nur dem Orden affiliierte Frauenklöster wurden in ziemlicher Zahl noch bis an den Schluß des 13. Jahrhunderts neu gegründet. Im Unterschiede zu den Hirsauern beschäftigten sich die Zisterzienser nicht mit der Reform schon bestehender Klöster, sondern ihr landwirtschaftlicher Eifer trieb sie zu Neugründungen, meist an abgelegenen, bisher vom Anbau gemiedenen Örtlichkeiten, wodurch sie sich um die innere Kolonisation, noch mehr um die Kultivierung der kolonialen Außenländer des Ostens beträchtliche Verdienste erwarben. Ihre Klöster waren große Wirtschaftshöfe. Die zu ihnen gehörigen Kirchen scheinen in der ersten Zeit durchweg Notbauten gewesen zu sein. Erst wenn die Ansiedlung voll gediehen war, schritten die Mönche — nicht selten mit einem Wechsel des ersten Platzes — zum Monumentalbau der Kirche, dem nach einiger Zeit die Erneuerung der Klausurgebäude zu folgen pflegte. Das Maximum ihrer Bautätigkeit liegt in der für die deutsche Kunst entscheidungsvollen Epoche von 1200—1250, und es sind Bauwerke darunter, die zu den alleransehnlichsten des Zeitalters gehören. Die Abgeschlossenheit, in der die Bauleute des Ordens ihre Tätigkeit ausübten, machte es ihnen möglich, eine bestimmte Stilschattierung lange festzuhalten, lange wenigstens für diese Zeit schneller Wandlungen. Ihre Bauten, auch wenn wir erfahren, daß die Arbeit an ihnen sich bedächtig vorwärts bewegte, bewahren sich dadurch eine sonst ungewohnte Einheitlichkeit der Erscheinung. Die zisterziensische Kunst ist eine Kunst von Einwanderern und behält etwas Insulares.

Zwei Phasen sind im Stile der Zisterzienser doch zu unterscheiden: eine vorbereitende, bis gegen 1200, und die positiv stilbildende. Die Entwicklung von jener zu dieser erweist nun nicht etwa ein fortschreitendes Sicheinwachsen in die deutsche Kunstwelt, sondern umgekehrt: die zweite Phase ist mehr als jene durch den übernationalen Charakter des Ordens bestimmt. Bis gegen 1200 begnügte man sich mit der Einhaltung der bekannten Verbote und folgte im übrigen der ortsüblichen Bauweise. Beinahe alle Zisterzienserkirchen dieser Zeit waren flachgedeckte Basiliken. Wir nennen als wohlerhaltene Beispiele Amelunxborn an der Weser, erbaut 1144—1158 im sächsischen Stützenwechsel, und Maulbronn, geweiht 1178, eine Pfeilerbasilika, deren Detailformen auf Verbindung mit der

Diözesanhauptstadt Worms schließen lassen. Die turmlose Fassade besaß ursprünglich noch nicht ihre Vorhalle. Im Innern hat sich die tief in das Mittelschiff vorgeschobene hohe Chorschranke erhalten. Sie zeigt noch schroffer als der Bauplan der Kluniazenser, daß die Zisterzienser ihre Gottesdienste nicht für eine Gemeinde hielten und nur bei bestimmten festlichen Gelegenheiten einen kleinen Teil der Kirche den Laien zugänglich machten. — Der positive Zisterzienserstil entschied sich für das Gewölbe. Wegen ihrer offensichtlichen Nützlichkeit galt diese an sich zwar weniger einfache Bauart doch nicht als Luxus. Ja, es wurde in ausgesprochener Weise der Ehrgeiz der Ordensbauleute, der erzwungenen Schmucklosigkeit eine schöne Quaderbehandlung und saubere Profilbildung gegenüberzustellen. Die ältesten Gewölbekirchen, Eberbach im Rheingau (geweiht 1186) und Heiligenkreuz in Niederösterreich (geweiht 1187), folgen dem deutschen gebundenen System mit der einzigen Abweichung, daß die die beiden Gurte tragenden rechteckigen Vorlagen nicht bis zur Erde hinabreichen, sondern oberhalb der Arkadenpfeiler abbrechen, wo sie von Kragsteinen aufgenommen werden (Abb. 137). Diese auf ihren Zweck nicht zu erklärende Eigentümlichkeit der Konstruktion ist in aller Folge, gleichsam als eine Hausmarke des Ordens, festgehalten worden. Im ästhetischen Eindruck vereinigen die ersten Gewölbebauten Nüchternheit mit Solidität und strenger Würde. Auch diese Charakterzüge sind bleibende. Dagegen treten bald darauf Veränderungen in den Strukturformen ein. Sie erweisen, daß die deutschen Zisterzienser mit den burgundischen Mutterklöstern in ständiger Verbindung geblieben waren. Auf den Boden des burgundischen Übergangsstils stellen sich die Kirchen zu Thennenbach im südlichen Schwarzwald und zu Bronnbach an der Tauber. Die erstere hatte (sie ist 1829 abgebrochen und in sehr freier Wiederholung in Freiburg als Ludwigskirche wiederaufgebaut worden) im Mittelschiff schmale Kreuzgewölbe, in den Seitenschiffen quergestellte Tonnengewölbe, in allen Bogenlinien halbkreisförmig. In Bronnbach liegt über dem Mittelschiff ein durch keine Gurten geteiltes, aber von breiten Stichkappen durchbrochenes Tonnengewölbe, über den Seitenschiffen eine Halbtonne. Die Hochwand bildet eine von den Gewölbestützen struktiv unabhängige, gegen ihre Vorderfläche tief zurückspringende Füllung. Im Querschiff sind Kreuzgewölbe mit breiten, rechteckigen Diagonalgurten ohne Schlußstein angewendet. Dies alles sind altertümliche protogotische, in Burgund um die Zeit der Erbauung Bronnbachs (gegen Ende des 12. Jahrhunderts) schon aufgegebene Formen. Auch diese Weltfremdheit ist zisterziensisch. Ein dritter singulär gestalteter Bau des Ordens ist Walderbach im Bairischen Walde: Kreuzgewölbe ähnlich denen im Querschiff von Bronnbach, im älteren Abschnitt rundbogig, im jüngeren leicht zugespitzt; das System hallenmäßig, was sich aus älteren Gepflogenheiten der Regensburger

Diözese am nächstliegenden erklärt, möglicherweise aber doch auch mit den zisterziensischen Hallenkirchen in Südfrankreich in Zusammenhang steht. Schließlich ist an dieser Stelle noch einmal an Heisterbach im rheinischen Siebengebirge zu erinnern, wo in so höchst eigenartiger Weise zisterziensische Grundsätze und rheinische Schulformen sich verbanden (S. 233).

Diese Bauten, welche auch unter sich in keinem Zusammenhang stehen, haben ihre Umgebung noch nicht beeinflußt. Anders verhält es sich in beiden Punkten mit der neuen Serie, die im zweiten und dritten Jahrzehnt des 13. Jahrhunderts begonnen wurde und das künstlerisch Bedeutendste enthält, was die Zisterzienser der deutschen Baukunst gegeben haben. Ihr Stil ist nicht ein Misch- oder Übergangsstil, er ist Gotik, wirkliche, aber entwicklungsmäßig sehr frühe Gotik; die erste Frühgotik in Deutschland — trotzdem hat er mit der französischen Schule nichts zu tun. Er kommt aus Burgund. Und dieser Unterschied ist belangreich. Die burgundische Frühgotik ist nicht etwa eine provinzielle Abzweigung der französischen, d. h. nordfranzösischen Schule, sondern neben ihr aus eigener Wurzel gewachsen. Unter den Händen der Zisterzienser, deren Heimat Burgund war, nahm sie eine sehr spezifische Färbung an, und dank der Ausbreitung durch den Orden war ihr internationaler Erfolg anfänglich größer als der der französischen Schule. Der jugendliche Überschwang jener und ihr Schwelgen in verwickelter Dialektik der Konstruktionsformen war den Zisterziensern gegen den Sinn. An Stelle des vierteiligen Systems der Nordfranzosen, das zur Stütze seines vielgliedrigen Gerüstes ein überaus umständliches Strebewerk nötig hatte, genügte ihnen ein zweigeschossiger Aufbau, in dem die Drucklinien mit Geschick so verteilt sind, daß der offene Strebebogen vermieden werden kann. Es ist eine rein verstandesmäßige Gotik von gewollter Nüchternheit. Ihr künstlerisches Verdienst liegt in der klaren Linienführung und der feinen Abwägung der Raumverhältnisse und Massenwirkungen. Eine über das früh Erreichte hinausgehende Entwicklung wurde nicht erstrebt. Im Westen konnte die Zisterziensergotik neben der unendlich glänzenderen französischen Schwester sich nicht lange halten, vom Anfang des 13. Jahrhunderts ab mußte sie zur Anpassung an jene sich bequemen. In Deutschland bewahrte sie ihren ursprünglichen Charakter bis über 1250.

Zwischen 1210 und 1220 kamen in folgenden Klöstern rasch nacheinander großzügige Neubauten in Gang: Arnsburg (Hessen), Otterberg (Pfalz), Maulbronn (Schwaben), Ebrach (Franken), Walkenried (Harz), Riddagshausen (Braunschweig). Die drei letztgenannten haben genau die gleiche Größe (84 m lichte Länge) und fast die gleiche Chorbildung, wogegen die beiden ersten ein wenig kleiner sind. Die Abweichungen im System sind nicht erheblich. Arnsburg und Walkenried sind Ruinen.

Den reinsten und schönsten Widerhall hat der burgundische Stil in Ebrach gefunden *. Das Innere dieser Kirche wurde gegen Ende des 18. Jahrhunderts mit einer klassizistischen Stuckdekoration überkleidet, die aber dem darunter unverändert gebliebenen alten Gliederbau sich schonend anschmiegt, so daß wir den strengen und schneidigen Rhythmus desselben und die kühle Feierlichkeit des langgestreckten Raumes noch immer durchfühlen (Abb. 140). Im einzelnen beachte man die vom rheinischen Übergangsstil vollkommen abweichende Auffassung der Gewölbe. Dort wurde durch die quadratische Grundform und die kuppelartige Busung jede Abteilung gegen die nächste relativ isoliert; hier ist die Grundform schmalrechteckig und bildet der Scheitel eine fortlaufende Horizontale. Der Gliederbau ist voll Kraft, aber nicht schwer; die vertikalen Linien dominieren, aber mit Maß; die Bogenlinien sind alle spitz, aber in einer ruhigen, wenig steilen Führung. Ornament ist nicht so vollständig vermieden wie in den älteren Bauten der Schule, aber noch immer ist es sparsam angewendet. Unverändert bewahrt ist der alte Zustand am Außenbau (Abb. 207, 208). Die Turmlosigkeit macht sich durch die gewaltigen Abmessungen des Baukörpers noch bemerkbarer, die langgezogenen wagerechten Linien beherrschen den Eindruck vollkommen. Die Wandgliederung durch Strebepfeiler (aber ohne Strebebogen!) war damals ein in Deutschland neuer Anblick. Das große Rosenfenster an der Fassade wurde am Ende des Jahrhunderts hinzugefügt. Das Kranzgesims der Ostteile hat eine spezifisch burgundische Form, dasjenige des (jüngeren) Langhauses kehrt zum deutschen Rundbogenfries zurück, ein für den Baubetrieb aufschlußreicher Vorgang.

In Maulbronn war die Kirche, bereits die zweite nach der 1146 erfolgten Übersiedelung an den gegenwärtigen Ort, in den 70er Jahren errichtet. Von 1201 ab begann die Erneuerung der Klostergebäude. Daß sie sich vollständig erhalten haben, ist ein unschätzbares Glück. Auch sonst sind Klosteranlagen des 13. Jahrhunderts in Deutschland keine Seltenheit; aber immer ist der eine oder andere Teil der Baulichkeiten zerstört oder durch Verwahrlosung und Profanierung der Eindruck getrübt. In Maulbronn ist noch alles da, in wohlgepflegtem Zustande, und der baukünstlerisch, malerisch, poetisch genießende Betrachter kommt ebenso zu seinem Rechte wie der Altertumsforscher. Die Anlage im ganzen ist noch durchaus dieselbe, wie sie vor vierhundert Jahren der Normalplan von St. Gallen vorgeschrieben hatte. Nur sind die um den Kreuzgang angeordneten Einzelgebäude — wie immer eine locker verbundene Gruppe, kein Einheitsbau — geräumiger geworden,

* Die weitgehende Übereinstimmung mit den italienischen Zisterzienserkirchen Casamari und Fossanova in den Bergen südlich von Rom läßt ein heute nicht mehr vorhandenes burgundisches Vorbild voraussetzen; unter den in Burgund erhalten gebliebenen Denkmälern ist Pontigny das nächststehende.

als der karolingische Plan es angenommen hatte. Der ersten Bauzeit gehört der mit der Fassade der Kirche gleichlaufende Westflügel an. Er wird ungefähr in der Mitte durch einen Quergang, der den einzigen Eingang zur Klausur bildete, geteilt: rechts die gewölbte Vorratskammer, links das über den Nordflügel des Kreuzganges weit vorspringende Refektorium der Laienbrüder (Abb. 222). Es ist 36 m lang, 10,5 m breit, durch gekuppelte Säulen in zwei mit Gratgewölben überdeckte Schiffe geteilt. Die Raumverhältnisse sind niedrig, wirken aber nicht gedrückt, eher behaglich. Die Formen sind romanisch, nur die nach einer kurzen Bauunterbrechung ausgeführten Säulen haben in ihren Schmuckteilen einen gotisierenden Anflug. Zwischen 1210 und 1220 kam die Bauleitung in andere Hände. Ein Meister erschien, der sich in Burgund gründlich umgesehen hatte; er kannte nicht nur die dortigen Ordensbauten, sondern auch andere, leicht nordfranzösisch gefärbte; sämtliche Maulbronner Profile an Deckplatten und Rippen sind in Vezelay (Kapitelsaal und Chor) wiederzufinden. Der neue Ankömmling muß eine größere Zahl gleichartig ausgebildeter Gehilfen mitgebracht haben, denn es ist kaum glaublich, daß er die in Maulbronn vorgefundenen Arbeiter so schnell und so einheitlich auf die neuen Formen einzuschulen vermocht hätte. Allenfalls könnte auch der eine oder andere Burgunder darunter gewesen sein, in der Mehrzahl aber waren es gewiß Deutsche, wie sie damals vielfach auf den westlichen Bauplätzen zu finden waren. — Begonnen wurde mit der Anlage einer die Westfassade der Kirche in der ganzen Breite des Erdgeschosses verdeckenden Vorhalle, mit einem auf die altchristliche Zeit zurückgehenden Wort Paradies genannt *. Es muß zugegeben werden, daß die in dieser Zeit oft so schön geglückte Zusammenstimmung älterer und jüngerer Bauteile hier nicht erreicht, gewiß auch nicht gewollt ist. Für sich betrachtet ist die Vorhalle ein Meisterstück (Abb. 145). Von den formalen Elementen der Gotik, wie sie 50 Jahre später in Deutschland geläufig wurden, findet sich zwar nichts, vor allem fehlt gänzlich der Spitzbogen; dennoch ist die Konstruktion in exemplarischer Weise gotisch gedacht. Es verlohnt sich sehr, ihr näher nachzugehen. Wenn auf quadratischem Grundriß ein Rippengewölbe errichtet wird unter der Bedingung, daß alle Bogenlinien desselben im Halbkreise gebildet sind, so kommt notwendig der Scheitel der Diagonalrippen, da sie einen größeren Radius haben, höher zu liegen als die Scheitelpunkte der Querrippen und Schildrippen. So war der deutsche Spätromanismus zu konstruieren gewöhnt. Es entstanden dabei hochbusige Gewölbe, die, wenn sie eine Folge bildeten, wellenförmig auf- und niederstiegen. Der neue Meister

* Durch den Verzicht auf die Fassadentürme kam bei den Zisterziensern die sonst nie fehlende innere Vorhalle in Wegfall. In der Regel verzichteten sie auf eine solche überhaupt. Manche Fassaden haben bei ihnen nicht einmal ein Hauptportal, sondern nur ein kleines Nebenpförtchen, woraus die geringe Rücksichtnahme auf Laienbesuch erkennbar wird.

kehrte das Verfahren um: er legte alle Scheitel in gleiche, dagegen die Ausgangspunkte (die sogenannten Kämpferpunkte) in ungleiche Höhe. Durch Einführung von Spitzbögen für die Rippen mit kleinerem Radius hätte er dies vermeiden können. Da er aber vom Rundbogen nicht lassen wollte, blieb ihm nur die einigermaßen paradoxe Lösung übrig, die wir vor uns sehen. Man begreift wohl, was ihm davon gefiel. Der Gegensatz zwischen dem ruhigen und einheitlichen Bilde, das die oberen Teile des Gewölbes ergeben, und dem stark bewegten in der Zone der Gewölbeanfänger hatte einen neuartigen und prickelnden Reiz, der ganz im Geiste dieser an Überraschung sich freuenden Zeit lag. Zugleich wurde hier an einem drastischen Beispiel vorgeführt, was der Kernpunkt der neuen Bauweise sei: die Verselbständigung der Rippen. Dieser Gedanke wird dann im Stützensystem weitergeführt. Jede Rippe hat ihre eigene Stütze in Form dünner, zylindrischer Körper, die mit dem Pfeiler bzw. der Wand in keiner Verbindung stehen. Nur an einer Stelle hängen sie durch ringförmige Zungensteine (»Wirtel«) mit jener zusammen. Die Wand steht struktiv außerhalb dieses Zusammenhanges. Daß sie ohne Schaden ganz wegfallen kann, zeigt die völlig aufgelöste Vorderseite der Halle, zwischen deren weiten Öffnungen nur schmale, durch Strebepfeiler verstärkte Mauerstücke übriggeblieben sind. Damit ist eine zweite Hauptlehre der Gotik — Ersatz der Masse durch Kraft — erfüllt und zum Beispiel gebracht. Endlich, von einer symbolischen Verwendung struktiver Scheinformen, die ein Hauptmittel der romanischen Dekoration gewesen war, ist nicht mehr die Rede; in streng realistischem Wahrheitssinne hat jedes struktive Glied wirklich etwas zu leisten; nicht das kleinste könnte entfernt werden, ohne daß alles in Bewegung käme. Struktur und Dekoration sind eins geworden. Nur in dem leicht skizzierten Blattwerk der Westkapitäle fristet sich ein kleiner Rest von selbständiger Schmuckform. Aber wer möchte hier noch mehr davon wünschen? Ist doch in der weit ausschwingenden Bewegung des Rippenwerks, den feinen Gelenkbildungen der Wirtel und Kämpfer die allerlebendigste ästhetische Ausdruckskraft entfaltet. Stückweise war von der im Westen entstandenen neuen Bauweise schon manches bekannt geworden, hier sah man es zum erstenmal auf deutschem Boden als System vorgetragen, und der neue Ankömmling muß den Zeitgenossen als Revolutionär erschienen sein. Hatte er im Paradies seine Geschicklichkeit an unverrückbar gegebenen Maßverhältnissen bewährt, so konnte er im Herrenrefektorium — die »Herren« sind die Mönche, im Gegensatze zu den Laienbrüdern — frei über den Raum schalten. Um den von ihm angeschlagenen Ton ganz zu würdigen, muß man auf das Laienrefektorium zurückblicken. Dieses war, wenn auch in künstlerisch gehobener Weise, immerhin noch eine Zweckarchitektur. Hier aber sind vor dem idealen Kunstwollen alle Schranken gefallen (Abb. 223). In der hochräumigen Feierlichkeit dieser Halle würde man einen Speisesaal kaum vermuten. Die zweischiffige Anlage ist für nichtsakrale Innenräume typisch. Sieben Säulen sind es, deren Reihe die Schiffe teilt, aber die Übersichtlichkeit des Ganzen nicht aufhebt; abwechselnd sind sie stärker und schwächer, auch im Detail unterschieden. An der Umfassungswand ruhen die Rippen auf bloßen Konsolen, so daß für das Auge und die Phantasie alle Kraft in den Säulen angesammelt ist. Gleich den Strahlen eines Springbrunnens schießt sie an den Gewölben auseinander. Gewiß lag zu der sehr verwickelten Figuration der letzteren keine konstruktive Nötigung vor, ein reiferer Gotiker hätte eine einfachere Lösung gewählt. Darin verrät sich der Deutsche. Für ihn haben die Rippen noch ein eigenes Leben im Sinne des linearen Ausdrucks, er freut sich an ihrer kraftvollen Bewegung und ihrer rhythmisch abgestuften Mannigfaltigkeit. Vor allem dieses, das rhythmische Gefühl, ist das Band, das den Meister mit der romanischen Kunst verknüpfte. Mit dem Verstande war er Gotiker und Franzose, mit dem Gefühl mehr Deutscher. Es ist kein Zufall, daß kein einziger Zisterzienserbau außerhalb des Ordens so viel Beachtung und Nachahmung gefunden hat wie Maulbronn. Im Detail bemerke man die flach auslaufenden Basen, die für sich wenig mehr bedeuten, nur ein Bindeglied zwischen Säulenschaft und Sockel sein wollen; das nicht mehr romanisch stilisierte, aber auch noch nicht naturnachahmende Blattwerk, dessen Aufgabe ist, die feine Bewegung im Kontur der Kapitäle zu unterstützen; die prachtvoll kräftigen, abwechselnd durch Diamantschnitt variierten Rippenprofile und ihre Vorbereitung durch Kannelierung der Zwischensäulchen über den Deckplatten der Stützen zweiter Ordnung; endlich den Teilungsring der Schafte, der hier nicht mehr wie an den eingebundenen Säulen des Paradieses eine konstruktive Funktion hat, sondern lediglich einen formalen Akzent bedeutet. — Von altzisterziensischer Einfachheit war nun freilich in diesen Bauten nicht mehr die Rede. Maulbronn blieb darin keine Ausnahme. Zwischen 1225 und 1250 und noch etwas darüber hinaus wurden in einer ganzen Reihe von Klöstern die Klausurgebäude mit Aufwand erneuert. Aber auch wo die Zisterzienser reich bauten, taten sie es nicht wie die andern, die Weltkinder. Es ist zu bewundern, mit welcher Treffsicherheit sie in der Handschrift ihrer Architektur ihr eigenes Wesen zu charakterisieren verstanden als ein Gemisch aristokratischen Selbstbewußtseins, des Produktes ihrer Großgrundbesitzerstellung, und spröden mönchischen Tugendstolzes. — Der umfänglichste Komplex hat sich in Eberbach erhalten, die älteren Teile im Übergangsstil, die späteren, über die Mitte des Jahrhunderts hinausgehenden in knapper, straffer Frühgotik von leicht französischer Färbung. In Schönau bei Heidelberg ein statiöser Kapitelsaal, der jetzt als Kirche dient — alles übrige verschwunden. In Pforta die Abtskapelle. In Bronnbach Umbau des vorher flachgedeckten Kreuzgangs. Bis zu wirklicher Prachtlust vergaß sich der Orden nur in der üppigen Luft Österreichs, in den berühmten Kreuzgängen von Heiligenkreuz, Lilienfeld und Zwetl.

Zurück auf eine ältere Stufe führt uns die Kirche in Otterberg bei Kaiserslautern (Abb. 143). Sie ist wenig bekannt, obgleich sie das großartigste Baudenkmal der Pfalz ist in dem langen Zeitraum zwischen dem Dom von Speier und dem Heidelberger Schloß. Geweiht wurde sie 1254, und die Bauführung hat wahrscheinlich die volle erste Hälfte des Jahrhunderts in Anspruch genommen. Trotzdem erscheint der Bau wie aus einem Guß; in der Mauertechnik, die in ihrem Großquaderwerk von imposanter Schönheit ist, und selbst in den Profilen hat sich in der langen Bauzeit nichts geändert, ein Beweis für die Disziplin und Abgeschlossenheit der Bauhütte. So bewahrt sich denn auch diese Kirche die spezifische zisterziensische Herbheit und Sprödigkeit zu einer Zeit, wo in Ebrach und Maulbronn schon die oben geschilderte Erweichung eingetreten war. Man denke sich zu der nüchternen Strenge Eberbachs als Plus einen Ausdruck von unbeugsamer herrischer Kraft. Wer Otterberg nicht gesehen hat, kennt den Zisterziensergeist nicht ganz.

Von den Bauten in den Kolonialländern werden wir in späterem Zusammenhange zu sprechen haben. —

Die Stellung der zisterziensischen in der deutschen Architektur war zugleich reserviert und anspruchsvoll. An Propaganda über den Kreis des Ordens hinaus wurde nicht gedacht. Trotzdem hat sie auf ihre Umgebung Einfluß gewonnen.

Zu der im deutschen Spätromanismus herrschenden Richtung stand sie fast in allen Punkten antipodisch. Gegenüber dem Subjektivismus jener vertrat sie die Gebundenheit, aber auch die disziplinierte Kraft einer geschlossenen Schule; gegenüber ihrer Auffassung des Bauwerks als Bild die reine Architektur; gegenüber ihrer Romantik die Einfachheit, Sachlichkeit und technische Gewissenhaftigkeit. Ihr ernster und großer monumentaler Sinn war nicht zu bestreiten. Manche abgelegenen Gegenden wurden erst durch sie im Gewölbebau gründlich unterrichtet. Daß sie zur Zersetzung des romanischen Stils ein beträchtliches beigetragen hat, ist gewiß. Dadurch half sie den Weg zur Gotik frei machen, wenn auch ihr eigenes gotisches Programm noch eng war. Die großen Unternehmungen des Ordens gingen zu Ende, und seine Gewerkschaften lösten sich auf genau in dem Augenblick, als der auf andern Wegen eindringende Stil der nordfranzösisch-hochgotischen Kathedralen seine ersten Triumphe feierte.*

* Die erste Zisterzienserkirche in nordfranzösischem Stil ist Marienstatt im Westerwald, begonnen 1243, geweiht 1324.

Schwaben, Baiern und Österreich.

In Schwaben haben Oberland und Unterland ihre bisherigen Rollen vertauscht. Vom Bodensee bis an den Lech zeigt die Denkmälerkarte für unsere Epoche nur leere Stellen, und ebenso leer ist die schriftliche Überlieferung. Der Benediktinerorden, auf dessen Schultern bis dahin das Bauwesen geruht hatte, hatte sich erschöpft, die Zisterzienser ließen diese Gegenden links liegen, auch die Bischofsstädte Konstanz und Augsburg blieben untätig *. Dagegen brach im Unterland, dessen Stellung in der Baukunst bis 1200 recht bescheiden gewesen war, nun eine Zeit fröhlicher Regsamkeit heran. Wollte man dabei an die Tatsache denken, daß Schwaben dem Reiche das Kaiserhaus gegeben hatte, so befände man sich auf einer falschen Spur; höchstens in einem ganz allgemeinen und mittelbaren Sinne kann sie einige Bedeutung gehabt haben. Kirchlicher Baueifer lag den Staufern fern; ihre Familienkirche Lorch ist ein ziemlich bescheidener Bau aus der vorkaiserlichen Zeit (gegründet 1006), doch wurde noch 1208 die Kaiserin Irene in ihr begraben. Die glänzenden Schloßbauten der Staufer liegen in West- und Mitteldeutschland, noch mehr in Italien, nur eben in Schwaben sucht man sie umsonst **. Von unmittelbarer Bedeutung dagegen war der durch die kirchlichen Herrschaftsverhältnisse gegebene Zusammenhang mit dem Bauwesen am Rhein und Main. Der größte Teil des Unterlandes war an die Bistümer Speier, Worms und Würzburg aufgeteilt, ein kleiner im Südosten stand unter Augsburg. Nur hier blieb der bauliche Charakter wurzelecht schwäbisch. In den übrigen Landesteilen verbreiteten sich über die schwäbische Unterschicht befruchtende rheinische Einflüsse, oft mit sehr anziehenden Mischungsergebnissen. Vor allem von der Maulbronner Protogotik gingen vielseitig sich verzweigende Wirkungen aus. Wir begegnen ihnen in mannigfaltigen Kreuzungen mit lokalen spätromanischen Formen in der schönen Sakristei des Klosters Alpirsbach im Schwarzwald, in der Vorhalle von Reichenbach im Murgtal, in der Stiftskirche zu Pforzheim, an den Chortürmen und dem Prachtportal von St. Dionys in Eßlingen, an den Chortürmen der Deutschordenskirche in Heilbronn, in der Kirche von Weinsberg, in nicht wenigen Dorfkirchen selbst. Auf der rechten Seite des Neckars genießt in Murrhardt die einer kleinen Klosterkirche des 12. Jahrhunderts um 1225 angebaute Walderichskapelle begründeten Ruhm. Nicht eigentlich eine Mischung der Stile ist hier eingetreten, sondern ein Nebeneinander mit

* Konstanz hat lediglich die Dominikanerkirche, erbaut um oder noch nach der Mitte des Jahrhunderts als flachgedeckte Basilika, die Säulen mit achtseitigen Würfelkapitellen, wie im Dom, gotisierend nur die spitzbogigen Arkadenbögen.

** Von der Stammburg Hohenstaufen sind nur spärliche Trümmer erhalten; ob sie zu den baukünstlerisch bedeutenden gehört hat, ist mindestens zweifelhaft.

säuberlicher Trennung nach Innen- und Außenbau, wobei jener in seinem hochbusigen Rippengewölbe auf gruppierten Ecksäulchen die rheinische Art zeigt, dieser in üppigem Vollklang den für diese Zeit schon altertümlich anmutenden genuin schwäbischen Dekorationsstil. Ohne fremde Beigaben behauptet sich der letztere im Rems- und Filstal, in Gmünd, Faurndau, Brenz. Eine wie tiefe Kluft scheidet ihn doch von den am Rhein und in Maulbronn zum Siege gelangten Anschauungen. Dort war auch das Dekorative architektonisiert, das heißt die struktiven oder struktiv scheinenden Glieder wurden so gestaltet und unter Umständen so vermehrt, daß sie durch ihren Linienzug und ihre Licht- und Schattenwirkungen eine zweite, dekorative Wirkung ergaben; hier wird das Wesen der Dekoration allein im Ornament gesucht, und dasselbe wird dem architektonischen Körper angeheftet als eine nach Belieben auch wegzudenkende Umhüllung. Es ist die letzte Abwandlung des Völkerwanderungsstils. Wir befinden uns bei dieser südostschwäbischen Bautengruppe gleichsam wie in einem weltabgelegenen, aber wohlgepflegten stillen Garten. Nur einmal, in der Stiftskirche zu Ellwangen, ist hier eine architektonische Aufgabe größeren Maßstabes gestellt worden, und diese greift bezeichnenderweise doch zu rheinischen Vorbildern. (Abb. 203 zeigt die Ostgruppe der Ellwanger Kirche, Abb. 188 die Ostansicht der Johanniskirche in Gmünd, wo in bereits gotisierenden Formen ein ganz altertümliches Motiv vorgetragen wird, der isolierte Campanile.)

Von Oberbaiern ist dasselbe zu sagen wie von Oberschwaben, das heißt der ältere Stil hatte sich ausgelebt, der neue war noch nicht erwacht. Nur in Regensburg hörte die Bautätigkeit nicht ganz auf, war aber mit der des 11. und 12. Jahrhunderts doch nicht zu vergleichen. Das wenige, das Interesse erregt, verdankt seine Entstehung versprengten Ausläufern der Baubewegung des Westens. Zuerst um 1225 beim Kreuzgang von St. Emmeram (Abb. 227, 297), ein zweites Mal bald nach 1250 bei der St. Ulrichskirche treten französisch-gotisch geschulte Bauleute in Aktion. Es sind Zwischenspiele ohne Folge. Erst in den 70er Jahren mit dem neuen Dombau faßte die Gotik in Regensburg wirklich Fuß, und selbst dann noch hing ein Teil der zu Anfang beschäftigten Werkleute an romanischen Formgewohnheiten fest.

Im Vergleich mit den übrigen deutschen Landen könnte man vom Süden nicht anders urteilen, als daß er in ausgeprägter Weise schaffensarm war. Die große Bedeutung, die trotzdem das spätstaufische Zeitalter auch für das süddeutsche Bauwesen gehabt hat, ist in etwas anderem als der Bereicherung der künstlerischen Gedanken zu suchen: sie liegt in der geographischen Ausweitung seines Wirkungsgebietes. Jetzt zuerst beginnt es sich in der Mark Österreich lebhaft zu regen und greift die expansive Bewegung nach Böhmen, Ungarn und Siebenbürgen über.

Viel später als in Altdeutschland war in Österreich die Völkerwanderung zur Ruhe gekommen. Erst im 9. Jahrhundert wurden die letzten Vorstöße aus dem östlichen Chaos zurückgeworfen, aber an beiden Flanken der an der Donau und am Nordrande der Alpen sich vorstreckenden deutschen Landzunge, im Norden wie im Süden, mußten slawische Stämme geduldet werden. Es trat die Rassenverteilung ein, wie sie noch heute gilt. Böhmen wie Ungarn nahmen deutsche Kolonisten auf, zu einer allgemeinen Germanisierung, wie im nordostdeutschen Tieflande, kam es nicht.

Von einem Marklande ist Selbständigkeit in der künstlerischen Produktion nicht zu erwarten. Die aus Altdeutschland kommenden west-östlichen Wege waren nicht die einzigen, durch die das nach und nach entstehende österreichische Bauwesen gespeist wurde, auch die alten Verbindungswege über die Alpen nach Süden behielten ihre Bedeutung; ja, bis zum Anfang des 13. Jahrhunderts war der italienische Beitrag der größere. Dann aber gewann die deutsche Strömung die Oberhand und bald die Alleinherrschaft. Er führte, wie der Zufall es wollte, süd-, mittel- und westdeutsche Bauformen und Bauarbeiter mit sich, im ganzen aber sind es nicht die besten und fortgeschrittensten gewesen, unmittelbar in Frankreich gebildete wohl nur ganz selten *. Noch 1250—1270 hat die österreichische Architektur den Charakter eines schwerfälligen Übergangsstils: spitzbogige Arkaden zwischen massigen, romanisch gegliederten Pfeilern, die Gewölbe gotisierend, doch ebenfalls ohne Leichtigkeit, das Äußere wesentlich romanisch; alles in allem nur mäßige Teilnahme für die den Westen beschäftigenden struktiven Probleme, daneben ausgesprochene Hinneigung zu dekorativer Pracht, die behaglich und üppig bis an die Grenze des Überladenen sich ergeht. Dies war der eigentliche österreichische Geschmack und der positive Grund für die ausdauernde Anhänglichkeit an den spätromanischen Stil, mit dem die knappere und keuschere Formengebung der Frühgotik nicht wetteifern konnte. Bezeichnenderweise hat selbst der Zisterzienserorden von diesem weltfrohen Geiste sich anstecken lassen. Die älteste der drei großen Ordenskirchen, Heiligenkreuz, tritt noch mit ganzer puritanischer Strenge auf (sie ist geweiht 1187); aber der gegen die Mitte des folgenden Jahrhunderts ausgeführte Kreuzgang kann sich in dem (natürlich dekorativ gemeinten) Reichtum der Glieder und der Fülle des Schmucks nicht genug tun; ihm ebenbürtig die Kreuzgänge von Lilienfeld, Zwettl und Klosterneuburg, der letztere endlich ins Frühgotische übergehend, 1279—91 (Abb. 226, 228). Ein zweiter Gegenstand überströmender Schmuckfreude sind die Portale

* Ein solcher Ausnahmefall, sogar ein wirklicher Franzose, war Villard de Honnecourt; in seinem durch einen merkwürdigen Zufall erhaltenen gebliebenen Skizzenbuch mit Randnotizen erwähnt er einen längeren Aufenthalt in Ungarn, sagt aber nicht, an welchem Gebäude er dort gearbeitet habe.

Man findet sie öfters selbst an Gebäuden, die nach ihrem sonstigen architektonischen Rang kaum auf sie ein Anrecht hätten — gehört doch das berühmteste und großartigste von ihnen einer bloßen Pfarrkirche an, das sogenannte Riesenportal der Stephanskirche in Wien.

Böhmen, Mähren, Ungarn. Wir überschreiten hier die deutsche Grenze und haben ein Recht dazu. Was wir antreffen, ist deutsche Baukunst auf undeutschem Boden. Nicht in Konkurrenz mit einer vor oder neben ihr bestehenden indigenen Baukunst, sondern alleinherrschend. Deutschland kam hier zum ersten Male in die Lage, fremden Ländern Kunst zu geben — ein bedeutender Augenblick noch mehr unter dem Gesichtspunkt der allgemeinen als der Kunstgeschichte. Man erinnere sich dessen, was wir in der Einleitung von dem expansiven Geiste des 13. Jahrhunderts gesagt haben. Im weiteren Verlaufe treten in jedem der genannten Länder wohl Abtönungen ein, jedoch ohne die deutsche Grundfarbe verschwinden zu machen.

Die Anfänge des Christentums in Böhmen gehen ins 9. Jahrhundert zurück. Bis zur Gründung des Bistums Prag durch Boleslaw II. im Jahre 973 stand das Land kirchlich unter Regensburg. Boleslaws im Obermünster zu Regensburg erzogene Schwester errichtete auf dem Hradschin das erste Benediktinerkloster St. Georg; Mönche aus Alteich in Niederbaiern besiedelten ein zweites; Mönche aus Zwiefalten in Schwaben ein drittes, und so geht es fort. Denkmäler sind bis zum Schluß des 12. Jahrhunderts nur spärlich erhalten. Sie unterscheiden sich von ihren deutschen Vorbildern nur durch die größere Roheit der Ausführung, so daß man an lokale Arbeitskräfte denken darf. Das 13. Jahrhundert brachte die Prämonstratenser und Zisterzienser in die erste Linie. Diesen beiden Orden, ihrer trefflichen inneren Organisation wie ihren weitreichenden äußeren Verbindungen, verdankt das böhmische Bauwesen noch mehr als das österreichische seinen ersten Aufschwung. Die Prämonstratenser brachten manches Sächsische mit, die Zisterzienser vermittelten die ersten Elemente aus dem gotischen Formenkreis. Die Ruine der Zisterzienserkirche Nepomuk wird der Zeit von 1220—50 zugeschrieben. Mehr oder minder nach 1250, da das Romanische schon ganz ausgeschieden ist, ist der schöne, den Ordenscharakter noch unverfälscht bewahrende Kapitelsaal in Ossek. Wieder nur Ruine ist die Kirche von Hradischt, die unter den Ordensbauten die glänzendste war; ihr Vorbild scheint Ebrach gewesen zu sein. In Mähren sind die Benediktiner in Trebitsch, die Zisterzienser in Tischnowitz bedeutend vertreten. Den Zisterziensern gehört auch das älteste monumentale Bauwerk Schlesiens, die Kirche zu Trebnitz, gestiftet 1203 vom Herzogspaar Heinrich und Hedwig, ausgeführt gegen die Mitte des Jahrhunderts, im Grundriß und Aufbau romanisch, mit den (sechsteiligen) Gewölben in die Frühgotik übergehend. Breslau besitzt an der Magdalenenkirche ein Portal (Abb. 296), dessen Prunklust an Österreich erinnert, in ihrem Mangel an künstlerischer Ökonomie aber etwas leicht Barbarisches an sich hat, während der Bau von Trebnitz als Backsteinbau von Norddeutschland abhängig ist. Von einer eigentümlichen Kunstschule kann in diesen slawischen Ländern nicht die Rede sein, was man auch nur natürlich finden wird, gegenüber nationalistischen Selbsttäuschungsversuchen aber ausdrücklich feststellen muß.

Mit mehr Recht kann Ungarn, wo nicht eine volle Umformung, so doch eine charakteristische Umfärbung der von Deutschland erworbenen Typen für sich in Anspruch nehmen. Ihre eingehende Betrachtung würde uns länger aufhalten, als hier zu rechtfertigen ist.

Mitteldeutschland.

Von jeher hatte dieses Gebiet verschiedengerichteter Verkehrswege sich ungeeignet gezeigt, große Bauschulen von ausgeprägter Eigenart sich befestigen zu lassen. Jetzt im 13. Jahrhundert drangen die gotischen Einflüsse leicht und frühzeitig ein, aber sie erzeugten keine einheitlichen Wirkungen. Nirgends schillert das Bauwesen so sehr wie hier. Die örtlichen Überlieferungen räumen nicht ganz das Feld, aber sie werden an zahlreichen Punkten durchbrochen von Wanderkünstlern, und was diese mitbringen, ist höchst ungleich geartet, und sie bleiben selten lange genug an einem Ort, um sich einen festen Schülerkreis zu bilden. So bringt der Zufall örtlich und zeitlich in nächste Nähe, was im Sinne der Stilentwicklung weit auseinander liegt. Eine Anordnung der Denkmäler nach entwicklungsgeschichtlichen Gesichtspunkten würde den wirklichen Verlauf nicht richtig zeichnen. Wir bevorzugen deshalb die geographische Gruppierung: Hessen und das untere Maingebiet; Franken und Südthüringen; Nordthüringen und Obersachsen.

Hessen gibt das Beispiel einer Landschaft, deren Beitrag zum Übergangsstil sehr unerheblich war, die dann aber auf der zweiten Rezeptionsstufe unvermittelt einen der vordersten Plätze sich errang. Von den altberühmten Klöstern des Landes hielten Fulda und Hersfeld sich ganz still; nur in Fritzlar wurde ein durchgreifender Umbau vorgenommen, stattlich, doch ohne Schwung, einer von den passiven Übergangsbauten. Nur der Süden des Gebietes wurde schon jetzt in den lebhafteren Wellenschlag, der vom Rhein her vordrang, hineingezogen. Am hellsten klingt der Name Gelnhausen. Nennt man ihn, so denkt man zuerst an den staufischen Kaiserpalast. Die Anordnung unseres Stoffes bringt es mit sich, daß wir von ihm in einem späteren Abschnitt erst sprechen werden. Ebenso von dem Rathaus der kleinen Stadt, dem ältesten, das sich in Deutschland erhalten hat. Gelnhausen besitzt aber aus der späten staufischen Zeit auch zwei Kirchen. Die Peterskirche ist zwar völlig verunstaltet; wohlerhalten die größere, wenn auch nicht eigentlich große, Marienkirche, die mit Recht zu den Perlen des Übergangsstils gezählt wird (Abb. 103, 201 b). Der rasche und glänzende Auf stieg im Bauwesen der Epoche wird in der Folge der drei scharf voneinander sich abhebenden Bauabschnitte dieser Kirche sehr anschaulich gemacht. Im Westen steht ein breiter, behäbiger Frontturm mit Rhombendach, Überrest einer Basilika aus dem späten 12. Jahrhundert; es folgte seit 1220 der Neubau des Langhauses, noch immer eine bloße Flachdeckbasilika und nur in den leise zugespitzten Arkadenlinien der neuen Zeit eine Abschlagszahlung leistend; endlich mit scharfem Umschwung, um 1230, die Ostteile, Querschiff und Chor. Der zweite Meister hatte seine Ausbildung am Mittelrhein und in Nordburgund genossen; er verstand es mit großem Geschick, diesen im Rohmauerwerk schon vor ihm bis zu halber Höhe ausgeführten Bauteilen ein ganz neues Gepräge zu geben. Selten ist die Verschmelzung deutsch-romanischer und französisch-frühgotischer Formen so innig geglückt. An Auflösung der Mauer im gotischen Sinne wurde nicht gedacht, aber auf ihren Flächen entwickelte sich durch vorgeblendete Arkaturen ein lebhaftes Spiel struktiver Scheinbewegungen. Der Chor ist polygonal gebrochen, über die Vierung erhebt sich eine lichtbringende Kuppel *, deren Rippenwerk in besonders anmutiger Weise zugleich dekorativ ausgenutzt ist; um den großen, mit einem prachtvollen Blätterkranz geschmückten Schlußstein stehen die Namen der acht Winde. Für die Fensteröffnungen hat nach rheinischer Gepflogenheit die Kreisform, hier mit frühgotischem Maßwerk ausgefüllt, reichliche Verwendung gefunden; rheinisch sind auch die Kleeblattbögen der Arkaturen; dagegen stammen die aus sehr schlanken, gewirtelten Diensten gebündelten Wandpfeiler und die sorgfältig gezeichneten Rippenprofile aus dem burgundischen Formenschatz. Das Äußere, in der Verbindung eines Zentralturmes mit zwei dem Chor zugesellten Flankentürmen eine rheinische Komposition, hat in der Einzelbehandlung eine zuckende Lebendigkeit angenommen. Achteckig sind alle drei Türme; aus dem Achteck ist der Chorschluß entwickelt; dreieckige Giebel bekrönen ihn sowohl als die Türme, so daß diese Form nicht weniger als 29mal vorkommt; der Chor hat ein hohes, spitzes Faltendach, und vielleicht hatten auch die Turmdächer ursprünglich diese überlebendige Form. Man beachte noch, wie am Chor die Zwerggalerie die Fensterbänke der oberen Reihe überschneidet, dann die hüpfende Bewegung der an den Giebelschrägen ansteigenden Bogenfriese, endlich die überaus großen und prachtvollen Portale an jeder Querschiffsfront —

* Die Notre-Dame in Dijon, die unser Meister gut gekannt hat, besaß zwar einen Vierungsturm, derselbe war aber durch ein Zwischengewölbe gegen den inneren Raum abgeschlossen. Die lichtbringende Kuppel ist ein rheinisches Motiv.

und man wird der Verwunderung voll, daß in diesem Bewegungstaumel der Lenker die Zügel doch nicht verloren hat. Besondere Beachtung verdienen endlich die Schmuckformen des Innern (Abb. 281—85). Sie zeigen in exemplarisch schönen und in bequemer Augennähe zu beobachtenden Beispielen, welche Fortschritte die Meißelfertigkeit der Ornamentbildhauer in dieser Zeit gemacht hatte. Nimmt man dann noch das Ornament des Kaiserpalastes, ebenfalls vom Westen, so hat man in Gelnhausen wie kaum an einem andern Ort eine zusammenhängende Entwicklungsreihe in auserlesenen Beispielen zum Studium bereit: im Palaste das mit graziöser Willkür stilisierte Rankenornament der Zeit von 1210—1220, in den Konsolen und Kapitälen des Chors der Marienkirche den saftigen und warmen Halbnaturalismus der Zeit um 1230, am Lettner den Sieg des gotischen Realismus in der Mitte des Jahrhunderts. Im Wesen des letzteren liegt es, den tektonischen Kern des Kapitäls deutlich herauszustellen und ihn mit einem naturnachahmenden Laubkranz zu umwinden. Die vorangehende Stufe steht prinzipiell noch auf romanischem Standpunkte, das heißt sie faßt den vegetabilischen Schmuck symbolisch auf, als Sinnbild aufsteigender, leicht unter der Last sich beugender Kräfte; es werden nicht bestimmte Pflanzenmodelle naturhaft nachgebildet, sondern es wird aus der allgemeinen Idee der pflanzlichen Lebensform heraus ein frei künstlerisches Gebilde geschaffen. Auch Frankreich hatte diese Phase durchgemacht, aber um die Zeit, als der Ornamentbildhauer von Gelnhausen dort seine Studien machte, schon verlassen. Es ist sehr zu beachten, daß er, wie übrigens die deutschen Künstler dieser Zeit allgemein, jener den Vorzug gab. Und sie taten recht damit: in die Gesamterscheinung der deutschen Baukunst dieser Zeit hätte gerade dieses Element der Gotik, der Rationalismus und Naturalismus, schlecht hineingepaßt.

In den Jahren 1230—1250 war die Gelnhausener Marienkirche das beherrschende Stilmuster der Umgegend. Man erkennt seine Wirkung an vielen kleinen Bauten und Bauteilen zwischen Kinzig und Nidda, am Main in Aschaffenburg und besonders an dem stattlichen Ausbau der alten karolingischen Basilika in Seligenstadt.

Über den Spessart und die Rhön drang die rheinische Bewegung nicht vor. Im Sprengel von Würzburg war nach der lebhaften Bautätigkeit des 12. Jahrhunderts die erste Hälfte des 13. eine stillere Zeit. Der einzige Bau von Bedeutung, und zwar von alles andere hoch überragender, die Zisterzienserkirche in Ebrach (S. 254), war ein Fremdkörper. Nur an einem einzigen Punkte hat die Ebracher Bauweise auf die bodenständig fränkische Einfluß erlangt, im Dom von Bamberg. Er ist der dritte Bau an seinem Platze. Der erste war 1004—1012 von Kaiser Heinrich II. errichtet, der zweite hundert Jahre später von Bischof Otto dem Heiligen, der dritte (der noch bestehende) ungefähr um 1220 begonnen und bei der Weihe 1237 noch nicht in allen Teilen fertig. Die Grundmauern waren unverändert die der ersten Anlage geblieben. Daher die Verdoppelung des Chors und die Stellung des Querschiffs im Westen. Jedem Chor sind zwei Türme zugesellt. Das Fehlen der Vierungstürme unterscheidet den Bamberger Dom von den rheinischen. Daß für ein so großes Unternehmen einheimische Kräfte nicht ausreichten, stand von Anfang an fest. Das Quellgebiet der hier zusammenströmenden Formen war ausgedehnt, es muß aber lange Zeit ein einziger Meister an der Spitze gestanden haben, sonst wäre es nicht gelungen, die verschiedenartigen Elemente zu einer — den jüngsten Bestandteil, den Westbau, ausgenommen — so einheitlichen Wirkung zusammenzuschmelzen. Er war kein Neuerer, aber auch kein Epigone. In der geläuterten Zusammenfassung, die er gab, zeigt der spätromanische Stil sich in voller Kraft. Was dem gotischen Gedankenkreis entnommen ist, stammt aus zweiter Hand, teils aus dem rheinischen Übergangsstil, teils von den Zisterziensern, und bleibt auf den inneren Aufbau beschränkt. Zu der überaus prächtigen Erscheinung des Außenbaus, die rein romanisch ist, haben sowohl der Mittelrhein als der mit oberitalienischen und normannischen Elementen vermischte Dekorationsstil der Schottenkirche in Regensburg Beiträge geliefert. Das innere System ist das gebundene, jedoch mit geringerer Differenzierung der Stützen und mit schlankerem Aufbau, als das 12. Jahrhundert es gewohnt gewesen war. Arkaden und Gewölbe sind in einem ziemlich steilen Spitzbogen geführt, die Gewölbescheitel horizontal gelagert; man wird dies beides zisterziensisch zu nennen haben. Andrerseits liegt in der ruhigen Massen- und Flächenwirkung des Aufbaus, der geringen Verselbständigung der struktiven Glieder ein ungeschwächt romanisches Grundgefühl. In der Außenansicht ist auf die dem Aufgang von der Unterstadt zugekehrte Ostseite der Nachdruck gelegt; sie gehört in ihrer von einem würdevollen Rhythmus der großen Linien getragenen Pracht zum Besten, was der romanische Stil, seinem Ende nahe, hervorgebracht hat. Einen plötzlichen Sprung machte die Bamberger Architektur in dem jüngsten Bauteil des Domes, dem westlichen Turmpaar. Daß sich die Zeit der Erbauung nicht genau ermitteln läßt, ist ein bedauerlicher Defekt in unserem Wissen. Denn es handelt sich hier um die Ankunft einer Baugesellschaft mit nordfranzösisch geschulten Kräften, die von Frühgotik mehr und besseres mitzuteilen wußten, als was man bisher von den Zisterziensern erfahren hatte. Sorgfältige Erwägung aller Vergleichspunkte führt mit ziemlicher Wahrscheinlichkeit auf das auch an andern Orten entscheidungsvolle Jahrzehnt 1240—1250. Bestimmt aber läßt sich das Vorbild dieser Türme nennen: es war die Kathedrale von Laon. Doch ist es nicht genau nachgeschrieben, sondern mit einer Modifikation in der Stockwerkteilung, die die Bamberger Türme dem romanischen Stilcharakter wieder einigermaßen angleicht. Anscheinend war eine Zeitlang auch von einer Erweiterung des Chors mit französischem Kapellenkranz, wohl in spezieller Erinnerung an Reims, die Rede. So weit aber ging man schließlich doch nicht. Ebrach und Bamberg beherrschen das fränkische Architekturbild vollkommen. Die in ihrem Schatten entstandenen kleinen Bauten bezeugen einen kultivierten, aber durchaus konservativ gerichteten Geschmack. Auf das in einem spätgotischen Umbau erhalten gebliebene Querschiff der Pfarrkirche in Schweinfurt mit einem in Erfindung und Ausführung ganz vorzüglichen Portal sei besonders aufmerksam gemacht. Merklich rauher und bäuerischer sind die im Vorlande der Hohen Rhön gelegenen Kirchen von Münnerstadt und Mellrichstadt, nicht uninteressant immerhin für die hier erst ziemlich weit nach der Mitte des Jahrhunderts eintretende erste Berührung mit der Frühgotik.

Im Südosten, an der Grenze gegen die bairischen Stammessitze, macht sich jetzt zuerst Nürnberg bemerklich. Außer der von Friedrich Barbarossa angelegten Burg hatte hier die romanische Stilepoche noch nichts von Belang zu tun gehabt. Die erste große Leistung der Stadtgemeinde ist die Sebalduskirche (Westhälfte), begonnen wohl nicht lange vor 1250, vollendet 1273. Sie verkündet zugleich die erste Ankunft der gotischen Welle in diesem Gebiet. Im Verhältnis zur späten Entstehungszeit ist jedoch die Stilhaltung retardierend, über die Stufe von Ebrach und Bamberg nicht weit hinaus, in den neu aufgenommenen französisch-gotischen Motiven schwerfällig und beinahe ängstlich. Immerhin war der Bau von St. Sebald für diese Gegenden ein Ereignis. Mehrere kleinere Arbeiten in Mittelfranken und der Oberpfalz haben sich von ihm ihre Belehrung geholt. Den unmittelbar vorangehenden Stand der Stilentwicklung veranschaulicht das zu den ansehnlichsten seiner Gattung gehörende Refektorium des unweit Nürnbergs gelegenen Klosters Heilsbronn; in den konstruktiven Teilen gotisiert es, in den dekorativen, vor allem dem großen und prachtvollen Portal (jetzt im Germanischen Museum) ist es noch rein romanisch.

Früher und tiefer als in Franken erschloß sich das Gebiet zwischen Thüringer Wald und Harz und bis zur Saale und Mittelelbe einer gotische Elemente mit sich führenden Strömung, so früh wie kein anderes in Deutschland außer dem Rheingebiet. Der Prozeß nahm hier aber andere Formen an. Am Rhein fand der neue Stil zahlreiche Einbruchsstellen in breiter Front, wurde aber von der kraftvollen heimischen Kunst alsbald in seine Bestandteile zerlegt und aufgesogen; in Sachsen erreichte er nur wenige Punkte, an diesen jedoch war die Absicht, ihn in der Ganzheit seines Systems anzunehmen. Erst in der von hier aus gespeisten zweiten Generation treten Mischungen ein, die dem rheinischen Übergangsstil prinzipiell verwandt, zuweilen auch direkt von diesem beeinflußt sind. Neben der westlichen Einströmung blieb noch die Eigenbewegung der bodenständigen Kunstweise in voller Kraft. Jene fand ihre Sammelpunkte in den Domen von Magdeburg und Halberstadt und der Klosterkirche Walkenried; das Hauptwerk des konservativen Flügels ist der Dom von Naumburg. Er bildet in seiner allgemeinen Tendenz eine Parallele zum Dom von Bamberg, dem er auch in der doppelchörigen Anlage und in der Gruppierung der vier Türme ähnlich sieht. Selbst das innere System ist dasselbe. Bei so vielen Übereinstimmungen in dem Grundzuge wird es im Vergleich der beiden Gebäude um so merklicher, daß die künstlerische Atmosphäre, in der sie entstanden sind, doch verschieden geartet ist. Dem Naumburger Dom gibt die lässige Breite der Raumverhältnisse, die robuste Fülle der Glieder, die unterspitze Form der Arkaden- und Gewölbebögen ein Gewicht und eine Ruhe, die der Bamberger schon nicht mehr ganz besaß. Dabei sind die Gewölbe, auch im Mittelschiff, rippenlos, was für einen nach 1200 begonnenen und gegen 1240 vollendeten Bau viel heißen will. (Die plumpe Verstrebung ist erst nachträglich, wenn auch wohl vor Vollendung des Ganzen, hinzugefügt.) Ganz unvermittelt wird mit dem um 1250 entworfenen Westchor der Schritt zu einer mit vollkommener Sicherheit gehandhabten Frühgotik getan. Lehrreich ist der Naumburger Dom durch die Lettner, mit denen beide Chöre gegen die Laienkirche abgeschlossen sind (Abb. 162 a, 162 d). Diese dem späteren Mittelalter geläufig bleibende Einrichtung war erst unlängst aufgetaucht. Zu ihrer Erklärung ist folgendes zu sagen. In den Chören romanischer Kirchen liegt der Fußboden mehrere Meter über der Flur des Schiffes, und unter ihm liegt die Krypta. Zuerst die Kluniazenser, dann die Zisterzienser erklärten sich gegen den Gebrauch der Krypta. Dabei verschärften aber gerade diese Ordenskirchen die Abschließung des Chorraumes von der Laienkirche. Es geschah durch eine Brüstungsmauer. Dieser Brauch wurde im 13. Jahrhundert von Domkirchen und Stiftskirchen aufgenommen, mit dem Unterschiede jedoch, daß die Abschlußwand nicht in das Schiff vorgeschoben wurde, sondern mit der architektonischen Grenze des Chors zusammenfiel; ferner daß parallel zu ihr, dem Schiff zugewandt, eine Säulen- und Bogenstellung errichtet wurde; diese in Gemeinschaft mit der geschlossenen Rückwand trug eine Bühne für die Sänger *. In deutschen Domen erscheint zum ersten Male der Westchor des Mainzer kryptenlos; der um 1240 hinzugefügte Lettner wurde in neuerer Zeit abgebrochen bis auf die Wendeltreppen, die zu ihm hinaufführten. Nur wenig jünger ist der Lettner in Gelnhausen. Der Dom von Bamberg behielt die Krypten in beiden Chören (der Aufgang zu den letzteren hat aber nicht mehr die ursprüngliche Gestalt). In Naumburg ist alles unversehrt. Die Krypta des Ostchors reicht bis zum vorderen Vierungsbogen, an ihre Abschlußwand

---

* Das Wort Lettner ist die deutsche Umformung des lateinischen *lectorium*

lehnt sich die noch in rein romanischen Formen gehaltene, etwa um 1225 ausgeführte Lettnerbühne. Sie wird von drei Kreuzgewölben auf Bündelpfeilern getragen. An der Rückwand steht in der Mitte der für die Kommunion der Laien bestimmte Altar (liturgisch der Nachfolger des Kreuzaltars; vgl. S. 73), seitlich von ihm öffnen sich Türen in den Chorraum. Zwischen der Erbauung des Ostchors und des Westchors war nun die einschneidende Veränderung eingetreten: der Westchor ist kryptenlos, sein Fußboden liegt auf gleicher Höhe mit dem Schiff, und infolgedessen ist der Lettner nicht mehr ein Vorsatzstück wie im Ostchor, sondern ein selbständiger Querbau (6 m hoch), der den unteren Teil des Chorraums dem Blicke der Draußenstehenden, wie es auch die Absicht war, entzieht (Abb. 162d). Der ganze Charakter des Gottesdienstes veränderte sich damit, und so war auch in liturgischer Hinsicht der Wechsel der Stile von einem Kampf alter und neuer Anschauungen begleitet.

Die konservative Haltung des Naumburger Doms wird mit dazu beigetragen haben, daß im östlichen Thüringen und im Vorlande des Erzgebirges der einheimische Stil sich ungestört behauptete. Wir beschränken uns auf die Nennung weniger Beispiele. Nahe bei Naumburg besitzt die kleine Stadt Freyburg a. d. Unstrut zwei sehr vorzügliche Denkmäler aus dem 2. und 3. Jahrzehnt: die (im Langhaus spätgotisch umgebaute) Stadtkirche und die von der prachtvollen Burg des Landgrafen Ludwig, des Gemahls der hl. Elisabeth, allein übriggebliebene Kapelle. Bei der letzteren müssen wir uns sagen, daß ihr durch das Erlöschen ihrer farbigen Ausstattung sehr viel vom ursprünglichen Eindruck genommen ist; aber immer bleibt sie noch in ihrem plastischen Ornament ein Hauptbeispiel — als zweites wäre die Krypta in Konradsburg bei Mansfeld (Abb. 263) besonders hervorzuheben — für den heimatlichen sächsisch-thüringischen Dekorationsstil in seiner glanzvollen Reifezeit.

Über die Saale reichen die westlichen Einflüsse nicht hinaus, und damit gewinnt das ganze Kunstwesen jenseits ein verändertes Ansehen. Der helle Glanz der Namen Pegau, Wechselburg und Freiberg ist nicht von der Baukunst, sondern von der Bildhauerkunst erworben. Wir werden die Baukunst dieses Gebietes nicht minderwertig nennen, aber allerdings, alle mit der Entwicklung der konstruktiven Probleme zusammenhängenden Errungenschaften blieben ihr fremd. Die Klosterkirche in Wechselburg (nach Verlust mancher anderer für unsere Anschauung das typische Bauwerk) wurde noch in den 20er Jahren mit einer hölzernen Flachdecke erbaut, und zwar nicht aus Ärmlichkeit; ihre Struktur und Formenbehandlung ist tadellos, und ihre innere Ausstattung zeigt allervornehmsten Aufwand. Danach ist es recht wahrscheinlich, daß auch die im 15. Jahrhundert für Gewölbe umgebaute Marienkirche in Freiberg in romanischer Zeit nur eine Flachdecke gehabt hat. Das Bruchstück, das sich von ihr allein erhalten hat (Abb. 301), ist die »Goldene Pforte«. Wer kennt sie nicht? Hoffen wir, daß die Zeit nicht ferne sei, in der dies nicht bloß eine rhetorische Frage sein wird. Handelt es sich doch um ein Werk der dekorativen Architektur, das in Deutschland an Pracht selten, an innerem Adel niemals mehr überboten ist; Freiberg war kein vornehmer Bischofssitz, kein reiches Kloster, sondern eine Stadt des Gewerbes, der Mittelpunkt des nicht lange erst zur Blüte gekommenen erzgebirgischen Bergbaus. Das 13. Jahrhundert hat es, wie kaum je ein anderes, anerkannt, daß Adel verpflichtet; hier sehen wir dieselbe Verpflichtung vom Reichtum eingelöst. Die Goldene Pforte mag 1225 oder 1230 — historische Nachrichten über sie fehlen — begonnen sein. Das Kirchengebäude, zu dem sie gehörte, war etwas älter und jedenfalls einfacher; es ist einem spätgotischen Umbau gewichen. Dank dem Umstande, daß die Pforte gegen einen erst in jüngerer Zeit entfernten Kreuzgang sich öffnete und in einem sorgfältig gewählten Material ausgeführt war, hat sie sich ausgezeichnet gut erhalten. Die Goldene Pforte ist der absolute Höhepunkt — wir dürfen dies Wort hier einmal ohne Klausel gebrauchen — in der an Schönheitswerten schon so reichen Entwicklung des romanischen Portals. Von den Anfängen des Säulenportals haben wir an früherer Stelle gesprochen (S. 128). Wie der einfache Grundgedanke in immer glänzender werdenden Variationen ausgesponnen, fortgebildet wurde, läßt sich ohne ein ausgedehntes Abbildungsmaterial nicht erläutern; wir können nur auf die verhältnismäßig wenigen Beispiele hinweisen, die im Atlas in Abb. 293—98 zusammengestellt sind. War der erste Markstein der Entwicklung die Abtreppung des Gewändes gewesen und der zweite die Einfügung von Säulen in die rückspringenden Winkel, so ist der dritte gegeben durch die Aufstellung von Statuen zwischen den Säulen. Also fortgesetzte Verstärkung des dekorativen Orchesters, zu dem auch Färbung und Vergoldung einzelner Teile gehörte, ein Effekt, der sich im heutigen Zustand der Denkmäler, nachdem Regen und Sonnenschein längst ihre zerstörende Arbeit beendet haben, jeder Beurteilung entzieht *. Der erste Punkt der Portalkomposition, von dem die Plastik Besitz ergriff, war das Tympanonrelief, der monumentale Ersatz für das Tympanongemälde der früheren Zeit. Dann sind eine Zeitlang die lombardischen Portallöwen gar nicht selten nachgeahmt worden. Die Portalstatuen sind eine Schöpfung der südfranzösischen Kunst in Umdeutung gewisser antiker Motive. Gegen die Mitte des 12. Jahrhunderts drangen sie nach Nordfrankreich vor, am Ende desselben Jahrhunderts finden wir sie zum ersten Male auf deutschem Boden am Münster zu Basel. Durch ein Menschenalter getrennt folgen das Fürstenportal am Dom zu Bamberg und die Freiberger Goldene Pforte. Ob zwischen ihnen, und wie, eine direkte Ursachenverbindung vorliegt, das ist eine Frage, auf die beim Mangel sicherer

* Daher auch jeder Versuch zur Wiederherstellung überall eine Vermessenheit

Datierung eine Antwort nicht gegeben werden kann. Falls der Freiberger Meister das Bamberger Portal gekannt hat — wofür sich einiges wohl anführen läßt —, so wäre dies doch nicht das Entscheidende gewesen. Denn die Goldene Pforte besitzt noch ein Mehr, und dieses weist dringlich auf Kenntnis eines zweiten Typus, des nordfranzösischen, welche Kenntnis aber nicht auf unmittelbarer Anschauung beruht zu haben braucht. Im 13. Jahrhundert spielen die Wanderkünstler, wie wir öfters schon bemerken konnten, eine große Rolle, und sie haben, wo sie sich begegneten, vieles einander mitgeteilt, so daß der Nachweis über die Ursprungsgegend dieser oder jener landfremden Form noch nicht die persönliche Anwesenheit des betreffenden Meisters in ihr sicherstellt. Das Plus, um das es sich in Freiberg gegenüber Bamberg handelt, sind die Statuetten an den Bogenläufen. Sie sind, wie immer die Vermittlung gegangen sein mag, ein ursprünglich französisch-gotisches Motiv, und die Gewändestatuen sind aus diesem Zusammenhange nicht zu trennen. — Wie liegt es denn aber? Ist nicht die Goldene Pforte prinzipiell viel mehr der gotischen als der romanischen Stilsphäre zuzurechnen? So ist es keineswegs. In Wahrheit hat das französische Motiv unter der Hand des deutschen Meisters seinen Sinn gründlich geändert. Der Vergleich mit einem andern Werke derselben Zeit und ebenfalls in Sachsen entstanden klärt uns darüber vollkommen auf. Am Dom von Magdeburg war es tatsächlich unternommen worden, eine rein gotische, nordfranzösische Komposition nicht nur in einzelnen Motiven, sondern unverändert und als Ganzes zu wiederholen. Es ist möglich, vielleicht darf man es sogar wahrscheinlich nennen, daß der Freiberger Meister die in Magdeburg begonnene Arbeit gekannt und durch sie sich hat inspirieren lassen. Was dabei entstand, war doch etwas wesentlich anderes. Bemerken wir den Unterschied. Im französischen Schema steht vor jeder Säule eine Statue, am Rücken mit jener verwachsen, und ist jeder Bogenlauf mit Statuetten besetzt, das will sagen: die architektonischen Glieder schrumpfen ein, und ihre Funktion wird für das Auge von den plastischen Gebilden übernommen. Das Freiberger Portal dagegen läßt jedem Teil, der Architektur wie der Plastik, sein Recht und seine Freiheit. Am Gewände wechseln in gewohnter Weise Säulen und Mauerecken, die letzteren aber werden ausgekehlt (was auch schon früher vorgekommen war) und in die dadurch entstehenden kleinen Nischen (dies ist neu) werden die Statuen gestellt. In derselben Weise alternieren in der Archivolte rein tektonische und mit Skulpturen besetzte Bögen. So stellt also der architektonische Aufbau sein Gefüge in voller Klarheit dar, und die Plastik bleibt reine Dekoration ohne struktiven Nebenauftrag. Vor allem: es entwickeln sich überaus prachtvoll und lebendig wirkende rhythmische Kontraste, und dies ist romanisch gedacht. Indem solchermaßen die französisch-gotische Anregung ins Deutsch-Romanische umgebogen wird, geschieht das, in diesem

Fall in höchster Vollkommenheit, was das Ziel der gotischen Rezeption zu Anfang überhaupt war: das Wertvolle der Fremde wird selbstsüchtig und freimütig anerkannt, aber nur so weit aufgenommen, als es dem eigenen organischen Leben sich einfügt.

Betrachten wir nunmehr die zweite Reihe.

Der Dom zu Magdeburg. Er wurde 1209 begonnen, völlig ein Neubau, ohne Rücksicht auf die Grundmauern des 1207 abgebrannten ottonischen Domes. Er ist kein »Übergangsbau«, vielmehr von vornherein im Gesamtentwurf gotisch, und er ist es fast ein halbes Jahrhundert früher als irgendein Kirchenbau in Deutschland. In Westdeutschland entsprach die, wie wir gesehen haben, sehr allmähliche und unsystematische Aufnahme gotischer Formen einer Notwendigkeit der allgemeinen Entwicklung; hier am Ostrande deutschen Wesens — jenseits der Elbe war schon Kolonialland — erzeugte ein zufälliger Umstand das aus dem normalen Gang der Dinge herausspringende Phänomen. Der Gründer des neuen Doms, Erzbischof Albrecht, hatte seinerzeit an der Pariser Universität studiert. Ihm wird nicht entgangen sein, daß in Frankreich auch deutsche Bauleute studierten. Einem von ihnen vertraute er jetzt seinen Neubau an. Wenn auch kein bestimmtes Gebäude genau kopiert wurde, so darf man doch sagen, daß einige Hauptmotive speziell der Kathedrale von Laon entlehnt sind. Dieser Bau hat den Deutschen, wie auch an andern Orten vielfach sichtbar wird, besonders gut gefallen. Man begreift auch, warum. Denn die Kathedrale von Laon hängt durch südniederländische Zwischenglieder mit der deutschen Bautypik zusammen; in ihr zeigt sich das Neue zugleich als ein Verwandtes. Es handelt sich um die äußere Baugruppe und die Stellung der Türme in ihr. Die für den weiteren Verlauf in Frankreich maßgebende Pariser Schule kannte nur die Zweizahl der Türme, und zwar als Ausdruck der Hauptfassade. Die Kathedrale von Laon dagegen hatte ihrer sieben, zwei an der Westfront, je zwei an den Stirnseiten des Querschiffs, dazu einen zentralen Vierungsturm. In dieser allerreichsten Gruppierung fanden die Deutschen Geist vom eigenen Geiste wieder Es ist bezeichnend, daß der Erzbischof Albrecht für dieses Schema und nicht für das ihm wohlbekannte Pariser sich entschloß; dies muß man im Auge behalten, wenn man von seinem »französischen« Plane spricht. Spezifisch französisch, in Laon nicht vorgebildet, war an ihm schließlich nur der Chor mit Umgang und Kapellenkranz (entwickelt aus dem halbierten Zehneck). Als es an die Ausführung ging, zeigten sich zunehmende Schwierigkeiten. Man muß annehmen, daß der planentwerfende Meister bald ausgeschieden ist, vielleicht überhaupt nicht die Leitung angetreten hatte. So verdunkelte sich in Magdeburg die Vorstellung vom »Gotischen« immer mehr. Die Abseiten des geraden Chorteils, mit denen begonnen wurde, weisen noch Kreuzrippen auf, recht plumpe zwar; die trapezförmig verschobenen Abteilungen des polygonalen Umgangs aber, bei denen gerade die offenbarsten Vorzüge der gotischen Rippenkonstruktion sich hätten zeigen sollen, fallen in unreife romanische Konstruktionsformen zurück. Wie es scheint, hat hier ein aus Westfalen herbeigerufener Trupp die Hand im Spiele gehabt. Wie verwickelt war doch die Lage des Bauwesens in dieser Zeit! Nur an der Spitzbogenform wurde überall, auch an den Fenstern, festgehalten; wäre dies entscheidend, was es aber nicht ist, so wäre der Magdeburger Dom wirklich »gotisch« zu nennen. In Wahrheit wird der Baucharakter im Fortgang immer »romanischer«, aber ungewollt, und dies unterscheidet die Magdeburger von der rheinischen Übergangsarchitektur, die die neuen Formen absichtsvoll aufnahm, aber doch nur, um zwischen ihnen zu wählen und sie gemäß der ihnen zugedachten dienenden Rolle abzustimmen. Der Anschluß an die Gotik wurde erst wiedergefunden in dem Emporengeschoß über den Abseiten und dem Umgang; wiedergefunden jedoch in einer andern, der zisterziensischen, Schulfiliation. Kurz gesagt: der Magdeburger Chor ist im nordfranzösischen Plan in zuerst deutsch-romanischer, dann zisterziensisch-frühgotischer Detaillierung. Magdeburg hat es zu einer eigenen Schule nicht bringen können, die Baukräfte mußten aus allen Richtungen der Windrose zusammengelesen werden, so daß in den Profilen und Schmuckformen eine babylonische Sprachverwirrung herrscht. Nur ein einziger französisch gebildeter Ornamentbildhauer war anwesend; ein anderer zehrte von antikisierenden, wohl aus Burgund mitgebrachten Erinnerungen; wieder andere sind früher in Westfalen, am Rhein, in Naumburg, in Bamberg beschäftigt gewesen und betrachten es als ihr Recht, sich so auszusprechen, wie ihnen »der Schnabel gewachsen ist«.

Einen Halt in diesem Durcheinander gibt nur die Tatsache, daß die Struktur des Bischofsganges aus dem Kreise der Zisterzienser stammt. Wenn die Erklärer, um eine Anknüpfung zu finden, früher bis nach Maulbronn gingen — die Ähnlichkeit ist auch wirklich groß (vgl. die Zusammenstellung 149, 150) —, so hat sich jetzt gezeigt, daß sie näher gefunden werden kann: nämlich in Walkenried am Harz. Dieser sehr bedeutende, ca. 1219 begonnene Bau, heute eine dem völligen Untergang entgegengehende Ruine, war der eigentliche Brennpunkt der ersten gotischen Rezeption im thüringisch-sächsischen Gebiet. Baugeschichtlich ist Walkenried ein Ableger von Ebrach und Maulbronn; mit Ebrach geht die Anlage, mit Maulbronn gehen die Einzelformen zusammen; ob es gerade der Erbauer des Maulbronner Herrenrefektoriums in Person war, der in Walkenried die Leitung in die Hand nahm, ist schwer zu entscheiden und auch nur Nebenfrage. Eine ältere Vorschrift der Zisterzienser verbot den Laienbrüdern, außerhalb des Ordens Arbeiten zu übernehmen. In Walkenried müssen umgekehrt freie Arbeiter in sonst ungewohntem Umfange benutzt worden sein. Diese Annahme würde es erklären, daß zwischen dem

Harz und dem Thüringerwald kaum ein nennenswerter Bau zur Ausführung kam, an dem nicht einzelne Reminiszenzen an Walkenried zu finden wären: so in Nordhausen, Mühlhausen, Arnstadt, Georgental. Das merkwürdigste ist, daß zwei Bischofsdome, außer dem Magdeburger auch der Halberstädter, sich tief in das zisterziensische Fahrwasser ziehen ließen. Der letztere kam über vielversprechende Anfänge damals (um 1230) überhaupt nicht hinaus, auch der erstere geriet noch einmal in Stockung. So ist in Ostsachsen die Gotik zwar am ehesten aufgenommen worden. aber zu rechter Entfaltung brachte sie es in dieser ihrer anziehendsten Entwicklungsphase noch nicht. Augenscheinlich verfügte man noch nicht über eine genügende Zahl passend geschulter Baukräfte.

Langsamer kam im niedersächsischen, d. i. westlichen und nördlichen Vorlande des Harzes die neue Stilbewegung in Fluß. Die Klöster und Stifter der alten Generation, denen diese Gegenden ihre hervorragende Stellung im früh- und mittelromanischen Bauwesen verdankt hatten, hatten ihre Blütezeit hinter sich; im 13. Jahrhundert ist hier nur eine einzige Klosterkirche von Bedeutung entstanden, Riddagshausen, und diese gehörte dem Zisterzienserorden. Dafür begannen die Städte sich zu regen. Braunschweig und das durch den Bergbau wohlhabend gewordene Goslar haben sich vom Ende des 12. bis zur Mitte des 13. Jahrhunderts im kirchlichen Monumentalbau eifrig geregt, kamen aber in der Konstruktion wie im Formenwesen über eine verhältnismäßig altmodische und provinzielle Manier, gelegentlich mit barocken Neigungen nicht hinaus. Der Innenbau blieb beim gebundenen System, meist in schwerflüssiger Behandlung; der Außenbau pflegte in rauhem Bruchstein ausgeführt zu sein und im Detail zu sparen; nur hie und da an Portalen, wie an dem der Katharinenkirche in Braunschweig, oder an Apsiden, wie an dem der Neuwerkskirche in Goslar, kamen reichere Wirkungen zustande. Die Fassaden geben nach alter Weise ein hohes, ungegliedertes Rechteck mit breiter, das Schiff überragender Glockenstube und verwachsenen achteckigen Doppeltürmen (Abb. 174). Überall ist bis über die Mitte des Jahrhunderts die Gesamterscheinung romanisch, mit einem oberflächlich gotisierenden Anflug und ohne die feine Anmut, die die Werke des 12. Jahrhunderts ausgezeichnet hat. Man sieht, daß eine andere soziale Schicht jetzt den Geist des Bauwesens zu bestimmen begann. In diesem besonderen, zwar nicht dem formproblemhaften, Sinne waren auch die Bauten von Braunschweig und Goslar Vorboten eines neuen Zeitalters

Westfalen.

Die westfälische Baukunst hat zu allen Zeiten und in allem Wechsel der äußeren Stilformen einen bestimmten Grundton festgehalten. Anmut und was damit synonym ist, war nicht ihr Teil; ernst und männlich war sie stets, aber in den Grenzen hausbackener Tüchtigkeit. Nur im 13. Jahrhundert hat sie sich darüber erhoben zu freierem und in einigen Fällen wirklich hohem Schwung. Gegen Anregungen von außen wurde sie weniger spröde, wenn auch von einem so lebhaften Stoffwechsel wie in den meisten andern Schulen der Zeit nicht die Rede ist. In der Dekoration, worin sie früher so ganz wortkarg gewesen war, kamen ihr die Rheinlande zu Hilfe, ihr eigenes Interesse galt fortgesetzt den eigentlich architektonischen Faktoren, dem Raum und der Konstruktion. Hierdurch wurde sie frühzeitig auf die Gotik aufmerksam. Aber sie lernte dieselbe in einer für keine andere deutsche Schule in Betracht kommenden Variante kennen, in der westfranzösischen. Ein historischer Beweis läßt sich nicht führen; allein es sind so viel Übereinstimmungen vorhanden, daß an bloß zufällige Ähnlichkeit nicht mehr gedacht werden kann. Einen Anhaltspunkt, wie das Zustandekommen dieser entlegenen Verbindung zu erklären wäre, gibt Holland. Leider sind die Hauptbauten des 13. Jahrhunderts dort nicht erhalten, aber es gibt eine Gruppe von Landkirchen in Westfriesland, die älteste derselben noch in romanischen, die andern in frühgotischen Formen erbaut, bei der die Verwandtschaft mit dem westfälischen Übergangsstil sofort ins Auge fällt — zugleich ein noch kräftigeres Hervortreten der Anklänge an die protogotische Schule des Anjou und Poitou. Berücksichtigt man dann noch, daß auch auf einer späteren Stufe der Gotik die Niederlande westfranzösische Motive nach Norddeutschland (Lübeck) vermittelt haben, so ist es keine zu gewagte Annahme, schon für das 13. Jahrhundert dem Seeverkehr eine solche Bedeutung beizulegen. Die Westfalen dieser Zeit waren kein reines Bauernvolk mehr, ihre Kaufleute machten weite Fahrten nach Ost und West. Wie oft in der Geschichte schließt dem Handelsverkehr der Kunstverkehr sich an. Die Architektur des Anjou interessant zu finden, hatten die Westfalen einen sehr bestimmten Grund: sie fanden dort in hochentwickelter Form einen Raum- und Konstruktionstypus vor, mit dessen Ausbildung sie seit einiger Zeit selbst beschäftigt waren: die Hallenkirche. Offenbar haben sie den westfranzösischen Typus zuerst in Holland kennengelernt, dann aber sehr wahrscheinlich ihn auch an der Quelle aufgesucht. Manches spricht dafür, daß dieser zweite Schritt beträchtlich später erst getan wurde.

Die Geschichte der westfälischen Hallenkirche nach den Denkmälern ist in Kürze diese: Sie tritt in der zweiten Hälfte des 12. Jahrhunderts auf, ist im letzten Viertel ziemlich verbreitet und hat nach 1200 die Basilika bei Neuanlagen völlig verdrängt. Außerdem aber hat sie einen weit zurückliegenden Vorläufer in der uns schon bekannten Bartholomäuskapelle in Paderborn vom Jahre 1017 (S. 95). Aus der Zwischenzeit sind Hallenkirchen nicht vorhanden. Wir müssen aber annehmen, daß sie doch nicht völlig ausgesetzt haben. Denn es wäre gar zu unwahrscheinlich, daß dieselbe Form in derselben Provinz zweimal zusammenhanglos neu erdacht wäre. Dieses zugegeben, bleibt doch zu beachten, daß die ältesten Hallenkirchen des 12. Jahrhunderts * von dem Typus der Bartholomäuskirche so bedeutsam abweichen, daß sie als Fortsetzung derselben Entwicklungslinie nicht angesehen werden können; es muß ein anderer Typus dazwischengetreten sein. Wir nehmen als Beispiel Kirchlinde bei Dortmund **. — In der Paderborner Kapelle sind die Breitenunterschiede der drei Schiffe nicht groß, immerhin groß genug, um für die Gewölbe rechteckige Grundrisse zu ergeben, was eine sehr unreine Mischform von Kreuzgewölbe und Hängekuppel zur Folge hat. Im Typus Kirchlinde sind die Gewölbe nicht nach dem Grundriß, sondern der Grundriß ist nach dem Gewölbe konfiguriert (Abb. 122). Dieses ist eine reine Kuppel, demgemäß das Mittelschiff aus zwei Quadraten zusammengesetzt. Die Seitenschiffe aber sind ganz schmal, mit quergestellten Tonnen überdeckt zur Widerlagerung der Kuppeln. Zwischen den Pfeilern und der Wand enger Durchgang. Man kommt in Versuchung, den Raum eher einschiffig zu nennen und, was wir oben als Seitenschiffe beschrieben haben, als sehr breite Schildgurten zu bezeichnen. Zweifellos einschiffig ist die Kirche zu Idensen. Mit der von Kirchlinde teilt sie nicht nur die Eindeckung des Schiffes mit einer Folge von Kuppeln, sondern auch die Form der Apsis, innen halbkreisförmig, außen polygonal. Nimmt man zu diesen fremdartigen Eigenschaften noch die an einzelnen Stellen zaghaft und in konstruktiver Hinsicht zwecklos angebrachten Spitzbögen (wohl die frühesten in Deutschland zu findenden), so kann kein Zweifel bestehen, daß wir es mit importierten Formen zu tun haben. Sie stammen — ob direkt oder indirekt, läßt sich nicht ausmachen — aus Südwestfrankreich ***. In diesem Lande, das in der Entwicklung der Wölbekunst nicht nur Deutschland, sondern auch dem französischen Norden zeitlich weit voraus war, herrschte die Tonne und die Kuppel, jene in Verbindung mit hallenmäßiger Raumanordnung, diese in Reihen zusammengestellt über gestreckten einschiffigen Grundrissen. Im Anjou kam im 12. Jahrhundert Verschmelzung der Kuppel mit dem Kreuzgewölbe auf (»Domikalgewölbe«), ebensowohl auf Hallenanlagen als auf einschiffige angewendet. Der Spitzbogen drang von Aquitanien her ein. Die Rippen sind nicht sowohl ein integrierender Bestandteil der Struktur als um des formalen

* Nicht datiert; äußerste Zeitgrenzen schätzungsweise 1170 und 1210.

** Die andern Glieder der Familie schließen südlich an: Eichlinghoven (Kr. Hörde), Balve (Kr. Arnsberg), Werdohl und Plettenberg (Kr. Altena), in der ursprünglichen Gestalt wohl auch Brechten (Kr. Dortmund).

*** Diese von mir vor 30 Jahren ausgesprochene und längere Zeit unbeachtet gebliebene Hypothese bezeichnet der letzte Bearbeiter (R. Römstedt 1914) als »heute gesichert und zutreffend« geltend.

Ausdrucks willen da, nicht mit dem Gefüge der Kappen verwachsen, sondern ihnen unterlegt, im Grunde nichts als ein steinerner, nicht entfernter Lehrbogen; gern werden sie in der Weise verdoppelt, daß zu den vier Diagonalrippen vier in den Scheiteln der Kappen liegende hinzukommen. — In der ersten Hälfte des 13. Jahrhunderts sind die Hallenanlage, der Spitzbogen und das Domikalgewölbe in allen Teilen Westfalens verbreitet. Wenn bei dem Typus Kirchlinde an mittelbare Übertragung gedacht werden kann, so verbindet sich hier mit den genannten Konstruktionselementen in einigen Fällen eine so frappante Ähnlichkeit der Raumanschauung *, daß sie nur persönlich und am Ort gewonnen sein kann. Der Kontakt braucht nicht kontinuierlich gewesen zu sein, es genügt, dies aber ist anzunehmen nötig, daß ein paar westfälische Meister wirklich den französischen Westen gesehen hatten. Leider hindert uns der Mangel an präzisen Datierungen, den Hergang des Eindringens und der Ausbreitung genauer zu verfolgen. Sagen dürfen wir aber: in keiner andern Schule wurde das Zusammentreffen der aus der Fremde erworbenen Anschauungen mit der heimischen Tradition so wenig, ja so gar nicht als Konflikt empfunden. Auf keine neuen Wege wurde die westfälische Schule geführt, sie wurde durch das in Frankreich Gesehene nur in ihrem Eigenen gefördert. Die Ursache liegt nicht allein in der Gemeinsamkeit der Grundform, der Hallenkirche, sondern auch und noch mehr darin, daß die angevinische Erstlingsgotik zwar künstlerisch sehr hoch stand, aber als Gotik betrachtet unentwickelt war.

In der Zeit des Übergangsstils, in runder Rechnung zwischen 1210 und 1250, ist in Westfalen enorm viel gebaut worden. Scheiden wir die Domkirchen vorläufig aus, so haben wir es aber nur mit Kirchen unter Mittelgröße zu tun. Dennoch machen sie, dank einer sehr wuchtigen und ernsten Behandlung, den Eindruck echter Monumentalität. Der Grundriß ist gedrungen, das Langhaus umschreibt in der Regel ein Quadrat, zuweilen sogar ist es breiter als lang. Bei der Teilung in drei Schiffe war es maßgebend, daß die Gewölbe des Mittelschiffs quadratischen Grundriß haben. Ihre der Kuppel verwandte Form nötigte dazu. Es fielen dann regelmäßig auf die Längsachse nur zwei Joche, das Mittelschiff erhielt aber nach der Breite und auch nach der Höhe — durch den hohen Scheitelstich — ein starkes Übergewicht. Zerlegt man das Mittelschiff nach der Kämpferlinie in zwei Höhenschichten, so ist die von den Gewölben umschlossene Schicht meist ebenso hoch, zuweilen sogar noch etwas höher als die durch die Pfeiler bestimmte. Aus dieser Relation ergibt sich, daß die Gewölbe einen so mächtigen Eindruck machen wie in keinem andern System, und durch die energische Führung ihrer Spitzbogenlinien und das steile Ansteigen der Rippen nach der Mitte zu wird dieser Ein-

* Außerdem auch Ähnlichkeit der Pfeilerbildung und der Fenster.

druck noch erhöht. Der Stich beträgt durchschnittlich ein Drittel, manchmal die Hälfte der Spannung.

Der Scheitelpunkt wird für das Auge durch einen unverhältnismäßig großen, nur dekorativ funktionierenden Schlußstein noch besonders betont *. Im Gegensatze zum Mittelschiff sind die Seitenschiffe schmal, oft im Lichten kaum so weit, als die Pfeiler stark sind. Im Raumeindrück sprechen sie also wenig mit, ihr Hauptzweck ist, durch ihre Gewölbe den Hauptgewölben als Widerlager zu dienen. Während die Form der letzteren feststand, wurden für die ersteren die mannigfaltigsten und ungewöhnlichsten Lösungen (Halbtonnen mit Stichkappen, Muschelgewölbe u.a.m.) in Bewegung gesetzt; die auf dekorativem Gebiete so wenig flüssige Phantasie der Westfalen, hier ergeht sie sich in einer nicht zu ermüdenden Erfindungslust. Bemerken wollen wir schließlich noch, daß in der bei schmalen Seitenschiffen notwendig eintretenden Überhöhung des Mittelschiffs eine Minderung des Charakters der Hallenkirche nicht liegt; denn nicht die gleiche Höhenlage der Gewölbescheitel, sondern der Gewölbekämpfer ist das Wesentliche **. (Beispiele: Abb. 120—129.) Die vier Domkirchen Westfalens wurden unter Benutzung der alten, frühromanischen Fundamente sämtlich im 13. Jahrhundert neu aufgebaut, die beiden älteren von ihnen in basilikaler, die beiden jüngeren in hallenmäßiger Disposition. — Der Dom von Osnabrück hat im Langhaus drei Joche in gebundenem System. Von den sonstigen Anlagen in diesem System unterscheidet er sich am meisten durch die Proportionen. Die Gewölbe sind achtrippig und steigen enorm (3,50 m über die Scheitel der Gurtbögen), und ihre Kämpfer liegen nur 10 m über dem Erdboden, d. i. genau in der Mitte der Gesamthöhe. Es ist dasselbe Verhältnis, das wir an den Hallenkirchen des Landes kennengelernt haben. Auf diesen Geist gedrungener Kraft sind auch die reich gegliederten Pfeiler und alle übrigen Einzelheiten abgestimmt. Sämtliche konstruktive Bogenlinien sind spitz (unterspitz), die Fenster rundbogig. — Der Umbau des Domes von Münster war ebenfalls als stützenwechselnde Basilika begonnen (im Jahre 1225), im Unterschiede zu Osnabrück mit nur zwei Jochen. Während der Bauführung trat im System ein Wechsel ein. Täuschen wir uns nicht, so war der neue Meister erfüllt von der Erinnerung an die Kathedrale von Angers. Da jene eine einschiffige Anlage, allerdings größten Maßstabes, ist, konnte von einer unmittelbaren Nachahmung

* Höchst bezeichnend ist, daß zuweilen sogar rippenlose Gewölbe diesen struktiv zwecklosen Schlußstein besitzen.

** Außerhalb Westfalens gibt es eine kleine Gruppe von Hallenkirchen in und um Braunschweig. Sie sind namentlich um des Gegensatzes willen zu beachten. Ihre Gewölbe sind nicht, wie die westfälischen, eine Transformation der Kuppel, sondern des Tonnengewölbes, deshalb durchlaufende horizontale Scheitel und keine Trennung der Joche durch Gurten.

nicht die Rede sein. Das Hauptschiff des Domes von Münster, für sich betrachtet, ist aber im Raumbilde dem von Angers in einem Maße ähnlich, daß wir an Zufall nicht denken können. Die Änderung gegenüber dem ersten Projekt liegt in der Ausschaltung der Zwischenstützen. Ein einziger, ungeheurer Spitzbogen mit ganz tief liegenden Kämpfern spannt sich von Pfeiler zu Pfeiler, und zwei mit acht Rippen besetzte Domikalgewölbe bilden die Decke. Das Raumbild hat in seiner Weite und seiner grandiosen Rhythmik in Deutschland nicht seinesgleichen, höchstens mit dem Dom von Trier könnte es einigermaßen verglichen werden. Zu dem vielteiligen System der nordfranzösischen Gotik steht es in einem Gegensatze, der entschiedener nicht gedacht werden kann. Dort liegt aller Nachdruck auf der Aktion der Glieder, hier auf dem gleichsam als plastische Substanz gekneteten Raum und darin eine prinzipielle Verwandtschaft mit der Renaissance oder, um ein näherliegendes Vergleichsobjekt zu wählen, mit der Familie der kölnischen Apostelkirche. Zu wie andern Ergebnissen wäre die deutsche Bauentwicklung gelangt, wenn sie diese Hauptwerke der niederrheinischen und westfälischen Kunst zu Führern genommen hätte. —

In den Domen von Paderborn und Minden ging der westfälische Raumstil mit der siegreichen Gotik den unvermeidlich gewordenen Kompromiß ein. Der Ort, sie zu betrachten, wird der nächste Abschnitt sein.

Das norddeutsche Tiefland.

Dieser Abschnitt führt uns aus dem staufischen Deutschland mit seiner schon verhältnismäßig alt zu nennenden, gesicherten und hohen Zivilisation in ein anderes, neu erstehendes, in das Deutschland Albrechts des Bären und Heinrichs des Löwen, das Land der Kolonisten.

Wie viel Kunst, oder wie wenig, Kolonisten mitbringen und einpflanzen, ist eine Probe darauf, was für den Kulturkreis, aus dem sie kommen, die Kunst wirklich bedeutet hat. Wenn wir Deutschen die Zeiten und Völker miteinander vergleichen — beispielsweise die deutsche Kolonisation des 13. Jahrhunderts mit der englischen des 17., 18. und 19., so kommen wir zu sehr merkwürdigen Ergebnissen. Die Deutschen des Mittelalters stehen in ihrem Verhalten den Griechen des Altertums zweifellos viel näher als etwa den Engländern der Neuzeit. Sie unterscheiden sich aber auch von der zeitlich naheliegenden Kolonialkunst der Franken und später der Venezianer im Orient. Diese ist eine Wiederholung, manchmal eine glänzende, der Heimatkunst; sie entwickelt dieselbe also nicht weiter, höchstens verändert sie sie im Sinne einer Mischung mit der vorgefundenen orientalischen Substanz. Das Wesen der Baukunst in den deutschen Kolonialländern zwischen Elbe und Ostsee ist aber, daß sie eine Entwicklung, und zwar eine auf sich selbst gestellte, hat. Irgendein

Einfluß der slawischen Bevölkerungsteile, sei es umartend, sei es auch nur verderbend, kam dabei nicht ins Spiel. Sehr wichtig wurde aber das Land unmittelbar, das Land im physikalischen Sinne. Dies führt unsere Betrachtung auf eine Grundbedingung alles architektonischen Schaffens, auf den Zusammenhang zwischen Bauform und Baustoff.

Was es bedeutete, daß in der karolingischen Rezeptionsepoche der altdeutsche Holzbau aufgegeben und der Steinbau als das einzig Zulässige in der Monumentalarchitektur anerkannt wurde, haben wir seinerzeit gewürdigt. Jetzt fluteten die Deutschen in ihre alten, vorübergehend den Slawen überlassenen Flachlandsitze zurück, in denen es gewachsenen Stein wieder nicht gab. Sie konnten hier nur in Holz bauen — also unmonumental; oder mit Benutzung der überall umherliegenden granitenen Findlinge — also kyklopisch roh und formlos. Diesem Zwange der Natur haben sie sich zunächst gefügt, doch nicht lange. Dann sprengten sie die Fesseln, indem sie an Stelle des Natursteins Kunststein, gebrannte Lehmziegeln, setzten. Die norddeutsche Baukunst wurde einheitlich Backsteinbau. Und sie zog aus dieser ihr vorgeschriebenen Lage die volle Konsequenz: sie rezipierte den Backstein nicht etwa bloß als technischen Behelf, sondern erfaßte ihn mit der Phantasie, paßte die Formen ihm an, schuf einen wirklichen Backsteinstil. Die klassische Zeit des norddeutschen Backsteinstils beginnt mit der zweiten Hälfte des 13. Jahrhunderts. Hier haben wir es mit der Präliminarepoche zu tun.

Der Backstein stammt aus dem alten Orient. Die römische Kaiserzeit hat ihn, teils als reinen Backsteinbau, teils in Verbindung mit natürlichem Stein und Gußmauerwerk, überall angewendet, auch in Germanien. Römische Ziegeln, oft durch Fabrikstempel genau datierbar, finden wir hier allerorten bis zum Grenzwall, über ihn hinaus nirgends. Auch in Gegenden, die mit Steinmaterial gut versehen waren, entstanden reine Ziegelbauten, am häufigsten aber ist die gemischte Technik. Die Kunst des Ziegelbrennens ging in der fränkischen Epoche nicht verloren, aber sie wurde roher, und der Umfang ihrer Anwendung ging zurück. Köln, Trier, Straßburg besitzen Ziegelbauten aus dem 7. Jahrhundert. Die Technik hat eine Fortsetzung noch unter Karl dem Großen. Wir kennen einen Brief Einhards an einen Hofbeamten in der Maingegend, in dem er verschiedene Ziegelsorten bestellt; und in der Tat sind seine Kirchen in Michelstadt und Seligenstadt, obgleich an beiden Orten gewachsener Stein bequem zur Hand war, unter reichlicher Zuhilfenahme von Backstein erbaut. Am Münster zu Aachen fehlt der Backstein vollständig, an den Bauten von Nymwegen kommt er, wenn auch nicht im großen Umfange, vor. Ebenso, am Schluß des 9. Jahrhunderts, auf der Reichenau und am Anfang des 10. Jahrhunderts in Augsburg. In den folgenden Jahrhunderten wird er immer spärlicher, verschwindet aber niemals ganz, um im 12. Jahrhundert dort wieder einen gewissen Aufschwung zu nehmen.

So im Elsaß (für Gewölbe und Futtermauern), so besonders auf der steinarmen schwäbisch-bairischen Hochebene. Die Klosterkirche Tierhaupten am Lech, unterhalb Augsburg, erbaut vor 1170, ist ein reiner Backsteinbau. Kleine romanische Landkirchen aus Backstein sind in Oberbaiern keine Seltenheit; desgleichen Bogenfries und andere Zierglieder an Bruchsteinbauten. Letzte Ausläufer römischer Tradition treffen hier mit neuerlichen Anregungen aus Oberitalien zusammen. Am Rhein war es im 10. und 11. Jahrhundert beliebt, Backsteinbänder in die Steinflächen dekorativ einzuschieben; nicht immer aber braucht das Material dazu aus römischen Ruinen herzukommen; warum sollten hier nicht ebensogut wie in Süddeutschland einzelne Ziegeleien in Tätigkeit gewesen sein? Erst jenseits des alten Limes hört die Tradition auf. Als Bernward von Hildesheim eine Fabrik für Dachziegeln einrichtete, war dies so merkwürdig, daß sein Biograph es der Aufzeichnung für wert hielt.

Man sieht: die deutsche Baukunst hat bis ins späte 12. Jahrhundert den Backstein nur geringst in Anspruch genommen. Es ist aber wichtig, festzustellen, daß die Kenntnis von ihm nie ganz verlorenging. Anwendung des Backsteins im gleichen Umfange wie bei den Römern hätte eine industrielle Bereitschaft vorausgesetzt, die auf der wirtschaftlichen Stufe dieser frühen Zeiten noch nicht möglich war. Andererseits überschritten die deutschen Wohnsitze in den bis zum Schluß des 12. Jahrhunderts erreichten Grenzen nur wenig den Rand des Berg- und Hügellandes. Wo sie in die steinlose Ebene eintreten, da hat auch die monumentale Baukunst ein Ende. Eine für das 11. und 12. Jahrhundert aufgestellte Denkmälerkarte würde jenseits der fast geraden Linie Osnabrück—Minden—Hildesheim—Braunschweig—Magdeburg eine beinahe vollständige Leere zeigen. Nur die größeren, an schiffbaren Flüssen liegenden Orte, wie Magdeburg und Bremen, der Dom in Havelberg, das Kloster Leitzkau (gew. 1155), konnten sich mit Stein aus dem Oberland versehen. Rheinischen Tuff findet man in Holland, an den friesischen Küsten und ziemlich weit die Ems aufwärts, in der Westhälfte Schleswig-Holsteins bis nach Jütland. Wo der Wasserweg versagte, da mußte man auf Stein verzichten. Der Dom zu Verden wurde noch 940 in Holz erbaut, die erzbischöfliche Kathedrale in Hamburg erst 1040 durch einen Steinbau ersetzt. Für Landkirchen verstand sich da der Holzbau von selbst, ja sogar eine städtische Klosterkirche wie St. Katharina in Bremen wurde noch 1253 als Holzbau eingeweiht. Den ersten Ersatz für ihn fand man, als die Kolonisation auf die baltische Seenplatte vordrang, im erratischen Granit. Für Landkirchen ist er auch nach Bekanntwerden des Backsteins neben diesem noch lange in Gebrauch geblieben, ja es kamen vereinzelt sogar große Granitkirchen in behauenen Quadern vor, wie in Jüterbog und Zinna (1226).

Erst die Einführung des Backsteins erlöst diese Länder von der Aussicht auf ewige Armseligkeit. Wann erschien er? Von wo kam er?

Es gibt kaum eine Frage der deutschen Kunstgeschichte, die so viele und ungleiche Antworten hervorgerufen hätte, und vielleicht wird sie nie ganz aufgehellt werden. Mißglückt sind alle Versuche, einen bestimmten örtlichen Ausgangspunkt zu finden. Glaubhafte Baudaten sind 1165 für die Ostteile des Doms von Brandenburg und 1173 für den Beginn des Doms von Lübeck. Daß unter den kleineren Kirchen solche wären, deren bauliche Eigenschaften ein höheres Alter anzunehmen ratsam machten, kann nicht behauptet werden*. Es ist aber auch das Natürlichste, daß das Bedürfnis, nach einem andern Material als Holz und Granit zu suchen, sich zuerst bei den Kirchenbauten großen Maßstabes geltend gemacht hat. Ein solches Bedürfnis aber kann, wie die kirchlichen Verhältnisse in den unter rauhen Kämpfen neugewonnenen Ländern lagen, vor der Mitte des 12. Jahrhunderts nicht eingetreten sein. Die einzige Großkirche, die älter ist, auch nur wenig älter, der gegen 1140 begonnene Dom von Havelberg, hat noch eine Bruchsteinfassade und geht erst in ihrem obersten Teil zum Backstein über. Zusammenfassend wird zu sagen sein: eine frühere Einführung des Backsteinbaus als im Jahrzehnt 1150—1160 anzunehmen, fehlen alle Anhaltspunkte.

In der Tat kann auch nur von Einführung, nicht von Erfindung die Rede sein, da West- und Süddeutschland von der Römerzeit her ihn nie ganz vergessen hatten. Hat es sich also beim Backsteinbau nicht um eine neue Erfindung, sondern um eine vermehrte Anwendung unter dem Druck eines neuen Bedürfnisses gehandelt, so begreift man auch, wie er so schnell sich ausbreiten konnte. Um das Jahr 1200 steht er auf der Strecke von der Weser bis nach Polen in Blüte.

Nun war aber mit der Einführung der Backsteintechnik noch kein Backsteinstil geschaffen. Dies ist der springende Punkt. Wie konnte es geschehen, daß so schnell und einheitlich das bestimmte künstlerische System, das wir vor uns haben, sich ausbildete? Es ist mehr als bloße Vermutung, daß einen gewissen, wenn auch nach seiner Stärke nicht genau abzuwägenden Anteil das Eingreifen Italiens hatte. Woran auch

* Viel umstritten ist die Entstehungszeit der Klosterkirche Segeberg in Holstein. Nach der Ansicht mehrerer Forscher wäre sie identisch mit dem Stiftungsbau von 1134. Auf die mit dem technischen Detail sich beschäftigenden Gründe und Gegengründe kann hier nicht eingegangen werden. Nicht beachtet wurde, was für mich allein schon entscheidend ist, daß die Anlage als entwickelter Gewölbebau mit dem Datum 1134 in den allgemeinen Gang der niedersächsischen Architektur sich nicht einfügen läßt. Kaiser Lothar, der Gründer von Segeberg, hat seine zweite, in jeder Hinsicht bedeutendere Stiftung, die Klosterkirche Königslutter am Harz, noch als Flachdeckbasilika begonnen; ihre gewölbten Ostteile gehören in die Zeit um 1170. Die Kirche von Segeberg ist nur als Neubau aus dem Ende des Jahrhunderts verständlich

nichts Erstaunliches ist. Schon vor der Zeit des Backsteins sind zweimal größere Gruppen italienischer Bauleute in Niedersachsen aufgetreten, um 1120 in Quedlinburg, um 1170 in Königslutter. Es wäre auch sonderbar gewesen, wenn man die Italiener nur als Steinmetzen und nicht auch als Backsteinkundige, wo sie nach den örtlichen Verhältnissen als solche in Frage kamen, in Anspruch genommen hätte. Indessen sind es nicht die ältesten Backsteinbauten, an denen wir lombardische Formen erkennen, sondern erst solche des 13. Jahrhunderts. Die Lombarden kurzweg Begründer des norddeutschen Backsteinbaus zu nennen, ist schief; er war schon vor ihnen da, aber allerdings ist er durch sie technisch und formal vervollkommnet worden. Auf die räumlichen und struktiven Dispositionen nahmen sie bemerkenswerterweise keinen Einfluß. Die Backsteinbauten der deutschen Tradition zeigen noch vielfältigen Zusammenhang mit dem Steinbau; ihre spärlichen Schmuckformen werden in Stein oder Stuck ausgeführt, in Backstein das Mauerwerk. Das lombardische Prinzip ist der reine Backsteinbau. Er unterscheidet sich dadurch vorweg auch vom römischen, der in der Regel die Sichtflächen mit anderem Material verkleidet hatte. Auch die ältesten norddeutschen Feldsteinbauten übergehen die Flächen mit Stuck und geben ihm eine einfache lineare Musterung. Davon hat der Backsteinbau abgesehen. In ihm wirkte schon der Mauerverband mit seinem geregelten Wechsel von Läufern und Bindern und dem feinen Liniennetz der hellen Mörtelfugen unmittelbar dekorativ. Blenden und Fensterleibungen wurden weiß verputzt, auch wohl mit einfachem Ornament bemalt. Im westlichen Mecklenburg kam es schon in der ersten Hälfte des 13. Jahrhunderts auf, an gewissen Stellen, namentlich an Fenster- und Türeinfassungen, farbig glasierte Ziegel, schwarz, weiß, gelb, grün, zwischen die roten einzuschieben. Es ist interessant, wie sicher die Deutschen an dem an dekorativen Möglichkeiten so armen Backsteinbau eben die Seite erfaßt haben, wo er eigentümlich und fruchtbar werden konnte. Sie haben wenigstens hierin die lombardischen Vorbilder bald hinter sich gelassen. Am meisten lernten sie von diesen für die Behandlung der Friese und Gesimse, die mit ihrem schwach ausladenden, aber scharf umrissenen Relief ohne großen Aufwand anziehende Wirkungen gestatteten. In Wahrheit kehrten ja Bogenfries und Sägeschicht nur zu ihrem ursprünglichen Material zurück (S. 77). Dank der klugen Verbindung der hier genannten Mittel erreichten die Kolonisten in ihren Landkirchen eine gewisse Eleganz, mehr als sie es in der alten Heimat gewohnt gewesen waren. Wir nennen als Beispiel die 1212 geweihte Kirche zu Schönhausen in der Altmark (dem Bismarckschen Stammgut). Je größer die Kirchen sind, um so einfacher sind sie im Eindruck, da im Backstein das dekorative Detail in seinem Größenmaß unveränderlich ist, eine Steigerung der Wirkung nicht zuläßt.

Unter den Denkmälern der Mark, soweit sie erhalten sind, nimmt die Prämonstratenserkirche zu Jerichow den ersten Platz ein. Der Gründungsbau von 1144 zeigt in seinen Resten Bruchsteinmauerwerk. Der um 1200 begonnene Umbau, eine vornehm-schlichte Säulenbasilika, ist in der Technik vollendet. Sie gestattete, auch die Säulen durchaus in gemauerten Schichten aufzuführen. Ihre Kapitäle geben die der neuen Technik gemäße Umbildung des Würfelkapitäls mit trapezförmigen Flächen. Sie sind nicht in der Mark erfunden, sondern kommen ebenso wie die verschränkten Doppelbogenfriese aus der Lombardei. Ähnliche Formen finden sich auf der linkselbischen Seite der Altmark. Die Klosterkirche Arendsee, Anfang des 13. Jahrhunderts, ist hier der erste Gewölbebau; seine kuppeligen Gewölbe könnten von Westfalen beeinflußt sein. Diesdorf ist ein Gewölbebau im normalen gebundenen System mit Trapezkapitälen, die Deckplatte aus Formsteinen gemauert. Dies ist ein bedeutsamer Fortschritt gegen die älteste Technik, in der gekrümmte Flächen nur mit dem Hammer in halbgarem Zustande der Ziegeln hergestellt werden konnten. Der merkwürdigste Bau der Mark, die um 1220 begonnene Kirche auf dem Harlungerberg bei Brandenburg, ist im 18. Jahrhundert abgebrochen, aber durch Abbildungen und Modelle leidlich bekannt. Der in Deutschland analogielose zentrale Plan, ein griechisches Kreuz mit ausgefüllten Ecken, darüber Emporen, Exedren an allen vier Enden, kann nur lombardisch erklärt werden, während das konstruktive System erste gotische Einflüsse aufweist (durch Magdeburg vermittelt). Die Übergangszeit schließt mit der Zisterzienserklosterkirche Lehnin. Die würdevoll schweren Formen der Ostteile sind rein romanisch; das Langhaus, vollendet 1262, geht bei unveränderter Raumgliederung zu spitzbogigen Linien über.

Von der Mark drang der Backstein südwärts vor. Es ist bezeichnend, daß die Zisterzienser in ihrem Sinn für das Rationelle ihm gleich ihre Gunst zuwandten. Ihre 1198 geweihte Kirche in Altzella (nur geringe Bruchstücke erhalten) ist der früheste Backsteinbau in der Markgrafschaft Meißen; die sehr stattliche und gut erhaltene in Dobrilugk die früheste in der Lausitz (um 1220—1250). In beiden Fällen waren Italiener im Spiel.

Im Ostseegebiet sind zuerst die Domkirchen der Bistümer Lübeck und Ratzeburg zu nennen. Fast ein Menschenalter lang hatten sie sich mit Notbauten begnügen müssen. Im Jahre 1173 legte Heinrich der Löwe für beide gleichzeitig den Grundstein zum ersten Monumentalbau, ein Manifest gleichsam der nach harten Kämpfen zur Vollendung gebrachten Unterwerfung der Wenden. In Anlage und System waren diese Domkirchen Geschwister der herzoglichen Hofkirche in Braunschweig. Italienische Einflüsse, an die bei Heinrich dem Löwen zu denken naheläge (vgl. Königslutter), sind, wie auch sonst in Holstein und Mecklenburg, nicht nachweisbar. Der Dom von Lübeck ist später umgebaut worden, der Ratzeburger hat seine erste Gestalt gut bewahrt, wenn er auch erst 1259 fertig wurde. Sein Baucharakter ist noch wesentlich der des späten 12. Jahrhunderts, selbst der jüngste Teil, die Gewölbe, sind, wenn auch spitzbogig, noch rippenlos (Abb. 78).

In Mecklenburg hatten die Zisterzienser die Führung. In ihren Bauten spiegelt sich der Fortgang des Kolonisationswerkes. Stets machen Notbauten den Anfang. In Doberan die Gründung 1171, Zerstörung 1179, zweite Gründung 1186, erster Steinbau — als Flachdeckenbasilika — 1219. In Dargun Gründung 1172, nach widrigen ersten Schicksalen der Steinbau begonnen 1241; wir besitzen ihn noch: eine Basilika des gebundenen Systems mit kuppeligen Gewölben. Eldena bei Greifswald, erbaut um 1250—1275, ist Ruine. Abgebrochen ist die besonders ansehnliche (76 m lange) Kirche in Neuenkamp, ein Hallenbau. In diesen mit ihren Anfangsdaten ein halbes Jahrhundert umschreibenden Zisterzienserkirchen ist die ganze Stufenfolge von der flachgedeckten zur gewölbten Basilika und von dieser zur Hallenkirche gegeben. Die letztere hat in Mecklenburg früh Eingang gefunden, die starke Einwanderung aus Westfalen erklärt es. Das älteste Beispiel dafür, zugleich das älteste überhaupt unter den erhalten gebliebenen Backsteinbauten, ist die Stadtkirche in Gadebusch; nach ihren rein romanischen Formen zu urteilen, darf sie in die erste Zeit der Kolonisation (seit 1203) gesetzt werden. Andere aus der ersten Hälfte des 13. Jahrhunderts in Ribnitz, Wittenburg, Malchin, Malchow; im Übergangsstil, aus der Mitte des Jahrhunderts, Plau; frühgotisch, jenseits der Mitte, Grevesmühlen, Büchen, St. Marien in Parchim, St. Marien und St. Nikolai in Röbel.

Die Halle blieb für die mecklenburgischen Stadtkirchen (s. Rostock, Teterow, Grabow, Laage u.a.m.) normal, bis von Lübeck aus ein anderer Typus sich durchsetzte. — Besonderes Interesse nehmen die Dorfkirchen in Anspruch durch die Unmittelbarkeit, mit der sich in ihnen die Energie der Kolonisationszeit ausspricht. Sie widerlegen die irrige Annahme, daß sich die Kolonisten längere Zeit mit Notbauten beholfen hätten. — Hervorzuheben ist eine noch heute 33 Kirchen enthaltende Gruppe im östlichen Mecklenburg mit Ausläufern nach Vorpommern. Ihre Merkmale sind: Feldsteinmauern von unverwüstlicher Stärke; steigende kuppelige Backsteingewölbe in konzentrischen Lagen mit acht unterlegten Rippen (ersichtlich westfälischen Ursprungs); aus Ziegeln ferner die Fenstereinfassungen, Gesimse und Giebel; das Altarhaus ein gezogenes Quadrat, an der Ostwand eine Gruppe von drei schmalen Fenstern, das mittlere überhöht; die Backsteingiebel durch Blenden gegliedert; ursprünglich kein Turm. Der Eindruck, den im heutigen Zustande die dunkeln und trotzigen Feldsteinmassen hervorrufen, war nicht der von Haus aus beabsichtigte; Spuren von Verputz und Bemalung lassen eine ursprüngliche Außenerscheinung in Weiß und Rot ahnen. Die Breitenabmessungen variieren zwischen 8½ und 11½ m. Die Entstehungszeit liegt zwischen 1220 und 1270. Wirft man einen Blick voraus auf die Kümmerlichkeit, in die der ländliche Kirchenbau Mecklenburgs wieder am Schluß des Mittelalters und noch mehr jenseits desselben verfiel, so wird man die mannhaft kernigen Bauten der ersten Kolonisten mit gesteigertem, nicht bloß kunsthistorischem Interesse betrachten.

In Pommern bezeichnen der Dom zu Kammin, in Granit begonnen, in Backstein fortgesetzt, und die Zisterzienserkirche Kolbatz im Kreise Greifenhagen, ein reiner Backsteinbau einfachster Art, die östlichste Linie, bis zu der in unserer Epoche die monumentale Bautätigkeit vordrang. Hinterpommern und Preußen kamen noch nicht in Betracht. Aber jenseits der Ostsee bleibt der in engem Anschluß an die Dome von Lübeck und Ratzeburg errichtete Dom von Riga (gegr. 1215) eine unauslöschliche Erinnerung an Deutschlands älteste überseeische Kolonie.

Die zweite Stufe der gotischen Rezeption.

Die Kunst der auf der ersten Stufe stehenden Bauten war noch nicht abgeschlossen, als sich an einigen Orten, zerstreut, eine grundsätzlich veränderte Stellungnahme bemerklich machte. Ihr Wesen besteht darin, daß man das aus Frankreich kommende neue Wissen nicht mehr als ein loses Bündel von konstruktiven oder dekorativen Einzelheiten, von denen man nach Belieben bald diese, bald jene sich zunutze machen könnte, ansah, sondern daß man in ihnen eine Einheit erkannte, ein System mit unausweichlichen Konsequenzen. Erst in dem Augenblick, wo diese Erkenntnis durchdrang, war die Wasserscheide zwischen Romanismus und Gotik überschritten.

Es sind anhaltende Beobachtungen und Vergleiche an den Denkmälern nötig gewesen, bis wir uns ein einigermaßen deutliches Bild von den Vorgängen bei der Rezeption der Gotik herstellen konnten. Aus den Schriftquellen ist so gut wie nichts, höchstens hie und da eine nachträgliche Bestätigung, zu gewinnen. Wichtiger ist eine allgemeine Beobachtung am Sprachschatz: die Steinmetzen nehmen in ihre Berufssprache allerlei Lehnwörter französischen Ursprungs auf, ähnlich wie die höfische Dichtung dieser Zeit gern mit französischen Fachausdrücken aus dem Kreise des ritterlichen Sports sich ausputzt. Das sind willkommene Nachprüfungen; das meiste, wie gesagt, und Genaueres lehren uns die Denkmäler selbst. Sie erweisen als erste und allgemeinste Voraussetzung eine lebhafte Wanderbewegung, die die Bauleute ebenso ergriff wie alle Stände dieser Zeit. »Darum ist die Welt so groß, daß wir uns in ihr zerstreuen.« Vom Ende des 12. Jahrhunderts ab ging zwei Menschenalter hindurch ein Strom deutscher Arbeiter auf die französischen Bauplätze hin, angezogen von dem dort aufs höchste gespannten Baufieber, das nie Menschen genug ans Werk bringen konnte. Lesen wir doch, daß gelegentlich große Scharen ungelernter Laien, vornehm und gering, sich des frommen Werkes unterwanden, sich vor die Karren zu spannen, zu schleppen und zu tragen. Zuerst war es nicht künstlerische Wißbegierde, sondern einfach der Drang nach Arbeitsgelegenheit, was die Deutschen nach Frankreich trieb; denn Deutschland war damals ein Land mit schnell wachsender Bevölkerung, für die die alten Wirtschaftsformen zu eng wurden. Und so dürfen wir sagen, daß zwei so verschiedene Erscheinungen, wie die Rezeption der Gotik und die Kolonisation des Ostens, an der Wurzel miteinander zusammenhängen. In der Natur der Sache liegt es, daß die Ankömmlinge aus Deutschland zuerst nur für gröbere Handwerksverrichtungen in Anspruch genommen sein werden. Was sie von dem werdenden neuen Stil auffassen konnten, hielt sich in diesen Grenzen. Wenn auch schon am Anfang des 13. Jahrhunderts die französische Gotik in ihrer überaus schnellen Entwicklung über den Frühstil hinaus war, so sahen die Deutschen doch nur in diesem Frühstil fertige Bauten. Man begreift überdies leicht, daß sie ihnen innerlich die verständlichsten waren. Einzelne Begabte werden dann, wie wir uns denken können, mit der Zeit in der Hierarchie der Bauhütten zu höheren Stellen aufgerückt, und von ihnen mögen manche dauernd in Frankreich geblieben sein. Die Mehrzahl aber kehrte, wie es in der Gewohnheit von Wanderarbeitern liegt, in die Heimat zurück. In welchem Sinne sie dort ihre — es sei noch einmal gesagt: fragmentarischen und unter sich ungleichen — Erfahrungen in Wirkung treten ließen, hat die erste Rezeptionsstufe uns gezeigt.

Die Vertreter der zweiten Stufe gingen aus der Generation hervor, die zwischen 1225 und 1240 ungefähr ihre französischen Lehrjahre durchgemacht hatte. Den Unternehmungen dieser jüngeren Meister kam es zugute, daß sich in Deutschland gotisch geschulte Arbeiter nun schon in genügender Zahl vorfanden, um aus ihnen eine einheitliche Truppe zusammenzustellen. Was es bedeutet, wenn dieses noch nicht erreichbar war, dafür hat uns der im Jahre 1209 begonnene Dom von Magdeburg (Abb. 146–150a) ein Beispiel hinterlassen: ein vollkommen gotischer Entwurf lag vor, aber er konnte nicht im gleichen Sinne ausgeführt werden. Einheitliches Werk hatten bis dahin, vermöge ihrer geschlossenen Arbeitsorganisation, nur die Zisterzienser zustande gebracht. Die jüngeren Meister, von denen wir hier reden, hatten nicht nur in der Überlegenheit der französischen Wölbekunst, die ja auf weit längere Traditionen zurücksah als die deutsche, klare Einsicht gewonnen, sie erkannten auch den logischen Zusammenhang zwischen ihr und der neuen Formenwelt und somit, daß es sich, modern ausgedrückt, um einen neuen Stil wirklich handle. Den Gedanken an Stilmischung gaben sie auf. Sie hielten aber auch nicht auf schematische Wiederholung der französischen Vorbilder.

Konstruktion und Schmuckformen rezipierten sie, aber ihre Raumphantasie blieb frei und arbeitete auf den durch die deutsche Überlieferung gewiesenen Wegen weiter. So entstanden Bauwerke, die ganz gotisch und doch nur halb französisch gedacht waren. In ihrer Frische besitzen sie einen unverwelklichen Reiz, und mehrere von ihnen werden nach einhelligem Urteil zum Besten gerechnet, was in unserem Denkmälerschatz zu finden ist.

Stiftskirche St. Georg in Limburg a. d. Lahn (Abb. 151—152 a, 154, 199, 201). Begonnen vor 1220, Altarweihe (nicht Vollendung des ganzen Gebäudes) 1235. Das Werk zweier aufeinanderfolgender und aus gänzlich verschiedenen Traditionen erwachsener Meister, wie die wissenschaftliche Analyse ergibt; der unbefangene Betrachter wird aber den Eindruck haben, daß er eine frei gewollte und ganz mit Persönlichkeit getränkte Schöpfung vor sich habe. So restlos hat der zweite Plan den ersten aufgenommen und umgedeutet. Wenn wir die Grundstimmung der deutschen Baukunst dieses Zeitalters romantisch nennen wollen und damit ihren Gegensatz zu der Klassizität der französischen scharf hervorheben, so wird uns der Meister von Limburg als Romantiker und darum, trotz seiner französischen Schulung, ganz und gar als Deutscher erscheinen. In geistvollster Bewußtheit und zum letzten Male — denn bald sollte er durch den Sieg der entschiedenen Gotik entwurzelt werden — zeigt sich hier der alte deutsche Gedanke der rhythmischen Massengruppierung in seiner Kraft und Schönheit. Sieben Türme krönen den Bau: zwei hohe und starke an der Hauptfront, je zwei kleinere und schlankere an den Querschiffsfronten, ein überragender, achteckig und in steilen Spitzhelm auslaufend, über der Vierung. Diese vielgliedrige Höhenstrahlung empfängt aber ihren letzten Sinn erst von dem mächtigen Unterbau, durch den die Natur selbst das Gebäude vorbereitet hat. Es steht auf einem nicht hohen, aber in steilen Wänden abstürzenden Felsen über der vorüberfließenden Lahn. Es wird wenige Gebäude der Welt geben (man erlaube mir, einen bei früherer Gelegenheit von mir gebrauchten Vergleich zu wiederholen), auf die Vasaris vor einem Bau Raphaels gesprochenes Wort: »Nicht gemauert, sondern geboren«, mit so viel Recht Anwendung finden darf: gleichsam als ob der Naturgeist des Ortes im Menschenwerk Bewußtsein gewonnen habe. Indessen war auch hierin der Meister von Limburg nur ein Sohn seiner Zeit und seines Landes. Überall am Mittel- und Niederrhein, wie wir schon früher bemerkt haben, stehen Bauten, die darin über die bloße Architektonik hinausgreifen, daß sie das Einzelkunstwerk mit feinfühliger Wirkungsberechnung in seine Umgebung eingliedern. Aber noch in einem andern Sinne hatte unser Meister sich an vorbestimmte Bedingungen anzuschließen: er fand den Grundriß und selbst den Aufbau in Höhe des Erdgeschosses fertig vor. Auf diesen rheinisch-spätromanischen Unterbau setzte er frühgotische Obergeschosse, die sich einem bestimmten französischen Vorbilde eng anschlossen, einem Vorbilde, das, nach seiner häufigen Benutzung zu urteilen, von den deutschen Bauleuten besonders hoch geschätzt wurde, der Kathedrale von Laon. Soweit könnte die Zurückführung des Limburger Doms auf seine Quellen wohl zu der Frage führen, wo denn da die Originalität des Meisters bleibe. Denn die Erfahrungen in uns naheliegenden Zeiten haben uns mit Recht gegen Zusammenstoppelung von Reminiszenzen mißtrauisch gemacht. Hier aber handelt es sich um etwas anderes: eine wahre Synthese, wie sie nur dem schöpferischen Geiste gelingt. Nicht minder merkwürdig ist der im Limburger Dom ausmündende historische Kreislauf der Motive. Wir erinnern uns, daß die vielzahlige Gruppierung der Türme ein von alters gepflegter, echt deutscher Baugedanke ist. Auf dem Wege über die Niederlande war er in die Frühgotik Nordfrankreichs eingedrungen, wo er aber nur kurze Zeit in Gunst stand, da die eigentlich französische Anlage die mit zwei dominierenden Westtürmen ist. Der gruppierende Rhythmus ist überhaupt kein französisch-gotisches Prinzip, auch nicht in der inneren Anordnung. Bemerken wir also noch dieses: Die sieben Türme der Kathedrale von Laon sind über eine stark in die Länge gezogene Anlage verteilt und wirken dadurch wesentlich anders als in Limburg, wo sie einem kompakt zusammengeballten Grundriß angepaßt sind. Um soviel größer und prächtiger die Kathedrale von Laon ist, keinen Augenblick werden wir doch zögern, zu bekennen, daß in Limburg der Gruppierungsgedanke eine weit vollkommenere Gestalt gewonnen — wiedergewonnen hat. Der deutsche Meister hat in der Fremde instinktiv vom deutschen Gedanken sich angezogen gefühlt und ihm, indem er ihn auf den heimischen Boden zurückverpflanzte, seinen ursprünglichen Sinn wiedergegeben. Es ist vollkommen wahr, trotz des französischen Zwischenspiels: im Limburger Dom vollendet sich, was in der karolingischen und ottonischen Gruppierungskunst begonnen war. — Für den inneren Aufbau wird das Verhältnis zu Laon durch die Abbildungen hinlänglich ins Licht gestellt. Die Dome von Limburg und Magdeburg (der Absicht nach auch der von Halberstadt) sind die einzigen frühgotischen Bauten, die das französische Emporensystem aufnehmen. Für Limburg war es aber schon vorher, auf Grund des rheinischen Spätromanismus, beschlossene Sache. Neu ist das dritte Glied, das zwischen Emporen und Fenster eingeschobene Triforium, neu besonders die einheitliche Durchführung dieses Systems auch im Querhause, das dadurch scheinbar dreischiffig wird. Ganz wie in Laon ist der doppelte Strebebogen: ein unterer unter dem Dach versteckt, ein zweiter über demselben offen, aber im Außenbau wenig bemerklich, da er infolge der Kürze des Langhauses jederseits nur einmal vorkommt; in Laon dagegen, Langhaus und Chor zusammengerechnet, 16 mal an jeder Seite. Die Abneigung der deutschen Baukunst gegen Sichtbarmachung des Strebebogens hat hier also auch nur zu einem kleinen Zugeständnis sich zu bequemen nötig gehabt. — Ausgangspunkt einer Schule ist der Dom von Limburg nicht geworden. In der rasch wechselnden Kreuzung der Einflüsse treten andere in den Vordergrund.

Westtürme des Doms von Bamberg. Auch die gehören zur Nachfolge der Kathedrale von Laon. Das Vorbild ist aber anders benutzt als in Limburg: nicht für die Gruppierung, sondern (was in Limburg nicht das Maßgebende gewesen war) für den Aufbau im einzelnen (Abb. 202). Der Vergleich ergibt eine bedeutsame Abweichung. Sie beruht aber nicht auf Gedächtnisschwäche oder Mißverständnis — denn auf dem Baldachin über einer Statue im Innern des Doms ist das Laoner Original in einem kleinen Modell richtig wiedergegeben —, sondern bedeutet eine bewußte Umsetzung gemäß der deutsch-romanischen Überlieferung. Einen noch interessanteren Einblick in den Kampf zweier Strömungen gewährt in Bamberg ein anderes Modell, jenes, das die Statue der Kaiserin Kunigunde am Südostportal in der Hand hält. Es ist nicht ein Kirchenmodell überhaupt, sondern in bestimmter Weise das Bamberger, und zwar in der Westansicht, wie die Verbindung der Türme mit dem Querschiff erkennen läßt; etwas aber ist anders als in der Wirklichkeit: der Chor hat einen französischen Kapellenkranz. Wir irren kaum, wenn wir hierin eine Mahnung, einen Programmpunkt der französischen Partei erblicken. Zur Ausführung kam er nicht. Die Türme aber hatten Beifall. Sie wurden in Naumburg genau wiederholt (Abb. 205).

Trier. Die Frühgotik hielt hier ihren Einzug am Ende der 30er Jahre mit dem Kreuzgang und den Klostergebäuden von St. Matthias (Abb. 218). Noch in dem traurigen Verfall, in dem sie sich heute befinden, erkennt man eines der lautersten Werke des neuen Stils auf deutschem Boden. Der Schulcharakter ist nordburgundisch. — Bald darauf entstand die Liebfrauenkirche (Abb. 155—157). Ihre Baudaten sind gut überliefert: 1242 war sie vor kurzer Zeit begonnen, spätestens 1253 war sie fertig. Ihr Meister ist aus der Schule von Soissons hervorgegangen, kannte außerdem Reims; an der französischen Entwicklung gemessen, steht er auf einer um mehrere Jahrzehnte über Limburg fortgeschrittenen Stilstufe. Wie in Limburg, ja noch entschiedener als dort, verbindet sich mit engem Anschluß an ein bestimmtes französisches Motiv (den Chor von St. Yved in Braisne bei Soissons) eine unfranzösische, ganz selbständige Gesamtkomposition. Die Liebfrauenkirche ist ein Zentralbau. Zentrale oder mindestens zentralisierend zusammengedrängte Grundrisse gehören ebensosehr zu den Lieblingsgedanken des rheinischen Spätromanismus, wie sie der französischen Gotik fremd sind. Wenn sie alsbald auch aus der deutschen Gotik verschwinden, so ist das eine Folge des zunehmenden französischen Einflusses. So gewinnt die

Trierer Kirche als einziger * gotischer Zentralbau St. Gereon in Köln wird gotisch nur im obersten Abschnitt — ein erhöhtes Interesse; sie gibt Gelegenheit zu Beobachtungen, die sonst nirgends wieder angestellt werden können. Von den Grundformen, von denen das christlich-antike und ihm sich anschließend das romanische Raumschema ausgegangen waren, dem Kreis oder dem Polygon (meist Achteck), war der erstere für die gotische Konstruktion ungeeignet, weshalb sehr bald schon die Chöre der Kathedralen den Halbkreisgrundriß aufgaben und eine polygonal gebrochene Linie dafür einsetzten. Durch symmetrische Verdoppelung eines solchen Chores wäre ein Zentralbau zu gewinnen gewesen. Indessen blieb der französischen Baukunst dieser Gedanke fern. Zum erstenmal hat ihn der deutsche Meister der Liebfrauenkirche in Trier aufgenommen. Er ging dabei nicht von dem normalen, aus dem Zehneck entwickelten Chorgrundriß aus, sondern von der vereinfachten Umgestaltung, die er in Braisne gesehen hatte. Daraus ergab sich als Kernbau ein gleicharmiges Kreuz mit polygonalen Abschlüssen und in die Winkel desselben eingeschobenen Kapellen. Die dabei entstehende Figur kann einem Kreise eingeschrieben werden, die Unterteilung aber ergibt lauter viereckige und dreieckige Räume. Dadurch erst wurde es möglich, im Aufbau das gotische System, wie es sich bis dahin entwickelt hatte, ohne wesentliche Veränderung zur Anwendung zu bringen. Die Kapellen sind eingeschossig, der Kreuzbau ist zweigeschossig, ein drittes Geschoß, außen als Turm charakterisiert, übersteigt die Vierung. So ist das Prinzip des Zentralbaus, horizontal und vertikal, zu ebenso klarer wie reicher Entwicklung gebracht, indessen unter völlig neuen Bedingungen. Daß der Trierer Zentralbau der einzige in seiner Stilfamilie geblieben ist, sagten wir schon. Nachmals hat die Renaissance im Zentralbau die höchste aller kirchlichen Bauformen gesehen und sich allein schon dadurch der Gotik überlegen gefühlt. Die Liebfrauenkirche beweist aber, daß Gotik und Zentralbau nicht notwendig Gegensätze sind. Nur in Deutschland und nur im 13. Jahrhundert konnte der Versuch zu ihrer Synthese unternommen werden. Denn nur hier war durch die historische Entwicklung ein Moment gegeben, in dem sich die aufsteigende Gotik mit starker und lebendiger Erinnerung an antike Raumvorstellungen berührte. — Die Einzelformen sind so korrekt gotisch behandelt, wie es bis dahin auf deutschem Boden (außer in der gleichzeitigen Elisabethkirche zu Marburg) noch nicht geschehen war. Sie sagen, daß der Meister nicht nur in Soissons, sondern auch in Reims bekannt war. Hierhin weist besonders die Gliederung der Fenster. Sie sind die ersten in Deutschland mit ausgebildetem Stab- und Maßwerk (unentwickelte Vorform an St. Gereon

* Kleinere kapellenartige Anlagen, die hie und da noch zentral disponiert wurden, kommen nicht in Betracht.

in Köln). Dasselbe gehört zu den bezeichnendsten Attributen des gotischen Stils. Mit den durch Säulchen geteilten Öffnungen der romanischen Türme und Glockenstuben besteht nur eine entfernte Ähnlichkeit, da diese immer offene Arkaden bilden. Das gotische Stab- und Maßwerk hingegen sitzt an den Lichtöffnungen des Binnenraumes und ist Träger der Verglasung. Das ist seine technische Bestimmung. Ästhetisch will es die konstruktiv indifferente Öffnung doch für das Auge mit einem Reflex der konstruktiven Hauptformen beleben. Das große, dreiteilige Fassadenfenster schließt sich der Kirche St. Leger in Soissons an, und nach demselben Motiv sind die Arkaden des Kreuzgangs gegliedert, übrigens rundbogig im oberen Abschluß. So sind auch die drei Portale bei übrigens gotischer Organisation mit Rundbögen geschlossen, was jedoch zu den sogenannten Übergangserscheinungen nicht zu rechnen ist, denn auch dafür finden sich die Vorbilder in der nordostfranzösischen Schule. Einer deutschen Anschauung, auf die wir schon mehrfach hingewiesen haben, entspricht der Verzicht auf offene Strebebögen.

Offenbach am Glan. Diese abseits liegende und daher wenig bekannte Benediktinerkirche gehört zu den wertvollsten Denkmälern der Rezeptionszeit. Begonnen wurde sie vielleicht ein Jahrzehnt vor der Trierer Liebfrauenkirche. Die Formensprache des Meisters knüpft an diejenige der Champagne und Nordburgunds an, wodurch einige merkwürdige Ähnlichkeiten mit dem Dom von Magdeburg entstehen — selbstverständlich ohne direkten Zusammenhang. Nach Abbruch des Langhauses im 19. Jahrhundert sind nur das Querhaus und der Chor alt; jenes nach deutsch-romanischer Regel aus quadratischen Abteilungen zusammengesetzt, dieser polygonal gebrochen und von zwei Nebenchören begleitet. Über der Vierung sitzt eine achtseitige Kuppel. So einfach die Anlage ist, die kraftvolle Grazie des linearen Rhythmus und die saftige Frische der (hie und da noch romanischen) Einzelformen machen das Gebäude zu einem der geglücktesten unter denen, die romanische Raumkunst mit gotischer Ausdruckskunst verbinden wollten.

Marburg und die hessische Schule (Abb. 158—162). Die Elisabethkirche in Marburg geht kunstgeschichtlich genau parallel mit der Trierer Liebfrauenkirche; sie teilt mit ihr den Anspruch, der früheste, gleichmäßig in reiner, schon nicht mehr primitiv zu nennender gotischer Formensprache ausgeführte Bau Deutschlands zu sein. Aber wie könnte man von der Elisabethkirche sprechen, ohne daß sie auch noch anderes als Kunsthistorisches uns in den Sinn brächte? Sie ist in viel weiterem Umfange noch ein Symbol neuer Mächte. Eine neue, jetzt erst bis zu den Wurzeln des deutschen Volkslebens hindringende Religiosität war im Entstehen begriffen und verlangte nach einer neuen Heiligen. Dazu erkor sich das Volk die jugendliche Witwe des Landgrafen Ludwig von Thüringen, 1231 in Marburg gestorben, schon vier Jahre später in Rom als Heilige anerkannt. Zwar die geschichtliche Elisabeth ist nicht ganz dieselbe wie die romantisch liebliche Gestalt, zu der die Legende sie umgeschaffen hat. Aber nur auf diese kam es an, auf ihr in der Volksphantasie fortwirkendes Bild. Elisabeth vertritt einen neuen Stil der Askese, nahe verwandt mit den Idealen des großen Reformators der christlichen Frömmigkeit Franz von Assisi: die Verherrlichung der Armut, die Ehrfurcht vor der Niedrigkeit. Sie war nicht, wie so viele Witwen ihres Standes in den letzten Jahrhunderten, in ein Kloster gegangen; es ist etwas viel Subjektiveres und Unmittelbareres in ihrer demutsvollen Frömmigkeit. Nicht umsonst war ihr erster Beichtvater einer der frühesten nach Deutschland gekommenen Sendboten des hl. Franz, und in dem Gewande einer Tertiarierin war sie gestorben. Indessen ist die Kirche, der Elisabeth den Namen gab, keine Bettelordenskirche. Sie war von einem andern und sehr anders gerichteten, aber ebenfalls zu den neuen Zeiterscheinungen gehörenden Orden gegründet, dem Deutschritter-Orden, der nahe bei dem Franziskanerhospital, dem Sterbeort Elisabeths, seinen Sitz hatte. Am 1. Mai 1236 wurden ihre Gebeine erhoben und übertragen; eine Menge Volks war zusammengeströmt; an der Spitze des Zuges schritt barfüßig, im Büßerkleide, der große Skeptiker Kaiser Friedrich II. und legte seine Krone auf dem Sarge der Landgräfin nieder, deren höchster Wunsch es gewesen war, mit ihrem Gatten als Bettlerpaar durch ihr Land zu streichen. — Unter so glänzenden Auspizien begonnen, schritt der Bau der Kirche doch nur langsam vorwärts; erst 1249 wurde als jüngster Teil des Chorbaus der Nordflügel, erst 1255 das zweite Joch des Langhauses begonnen; 1270 war dieses im Mauerwerk, 1283 in den Gewölben fertig. Die Stilformen haben sich in dieser langen Bauzeit wenig gewandelt, dagegen ist es ungewiß, ob dasselbe von der Gesamtanlage gelten kann. Jene sind aus der Schule von Soissons abgeleitet und dadurch der Liebfrauenkirche in Trier so nahe verwandt, daß sie stilistisch als Geschwister zu bezeichnen sind. Diese, die Anlage, ruht auf deutscher Tradition, jedoch nicht auf örtlich-hessischer, sondern auf einer Verbindung rheinischer und westfälischer Motive, die nun durch den Hinzutritt des dritten Elements, der gotischen Konstruktion, zu einer eigenartig neuen Gesamterscheinung fortgebildet sind. Aus der rheinischen Familie, deren Stammutter die Kapitolskirche in Köln war, herübergenommen ist die Zusammenordnung des Chors mit dem Querschiff zu einer symmetrischen, im Grundriß kleeblattförmigen Gruppe, aus Westfalen der Aufbau des Langhauses als Hallenkirche *. Indessen sind Zweifel berechtigt, ob die Anlage, wie sie jetzt sich darstellt, von Anfang an so gewollt war. War vielleicht nicht vielmehr an einen reinen Zentral-

* Nach einer neuerlichen Behauptung wäre mit dem letzteren eine andere hessische Kirche, die des Zisterzienserklosters Haina, Marburg vorausgegangen. Einiges scheint dafür zu sprechen, mehr meines Erachtens dagegen.

bau gedacht, ähnlich wie in Trier? Den Gewohnheiten der Ritterordenskirche im Heiligen Lande und der Bestimmung als Grabkirche würde dies wohl entsprechen, und manche Unebenheiten im Anschluß des Langhauses an die Ostpartie würden sich dann leicht erklären. Die in dieser Frage liegende Perspektive ist interessant, zu einer bündigen Antwort wird aber kaum zu gelangen sein, weder im einen noch im andern Sinne. Wenden wir uns dem Aufbau zu, so finden wir eine Auflösung der Masse nicht mehr in dem (aus früheren Erörterungen uns wohlbekannten) rheinischen, sondern in dem ihm entgegengesetzten, unumwunden gotischen System, das heißt die Widerlagerung der Gewölbe ist auf das nach außen gelegte Strebewerk abgewälzt. Damit verstand sich die polygonale Brechung der Wände von selbst. Aber sehr zu bemerken ist der Unterschied in der Grundform des Polygons, von der in der zweiten Hälfte des Jahrhunderts in Deutschland mehr und mehr in Gebrauch kommenden: nicht fünf Seiten des Achtecks, sondern sieben Seiten des Zehnecks. Das Raumbild bleibt dem durch den Halbkreis gewonnenen näher, es ist feierlicher und durch die größere Zahl der Teilungen auch reicher. Nimmt man in der Elisabethkirche den Standpunkt unter der Vierung, das Langhaus im Rücken, so genießt man eine zwingende Einheitlichkeit und stille Gemessenheit in der Raum- und Gliederbewegung, die nicht ihresgleichen hat. Dagegen ist die Gestaltung des Langhauses von Mängeln nicht frei. An die Hallenkirchen Westfalens erinnert in der Tat nur das Allgemeinste; die Proportionen sind vollkommen andere, der Raum im Sinne des Querschnitts stark aufgehöht, im Sinne des Längsschnitts die Pfeiler dichter zusammengerückt und dadurch die an sich schon beträchtlich schmäleren Seitenschiffe unübersichtlich gemacht. Aber alle diese Abmessungen sind auch nicht aus einer einheitlich primären Raumvorstellung hervorgegangen, sondern sie folgen zwingend aus den Gegebenheiten des Chorsystems. Dies gilt besonders auch von den Fenstern. Ihre zweireihige Anordnung ist dort von hervorragend schöner Wirkung, in der Übertragung auf das Langhaus steht es zu dem eingeschossigen Aufbau der Schiffe in Disproportion. — Vom Außenbau sprechen wir besser in einem späteren Zusammenhange. Nur so viel sei gesagt, daß in ihm sehr sichtlich ein Kunstideal die Herrschaft erlangt hat, das dem romanischen schon weit entfremdet ist.

Wenn die Elisabethkirche in einer für diese Zeit unruhiger Vibration des Stilgefühls überraschenden Weise es vermocht hat, trotz langer Bauzeit einen gleichartigen Formcharakter festzuhalten, so zeigt sich das äußerste Gegenteil davon in einer andern Kirche des Lahntals, dem Liebfrauendom in Wetzlar. Der Chor wurde frühestens 1220, das Quer- und Langhaus gegen 1250 begonnen. In diesen nicht sehr großen Zeitraum drängt sich nun ein erstaunlich schneller und sprunghafter Wechsel der Pläne wie der Stilformen; wahrscheinlich stockten ebenso oft die Betriebsmittel und jeder nach der Pause neugewonnene Meister kam aus einer andern Schule und fühlte sich zu Rücksicht auf seine Vorgänger nicht verpflichtet. Der Meister des Vorderchors ist der interessanteste: er gibt in seinem Aufbau von drei Geschossen (das zweite mit innerem, das dritte mit äußerem Laufgang) einen originellen Versuch, das rheinisch-romanische System der Wandzerlegung mit dem gotischen zu verquicken. Von demselben rührt der Grundriß des Chorpolygons her, ungewöhnlicherweise ein halbes Sechseck, der Aufbau aber ist von einer andern, in der Gegend von Reims geschulten Hand. Ein dritter baute, zu größerem Maßstab übergehend, das Querschiff; er war nicht in Frankreich gewesen, wohl aber schwebten ihm, wie die Südfront zeigt, Erinnerungen an Limburg vor. Ein vierter entwarf das Langhaus als Hallenkirche sichtlich unter Marburger Einfluß. Ein fünfter hatte einmal in Burgund gearbeitet und verwendete Erinnerungen von dort am schönen Portal der südlichen Langseite. Der sechste endlich führte die im Charakter der hessischen Frühgotik begonnene Nordseite zur kölnischen Hochgotik hinüber.

Aber in dem bunten Gewebe dieser Zeit treten immer noch neue Fäden ans Licht. Die im oberen Westerwald gelegene Zisterzienserkirche Marienstatt, begonnen 1243, gibt zum ersten Male den vollen französischen Chor wieder, Umgang von sieben Seiten mit einem Kranz von sieben Kapellen, diese noch mit halbkreisförmigem Grundriß. Gerade an einer Zisterzienserkirche wäre dies am wenigsten zu erwarten gewesen. Marienstatt steht aber mit der übrigen deutschen Zisterzienserarchitektur in keinem Zusammenhang, ein Meister mit nordfranzösischen Anschauungen war hier ans Werk gekommen. Er bringt auch den offenen Strebebogen konsequent zur Anwendung, gegen den sonst, wie wir wissen, die deutschen Bauleute, auch die französisch gebildeten und unter ihnen die zisterziensischen am meisten, eine zähe Abneigung bewahrten. Wie dieser Meister keine eigenen Gedanken hatte, so zeigt er auch in der Ausführung eine rauhe und ungefällige Hand. Als Beweis, daß das romanische Stilgefühl gegen die Mitte des Jahrhunderts im Erlöschen war, verdient auch dieser an sich mittelmäßige Bau Beachtung. (Vom Langhause, das der nächsten Periode angehört, haben wir hier noch nicht zu sprechen.)

Westfalen. In dieser konservativ gesinnten, fest an ihren eigenen Traditionen haltenden Landschaft ist die zweite Rezeptionsstufe gegen die erste weniger scharf abgezeichnet. Bauten wie das Langhaus des Domes von Paderborn (begonnen zwischen 1233 und 1241, beendet 1267) und die ihr nahe verwandte Münsterkirche in Herford müssen ihr aber doch zugerechnet werden (Abb. 129a). Der Einfluß der westfranzösischen Hallenkirchen, von dem wir schon gesprochen haben (S. 276), erreicht hier seinen Höhepunkt. Das nächste Vorbild war die Kathedrale von Poitiers (Abb. 129b). Ihr wird das freiere Raumgefühl verdankt, die Streckung in die Länge und Höhe, durch die sich dieser jüngere Typus gegen den älteren mit seinem gedrungenen Grundriß und breitschultrigen Aufbau, ohne daß eine Änderung im konstruktiven System einträte, doch als ein ganz neues Geschlecht erweist.

Süddeutschland. Hier sind die Merkmale der zweiten Rezeptionsstufe, das ist eindringende Kenntnis des gotischen Formenwesens bei selbständigem Willen in der Raumgestaltung, selten. Im Elsaß könnte St. Arbogast in Rufach und der jüngste Teil (das südliche Querschiff) des Straßburger Münsters dahin gerechnet werden, in Schwaben kaum etwas; in Baiern nur Regensburg mit dem Kreuzgang von St. Emmeram und die St. Ulrichskirche, letztere ein ganz singulärer Bau, ein rechteckiger (15 12 m), ungewölbt gebliebener, aber auf Gewölbe berechneter Saal, mit gewölbten Emporen an allen vier Seiten. Unwillkürlich fühlt man sich hier an protestantische Kirchen des 16. und 17. Jahrhunderts erinnert, wie denn auch die Bestimmung als dem Dom beigeordnete Pfarrkirche zu besonderer Rücksichtnahme auf die Predigt aufgefordert haben möchte. St. Ulrich wird um die Mitte des Jahrhunderts oder wenig nachher entstanden sein. So viel später also als in den Westen und Norden gelangte der gotische Stil an die Donau. Und er gab hier vorerst auch nur eine Gastrolle. Festen Fuß faßte er erst durch den 1275 begonnenen Dombau.

Die dritte Stufe der gotischen Rezeption.

Die Bauten der zweiten Stufe waren mehrenteils nicht vollendet, und in vielen Landschaften war man selbst über die erste noch nicht hinaus, als an einigen Punkten Westdeutschlands die dritte erreicht wurde. Die hier das Wort nehmenden Meister stehen unter dem Eindruck der großen französischen Kathedralen des reifen Stils. Diese bedeuten für sie die Vollendung schlechthin; an Kompromisse oder an Stellung eigentümlicher Probleme, wie sie für die zweite Stufe bezeichnend gewesen waren, denken sie nicht mehr; die zwingende Übermacht, die zu allen Zeiten das Klassische hat, tritt in Wirkung und saugt das Nationalbesondere vollständig in sich auf. Nicht das Deutsche und das Französische wurde als Gegensatz empfunden, sondern nur noch das Unreife und das Vollendete.

Die beiden ersten Vertreter dieser dritten Stufe, in der die Aufnahme des gotischen Stils zum Abschluß kam, sind der Chor des Kölner Domes und das Langhaus des Straßburger Münsters. Zu jenem wurde der Grundstein 1248 gelegt, dieses wurde vielleicht im selben Jahre, jedenfalls nicht viel vor 1250, begonnen. Der Idee nach sind sie Erzeugnisse der letzten staufischen Zeit und mußten deshalb schon hier genannt werden. Da ihre Ausführung aber nachstaufisch ist und vollends ihre Wirkung von einer schon wesentlich anders gearteten Umwelt aufgenommen wurde, wird es richtig sein, sie erst im nächsten Buche zu behandeln.

Die Profanarchitektur.

Die deutsche Baukunst, wie sie sich von den Karolingern bis zum Ausgang der Stauferzeit entwickelt hatte, ursprünglich nur ein Mitläufer in dem Komplex erworbener Kultur, nach und nach aber in allen Poren mit deutschem Geist erfüllt, war trotzdem noch immer keine allseitige Widerspiegelung der deutschen Wirklichkeit. Denn sie sprach nur im Auftrage der Kirche; der Atemzug des Weltlebens war in ihr nur soweit zu spüren, als dieses unter dem allerdings weit ausladenden Schirmdach der Kirche einen Platz fand. Denken wir an diese Einseitigkeit und ihren lange Zeit ungebrochenen Bestand, so ermessen wir, was es bedeutete, daß das staufische Zeitalter zum erstenmal seit den Karolingern (die aber hierin nur Nachzügler der Antike gewesen waren) sich daran wagte, in der Kunst die Scheidewand zwischen Kirche und Welt, Kunstbau und Nutzbau niederzulegen. Dies geschah nun zwar nicht etwa so, daß ein lange latent gewesener profaner Kunstwille endlich seine eigene Sprache gefunden hätte; vielmehr vollzog es sich unter der Form einer Umarbeitung kirchlicher Prägungen für den profanen Zweck. Nicht um Fortbildung der Holzarchitektur, wie es im ersteren Falle hätte geschehen müssen, sondern um Aneignung und Zurechtmachung des Steinbaus handelte es sich.

Von der Zweckbestimmung ausgehend, haben wir zwei große Massen zu unterscheiden: den Wohnbau und den Wehrbau. Da hier aber nicht die Abwandlung der Stilformen, die, wie wir oben sagten, unselbständig bleibt, sondern die im Raum und der Konstruktion sich ausdrückende Zweckgestaltung den Schwerpunkt des Interesses bildet, so wird es das beste sein, die Entwicklung ohne Unterbrechung bis ans Ende zu verfolgen, weshalb wir den ganzen Gegenstand erst im nächsten Buch in Angriff nehmen wollen. Nur mit zwei Spezialtypen, die ihren Höhepunkt schon im 13. Jahrhundert erreichten, muß eine Ausnahme gemacht werden. Das sind die Klöster und die Kaiserpfalzen.

Klosterbauten. Es besteht ein auffallender Widerspruch zwischen dem so oft wiederkehrenden Bedürfnis nach Reform des inneren Lebens der Klöster und der fast völligen Unveränderlichkeit ihrer baulichen Anlage. Sie verliert ihr Befremdendes, wenn man bemerkt, daß jene Reformen im Grunde nur aus einer konservativen Gesinnung herkamen, aus dem Trachten nach Wiederherstellung alter Sittenstrenge. Ob sie Kluniazenser, Hirsauer, Prämonstratenser, Zisterzienser hießen, sie alle wurzelten in der Regel des hl. Benedikt, und so bestand auch in ihren Bauanlagen kein grundsätzlicher Unterschied. Erst die im 13. Jahrhundert emporkommenden Bettelorden stellten sich auf einen neuen Boden. Sie zogen in die Städte. Die älteren Orden dagegen — von denen hier allein die Rede sein soll — saßen auf dem freien Lande. Nur bei den Benediktinern der ältesten Zeit war es noch vorgekommen, daß sie am Rande verödeter ehemaliger Römerstädte sich ansiedelten und mit der Zeit allerdings es sich gefallen lassen mußten, daß sie bei eintretender Stadterweiterung mit einbezogen wurden (Beispiele: St. Emmeram in Regensburg, St. Stephan und St. Thomas in Straßburg, St. Michael in Hildesheim, eine ganze Anzahl im äußeren Bering von Köln). Die jüngeren, die Hirsauer und Zisterzienser, betonten immer strenger den Wert der Einsamkeit.

Unter allen Gattungen des Wohn- und Zweckbaus sind wir über die Klöster ohne Vergleich am besten unterrichtet. Spuren haben sich unter den Denkmälern des 11. Jahrhunderts, größere Bauteile aus dem 12., zusammenhängende Anlagen, hie und da fast vollständig, vom 13. ab erhalten. Dazu kommen ergänzend mancherlei schriftliche Aufzeichnungen; wir nennen als aufschlußreichste die Konstitutionen von Hirsau. Es muß dahingestellt bleiben, wie schnell und wie vollständig sich das im 9. Jahrhundert im Bauriß von St. Gallen festgelegte Schema (S. 41) in die Praxis der deutschen Klöster als allgemeingültig durchgesetzt hat; sicher ist, daß Cluny es sich in allen Hauptzügen genau zum Vorbild nahm, und daß es weiterhin maßgebend blieb für die Hirsauer wie für die ja gleichfalls von Burgund ausgegangenen Zisterzienser. Die Varianten betreffen nur Nebensächliches. Zwar ist die Zahl der in die feststehenden Grundlinien eingeschlossenen Räume je nach dem Maßstab der Anlage verschieden, aber doch nur in der Weise, daß die größeren die Räume zwecklich mehr differenzierten, die kleineren mehrere Bestimmungen in einen Raum zusammenlegten. Unter allen Umständen blieb die von St. Gallen her bekannte Teilung in drei Regionen gewahrt: in der Mitte, angelehnt an die Langseite der Kirche (in der Regel die südliche), die Klausur, das ist das Haus der Mönche, bestehend aus drei mit den freiliegenden Flügeln des Kreuzgangs gleichlaufenden Gebäuden; dahinter, im Osten der Kirche und Klausur, das Krankenhaus und Schulhaus mit ihren Dependenzen; davor, im Westen, das Quartier für Landwirtschaft, Gewerbe und Fremdenverkehr. In der inneren Einteilung der Klausur hatten die Haupträume durchaus feste Plätze: im Ostflügel der Kapitelsaal, daneben, wenn Platz blieb, das Auditorium und die Wärmstube; im Südflügel das Mönchsrefektorium und die Küche, und gegenüber dem Eingang zum Refektorium das Brunnenhaus, auch Tonsur genannt, weil hier die Mönche sich scheren ließen; im Westflügel das Refektorium der Laienbrüder und etwa noch eine zweite Küche und Vorratskammer. Über dem Ostflügel lag in einem Obergeschoß der Schlafsaal der Mönche mit direkter Verbindung zur Kirche; die Aufteilung in Zellen ist jünger. War es bei einem Umbau mit vergrößertem Maßstabe nicht möglich oder nicht genehm, die Seitenlänge des Kreuzganges zu strecken, so wurden einzelne größere Räume, die Refektorien oder das Dorment, aus ihrer parallelen Stellung zum Kreuzgangflügel gelöst und senkrecht zu ihm ins Freie ausgebaut (so in Maulbronn). In größeren Klöstern lag die Abtswohnung gesondert außerhalb der Klausur (in Maulbronn im Osten, in Hirsau im Süden). Ferner gab es hier noch ein paar Kapellen, regelmäßig eine hinten am Krankenhaus und eine andere vorn am Torhaus (für Pilger und Frauen, da diese tiefer ins Kloster nicht eindringen durften). Das Hinterquartier ist in den uns erhaltenen Anlagen so reich wie auf dem St. Galler Idealplan wohl nie ausgestattet; das Schulhaus z. B. wird anderweitig untergebracht, das Wirtschaftsquartier dagegen weitläufiger angelegt und in unregelmäßiger Streulage der einzelnen Baulichkeiten. Eine Ringmauer mit Graben, befestigtem Torbau und starken Ecktürmen vervollständigt die Ähnlichkeit des Klosters mit einer kleinen Stadt.

Suchen wir unter erhaltenen Denkmälern nach typischen Beispielen, so möchten wir Groß-Komburg bei Schwäbisch-Hall und Maulbronn als Gegensätze einander gegenüberstellen. — Komburg war ein Benediktinerkloster. Diese liebten freie und sonnige Lage, wenn die Gelegenheit des Ortes es gab, auf einer Höhe mit steilem Abhang. So hat die Gruppe der Komburger Bauten, wenn man sich vom Flusse her nähert, ganz die Umrisse einer Burg. Man betritt den Klosterbezirk durch eine überaus stattliche Vorburg, flankiert von zwei Türmen, zwischen denen, über der Durchfahrt, eine Michaelskapelle liegt. Dann folgt ein zweites und drittes Tor und ein Treppenaufgang zur oberen Terrasse, eine sechseckige Kapelle. (Man vergleiche dagegen die noch nicht wehrhaft behandelte karolingische Torhalle in Lorsch.) Kirche und Klausur sind barock umgebaut. Andere Beispiele von Bergklöstern: Arnstein a. d. Lahn (Abb. 194), die Petersberge bei Fulda, Erfurt und Halle, Quedlinburg, in barockem Umbau Banz am Main und Neresheim im schwäbischen Jura; die Donauklöster oberhalb Wien. — Maulbronn ist dagegen eine zisterziensische Musteranlage, schon durch die weltabgeschiedene Örtlichkeit: inmitten eines großen Waldgeländes eine flache Talniederung mit einer Reihe von Teichen, die zu ihrer Entsumpfung und Urbarmachung angelegt waren. Heute hat die Eisenbahn den Weg auch hierhin gefunden und führt zahlreiche Besucher an den ebenso lehrreichen wie stimmungsvollen Punkt; im Mittelalter war er nur auf langen, einsamen Waldwegen zu erreichen. — Andere Beispiele: sehr gut erhalten Eberbach im Rheingau und Loccum in Niedersachsen, Bronnbach an der Tauber, Bebenhausen bei Tübingen. — Als Musterbeispiel geben wir anstatt des oft abgebildeten Grundrisses von Maulbronn den von Eberbach (Abb. 213).

Das Verharren der Klosteranlage bei der in der Karolingerzeit importierten Grundform bedeutete nun zugleich, daß hier, unberührt von der fortschreitend nordischen und deutschen Umprägung des allgemeinen

Baugeistes, ein Typus von unverwischbar südländischem Grundzug sich erhielt: eine fassadenlose, durchaus nach innen gekehrte Hofarchitektur. Niedrige, gestreckte Mauerfluchten, der Haupteindruck die vom schattigen Grunde des Kreuzganges sich scharf abhebenden Bogenreihen und die langen, ungebrochenen Horizontalabschlüsse, keine Giebel, wenige und kleine Fenster, überhaupt nichts von der starken Linienbewegung, die dem Kirchengebäude seinen Charakter gab, endlich frühzeitiges Verlassen der Holzkonstruktion zugunsten des reinen Steinbaus und dadurch ein ebenso bestimmter Gegensatz gegen den germanischen Wohnhaustypus.

Der Kreuzgang, in den lateinischen Quellen *ambitus, porticus, claustrum*, französisch *cloître*, italienisch *chiostro*, hat seinen deutschen Namen, wie man meint, von der in ihm abgehaltenen Kreuzprozession. In älterer Zeit war die Decke ein offenes Sparrenwerk. Gewölbe, wenn sie auch vereinzelt früher vorkommen, greifen erst nach der Mitte des 12. Jahrhunderts um sich. Die Tonne, in formaler Hinsicht sehr angemessen, wurde früh verlassen (erhalten beim Münster in Bonn), und es trat dafür das Kreuzgewölbe ein, in seiner Entwicklung den Gepflogenheiten des Kirchenbaus parallel. Eine längere Abwandlung macht die Außenmauer durch. Der älteste erhaltene Kreuzgang, der Vorschrift des St. Galler Risses eng sich anschließend, ist der von Jung-St. Peter in Straßburg aus der Zeit nach 1035; in seiner heutigen Gestalt zwar nur eine ideale Rekonstruktion, für die aber doch mancherlei Anhaltspunkte gegeben waren, so daß sie im großen und ganzen die Wahrscheinlichkeit für sich hat. Ähnlich das Fragment in Epfig (Abb. 214, 215). Daneben hat es noch einen zweiten Typus gegeben, in dem die Mauer nur durch kleine, fensterartige Öffnungen über hoher Brüstungswand durchbrochen war. Er entstand als eine Reaktion des nordischen Klimas und war in der Frühzeit vermutlich recht verbreitet. Mit der Zeit aber kehrte man allgemein zu den offenen Hofarkaden zurück. Schöne Beispiele aus der mittleren Zeit des 12. Jahrhunderts sind der Liebfrauenkreuzgang in Magdeburg, der Domkreuzgang in Hildesheim, der Münsterkreuzgang in Bonn. Nach Aufnahme der Steindecke machte sich von selbst eine geregelte Jochteilung geltend: starke, außen durch Entlastungsbögen verbundene Pfeiler an den Treffpunkten der Gewölbe, im Intervall eine Gruppe von Säulchen und Bögen, in ihrer Zahl, Stellung und Dekoration ein Durchprobieren aller Möglichkeiten. So wandelte sich das Bild des Kreuzgangs, wenn es auch in der Gesamtanlage die südliche Herkunft nie verleugnete, immer mehr dem deutschen Sinn zu Dank; die Freude am Rhythmus wird reichlich ausgekostet, und gewiß sind es nicht erst wir, die die im Ineinanderwirken des sonnigen Gartens und der schattigen Wandelgänge freigebig sich anbietenden malerischen Momente zu genießen verstehen; Beschaulichkeit und Stille waltet in den Anlagen des 12., romantische Pracht, jedem Anklang an Askese weit entwachsen, in denen des 13. Jahrhunderts. Gewiß, der Kreuzgang war ein Liebling der deutsch-romanischen Bauphantasie geworden, was wir erst recht empfinden, wenn wir gewahren, wie wenig vergleichsweise nachher die hohe und späte Gotik hier noch Neues zu sagen, ja überhaupt nur Gleichwertiges zu erreichen vermocht hat. So ist es ein Glück, daß sich Kreuzgänge aus der romanischen Blütezeit noch in großer Zahl erhalten haben, zum mindesten in Bruchstücken. Wenn Süddeutschland und Österreich den Vorrang haben, so wird das mit auf klimatische Ursachen zurückzuführen sein, also den südlichen Grundcharakter bekräftigen.

Unter den Innenräumen erheben nur die Kapitelsäle und Refektorien höheren künstlerischen Anspruch. Die erhaltenen Exemplare sind sämtlich gewölbt, und zwar, wie sich unter den gegebenen Verhältnissen von selbst verstand, im Hallensystem. Die Fälle dreischiffiger Teilung sind nicht zahlreich und liegen alle im Grenzgebiet des 12. zum 13. Jahrhundert. Vorher und nachher war Zweiteilung die allgemeine Regel. Der Raum wurde dabei freier, auch mag es die Absicht gewesen sein, damit die nichtsakrale Bestimmung schärfer hervorzuheben. Daß einige Refektorien, wie die in Schönau und Maulbronn, zu den Perlen der Baukunst des 13. Jahrhunderts gehören, wurde bei einer früheren Gelegenheit (S. 256) schon ausgeführt. Das Refektorium in Heilsbronn (aus der Mitte des 13. Jahrhunderts) ist ausnahmsweise ein einschiffiger Saal, übrigens reich und vorzüglich behandelt. In ganz großen Klöstern nehmen auch die Dormitorien eine monumentale Haltung an; für sie war die dreischiffige Teilung (Abb. 218) das Zweckentsprechendste, die Betten in den Seitenschiffen, im Mittelschiff ein freier Gang. Der Schlafsaal in Eberbach, der großartigste, den wir kennen, hat bei einer Länge von 93 m, einer Breite von 16,5 m 2×13 Gewölbeabteilungen (Teil des Längenschnitts Abb. 220).

Auf Parlatorien und Bußkammern, Küchen, Keller und Getreidespeicher näher einzugehen, würde über die Aufgabe einer kunstgeschichtlichen Betrachtung hinausgehen. Doch mag noch eine allgemeine Erwägung Platz finden. Die Klöster haben zuerst in Deutschland eine rationelle und künstlerisch gehobene Kultur des Wohnhauses verwirklicht, ihrem asketischen Lebensideal zum Trotz. Was hat der profane Wohnbau von ihnen gelernt? Ein direktes Muster konnten sie wegen ihrer scharf begrenzten Sonderart nicht sein. Aber die Ansprüche erhöhen und manchen Fingerzeig zu ihrer Befriedigung geben konnten sie doch wohl, wie sie auch sicher der erste Durchgangspunkt waren, auf dem die kirchliche Formensprache für den profanen Gebrauch zurechtgemacht wurde.

Kaiserpfalzen und Fürstensitze. Es gab im Deutschen Reich keinen »unbehausteren« Mann als den deutschen Kaiser. Nicht nur, daß er keine Hauptstadt hatte, an keinem Orte wohnte er fortlaufend auch nur ein Jahr. Sein Leben war ein ewiges Kommen und Gehen. Zwischen seinen Reisen rastete er ebenso oft bei einem Bischof oder Abt als auf seinen eigenen Gütern. Unter diesen nun sind seine Stammgüter und die ihm von Reichs wegen zustehenden zu unterscheiden. Nur auf den letzteren sind die eigentlichen »Königshöfe« zu suchen, ein prekärer Besitz leider, da sie oft an die Kirche oder einen Fürsten, um deren Hilfe zu erlangen, verschenkt werden mußten. Sie hatten teils die Bedeutung von militärischen Stützpunkten, teils waren sie Wirtschaftshöfe. Unter ihnen tritt eine beschränkte Zahl mit dem Vorzugsnamen einer Pfalz hervor. Welche Eigenschaften ein Königshof besitzen mußte, um diesen Rang einzunehmen, ist noch nicht genau aufgeklärt. Die Begriffsbestimmung wird von der Rechtsgeschichte aus zu gewinnen sein. Der Sachsenspiegel erkennt im sächsischen Stammgebiet nur fünf Pfalzen an, in denen »echter Hof« gehalten werden konnte; unter ihnen fehlen aber gerade diejenigen, an denen wir die Könige am häufigsten antreffen, wie Quedlinburg, Memleben, Nordhausen, Goslar. Offenbar sind in freierem Sprachgebrauch auch andere als diese rechtlich privilegierten Sitze Pfalzen genannt worden, und es muß für sie also noch ein anderes Kennzeichen gegeben haben; wahrscheinlich lag es in ihrer baulichen Gestalt. Zu unterscheiden sind von ihnen die kaiserlichen Burgen, wie Eger, Nürnberg, Wimpfen, Trifels. Bei den Pfalzen zeigt aber schon die Wahl der Örtlichkeit, daß die Verteidigungsfähigkeit nicht in erster Linie stand. Sie liegen an großen Verkehrsstraßen in der Ebene und sind durchweg nur leichthin befestigt. Es kam darauf an, daß sie für Hoffeste und Reichsversammlungen Bequemlichkeit darboten.

Die Geschichte der Pfalzen geht mit den Staufern zu Ende. Das auf sehr veränderten Verfassungs- und Machtverhältnissen wiederaufgebaute nachstaufische Königtum hatte für sie keine Verwendung; sie kamen in die Hände untergeordneter Beamten oder wurden vergabt, verkamen und verfielen. Hören wir beispielsweise die Schicksale der ältesten und besterhaltenen, der Pfalz zu Goslar. Sie erscheint zuerst als Königshof (*Curtis regalis*) unter Konrad II. Heinrich III. erbaute den noch heute bestehenden Palast (1082: *Palatium regis*) und wohnte hier häufiger als in irgendeiner andern seiner Pfalzen, allein Weihnachten hat er fünfmal hier gefeiert. Bei einem Hoftage Lothars 1132 stürzte ein Teil des Gebäudes ein, war aber schon wenige Jahre später Schauplatz einer glänzenden Fürstenversammlung. Unter Friedrich Barbarossa, wie die Stilformen erweisen, wurde eine kleine Restauration vorgenommen. Aber schon 1206 nahm ein Vogt als Verwalter des Reichszolls in ihr seinen Sitz, die Kaiser besuchten sie nicht mehr. Nach einer Feuersbrunst 1289 ging sie in den Besitz der frei gewordenen Stadt über, die sie zuerst als Gerichtsstätte, später als Lagerraum benutzte und immer tiefer in Verwahrlosung sinken ließ. 1629 begannen die Jesuiten sich in ihr einzurichten, wurden aber bald durch die Schweden vertrieben. 1865 wollte der Rat das hinfällig gewordene Gebäude abbrechen. 1866 übernahm es der Preußische Staat, und Kaiser Wilhelm I. ließ es in der Gestalt wiederherstellen, in der wir es heute sehen.

Vom Bauen der Könige zu erzählen, lag den geistlichen Notizensammlern nicht im Gesichtskreise, unser geschichtliches Wissen von ihnen bleibt daher spärlich und beiläufig. Vollends, was den baulichen Charakter betrifft, stehen wir vor lauter offenen Fragen. Mit Sicherheit läßt nur einiges Negative sich behaupten. So, daß die reguläre Planbildung mit durchlaufenden Achsen, wie sie Karl d. Gr. seinen Pfalzen in Aachen und Ingelheim zugrunde gelegt hatte, keine Nachfolge fand. Die in den Grundmauern erhaltenen Königshöfe Heinrichs I. in Botfeld am Harz und bei Saalfeld sind starke Burgen auf gedrängtem Grundriß, und wenn wir auch keineswegs einen allgemeingültigen Typus daraus ableiten wollen, dürfen wir nach mancherlei Andeutungen doch für wahrscheinlich ansehen, daß die Sitze der sächsischen Könige in ihrer baulichen Behandlung mehr oder minder überall durch das fortifikatorische Interesse beeinflußt und das will sagen beengt waren. Von den Pfalzen des salischen Hauses würden wir gar nichts wissen, besäßen wir nicht die eine in Goslar. Daß ein Bau wie dieser nicht ohne Tradition entstehen konnte, ist selbstverständlich. Dieselbe ist nicht sächsisch, sondern westdeutsch, und eine Nachwirkung des karolingischen Programms wird in ihr nicht ganz zu leugnen sein. Zwar handelt es sich nicht mehr um einen geregelten Komplex vieler Einzelgebäude, aber geblieben sind die beiden Hauptstücke: das Palatium und senkrecht auf die Mitte seiner Front gerichtet die Kirche (in Goslar in einem Abstand von 120 m, gegen 80 m in Aachen). In den staufischen Anlagen tritt eine weitere Vereinfachung ein: die Kirche fällt aus, nur eine Kapelle, dem Palatium näher gerückt, bleibt übrig. Das Palatium aber bewahrt seinen Charakter als alleinstehender Saalbau. In Goslar wurde später ein Wohnflügel angebaut, in Gelnhausen sind Spuren eines Obergeschosses vorhanden, das möglicherweise dieselbe Bedeutung hatte. Als geschlossene Baukörper, bei denen die Hauptwirkung in die Fassade gelegt ist, stehen die Pfalzen zu der Hofarchitektur der Klöster in polarem Gegensatze. Das Goslarer Kaiserhaus (Abb. 233, 234) bildet ein Rechteck von 49 m Länge und 17,5 m Tiefe. Es baut sich in zwei kontrastierenden Geschossen auf: im Erdgeschoß nur kleine Luken, das Hauptgeschoß in rhythmische Arkaden aufgelöst. Der mittlere Giebel ist neu, ebenso die Freitreppe, doch muß etwas derart von jeher vorhanden gewesen sein und vielleicht auch noch eine entsprechende zweite Treppe am nördlichen Ende, wo der (jüngere) Wohnbau anstößt. Im Innern ist nichts mehr alt. Die Zerlegung des Erdgeschosses in sieben gewölbte Schmalräume erfolgte in gotischer Zeit. In ihm findet sich eine Kanalheizung mit vielen Zweigen. Wenn man annimmt, daß eine ähnliche schon der romanische Bau besessen habe, so wäre das Rätsel vielleicht gelöst, wie der Riesensaal des Obergeschosses mit seinen weiten, selbstverständlich unverglasten Lichtöffnungen zur Winterszeit — Heinrich III. hat in Goslar fünfmal das Weihnachtsfest gefeiert — benutzbar gemacht werden konnte. Vor der jüngsten Restauration zeigte der Saal eine von hölzernen Pfosten getragene Balkendecke mit gotisch ornamentierten Kopfbändern, und wesentlich anders kann auch im romanischen Vorgänger die Lösung nicht gewesen sein. Die Instandsetzung in den 70er Jahren des vorigen Jahrhunderts hat mehr als nötig dem Ganzen einen modern akademischen Anstrich gegeben; ganz zu vermeiden ist das bei derartigen »Wiederherstellungen« leider nie. Freuen wir uns, daß wenigstens die Fassade noch in den Hauptlinien die echten Züge zeigt und darin eine Höhe des monumentalen Bewußtseins, die wir der Kultur des 11. Jahrhunderts gerade in diesem Zweckzusammenhang nicht ohne weiteres zugetraut hätten.

Der fürstliche Wohnbau der staufischen Epoche fügte viele neue und feine Reize der Detailbehandlung hinzu, in der Größe der Intention wurde die Pfalz des Saliers nicht erreicht. An ausgebreiteter Baulust auf dem profanen Gebiete übertraf jedoch Friedrich I. alle Vorgänger. Die alten Reichspaläste in Aachen, Nymwegen und Ingelheim und vielleicht noch manche andere wurden von ihm gründlich restauriert. Von seinen Neubauten ist der glänzendste, die Pfalz in Hagenau, spurlos verschwunden *, ebenso die wahrscheinlich sehr ansehnliche in Kaiserslautern. In Kaiserswerth am Niederrhein steht noch bis zu einer gewissen Höhe ein rechteckiges Gebäude von fast denselben Abmessungen wie das Palatium von Goslar; die massive und strenge Behandlung deutet auf eine Anlage von mehr fortifikatorischer als repräsentativer Zweckbestimmung, es wäre denn, daß hier der Festsaal (wie in Kaiserslautern, nach alter Abbildung zu urteilen) in ein Obergeschoß verlegt war. So bleibt immer das Hauptzeugnis staufischer Pfalzbaukunst der viel und nie zu viel gepriesene Palast in Gelnhausen (Abb. 235—37). Eine Ruine; aber in den erhaltenen Bruchstücken ist noch weit mehr Leben, als in irgendeiner in unseren Tagen »wiederhergestellten« Burg. Die von zwei Armen der Kinzig umflossene Ringmauer beschreibt im Grundriß ein Trapez. An der Schmalseite desselben liegt der Eingang. Das Tor, ohne Spuren von Zugbrücke und Fallgatter, führt in eine zweischiffige, dreijochige, nach dem Hof offene Halle; über ihr im zweiten Geschoß ist die Kapelle angeordnet. An der Ringmauer rechts werden die Wirtschaftsgebäude gestanden haben.

* Durch die Franzosen zerstört 1678. Die Beschreibung des Hieronymus Gebweiler aus dem 16. Jahrhundert ist nicht sehr anschaulich, die oft reproduzierte Ansicht mit dem Datum 1614 eine moderne Fälschung.

Unerklärt sind am Ostrande des Hofes die Fundamente eines Rundbaus. Der Saal kehrt sich der Mittagssonne zu, im Rücken an die Nordmauer angelehnt. Das Grundrechteck mißt 27,5 m in der Länge und 12,5 m in der Tiefe, ist also erheblich kleiner als in den bisher betrachteten Pfalzen. Vom Aufbau haben sich das Kellergeschoß und die in nicht ganz symmetrischer Weise von Arkaden durchbrochene Vorderwand des Mittelgeschosses erhalten. Es umschloß drei gesonderte und nur mäßig hohe Räume. Vermißt man hier also den großen Versammlungssaal, so könnte derselbe doch vielleicht im Obergeschoß, dessen Existenz durch leichte Ansätze erwiesen ist, Platz gefunden haben. In jedem Fall eine Komposition ohne die Großartigkeit und strenge Symmetrie des Goslarer Kaiserhauses. Dafür entschädigt eine künstlerische Behandlung von delikatester Formenschönheit und gezügelter Pracht. Den Geschichtsfreunden müssen wir eine Enttäuschung bereiten, insofern wir nicht bestimmt versichern können, daß der Palast, den wir heute kennen, schon stand, als in Gelnhausen der berühmte Hoftag von 1180, auf dem Heinrich der Löwe abgesetzt wurde, zusammentrat. Unmöglich erscheint es uns nicht, da die Geschichtsquellen dieser Deutung günstig und die stilgeschichtlichen Einwendungen, die für Entstehung um 1200 geltend gemacht wurden, nicht unbedingt zwingend sind. — Von der Pfalz zu Seligenstadt am Main steht noch das Kellergeschoß und, nicht ganz vollständig, das erste Hauptgeschoß. Es ist weniger stark aufgelöst als in Gelnhausen. Drei Fenstergruppen wechselten mit zwei Türen, zu denen doppelseitige Freitreppen hinaufführten. Die Länge der Fassade beträgt 46 m, erreicht also fast die von Goslar und Kaiserswerth. Die geringe Differenz der Abmessungen, Gelnhausen ausgenommen, ist beachtenswert. — War Gelnhausen schon nicht mehr ganz eine Pfalz im alten Sinne, sondern eher eine weitläufige Burg vom Typus der Wasserburgen, so ist die Pfalz von Wimpfen einer sehr stattlichen Höhenburg eingegliedert, was zu Modifikationen führte, die wir an dieser Stelle nicht weiter verfolgen können.

Unverkennbar wurden die königlichen Bauten ein Ansporn für den ganzen vornehmen Wohnbau der Zeit. Aber doch nur einmal, soviel wir wissen, ist die Pfalzanlage in ihrer Ganzheit von einem Fürsten nachgeahmt worden. Der das tat, war bezeichnenderweise der Sachsenherzog Heinrich der Löwe, der für den Norden Deutschlands einer königgleichen Machtstellung zustrebte. In seiner Burg in Braunschweig ist das Programm der älteren Pfalzanlagen vollständiger durchgeführt als selbst in den uns bekannten Pfalzen Kaiser Friedrichs. Wie in Goslar stand im Burgbezirk ein großes Kollegiatstift, dessen Kirche der heutige »Dom« ist. Das nördliche Querschiff desselben, in dem die herzogliche Familie ihren Stand hatte, war mit dem Wohngebäude durch einen brückenartigen Gang verbunden. Der Palas aber ist, wieder wie in Goslar, von den Wohngebäuden abgesondert, ein selbständiger Saalbau. Auch die Abmessungen bleiben (15 : 42 m) hinter denen in Goslar wenig zurück. Die Mauern aus der Zeit Heinrichs des Löwen (um 1175) wurden erst in unsern Tagen (1873) wieder entdeckt, als der Barockbau, in den sie eingekapselt waren, abbrannte. Sie zu konservieren war nicht möglich ohne umfassende Ergänzungen (Abb. 238). Der das Hauptgeschoß vollständig ausfüllende Saal ist in seiner inneren Gestaltung neu; im Erdgeschoß (es ist durch 10 Pfeiler in zwei Schiffe geteilt) hat sich vom alten Zustand noch verhältnismäßig viel erhalten. Die übrigen Baulichkeiten sind verschwunden, im Umriß geblieben der Burghof mit dem Löwendenkmal in der Mitte.

Ein Menschenalter jünger sind die Bauten des Landgrafen von Thüringen, die Wartburg und die Freiburg. Hinsichtlich ihres Typus stehen sie in einer andern Reihe, sie werden im Zusammenhang der Wehrbaukunst näher zu betrachten sein. Als Kulturdokumente haben sie uns viel zu sagen und müssen schon an dieser Stelle gehört werden. Die Kunst machte sich hier einen neuen Acker im deutschen Leben urbar. Im architektonischen Charakter der vorstaufischen Burgen hatte durchaus das Materiell-Zweckliche überwogen, sie waren reine Wehrbauten. Die Wohnräume wurden in einen Wehrturm eingeklemmt oder sie standen, und waren dann wohl nur Holzbauten, im engen Hof; höchstens in der inneren Einrichtung konnte das künstlerische Bedürfnis, wofern es sich schon regte, eine bescheidene Befriedigung finden. Der Adel der Stauferzeit, von etwa 1200 ab, machte dies mit Nachdruck geltend, verlangte mehr, verlangte für seinen neuen, heiteren und glänzenden Lebensstil, den wir in der Dichtung der Zeit so deutlich sich widerspiegeln sehen, mehr Raum, Bequemlichkeit und selbst Pracht. Neben dem, was nicht nur die Landgrafen von Thüringen, sondern auch kleinere Dynasten jetzt zu ihrer Repräsentation für nötig hielten, erscheinen die Bauten Heinrichs des Löwen altertümlich mager. Die staufische Schöpfung ist der Palas. In welchem Umfange dieser unseren Archäologen geläufig gewordene Name in Wirklichkeit angewandt worden ist, müßte noch untersucht werden. Abgeleitet ist er klärlich von den königlichen Pfalzen. Und auch eine bauliche Ähnlichkeit, wiewohl nicht Gleichheit, besteht. Der Burgpalas ist nicht zu kurzem Aufenthalt und nicht in erster Linie zur Repräsentation bestimmt; er hat dauernder Bewohnung zu dienen, ihm fehlt der dominierende große Saal und fehlt damit die volle Auflösung der Wandflächen, wie sie für das Kaiserhaus in Goslar so bezeichnend ist. Immerhin, auf eine selbstzwecklich reiche Wirkung der Fassade war es abgesehen. Der Palas der Wartburg, ursprünglich nur in zwei Geschossen erbaut, zeigt uns, daß diese Forderung mit der inneren Einteilung nicht zur Deckung gebracht werden konnte, weshalb zunächst an der Frontwand Korridore angelegt wurden, zu denen das nun einmal zum Typus gehörende Motiv der offenen Arkaden besser paßte als zu den Schutz gegen die Witterung verlangenden Wohnräumen. Nur die Rückseite der Wartburg hat wirkliche Fenster, kleiner in der Öffnung und auf weitere Abstände verteilt. Die reiche Ausstattung mit Zierformen in plastischer Meißelarbeit, die allen Besuchern der Wartburg sich unvergeßlich einprägt, war doch kein Vorrecht dieses fürstlichen Baus; kaum eine Burg des Zeitalters gibt es, in der nicht, wenn schon in kleinerer Ausdehnung, dieselbe anmutig phantastische Zierlust irgendwo ihre Blüten triebe — Frau Aventiure als Muse der Architektur. Dauernd niedergelassen hat sie sich in den deutschen Burgen nicht. Wir werden sehen, wie jenseits des 13. Jahrhunderts, gleichen Schritt haltend mit dem Niedergang in der Kultur des adligen Standes, auch der Burgenbau sich ernüchtert.

Nichts leider wissen wir von den Residenzen der geistlichen Fürsten. Und gerade hier muß die Mitwirkung der Kunst nach aller Wahrscheinlichkeit früh und erfolgreich angerufen worden sein. Am Dom zu Mainz hat sich allein die sehr stattliche Kapelle des auf seiner Nordseite anstoßenden erzbischöflichen Palastes — während die Domherren auf der Südseite um den Kreuzgang wohnten — erhalten (Abb. 230). Die Verwandtschaft mit den Burgkapellen weltlicher Herren fällt in die Augen, vgl. z. B. die Burg in Nürnberg (Abb. 231).

Wir schließen mit einem raschen, vorläufigen Blick auf das Bürgerhaus, für welches das 13. Jahrhundert ebenfalls eine Zeit der Erweckung wurde. Neben dem befestigten Adelshaus und sehr von ihm abweichend entstand ein neuer, eigentlichst städtischer Typus, das Giebelhaus mit offener, in viele übereinandergeschichtete Fensterreihen aufgelöster, der Straße zugewandter Schauseite. Das Nähere bleibt für später vorbehalten. Hier genügt die den Kreis unserer Betrachtungen schließende Einsicht, daß die hohe künstlerische Kultur der Zeit auch die städtische Lebenssphäre ergriffen und gegen die reine Zweckarchitektur ihr eigenes Recht mit Nachdruck geltend gemacht hat. Auch hier hat dann die Entwicklungskurve sich noch einmal senken müssen. Erst an der Grenze des Mittelalters zur Neuzeit erreichte das Bürgerhaus wieder das freie Verhältnis zur Kunst, das das 13. Jahrhundert schon besaß.

Zweites Kapitel.

Die Bildhauerkunst.

Hinter der Vielheit der Künste liegt, durch sie verhüllt und von uns gesucht, d i e Kunst, die Einheit des künstlerischen Bewußtseins, die der Gesamtproduktion eines Zeitalters das Gepräge gibt. Was das 13. von den vorhergehenden Jahrhunderten durchgreifend unterscheidet, ist die Veränderung in dem Verhältnis der beiden mit der Menschendarstellung sich beschäftigenden Künste, der Malerei und Plastik. In der im vorigen Buche geschilderten Epoche hatte unbedingt die Malerei das Übergewicht gehabt; dem Wollen des 13. Jahrhunderts genügt sie allein nicht mehr; die Plastik wird angerufen, und sie folgt dem Ruf in einem überraschend gewaltigen und herrlichen Aufstieg. Zwar in der Breite der Produktion bleibt die Malerei noch im Vorsprung, aber der stärkere Lebensschwung, die größere Energie des Werdens ist bei der Plastik. Die Kurve ihrer Entwicklung, lange Zeit matt am Boden hinschleichend und nun ganz steil in die Höhe gehend, ist in der deutschen Kunstgeschichte, in der es an irregulären Erscheinungen wahrlich nicht mangelt, doch ein einzigartiges Phänomen. Um über das bloße Erstaunen hinweg zu einem Verstehen zu kommen, müssen wir auf die Ursache des langen Darniederliegens der plastischen Kunst zurückgreifen. Sie lag in der Bindung an die Tradition der Spätantike. Wir haben im zweiten Kapitel unseres ersten Buches den Gegensatz zwischen der klassischen und der späten Antike und als negatives Hauptmerkmal der letzteren das Absterben des plastischen Formgefühls geschildert. Fast ein Jahrtausend lang von nun ab lebte die abendländische Menschheit ohne dies Seelenorgan. Die vorstaufische deutsche Kunst hatte im menschlichen Körper entweder nur eine höhere Art des Ornaments gesehen, oder sie machte ihn zum Träger einer primitiv drastischen Gebärdensprache. Ausdruck aber läßt sich auf die Dauer von der Herrschaft über die Form nicht trennen. Zu diesem spezialistischen Bedürfnis gesellte sich ein umfassend allgemeines: nennen wir es ein neues Weltgefühl. Der deutsche Geist begann langsam von der Geringschätzung der äußeren Welt, zu der die christlich-spätantike Kultur ihn erzogen hatte, sich zu befreien; was auf dem Felde der Kunst heißt: der Wille zur Form erwachte. Solange das Sichtbare nur als Hieroglyphe des Unsichtbaren, die sinnliche Form nur als Verständigungsmittel für den unsinnlichen Inhalt einen Wert gehabt hatte, war eine auf die in der Ebene verlaufende Linie reduzierte Darstellung die beste gewesen. Jetzt aber wollte man die Lebenserscheinung in ihrer vollen Tatsächlichkeit ergreifen, entdeckte man, daß die Dinge ein Volumen besitzen. Wo die Kunst in dieses Stadium eintritt, da wird sie immer zuerst an die Plastik sich halten. Die plastische Form enthält für sie allein die ganze Wahrheit, sie ist die Form schlechthin, und schon der ruhenden Form, ohne Gebärde, wird eine seelische Bedeutsamkeit zuerkannt.

Nun ist aber die aus der Wirklichkeit in die Kunst übertragene Form kein Ding, das sich improvisieren läßt. Um sie zu regieren, bedarf es langer Erfahrungen und Überlieferungen vieler Geschlechter. Das 12. Jahrhundert hatte sich von der ausgeschöpften Spätantike schon losgesagt, aber seine eigenen, angestrengten Bemühungen blieben, wie wir sahen, fast ohne Erfolg. Erst der weltbürgerlich expansive Geist des 13. entdeckte neue Quellen der Befruchtung. Sie flossen von zwei entgegengesetzten Seiten zugleich: vom alten Byzanz und vom neuesten Frankreich. Das ist eine Tatsache, die leicht mißverstanden werden kann. Man meine nicht, daß ihre Ursache Schwäche und ihre Folge Haltlosigkeit gewesen wäre. Diese Zwiefältigkeit entsprang vielmehr einer innersten Eigenschaft des Zeitalters. Sein gärender Reichtum und allseitiger Erweiterungsdrang liebte überall die doppelten Lösungen, die Annäherung des Entfernten, die Vereinigung des Entgegengesetzten. Wir müssen an ein tiefbegründetes Bedürfnis glauben, denn wir haben eine analoge Doppelströmung in der Geschichte der Baukunst dieser Zeit kennen gelernt.

Was zu Byzanz hinzog, war die in oströmisches Mittelalter verpuppte Antike; was Frankreich bot, war eine neue Betrachtungsweise der natürlichen Welt. Das sind zwei Gaben zwar von sehr verschiedener Art, aber keine sich ausschließenden Gegensätze. Antike und Natürlichkeit sind nicht Antithesen. Sie waren es erst geworden in der Dekomposition der Antike, die wir die Spätantike nennen und mit besserem Recht Frühmittelalter nennen sollten. Wo immer das hohe Mittelalter, dem Bann der Spätantike entronnen, einen noch so kleinen überlebenden Rest der echten erfaßte, da näherte es sich damit, bewußt oder unbewußt, zugleich der Natur. Dadurch wurde es möglich, daß die byzantinisierende und die gotisierende Strömung, anstatt sich abzustoßen, vielmehr eines Tages sich vereinigen konnten. Nicht nur in Deutschland geschah es so. Dem Giovanni Pisano ging Niccolo voraus; die Plastik der nordfranzösischen Kathedralen empfing, bevor sie zum gotischen Naturalismus überging, ihre ersten Anregungen von der provenzalischen und burgundischen Protorenaissance; und so war in Deutschland, es ist kein Paradoxon, die byzantinisierende Phase die Vorfrucht, die den Boden auflockerte für die gotische Hauptsaat.

Die byzantinische und die französische Einströmung kamen nicht nur aus verschiedenen Himmelsrichtungen, sehr verschieden war auch die Art ihrer Ausbreitung. Die französische erscheint im Gefolge der Architektur und bohrt sich ein in wenigen, scharf begrenzten Kanälen. Wo sie Halt macht, entstehen Enklaven, die von ihrer Umgebung sehr bestimmt sich abheben. In mehreren Fällen sind wir sogar imstande, die französischen Vorbilder genau zu bestimmen. Viel schwerer ist es, die Einwirkung des Byzantinismus anschaulich zu erfassen. Er wurde nicht von den deutschen Künstlern in seiner Heimat aufgesucht, sondern kam, getragen vom Handels- und Pilgerverkehr, und verbreitete sich in vielen feinen und deshalb heute schwer noch faßbaren Adern netzförmig über das ganze Land. Dies hatte schon in der Karolingerzeit begonnen. Es gab wohl keinen größeren Kirchenschatz, in dem sich nicht eine Anzahl byzantinischer Importen aus vielen Jahrhunderten abgelagert hätte. So verbreitet dadurch die Bekanntschaft war, war sie doch einseitig. Denn was nach Deutschland kam, waren nur Werke der Kleinkunst: Elfenbeintafeln, Miniaturen, allerlei Kunstgewerbliches; neben wenigen guten Stücken meistens Durchschnittsware; ältere und jüngere Stilepochen willkürlich durcheinandergeworfen. Daß es auch eine byzantinische Monumentalkunst gab, war durch Reisende im allgemeinen bekannt, den deutschen Künstlern ist sie doch nur ausnahmsweise, nur denen, die einer Pilgerfahrt sich anschlossen, zu Gesicht gekommen, und noch seltener war zu einem gründlichen Eindringen in ihr Wesen Zeit und Gelegenheit gegeben. Der Kreuzzug Barbarossas und das darauf folgende Menschenalter lebhaften Verkehrs mit dem Heiligen Lande — der seinen Weg allerdings häufiger über Italien als über Konstantinopel nahm — haben das Interesse an der byzantinisch-orientalischen Welt, auch der künstlerischen, zweifellos gesteigert, dennoch ist die gleichzeitig einsetzende byzantinische Strömung nicht allein und nicht am meisten auf diese äußere Anregung zurückzuführen. Das Entscheidende war doch die von innen heraus veränderte Disposition der deutschen Kunst selbst. Sie sah in der byzantinischen jetzt Eigenschaften, für die sie bis dahin blind gewesen war. Solange sie selbst allein im Ornamentalen lebte, hatte sie auch von jener nichts anderes zu lernen gewußt. Jetzt verlangte sie nach Aufschlüssen über die menschliche Gestalt. Und sie fand darin, so wie die Byzantiner sie gaben, mit erstaunten Augen eine Schönheit, Würde und unverjährte Vornehmheit, die ihr eine Offenbarung waren. Wir sagten es schon: es war der antike Rest im Byzantinismus, den die Lebenswärme des Nordens nun aus seiner formelhaften Erstarrung aufweckte. Am meisten überrascht dabei das instinktive Erraten des monumentalen Urwesens dieser Formen. Es sagt uns, daß aus dem eigenen Leben der deutschen Kunst ein Drang nach Monumentalität sich emporringen wollte, der begierig alles ihm Verwandte an sich zog. Es sagt uns ferner, daß es sich überhaupt nicht um Abschriften, sondern um Umsetzungen handelte, von Kleinkunst in Großkunst, von Flachzeichnung in Plastik, wobei notwendig die eigene gestaltende Phantasie des Künstlers in Tätigkeit trat. Oft aber kamen nicht einmal bestimmte einzelne Vorbilder in Frage, sondern nur eine Synthese von Erinnerungsbildern. Die Forschung kann dann meistens nicht mehr als den fremden Einschlag im ganzen herausfühlen; ihn genau zu berechnen, ist ihr versagt.

Zum Schluß möge noch eine allgemeine Bemerkung Platz finden. Es ist nicht zu leugnen, daß der breite Raum, den die kunstgeschichtliche Forschung der Ermittlung von »Einflüssen« anweist, zu einer Überschätzung derselben führen kann. Immer soll man unterscheiden, ob der empfangende Teil ihnen gegenüber sich als Nachahmer oder als Schüler verhält. Der Nachahmer bleibt stets kleiner als sein Vorbild, der Schüler kann dem Lehrer ebenbürtig werden und selbst ihn überwachsen. Ob die Deutschen des 13. Jahrhunderts gegenüber den Byzantinern und Franzosen Schüler oder Nachahmer waren, kann keinen Augenblick zweifelhaft sein. Sie sahen weder in der byzantinischen noch in der französischen Kunst ein Dogma, ein System, dem sie sich unterwerfen wollten, sondern nur einzelne überlegene Eigenschaften, die sie ihnen abzugewinnen sich zutrauten. Es gibt Freunde unserer alten Kunst, deren volkliches Selbstbewußtsein mehr empfindlich als fest und klar ist und deshalb zu sehr verkehrten Urteilen führt. Sie sind immer geneigt — wie auch in unserem Fall —, am liebsten den fremden Einfluß zu leugnen, oder, wenn sie dies nicht können, ihn für eine Minderung des nationalen Wesens und somit ein Unglück zu erklären. Die deutsche Bildhauerkunst des 13. Jahrhunderts hat es aber glänzend bewiesen, daß im rechten Sinne von Fremden lernen die eigenen Kräfte befreien und erhöhen heißt. Was sie lernte und zu lernen dringend nötig hatte, war die Form. Was sie mit der erworbenen Formensprache ausdrückte, war ihr eigenes Seelenleben und war reicher, tiefer, persönlicher, als was ihre Lehrer zu bieten hatten. Das Verhältnis ist dasselbe wie bei den Dichtern des Zeitalters. Daß Wolfram von Eschenbach, um den größten zu nennen, viel von den Franzosen gelernt hat, räumen wir willig ein; aber in der Tiefe des Gedankens und Breite und Kraft der Anschauung überragt er sie alle. Unter den deutschen Bildhauern ist wohl keiner, der in der Klarheit und geistreichen Eleganz des Vortrages den Franzosen so nahe kommt, wie unter den Dichtern Gottfried von Straßburg; mit Wolfram geistesverwandt ist unter ihnen mehr als einer. Läge nicht über ihnen der Schleier der Anonymität, so wäre ihr Ruhm in unserem Volke viel verbreiteter, als es leider der Fall ist.

Die Denkmäler.

Für das vorangehende Buch wurde von der Gruppierung nach Landschaften abgesehen, für das gegenwärtige hat sie größere Bedeutung. Doch ist das nicht der einzige in Betracht kommende Gesichtspunkt. Wenigstens an einem Beispiel möchten wir zeigen, wie nicht sowohl eine Schule als ein bestimmtes gegenständliches Thema unter den sich kreuzenden Stileinflüssen sich abwandelte. Wir wählen dazu die Darstellung des Kruzifixus.

Man braucht dies Thema nur zu berühren, um von den eigentümlichen Schwierigkeiten betroffen zu sein, die der christlich-mittelalterlichen Kunst die ihr gegebenen Stoffe bereiten konnten. Ihr ganzes Dasein, wir wissen es, war an die Religion gebunden; wie weit aber war deren Gehalt für die Kunst darstellbar? Am vollkommensten ist es zu allen Zeiten in den Gattungen geglückt, in deren Wesen selbst es liegt, daß das Stoffliche hinter der Form zurücktritt: in der Baukunst und in der Musik. In der Bildkunst dagegen, einerlei, ob es sich um eine malerische oder plastische Bildform handelt, bleibt notwendig eine Menge Stofflichkeit übrig, die nur religiös, nicht künstlerisch gerechtfertigt ist, in der also der Stoff nie ganz von der Form bezwungen werden kann. Wir haben es in einem früheren Abschnitte gesehen (S. 188), daß das zentrale Dogma vom Kreuzestod Christi der altchristlichen Kunst ein halbes Jahrtausend lang undarstellbar erschienen war; erst die nordischen Menschen, die sinnlich gröber und zugleich der abstrakten Betrachtung geneigter waren, verstanden sich dazu. Muß man es aber nicht ein tragisches Verhängnis nennen, daß eben dieser Gegenstand fast der einzige, jedenfalls der ohne Vergleich am häufigsten sich darbietende, im ganzen christlichen Bilderkreise war, der die Darstellung des menschlichen Körpers in seiner vollen Wirklichkeit, das heißt nackt, gestaltete? Nicht das Leben in seiner Gesundheit, Freiheit und tätigen Kraft war zu schildern, sondern eine verrenkte Gebundenheit und ein qualvolles Sterben Es wurde von der Kunst verlangt, daß sie den natürlichen Menschen zum Schaudern brachte, um den religiösen auf einem außerhalb aller Kunst liegenden Punkte erquicken zu können. Wir müssen die Bedrängnis dieser Lage ganz durchgedacht haben, dann werden wir bereitwillig verehren, was trotz alledem die Kunst unserer Epoche dem fürchterlichen Gegenstande abzugewinnen vermocht hat.

Was zunächst ins Auge fällt, ist auch hier der siegreich sich ausbreitende Zug zum Monumentalen. Er äußert sich nicht nur als Steigerung des Maßstabes zur Lebensgröße, zuweilen selbst darüber hinaus, sondern noch mehr in der Schaffung einer festen Beziehung zur Architektur. Fremde Einflüsse haben dabei wahrscheinlich keine, zum mindesten nicht die maßgebende Rolle gespielt. In unserem Denkmälervorrat gehen die Monumentalkruzifixe nicht über das 12. Jahrhundert zurück. Eine große Vermehrung bemerken wir von 1200 ab. Es wird keine zu gewagte Annahme sein, daß für die Kirchengebäude der spätromanischen und frühgotischen Zeit, bis zu den Dorfkirchen hinab, der Besitz eines solchen eine allgemeine Forderung geworden war. Leider ist die ursprüngliche Aufstellung nur selten gewahrt geblieben und dadurch die beabsichtigte Verbindung mit der Architektur verdunkelt. Soviel wir sehen, handelte es sich immer um denselben Architekturort: die Öffnung des Triumphbogens über dem Choreingang. Hier steht auf einem quer durch den Raum gespannten Balken das Kruzifix, und neben ihm, tiefer, die Gestalten der Mutter und des Lieblingsjüngers. Kruzifixe, die den Kopf nicht nach rechts, das heißt der Mutter zu, sondern geradeaus wandten — wie es bei den dem 12. Jahrhundert angehörenden Stücken immer der Fall ist —, sind isoliert zu denken und werden dann in der Regel im Bogen hängend, ohne Balken, angeordnet gewesen sein. Die Kreuzgruppe, das ikonographische Gegenstück zu der Gruppe des Weltenrichters mit Maria und dem Täufer, war in der Malerei und der kunstgewerblichen Kleinplastik längst in Übung, bevor das 13. Jahrhundert den Schritt tat, sie der Monumentalplastik zuzueignen — eine, wo nicht ikonographisch, so doch künstlerisch sehr neue und ersichtlich bedeutungsvolle Aufgabe. Die archäologische Kennzeichenlehre sieht den Hauptunterschied in der Stellung der Füße: ob nebeneinander und also zweimal genagelt oder ob übereinandergelegt und mit einem einzigen, beide Füße durchdringenden Nagel ans Holz geheftet. Diese zweite Fassung, wie wir vorläufig anmerken wollen, begann gegen 1220 um sich zu greifen. Im Zusammenhang mit einer Reihe anderer Merkmale betrachtet, ist der Unterschied in der Tat bedeutend und ein Symptom tiefen, künstlerischen wie religiösen Stimmungswandels. Der Typus der Triumphkreuze des 12. Jahrhunderts (Abb. 424, 425), vorbereitet in der Kleinkunst des 11., hatte den Gekreuzigten als Sieger über den Tod gegeben, aber nicht freudig, sondern in einer strengen und düsteren Erhabenheit. Der Körper ist wohl an das Kreuz genagelt, aber keineswegs hängt er an ihm; er steht, regungs- und ausdruckslos. Absolute Symmetrie beherrscht die Haltung, eine einzige gerade Linie geht senkrecht von dem mit offenen Augen geradeaus schauenden Haupt bis zu den auf dem Trittbrett auf setzenden Füßen; eine zweite, wagerechte, durch Arme und Schultern. Obgleich nicht der Tod dargestellt ist, ist doch alles Leben gleichsam zur Architektur erstarrt. Primitiv ist diese Darstellung aber nicht; sie geht in sehr bewußter Weise auf eine bestimmte Wirkung aus; die ottonischen Elfenbeinschnitzer und Goldschmiede hatten schon bewegtere Linien gekannt. Der um die Wende des 12. Jahrhunderts einsetzende Umschwung entspringt einer Forderung nicht so sehr des künstlerischen als des religiösen Gefühls; dasselbe ist pathetischer und subjektiver geworden; das Mitleid wird angerufen, und darum kann sich die Darstellung der sinnfälligen Wiedergabe des körperlichen Leidens nicht länger entziehen. Die Füße des Gekreuzigten werden nicht mehr durch ein Trittbrett gestützt; folgerichtig sinkt der Körper unter seiner Schwere herab, die Arme treten in eine schräge Lage, der Kopf neigt sich vornüber, die Knie schieben sich vor. — Das Beispiel Abb. 425 stammt aus einer westfälischen Dorfkirche. Eine rauhe, ungeschlachte Arbeit, aber von fast erschreckender Stärke des Ausdrucks. In aller Schmach der Entblößung ist dem trotzigen Dulder die Krone noch geblieben. Dieser Christus scheint ein Heerkönig der alten Sage zu sein; ein germanischer Prometheus; mit dem sanften Jüngling der Katakomben hat er nicht das geringste mehr zu tun. — Neben diesem nach seinem Ursprung deutschen und nach seinem künstlerischen Wesen plastischen Typus kam ein zweiter in Aufnahme, der durch byzantinische Miniaturmalerei und Kleinplastik vermittelt wurde und auch in Deutschland häufiger in diesen Gattungen anzutreffen ist als in der Monumentalplastik, wenn er auch in dieser nicht ganz fehlt. Das Wesentliche bei diesem Typus ist, daß er die Symmetrie aufgibt. Wir sehen einen Körper, den das Leben verlassen hat. Da aber den Füßen das herkömmliche Trittbrett nicht genommen ist, fällt der Leichnam nicht senkrecht, sondern biegt sich seitwärts aus, und zwar immer nach der rechten Seite, derselben, der der Kopf folgt. Kein Lebender könnte diese Verrenkung der Wirbelsäule ertragen. Die rein byzantinische Fassung lehrt die Miniatur auf Abb. 348 kennen. Bei dem künstlerisch bedeutendsten Beispiel aus der Großplastik, dem um 1220 entstandenen kolossalen Triumphkreuz des Halberstädter Doms (samt dem Balken aus dem romanischen Dom in den gotischen übertragen), liegt ein genauer Anschluß an den byzantinischen Typus nicht einmal vor (Abb. 426). Abgewonnen ist ihm die mit der Neigung des Hauptes korrespondierende Schwingung der rechten Hüfte, aber diese asymmetrischen Momente treten in bemerkenswerter Mäßigung auf. Der Heiland ist nicht tot, er ist nur müde; die Arme haben an der Last nicht mitzutragen: als wäre es freiwillig, sind sie ausgestreckt mit einer Gebärde milden Erbarmens. An Stelle des Fußbretts ist der besiegte Drachen getreten und damit das peinliche Nagelmotiv umgangen, sodann gewonnen für das Aufsetzen der Füße ein feiner und lebendiger Kontrast. Wir brauchen die Analyse nicht ins einzelne fortzusetzen, um erkennbar zu machen, um wieviel differenzierter und zusammengesetzter, mit der früheren Epoche verglichen, die Ausdrucksmittel geworden sind. Hierzu ein Interesse an der Körperform, das einen großen Schritt nach vorwärts bedeutet. Es ist vielleicht das erste Mal, daß das Verhältnis der Knochen zu den Weichteilen — man vergleiche besonders die Bildung des Brustkorbes mit dem starren, sozusagen ornamentalen Schematismus der älteren Darstellungen — plastisch richtig gesehen ist. — Der vierte Typus ist nun der mit den übereinandergelegten, von einem einzigen Nagel durchbohrten Füßen. Er ist die abendländische Umbildung des byzantinischen. Zeit und Ort der Entstehung sind noch nicht ermittelt, wenn auch einige Wahrscheinlichkeit für die Priorität Frankreichs geltend gemacht werden kann. Von 1220 ab ist er sowohl in Deutschland als Frankreich und England nachweisbar und hat alle älteren Typen schnell zurückgedrängt. Das bekannteste Exemplar ist das der Klosterkirche zu Wechselburg in Obersachsen (Abb. 427). Theologische Gründe für die Neuerung sind nicht zu finden, sie muß als ein rein künstlerischer Gedanke angesprochen werden. Er hat eine zusammenhängende Reihe von Veränderungen im Aufbau des Ganzen im Gefolge. Die Absicht war, von der geschwungenen Linie der byzantinischen Fassung ausgehend, die Kontrastierung der beiden Körperhälften noch schärfer durchzuführen, und zwar, woran man den Ursprung aus der plastischen Vorstellung erkennt, nicht nur für den frontal gesehenen Umriß, sondern auch für die Lagerung der Glieder nach der Tiefe. Das zurückliegende linke Bein wird gewissermaßen zum Standbein, das im Knie vorgestreckte rechte zum Spielbein gemacht. Ungleiche Senkung des Lendenschurzes verstärkt diesen Eindruck. Die Schultern bleiben in der Höhe der Kreuzesmitte, der Kopf ist entschieden nach rechts gewandt, aber nur wenig gesenkt; er trägt zum ersten Male die Dornenkrone; die Augen, im Gegensatze zur byzantinischen Fassung, sind noch offen. Wenn somit die äußeren Momente der physischen Pein noch erhöht sind, spricht aus der Gesamterscheinung doch vielmehr ein siegendes, freudiges Überwinden. So sind denn auch Maria und Johannes über den bitteren Jammer, den sie in Halberstadt ausdrückten, emporgehoben zu feierlicher Betrachtung in edel beherrschter Gebärde. Die Körperbildung zeigt zwar in Einzelheiten auffallend realistische Momente, z. B. in den hervortretenden Adern an den Armen und Füßen des Gekreuzigten, ja selbst in der wohlgeformten Hand Marias (Abb. 427a); im ganzen fehlt ihr doch das zaghaft-ernste Naturgefühl, das uns am Halberstädter überrascht hat, sie ist schematischer, ausgeschriebener, im formalistischen Sinne gewiß auch schöner. Eine kühle Idealität ist die Grundstimmung. Und dieser entspricht es, daß die Andacht des Betrachters beim Bilde des Leidens nicht festgehalten wird; wohlersonnenes symbolisches Beiwerk leitet vom sinnlichen Eindruck zum Gedankenhaften hinüber, zur Meditation über das Erlösungswerk in seinen weltumspannenden Zusammenhängen. Der Buchmalerei und wahrscheinlich auch der Wandmalerei war diese theologische Konstruktion längst bekannt, neu ist ihre Einführung in die Großplastik. Der am Fuße des Kreuzes liegende, halb sich aufrichtende Greis ist der Vater der Menschen, Adam, der für seine von ihm mit der Erbsünde belasteten Nachkommen das aus der Nagelwunde herabträufelnde Blut im Abendmahlskelch auffängt; neben ihm, von Maria und Johannes niedergetreten, die allegorischen

Gestalten des Judentums und Heidentums; am Kopfbalken des Kreuzes die Halbfigur Gottvaters mit der Taube; an den Enden des Querbalkens Engel, die durchbohrten Hände des Heilandes betrachtend. — Über den Formcharakter der Wechselburger Gruppe werden wir an späterer Stelle noch manches mehr zu sagen haben. Hier genüge der Rückweis auf den westfälischen Kruzifixus (Abb. 425). Der Zeitunterschied beträgt vielleicht nicht mehr als 80 Jahre. Aber wie groß ist der Wandel im künstlerischen Bewußtsein! Offenbar ist das neue Ideal, das in spezifischem Sinne ein Schönheitsideal ist, nicht unter dem grauen nordischen Himmel geboren; in irgendeiner Weise hat die Antike hier eingewirkt. Aber wie? Direkt gewiß nicht. Wenn wir auf die Vermittlung von Byzanz raten, so ist dies eben nur Raten, wirklich nahe verwandte Vorbilder lassen sich nicht nachweisen, und es muß für die Umgestaltung durch den deutschen Meister unter allen Umständen ein größerer Spielraum angesetzt werden. Von französischer Seite, vermutlich durch eine längere Kette von Mittelgliedern, ist das Motiv im ganzen gekommen, aber in der Formauffassung läßt sich nichts Französisches erkennen.

Das Wechselburger Motiv (aber nicht der Wechselburger Stil!) hat zwischen Elbe und Weser zahlreiche Seitenstücke, von denen das späteste (um 1275 entstanden) und künstlerisch das bedeutendste das des Naumburger Domes ist (Abb. 473). Über dem völlig veränderten Stimmungsgehalt übersieht man leicht, daß die Konturlinien gleichwohl mit denen des Wechselburger Kreuzes sich vollkommen decken. Der Unterschied liegt in der inneren Form: ihrer größeren plastischen Wucht, ihrem ungeschminkten Wirklichkeitssinn, ihrem verstärkten Volumen, das das Körpergewicht schwerer macht und damit viel mehr wieder den Eindruck des Hängens als des Schwebens hervorruft. Auf einer künstlerisch zwar unendlich höheren Stufe ist derselbe echt deutsche Grundton wiedergefunden, der uns rauh und primitivistisch aus dem Kruzifix der westfälischen Dorfkirche des 12. Jahrhunderts erklungen war. Das symbolische Beiwerk ist verschwunden, die Stellung im architektonischen Raum von der verklärenden Höhe des Triumphbogens in die Lettnertür, für den Beschauer in greifbare Nähe herabgerückt. Und so sind auch die Assistenzfiguren in ihrer Schmerzbedrängnis auf das irdische Niveau gestellt; ihr Pathos steigert sich zu greller Heftigkeit, selbst ihre Gewandung ist gleichsam schmerzzerrissen. — Die Naumburger Kreuzgruppe hat manche Nachzügler, aber keine Weiterentwicklung gefunden. Was an der Jahrhundertwende folgt, ist wieder ein ganz neuer Typus, und erst dieser ist französisch.

Unter den vielen und vielartigen Zeugnissen der Verfeinerung und Erwärmung des Seelenlebens im staufischen Zeitalter hat die Geschichte des Kruzifixus ihren besonderen Wert. Es wäre lohnend, in demselben Sinne die Geschichte der Madonnendarstellung zu verfolgen. Allein ohne ein großes Anschauungsmaterial und eine sehr in Einzelheiten eingehende Analyse ließe es sich nicht durchführen, weshalb wir darauf — ungern — verzichten.

Um die Entwicklung des monumentalen Stils weiter zu verfolgen, müssen wir zunächst die äußeren Bedingungen für die Verbindung der Plastik mit dem Bauwerk kennen lernen. Als ein wesentlicher Unterschied stellt es sich dabei heraus, ob es sich um Innen- oder Außenarchitektur handelt. Der romanische und der gotische Stil haben ihre Stellung dazu sehr verschieden eingenommen. Das Kirchengebäude des hochgotischen Stils, um dies vorgreifend zu bemerken, verzichtet für die Ausschmückung seines Innenraumes auf die monumentale Plastik fast ganz; der gewaltige Rhythmus seiner Pfeiler und Rippen verursacht gleichsam ein so starkes Geräusch, daß der feinere Klang der plastischen Linien davon verschlungen werden würde. Die gotische Monumentalplastik sucht deshalb ihren Platz vornehmlich am Außenbau. Schon im 13. Jahrhundert ist das Auftreten einer monumentalen Steinplastik in systematischer Verbindung mit der Architektur, gleichviel ob diese gotisch oder romanisch stilisiert sei, ein Anzeichen für französischen Einfluß. Den deutschen Anschauungen kommt es entgegen, daß sie auch in den Innenraum eindringt (z. B. in Straßburg, Bamberg, Naumburg), aber eine rechte Heimat findet sie hier nie. Umgekehrt war im romanischen Stil die Domäne der Plastik die Innenarchitektur. Von der liturgischen Einrichtung ausgehend sucht sie dieselbe einheitlich zu gruppieren und mit der dekorativen Malerei und den Linien der Architektur in ein großes Zusammenspiel zu vereinigen. Wir haben viel damit verloren, daß uns von diesen Kompositionen in Gänze nichts geblieben ist. Sie gehen aus von der Verschiebung des Chorgestühls in den Raum der Vierung. Es selbst wird, nach den wenigen erhaltenen romanischen Exemplaren zu urteilen, noch nicht für figürliches Schnitzwerk in Anspruch genommen; eindrucksvoll gestaltet sich aber die steinerne Wand, die in etwa doppelter Mannshöhe diesen vorderen Chorraum gegen die Flügel des Querschiffs abschließt, durch die Verkleidung mit Reliefbildern (Abb. 162 c). Ferner haben sich aus dieser Zeit die ersten Kanzeln * erhalten. Für den Altar war die Zeit zu wirkungsvollem Aufbau noch nicht gekommen. Die Kreuzgruppe kennen wir schon, den tragenden Balken schmückt an seiner Stirnfläche eine Arkatur mit Halbfiguren Marias und der Apostel **. Auch die Stifterdenkmäler gehören in dies Ensemble ***. Reliefs von Engeln an

* In Wechselburg und Goslar (Neuwerkskirche); hier ursprünglich in Verbindung mit der Lettnerwand, in Bücken einem Vierungspfeiler angegliedert.

** Vollständige Beispiele: Dom zu Halberstadt, Stiftskirche zu Bücken, Schottenkirche zu Regensburg, Dom zu Ratzeburg. Stücke aus aufgelösten Gruppen in Menge.

*** In Königslutter und Braunschweig am östlichen Ende des Langhauses, in Laach vor dem Westchor.

den Zwickeln der Langhausarkaden haben sich einige Male erhalten. — Der bildnerische Stoff dieser vorgotischen Innendekoration ist nicht Stein, sondern Stuck, Holz und Metall. Nach ihrem stilistischen Gesetz ist sie die nächste Vorstufe des, wie wir sehen, erst am Außenbau zur Vollendung gelangenden Monumentalstils. Hier liegt die historische Grenze zwischen der byzantinischen und der gotischen Einflußsphäre. Wo der Wurzelzusammenhang mit der Kleinkunst aufhört, da verschwindet auch der byzantinische Stileinfluß.

In relativer Reichhaltigkeit haben sich die Denkmäler der eben beschriebenen Entwicklungsphase nur in Sachsen und Thüringen erhalten. Wir beginnen von hier aus die Betrachtung der landschaftlichen Schulen. — Als Zeugnisse des Suchens nach einer neuen Schönheit, das nur durch die Berührung mit der byzantinischen Formenwelt erklärt werden kann, stehen an der Spitze drei Arbeiten zwischen 1190 und 1210: das Türbogenfeld am nördlichen Seitenschiff von St. Godehard in Hildesheim, die Chorschranken von St. Michael ebenda und die Chorschranken der Liebfrauenkirche in Halberstadt; um 1220 entstand die Kreuzgruppe im Halberstädter Dom; um 1230 der Skulpturenzyklus in Wechselburg; im folgenden Jahrzehnt die herrlichen Grabdenkmäler in Braunschweig, Wechselburg, Pegau. Dies sind die wichtigsten Bildhauerwerke Sachsens aus der Zeit vor der Bekanntschaft mit der französischen Kunst; in ihnen liegt, etwas mehr als 40 Jahre umfassend, eine in sich geschlossene Entwicklung vor, der wir jegliche Beachtung schuldig sind. — Den drei an der Spitze genannten Arbeiten gemeinsam ist die Ausführung in dem bildsamen Stuckmaterial; keine technischen Gewöhnungen der Hand, wie sie bei härterem Stoff nicht zu vermeiden gewesen wären, standen hier dem Eindringen in die neuen Formen im Wege. Daß der Kopf des Salvators auf dem Tympanon von St. Godehard in Hildesheim (Abb. 415) in seiner Anlage byzantinisch ist, kann keinen Augenblick bezweifelt werden; indem aber der sächsische Künstler die ihm aus Elfenbeintafeln wohlbekannten Züge in den fast lebensgroßen Maßstab umzusetzen hatte, regten sich unwillkürlich zugleich Erinnerungen an Formen, die er am lebenden Menschen gesehen hatte, und so entstand mehr als Kopie. — An den Chorschranken von St. Michael ist die Bilderwand durch eine Arkatur in sieben Felder geteilt, in der Mitte einmal Christus, das andere Mal Maria, anschließend die Apostel; die Haltung stehend; charakteristisch der sorgfältig durchgeführte Rhythmus im Wechsel von Seiten- und Vorderansicht. Einen sicheren Anhaltspunkt für die Studien des Künstlers geben die anstatt Ornamentes dienenden Zierarchitekturen über den Bögen und Zwickeln der Arkatur: sie sind stark mit Byzantinismen durchsetzt, die aber selbstverständlich nicht aus der Anschauung wirklicher Architektur, sondern aus der Kleinkunst herstammen. Schwerer ist das Maß des byzantinischen Einflusses bei den Figuren zu bestimmen, ganz fehlen kann er auch hier nicht; der Kopf der Jungfrau (Abb. 433) sieht sehr deutsch aus. — Im Aufbau nahe verwandt, aber reifer in der plastischen Form und monumentaler gefühlt sind die Schranken von Halberstadt (Abb. 162c). Der kunstgewerbliche Überfluß des Ornaments ist weise beschränkt. Die Figuren, gegenständlich dieselben wie in Sankt Michael, sind sitzend gegeben (Abb. 434—36). Um feierliche Reihen, wie sie in früheren Jahrhunderten, besonders in den Apsidenmalereien, so oft gesehen werden, handelte es sich nicht. Der Liebfrauenmeister ist Charakteristiker. Er sucht jeder seiner vierzehn Figuren so viel Abwechslung in Haltung, Gebärde, Kopftypus abzugewinnen, als es ohne Gleichgewichtsstörung möglich ist, und eine jede verdient einzeln betrachtet zu werden, um die Fülle der Erfindung zu würdigen. Den Ausdruck des Nachsinnens hat er mit Feinheit variiert, durch ein leises Tasten nach den Büchern oder eine bedeutsame Handbewegung unterstützt, niemals aber den Grundton der Gelassenheit durchbrochen. Nicht Herr geworden ist er der Schwierigkeiten, die ein frontales Sitzbild im Relief bei der Darstellung der Extremitäten hinsichtlich ihrer räumlichen Lagerung mit sich bringt, und vielleicht ist er ihrer auch nicht recht sich bewußt gewesen. Für die Köpfe müssen ihm byzantinische Vorbilder aus guter, das heißt früher, Zeit zur Verfügung gestanden haben; noch lehrreicher ist (Adolf Goldschmidt hat den Vergleich durchgeführt), was auf diesem Wege für den Gewandstil gewonnen wurde. Da von nun ab die Gewandung ein Hauptteil der künstlerischen Aufgabe des Plastikers wurde und der sächsischen Schule das Verdienst zukommt, ihre Bedeutung früher als irgendeine andere erfaßt zu haben, möchten wir eine kurze Erörterung der allgemeinen Bedingungen des Gewandstils hier einzuschalten nicht für überflüssig halten.

Das Gewand ist der flüssige und veränderliche Begleiter der festen Körperform. Durch Fall, Zug und Stoß wird es in Bewegung gesetzt, aus dem Widerstand aber, den es am Körper findet, entstehen Biegungen, Knickungen, Spannungen und Stauungen. Das Gewand hat also eine doppelte Funktion: es verrät in wechselnder Weise die Lagerung und Gestalt der von ihm verhüllten Glieder, und es führt zugleich sein eigenes Leben in dem linearen Zuge der Falten, den plastischen Hebungen und Senkungen, dem Licht und Schattenwechsel. Die Plastik des Mittelalters wäre übel daran gewesen, wenn sie nicht für ihre Idealgestalten den weiten, faltenreichen Gewandtypus der Antike sich als kostbare Erbschaft bewahrt hätte. In den Aufgaben, die Anschluß an die Wirklichkeit mit sich brachten, war das 13. Jahrhundert durch seine Tracht, nicht nur die der Frauen, sondern auch der Männer, sehr bevorzugt vor den späteren Jahrhunderten mit ihren enger dem Körper sich anschließenden und darum plastisch undankbaren Kleidermoden. Wie unplastisch die Bildhauerkunst bis gegen Ende des 12. Jahrhunderts dachte, wird nirgends deutlicher als eben in der Gewandbehandlung. Das Kausalverhältnis zwischen der festen Körperform und der Flüssigkeit des Faltenwerks war ihr verborgen. Sie gab das Gewand als eine unbestimmte Masse, auf deren Flächen sie nach ungefähr, ohne Nachdenken über die physikalischen Möglichkeiten, Linienzüge als Furchen eingrub oder als Rippen auftrug, Linienzüge, die Falten bedeuteten, aber nicht wirklich Falten waren. Hier regiert allein der spielende ornamentale Trieb, nicht die plastische Anschauung. Die Malerei konnte ohne gar zu auffallende Verstöße mit ihrem konventionellen Motivenschatz allenfalls haushalten, in der Übertragung auf die Plastik wurde es eine kindische Notlüge. Wenn wir die Proben in Abb. 420—23 dem mit Halberstadt einsetzenden sächsischen Gewandstil gegenüberstellen, wird es ganz klar, daß es sich wirklich um Erlernung einer neuen Sprache handelte, wie wir andrerseits begreifen, daß sie nicht an einem Tage erlernt werden konnte. Offenbar hält dieser neue Stil bei schärferer Prüfung nicht ganz, was er auf den ersten Blick zu versprechen schien. Wir entdecken in den Faltenzügen immer mehr Wendungen, Windungen und Gruppierungen, die so nicht möglich sind. Es ist klar: die alte Freude an der bewegten Linie und ihrem Eigenwert hat hier neuen Wind in ihre Segel bekommen, die den byzantinischen, in letzter Instanz antiken, Vorbildern abgewonnenen Formeln wuchern selbständig weiter, werden gehäuft und vervielfältigt als Selbstzweck. Einfach unter den Begriff des Mißverständnisses werden wir diese Abweichungen von dem wahren Sinn der Vorbilder nicht stellen dürfen, das Anderssein lag schon in der ersten Intention. Es wurde für das Eigenleben der Gewandung eine Selbständigkeit proklamiert, auf die die deutsch-mittelalterliche Plastik auch in ihren späteren Phasen nie verzichtet hat und die ihr ganz unentbehrlich blieb, nachdem ihr durch ihre Gebundenheit an die kirchliche Sitte die ungehemmte Darstellung des menschlichen Körpers ein- für allemal versagt war.

Höchst interessant ist es nun, zu beobachten, wie der im Spätromanismus latente, hie und da aber zutage tretende Zug zum Barocken — wir haben ihn schon in der Architektur kennen gelernt — gleichsam nur darauf gewartet hatte, mit der neuen Richtung des Gewandstils eine Verbindung einzugehen. Am schnellsten war dafür die Malerei gewonnen. Ein frühes Beispiel mit gesicherter Datierung (1211—17) ist der Psalter des Landgrafen von Thüringen Abb. 348, 349, ein spätes und ausschweifendes die Goslarer Wandmalerei Abb. 379, 380. In der Plastik ist diese Stilnuance am ausgeprägtesten durch eine Reihe von Grabmälern aus den 30er Jahren vertreten: eine Äbtissin in Quedlinburg, Markgraf Dedo und Frau in Wechselburg, Graf Wiprecht von Groitzsch in Pegau, vor allem das Doppelgrab Heinrichs des Löwen und der Herzogin Mathilde im Dom zu Braunschweig (Abb. 444, 445). Das letztere ist ein vortreffliches Beispiel, um unsere weiter oben ausgesprochenen Sätze über das Verhältnis von Körper und Gewand zu illustrieren. Auf den ersten Blick sogleich macht sich der innere Zwiespalt bemerklich, durch die sehr vollkommene artistische Durchbildung noch unterstrichen. Tiefe Ruhe in der Haltung des Körpers *, heftige Unruhe im Wurf des Gewands. Woher der Anstoß kommt, ist nicht zu erkennen; es ist, als ob das Gewand durch eine in ihm wohnende Kraft sich selbst in Bewegung setze. Diese Schwingungen, Brechungen, Überschneidungen, Hebungen und Senkungen der Falten sind ein Schauspiel für sich; im Grunde noch immer die altgermanische, abstrakte Linienkunst, nur daß sie jetzt mit den Mitteln des plastischen Realismus vorgetragen wird, mit sorgfältiger Überlegung der Licht- und Schattenwirkungen und mit subtiler Eingänglichkeit der Meißelführung. Die Umwelt, in der dies entstanden ist, ist die Malerei. Wie denn überhaupt die Großplastik in ihren Anfängen bei der Malerei, die ihr im Monumentalen weit vorausgeeilt war, reichliche Anleihen gemacht hat.

Auf eine andere Linie künstlerischer Absichten führt die Wechselburger Kreuzgruppe (Abb. 427). Ihre Gewandbehandlung gibt im Reichtum der Zerteilung dem Braunschweiger Denkmal nichts nach, aber sie ist gar nicht malerisch empfunden. Mit bedächtiger Klugheit sind die Stauungen und Spannungen vor allem darauf angelegt, den Verlauf der Glieder ins Klare zu stellen. Der rechte Arm Gottvaters, beide Unterarme des Jüngers, die Beine Adams, das leichte, aber für die Einsicht in den Bau so wichtige Durchscheinen der Knie Marias. Unplastische Nebenabsichten, wie sie sonst der Schule eigen sind, fehlen gänzlich, und nur die im Verhältnis zum überlebensgroßen Maßstab zu große Zierlichkeit schwächt einigermaßen den monumentalen Eindruck. — Von einer andern Hand sind die Steinfiguren an der Lettnerwand, mit der ursprünglich auch die (jetzt beiseite gestellte) Kanzel verbunden war. Auf den Reiz ornamentalen Beiwerks verzichtet sie, die Plastik hat in ihr allein das Wort. Wir geben in Abb. 440 den die Mitte einnehmenden sitzenden Salvator. Der Vergleich mit den Halberstädter Aposteln liegt nahe, zumal da auch das durch die Bewegung des rechten Armes hervorgerufene Mantelmotiv (aus dem byzantinischen Motivenschatz) dort vorkommt, dieser Vergleich aber erweist eine erheblich verschiedene Behandlung. Sie ist größer, wuchtiger, tadellos in der plastischen Gesinnung. Der Kopf (dem der von St. Godehard in Hildesheim gegenüberzustellen wäre) gibt den byzantinischen Typus kraftvoll verdeutscht. Dieser treffliche, die Wirklichkeit groß und frei ansehende Künstler befand sich schon auf mehr als halbem Wege zu dem Ziel, das nachmals in Naumburg erreicht wurde.

* Von der früheren Unsicherheit zwischen Stehen und Liegen hat sich der Künstler noch nicht freigemacht, seine Absicht war aber doch wohl, den Eindruck des Liegens überwiegen zu lassen. Man erkennt das erst in der Seitenansicht. Die vom Photographen gewählte Ansicht senkrecht von oben macht den Zwiespalt mit Übertreibung deutlich.

Sicher stellt unser Denkmälervorrat nur einen Bruchteil der wirklichen Produktion dar, aber wir dürfen wohl glauben, daß wir, wenn nicht alle, so doch mehrere Höhenpunkte der Entwicklung in der Tat aus ihm kennen lernen. Die Schnelligkeit in ihrem Tempo war nur bei einer großen und zusammenhängenden Tätigkeit möglich. Die Beschäftigung mit den durch Byzanz angeregten Formproblemen gab ihr die vor den übrigen deutschen Schulen sie auszeichnende Einheit. Aus ihrer geschlossenen Masse springen nun zwei Gruppen heraus, die in ihrem stilistischen Wesen nicht oder nur halb zu ihr gehören. Dies sind die Skulpturen der berühmten Goldenen Pforte zu Freiberg im Erzgebirge und die wenig beachteten, im Grunde auch wenig anziehenden, historisch nichtsdestoweniger bemerkenswerten im Dom zu Magdeburg. Unter sich verschieden genug, haben sie doch einen gemeinsamen Grund zu ihrer Sonderstellung: sie sind von der französischen Strömung getroffen. Diese breitet sich nicht, wie die byzantinische, diffus aus, sondern bleibt vorerst auf wenige Punkte isoliert. Sie ist durch die Architekturbewegung ins Land gebracht, sie arbeitet in Stein und schmückt den Außenbau, während die sächsisch-byzantinische Richtung, wie sich gezeigt hat, wesentlich mit der Innendekoration beschäftigt war.

Die Unternehmung in Magdeburg kam nicht zur Vollendung. Ihre Fragmente wurden später im zweiten Stockwerk des Chors verteilt. Nach der überzeugenden Hypothese von Adolf Goldschmidt waren sie für ein Portal bestimmt, das verkürzt, im übrigen aber genau, eine Nachahmung des Hauptportals der Notre-Dame in Paris hätte werden sollen. Die Skulpturen waren zum größeren Teil in der Werkstatt fertiggestellt, es wird gegen 1220 gewesen sein, als die Ausführung des Portals aufgegeben wurde. Wie das Stilgesetz der Gotik es will, sind sie in ihrer ganzen Erscheinung so eng an den vorausgesetzten architektonischen Rahmen gebunden, daß die Ortsveränderung durchaus eine Entstellung wurde. Indes, auch dieses in Abzug gebracht, zeigen sie ihren Autor als einen Mann, der aus Frankreich als ein steifer, auf sein Erlerntes stolzer Nachtreter zurückkam. Eine so weitgehende Entfremdung von der heimischen Tradition findet man nicht wieder.

Sehr etwas anderes bedeutete der französische Einfluß im erzgebirgischen Freiberg. Daß sich neben ihm ein starkes deutsches Element erhielt, ist noch nicht das Wichtigste, sondern daß es eine echte Synthese war, was hier zustande kam. An ihrer Lebendigkeit und Einheitlichkeit können wir ermessen, daß hier ein bei vielseitiger Empfänglichkeit doch vollkräftig individueller Geist am Werke war. Vom Standpunkte der Architektur aus haben wir dies schon gewürdigt. Dieselbe ist in ihrer Gesamterscheinung (Abb. 301), trotz offenkundiger Benutzung französischer Anregungen, doch unfranzösisch, in wichtigen Punkten selbst antifranzösisch. In der Plastik ist es nicht anders. Beginnen wir, Ererbtes und

Hinzuerworbenes zu sondern, so zeigt sich: französisch sind die aus der allgemeinen Idee des Statuenportals sich ergebenden Folgerungen und die zyklische Zusammenordnung der Gegenstände (eine Zusammenziehung des großen, an den französischen Kathedralen auf drei Portale verteilten Programms); deutsch, man darf bestimmter sagen: mittelsächsisch, speziell auf die Halberstädter Skulpturen als Schulboden hinweisend, ist der Formengeist. Fortgesetztes Studium der byzantinischen Elfenbeinreliefs und Miteinfluß der zeitgenössischen Malerei * sind wahrscheinlich, während dem persönlichen Geschmack des Meisters die weichen, vollen, etwas nach dem Süßen hin idealisierten Kopftypen und der kurze, aber geschmeidige Wuchs, der auf den gleichen Grundton gestimmte Körper angehören. Der Eindruck, den ein feinfühliger Kunstforscher der älteren Generation, Karl Schnaase, von ihm hatte, daß er das in der romanischen Überlieferung liegende antike Element mit frischerem Geist und größerer Zuneigung und Wärme als seine Zeit- und Kunstgenossen ausgebildet habe, enthält einen unleugbaren Wahrheitskern, wenn auch die Erklärung aus vermuteten Studien an den Antiken Italiens in eine falsche Richtung greift. Die Kunst von Byzanz war die wahre Quelle dieser Protorenaissancestimmung. Am weitesten auf unberührte Probleme hin wagt sie sich vor in den kleinen Figuren am äußersten Bogenlauf. Sie stellen die zum Jüngsten Gerichte (welches selbst nicht geschildert wird) Auferstehenden dar (Abb. 437, 439). Mit der Wiedergabe dieses Momentes in der Malerei, der sie bis dahin vorbehalten gewesen war, besteht nur eine äußerliche, stoffliche Ähnlichkeit. Hier soll nicht mehr Andeutung, sondern Anschauung gegeben werden. Das Herausklettern aus den Särgen und Abstreifen der Leichentücher führt nicht nur zu den mannigfaltigsten, ungewohntesten und schwierigsten Bewegungsmotiven, sondern auch zu ganzer oder fast ganzer Nacktheit, und wir können keinen Augenblick im Zweifel sein, daß eben dieses Ergebnis mit unverhehlter Künstlerfreude begrüßt wurde. Säkulare Vorurteile scheinen gefallen. Das wahre Thema sind nicht die Schrecken des Gerichtes, sondern es ist das Lob der unschuldigen Schönheit des Menschenleibes **. Die Motive ähneln, ohne jedoch jemals genau kopiert zu sein, den gleichen Darstellungen am südlichen Portalbau der Kathedrale von Chartres. Ob nun Erinnerungen an diese benutzt sind oder vielleicht eine gemeinschaftliche Quelle, die dann nur in der byzantinischen Kunst gesucht werden könnte, unbestreitbar hat der Freiberger das Lebendige, das er darstellt, wirklich

* A. Goldschmidt verweist speziell auf die in Durchzeichnungen überlieferten Deckenmalereien in der Halberstädter Liebfrauenkirche.

** Ein durch seine naturalistischen Anklänge merkwürdiger, als Ganzes doch recht gröblicher Versuch aus derselben Zeit und Gegend das Figürchen der Eva an einem Pfeilerkapitell des Chorumgangs in Magdeburg.

gefühlt. Hier gewahren wir, auf einen kurzen Moment vorausgeahnt, die Synthese von Antike und Natur, die, in welcher Zeit immer sie auftreten mag, nach ihrem Wesen Renaissance ist. Unter den geistesgeschichtlichen Dokumenten des 13. Jahrhunderts gehört diesen kleinen Figuren ein beachtlicher Platz. — Wie gern wüßten wir nun noch, wieviel von französischer Kunst unser Meister wirklich gekannt hat. Es ist die Meinung ausgesprochen worden, daß die Quelle seiner Kenntnis die Magdeburger Werkstatt gewesen sei. Nun wußte er aber sicher mehr, als der dortige Bestand heute aufweist, und um dieses Mehr zu erklären, wurde zur Hypothese gegriffen, der Magdeburger Meister habe aus Frankreich ein umfangreiches Skizzenbuch mitgebracht, aus dem der Freiberger sich belehrte. Doch eine recht bedenkliche Hilfskonstruktion. Es erscheint auch sehr fraglich, ob jemand, ohne über Sachsen hinausgekommen zu sein, es zu einer so wirkungssicheren und delikaten Behandlung des Steins bringen konnte. Nehmen wir hinzu, was schon die Architektur zu erwägen gab (S. 270), so scheint es uns nicht anders möglich: er muß doch in Frankreich gewesen sein. Daß im stilistischen Einzelausdruck nichts Französisches ist, wird dadurch um so bedeutsamer. So mechanisch regulieren sich die Schulbeziehungen doch nicht, als ob ein Aufenthalt in Frankreich bei einem deutschen Künstler jedesmal einen totalen inneren Umschwung herbeigeführt haben müßte. Der Freiberger war, wie uns scheint, ein vielgewanderter Mann, der auch Frankreich gesehen hat, in freier Wahl sich manches von dort aneignete, in der Hauptsache sein volkliches und persönliches Wesen aber behauptet hat.

Hier brechen wir vorläufig ab. Die weiteren Staffeln auf dem Wege zur französischen Stilrichtung, wie sie in den jüngern Wechselburger und den Naumburger Skulpturen vorliegen, werden zweckmäßiger in einem späteren Zusammenhange zu schildern sein.

Von theoretischen Voraussetzungen aus müßte man annehmen, daß die Entwicklung des monumentalen Stils in der Plastik dort am besten gediehen sei, wo die monumentale Architektur ihr kräftigstes Leben entfaltete. Der wirkliche Hergang war aber noch von andern, für uns keineswegs überall durchsichtigen Bedingungen abhängig, und er entspricht der obigen Annahme nicht. Bis etwa 1240 hatte in der Plastik unbestreitbar die sächsische Schule den Primat, obschon sie ihn ebenso unbestreitbar in der Architektur nicht hatte; und die Rheinlande, die diesen besaßen, standen in der Plastik weit zurück *. Noch sind die byzantinischen Einflüsse hier nicht genauer untersucht; sicher ist, daß sie

* Verhältnismäßig regsamer als die Gebiete von Köln und Trier war der Oberrhein. Näheres Eingehen ist entbehrlich. Hauptgegenstand waren die Türbogenfelder. Namentlich aus der Zeit 1220—40 gibt es ihrer eine Menge im Elsaß, in Worms, Mainz, Frankfurt, Aschaffenburg, Gelnhausen. Ein Beispiel aus letzterem Ort Abb. 416.

unzusammenhängender und flacher waren, so sehr sie der architektonischen Richtung der Kölner Schule hätten geistesverwandt erscheinen müssen. Den Unterschied etwa in der Annahme zu suchen, daß die Sachsen zufällig mit byzantinischen Importartikeln reichlicher versorgt gewesen wären, wäre natürlich verfehlt. Er beweist nur, eine für sich nicht weiter zu erklärende Sache, die größere Schwäche des plastischen Triebes bei den Rheinländern. Für den ganzen deutschen Westen kam der Aufschwung erst, als die oben beschriebene Phase der sächsischen Schule zu Ende ging, und er kam nicht aus dem Osten, sondern aus Frankreich.

Der Zusammenhang mit dem Vordringen der gotischen Architektur ist klar. Ein genauer Parallelismus bestand gleichwohl nicht. Wandernde deutsche Bauleute waren länger als ein Menschenalter schon in Frankreich ein und aus gegangen, bevor die ersten Bildhauer sich zum gleichen entschlossen. Man sieht daraus, wieviel innere Hemmung und Dumpfheit sie zu überwinden hatten, bis ihr Auge fähig wurde, den Sinn der französischen Offenbarung zu verstehen. Etwas dem Übergangsstil der Architektur Entsprechendes ist nur in Sachsen zu finden, in Westdeutschland nicht, oder höchstens in ganz schwachen, tastenden Ansätzen. Der große Aufschwung kommt erst auf der Entwicklungsstufe, die derjenigen analog ist, die wir in der Architektur die zweite Rezeptionsstufe genannt haben. Um 1240 tritt eine Generation von Bildhauern auf, die in das Wesen der französischen Kunst tief eingedrungen sind, keineswegs aber sich an sie verloren geben; ihren Werken eignet, wie den Bauwerken derselben Stufe, ein höchst persönlicher Geist, und dieser ist nicht zu verstehen ohne den volklichen Untergrund, aus dem er hervorwuchs. Auch die am meisten französisch imprägnierten Arbeiten würden, wenn sie in Frankreich stünden, dort sogleich als unfranzösisch erkannt werden. Es wird keine Überschätzung sein, zu sagen, daß die besten dieser Epoche den besten französischen ebenbürtig waren und in der Prägekraft des persönlichen Stils über sie hinauswuchsen. Überlegen, und zwar sehr beträchtlich, wie wir nicht verschweigen dürfen, war Frankreich in dem Umfang der Produktion und allen aus einem so großen Schulbetrieb sich ergebenden Vorteilen. Deutschland konnte es auf dieser Stufe noch nicht erreichen, daß für den kirchlichen Monumentalbau der Besitz eines reichgegliederten Zyklus monumentaler Plastik eine Selbstverständlichkeit wurde. Um nur an ein paar Beispielen von Rang die Probe zu machen: der Dom von Limburg und die Elisabethkirche in Marburg verzichteten auf die Plastik ganz; die Marienkirche in Gelnhausen hat ein paar im Vergleich mit ihrer Architektur altertümlich unbeholfene Tympanonreliefs, die Liebfrauenkirche in Trier ein stattliches Statuenportal, aber doch nicht mehr. Für die im Bestande des 13. Jahrhunderts eine so große Rolle spielenden Zisterzienserkirchen ist der Ausfall eine Folge der Ordensregel;

die Kölner Schule hatte diese Entschuldigung nicht. So war es eine Frage des Zufalls, ob an diesem oder jenem Orte so viel bildhauerische Kräfte vereinigt werden konnten, als nötig waren, ein monumentales Programm durchzuführen. Mancher tüchtige Bildhauer mag aus Frankreich zurückgekehrt sein, der dann in der Heimat keine Verwendung finden konnte. Auch dürfen wir uns denken, daß an mehreren Orten Unternehmungen eingeleitet wurden, die vor der Zeit abgebrochen werden mußten. Dieser Fall konnte in Magdeburg nachgewiesen werden; er ist nicht der einzige seiner Art gewesen, wie manche hie und da in Vereinzelung erhalten gebliebene Arbeiten es erzeigen.

Drei Werkstätten nehmen durch Umfang wie durch Wert ihrer Hervorbringungen eine überragende Stellung ein: die in Straßburg, Bamberg und Naumburg. Unter sich stehen sie in keinem Zusammenhang — außer darin, daß ihre Meister vorher in Frankreich gewesen sind, wennschon nicht an denselben Orten, und dort entscheidende Eindrücke empfangen haben. Zeitlich aber sind sie nahe Nachbarn. Der Beginn der Arbeiten (auf den es für die Stilgeschichte wesentlich ankommt) liegt in Straßburg kurz vor, in Bamberg und Naumburg spätestens ein Jahrzehnt nach der Mitte des Jahrhunderts.

Wir beginnen die Betrachtung mit dem Dom zu Bamberg, weil hier dem Auftreten des französisch gebildeten Meisters ein älterer, der von der Gotik noch nichts wußte, vorausging. Sein Werk sind die Propheten- und Apostelreliefs an den Brüstungswänden des Georgenchors (Abb. 446—47). Der Eindruck, den sie hervorrufen, ist einer der stärksten, die man von mittelalterlicher Plastik haben kann, dabei nehmen sie in ihrer stilistischen Physiognomie eine von allem, was wir sonst in Deutschland kennen, abgesonderte Stellung ein. Die mit den üblichen Mitteln der Stilvergleichung angestrengten Versuche, ihnen das Geheimnis ihrer Vorfahren zu entreißen, sind erfolglos geblieben; nur auf allgemeine Möglichkeiten, Wandmalerei * wie Kleinkunst in Metall, byzantinische vor allem, kann vermutungsweise hingewiesen werden. Je schärfer man dem Meister des Georgenchors ins Gesicht sieht, um so bestimmter wird der Eindruck: er war ein Individuum. Und zwar eines von scharf zugespitzter Originalität und vehementer Stoßkraft.

Betrachten wir nun sein Werk. Gegenständlich bewegt es sich auf gewohnten Bahnen. Chorschranken mit Apostelbildern haben sich in mehreren sächsischen Kirchen (Hildesheim, Halberstadt, Hamersleben) erhalten, und wahrscheinlich hat es ihrer noch viele gegeben. Von dem in Sachsen Üblichen unterscheidet sich die Bamberger Darstellung durch

* Dieser wohlbegründete Hinweis W. Vöges gilt für die werdende Großplastik generell. Ich füge eine Einzelbeobachtung aus der Bamberger Apostelreihe hinzu: das Übergreifen der Figuren über den tektonischen Rahmen. In der Wandmalerei kommt das sehr häufig vor, Beispiele Abb. 369—71.

die Anordnung in Paaren. Doch ist auch dies noch nichts Besonderes, da es sich auf zahlreichen Werken der Kleinkunst (ein Beispiel aus der Steinplastik das Portal in Andlau Abb. 290) bis in die frühchristliche Zeit zurückverfolgen läßt. Aus dem persönlichen Temperament unseres Künstlers kommt die Zuspitzung der *santa conversazione* (dieser Vergleich rührt vom Dänen Julius Lange her) zur dramatischen Handlung. »Vom ruhigen Betrachten, von gelassener Zwiesprache gehen wir alle Grade seelischer Erregung hindurch bis zum rechthaberischen Wortstreit und leidenschaftlichen Überzeugungskampfe. Der eine hört sinnend zu, der andere ist entrüstet. Mit beweglichem Spiel der Hände dringt dieser auf seinen Gegner ein, jener wehrt Einwand und Gegengrund lebhaft von sich ab. Aug' in Auge wird mit ganzer Seele gestritten.« (Weese.) Über welches theologische Thema? Das wird nicht gesagt, ein rein menschlich-künstlerisches Interesse wirkt sich hier aus. Früher als in dem geisterbefreienden staufischen Zeitalter war dies nicht möglich. Der Streit der Meinungen wird uns vorgetragen als Ausfluß der Vielheit der Charaktere. In diesem Sinne werden die Apostel- und Prophetenreiche zunächst als Ganzes einander gegenübergestellt: jene in der Durchführung des Disputes zurückhaltender, in der Haltung würdevoller, physiognomisch maßvoll differenziert; diese urwüchsig, hemmungslos, in den Köpfen von ganz erstaunlicher Mannigfaltigkeit und bis zum Bizarren gehender Kühnheit nicht nur des momentanen Ausdrucks, sondern auch der Grundform. Hier ist schlechthin nichts zur Gewohnheit Erstarrtes, alles lebendigste Eingebung des Augenblicks. Wenn sonst die Standfiguren dieser Zeit, wo sie zu Reihen geordnet werden, an Monotonie der unteren Extremitäten leiden und die lebhaftere Gestikulation dem Oberkörper überlassen, so ist an den Bamberger Gestalten der ganze Körper in Bewegung, in die Charakterschilderung hineingezogen. Mit dem anatomischen Gefüge wird dabei rücksichtslos genug umgesprungen, Verrenkungen, Überdrehungen werden nicht gescheut, wenn nur der stürmische Ausdruckswille sich ausleben darf. Vor allem ist eine Intensität des Blickes erreicht, wie ihn die Kunst noch nicht gekannt hatte. Sie liegt in der organisch richtigen Auffassung des Auges in seinem Verhältnis zur Muskulatur des Gesichtes und zur Haltung von Kopf und Hals und ist dadurch auch nach dem Verblassen der Bemalung noch immer wirksam. Wie ausdrucksreich ist dann die Gewandung. Sie ist stoffreich und wird mit Anstand getragen bei den Aposteln. Bei den Propheten ist sie knapper, straff angezogen, läßt gelegentlich einen Unterschenkel, einen Arm und selbst die Brust nackt hervortreten. Die Richtungslinien der in scharfen Graten gezeichneten Faltenzüge sind schlecht motiviert, sie gehen ihre eigenen, physikalisch nicht sehr glaublichen Wege, in ihnen herrscht der ornamenetale Geist der älteren Kunst, jetzt aber nicht mehr als Selbstzweck, sondern als Element der Charakteristik. Daß unser Meister auch über andere

Töne verfügt, zeigt die Verkündigungsgruppe (nebst einem hl. Michael der einzige Überrest eines zweiten, nicht zur Vollendung gekommenen, vielleicht für den Westchor bestimmten Zyklus). Man kann auch in artistisch höherentwickelten Epochen lange suchen, bis man etwas dem vornehmen Umriß und der Seelenschönheit dieser mit Recht eine Krone tragenden Maria Gleichwertiges wiederfindet (Abb. 448).

Die Zeitbestimmung steht auf schwankendem Boden. Unter Abwägung aller Bedingungen gewinnt man für sie als wahrscheinlichstes das Jahrzehnt zwischen der Mitte der 20er und der Mitte der 30er Jahre. Somit wären die Bildwerke des Georgenchors Zeitgenossen der Wechselburger und Freiberger. Auf der sächsischen Folie zeichnet sich die Sonderart des Bambergers in verschärfter Deutlichkeit ab. Beide Teile haben, mittelbar oder unmittelbar, Byzantinisches auf sich wirken lassen, aber wie gänzlich verschieden ist, was sie aus diesem Sammelbecken herausgeschöpft und wie sie es für ihren Bedarf interpretiert haben. Auf einer Entwicklungsstufe, wie sie im 13. Jahrhundert erreicht ist, hat die Forschung nach »Einflüssen« nur sehr beschränkten Wert; unendlich mehr als sie bedeutet die künstlerische Individualität. Die Heftigkeit, mit welcher der Bamberger die seinige sich aussprechen läßt, ist es schließlich am meisten, die ihn so einzigartig erscheinen macht. Zwischen den Gegensätzen der Kategorien Form und Ausdruck geht zu aller Zeit der klippenreiche Weg der deutschen Kunst. Den Sachsen war das größte Anliegen die Belebung und Veredelung der Form; dem Bamberger war sie für sich nichts, der Ausdruck alles. Er ist der jüngere und stärkere Bruder des 200 Jahre vor ihm liegenden Meisters der Hildesheimer Türen. Ihn unter die Naturalisten zu stellen, ist grundfalsch. Er hat nicht die Natur als Gegebenes hingenommen, um es künstlerisch zu klären und zu formen, sondern er fängt bei sich selbst an; aus dem tiefsten Grunde seiner Persönlichkeit, nicht aus der Erfahrung, sind seine Menschen emporgestiegen. Er ist Schöpfer, nicht Gestalter. Daher sind die Dissonanzen, an denen seine Kunst so reich ist, nicht als Mängel anzusehen, sondern als sehr positive Werte, ein Hauptmittel seines ungestümen Ausdruckswillens. Wo aber die Dissonanz das stilbildende Prinzip wird, da wird der Stil — den Begriff ganz allgemein und unhistorisch gefaßt — barock. In diesem Sinne haben wir den Pulsschlag einer barocken Ader in der deutschen Kunst unserer Epoche schon öfters wahrgenommen, und wenn wir zur Malerei kommen, werden wir ihn wieder fühlen. Die ganze deutsche Kunst verläuft ja unter der Gegenwirkung eines klassischen und eines barocken Pols; das Barocke ist aber das eigentlichst Deutsche in ihr. In diesem Sinn dürfen wir den Meister des Bamberger Georgenchors den ersten ganz deutschen Künstler unserer Geschichte nennen.

Es war aber dafür gesorgt, daß der Zug zum Barocken für jetzt noch nicht die Oberhand gewann. Der Lauf der Dinge nahm gegen ihn Partei. In Bamberg wie überall in Deutschland. Der ungefähr zwanzig Jahre nach dem Ausscheiden des Georgenchormeisters auftretende Führer der jüngeren Werkstatt war mit in Frankreich erworbenen Anschauungen gesättigt. Ja, war er vielleicht sogar ein Nationalfranzose? Nach eingehender Prüfung ist bestimmt zu antworten, daß er dies nicht war. Manches spräche sogar dafür, daß er seine erste Ausbildung in Bamberg selbst genossen hat, wo die Werkstatt nach dem Tode des Georgenchormeisters ihre Tätigkeit fortgesetzt hatte (Gnadenpforte, ältere Teile des Fürstenportals). Diese Unterfrage ist nicht sicher zu entscheiden und auch nicht wesentlich. Der Meister der Adamspforte — so hat man ihn zu nennen sich gewöhnt — kam aus Reims. Er hatte dort mehrere Jahre, vielleicht ein Jahrzehnt, mitgearbeitet *. Ohne ein Studienmaterial von Zeichnungen und kleinen Modellen in Wachs oder Ton ist seine Tätigkeit in Bamberg nicht zu denken, die Hauptsache war doch, daß sehr feste und deutliche Erinnerungsbilder in seinem Kopfe Wohnung genommen hatten. Als er Reims gegen die Mitte der 50er Jahre verließ, war dort die Kathedrale noch nicht vollendet, aber schon stand ein ganzes Heer von Statuen fertig an seinem Platze. Sie sind nicht einheitlichen Stils, mehrere Werkstätten mit abweichenden Richtungen hatten seit einem Menschenalter an ihnen gearbeitet. Diesen mannigfaltigen Eindrücken gab sich nun der Deutsche nicht wahllos hin, sondern sortierte sie nach persönlichen und somit deutsch bedingten Bedürfnissen. Mit den Gestalten seiner eigenen Phantasie verschwisterte sich am engsten eine kleine, von der Masse der Reimser Plastik sich absondernde Gruppe. Sie trug ausgesprochen antikes Gepräge: ein Hauptbeispiel jener der Frühgotik teils vorausgehenden, teils noch in sie hineinragenden, sprungweise im ganzen Abendlande die Runde machenden Renaissancetendenz, die unsere Aufmerksamkeit schon öfters angezogen hat. Kein Zweifel und für die alte Römerstadt Reims, die noch heute stattliche antike Reste bewahrt, auch kein Wunder: jene Werkstatt hat Statuen aus dem ersten Jahrhundert der Kaiserzeit vor Augen gehabt, mit dem hellen Kunstverstande des 13. Jahrhunderts ihre Formensprache studiert, einige wohl geradezu kopiert. Sie stehen an der Kathedrale zerstreut und verlieren sich in der gotischen Masse. Wenn der Bamberger an Reims zurückdachte, erschienen sie ihm als das Beste. Er urteilte dabei schwerlich rein aus persönlichem Geschmack. Näher liegt, zu glauben, daß er schon aus Deutschland die Stimmung dafür mitgebracht habe. Was ihn dort die eine oder andere altbyzantinische Arbeit dunkel hatte ahnen lassen, sah er hier in weit vollkommenerer Gestalt. Aber man lebt nicht an einem Mittelpunkt der

* Andere Landsleute mögen neben ihm gearbeitet haben. Ein französischer Forscher glaubte (vor dem Kriege!) an mehreren Reimser Statuen »evidente Germanismen« zu erkennen. Dasselbe ist an der Architektur beobachtet worden.

aufblühenden gotischen Kunst, bloß um die Antike zu entdecken. Es läßt sich bis ins einzelne genau nachweisen, wie er auch mit Formen neuester französischer Prägung enge Freundschaft geschlossen hatte. Nicht ganz so deutlich, aber bei genauerem Zusehen nicht zu verkennen ist dann das Dritte, das Fortwirken gewisser ihm im Blute sitzender deutscher Neigungen.

So verwickelt, man sieht es ihm auf den ersten Blick nicht an, ist das Gespinst des jüngeren Bamberger Stils — das adäquate Produkt der staufischen Weltlage mit ihrem weitgespannten geistigen Horizont.

Wir werden die Arbeiten der Werkstatt nicht einzeln durchgehen können, nur diejenigen nennen, für die der Obermeister unmittelbar verantwortlich ist (das Wort Eigenhändigkeit muß vorsichtig gebraucht werden). Nach ihrer Formengattung sind sie Statuen. Ein Neues in der Stellung des künstlerischen Problems von durchgreifender Bedeutung. Hinsichtlich der örtlichen Verbreitung bilden sie drei Gruppen: 1. Sechs Statuen am linken Portal der Ostseite, in die etwa 30 Jahre früher ausgeführte romanische Architektur nicht ohne Gewaltsamkeit eingeschoben. 2. Die Ekklesia und Synagoge und einige andere, nicht für diesen Ort geschaffenen Figuren am Fürstenportal (Nordportal). 3. Mehrere Statuen an den Pfeilern des nördlichen Nebenschiffs, seitlich vom Chor. Sie stehen miteinander nur ikonographisch in Zusammenhang, nicht kompositionell. Sicher waren sie für einen andern Ort gedacht, am wahrscheinlichsten für ein Portal, das dann nicht zur Ausführung kam. 4. Der Reiter am Eingang zum Chor; sein vorauszusetzender Partner fehlt. — Es ist seltsam und betrübend, zu sehen, wie der Meister ein Bildwerk nach dem andern schuf, sicher mit einem festen Programm im Kopfe, und doch den Platz am Bauwerk, für den sie bestimmt waren, nicht erlangen konnte. Ist er darüber weggestorben? Oder hat er im Unmut den Ort verlassen?

Zu genauerer Betrachtung wählen wir zunächst die zwei im Seitenschiff, übrigens in einiger Entfernung voneinander, aufgestellten weiblichen Figuren, eine Matrone und eine Jugendliche (Abb. 449, 450). In jener sah man früher, planlos ratend, eine Sibylle, in dieser die Jungfrau Maria, obgleich sie ohne die typischen Bezeichnungen ist, besonders auch das Kind ihr fehlt. Nachdem nun die stilistische Abhängigkeit von Reims erkannt ist, wird auf diesem Umwege auch der Gegenstand klar: Maria und Elisabeth sind gemeint. Miteinander verbunden, wie sie in Reims es sind und auch in Bamberg, die Aufstellung an einem Portal vorausgesetzt, es hätten sein sollen, ergeben sie die Szene der Heimsuchung, die Begegnung der zwei sich als Mutter erkennenden, die heilige Größe ihrer Söhne vorausahnenden Frauen. Ein Moment dramatischer Spannung, von der aber nichts zum Ausdruck kommt. Unser Meister hat lediglich zwei Statuen geben wollen, weiter nichts, und hat die dieser Gattung zukommende Handlungslosigkeit und Abgeschlossenheit uneingeschränkt für seine Gestalten in Anspruch genommen; auch wenn sie nebeneinander ständen, würden sie isoliert sein. Man frage sich, was der Meister des Georgenchors aus dem Thema gemacht hätte, er, in dessen Phantasie aus einer bloß räumlich dekorativen Nebeneinanderstellung dramatische Szenen von höchster Spannkraft sich entwickelten. Der Gegensatz ist so groß, wie er nur sein kann. Man darf ihn aber nicht persönlich fassen. Vielmehr erkennen wir darin in seiner ganzen ursprünglichen Entschiedenheit den Unterschied der Darstellungsgesetze des von alters mit der Malerei eng zusammenhängenden Reliefs und der jungen, im Schatten der Architektur entstandenen statuarischen Kunst. Ihre Abstammung von der Antike, ist das Wort einmal ausgesprochen, bedarf keines weiteren Beweises. Ebenso unverkennbar aber hat sich durch die zweimalige Blutmischung die künstlerische Rasse verändert. Das wird um so fühlbarer, je mehr die allgemeinen Bestimmungen, Motiv, Körperbau und Tracht, unverändert geblieben sind. Der Leser wolle an der Hand der Abbildungen dies ins einzelne nachprüfen (449 a, 450 a), wir sprechen hier nur vom synthetischen Eindruck. Zuerst die beiden Madonnen: wie ähnlich sind sie sich und doch wie unähnlich. Bei der Reimser ein stilles Insichruhen und eine zarte, frauenhafte Fülle; die Bamberger von höherem Wuchs und festerem Knochenbau, rüstiger, spannkräftiger, im Gesicht voll herber Frische. Und was im Körper von innerer Bewegungslust zurückgehalten wird, entbindet sich im Gewand mit flimmernder, raschelnder Unruhe, entschieden verwandt, wenn auch ohne Ähnlichkeit der Einzelmotive, dem ornamentalen und barocken Geschmack, den wir an dem Grabmal Heinrichs des Löwen in Braunschweig exemplifizierten. So hat die deutsche Luft das klassische Ideal gewandelt. Worin aber, fragen wir schließlich, liegt das Madonnenhafte? Die Antwort wird sein dürfen, daß der Künstler an dieses kaum noch gedacht hat. Wir stehen vor der Tatsache, daß das alte Übergewicht des inhaltlich Bedeutenden über die Form vollkommen zugunsten der letzteren umgeschlagen ist, und sehen darin eine *Signatura temporis* von hoher Denkwürdigkeit. — Keineswegs aber lag es im Wesen unseres Meisters, auf die Schilderung der geistigen Natur seiner Gestalten überhaupt zu verzichten. Das zeigt sich sogleich an der Elisabeth. Die Mutter des Täufers wird selbst zur Prophetin gestempelt, eine hochaufgerichtete heroische Gestalt, der Kopf auf dem sehnigen Hals scharf herumgedreht, die hageren Wangen gefurcht, der gespannte Blick seherhaft in die Ferne gerichtet. Hier ist im Vergleich mit dem französischen Original selbständig ein neuer Charakter geschaffen, großartiger und pathetischer, und dementsprechend das plastische Motiv nicht unerheblich umredigiert.

Von den Statuen der Adamspforte sind Petrus und Stephanus Gehilfenarbeiten, während der Meister das kaiserliche Stifterpaar sich selbst vorbehielt. Da Heinrich und Kunigunde zwar auch Heilige, doch als solche jung und zweiten Ranges waren, liegt in ihrer Bevorzugung ausgedrückt, daß sie dem Meister künstlerisch die interessanteren schienen. Vor dem 13. Jahrhundert wäre eine solche Freiheit nicht gewagt worden. An einem andern Ort, in Naumburg, wurde die Aufgabe des Stifterbildes realistisch, als Abbild der Gegenwart, gelöst. Der Bamberger befindet sich auf gleichem Wege, für den er ebenfalls schon in Reims Hinweise fand, aber auf den Zusatz einer idealen Nuance will er nicht ganz verzichten. So wie Kaiser Heinrich trug man an den Höfen des 13. Jahrhunderts den Mantel nicht, es ist ein antiker (wieder durch Reims vermittelter) Wurf darin. Der Kopf (Abb. 456) gibt ein physiognomisches Stimmungsbild, das mehr ist als die vergleichsweise leere Eleganz der Reimser »Vorbilder«. Wer dies konnte, wäre auch imstande gewesen, wirkliche Porträts zu schaffen, hätte die Zeit an solche schon gedacht.

Beinahe noch merkwürdiger, der Intention nach, ist die Annäherung an die Wirklichkeit beim dritten Statuenpaar: Adam und Eva (Abb. 453). Wir haben früher davon gesprochen, daß der durch das Herkommen fest gebundene mittelalterliche Bilderkreis der Plastik als einzige Gelegenheit zur Darstellung des nackten Körpers den Gekreuzigten ließ. Einen fast verstohlenen Versuch zur Durchbrechung dieser Grenze lernten wir dann in den Auferstehenden der Freiberger Goldenen Pforte kennen. Diese hier sind die ersten Darstellungen des Nackten, ohne Vorgang * und für längere Zeit auch die einzigen. Es ist schwer zu sagen, nach welchem Maßstab man über diesen schlechthin primären Versuch urteilen soll. Die Mängel und Schwächen sind mit Händen zu greifen; von Modellstudium ist nicht die Rede, der Künstler behilft sich mit oberflächlichen Erinnerungsbildern, die Geschlechter werden mit Absicht wenig unterschieden — und doch schwebt über allem ein leises, keusches Ahnen von der Schönheit der Natur.

Die Figuren der Ekklesia und Synagoge stehen zu seiten des (älteren) Fürstenportals. Wie bei den Figuren der Heimsuchung, sind unter Nichtbeachtung des überlieferten dramatischen Moments abgeschlossene statuarische Existenzen gegeben, nur kontrastierend in den Charakteren. Mit den gegenständlich entsprechenden Reimser Figuren haben sie keine engere Fühlung; ob sie jene an Schönheitswert überragen, mag man als Geschmacksfrage auf sich beruhen lassen, sicher haben sie die größere Blutwärme. Die Synagoge ist die bekleidete Eva, oder noch richtiger: die Eva die entkleidete Synagoge **. Merkwürdig, wieviel unbefangener die erstere ist. Was das feine, durchscheinende, in seinen wenigen Falten mit großem dekorativen Geschmack geordnete Gewand von der Körperform erraten läßt, wieviel reizender, lebenatmender ist es als bei der Gewandlosen

* Auch in Reims kommen Adam und Eva vor — aber bekleidet!

** Übrigens steht mir bei der Eva die Eigenhändigkeit nicht außer Zweifel.

Dieser Künstler sah, was noch niemand vor ihm gesehen hatte, und er wagte es sogar, es auszusprechen.

Wir schließen mit dem Reiter hoch am linken Eingangspfeiler des Georgenchors. Es ist das eindrucksvollste und populärste unter den Bildwerken des Bamberger Doms, ungerechnet das nicht minder als bei Adam und Eva Außerordentliche* der Aufgabe: Roß und Reiter rundplastisch und lebensgroß. Seit der Römerzeit war dies technisch und künstlerisch von der monumentalen Plastik das Höchste fordernde Thema nicht mehr versucht worden; das von Karl dem Großen aus Ravenna nach Aachen gebrachte und von den Normannen zerstörte Reiterstandbild Theoderichs war das erste und letzte gewesen, das Deutschland gesehen hatte. Hier nun bedeutet allerdings die Rundplastik nicht eine volle Freifigur; sie ist, um nicht unter ihrer eigenen Last zusammenzubrechen, mit der breiten Pfeilerfläche verklammert, nähert sich also in ihrer Erscheinung dem Relief, welches indessen auch bei freistehenden Reiterdenkmälern, da der Pferdekörper in der Verkürzung unklar wird, nicht viel anders ist. Das Pferd, das übrigens in vielen Einzelheiten gar nicht schlecht beobachtet ist, wollen wir nicht kritisieren. Der Reiter ist unter allem, was zum Vergleich herangezogen werden könnte, die schönste und lebensvollste Verkörperung des idealen Ritters, noch umschwebt von dem romantischen Schimmer der in Wirklichkeit schon abgelaufenen Kreuzfahrerzeit, höfisch wohlerzogen und doch ein Held in dem lässig-vornehmen Sitz, dem frei und stolz getragenen Haupt, dem schmalen Untergesicht, dem willenskräftigen Kinn, dem übermütigen Mund, dem in die Ferne spähenden, von Abenteuern träumenden Blick. Für manche Einzelheiten, zumal die Anlage des Kopfes, sind Erinnerungen an die Königsstatuen in Reims zu Rate gezogen, in der Seelenschilderung geht der Bamberger Reiter über jene ebensoweit hinaus wie die Bamberger Elisabeth über die dortige.

Wir können jetzt im Rückblick das Ergebnis der französischen Erziehung unseres Meisters so zusammenfassen: von ihr hat er die formalen Werte seiner Kunst, in gotisch-antikischer Doppelgestalt, von sich selbst die expressiven. Je mehr er im Fortgang seines Werkes auf die letzteren den Akzent legt, um so mehr wendet er sich von den antiken Formeln ab, um so »gotischer« wird er. Darin nimmt er die bald allgemein werdende Wendung der deutschen Bildhauerkunst voraus. Die Beschäftigung mit der reinen Form war eine notwendige Durchgangsphase, darauf

* Nach der Meinung A. Weeses könne es keinem Zweifel unterliegen, daß auch für diese Aufgabe die älteren Denkmäler Frankreichs die entscheidende Anregung gegeben haben. Den Beweis sieht er in den Reiterbildern an romanischen Kirchenfassaden in Südwestfrankreich. Mir ist ein Zusammenhang höchst unwahrscheinlich und selbst als indirekter kaum zu konstruieren. Der Bamberger könnte doch nur durch Vermittlung Nordfrankreichs das Motiv kennen gelernt haben, dort aber war es nicht rezipiert.

tritt das Interesse an der Charakteristik wieder in den Vordergrund. In welchem Sinn und Maß, wird uns Naumburg zeigen.

Zum Schluß möchte es nötig sein, den »Reiter« um seinen Namen zu befragen. Haben wir schon je in einem christlichen Gotteshause einen Reiter gesehen? Er braucht für seine Anwesenheit eine Legitimation. Nun sind in der Tat aus wenig späterer Zeit auch anderswo Reiterbilder vorhanden: am Münster zu Basel aus dem Ende des 13. Jahrhunderts (später umgearbeitet) und im Dom zu Regensburg vom Anfang des 14. Die allgemeine Ähnlichkeit der Anordnung ist nicht gering. Nur sind es in Basel und Regensburg ihrer zwei, symmetrisch aufeinander bezogen, und hier führen sie beidemal denselben Namen. Sie heißen St. Georg und St. Martin. Da nun der Bamberger Reiter am Eingang des Georgenchors steht, ist es keine willkürliche Hypothese — besser begründet jedenfalls als die bisherigen Namengebungen —, auch in ihm einen St. Georg zu vermuten*. Daß er aus Gründen der formalen Symmetrie nach einem Partner verlangt, ist unleugbar; so möchte auch hier ein St. Martin beabsichtigt gewesen sein, der bekannteste unter den heiligen Reitersmännern. Das Werk des Bamberger Meisters hatte alle Eigenschaften, um unter den Kunstgenossen weithin Ruf zu erlangen. Es ist auffallend, wie im späteren 13. Jahrhundert die Reiterstatuen sich zu mehren beginnen. An der Fassade des Straßburger Münsters standen ihrer vier, die erst in der französischen Revolution zerstört wurden. Auf dem Marktplatz in Magdeburg wird uns sogar die höchste Überraschung: ein freistehendes Reiterdenkmal, den Kaiser Otto (nicht Otto I., sondern Otto II.) darstellend. Es ist ein *Signum libertatis*, Wahrzeichen der Stadtfreiheit, wie später die Rolandsäulen. Ausgeführt ist es in der Spätzeit des 13. Jahrhunderts, jedoch im 15. und 17. so stark überarbeitet, das Pferd ganz erneuert, daß die Vergleichung mit dem Bamberger Reiter nicht durchgeführt werden kann.

Straßburg. Es handelt sich um den Zyklus am Querhaus des Münsters. Dasselbe war so wenig als der Bamberger Dom auf Skulpturenschmuck ursprünglich angelegt. Erst der letzte, zu gotischen Formen übergehende Meister, der am Südflügel die Gewölbe ausführte und die Fassade überarbeitete, gedachte damit die ihn zu schwer und reizlos dünkende Erscheinung des romanischen Baus nachträglich zu verbessern. Ihm schwebte das gegenständliche Programm vor, das er an den französischen Marienkathedralen — auch das Straßburger Münster ist ja eine Marienkirche — kennen gelernt hatte. Nur mußte die örtliche Verteilung des Stoffes, der dort über die drei großen Portale der Westfassade sich auszubreiten pflegte, eine andere sein. Hier boten nur zwei Portale sich dar. An dem des nördlichen Querschiffes wurde die Anbetung der Könige aus dem

* Ein älteres Beispiel, unbestritten, in der Wandmalerei Abb. 375.

Morgenlande, der festlichste Tag in Mariens Erdenleben, dargestellt, am südlichen, wo die vorgefundene Anlage als Doppelportal zum Glück zwei Bogenfelder ergab, Mariens Tod, Grablegung, Himmelfahrt und Krönung. Das Jüngste Gericht, für das kein Portal mehr zur Ver. fügung stand, wurde in geistreicher Umbildung der Komposition an den die Gewölbe des Südflügels tragenden Freipfeiler verwiesen. Außerdem erhielt das Südportal noch die Statuen der Apostel und die Personifikationen der christlichen Kirche und jüdischen Synagoge Ein Teil dieser Skulpturen ist durch den bilderstürmerischen Fanatismus der französischen Revolution zerschlagen. Das Dreikönigsrelief ist zur Not in den Umrissen zu erkennen. Von den zweimal zwei Szenen des Südportals sind die oberen erhalten geblieben, die unteren durch einen Kupferstich des 17. Jahrhunderts oberflächlich bekannt. Von den Standbildern dieses Portals sind nur die der Ekklesia und Synagoge unzerstört. Der Name des Mannes, der durch eine fromme List diese hochedlen Blüten deutscher Kunst rettete, soll nicht vergessen sein: es war der Professor an der Straßburger Universität Dr. Hermann. — Was sich erhalten hat *, ist in Stil und Technik durchaus einheitlich, das Werk eines einzigen Meisters. Seine künstlerische Herkunft ist dunkel. Die Geschichte der Straßburger Bildhauerkunst ist bis auf ihn ein leeres Blatt, es wäre denn, daß das zerstörte Tympanon des Nordportals noch vor ihm entstanden sein könnte. Alles, was das Elsaß sonst an Plastik aus der ersten Hälfte des 13. Jahrhunderts besitzt, namentlich im Oberelsaß nicht ganz wenig, ist von seiner Art so verschieden, soviel altertümlicher, daß jede Anknüpfung ausgeschlossen ist. Die Unmöglichkeit, daß er im Elsaß geboren wäre, bedeutet das noch nicht **. Denn ein Deutscher war er sicher. Wer in der Kunst Schale und Kern zu unterscheiden vermag, wird keinen Augenblick daran zweifeln. Die Parallele mit dem Bamberger Meister bringt die Bestätigung. Es führt in die Tiefe, wenn wir bemerken, wie zwischen ihnen bei großer Verschiedenheit des individuellen Temperaments doch eine nicht minder große typische Ähnlichkeit besteht. Sie liegt in der Art, wie bei ihnen Rasse und Kultur, Ererbtes und Erworbenes aufeinander wirkten, in der Art sogar, wie sie zwischen den zu erwerbenden Dingen ihre Auswahl trafen. Daß der Straßburger in Chartres, der Bamberger in Reims die französische Kunst kennen lernte, mag wesentlich Zufall gewesen sein; kein Zufall war die beiden daneben wach bleibende und ihr Schaffen stark mitbestimmende Sehnsucht nach der Antike. Der Bamberger gelangte, wenn auch nicht

* Außer den genannten Stücken noch ein paar Köpfe, die so gut wie sicher den zerstörten Aposteln gehört haben.

** Die späte und törichte Sage von der Bildhauerin Sabina, einer angeblichen Tochter Erwins von Steinbach, bedarf keiner Widerlegung.

an die Urschrift selbst, so doch nahe an sie heran, der Straßburger las die byzantinische Übersetzung.

Mit der Präzision, wie im Bamberger Fall, kann der Vergleich nicht durchgeführt werden, da sich hier dem Individuellen nur die allgemeine Typik gegenüberstellen läßt; für das Verhältnis im ganzen haben mich die Ausführungen Wilhelm Vöges vollkommen überzeugt *. Damit ist nun auch noch eine Parallele zur sächsischen Schule gewonnen. »In allen drei Gruppen sehen wir von Byzanz Impulse zu größerer Lebhaftigkeit der Auffassung ausgehen, in Sachsen mit einem zunächst mehr äußerlichen Effekt: die Dramatik verschäumt in der Gewandung; in Bamberg (Meister des Georgenchors) und Straßburg mit in das Innerste der Seele gehender Wirkung: die eigentümlichsten Kräfte des deutschen Genius sind hier durch das byzantinische Vorbild in Fluß gebracht.« Hiermit ist auch die Grenze des französischen Einflusses angezeigt. Er ist, genau wie in Bamberg, beträchtlich groß in den rein formalen Eigenschaften; aber die geistige Natur der von dem Deutschen geschaffenen Menschen ist eine andere. Die französische Frühgotik hat immer in erster Linie die monumentale Wirkung im Auge, sie dämpft daher ganz bewußt die starken Akzente. »Jene Chartreser Meister wollen durch die gehaltene Schönheit der Form, die monumentale Führung der Linie wirken, der Meister der Ekklesia und Synagoge geht, obwohl der neuen Schönheit voll, mehr auf Tiefe und Zartheit des Ausdrucks. Er legt in die Gesichter ein seelisches Leben, das, vom Spiel der Hände und Glieder fortgeleitet, den ganzen Körper zu umfließen scheint. Die zarte Behandlung der Gewänder, die wie ein Schleier die schlanken Formen umkleiden, verstärkt den Eindruck des Durchgeistigten.« Man denke sich die rührende Klage am Sterbebett der Mutter des Herrn (Abb. 457) in die Vorhalle von Chartres versetzt, wo die gleiche Darstellung Platz fand: die gedrängte Straßburger Komposition würde neben dem wirkungsvollen architektonischen Aufbau dort wohl etwas verlieren, aber zugleich angesichts der so viel kühleren Haltung der französischen Figuren »wie von geheimnisvollen Feuern erwärmt« hervorleuchten. Schon hier zeigen sich unter den Aposteln Köpfe, die, wenn auch keineswegs im Ausdruck, so doch im anatomischen Bau der Antike so sehr entgegenkommen, daß man sich unwillkürlich fragt, ob nicht der Meister zu seinen byzantinischen Typen doch irgendwie noch antike Originalwerke auch gekannt habe. Dasselbe gilt von den abgeschlagenen Köpfen der Gewändestatuen (Abb. 464). Wie diese übrigens in die vorgefundene Enge des Raumes sich gefügt haben mögen, ist nicht ganz leicht sich vorzustellen. — Außerhalb der Portalschräge an der Mauer stehen die Figuren der Ekklesia und

* Zu beachten sind auch, worauf Karl Franck aufmerksam machte, an dem Baldachi über der Figur der Synagoge die byzantinischen Zinnen.

Synagoge. Trotz der sie räumlich trennenden Portalbuchten geht zwischen ihnen eine Handlung vor, sind sie durch die vereinheitlichende Wirkung derselben das, was die gleichnamigen Gestalten in Bamberg nicht waren, eine Gruppe. Allein die Straßburger Darstellung kennt noch und erfüllt den ursprünglichen und dramatischen Sinn des Themas: das Streitgespräch zwischen den Personifikationen des Alten und des Neuen Bundes. Es hatte seit Jahrhunderten seinen festen Platz im geistlichen Schauspiel. In der bildenden Kunst, in die es in der Karolingerzeit aufgenommen wurde, blieb es lange auf die Kleinkunst beschränkt. Das 13. Jahrhundert hob es ins Monumentale. Es bedarf einer eindringenden Analyse (wie sie der zu früh verstorbene Karl Franck mit dem Scharfsinn der Liebe angestellt hat), um die große künstlerische Denkarbeit zu durchschauen, die nötig war, damit das statuarische Gesetz so fein und streng erfüllt und zugleich der dramatische Gehalt gerettet werden konnte. Den räumlichen Abstand, der gegeben war, möchte man sich nachträglich nicht kleiner wünschen, auch er war in die Rechnung einbezogen. Die Streitenden sind einander entgegengeschritten; nun das Urteil gesprochen ist, halten sie still; aber die Kampfesworte klingen noch nach. Eine später hinzugefügte Inschrift faßt sie so: über der Ekklesia: »Mit Christi Blut überwind ich dich«; über der Synagoge: »Das selbig Blut erblindet mich.« Wie schön und sprechend die Köpfe sind, die mimische Hauptleistung ist den Körpern im ganzen zugewiesen, ihrer Haltung und Wendung, und dies ist echt plastisch gedacht. Ekklesia stützt sich fest auf den Kreuzstab, den Oberkörper leicht zurückgelehnt, den Kopf vorgebeugt, die Lippen noch in Bewegung, der Blick mit Siegerbewußtsein die Wirkung der Worte verfolgend, die Gesamterscheinung von knapper, scharfer Klarheit. Bei der Synagoge dagegen eine viel kompliziertere Haltung: das Gleichgewicht ist gestört; die Beine verharren noch in der Lage des unmittelbar vorangegangenen Momentes, der Oberkörper wendet sich in die entgegengesetzte Richtung, und der Kopf sinkt; die Gesetzestafeln entgleiten dem schlaff gewordenen linken Arm, der rechte hält kaum noch den zerbrochenen Fahnenstock, die Krone ist gefallen; als Besiegte ist sie dargestellt, aber nicht unwürdig, wie in der derberen, volkstümlicheren Kunst der geistlichen Bühne. Sind die Körper naturwahr? Der Anatom wird ihre Lebensfähigkeit bezweifeln. Aber sicher sind sie aus einer durchaus einheitlichen Vorstellung hervorgegangen: überzarte Gebilde, doch nicht aus weichlichem Stoff; in ihrer binsenschlanken Biegsamkeit spannkräftig wie feiner Stahl; adlig geborene Mädchen vom Scheitel bis zur Zehe. So träumte sich die Zeit die ideale Jungfrau. Man sieht: ein asketisches Ideal ist es nicht mehr. Und so ist auch das Gewand nicht mehr dazu da, den Körper vergessen zu machen. Es liegt über seiner Zartheit wie ein Hauch. Aber ein Geist der Keuschheit und Strenge macht es fest wie einen Panzer. Feine, mit scharfer

Bestimmtheit sich abhebende Fältchen folgen der Richtung der Glieder, den Eindruck ihrer Schlankheit noch vermehrend; sie haben nichts von der ornamentalen Selbständigkeit an sich, die wir in der sächsischen und auch noch der Bamberger Schule fanden; sie sind »notwendige, tektonische Fältchen«, konstruiert in genauer Überlegung ihres Falles und ihrer Spannung. Zumal das letztere Phänomen hat es unserem Künstler angetan: man sehe die in das Fahnentuch verwickelte Hand der Ekklesia, die weiche Binde über den Augen der Synagoge, den Arm und die Füße der sterbenden Maria. Dies Prinzip der Gewandung ist das hauptsächlichste (wennschon nicht einzige) aus Chartres Mitgebrachte; gehandhabt ist es mit vollkommener Freiheit. Auch die Köpfe wären nicht geworden, was sie sind, ohne die in Chartres empfangenen Lehren über den Aufbau der plastischen Form, aber in den Typen und vollends dem Sentiment sind sie nicht französisch. Die Männerköpfe verleugnen nicht ihre byzantinische Abkunft (wie übrigens auch manche der Chartreser Schule), die Frauenköpfe aber sind so persönlich abgestimmt, daß man nach ihren Vorfahren nicht mehr fragt. Es ist nichts Konventionelles in ihnen, doch auch kein unverarbeitetes Naturmaterial; ein hohes subjektives Stilgefühl hat sie geschaffen.

Der Engelspfeiler (der sachgemäßer Weltgerichtspfeiler heißen sollte). An ihm ist alles neu: tektonisch-dekorativ die Erscheinung eines von oben bis unten mit Statuen besetzten Pfeilers (Abb. 108) und kompositionell die Umsetzung des durch das Herkommen allein sanktionierten Flächenbildes (Gemälde oder Relief) in eine Statuengruppe. Die Anordnung ist dabei ein achteckiger, bis zum Gewölbe aufsteigender Freipfeiler, mit vier stärkeren und vier schwächeren Runddiensten besetzt; die letzteren tragen, in drei Zonen übereinander aufgebaut, die Statuen, zusammen also zwölf; schmuckreiche Kapitelle und Konsolen und architektonische Baldachine bezeichnen die Abschnitte. Eine bestimmte Ansichtseite hat nur die oberste (durch ungünstige Beleuchtungsverhältnisse fast unsichtbare) Gruppe mit dem Weltenrichter, für die Auffassung der andern wird der Beschauer im Kreis um den Pfeiler getrieben. In der Haltung der einzelnen Figuren sind die Zonen gegeneinander stark kontrastiert, wodurch das Gruppierungsprinzip sehr verwickelt wird Starre Hoheit, unnahbare Heiligkeit herrscht in der obersten Schicht, symmetrisch ausstrahlende Bewegung in der mittleren mit den Posaunenengeln, eine kreisende Doppelbewegung zuunterst in den Evangelistenfiguren. Ihre übergroße Schlankheit ist Anpassung an die Säulenvorlagen. Köpfe und Gewand sind in der untersten Zone mit größter Sorgfalt durchgebildet, in der folgenden mehr summarisch gehalten (Abb. 463). — Unentscheidbar ist, von wem, dem Bildhauer oder dem Architekten, die Gesamtkomposition erfunden war. In ihr steht schon das ganze Problem der gotischen Plastik vor uns, an dessen Unlösbarkeit mehrere Jahrhunderte lang unendliche Kräfte sich vergeuden sollten: das Problem eines Gleichgewichts zwischen Architektur und Plastik, das doch alsbald zu einem drückenden Zwang für die letztere wurde. In unserem Falle sieht es aber nicht so aus, als ob der Bildhauer sich ihm widerwillig ergeben habe. Im heutigen Zustande liegt zwischen dem Reichtum des Pfeilers und der Kahlheit der Wände etwas Unvermitteltes. Zweifellos hat farbiger Wandschmuck diesem Mangel abgeholfen. Außerdem war auch noch mehr plastischer Schmuck vorhanden: ein paar ausgezeichnete Werkstattarbeiten, deren Aufstellungsplatz sich nicht mehr genau nachweisen läßt, sind davon übriggeblieben, eine gekrönte Frau und eine kühn bewegte Gruppe Simsons mit dem Löwen. Dann an der Außenfront eine herrliche Jünglingsgestalt als Träger einer Sonnenuhr. In St. Thomas ein tiefempfundenes Tympanonrelief (Abb. 462).

Naumburg (Abb. 465—475). Der große Meister, der in den 50er Jahren seine Tätigkeit hier begann, ist unter allen am schwersten aus bestimmten Schultraditionen abzuleiten. Die Antike und Byzanz, auf die noch Bamberg und Straßburg aufmerksam hinhörten, sprechen bei ihm nicht mehr mit. Lehrjahre in Frankreich sind für ihn notwendig anzunehmen, aber sie lassen sich nicht lokalisieren. Er hat die dort empfangenen Eindrücke selbständiger umgeschmolzen und doch wieder tiefer erfaßt als irgendein anderer. Das Problem, von dem er ausging, ist generell dasselbe wie beim Straßburger Engelspfeiler: die Konsonanz der Plastik mit der Architektur. Aber nicht, wie in Straßburg, beschränkt sie sich auf ein einzelnes Bauglied, sondern in einem ganzen Raum sind Architektur und Plastik von Anfang an in Eins zusammengedacht. Nicht der Architekt hat die Plätze vorausbestimmt, die der Bildhauer mit seinen Statuen zu füllen hätte, sondern dieser hat jenen gelenkt. Der in Frage kommende Bauteil ist der Westchor. Er wurde dem romanischen Hauptbau nach Abbruch der zu klein gewordenen alten Apsis hinzugefügt in rein frühgotischen Formen. In der Anlage einfach: quadratischer Vorderraum und polygonaler Schluß. Er ist der erste Chor in Deutschland, der von Anfang an auf einen Lettner angelegt war. Für die innere Lebendigkeit dieser Epoche gibt es einen schönen Beweis, wie die von liturgischen Anliegen ausgehende neue Situation sogleich auch künstlerisch in ihrer Besonderheit erfaßt und ausgedeutet wurde. Ein Lettnerchor ist gleichsam an der Kirche eine Kirche für sich, in ihrer Abgeschlossenheit auf beschaulich gesammelte Stimmung hinlenkend und der Konkurrenz mit den andersartigen Formen und dem größeren Maßstab des Schiffs entzogen. In keinem andern räumlichen Medium hätte die feierliche Pracht der monumentalen Dekoration so schön und einheitlich sich auswirken können (Abb. 465). Sie baut sich über den Chorstühlen auf gewissermaßen als ein steinernes Dorsal: eine zweigeschossige Arkatur, oben durch einen Laufgang von der Wand getrennt. In diese zweite sind die Statuen so eingeordnet, daß auf je drei Bogenöffnungen eine kommt, an der Hauptzäsur des Raumes aber eine Gruppe von zweien; im ganzen acht Männer und vier Frauen, auch im Wechsel der Geschlechter ein feststehender Rhythmus. So entsteht ein gar vielstimmiger Zusammenklang der Linien, ein reicher, rhythmischer Wellenschlag, in dem die Statuen gleichsam die Schaumkämme sind. Das ist in neuer Anwendung noch immer das aus der deutsch-romanischen Architektur uns wohlbekannte Kompositionsgesetz. Wie anders wirken dekorativ die Naumburger Statuen, als die dichtgedrängten, unrhythmischen Reihen an den französischen Fassaden, und wieviel günstiger für die plastische Darstellung ist diese die Statuen isolierende Anordnung. Ist doch Isolierung das Lebensprinzip der Plastik. Hier wirkt dasselbe Gefühl, nur umfassender durchgeführt, das wir an der Goldenen Pforte in Freiberg kennengelernt haben, wo es uns eine Überlegenheit über alle französischen Portale zu bewirken schien. Freilich, auch in Deutschland hat das Problem der Vergesellschaftung von Statue mit architektonischen Gliedern niemals wieder eine ähnlich glückliche Lösung gefunden. Sie war auch nur so lange möglich, als ein romanisches, d. h. deutsches, Grundgefühl von den Regeln der französischen Gotik noch nicht zurückgedrängt war. Dann noch eine Einzelheit: die französischen Statuen sind mit der Säule verwachsen, die Naumburger stehen frei vor ihr. Wieviel günstiger dies für die Entfaltung des Standmotivs ist, braucht nicht bewiesen zu werden.

Was bedeutet nun, um uns der sachlichen Erklärung der Standbilder zuzuwenden, diese Versammlung von acht Männern und vier Frauen, die offenbar Heilige der christlichen Kirche nicht sind? Es sind die Stifter und Wohltäter des Doms, zur einen Hälfte aus dem erloschenen Geschlecht der Eckardiner, zur andern aus dem noch blühenden der Wettiner, dem der Bischof Dietrich, der Erbauer des Westchors, angehörte. Der Ahnenkultus durch die Kunst war in der Gesinnung des 13. Jahrhunderts ein charakteristischer Zug. Regelmäßig nahm er die Form des posthumen Stiftergrabes an. Zuweilen wurden ganze Reihen von Grabmälern auf einmal errichtet; so die Äbtissinnengräber in Quedlinburg; so, nach einer freilich nicht ganz einwandfreien Überlieferung, die zehn Wettinergräber auf dem Petersberg bei Halle. Wenn also nicht in der Idee, so doch in der Form, war die Naumburger Unternehmung etwas Neues und mußte den Zeitgenossen um so außerordentlicher erscheinen, je fester seit langem die sachlichen Inhalte der kirchlichen Kunst sich fixiert hatten. Noch auffallender wurde das Heraustreten aus dem gewohnten Gleise durch die unumwunden der Zeit und Wirklichkeit entnommene Tracht. Noch nie hatte ein Auge an einem Bildwerk, Grabfiguren ausgenommen, etwas anderes gesehen als eine heratisch-konventionelle Gewandung, und an den Köpfen etwas anderes als Typen. Selbst in Bamberg war der Reiter, obgleich in Zeittracht gegeben, zum heiligen Reiter, der König zum idealen König gesteigert. Hier in Naumburg ist aber alle Distanz aufgegeben; thüringische Edelherren und Edelfrauen vom Jahre 1250 sind abgeschildert, genau wie sie leibten und lebten. Ein starker Erdgeruch schwebt um diese Gestalten. Der Historiker zumal hat seine Freude an ihnen. Denn dem international zurechtgemachten romantischen Ideal der Ritterlichkeit, das wir aus der höfischen Dichtung kennen, wird hier ein echterer, der deutschen Wirklichkeit gemäßerer, viel schlichterer, in dieser Schlichtheit aber doch bezwingend vornehmer Habitus gegenübergestellt. Vergleichen wir dazu noch die Charakteristik des typischen Franzosen an der Kathedrale von Reims (Abb. 470a). Unser Meister hat sie gekannt; es ist, als ob er bewußt den Gegensatz habe herauskehren wollen. Der Franzose elegant, geschmeidig, verwegen, mit spöttischen Augen und kecker Frisur. Der Deutsche schwerfällig, tüchtig, gar nicht auf Repräsentation bedacht, aber sicher in seinem Herrenbewußtsein; neben ihm die junge Markgräfin frauenhaft hoheitsvoll, über den schönen, etwas geistlosen Zügen ein Anflug von träumerischer Wehmut. Beim gegenüberstehenden Paar ein umgekehrter Gegensatz der Stimmungen: die sehr jugendliche Frau mit munteren Augen und lachendem Munde, das Gesicht wie das eines gesunden Landmädchens; der Mann dagegen zusammenfahrend, den Blick betroffen und traurig in die Ferne gerichtet. Setzen wir die Betrachtung bei den Gestalten des Chorschlusses fort, so überrascht uns immer mehr der Ausdruck momentaner und zwar schmerzlicher Erregtheit, bis wir auf einen Mann stoßen, der böse und verlassen vor sich hinstarrt, das Schwert gezückt, den Schild gehoben. Auf ihn sind aller Blicke gerichtet. Wir lesen am Rande seines Schildes: *Dietmarus comes occisus.* Aus der Geschichte aber wissen wir, daß ein Markgraf Dietmar, angeklagt wegen Mordanschlages auf Kaiser Heinrich III., im gerichtlichen Zweikampf fiel. Seine ihn umstehenden Geschlechtsgenossen betrachten den Übeltäter erschreckt und traurig. Schwerlich hat der auftraggebende Bischof — der übrigens der unbeteiligten Familie der Wettiner angehörte — diese peinliche Erinnerung heraufbeschwören wollen, es muß ein Einfall des Künstlers gewesen sein. Die gleichgültige Aneinanderreihung einer Ahnengalerie genügte ihm nicht, er wollte den Zusammenschluß durch einen dramatischen Anstoß. Darin ist er ähnlicher dem ersten als dem zweiten Bamberger Meister. Waren ihm vielleicht dessen Arbeiten bekannt? Es könnte leicht so sein, da ja baugeschichtlich die Verbindung Naumburgs mit Bamberg für diese Zeit offen zutage liegt.

Die Selbstverständlichkeit, mit der die Naumburger Statuen vor uns stehen, kann es übersehen machen, mit welcher staunenswerten Beherrschung hier das Wesensverschiedene zusammengeschlossen ist: Monumentalität, Charakteristik, Dramatik. Die Geschichte der deutschen Plastik hat nur wenige Epochen, in denen sie wahrhaft monumental war. Das

Monumentale ist aber am schwersten zu erreichen, wenn es, wie hier in Naumburg, mit dem realistisch Individualisierenden sich vereinigen will. Das erste als ein der Architektur Verwandtes fühlt sich zum Abstrakten und Allgemeingültigen hingezogen, das zweite zur Freiheit und Zufälligkeit der Natur. Nur eine ganz große Künstlerkraft vermag zwischen diesen Polen das Gleichgewicht zu finden. Das Charakteristische ist bei ihm statuarisch geworden, und der Einzelfall hat sich zum Typus erhoben. »Das Architektonische hat sich wie von selbst in eine höhere Natur verwandelt, und das Natürliche steht da wie eine Architektur.«

Forschen wir den Mitteln nach, mit denen der Meister dies erreichte, so erkennen wir als eines der wesentlichsten die Zurückhaltung, die er sich in der Entwicklung des Standmotivs auferlegte. Stand- und Spielbein sind unterschieden, doch unter Vermeidung stärkerer Ausladung; die Arme bleiben nahe am Körper, und öfters sind sie sogar in den Mantel eingewickelt; dieser aber fällt so, daß er für den äußeren Umriß der Statue lotrecht-gerade Linien ergibt, sehr im Gegensatze zu dem von der Gotik immer mehr bevorzugten Zickzackkontur. Alle Belebung mußte also durch die Binnenform bewirkt werden und durch die Achsendrehung des Oberkörpers und die Wendung des Halses. Wie war unter solchen Beschränkungen Mannigfaltigkeit der plastischen Charakteristik zu gewinnen? Das große Mittel hierzu ist das Gewand. Begünstigt wurde der Künstler durch einen hochgebildeten Zeitgeschmack im Kostümwesen. Die Mode des 13. Jahrhunderts kam mehr als irgendeine spätere, von der Neuzeit ganz zu schweigen, den Bedürfnissen des Plastikers entgegen. Der einfache, große Schnitt und die schweren, dicken Wollenstoffe waren durch die Wirklichkeit gegeben; vom Künstler kommt ihre Ordnung: in wenigen, aber ganz gewaltigen Faltenmotiven; man möchte sagen, der Ernst und Geradsinn, der den sittlichen Charakter ihrer Träger ausmacht, sei auf sie übergegangen. Nach der ornamentalen Selbstgenügsamkeit und dem spielerisch-kleinteiligen Allzuviel in der Gewandbehandlung der unmittelbar vorangehenden Generation ist diese Wendung um so bedeutsamer. Sehr selten wieder hat ein deutscher Künstler die Unarten des deutschen Naturells so fundamental überwunden. Man muß bis zu Dürers Aposteln gehen, um etwas ähnlich groß Gedachtes zu finden. Auch die Franzosen dieser Zeit, durch die unser Meister seinen Weg gefunden hatte, haben seine Höhe nicht erreicht, da sie in dem nationalen Ideal der Eleganz ihre Schranke fanden. — Die Krone der Naumburger Gewandstatuen und als solche neben den besten aller Zeiten zu nennen, ist die sogenannte Witwe (Abb. 471). Von oben bis unten ist sie in ihren Mantel gehüllt. Auf der einen Seite fällt derselbe in drei, nur drei, geraden, lediglich über dem Unterarm ganz leise gebrochenen Riesenfalten, der Schwerkraft folgend, herab; auf der andern ist er mit einer ungesuchten Bewegung aufgerafft, wodurch ein paar flache Querfalten entstehen; die leise Wellenbewegung des Konturs genügt als Kontrast gegen die absolute Senkrechte der andern Seite. Es ist ein Linearstil strengster Art und von ungeheurer Nachdrücklichkeit; auch die Licht- und Schattenwirkung, so stark sie ist, dient nur ihr, sie ist in keiner Weise malerisch. In diesem Mantel nun ist der Körper wie eingemauert, nur die Hände und eine Fußspitze ragen heraus. Und dennoch empfinden wir, dank der überaus feinen und sicheren Auswägung des leise in den Hüften sich wiegenden Oberkörpers, die Haltung als leicht und anmutig; nichts an ihr bleibt unklar, so viel auch von den Gliedern dem unmittelbaren Anblick entzogen ist. Die Schönheit der zartknochigen, aber nicht mageren Hände überbietet alles, was bis dahin nicht ohne Erfolg schon erstrebt worden war, z. B. am Grabmal Heinrichs des Löwen. Aber ihre Form ist noch nicht das Wichtigste; noch nie war daran gedacht worden, wie es hier geschieht, durch die Hände physiognomisch zu charakterisieren: nur eine sehr erzogene und vornehme Frau wird die an sich gleichgültige Handlung des Blätterns in einem Gebetbuch mit so ausdrucksvoller Grazie verrichten. In der bürgerlich werdenden Kunst der nächstfolgenden Jahrhunderte wird man Hände wie diese nicht wiederfinden.

Die Naumburger Stifterstatuen sind die letzte Staffel, die die Kunst des 13. Jahrhunderts auf dem Wege zur Anerkennung der Wirklichkeit erreichte, weshalb man ihren Meister einen Realisten zu nennen pflegt. Wir wollen wegen dieses vieldeutigen Wortes hier nicht rechten. Auf jeden Fall war es eine mit hohem künstlerischen Bewußtsein gereinigte Wirklichkeit. Nicht ganz so kann dies für die Bildwerke des Lettners zugegeben werden. Die herrschende Ansicht sieht darin den Altersstil des Meisters der Stifterbilder. Angesichts der augenfälligen Abweichungen ihres Kunstcharakters muß aber auch mit einer zweiten Möglichkeit gerechnet werden, nämlich der, daß sie Werke eines zweiten Meisters sind. In meinen Augen ist dies nicht nur möglich, sondern auch überwiegend wahrscheinlich *. Die Lettnerskulpturen sind der Leidensgeschichte des Herrn gewidmet. Die Reliefs der Brüstung ** geben sechs Szenen vom Abendmahl bis zur Kreuztragung (die beiden letzten von einer viel

* Meine Gründe kann ich hier nur kurz andeuten. So gewiß zwischen den Lettnerskulpturen und den Stifterbildern eine stilistische Divergenz vorliegt, ebenso gewiß sind die ersteren von derselben Hand wie die zeitlich dem Beginn des Naumburger Westchors vorangehenden Mainzer Fragmente (s. unten). Will man diese Tatsache mit der herrschenden Ansicht kombinieren, so kommt man auf die nachstehende zeitliche Folge: 1. die Mainzer Lettnerskulpturen, 2. die Naumburger Stifter, 3. der Naumburger Lettner. Als Entwicklung eines und desselben Künstlers ergibt dies aber eine unmögliche Konstruktion. Es ist schon wenig wahrscheinlich, daß 2 eine Evolution von 1 sei, undenkbar aber, daß derselbe Künstler in 3 wieder unverändert auf die Stufe 1 zurückgekehrt sei. Da aber der Zyklus 3 unvollendet blieb, kann er in der Reihenfolge nicht mit 2 vertauscht werden.

** Abb. 162d gibt die Architektur des Lettners; wegen des kleinen Maßstabs sind die Reliefs nicht miteingezeichnet.

schwächeren Hand nachgetragen), in der Lettnertür ist in Rundplastik die Kreuzgruppe dargestellt. Gegenüber der gemessenen, aristokratischen Empfindungsweise des Stiftermeisters ist der Lettnermeister ein, allerdings genialer, Plebejer. Beginnen wir die Betrachtung mit der Kreuzgruppe. Der Kruzifixus steht im Motiv dem Wechselburger so nahe, daß die Umrisse sich fast genau decken; aber dennoch, wie weltweit sind sie im Charakter verschieden (Abb. 427 gegen 472, 73). Aus der kühlen, schlanken Noblesse des Wechselburgers ist hier ein fast brutaler, freilich auch ganz anders ergreifend wirkender Naturalismus geworden. Und welche Hemmungslosigkeit in dem Schmerzausbruch der Mutter (vgl. dagegen Abb. 427 a) und vollends des Jüngers! Die Gewandbehandlung hat mit der der Stifterfiguren nur diejenige sehr allgemeine Ähnlichkeit, die sich aus der Einheit der Entstehungszeit und des Entstehungsortes von selbst ergeben mußte. Als stimmungerzeugendes Mittel sind ihre Dissonanzen (schmerzzerrissen nannte ich sie bei einer früheren Gelegenheit) sicher von stärkster Wirkung. — War schon am Kruzifixus im Vergleich zu den Stifterbildern die veränderte Proportion auffallend, so noch viel mehr bei den stämmigen, großköpfigen Figuren der Reliefs (Abb. 474, 475). Das Abendmahl ist eine Gesellschaft von Bauern; wie drastisch unerzogen führen die Apostel den Bissen und den Krug zum Munde; prachtvoll die nachdenkliche Betroffenheit des Kahlköpfigen rechts; Jesus von unangebrachter Gutmütigkeit. Die nächste Szene spielt vor dem Hohenpriester; die flüsternde Anklage des ihm ins Ohr raunenden Pharisäers und das Zusammenraffen der Silberlinge durch den Verräter sind Züge von echter dramatischer Kraft. Die dritte Szene gibt das Getümmel bei der Gefangennahme im Garten; die äußerst komplizierte Bewegung des Malchus, dem Petrus das Ohr abhaut, gehört zu den ausdrucksvollsten plastischen Motiven, die je erfunden wurden; hochlöblich auch die kompositionelle Abrundung der ganzen Gruppe. Und welche psychologische Trefsicherheit dann in der zweifigurigen Gruppe, die die Magd und den seinen Herrn verleugnenden Petrus darstellt. Auf der andern Seite folgt noch, ebenfalls ein mimischer Meisterzug, die Pilatusszene. Den Unterschied zwischen Meister und Schüler stellen uns die gestümperten letzten, Stäupung und Kreuztragung, scharf vor Augen. Kennten wir nicht schon das große mimische Talent, das sich an den Bamberger Chorschranken betätigte, so müßten wir den Naumburger Lettnermeister einzigartig nennen. Diese Ergänzung zu den Statuarikern ist höchst willkommen.

Mainz. Chronologisch hätten wir die dortigen Arbeiten an die Spitze der französisch beeinflußten Reihe stellen müssen. Leider sind nur Fragmente erhalten. Sie stammen von den beiden abgebrochenen Lettnern. Ihre Entstehungszeit ist nahe der Schlußweihe des

Doms 1239 anzusetzen; dem Skulpturenschmuck könnte allenfalls noch ein Spielraum in die 40er Jahre hinein zugestanden werden. An einem Pfeiler des Ostlettners stand die in Abb. 479 abgebildete Tragefigur. Der Idee nach dasselbe, was in der antiken Architektur die Karyatiden und Atlanten waren. Hier ein Werkmann in der Tracht der Zeit. Mit dem linken Arm stützt er sich auf eine starke hölzerne Schwelle, die unter der Last sich biegt. Das französische Vorbild (am Chor der Kathedrale von Reims) ist mit geistreicher Freiheit benutzt, und wir dürfen wohl auch sagen: überboten. Vielleicht zum selben Lettner gehörte der nebenan abgebildete Kopf; in der großartig vereinfachten Formauffassung ein hohes Meisterwerk (Abb. 480). Es ist ein Jammer, was hier verloren gegangen ist. Etwas mehr hat sich von den Skulpturen des Westlettners erhalten: die den mittleren Giebel schmückende Gruppe des Weltenrichters mit Maria und dem Täufer (bei den Byzantinern *Deësis* genannt) und, von der Brüstung stammend, die zwei Gruppen der Seligen und Verdammten (Abb. 476, 478). Formbehandlung und Kopftypen lassen keinen Zweifel, daß es Arbeiten desselben Künstlers sind, der ein Jahrzehnt später den Lettner in Naumburg ausführte; man vergleiche den Kopf des Weltenrichters in Mainz mit dem Christus des Abendmahls in Naumburg. Aber auch die Komposition als Ganzes ist in Naumburg, an einer Tür des Ostchors, wiederholt worden (Abb. 477), vermutlich von einem Schüler nach einem hinterlassenen Modell; die Proportionen sind verfehlt, und die Arbeit wurde nicht vollendet. An der Mainzer Gruppe der Verdammten sind die linke Ecke und der letzte Kopf rechts moderne Ergänzungen, auch die erhaltenen Teile sind vom Restaurator überschmiert. Die Behandlung des Reliefs, das technisch kaum noch Relief zu nennen ist, stimmt, wie die ganze drastische Art der Charakteristik, mit Naumburg genau überein *.

Westfalen. Die Architektur dieser Landschaft ist in ihrem angeborenen Naturell, wie wir wissen, ernst und spröde. Wo sie, was in dieser Epoche zuweilen geschieht, zu etwas reicherer dekorativer Erscheinung sich anregen läßt, da bestreitet sie dieselbe mit Anleihen aus der rheinischen Nachbarschule. Für die monumentale Plastik aber war dort nichts zu lernen. Dennoch hat Westfalen zwei große, plastisch-dekorative Unternehmungen aufzuweisen: das südliche Querschiffsportal am Dom zu Paderborn (um 1250—60) und die mit Wandstatuen ausgestattete Vorhalle am gleichen Bauteil des Domes zu Münster (Abb. 131). Letzten Endes geht die Verwendung der Statue natürlich auch hier auf Frankreich zurück. Doch nicht mehr aus erster Hand. Der plastische Stil ist ein sehr kompliziertes Mischprodukt, mit altertümlichen Elementen noch stark ver-

* Zuerst erkannt von Karl Franck, dem zu früh verstorbenen, der diese Entdeckung, wie manche andere, leider nicht mehr hat veröffentlichen können.

setzt. Als Gesamtkomposition besitzt, wo nicht die Paderborner, so doch die Münsterer Portalhalle eine beachtliche Originalität und darf bei Aufzählung der Hauptleistungen des Jahrhunderts nicht übergangen werden, wie wir auch von der Analyse der nicht weniger als fünf hier vereinigten Stilarten absehen müssen.

Die Grabdenkmäler. Ihre Zahl ist nicht so groß, wie man nach dem hohen Stande, den die Bildhauerkunst erreicht hatte, vermuten könnte. Wieviel verloren gegangen ist — wenig kann es nicht sein —, läßt sich nicht abschätzen. In der Menge wie in der Güte der erhaltenen Stücke nimmt die sächsische Schule den ersten Platz ein, doch fehlt es auch hier keineswegs an handwerklichen Arbeiten minderen Wertes. Die Anordnung im ganzen blieb die überlieferte. Ein wichtiger Fortschritt aber, zu dem schon das spätere 12. Jahrhundert den Anfang gemacht hatte, ist der vom Relief zur Vollplastik. Nachdem dieser Schritt getan war, mußte die alte Auffassung der Grabfigur als bildmäßig gerahmte Darstellung einer stehenden Gestalt durch ihren Widerspruch mit der wirklichen Lage anstößig werden. Die besten Grabdenkmäler der Zeit, wie das Heinrichs des Löwen in Braunschweig, Wiprechts von Groitzsch in Pegau und des Markgrafen Dedo in Wechselburg, des Ritters in Merseburg und andere mehr, gehen deshalb sehr ernstlich auf das Problem ein, die Gestalten als liegende erscheinen zu lassen (Abb. 442—45). Das Kissenmotiv tritt auf. Zu völliger Klärung gelangte man aber nirgends, weil die durch das Herkommen festgelegten Gesten ihren Ursprung in der Standfigur hatten; vor allem, man ging nie so weit, einen vom Tode Hingestreckten darzustellen, sondern gab nach wie vor im Liegenden doch einen Lebenden. Außerdem war die große Masse der Grabfiguren doch immer flachbildlich, in geritzter Umrißzeichnung oder seichtem Relief, und hielt somit an der alten Auffassung unbedenklich fest. Dazu kam, daß die fortschreitende Bekanntschaft mit der französischen Kunst hinsichtlich des Liegeproblems rückschrittlich wirkte. Für die französische Plastik war die architektonisch gebundene Portalfigur so sehr maßgebend, daß ihre Motive ohne weiteres von der Grabplastik übernommen wurden. So ging bald nach der Mitte des 13. Jahrhunderts auch in Deutschland das Interesse an dem Liegeproblem wieder verloren. — Mit dem Anfang des Jahrhunderts beginnt in einzelnen Beispielen und greift dann schnell um sich die Einfügung von Tierfiguren am Fußende. Sie ist symbolisch gemeint. Die landläufige Deutung allerdings (Löwe gleich »Kraft« und darum beim Manne, Hund gleich »Treue« und darum bei der Frau) ist willkürlich. Vielmehr ist die Quelle der Vorstellung in zwei Psalmen zu suchen. Im 90. (91.) (der auch in anderer Kombination viel benutzt wird) heißt es im 13. Vers: »Auf der Otter und dem Basilisk wirst du wandeln und wirst treten auf den Löwen und den Drachen«. Und im 21.: »Es umringten mich viele Hunde.« Die Tiere sind die Mächte des höllischen Abgrunds, Errettung vor ihnen wird erfleht und verheißen, »daß du nicht erschrecken müssest vor den Grauen des Nachts«.

Nun kommen wir zu der Frage, die vielen Betrachtern der Grabdenkmäler als die Hauptfrage erscheint: geben sie Porträts? Wir können darauf zugleich mit ja und mit nein antworten. Mit ja im künstlerischen, mit nein im historischen Sinne. Das will sagen: die Grabfiguren sind in der ganzen Erscheinung, mit Einschluß der Gesichtszüge, individuell gebildet; aber es sind nicht die Züge der Personen, deren Namen sie tragen. Das war allein schon dadurch unmöglich, daß nahezu alle künstlerisch bedeutenden Grabmäler unserer Epoche Stifterdenkmäler sind *. Der Künstler gab in ihnen frei geschaffene Charakterbilder. Heinrich der Löwe z. B., der bei seinem Tode 66 Jahre alt war, wird als 30jähriger dargestellt (Abb. 444). In der breiten Stirn und dem energischen Munde darf man wohl den Versuch zu einer aus seinem geschichtlichen Charakterbild abgeleiteten idealen Rekonstruktion erkennen. Dagegen ist Wiprecht von Groitzsch (Abb. 445) nichts als der schöne und vornehme Mann an sich. Wo ein Grabmal unmittelbar nach dem Tode errichtet wurde, lag natürlich die Möglichkeit vor, ein Erinnerungsbild festzuhalten. Daß sie nennenswert oft benutzt worden sei, muß verneint werden. Von keinem einzigen Mitgliede des staufischen Hauses, auch nicht von den in Italien bestatteten, besitzen wir ein figürliches Grabmal. Heinrich der Löwe erhielt ein solches nur in seiner Eigenschaft als Stifter des Braunschweiger Doms, nicht als Landesfürst. Ganz gewiß waren die Meister von Bamberg und Naumburg, und mancher andere noch, künstlerisch reif zum historisch-realistischen Porträt. Aber sie schufen keines, weil keines von ihnen verlangt wurde. Nach der Anschauung der Zeit genügte es, wenn eine Grabfigur künstlerisch glaubwürdig war; auf die Übereinstimmung mit der individuellen Wirklichkeit wurde kein Wert gelegt.

Wir geben uns keiner Täuschung darüber hin, daß von dem Schaffen des 13. Jahrhunderts der erhaltene Denkmälervorrat nur ein Teil ist, weshalb uns in ihm so vieles unvermittelt und unerklärlich erscheint; mit Grund aber dürfen wir glauben, daß in den eingetretenen Verlusten bis zu einem gewissen Grade doch auch eine Auslese sich vollzogen hat, so daß von den Hauptwerken nicht sehr viel fehlen wird. Eine unersetzliche Lücke aber, die auch alle erhaltenen Stücke mitbetrifft, ist es, daß wir von der Polychromierung der Skulptur keine Anschauung haben. Wir sind darauf angewiesen, aus wenigen Spuren einige allgemeine Regeln abzuleiten. Die erste ist, daß alle Plastik nicht einfach die Struktur und

* Die Hauptbeispiele aus Sachsen wurden schon genannt. Aus andern Landschaften Königin Plektrudis in St. Marien im Kapitol in Köln, Pfalzgraf Heinrich in Laach, Konrad Kurzbold in Limburg, Papst Clemens II. in Bamberg.

Farbe des Werkstoffs zeigte, sondern irgendwie farbig behandelt war. Hierin sind aber sehr verschiedene Abstufungen und Methoden denkbar. Daß es nicht die Absicht gewesen sein kann, den Schein der Wirklichkeit zu erhöhen, folgt von vornherein aus der Denkweise der Zeit. Der Zweck der Polychromie lag vielmehr im Ornamentalen; das plastische Objekt sollte zuerst um seiner selbst willen geschmückt werden, dann aber sollte es auch mit den farbigen Erscheinungen seiner Umgebung (zu der auch die Menschen, zumal die Priester in ihren gold- und farbenreichen Gewändern gehörten) in Verbindung gesetzt werden. Aus der nicht großen Zahl gut überlieferter Beispiele greifen wir einige, die für typisch gelten können, heraus. Die bronzene Grabfigur König Rudolfs im Dom zu Merseburg war vergoldet, die Augen, der Besatz des Mantels und andere Schmuckstücke der Tracht waren mit Glasflüssen ausgesetzt. Die letzteren finden sich auch an den Steinfiguren des Herzogs Widukind, des Markgrafen Wiprecht und der Madonna in Erfurt. Es ist eine mit dem Kunstgewerbe zusammenhängende Methode, die mit der höheren Entwicklung der Plastik allmählich in Wegfall kam. Zum Beispiel an dem Denkmal Heinrichs des Löwen wurde sie schon nicht mehr angewendet, wohl aber an den Stuckfiguren der Hildeswind und Alburgis im Kloster Heiningen (nach der Mitte des 13. Jahrhunderts), und selbst noch an dem Rittergrabstein in Merseburg (Abb. 443), wo die Pupillen mit einer Paste ausgefüllt und die Gewandspange und der Gürtelbeschlag mit Metall besetzt gewesen sein müssen. — Nicht nur an Holz-, sondern auch an Steinstatuen spielte Vergoldung eine vielleicht noch größere Rolle als die Farbe. Von ihr hat die Goldene Pforte in Freiberg den Namen. An dem großen Naumburger Holzkruzifix im Berliner Museum sind nur die Vergoldungsreste alt, die Farbe jünger. Die Naumburger Stifterfiguren zeigen Augen, Haare, Gewandsäume, Schmuck und Schildwappen durch dünne Lasurfarbe hervorgehoben. In Straßburg sind Farbspuren ebenfalls nur an Augen, Haar und Gewandsäumen zu finden. Durchgehende Färbung der Gewänder auf naturalistischen Eindruck hin ist für Steinfiguren des 13. Jahrhunderts nicht nachgewiesen; man lasse sich durch Übermalung aus jüngeren Zeiten nicht täuschen. Alles sieht danach aus, als ob im Laufe des 13. Jahrhunderts in der Polychromie Beschränkungen eingetreten seien, ähnlich wie die Antike sie durchgemacht hat. Und dies ist auch innerlich wahrscheinlich. Je mehr die Plastik lernt, als ihr eigenstes Ausdrucksmittel die Modellierung, d. h. die Erzeugung des Formeindrucks durch Licht und Schatten, anzusehen, um so weniger bedarf sie der Farbe, um so eher wird die letztere die Klarheit der Form stören. Wir sprechen hier aber nur von der Statue. Im Relief muß es anders gewesen sein.

Drittes Kapitel.

Die Malerei.

Die Malerei hat in unserer Epoche die bis dahin von ihr innegehabte Machtstellung nicht länger in gleichem Umfang behaupten können; nicht deshalb indessen, weil ihre Kräfte gesunken wären, sondern weil die Schwesterkünste ihre Rechte stärker geltend machten. Der Plastik war sie überlegen gewesen durch die größere Leichtigkeit in der Mitteilung lehrhaften Stoffes, während jene, die Plastik, in dem unentwickelten Formgefühl der älteren Zeit eine Stütze noch nicht fand, und der Architektur war sie unentbehrlich als ein Mittel zur Organisierung ihrer leeren Flächen. Beide Gründe fielen nun weg. Am klarsten zeigt sich die eingetretene Verschiebung in der

Wandmalerei.

Die Krisis für sie begann schon mit dem Übergang vom flachgedeckten zum gewölbten Bausystem. Jeder Fortschritt im Sinne der Zerlegung der Wandflächen, vollends deren Auflösung durch die Gotik, war für sie eine Bedrohung. Man nehme ein System, wie das der Liebfrauenkirche in Trier oder der Elisabethkirche in Marburg, — wo war da für Wandmalerei noch Platz? Aber schon vorher, in den Bauten der ersten Rezeptionsstufe, konnte an zusammenhängende erzählende Zyklen nicht mehr gedacht werden außer an den Decken; an den Wänden war höchstens noch Platz für Einzelfiguren, was aber auch nach der positiven Seite eine wichtige Folge hatte: die relative Annäherung an die Stilgesetze der Plastik. Auf dem rasch enger werdenden Felde, soviel die Architektur ihr ließ, hat die Malerei sich aber noch lebhaft geregt. Als in einer viel späteren Epoche, der Dürers, Grünewalds und Holbeins, die deutsche Malerei ihre schönsten Blüten trieb, fehlte unter ihnen doch die Monumentalmalerei. Sie stand im 13. Jahrhundert auf einer Höhe, die nie wieder erreicht wurde. Wenn aber im 16. Jahrhundert Süddeutschland den Primat in der Malerei hatte, so kam er im 13. dem Nordwesten zu, dem Niederrhein, Westfalen und einem Teile Niedersachsens. Eigentlich hätte man es anders erwarten sollen, da doch die altertümlich zurückgebliebene Bauweise des Südens der Wandmalerei die wenigsten Hindernisse bereitete. Nun zeigte sich doch, daß der höhere Schwung der Architektur in jenen nordwestlichen Gegenden auch die Malerei anfeuerte, wenn er auch durch die Entwicklung, die er nahm, ihr die Lebensfrist verkürzte.

Es sei ins Gedächtnis zurückgerufen, daß wir in der Architektur der Zeit gleichsam zwei Seelen gefunden hatten: die eine strebte der emporkommenden Gotik zu, in der andern schwangen Nachklänge aus der Antike. Dasselbe sind wir bei der Plastik gewahr geworden, wobei wir für die Antike ihre Erbin, die byzantinische Kunst, eintreten sehen. Offenbar hat es zwischen der Malerei und der Plastik Wechselwirkungen gegeben. Darin unterscheiden sie sich aber höchst bedeutsam, daß die Malerei von der aus Frankreich kommenden gotischen Strömung, die für die Plastik mehr und mehr die bestimmende wurde, unberührt blieb; soweit auch sie dem weltbürgerlichen Zuge der Zeit nachgab, war es allein der Byzantinismus, der für sie in Betracht kam. Die genaueren Umstände aber, unter denen diese Befruchtung zustande kam, kennen wir nicht. Die Zahl der erhalten gebliebenen Werke ist beiderseits zu klein. Man denkt an den durch die Kreuzzüge vermehrten Verkehr mit dem Osten und, wohl mit noch größerem Recht, an die Ableger der byzantinischen Kunst in Venedig, Apulien, Sizilien — Domänen der Staufer. Freilich, ein Bild wie etwa das Mosaik über dem Hauptportal der Markuskirche in Venedig muß vielen Deutschen bekannt gewesen sein, und wir können diesen thronenden Pantokrator mehr als einmal am Rhein wiederfinden. Die wichtigste Quelle blieben doch immer die beweglichen Kunstgattungen, Geräte, Elfenbeinschnitzereien, auch Tafelbilder. Es ist beachtenswert, daß auf keinem Wandgemälde der Anschluß an Byzanz annähernd so eng ist, wie auf dem Altaraufsatz aus Soest, jetzt im Berliner Museum. Mit Recht ist daran erinnert worden, daß am vierten Kreuzzuge, der zur Plünderung Konstantinopels führte, viele Leute vom Niederrhein beteiligt waren. Daß die Byzantiner der Gegenwart menschlich verachtet wurden, dafür gibt es Zeugnisse genug. Es ist ein ähnliches Verhältnis, wie wir es heute zur italienischen Renaissance einnehmen, die wir auch nicht nach ihren Enkeln beurteilen. Die deutsche Kunst zog das an, was sie selbst nicht besaß. Sie selbst ging aus, um mich der Worte Paul Clemens zu bedienen, auf Unterstreichung des Dramatischen, auf Herausholung der äußersten Bewegung, auf Verdeutlichung des inneren Ausdrucks. In den ausgeleierten Formen der byzantinischen Kunst hatte die Szene längst etwas Konventionelles erhalten. Dafür gaben sich die Einzelgestalten in einer höheren, bewußten Würde, ein edleres, abgeklärtes Gefühl scheint ihre Bewegungen zu leiten. Es war die Vornehmheit, die nur das Alter der Rasse und der Kultur geben kann. Diese hat es dem staufischen Deutschland angetan. Lange war sie gekannt gewesen, jetzt erst wurde sie erkannt. Was sich daraus ergab, wird aber mit dem

Worte Nachahmung nur sehr äußerlich erfaßt. Am besten denkt man an das Goethesche Gleichnis vom Wasser im Gefäß, das, wenn es eben auf dem Punkte des Gefrierens steht, durch die geringste Erschütterung sogleich in ein festes Kristall verwandelt wird. Als befreiender Anstoß bis dahin gebundener Kräfte war die byzantinische Dazwischenkunft von unbestreitbarer Wichtigkeit, doch mehr als das nicht.

Es können zwei Phasen unterschieden werden. Die erste geht von dem weichen, fließenden Stil Schwarzrheindorfs aus. Sie sucht auf den Spuren der Byzantiner erhöhte Feierlichkeit. Man wird sie, soweit es sich aus unserem Abbildungsmaterial erläutern läßt, am besten aus der Gegenüberstellung der Malereien aus Limburg, um 1235, gegen die hundert Jahre älteren in Knechtsteden sich klarmachen. Der goldgeschmückte Thron, der höchst kunstvolle Aufbau der Gewandung, die komplizierte Art der Faltengebung, die mit Weisheit durchgeführte Eleganz der ganzen Erscheinung des Limburger Christus — wir nennen ihn am besten gleich mit dem volltönenden griechischen Zunamen Pantokrator — steht zu der Flächenhaftigkeit und Herbheit des Knechtstedeners in schlagendem Gegensatz. — Dieser Stil wurde aber nicht festgehalten. Ihn löste ein anderer ab, in dem nur noch einige formale Äußerlichkeiten an Byzanz erinnern, während im Grundton die deutsche Empfindung durchschlug. Er herrschte von etwa 1210—1260, drang, durch die Miniaturmalerei vermittelt, nach Süddeutschland und Österreich vor, fand auch Zugang in die Plastik. Nach seiner inneren Disposition ist er das Seitenstück zu dem, was wir in gewissen Tendenzen der rheinischen Architektur und Dekoration als barock bezeichnet haben. Sein am leichtesten greifbares äußeres Merkmal sind die zackigen, gebrochenen, zerhackten Linien der Gewandung. Der »fließende« Stil — auch er liebte Fülle der Falten — hatte sie der Richtung der von ihnen verhüllten Glieder folgen lassen; der neue setzt über die Längsfalten ein zweites System von Querfalten, an den Rändern scharf abgesetzt, der Kontur zerrissen, die Enden in langen Zipfeln wegflatternd; wie diese heftige Linienbewegung entsteht, darüber wird keine Rechenschaft abgelegt; sie ist Selbstzweck, um so sichtlicher, wenn dabei die Gestalten selbst in ruhiger Haltung bleiben. Ein anschauliches Beispiel gibt Abb. 411b mit dem Altarvorsatz aus Soest. Ihrem Gegenstande nach ist die dreiteilige Tafel eine Variante der byzantinischen Deësis. In der Mitte auf einem phantastisch geschnitzten Thron Gottvater, den gekreuzigten Sohn zwischen den Knien. Der Kopftypus kehrt auf den Bildern dieser Richtung häufig wieder: die Augen visionär in die Ferne starrend, Haupthaar und Bart wie in Flammen. Und wie in Flammen stehen die ganzen Gestalten in einem Gewirr zuckender, züngelnder, flackernder Linien; nur über den Toten ist tiefe Ruhe gekommen, bekräftigt durch die beiden wage- und lotrechten Linien des Kreuzes.

In der Monumentalmalerei zeigt sich der zackige Stil zum ersten Male, noch im Übergang aus dem fließenden, an der Decke von St. Michael in Hildesheim (Abb. 383). Die auf einer Schlußfolgerung beruhende Datierung 1186 ist nicht zwingend; sie würde dieses Denkmal allen verwandten unbegreiflich weit vorauseilen lassen. In das Dezennium 1220—1230 fallen die (nur in Nachzeichnungen erhaltenen) Malereien der Liebfrauenkirche in Halberstadt, der Chor der Neuwerkskirche in Goslar und in sehr großartig wirkender Vereinigung mit byzantinischer Feierlichkeit der die Theotokos umgebende Engelchor in St. Maria zur Höhe in Soest (Abb. 382); zügellos bizarr in der Frankenberger Kirche bei Goslar (Abb. 379). Von der großen Fruchtbarkeit dieser Schule zeugen in Westfalen noch heute: die Nikolaikirche in Soest, die Marienkirche in Lippstadt, die Apsiden in Lügde und Methler (Abb. 381). — Der alle Flächen des Innenraums umfassende Zyklus im Braunschweiger Dom, der größte, den wir kennen, hat infolge moderner Übermalung und Ergänzung von seinem urkundlichen Wert das meiste eingebüßt.

Am Rhein war das Hauptwerk St. Gereon in Köln (nach 1227). Im Dekagon ist zwar nicht viel mehr übriggeblieben als die reizenden, kühn bewegten Engel der Zwickel (Abb. 377 a). Dafür ist in der Taufkapelle die ganze Ausmalung erhalten (Abb. 376, 377); das Figürliche zeigt sowohl der Tradition wie der Natur gegenüber große Freiheit, alles ist vom rhythmisch-dekorativen Gesamtzweck aus zu beurteilen und ist, so betrachtet, eine glänzende Leistung. — Wer sich von dem schlechthin erstaunlichen Reichtum der rheinischen Monumentalmalerei zwischen 1200 und 1250 eine Vorstellung machen will, nehme die von Paul Clemen besorgte Publikation der Gesellschaft für rheinische Geschichtskunde in die Hand. Leider macht sie auch ein Gefühl des Bedauerns unüberwindlich: über den Leichtsinn, mit dem das 19. Jahrhundert diese unersetzlichen Dokumente übermalt und ergänzt hat. Solche Rekonstruktionen wären unschuldig und in begrenztem Sinne sogar wertvoll, wenn sie n e b e n den Originalen ständen; da sie aber durch die Art ihrer Entstehung die Originale vernichten, sind sie ein nie wieder gutzumachendes Unglück. Es ist dasselbe, wie wenn der Besitzer einer alten Liederhandschrift dieselbe ins Neudeutsche übersetzen, die Lücken nach Gutdünken ausfüllen und dann den echten Text vernichten wollte. Was noch zum Genuß übrigbleibt, ist die Komposition in ihren großen Linien — und wer wird nicht gern bekennen, daß dies etwas ist. — So haben wir in die notgedrungen sehr beschränkte Zahl unserer Abbildungen eine Probe der Wandbilder aus Linz (einer kleinen Kirche am Rhein gegenüber Remagen) trotz ihrer starken Übermalung aufzunehmen nicht unterlassen wollen (Abb. 378). Was die Abbildung zeigt, die Umrisse, sie sind im wesentlichen echt und, wie man sieht, höchst eigentümlich und geistreich in des Erfindung. Von vornherein bringt die über dem Pfeiler in einem gemalten Tabernakel stehende Kolossalfigur des Heiligen (es ist St. Jacobus major) in den dekorativen Rhythmus einen sehr glücklichen Akzent. Die kleinen Figürchen der Flächen geben die Pilgerfahrt zu seinem Hauptheiligtum, in Compostella. Über Berg und Tal ziehen sie dahin, Männer und Frauen, Alte und Junge, bepackt mit Taschen und Flaschen, Rucksäcken und Kapuzen, durch keine Beschwerden aufzuhalten, je näher dem Ziele, um so eiliger und froher, die Erstangekommenen schon vom Heiligen mit der Krone belohnt. Es sind alles Typen aus dem Leben, nicht uneben hat man den Maler einen »romanischen Brueghel« genannt. Etwas in mancher Hinsicht Ähnliches kennen wir in der Wandmalerei nur noch in dem (ebenfalls total »wiederhergestellten«) Gemälde des Domes zu Münster i. W., auf dem vier friesische Gaue dem hl. Paulus als dem Patron des Doms den Zehnten in ihren Landesprodukten darbringen.

Fassen wir uns zu einem Schlußurteil kurz zusammen: Die Malerei des 13. Jahrhunderts war, verglichen mit der des 11. und 12., der Wirklichkeit um mehrere Schritte näher gekommen. Aber die Nachahmung derselben war doch nicht die Hauptsache in dem, was sie wollte. Sie steht mit den älteren Stufen noch immer unter demselben Generalnenner: Einbildungskraft, nicht Anschauungskraft ist das Beherrschende in ihr.

Die Glasmalerei.

Während der Wandmalerei, eben als sie innerlich in vollster Kraft stand, von der eigenen Herrin, der Baukunst, der Boden unter den Füßen weggezogen wurde, war ihr schon die Nachfolgerin gefunden: in der Glasmalerei. Ein hinlänglicher Ersatz war sie, von den Zielen der Malerei aus beurteilt, nicht; aber die Architektur hatte Grund, mit den Diensten der jüngeren Schwester zufrieden zu sein. In jedem Falle trat damit im allgemeinen Aspekt des Kircheninneren ein vollkommener Umschwung ein, der größte, den er im Mittelalter durchgemacht hat. — Ist auch das Umsichgreifen der Glasgemälde prinzipiell eine Wirkung des eindringenden gotischen Bausystems, so treten sie doch zunächst noch in romanischen Stilformen auf und sind deshalb schon hier zu betrachten.

Alle Technik des Mittelalters geht irgendwie auf eine antike Wurzel zurück. So auch die Glasindustrie. Aber sie nahm eine andere Wendung. Die römische hat ausgezeichnet Schönes, besonders in der Färbung Schönes, in der Herstellung von Gefäßen geleistet; die Verglasung der Fenster blieb auf sehr kleine Öffnungen beschränkt und scheint nur in der Ausfüllung hölzerner Gitter bestanden zu haben. Umgekehrt im Mittelalter blieb das Glasgefäß, da die Kirche dafür wenig Verwendung hatte, künstlerisch zurück, während das Glasfenster schon frühzeitig über den Stand in der Antike hinauswuchs. Der Unterschied ist nicht etwa in dem Hinzutreten einer wichtigen technischen Erfindung begründet, sondern darin, daß dem Fenster im Architektonischen des Mittelalters eine andere und wichtigere Rolle zufiel (vgl. S. 26). Technisch betrachtet ist das Glasgemälde ein Mosaik aus kleinen, einfarbigen Scheiben, eingefaßt in schmiegsame Bleiruten, welche zugleich die Umrisse der Zeichnung ergeben, während für die inneren Linien Auftrag von Schwarzlot zu Hilfe genommen wurde (schon in dem Kunstbuch des Theophilus um 1100 beschrieben). Die stilistische Grundbestimmung ist also die der kolorierten Flächenzeichnung, nicht anders als in der Wandmalerei, nur noch enger begrenzt in den Mitteln, als die dort zur Verfügung stehen.

Die ältesten Erwähnungen figürlicher Glasfenster sind, wie immer in solchen Dingen, durchaus zufälliger Art: um die Mitte des 9. Jahrhunderts in Werden a. d. Ruhr, nach der Mitte des 10. in Reims; dazwischen, doch nicht unzweideutig, in St. Gallen. Hieraus auf einen Vorsprung des Ostfrankenreichs vor dem Westen zu schließen, wäre natürlich verfehlt. Wenig später schrieb Abt Gozbert von Tegernsee (982—1001) seinem Gönner, einem Grafen Arnold, einen gefühlvollen Dankbrief für die von ihm gestifteten vielfarbigen Glasgemälde; sie würden von allen Beschauern als ungewohnt bewundert, denn bis dahin seien die Fenster der Kirche mit alten Tüchern verhängt gewesen. — Das Älteste, was wir noch heute vor Augen haben, sind die fünf Prophetenfenster im Dom von Augsburg (Abb. 388). Je eine Figur in mehr als Lebensgröße (2,10 m hoch) füllt die ganze Öffnung. Es ist jetzt üblich, ihre Entstehungszeit nach einem im Jahre 1065 stattgehabten Weiheakt zu bestimmen. Aber dies ist doch nur eine unsichere Grundlage. Stilistisch stehen sie unter allen zum Vergleich geeigneten Denkmälern der Malerei am nächsten den Wandgemälden in Prüfening von 1159 (Abb. 364), was bei der Langsamkeit der Stilbewegung natürlich nicht ausschließt, daß sie auch ein paar Jahrzehnte älter sein könnten; mehr schwerlich. Sonst sind Denkmäler aus dem 12. Jahrhundert ganz spärlich erhalten: zwei Fenster aus Peterslahr (Museum zu Bonn) und eines aus Neuweiler im Elsaß (Paris) dürften der Zeit nahe vor 1200 angehören, und wenig später die in Kappenberg in Westfalen. Von da ab nehmen die Denkmäler rasch an Zahl zu, und zwar so verteilt, daß bis über die Mitte des 13. Jahrhunderts, wie in der Wandmalerei, so auch in der Glasmalerei der Nordwesten Deutschlands den ersten Platz einnahm. Dabei ist kaum nötig, zu sagen, daß die Zahl der verlorengegangenen Stücke erheblich größer sein muß als die der erhaltenen. Aber der relative Verlust wird für das eine Jahrhundert nicht anders sein als für das andere. Daß der inzwischen in Frankreich, gleichen Schrittes mit der Entwicklung der Gotik in der Baukunst, eingetretene und immer glänzender werdende Aufschwung den Deutschen ein Ansporn war, kann im Zusammenhang der Dinge gar nicht anders gedacht werden. Keineswegs aber trat — wie ja auch in der Wandmalerei nicht — eine unmittelbare Nachahmung ein.

Der Stil der deutschen Glasgemälde geht mit dem der deutschen Wandgemälde zusammen, insbesondere blieben sie dem deutsch-romanischen Ornament lange anhänglich, bis weit über die Mitte des 13 Jahrhunderts hinaus. Und in der künstlerischen und technischen Qualität können die besten unter ihnen mit den besten französischen Scheiben wohl wetteifern. Hinsichtlich der Komposition sind zwei Gruppen zu unterscheiden. Die erste ist hochmonumental gerichtet: wenige große Figuren, meist sogar nur eine, in der Zeichnung klar und groß, in der Farbe, wie sich versteht, von einer Pracht, durch die die Wandmalerei gänzlich geschlagen wurde. Schönste Beispiele in St. Kunibert in Köln (vor 1247) und ihnen so nahestehend, daß ein direkter Werkstattzusammenhang zu vermuten ist, die älteste Reihe in der Elisabethkirche in Marburg (Abb. 390, 91). In der zweiten Gruppe gewinnt das Verlangen nach gegenständlicher Fülle die Oberhand; es werden übereinander runde oder vierpaßförmige Felder angeordnet und mit kleinfigurigen Szenen in zusammenhängendem Zyklus gefüllt. Dazu entdeckt man, daß das Ineinanderwirken vieler kleiner, glitzernder — schon die zeitgenössischen Dichter zum Vergleich mit Edelsteinen führender — Farbflecke einen eigenen dekorativen Reiz hat. Auch hier ist die Herleitung des Kompositionsschemas aus Frankreich nicht nötig; man braucht nur an die Decke von St. Michael in Hildesheim sowie an gewisse Miniaturen, bis aufwärts zum Regensburger Utakodex (Abb. 336, 337), zu erinnern. Westfalen besitzt eine ganze Zahl schöner Stücke dieser Art (Abb. 393), auch die Mittelfenster in der Dreikönigskapelle des Kölner Doms wie des Westchors in Naumburg, beide aus der zweiten Hälfte des Jahrhunderts, sind wegen ihrer romanischen Stilhaltung hier anzureihen. — Weshalb Süddeutschland Ähnliches nicht besitzt, beantwortet sich ebenso aus der Geschichte der Architektur wie die glänzende Ausnahmestellung des Elsaß. Beschränkte man sich am Rhein und in Westfalen zunächst noch auf die Ausstattung des Chorraums, so wurde während der Erbauung des Straßburger Münsters zum ersten Male der Beschluß gefaßt, das ganze Gebäude gleichmäßig mit Glasgemälden zu begaben. Wir geben in Abb. 389 eine Probe aus dem südlichen Querschiff, etwa 1240—50. Das schwere Brandunglück 1298, das an mehr als einer Stelle der deutschen Kunstgeschichte sich als ein Verhängnis zu erkennen gibt, machte diesem mit großartiger Energie begonnenen Unternehmen vorläufig ein Ende. Ein Teil der Glasgemälde des Querschiffs blieb verschont, aber die des (1250—1275 erbauten) Langhauses, soweit sie schon fertig waren, wurden stark beschädigt, übrigens nicht das letzte Mal. Es handelt sich um die sieben großen, vierteiligen Fenster des nördlichen Seitenschiffs. Als Architektur ausgesprochen gotisch, sind sie in ihren Malereien noch romanisch stilisiert, also auch hier von der französischen Kunstströmung unabhängig. Dargestellt waren in mehr als vier Meter hohen Figuren 28 deutsche Könige, mit dem letzten Staufer endend, dem als 29ster ein

Knabe beigegeben ist, doch wohl Konradin. Denken wir vergleichsweise etwa an die dem Gegenstande nahe verwandten und genau aus der gleichen Zeit stammenden Fürstenstatuen in Naumburg, so wird uns das Stilgesetz der Glasmalerei in seiner Begrenztheit ganz klar. Eine tiefergehende Charakterschilderung wird nicht versucht, alles steht in der Kategorie der Dekoration, aber man wird zugeben, daß auch hierin, gerade mit durch die großartige Monotonie der Haltung, ein bezwingend monumentaler Eindruck erreicht ist, der auch aller Verderbnis der Einzelheiten standgehalten hat. Über den nicht an sich, aber in seiner Motivierung rätselhaften Inhalt nur wenige Worte. Ein rein profanes Thema, der gemalte Katalog der deutschen Könige und Kaiser, wie kommt er an den heiligen Ort? Gestalten in Königstracht, reihenweise auf Wandbildern, waren nichts Ungewöhnliches (z. B. Abb. 366), dann aber waren sie durch einen religiösen Ideengang motiviert, bedeuteten sie die Könige aus Juda. Hier sind sie durch Inschriften Mann für Mann als deutsche Könige gekennzeichnet*. Erwägt man die Lage einer Reichsstadt in der Zeit des Interregnums, insbesondere die Straßburgs, im Kampfe um die Stadtfreiheit gegen den Bischof, so kann man sich wohl vorstellen, daß bestimmte Hoffnungen und Mahnungen darin ausgesprochen werden sollten. Für uns, die wir wissen, daß das echte alte Königs- und Kaisertum sich nicht wieder aufgerichtet hat, hat dies Denkmal noch einen tieferen und ergreifenderen Sinn.

Die Buchmalerei.

Der hohe Stand der künstlerischen Kultur im 13. Jahrhundert kam auch der Büchermalerei zugute. Als Faktor der Gesamtkunst bedeutete sie aber weniger als im frühen Mittelalter. Nicht mit derselben Ausschließlichkeit wie früher, doch immer noch überwiegend blieb sie an die Klosterwerkstätten gebunden, und die Klöster, wie man weiß, haben im geistigen Leben ihre überragende Stellung von ehedem nicht behaupten können. Gerade die tonangebenden Mönchsorden, die Zisterzienser und die Bettelorden, wie sie der Büchergelehrsamkeit überhaupt den Rücken kehrten, beschäftigten sich mit der Buchmalerei nicht mehr, ja die Strenggesinnten belegten sie geradezu mit Verboten. Es sei den Benediktinern nicht vergessen, daß sie bei sinkendem Reichtum und verminderter Gunst der Massen dieser alten vornehmen Gewohnheit treu blieben. Auf der andern Seite vergrößerte die verfeinerte Bildung der Laien den Abnehmerkreis. Gebetbücher mit Kalendarien aus fürstlichem Besitz, z. B. des Landgrafen Ludwig von Thüringen und der hl. Elisabeth aus-

* Eine wenig jüngere Nachahmung: die Standbilder der Babenberger in Heiligenkreuz in Österreich.

der Zeit, als sie noch nicht der Welt entsagt hatte, gehören zu den geschmackvollsten Erzeugnissen der Gattung. In die berühmte Handschrift der *Carmina burana* sind rohe, doch lebensvolle Federzeichnungen eingestreut. Auch die Handschriften deutscher Dichtungen und selbst die deutschen Rechtsbücher begannen sich mit Bildern zu schmücken. Ein aktives Element in der Stilbewegung dieser Zeit ist die Miniaturmalerei nicht mehr, sie lebt von den Anregungen der großen Kunst; als Ergänzung zu dieser, die doch nur ganz lückenhaft uns überliefert ist, wie durch den unverfälschten Zustand ihrer Arbeiten wird sie lehrreich über ihren unmittelbaren Wert hinaus, und durch ihren stofflichen Reichtum eröffnet sie Einblicke in das Phantasieleben der Zeit, die wir, wenn sie fehlten, schwer vermissen würden.

Die Art, wie die Maler ihre Vorlagen benutzten, ist natürlich sehr verschieden, in den meisten Fällen undurchsichtig, in einigen doch annähernd zu erkennen. Wir geben ein Beispiel. — Im oberbairischen Kloster Scheiern war zwischen 1210 und 1240 ein Mönch Konrad zugleich als Schreiber und Zeichner tätig. Es gibt einen Katalog von 30 der von ihm ausgeführten Handschriften. Von ihnen haben sich fünf erhalten, jetzt auf der Hof- und Staatsbibliothek in München. Zunächst fällt auf, daß der Stil der Zeichnungen durchaus nicht übereinstimmt. Ein Kritiker hat genau drei verschiedene Hände erkennen wollen und glaubt zu der Schlußfolgerung genötigt zu sein, daß es sich um ebensoviel gesonderte Personen handele — also nebeneinander in demselben nicht sehr großen Kloster drei malende Mönche, die alle drei Konrad heißen! Nun, schließlich könnte auch das Seltsamste nicht unmöglich sein. Die Hauptsache ist: es ist wirklich nur eine Hand; diese aber bedient sich allerdings, darüber kommt man nicht hinweg, mehrerer Stile. Den Schlüssel zum Rätsel gibt eine andere Beobachtung: eines der Blätter ist genau nach einer alten Vorlage, die wir, ein seltener Zufall, noch besitzen und die sich jetzt ebenfalls in München befindet (Glossar des Salomon von Konstanz von 1158), kopiert, und zwar so, daß man sagen muß: die Hand des Kopisten ist weniger feinfühlig als die, die das Original geschaffen hat. Sieht man dann den übrigen Zeichnungen schärfer ins Gesicht, so ist bei ihnen die Zeichenkunst keineswegs der großartigen Haltung, die mehrere von ihnen auszeichnet, ebenbürtig. Man braucht nur anzunehmen, daß der gewandte Schreiber auch als Zeichner nur Kopist war und Vorlagen sehr verschiedenen Charakters (darunter vielleicht sogar Vorlagen für Wandgemälde, wie ich mindestens Abb. 344 deuten möchte) benutzt hat, — und alle Widersprüche lösen sich. Jedenfalls kann nicht länger davon die Rede sein, weder in dem einen noch in dem andern Falle, daß Konrad von Scheiern »zweifellos das stärkste künstlerische Talent seiner Zeit auf dem Gebiete der Buchmalerei« gewesen ist, wie man bisher meinte. Es ist aber nicht wegen dieser negativen Kritik, weshalb wir den Fall etwas ausführlicher vorgelegt haben, sondern weil wir glauben, daß er für viele, vielleicht für die Mehrzahl der Miniaturisten typisch ist.

Von hier aus betrachtet, gewinnt die im wechselseitigen Verhältnis der technischen Gattungen — Deckfarbenmalerei und Federzeichnung — eintretende Verschiebung ein erhöhtes Interesse. Die Deckfarbenmalerei war pompöser, dekorativ wirksamer, zugleich mühsamer für die Arbeitsführung, enger an überlieferte Rezepte gebunden und auch im Formcharakter konservativer. In der Zeit, als die Klosterschulen in Blüte standen, unter den Ottonen und ersten Saliern, war sie allein geschätzt; mit dem Verfall der Schulen verfiel auch sie; in unserer Epoche hob sie sich wieder, aber mit Beschränkung auf die liturgischen Bücher, die Gebetbücher der vornehmen Laien und sonstige feierliche Anlässe. Wo diese fehlten, griff man jetzt unbedenklicher als früher zur Federzeichnung, der einfachen wie der mit dünnflüssiger Farbe übergangenen. Diese Technik war leichter zu handhaben, flüchtiger und biegsamer und es ließ sich mehr in ihr wagen, auch Dilettanten konnten es sich zutrauen. Wo der illustrative Zweck überwog und mehr auf Fülle als auf Eleganz gesehen wurde, da wurde sie willkommen geheißen und zeigte sich ebenso geschickt, alte Bildmotive zu reproduzieren und einzusammeln, als mit der Gestaltung der vielen herandrängenden neuen Stoffe sich zu versuchen. So wurde diese anspruchslosere Gattung in doppeltem Sinne die fruchtbarere: sie überwog in der Zahl der Erzeugnisse, sie gab aber auch Freiheit, mit frischem Auge die Erscheinungswelt anzusehen oder mit dem beweglichen Phantasieleben der Zeit mitzugehen. Allein schon der veränderte Charakter der Initialen ist bezeichnend: die Gediegenheit des ornamentalen Geschmacks der vorangehenden Jahrhunderte vermißt man, aber überall wuchert und quillt es zwischen den Stammformen der Buchstaben von Fabelgestalten und phantastischen Szenen; ein Seitenstück zu der Spiellust, die wir im spätromanischen Bauornament schon kennengelernt haben.

Das meistgenannte Stück der besprochenen Gattung, zeitlich an der Spitze stehend, mehr noch eine sammelnde Ernte aus dem alten Bilderkreise als schon ein Griff nach dem Neuen, ist der *Hortulus deliciarum* aus dem Kloster Hohenburg am Odilienberg im Elsaß. Die sehr umfangreiche Bilderhandschrift ist 1870 bei der Belagerung Straßburgs, schlecht gehütet, verbrannt. Man hatte sich schon vorher viel mit ihr beschäftigt, der Text ist nicht abgeschrieben, aber die Bilder sind wiederholt durchgezeichnet worden. Zu feineren stilistischen Beobachtungen, wie wir sie heute anstellen würden, ist es zu spät, der Charakter der Arbeit im großen läßt sich übersehen. Die edle Frau Herrad aus dem Geschlechte der Herren von Landsberg, seit 1167 Äbtissin des Klosters, hat dieses »Lustgärtlein« zur Belehrung und Unterhaltung ihrer Nonnen angelegt, zehn Jahre nahm die Arbeit in Anspruch. Wie eine kleine Biene, sagt sie in der Vorrede, habe sie den Seim aus vielen Blüten der Hl. Schrift wie der Werke der Philosophen — die Auszüge gehen in der Tat von den Kirchenvätern bis herab auf die Zeitgenossen Anselm von Canterbury und Rupert von Deutz — zusammengetragen. Um den biblisch-theologischen Stamm rankt sich ein beträchtliches Vielerlei weltlichen Wissens. Der Bericht über die Weltschöpfung gibt Anlaß zu Ausflügen in das Gebiet der Astronomie und Geographie; bei der Erschaffung des ersten Menschen wird der Mikrokosmus erläutert; die Erörterung über die Sendung der Kirche und den von ihr zu führenden Kampf des Geistes gegen die sinnliche Natur wird benutzt, um ein weites Allerlei profaner Wissenschaft vorzutragen; mit der Schilderung des himmlischen Jerusalem z. B. wird eine Belehrung über die zwölf kostbarsten Edelsteine, ihre mystischen Eigenschaften und ihre allegorische Bedeutung verbunden usw. Man sieht, es ist im Auszug ein weitgespannter Kreis des Wissens, in den die Klosterjungfrauen eingeführt werden sollen, und es ist fraglich, ob sie diese trockene Speise sehr bereitwillig aufgenommen hätten, hätte nicht die kluge Pädagogin für die Zukost der Delizien gesorgt, eben die Bilder. Es sind ihrer nicht weniger als 636, und zum Teil in ganz großem Format. Daß Herrad sie eigenhändig ausgeführt habe, ist nicht geradezu gesagt, aber es wäre nicht unmöglich, da ja die Stickereien der Zeit der Zeichenkunst der Klosterfrauen ein sehr gutes Zeugnis ausstellen. Überraschender ist, daß sie in solcher Menge und Mannigfaltigkeit die Vorlagen sich hat verschaffen können. Denn mindestens von den Bildern religiösen und philosophischen Inhalts, also der Mehrzahl, versteht es sich von selbst, daß sie sie sich nicht aus den Fingern gesogen hat. Bei der in Abb. 339 mitgeteilten Darstellung des Systems der Wissenschaften — nach damaliger Ausdrucksweise: der sieben freien Künste — fällt die kreisförmige Anordnung auf; sie dürfte auf einer sehr alten Tradition beruhen; man hat mit Recht daran erinnert, daß Karl der Große einen runden Tisch besaß, in dessen Platte die Bilder der sieben Künste eingraviert waren. Von eigener Erfindung könnte dagegen manches in den Szenen aus dem täglichen Leben sein; das Bild der Mühle (Abb. 340) ist, wie mehreres andere noch, mit technologischer Genauigkeit gegeben, und die anmutige Gestalt der Frau, die die Körner einschüttet, ist nur Beiwerk; scharf gesehen, von ausgesprochener Sachlichkeit, die zahlreichen Genreszenen von der Art wie der Pflüger in Abb. 342. Besonders kriegerische Szenen, die den adligen Nonnen durch ihre Herkunft nicht fernlagen, spielen eine Rolle; in Abb. 341 sehen wir den Aufmarsch eines Amazonenkorps, es sind die Allegorien der Laster, an der Spitze in orientalisch-heidnischem Gewand, hoch zu Roß, die Superbia; auf dem nächsten Bilde folgt der Zusammenstoß mit den Tugenden und der Superbia jäher Fall. — Wir bedauern, daß der Raum uns nicht gestattet, den Leser noch weiter in Herrads Lustgarten sich umsehen zu lassen, und auch aus der langen

Reihe ähnlicher Bücher, in denen der lehrhafte Inhalt sich in Phantasiebilder umsetzt, geben wir nur eine einzige Probe. Sie ist einer im Jahre 1158 in Regensburg angefertigten Abschrift des Glossars des Bischofs Salomon von Konstanz entnommen (Abb. 338). In sechs Beispielen aus der Geschichte wird die Bestrafung des Lasters vorgeführt; daneben die zugehörige allegorische Figur. 1. Die Stadt Babel, auf dem Thron die Begierde, vor ihr eine Tochter Babels, daneben der Bußprediger Johannes mit einem Spruche über die Buhlerei. 2. Auf dem Thron König Cyrus von Persien und vor ihm als Gefangener der König Krösus von Lydien mit der Allegorie des Reichtums, daneben die Fortuna auf dem rollenden Rad. 3. Die Erhängung des Haman mit der Ehrsucht. 4. Der Untergang Pharaos mit der Allegorie der Macht. 5. Das Ende Sauls als Beispiel des Übermuts. 6. König Achab und Jesabel mit der Voluptas.

Die Klasse der Buchillustration, der wir die obigen Proben entnommen haben — technisch Federzeichnungen — und die man als volkstümlich hat charakterisieren wollen — dilettantisch, in gutem Sinne, wäre treffender —, hat nur in Süddeutschland einen fruchtbaren Boden gefunden. Die künstlerisch strengere Deckfarbenminiatur dagegen blühte in Norddeutschland, besonders in Westfalen, Niedersachsen und Nordthüringen. Sie hatte ihren Rückhalt in der Wandmalerei und geht mit den stilistischen Wandlungen derselben parallel. Die beiden schönsten Arbeiten des späten 12. Jahrhunderts sind ein Gebetbuch und Evangelienbuch Heinrichs des Löwen, gemalt 1175 im Kloster Helmwardshausen; die beiden schönsten des frühen 13. zwei Psalter des Landgrafen Hermann von Thüringen, vor 1217, einer heute in der Hofbibliothek zu Stuttgart, der andere, nach dem Tode des Schwiegervaters im Gebrauch der hl. Elisabeth, jetzt im Museum von Cividale in Friaul (Abb. 345, 348). Die Stileigentümlichkeiten der beiden letztgenannten erinnern, wenn wir im Kreise der Monumentalmalerei nach einer Verbindungslinie suchen, am meisten an die Decke von Sankt Michael in Hildesheim, wo auch aus andern Gründen der Sitz einer einflußreichen Miniaturistenwerkstatt zu vermuten ist. Weiterhin hat dieser Schulcharakter noch mehrere andere sächsisch-thüringische Werkstätten durchdrungen. Sein stilistisches Hauptmerkmal ist die Anlehnung an Byzanz. Sie ist unter den erhalten gebliebenen Stücken am engsten in dem heute auf dem Rathaus zu Goslar aufbewahrten Evangeliar (Abb. 347), das infolgedessen lange Zeit auch für eine unmittelbar byzantinische Arbeit gegolten hat, während heute die Entstehung in Sachsen nicht mehr bezweifelt wird. Beim Anblick dieser delikaten Bilder verstehen wir wohl, was dem deutschen Auge dieses neue, in Wahrheit sehr alte Schönheitsideal wert machte. Die andern Stücke der Gruppe (Beispiele Abb. 350, 351) stehen mehr oder minder unter der Einwirkung jenes Stils, den wir in der Wand- und Tafelmalerei unter dem Namen des »zackigen« beschrieben haben. Auch rheinische Parallelen gibt es, doch nicht so zahlreich, als man vermuten sollte. Der sächsisch-thüringischen Gruppe eng verwandt ist das brillante Mainzer Evangeliar in der Bibliothek von Aschaffenburg. Eine mit diesem Stil nicht völlig sich deckende, aber doch in derselben Richtung liegende Vorlage hat Konrad von Scheiern in der Madonna (Abb. 343) benutzt. Noch nicht erklärt ist das durch mehrere Wandgemälde bezeugte Überspringen nach Steiermark und Tirol.

Anhang.

Das Kunstgewerbe.

Es ist nicht Geringschätzung, weshalb wir dem Kunstgewerbe diesmal anstatt eines Kapitels nur einen Anhang mit wenigen Bemerkungen widmen, sondern die Unmöglichkeit, ohne ein sehr großes Abbildungsmaterial in ersprießlicher Weise eingänglich über es zu sprechen.

Der Charakter der staufischen Kultur, wie wir sie in der Einleitung zu diesem Buche geschildert haben, toleranter gegen Frau Welt als frühere Zeiten und von ausgesprochen ästhetischer Färbung, macht es von vornherein wahrscheinlich, daß Bedarf und Geschmack der Laienkreise ein starker Faktor in der Entwicklung des Kunstgewerbes geworden waren. Daß es wirklich so gewesen ist, darüber geben uns die literarischen Quellen manche Belehrung, aber nicht mit der sicheren Anschaulichkeit, die nur die Denkmäler selbst gewähren könnten. Auch aus unserer Epoche sind fast allein die kirchlichen erhalten geblieben. Die allein auf die Geschichte der Formen ausgehende Betrachtung der Kunstgeschichte kann dies leidlich verschmerzen, aber nicht die Kunstgeschichte als Volksgeschichte. In dieser Hinsicht ist so viel wenigstens doch gewiß, daß jetzt auch das Kunstgewerbe kirchlicher Bestimmung zum größten Teil in die Hand von Laienkünstlern übergegangen war. Ihnen ist die hohe Vervollkommnung im Technischen zu verdanken, die doch nur bei voller berufsmäßiger Einsetzung der persönlichen Kräfte zu erreichen war. Erinnern wir uns bei dieser Wendung außerdem dessen, was wir schon bei der Miniaturmalerei betont haben: daß die maßgebenden Mönchsorden dieser Zeit, die Zisterzienser und Bettelorden, sich grundsätzlich mit der Kunst nicht mehr beschäftigten.

Die bewegliche Natur der kunstgewerblichen Gegenstände legt ferner die Vermutung nahe, daß sich in unserer Epoche der Import aus fremden Ländern vermehrt haben werde. Dies war auch der Fall. Aber keineswegs begründete er schon jetzt ein Übergewicht des fremden, byzantinischen oder französisch-gotischen, Formenwesens. Die Neigungen der kunstgewerblichen Kunst erweisen sich vielmehr als konservativ; länger als in der Baukunst, bis in die 70er Jahre, halten sie am Formcharakter des deutschen Spätromanismus fest.

Hatte in der Frühzeit das Kunstgewerbe in der Stilentwicklung manches vorgearbeitet, was erst nachher in die monumentale Kunst überging, so zeigt sich jetzt umgekehrt diese als Lehrerin jener. Es ist noch nicht so weit, wie im gotischen Stil, daß reine Architekturformen in das Kunstgewerbe eindringen; dafür aber zeigt sich ein starker Einfluß der monumentalen Plastik und Malerei. Wir haben demgemäß in unserer Darstellung die Glasmalerei und Teppichweberei vom Kunstgewerbe, zu dem man sie gewöhnlich rechnet, getrennt und dorthin gestellt, wo sie, wenn auch nicht technisch, so doch nach ihrem künstlerischen Grundwesen hingehören, zur monumentalen Malerei. Hier haben wir vornehmlich die Goldschmiedekunst zu betrachten. Sie steht gleichzeitig mit der Malerei und der Plastik in Fühlung. In beiden gibt sie Ausgezeichnetes und mehr als bloße Dekoration. Technisch verfügt sie über drei Darstellungsarten: die Emailmalerei, die Zeichnung mit dem Grabstichel auf Metall, die plastische Treibarbeit. Oft sind alle drei Methoden an einem Gegenstand vereinigt. Gold und Edelsteine spielen nicht mehr die Rolle wie früher. Mit andern Worten: der Adel der Form gilt jetzt noch mehr als die Kostbarkeit des Stoffs.

Waren bei dem großen Bedarf an heiligen Geräten, bis in die letzte Dorfkirche hinein, Goldschmiedewerkstätten, von denen auch die kleineren Erzgüsse (Kruzifixe, Rauchfässer, Gießgefäße und dergleichen) geliefert wurden, in allen Teilen Deutschlands vorhanden, so zeigte doch der Nordwesten eine unbestrittene Überlegenheit. Es ist für unsere Darstellung mißlich, daß sie durch das Herkommen genötigt wird, an der heutigen deutschen Sprachgrenze Halt zu machen. In Wahrheit waren die aus der Auflösung des alten Herzogtums Niederlothringen zurückgebliebenen, Romanisch redenden Gebiete an der Maas mit dem deutschen Niederrhein, wie politisch und kirchlich, so auch wirtschaftlich und künstlerisch noch immer eng verbunden. Sie sind das klassische Land der Edelmetallkunst. Ganz falsch ist es, Lothringen als einen Nebenschauplatz der französischen Kunst anzusehen; die lothringische Kunst stand auf eigenen Füßen und war damals durch mehr Fäden mit Deutschland als mit Frankreich verbunden.

Die Maas- und die Rheingegend bildeten in der Blütezeit der romanischen Goldschmiedekunst ein einheitliches Gebiet, und kein Land der Welt kann ihrem Reichtum etwas Ähnliches gegenüberstellen. Eine Gewohnheit der Metallarbeiter, die wir bei den Glockengießern bis in die Frühzeit des romanischen Stils hinauf verfolgen können, war es, daß berühmte Werkstätten ihre Erzeugnisse durch Meisterinschriften beglaubigten. Durch dieses Hilfsmittel können wir, was in allen andern Kunstzweigen so viel schwieriger ist, bestimmte Gruppen feststellen, wenn es auch gewiß verfehlt ist, an diese viel zu wenigen Namen die ganze Produktion zu verteilen. Zwei große Lothringer Goldschmiede:

Gottfried von Huy, der in Maastricht, Lüttich und Köln arbeitete und bis nach 1173 nachzuweisen ist, und Nikolas von Verdun, der 1181 in Klosterneuburg bei Wien den großen Altaraufsatz vollendete und von 1183 ab im Mittelpunkte der Kölner Schule stand. Nikolas kann nicht ohne zahlreiche Mitarbeiter seine sehr umfangreichen Werke ausgeführt haben, so daß dieselben auch stilistisch von der wurzelhaft rheinischen Kunst kaum noch zu trennen sind. Einheimische Meister von Ruf waren in Aachen Wibert, in Köln Eilbert und Friedrich von St. Pantaleon. Von jedem derselben besitzen wir noch heute mehr als eine gesicherte Arbeit und können andere als Arbeiten von Schülern aus der geringeren Masse herausheben. — Das Werk Meister Wiberts ist der noch 1165 von Kaiser Friedrich Barbarossa gestiftete Kronleuchter des Aachener Münsters (Abb. 26). Dem alten Schema (Hildesheim, Komburg) wird in nicht recht glücklicher Weise ein neuer Effekt dadurch abgewonnen, daß ihm anstatt des reinen Kreises ein bewegterer Grundriß, rosettenartig, gegeben ist und an den Türmchen ein komplizierter Rhythmus wechselnder Gestalten. Sehr anziehend ist aber ein Schmuckdetail: die auf die Untersicht berechneten gravierten Silberplättchen, durch die die turmförmigen Laternen unten abgeschlossen werden (Abb. 355). Ein sehr vorzüglicher Zeichner des »fließenden« Stils, am nächsten dem Meister der Wandgemälde von Schwarzrheindorf vergleichbar, hat sie geschaffen, während er in der klaren Ökonomie der Linienführung und dem sicheren Gefühl für Körperproportion kaum von den besten Miniaturisten erreicht wird.— Andere ausgezeichnet schöne Arbeiten des Grabstichels haben sich in der Pfarrkirche zu Mettlach und in St. Matthias in Trier erhalten.

Wie bei den Miniaturisten Federzeichnung und Deckmalerei sich gegenüberstehen, so galt in der Werkstatt des Goldschmiedes für die vornehmste Schmuckart die Schmelzmalerei (Email); sie war die effektvollere Gattung und zugleich die mühsamere.

An die Stelle des von den Byzantinern übernommenen Zellenschmelzes (mit aufgelöteten Goldstegen) trat im 12. Jahrhundert, auf volkstümlich gewordene spätrömische Gepflogenheiten zurückgreifend *, der Grubenschmelz, bei welchem die mit Schmelzfarbe zu füllenden Flächen aus dem Grunde, der nunmehr Kupfer ist, ausgestochen wurden. Dies Verfahren gewährt eine unvergleichlich größere Freiheit der Zeichnung, gestattet auch größeren Maßstab. Es führte die Schmelzmalerei zur Blüte. Dabei danken wir es dem geringeren Metallwert, daß sich von den in dieser Technik ausgeführten Gegenständen verhältnismäßig viel erhalten hat, darunter vor allem die lange Reihe von Reliquienschreinen, die der Stolz der rheinischen Kirchen sind.

---

* Die Herleitung aus Südfrankreich, Limoges, ist vollkommen einseitig und irreführend.

Die Reliquienbehälter des Frühromanismus sind verhältnismäßig klein, doch überaus mannigfaltig in der Form und im Material. Zwei Arten blieben dauernd im Gebrauch, die Arm- und die Kopfreliquiare. Seit dem 12. Jahrhundert, als im Altardienst die Veränderung eintrat, daß der Priester vor dem Altar, mit dem Rücken zur Gemeinde, stand, die Altaraufsätze aber noch nicht allgemeiner Brauch geworden waren, stellte man gern hinter dem Altar, ihn überragend, jene Prachttruhen auf, für die das niederdeutsche Wort Schrein ist. Wir geben nur ein paar Beispiele. An der Spitze steht der 1127 von Meister Eilbert in Köln begonnene Viktorsschrein in Xanten. Die Richtung Gottfrieds von Huy, mit dem der lothringische Einfluß vordringt, vertritt am glänzendsten der Heribertsschrein in der Pfarrkirche zu Deutz. Endlich der künstlerische Höhepunkt, zugleich das Maximum der Pracht, ist der dem Nikolas von Verdun zugeschriebene Schrein der hl. drei Könige im Dom zu Köln (Abb. 481, 482). Ihre Gebeine waren bei der Eroberung Mailands durch Friedrich Barbarossa als allerteuerstes Stück der Beute seinem Kanzler und Heerführer Reinald von Dassel, Erzbischof von Köln, zugefallen und wurden der Schlußstein in dem unermeßlichen Reliquienschatz, durch den Köln auch in diesem zweiten Sinne die reichste Stadt Deutschlands war. Die Ausführung des Schreins fällt in die Jahre 1183 bis nach 1200. Es versteht sich von selbst, daß eine Menge von Händen an ihm gearbeitet haben muß, wie wir auch wissen, daß er noch nicht vollendet war, als Meister Nikolas Köln schon verlassen hatte. Von dem älteren Hauptwerk des Meisters, dem Klosterneuburger Altar, unterscheidet sich der Dreikönigsschrein durch die umfassende Verwendung plastischer Figuren bei Beschränkung des Emails auf das ornamentale Beiwerk, wogegen jener ausschließlich auf Schmelzmalerei angelegt ist, 51 große Tafeln mit figürlichen Szenen. Beachten wir auch, daß die Urheberschaft des Meisters von Verdun nicht, wie in Klosterneuburg, durch Inschrift, auch nicht durch Urkunden beglaubigt ist, sondern allein durch die Übereinstimmung der Schmelztechnik begründet werden kann. Die weitergehende Annahme, daß auch das plastische Werk von Nikolas herrühre, ist eigentlich nur Vermutung. Begnügen wir uns mit der Feststellung des offenbar okzidentalen Stilcharakters, während in den wenig älteren Schmelzarbeiten des Friedrich von St. Pantaleon immer ein byzantinischer Rest übrigbleibt; man sehe die in anderer Art nicht weniger großartigen Gestalten des Maurinusschreines (Abb. 354). In dieser Kleinkunst ist nichts Kleinliches, monumentales Blut der Epoche fließt auch in ihren Adern. — Neben den Kölner Werkstätten blieb die Aachener in Blüte. Ihr wird u. a. der streng-schöne Reliquienkopf in Kappenberg zugeschrieben (Abb. 409), in dem man das Porträt Friedrich Barbarossas hat erkennen wollen; welches anzunehmen allerdings mehr Glauben erfordert, als dem Verfasser zur Verfügung steht. Aus einer Reihe sehr prachtvoller Schreine nennen wir nur den der hl. Elisabeth in Marburg (um 1250) und in der Aachener Schatzkammer den sehr großen, 2 m langen, der die Gebeine Karls des Großen aufnahm (Abb. 483). Er war auf Betreiben Friedrich Barbarossas heiliggesprochen. Der Schrein wurde erst 1215 vollendet. Sein Aufbau ist nicht, wie beim Dreikönigsschrein, doppelgeschossig, sondern folgt der gewöhnlichen Truhenform. Die sitzenden Figuren an den Schmalseiten stellen Karl und die Jungfrau Maria vor, an den Langseiten deutsche Könige und Kaiser.

Nachtrag.

Zu S. 76. Nach G. v. Lücken: Die Anfänge der burgundischen Schule, Basel 1921, ist unter den doppeltürmigen Fassaden Burgunds allein die von St. Philibert in Tournus (1007—1019) älter als die des Straßburger Münsters. Die Ableitung aus Burgund hält er für gewagt. Eine einheitliche Erklärung für das Aufkommen des später so wichtig gewordenen Motivs will sich nicht finden lassen, wenn anders man nicht, unter Vermittlung durch die Klostertradition, an Herkunft aus dem Orient (Syrien) denken will. In diesem Fall würde der Fassade von Wimpfen (Abb. 175) Bedeutung zukommen, da der sechsseitige Grundriß der alten Kirche (Ende des 10. Jahrhunderts) sehr wahrscheinlich einem orientalischen Typus folgt. Es bleibt eine unsichere Kombination.

Register.

Die Zahlen verweisen auf die Seiten. Der Abbildungsband hat ein eigenes Register.

www.ingramcontent.com/pod-product-compliance
Lightning Source LLC
La Vergne TN
LVHW041103080826
845145LV00007B/1675

* 9 7 8 3 9 5 7 0 0 6 4 5 5 *